세대별 맞춤운세 토정비결_土亭秘訣

세대별 맞춤 운세
토정비결

글·구성 | 김동완

동학사

머리말

이어령李御寧 전 문화부장관이 자신의 저서 『흙 속에 저 바람 속에』에서 토정土亭 이지함李之菡 선생은 아마 통계학에 달통했던 것 같다고 말한 바 있습니다. 이는 토정 이지함의 학문적 역량을 언급한 말이지만, 사실 우리나라 국민 대다수에게 『토정비결』과 이 책을 쓴 토정 이지함은 매우 익숙한 이름입니다.

필자는 토정 이지함 선생을 존경하는 인물로 가슴에 새기고 있습니다. 이 분의 정신을 존경하기 때문입니다. 운명학運命學을 통해서 많은 사람들에게 희망과 비전vision을 제시하고, 자신이 가진 훌륭한 학식과 폭넓은 지식 그리고 신의 경지에 이른 운명의 예측능력을 자신을 위해 사용하지 않고 많은 백성들 특히 가난하고 가진 것 없는 이들에게 돌려주고자 평생을 노력한 분이기 때문입니다. 진정 그 분의 삶을 돌아보면 절로 고개가 숙여지고 존경의 마음을 품지 않을 수 없습니다.

지금 이 순간 우리나라 경제가 어렵다고 합니다. 지금 이 순간 국민들은 정치적으로 진보냐 보수냐 아니면 신보수냐로 이념 다툼에 한창입니다. 보수세력과 진보세력은 서로 상대편을 타도하거나 무너뜨려야 할 대상으로 몰아가고 있습니다. 대선을 얼마 남겨놓지 않은 지금 그러한 갈등은 더욱 깊어질 것이고, 사회적으로 소외당하고 가난하게 살아가는 사람들은 점점 늘어갈 것입니다.

그런데 우연찮게도 토정 이지함 선생이 『토정비결』을 집필할 당시 이 땅에는 외척의 난정亂政이 극심하여 백성의 살림살이가 극도로 피폐해졌고 그로 인해 의적 임꺽정이 민란을 일으킬 만큼 정치적으로나 사회적으로 혼란이 극심하였습니다. 그로부터 수백 년이 지났지만 아직까지 우리 역사는 당쟁과 정쟁의 소용돌이에서 벗어나지 못하고 조선시대의 역사가 현대의 역사에 그대로 투영되어 있음을 보면 가슴이 답답해집니다.

지금 우리 국민들 마음에는 두 가지 생각이 담겨 있는 것 같습니다. 하나는 경제가 너무 어렵다는 것, 다른 하나는 남보다 더 잘 살아보겠다는 것입니다. 국가경제가 어려울수록 국민들이 체감하는 경제적 불편이 커질 수밖에 없습니다.

그런데 신기하게도 세상에서 가장 행복하다고 느끼는 사람들은 경제대국인 미국이나 일본 국민들이 아닙니다. 바로 방글라데시 사람들입니다. 우리나라는 세계 경제 12위의 부자나라입니다. 이런 나라에 사는 국민들이 힘들다고 합니다. 불행하다고 합니다. 그렇다면 우리나라 경제가 세계경제 5위면 행복할까요? 분명 아닐 것입니다. 유엔UN 통계에 의하면 지구상에는 무려 250여 개가 넘는 국가가 존재합니다. 그 중 우리 경제가 12위인데 그 경제 때문에 불행하다고 생각합니다. 그렇다면 13위부터 250위까지 230여 개 나라는 경제 때문에 우리 국민보다 더 가난하고 불행할까요? 분명 아닐 것입니다.

우리 민족의 가장 큰 미덕은 나눔과 베풂이라고 봅니다. 어느 새 국민들 사이에 퍼져 있는 생각들 예를 들어 남보다 더 잘 살아야 한다는 생각, 집이 잠자고 휴식을 취하는 공간이 아니라 돈벌이나 투기의 대상이라는 생각부터 버려야 마음이 행복해질 것입니다.

경쟁에서 이기는 자만이 살아남는 세상이 아닌 함께 더불어 살아가는 세상을 다시 우리 국민들에게 돌려주어야 할 것입니다. 그런 화두話頭에 일정한 역할을 담당할 수 있는 것이 바로 『토정비결』이지 않을까 생각합니다. 『토정비결』에 담긴 희망의 메시지와 토정 이지함 선생의 백성을 위하는 마음이 지금 현대를 살아가는 사람들이 되찾아야 할 마음가짐이 아닐까 생각합니다.

〈여성동아〉와 〈주부생활〉 등의 여성지에 『토정비결』을 오랫동안 집필해왔고 나름대로 『토정비결』과 토정 이지함 선생을 연구해온 사람으로서 기존의 『토정비결』 원본 해설뿐만 아니라 현대인들이 접근하기 쉽도록 세대별 관심사에 따라 새롭게 정리했다는 것에 가슴 뿌듯합니다. 많은 독자분들이 이 책을 통해서 자신과 주변 사람들이 더불어 희망을 나누고 행복을 나누는 삶을 살기를 간절히 바랍니다.

이 책이 나오기까지 격려를 아끼지 않은 동국대학고 사회교육원, 건국대학교 평생교육원, 서원대학교 평생교육원, 세명대학교 평생교육원, 신세계문화센터, 한겨레문화센터 제자님들 그리고 카페 〈사주를 사랑하는 사람들〉의 회원님들, 〈김동완을 사랑하는 사람들〉의 회장 박범계 변호사님과 총무인 방송인 이혁재님을 비롯한 회원님들께 진심으로 감사의 말씀을 드립니다.

| contents |

머리말 ·4
일러두기 ·7

『토정비결』을 보기 전에

1. 토정 이지함은 누구인가 ·10
2. 『토정비결』이란 무엇인가 ·15
3. 『토정비결』의 원리와 의미 ·17
4. 『토정비결』의 다섯 가지 성씨 ·21
5. 조견표(2008~2037년) ·22

『토정비결』

111 ~ 163 ·54

211 ~ 263 ·126

311 ~ 363 ·198

411 ~ 463 ·270

511 ~ 563 ·342

611 ~ 663 ·414

711 ~ 763 ·486

811 ~ 863 ·558

일러두기

1 기존의 『토정비결』은 현학적인 표현이나 한자투의 용어가 많아 현대인이 읽기에 어렵게 느껴지는 경우가 많다. 이 책은 원본을 그대로 싣되, 이것을 현대적으로 해석하고 세대별 관심사에 따라 활용방법을 소개하는 등 누구나 쉽고 재미있게 읽을 수 있도록 재구성하였다. 기존의 책에서는 볼 수 없는 파격적인 시도를 하였지만 원본의 내용을 손상시키지 않도록 최대한 노력하였다. 원본 토정비결 해설 및 세대별 활용법을 읽으며 한 해 신수를 재미있게 볼 수 있을 것이다.

2 원본 『토정비결』에는 득남이나 과거급제 등 현대인들의 관심사와 먼 내용들이 많은데 이 책에서는 현대인들의 생활상과 관심사를 참조하여 이러한 표현들을 현실적으로 재해석하였다. 예를 들어 '득남하겠다'는 조선시대 최고의 덕목이므로 행운을 예언하는 글귀로 보고 금전, 사업, 소원, 건강, 애정 등 다양한 관심사에서 행운을 상징한다고 풀이하였다.

3 기존의 『토정비결』은 단편적인 해설로 이루어져 있어 다소 지루하게 느껴질 수도 있다. 이 책은 세대별 관심사에 따라 운세를 예측하고 생활 속에서 운세를 긍정적으로 변화시킬 수 있는 방법을 소개한다. 특히 숫자와 도표처럼 간결한 형식에 익숙한 인터넷 세대들은 『토정비결』을 자칫 어렵고 따분하게 느낄 수 있는데 이 책을 통해 쉽고 재미있게 자신의 운세를 보면서 그러한 선입관이 자연스럽게 바뀔 것이다.

4 이 책의 가장 큰 특징은 현대인의 관심사를 재물·금전 지수, 변화·변동 지수, 건강·행복 지수 등으로 숫자화한 점이다. 이러한 지수는 원본 『토정비결』을 바탕으로 관심사에 따라 길흉을 분석하여 점수화한 것이다. 각각의 지수가 높을수록 운세가 긍정적이고, 낮을수록 운세가 하락하니 매사에 조심하라는 의미로 파악할 수 있다. 특히 변화·변동 지수는 이사나 매매 등 생활의 변화가 긍정적인지 부정적인지 판단하는 데 매우 유용하다.

5 『토정비결』은 인생살이에서 참고할 수 있는 조언자 역할을 할 뿐이지 인생을 결정해주거나 인생을 책임져주지 않는다는 것을 명심해야 한다. 토정 이지함 선생이 『토정비결』을 집필한 이유는 고달픈 삶을 사는 백성들에게 살아갈 목표와 희망을 주기 위해서였다. 『토정비결』의 미덕은 새해를 맞아 새로운 마음으로 나 자신과 주위의 사람들에게 건네는 덕담과 따뜻한 마음에 있다. 이 점을 잊지 말고 『토정비결』을 보다 현명하게 이용하기 바란다.

세대별 맞춤운세 토정비결_土亭秘訣

『토정비결』을 보기 전에

토정 이지함은 누구인가 _ 『토정비결』이란 무엇인가
『토정비결』의 원리와 의미 _ 『토정비결』의 다섯 가지 성씨
조건표(2008~2037년)

1. 토정 이지함은 누구인가

　　토정土亭 이지함李之菡은 전설 속 인물이 아니다. 이 땅에서 숨쉬며 살다간 역사적인 인물이다. 토정이 세상을 떠난 지 4백여 년이 지났지만 해마다 정초가 되면 우리나라 사람들은 한 해 운수를 알아보기 위해 토정이 남긴 『토정비결』 앞에 모여든다.

　　토정은 1517년(조선 중종 12년)에 현령縣令을 지내던 아버지 이치李穉와 어머니 광주 김씨 사이에서 태어나 1578년(선조11년) 사망하였다. 자는 형중馨仲으로 알려져 있으나 형백馨伯이라는 설도 있다. 본명은 지함이며, 호는 토정土亭 혹은 수산水山이고, 임금이 내린 시호는 문강文康이다.
　　토정의 생애 동안 조선은 중종, 인종, 명종, 선조 등 모두 네 번이나 왕이 바뀌었고, 기묘사화와 을사사화 등 두 번의 사화士禍가 있었으며, 명종 때는 명종의 생모인 문정황후가, 선조 때는 명종의 비인 인순왕후가 섭정을 하여 정치적으로 매우 불안정하였다. 지진과 흉년 그리고 전염병 등 여러 가지 재난이 발생하였고, 임꺽정이 양반들의 횡포에 맞서 반란을 일으키는 등 사회적으로도 혼란의 시기였다.

　　토정은 조선시대의 내로라하는 양반인 한산 이씨 출신으로 고려 말기의 대학자인 목은牧隱 이색李穡의 6대손이다. 불행하게도 어린 나이에 아버지를 여의고 형 지번之蕃에게서 글을 배웠고, 이후 화담花潭 서경덕徐敬德의 문하로 들어가 공부하였다. 서경덕의 문하생으로는 토정뿐만 아니라 박순, 허엽, 민순 등 많은 학자들이 있다. 토정이 수학, 의학, 복서卜筮, 천문, 지리, 음양, 술서術書 등에 통달하기까지 스승인 서경덕의 영향이 매우 컸다.
　　토정은 어려서부터 어렵고 힘든 사람에 대한 관심과 정이 많아 남을 돕는 것을 좋아하였다. 나이 들어 결혼을 해서도 자신이나 가족보다 어려운 주위 사람들을 돕는 데 헌신하였다. 가족들 또한 토정의 뜻을 받들어 고생을 하면서도 불평하지 않고 자신들보다 못한 사람들을 보살폈다. 토정은 어려서부터 남다르게 총명하였고 나이가 들어갈수록 학문과 인덕이 높아졌다. 그래서 비록 없이 살긴 해도 그를 따르고 존경하는 사람이 날로 늘어 그의 조언이나 뜻대로 실행하는 사람들이 많았다.

토정과 교류한 사람 중에는 당대의 정치와 학문의 중심에 서 있던 율곡 이이가 있다. 서경덕의 문하생으로 같이 공부한 좌의정 박순은 토정을 위해 많은 노력과 관심을 기울였다. 또한 서기, 남궁두, 정개청, 남사고 등 우리나라의 도맥道脈을 이끌어 간 출중한 역학자들이 바로 토정의 제자이다.

토정은 좋은 가문에서 태어나 호의호식할 수 있었지만 기득권을 모두 버리고 가난한 민중을 위해서 민중과 함께하는 가난한 삶을 살며 그들을 위한 참 역술을 펼쳤다. 토정은 전국을 다니며 명당과 길지吉地를 점지하였으며, 『농아집聾啞集』을 저술하여 가난을 구제하는 데 도움이 되도록 하였다. 또한 자신의 역학 지식을 이용해 가난한 백성들 편에 서서 그들을 돕는 일을 게을리하지 않았다.

한번은 이런 일이 있었다. 토정이 신혼 다음 날 거리에 나갔다가 추위에 떠는 거지 아이를 보았다. 아이는 찬바람을 막기 위해 두 손으로 누더기 옷을 여몄지만 해진 곳이 너무 많아 맨살을 미처 다 감추지 못하고 사시나무 떨듯 떨고 있었다. 그 딱한 모습에 토정은 그냥 지나치지 못하고 자신의 새 도포를 벗어주었다.

토정은 환갑이 가까운 1573년(선조6년)에 많은 조정 대신과 백성들의 추천으로 지금의 포천인 청하靑河 현감이 되었다. 가난한 백성을 넉넉하게 하고 야박한 풍토를 넉넉한 인심으로 바꾸는 데 열심이던 토정은 바닷물을 막아 기름진 옥토를 만들고자 상소를 올렸으나 기각되었다. 이에 곧바로 벼슬길을 박차고 나온다.

　토정이 아산 현감으로 부임했을 때의 일을 보면 토정이 백성을 얼마나 사랑했는지를 잘 알 수 있다. 부임하자마자 걸인청乞人廳을 만들어 가난한 사람들을 모아 일을 시키고 그에 따라 곡식을 나누어 주었는데 이것은 지금의 사회복지정책과 비슷한 면이 있다. 이에 어느 관리가 "사또님 가난 구제는 나라님도 못한다는데 관청의 일을 가난한 사람만을 위해서 시행해서야 되겠습니까?"라고 아뢰었다. 이에 토정은 단호하게 "여러 소리 하지 마라. 백성을 다스린다는 것은 백성을 살게 하는 데 있으니 그 밖에 더 큰 일이 무엇이겠는가?"라고 한마디로 물리쳤다고 한다.

　당시 아산에는 조정에 상납할 잉어를 기르는 양어장이 있었다. 그런데 조정과 중간관리자들에게 바쳐야 할 잉어의 수가 점점 늘어나 결국 아산 백성들이 양어장에서 기르는 잉어의 수보다 더 많아졌다. 이에 토정은 직접 양어장을 폐쇄시키고 아산에는 양어장이 없어 잉어를 바칠 수 없다는 장계를 올렸다. 백성을 생각하는 토정의 마음이 어떠했는지를 보여주는 단적인 예이다.

　또한 토정은 물산物産과 지리에 관련된 유통경제를 중시한 경제학자이기도 하다. 그는 제주도에 가서 말총을 모두 사들여, 갓을 쓰지 않고서는 바깥출입을 못 하는 양반들 때문에 갓을 만드는 말총 값이 천정부지로 치솟자 사두었던 말총을 되팔아 많은 이익을 남겼다. 이 돈을 자신을 위해 쓰지 않고 제주도민에게 골고루 나누어주었는데, 이러한 모습을 두고 박지원의 소설 『허생전』의 주인공이 바로 토정이라는 설명도 있다.

　무엇보다 토정은 기인이나 점술가로 유명하다. 어느 날 조상의 제사를 모셔야 하는데 제수거리를 살 돈이 없었다. 이 때 토정은 하인에게 가보를 주면서 어느 시각에 어느 장소에 가면 얼마에 사겠다는 사람이 있을 테니 가보를 팔아 오라고 시켰다. 하인이 토정이 말한 시간에 그 장소로 갔더니 토정의 예언대로 어느 노파가 그 가보를 보더니 두말하지 않고 사 갔다. 하도

신기하여 고개를 갸우뚱거리며 집으로 돌아온 하인에게 토정은 다시 말하였다. "내년 이맘때쯤 반드시 오늘 그 시간에 그 가보를 다시 팔려고 그 장소로 노파가 나올 테니 그 때 다시 가보를 사 오거라." 하인은 이해할 수 없다는 듯이 말하였다. "세상에 그런 경우가 어디 있습니까? 아니 노파가 가보를 다시 팔러 온다니요?" 토정이 웃으며 말하였다. "기다려 보아라." 그 후 일 년이 지나 제삿날이 다가왔고 하인은 혹시나 하면서 그 시간에 그 장소로 가보았다. 그런데 토정이 예언했던 대로 그 노파가 그 가보를 다시 팔려고 가지고 나온 것이다.

앞날을 내다보는 토정의 뛰어난 능력을 알 수 있는 또 다른 예언이 있다. 토정의 후손들은 토정에 대해 불만이 많았다. 토정이 앞날을 내다보고 주역과 풍수의 달인이면서도 후손들이 관직에 올라가거나 부자가 될 수 있게 도와주지 않는 것이 불만이었던 것이다. 이러한 불만에 대해 늘 묵묵부답이었던 그가 임종할 때쯤 후손들을 불러 모은 후 다음과 같이 말하였다. "우리 조상들은 오랫동안 높은 관직에 올라 많은 재산을 모았다. 이제는 백성들에게 골고루 나누어 주어야 한다. 내 평생 백성들과 함께하기 위해 노력해왔다. 세상은 반드시 돌고 돈다. 앞으로 우리 후손들은 몇 대 동안을 가난하게 살 것이다. 그러나 몇 대가 지나면 또 다시 좋은 일이 있을 것이다. 내가 충남 보령시 주포면 고정리 국수봉 기슭에 내 산소자리를 잡아놓았다. 그곳에 나를 묻으면 반드시 몇 대가 흐른 후에 후손들에게 좋은 일이 생길 것이다." 바다가 훤히 보이는 곳, 명당의 조건으로 꼽는 좌청룡左靑龍 우백호右白虎도 제대로 없는 곳에 자신의 산소를 잡아놓고 하는 말에 후손들은 아무리 뛰어난 재주를 가지고 있는 토정이지만 믿지 못했다. 그런데 산소 앞이 개발되면서 방파제가 생기고 좌청룡 우백호가 튼튼해지고 일산 등 여기저기에 있던 집안의 땅들이 개발되면서 그의 후손들은 모두 부자가 되었다고 한다.

토정은 선조 6년(1573년)에 포천 현감으로 부임하여 선조 11년(1578년) 아산 현감 재직 중에 향년 62세의 일기로 세상을 떠났다. 토정이 갑작스런 이질에 걸려 운명을 달리하자 아산 백성들

모두가 부모를 잃은 것처럼 슬퍼하였고 거리에는 울음소리가 끊이지 않았다고 한다. 조카 이산해가 그의 묘비에 남긴 글을 보면 토정의 생애가 어떠했는지 잘 알 수 있다. '세상에서는 토정을 잘 알지 못하고 단지 그 겉모습만 보고 기인이라고 하나 그 재능과 그 덕량과 그 행실은 능히 세상을 구할 만한 대인물이었다.'

토정은 진정한 부자, 진정한 권력, 진정한 행복이 무엇인가를 볼 줄 알았다. 어떤 사람이 토정에게 물었다. "세상에서 가장 부자는 누구요?" 이에 토정은 "부막부어불탐富莫富於不貪이라 하여 이 세상에서 제일가는 부자는 욕심을 내지 않는 사람이오"라 하였고, "이 세상에서 가장 귀인貴人은 누구요?"란 질문에 "귀막귀어부작貴莫貴於不爵이라 하여 이 세상에서 제일가는 귀인은 벼슬을 하지 않는 사람이오"라고 대답하였다. 또한 "이 세상에서 가장 강한 사람은 누구요?"란 질문에 "강막강어부쟁强莫强於不爭이라 하여 이 세상에서 가장 강한 사람은 다투지 않는 사람이오"라고 대답하였다.

토정의 대답은 경쟁적으로 살아가는 현대인, 타인을 누르고 지배해야 잘 산다고 생각하는 현대인, 부자가 되어야 행복하다고 생각하는 현대인이 반드시 새겨들어야 할 말이다.

토정은 사는 동안 백성에 대한 사랑을 행동으로 실천하였고 『토정비결』을 집필한 이유도 백성에 대한 사랑 때문이었고 토정 자신과 『토정비결』에 흐르고 있는 사상도 바로 백성에 대한 사랑이다. 토정의 정신과 사상과 철학을 올바르게 이해할 때 『토정비결』의 의미를 올바르게 이해할 수 있다. 많은 사람들이 『토정비결』이란 신년초에 재미로 보는 운수풀이 정도 또는 백성을 혹세무민惑世誣民하는 점서占書로 여기지만 토정의 애민사상愛民思想을 알고 나면 『토정비결』이 수백 년의 세월을 이어오면서 사랑받는 이유를 비로소 알 수 있게 될 것이다.

2. 『토정비결』이란 무엇인가

『토정비결』을 보는 것은 우리 민족이 새해를 여는 하나의 통과의례처럼 여겨진다. 한 언론 조사에 따르면 우리 국민 67%가 1년에 한번씩 『토정비결』을 본다고 한다. 이에 따르면 종교를 초월하여 많은 국민들이 『토정비결』에 관심을 갖고 있으며 새해가 되면 『토정비결』을 본다고 할 수 있다.

연초마다 『토정비결』로 한 해 운수를 점치는 세시풍속이 4백여 년 이상 끊임없이 이어져온 이유는 무엇일까. 지금까지도 연초만 되면 여성잡지에서 앞다투어 특집으로 『토정비결』을 내보내고 있는 것만 보아도 『토정비결』의 저력을 여실히 느낄 수 있다.

근래 들어 몇몇 학자와 역술가들이 『토정비결』의 원저자가 누구인지 의문을 제기하고 있다. 『토정비결』은 토정 이지함의 저서가 아니고 토정 사후에 씌어졌으며, 단지 그의 명성을 이용하기 위해 토정의 이름을 차용했다는 것이다. 이 중에는 심지어 "천지조화와 만물의 이치를 터득한 토정이 이치에도 맞지 않는 어린애 장난감 같은 『토정비결』을 지었다는 것은 언어도단이다" 라는 극단적인 의견까지 있다.

그렇다면 지난 몇 백 년 동안 『토정비결』을 보아 온 수많은 사람들은 어린애 장난감 같은 이야기를 보아왔다는 것인가? 그러나 토정의 생애를 살펴보면 『토정비결』이 그의 저서임을 의심할 수 없게 된다. 토정이 처음 지은 본래의 『토정비결』은 백발백중百發百中이었는데 너무 잘 맞다보니 잘산다는 점괘가 나오면 아무 일도 하지 않으려 하고 운이 나쁘다고 나오면 모든 것을 포기하고 방탕하게 사는 사람들이 많이 생겨났다. 토정이 뒤늦게 이것을 알고 주역괘 중에서 하괘만을 사용하여 정확도를 떨어뜨리고 원본 『토정비결』을 깊은 산속에 감추었다는 것이다.

국가의 운명인 국운國運을 예언한 이율곡과는 달리 토정은 사회 속에서 경제 흐름을 파악하

여 가정의 번영과 국가경제의 발전을 도모하였다. 또한 스스로 민중 속으로 뛰어들어 수십 년 동안 거지나 하층민들과 함께 생활하며 그들의 문제를 해결하고 방향을 제시하고 개척의 가능성을 열어주기 위해 노력하였다. 그런 그에게 한 가지 소원은 민중에게 희망을 주는 것이었을 터이다. 현재 전하는 『토정비결』 내용의 70%가 희망적인 문구이다.

토정이 살던 시기는 정치적으로나 사회적으로 매우 혼란한 시기였다. 임금의 외척인 윤원형 세력의 부패정치로 농촌은 갈수록 궁핍해지고 인심은 사나워져 갔다. 의적 임꺽정이 황해도 일대에서 활약했던 시기였으니 당시 사회상이 어떠했는지 잘 알 수 있다.

토정은 역학, 의학, 천문, 지리 등 다방면에 걸쳐 해박한 지식을 가지고 있었으므로 어려운 일이 닥칠 때마다 많은 백성들이 도움을 구하기 위해 토정의 집을 찾았다. 토정은 의술을 통하여 백성들을 치료해주었을 뿐만 아니라, 오랫동안 갈고 닦은 주역과 역학 실력으로 백성들에게 닥쳐올 액을 미리 내다보고 피할 수 있게 알려주었다. 백성들 사이에 토정의 명망이 높아지고 방문객이 늘어나자 골목길의 작은 집에서는 더 이상 사람들을 들일 수 없어 더 많은 사람들이 모여들 수 있게 마포 나루터에 토굴을 만들고 더 많은 사람들을 치료하고 희망을 전해주었다. 그래서 세상 사람들이 이지함은 토굴에서 산다 하여 토정土亭이라 부르게 되었다. 토정은 수많은 백성들이 운명을 감정받기 위해 며칠씩 기다리는 수고를 덜어주기 위해 주역을 응용하여 백성들 스스로 자신의 미래를 알아볼수 있는 『토정비결土亭秘訣』을 만들었다.

그런데 『토정비결』이 너무도 신기하게 미래를 예측하니 미래에 잘산다고 나오면 어차피 잘살 것이니 먹고 놀자 하고 미래에 못산다고 하면 어차피 못살 것이니 먹고 놀자고 하는 백성들이 늘어나기 시작하였다. 이에 토정은 정확도를 떨어뜨린 『토정비결』을 다시 집필하여 세상에 남겼다고 한다.

3. 『토정비결』의 원리와 의미

『토정비결』은 1년 12달의 운세를 보는 술서術書이다. 태세太歲, 월건月建, 일진日辰을 숫자적으로 따져서 상·중·하의 세 괘를 만들고, 이를 『주역』의 음양설과 상수학의 원리에 따라 인간의 1년 운세를 길흉화복으로 분리하여 설명한다. 그러나 『토정비결』은 다음과 같은 점에서 『주역』과 다르다. 첫째, 주역의 괘는 64괘인데 『토정비결』은 48괘로 16괘가 적다. 둘째, 『주역』은 하나의 괘에 본상本象이 하나, 변상變象이 여섯, 모두 일곱 상으로 총 424개의 괘상이 있는데 『토정비결』은 모두 144괘가 있다. 셋째, 괘를 만들 때 『토정비결』은 연·월·일·시 중에서 생시가 제외된다.

『토정비결』은 111에서부터 863까지 모두 144괘로 이루어져 있다. 이 중 첫째자리는 태세수太歲數, 둘째자리는 월건수月建數, 마지막 셋째자리는 일진수日辰數라고 한다. 태세수는 1~8까지 있고, 월건수는 1~6까지 있으며, 일진수는 1~3까지 있다. 각각의 수를 곱하면 8×6×3=144 괘가 된다.

그런데 왜 태세수는 8까지 있고 월건수는 6까지 있으며 일진수는 3까지 있는가. 이것은 『주역』의 8괘, 하나의 괘에 존재하는 6효爻, 1년 신수마다 수시로 변하는 변수 3에서 비롯했다고 보여진다. 8괘인 8과 6효인 6과 변수인 3을 곱하면 144괘가 나오는 것이다.

『토정비결』을 보기 위해서는 세 개의 괘 즉 태세수(상수), 월건수(중수), 일진수(하수)가 필요하다. 반드시 음력을 기준으로 보아야 하며 각각의 수를 구하는 방법은 다음과 같다.

① 상수 上數

가장 위의 괘이기 때문에 상괘라고 한다. 숫자로 풀이하여 볼 때 세 개의 자릿수 중 첫 번째인 백단위의 자릿수를 말한다. 사람의 나이와 보고 싶은 해의 태세수(p.19 기본연월일수의 연수)를 합하여 8로 나눈 나머지 숫자를 상수로 한다. 만일 나머지가 없다면 8로 한다.

② 중수 中數

중간에 위치하는 괘이므로 중괘라고 하며, 세 자릿수 중 가운데인 십단위의 숫자이다. 생월수(보는 해의 해당월이 크면 30일, 작으면 29일이다. 생월수는 만세력에서 찾는다)와 월건수(p.19 기본연월일수의 월수)를 합하여 6으로 나눈 나머지 숫자를 중수로 한다. 만일 나머지가 없다면 중수는 6으로 한다.

③ 하수

말 그대로 가장 아래의 괘로서 하괘라고 하며, 가장 마지막 숫자인 일단위 숫자를 말한다. 생일의 숫자와 일진수(p.19 기본연월일수의 일수. 일진은 만세력에서 찾는다)를 합하여 3으로 나눈 나머지 숫자를 하수로 한다. 만일 나머지가 없다면 하수는 3으로 한다.

그러나 이 방법은 만세력을 찾아보아야 하는 등 불편한 점이 있다. 그래서 이 책에서는 2008년부터 2037년까지 30년 동안의 토정비결 조견표를 실어서 누구나 쉽게 토정비결을 볼 수 있게 하였다. 예를 들어 1973년 음력 1월 15일에 태어난 사람이 2008년의 운세를 알고 싶다면 ① 상수는 36세이므로 2008년 조견표 상수란을 찾으면 4가 나온다. ② 중수는 태어난 달 1월을 찾아보면 4가 나온다. ③ 하수는 태어난 달 1월과 생일 15일을 찾아보면 3이 나온다. 이렇게 해서 나온 4(상수) 4(중수) 3(하수)이 계수가 된다. 이와 같은 방법으로 2038년까지의 토정비결을 조견표 하나만으로 쉽게 찾아볼 수 있다.

기본연월일수

간지	연	월	일	간지	연	월	일	간지	연	월	일	간지	연	월	일	간지	연	월	일	간지	연	월	일
甲子	20	18	18	甲戌	22	14	20	甲申	21	16	19	甲午	18	18	16	甲辰	22	14	20	甲寅	19	16	17
乙丑	21	16	19	乙亥	19	16	17	乙酉	20	14	18	乙未	21	16	19	乙巳	17	12	15	乙卯	18	14	16
丙寅	17	14	15	丙子	18	16	16	丙戌	20	12	18	丙申	18	14	17	丙午	16	16	16	丙辰	20	12	18
丁卯	16	12	14	丁丑	19	14	16	丁亥	17	10	15	丁酉	18	12	16	丁未	19	14	16	丁巳	15	10	13
戊辰	18	10	16	戊寅	15	12	13	戊子	16	14	14	戊戌	18	10	14	戊申	17	12	15	戊午	14	10	12
己巳	18	13	16	己卯	19	17	20	己丑	22	17	20	己亥	20	13	20	己酉	21	15	19	己未	22	17	20
庚午	17	17	15	庚辰	21	13	15	庚寅	18	15	16	庚子	19	17	16	庚戌	21	13	19	庚申	20	15	19
辛未	20	15	18	辛巳	16	11	14	辛卯	17	13	15	辛丑	20	15	18	辛亥	18	11	16	辛酉	19	13	15
壬申	18	13	16	壬午	19	15	13	壬辰	19	11	17	壬寅	19	13	14	壬子	18	13	15	壬戌	20	11	17
癸酉	17	11	15	癸未	19	13	16	癸巳	14	9	12	癸卯	18	11	13	癸丑	18	13	15	癸亥	16	9	14

　『토정비결』의 내용은 대체적으로 긍정적이고 희망적이다. 10가지 괘 중에서 두 괘 정도를 제외한 8괘 대부분이 좋은 운이다. 확률로 보면 80% 정도가 좋다고 볼 수 있다. 또한 20%의 나쁜 괘도 지극히 평범하거나 누구에게나 있을 수 있는 내용이다. 대개 분수를 지켜라, 정직해라, 근면하라 등 교훈적이거나 실천적인 용어로 이루어져 있다.

　한 TV 프로그램에서 필자와 공동으로 『토정비결』에 관한 두 가지 실험을 하였다. 첫째 실험에서는 주부 20명에게 『토정비결』을 믿느냐고 질문하였다. 13명의 주부는 신뢰한다고 답했고 7명의 주부는 믿지 않는다고 답했다. 필자는 믿지 않는다는 주부 7명을 따로 불러 가짜로 꾸며서 『토정비결』을 봐주고 절대로 다른 사람들에게 말하지 말라고 당부하였다. 그 내용은 "올해 『토정비결』 운세가 매우 좋아서 행운과 복록이 넘칠 것이다"였다. 이후 다시 주부 20명을 모아놓고 똑같은 질문을 하였다. 이 때 19명의 주부가 『토정비결』을 믿는다고 대답하였다. 자신의 운세가 긍정적이고 희망적인 내용으로 나오자 『토정비결』을 신뢰하기 시작한 것이다.

　이어서 또 다른 실험을 하였다. 많은 사람들이 오가는 대학로에서 일반인들을 대상으로 『토정비결』 운세풀이를 해주되, 한 그룹에게는 단순히 운세가 좋다 나쁘다만을 말해주고 한 그룹은 운세는 나쁘지만 좋은 일을 하면 반드시 행운이 찾아온다고 한 것이다. 그리고 거지로 분장한 연극배우 두 명이 이들을 따라가 구걸을 하도록 하였다. 운세가 좋다 혹은 나쁘다만을 알려준 그룹에서는 단지 두 명만이 거지를 도와주었다. 이에 반해 올해 운세가 약간 나쁘지만 좋은 일을 하면 행운이 찾아온다고 말해준 그룹은 모든 사람들이 거지에게 도움을 주었다. 어떤 사람은 차표값만 남기고 자신이 가진 돈 모두를 주기도 하였다.

　이 실험을 통해 누구나 자신의 삶이 좋아진다면 자신의 편안함을 희생하면서 좋은 일에 솔선수범한다는 것을 알 수 있었다. 『토정비결』의 교훈적이고 따뜻한 내용이 사람들로 하여금 삶을 희망적으로 바라보고 열심히 살아갈 힘을 주는 것이다. 『토정비결』의 장점이 바로 여기에 있다고 본다.

4. 『토정비결』의 다섯 가지 성씨

금성金姓　경慶, 곽郭, 남南, 노盧, 두杜, 문文, 방方, 배裵, 백白, 서徐, 성成, 소邵, 신申, 안安, 양楊, 양梁, 왕王, 원元, 유柳, 음陰, 장張, 장蔣, 진晉, 편片, 하河, 한韓, 황黃

목성木姓　간簡, 강康, 고高, 고固, 공孔, 김金, 동董, 류劉, 박朴, 연延, 염廉, 우虞, 유兪, 육陸, 정鼎, 조趙, 조曺, 주周, 주朱, 차車, 최崔, 추秋, 홍洪, 화火

수성水姓　경庚, 기奇, 남궁南宮, 노魯, 동방東方, 마馬, 매梅, 맹孟, 모牟, 모毛, 변卞, 복卜, 상尙, 선우鮮于, 소蘇, 어魚, 여呂, 여余, 오吳, 용龍, 우禹, 천千, 허許, 황보皇甫

화성火姓　강姜, 구具, 길吉, 단段, 당唐, 등鄧, 라羅, 변邊, 석石, 선宣, 설薛, 신愼, 신辛, 옥玉, 윤尹, 이李, 전全, 정鄭, 정丁, 주奏, 지池, 진陳, 채蔡, 탁卓, 함咸

토성土姓　감甘, 공貢, 구仇, 구丘, 권權, 도陶, 도都, 동童, 명明, 목睦, 민閔, 봉奉, 손孫, 송宋, 심沈, 엄嚴, 우牛, 임任, 임林, 재再, 전田, 피皮, 현玄

2008년 단기 4341년 무자년_ 쥐해

상수(태세수)

연령	무자 1	정해 2	병술 3	을유 4	갑신 5	계미 6	임오 7	신사 8	경진 9	기묘 10	무인 11	정축 12	병자 13	을해 14	갑술 15	계유 16	임신 17	신미 18	경오 19	기사 20
태세수	1	2	3	4	5	6	7	8	1	2	3	4	5	6	7	8	1	2	3	4
연령	무진 21	정묘 22	병인 23	을축 24	갑자 25	계해 26	임술 27	신유 28	경신 29	기미 30	무오 31	정사 32	병진 33	을묘 34	갑인 35	계축 36	임자 37	신해 38	경술 39	기유 40
태세수	5	6	7	8	1	2	3	4	5	6	7	8	1	2	3	4	5	6	7	8
연령	무신 41	정미 42	병오 43	을사 44	갑진 45	계묘 46	임인 47	신축 48	경자 49	기해 50	무술 51	정유 52	병신 53	을미 54	갑오 55	계사 56	임진 57	신묘 58	경인 59	기축 60
태세수	1	2	3	4	5	6	7	8	1	2	3	4	5	6	7	8	1	2	3	4
연령	무자 61	정해 62	병술 63	을유 64	갑신 65	계미 66	임오 67	신사 68	경진 69	기묘 70	무인 71	정축 72	병자 73	을해 74	갑술 75	계유 76	임신 77	신미 78	경오 79	기사 80
태세수	5	6	7	8	1	2	3	4	5	6	7	8	1	2	3	4	5	6	7	8
연령	무진 81	정묘 82	병인 83	을축 84	갑자 85	계해 86	임술 87	신유 88	경신 89	기미 90	무오 91	정사 92	병진 93	을묘 94	갑인 95	계축 96	임자 97	신해 98	경술 99	기유 100
태세수	1	2	3	4	5	6	7	8	1	2	3	4	5	6	7	8	1	2	3	4

중수(월건수)

월별	정월(대) 갑인	2월(소) 을묘	3월(소) 병진	4월(대) 정사	5월(소) 무오	6월(소) 기미	7월(대) 경신	8월(소) 신유	9월(대) 임술	10월(대) 계해	11월(소) 갑자	12월(대) 을축
월건수	4	1	5	4	1	4	3	6	5	3	5	4

하수(일진수)

	1	2	3	4	5	6	7	8	9	10	11	12	13	14	15	16	17	18	19	20	21	22	23	24	25	26	27	28	29	30
정월(대)	3	3	2	2	1	1	2	3	3	1	2	2	3	3	3	3	3	2	1	2	1	1	2	2	2	1	1	1	3	2
2월(소)	3	2	1	2	3	3	2	1	1	3	3	3	2	2	3	1	3	2	2	2	2	3	3	1	3	3	3	1		
3월(소)	2	1	1	3	2	2	3	3	2	1	1	1	3	2	2	2	3	2	2	3	2	2	3	2	3	2	2	2	1	
4월(대)	1	1	2	1	3	1	2	2	1	3	2	2	2	2	1	3	2	1	1	1	1	1	2	2	2	3	2	2	2	2
5월(소)	3	3	2	1	2	1	3	3	1	1	3	2	1	2	3	2	2	2	3	3	1	1	3	1	1	3	1	3	3	
6월(소)	3	2	1	2	3	2	3	3	2	1	3	3	3	2	2	3	2	3	2	3	2	2	2	3	2	3	1	3		
7월(대)	1	1	2	3	2	1	1	3	2	2	2	2	2	2	3	2	2	2	2	1	3	2	2	2	3	3	3	2	3	3
8월(소)	2	1	3	3	1	3	3	2	2	3	2	2	1	1	1	3	3	2	1	2	2	2	2	3	1	3	3	1	2	
9월(대)	2	2	1	1	2	2	2	3	2	3	2	3	3	3	3	3	2	3	3	3	3	2	2	3	2	2	1	1	1	3
10월(대)	3	3	2	1	1	2	1	2	2	2	1	3	3	3	3	3	2	2	1	2	2	1	1	1	1	1	1	2	2	3
11월(소)	2	2	2	2	3	1	2	2	1	2	3	2	3	3	2	3	3	3	2	2	2	2	2	2	3	1	1	1	1	
12월(대)	1	1	3	2	2	1	3	2	2	2	1	3	2	3	2	2	2	3	2	1	3	2	2	1	2	2	2	2	3	3

2009년 단기 4342년 기축년_ 소해

상수(태세수)

연령	기축 1	무자 2	정해 3	병술 4	을유 5	갑신 6	계미 7	임오 8	신사 9	경진 10	기묘 11	무인 12	정축 13	병자 14	을해 15	갑술 16	계유 17	임신 18	신미 19	경오 20
태세수	7	8	1	2	3	4	5	6	7	8	1	2	3	4	5	6	7	8	1	2
연령	기사 21	무진 22	정묘 23	병인 24	을축 25	갑자 26	계해 27	임술 28	신유 29	경신 30	기미 31	무오 32	정사 33	병진 34	을묘 35	갑인 36	계축 37	임자 38	신해 39	경술 40
태세수	3	4	5	6	7	8	1	2	3	4	5	6	7	8	1	2	3	4	5	6
연령	기유 41	무신 42	정미 43	병오 44	을사 45	갑진 46	계묘 47	임인 48	신축 49	경자 50	기해 51	무술 52	정유 53	병신 54	을미 55	갑오 56	계사 57	임진 58	신묘 59	경인 60
태세수	7	8	1	2	3	4	5	6	7	8	1	2	3	4	5	6	7	8	1	2
연령	기축 61	무자 62	정해 63	병술 64	을유 65	갑신 66	계미 67	임오 68	신사 69	경진 70	기묘 71	무인 72	정축 73	병자 74	을해 75	갑술 76	계유 77	임신 78	신미 79	경오 80
태세수	3	4	5	6	7	8	1	2	3	4	5	6	7	8	1	2	3	4	5	6
연령	기사 81	무진 82	정묘 83	병인 84	을축 85	갑자 86	계해 87	임술 88	신유 89	경신 90	기미 91	무오 92	정사 93	병진 94	을묘 95	갑인 96	계축 97	임자 98	신해 99	경술 100
태세수	7	8	1	2	3	4	5	6	7	8	1	2	3	4	5	6	7	8	1	2

중수(월건수)

월별	정월(대) 병인	2월(대) 정묘	3월(소) 무진	4월(소) 기사	5월(대) 경오	윤5월(소) 경오	6월(소) 신미	7월(대) 임신	8월(소) 계유	9월(대) 갑술	10월(소) 을해	11월(대) 병자	12월(대) 정축
월건수	2	6	3	6	5	4	2	1	4	2	5	4	2

하수(일진수)

	1	2	3	4	5	6	7	8	9	10	11	12	13	14	15	16	17	18	19	20	21	22	23	24	25	26	27	28	29	30
정월(대)	1	3	3	3	1	1	3	3	2	2	1	1	2	3	3	1	2	2	3	3	3	3	3	2	1	1	1	2	2	2
2월(대)	1	1	1	3	2	2	3	2	1	2	3	3	2	1	1	1	3	3	3	2	2	1	3	2	2	2	2	3	3
3월(소)	1	3	3	3	1	2	3	3	2	2	3	3	2	2	3	3	2	1	2	1	1
4월(소)	3	2	2	2	1	3	3	2	2	2	1	1	3	3	1	2	1	3	2	1	3	3	3	3
5월(대)	1	3	2	2	1	1	2	1	3	3	3	1	2	3	3	2	2	2	1	1	2	3	3	3	1
윤5월(소)	1	1	3	3	3	2	1	2	2	2	3	3	1	1	2	2	1	1	1
6월(소)	2	3	3	1	2	2	2	3	3	2	1	1	1	2	2	2	1	1	3	3
7월(대)	3	1	1	2	2	2	2	2	1	1	1	3	1	2	2	3	3	3
8월(소)	3	1	2	2	3	2	2	1	1	2	3	3	3	1	2	2	3	3	3
9월(대)	3	3	1	1	1	3	3	3	2	3	1	2	3
10월(소)	1	1	1	2	2	3	2	2	3	2	2	3	2	2	1	3	1
11월(대)	2	1	2	2	1	2	2	2	2	1	1	2	3
12월(대)	2	2	2	2	3	2	3	3	1	1	3	2	1	2	2	3	3	1	2	2	3	3	3	3	2	1

2010년 단기 4343년 경인년_ 범해

상수(태세수)

연령																				
	경인	기축	무자	정해	병술	을유	갑신	계미	임오	신사	경진	기묘	무인	정축	병자	을해	갑술	계유	임신	신미
	1	2	3	4	5	6	7	8	9	10	11	12	13	14	15	16	17	18	19	20
태세수	3	4	5	6	7	8	1	2	3	4	5	6	7	8	1	2	3	4	5	6
연령	경오	기사	무진	정묘	병인	을축	갑자	계해	임술	신유	경신	기미	무오	정사	병진	을묘	갑인	계축	임자	신해
	21	22	23	24	25	26	27	28	29	30	31	32	33	34	35	36	37	38	39	40
태세수	7	8	1	2	3	4	5	6	7	8	1	2	3	4	5	6	7	8	1	2
연령	경술	기유	무신	정미	병오	을사	갑진	계묘	임인	신축	경자	기해	무술	정유	병신	을미	갑오	계사	임진	신묘
	41	42	43	44	45	46	47	48	49	50	51	52	53	54	55	56	57	58	59	60
태세수	3	4	5	6	7	8	1	2	3	4	5	6	7	8	1	2	3	4	5	6
연령	경인	기축	무자	정해	병술	을유	갑신	계미	임오	신사	경진	기묘	무인	정축	병자	을해	갑술	계유	임신	신미
	61	62	63	64	65	66	67	68	69	70	71	72	73	74	75	76	77	78	79	80
태세수	7	8	1	2	3	4	5	6	7	8	1	2	3	4	5	6	7	8	1	2
연령	경오	기사	무진	정묘	병인	을축	갑자	계해	임술	신유	경신	기미	무오	정사	병진	을묘	갑인	계축	임자	신해
	81	82	83	84	85	86	87	88	89	90	91	92	93	94	95	96	97	98	99	100
태세수	3	4	5	6	7	8	1	2	3	4	5	6	7	8	1	2	3	4	5	6

중수(월건수)

월별	정월(대)	2월(소)	3월(대)	4월(소)	5월(대)	6월(소)	7월(소)	8월(대)	9월(소)	10월(대)	11월(소)	12월(대)
	무인	기묘	경진	신사	임오	계미	갑신	을유	병술	정해	무자	기축
월건수	6	2	1	4	3	6	3	2	5	4	1	5

하수(일진수)

	1	2	3	4	5	6	7	8	9	10	11	12	13	14	15	16	17	18	19	20	21	22	23	24	25	26	27	28	29	30
정월(대)	2	1	1	2	2	2	1	1	1	3	2	2	3	2	1	2	3	3	2	1	1	3	3	3	2	2	3	1	3
2월(소)	2	2	2	3	3	1	3	3	3	1	1	3	2	2	1	1	2	3	3	1	2	2	3	3	3	3	2			
3월(대)	2	1	2	3	1	2	2	3	2	1	2	3	2	2	1	2	2	1	1	3	3	2	2	1	3	3	3	1		
4월(소)	1	3	3	3	1	2	2	3	1	2	2	3	3	3	3	2	2	1	2	3	3	1	1	1	1					
5월(대)	3	1	3	3	3	3	3	3	3	3	2	1	1	1	2	3	3	3	3	2	2	2	1	1	2					
6월(소)	3	2	1	1	1	2	3	2	2	3	2	2	3	2	3	3	1	2	2	3	1	2	2							
7월(소)	3	2	1	2	2	2	1	1	2	2	1	1	3	2	1	1	1	2	2	2	1	2	2							
8월(대)	3	1	2	1	3	3	3	1	1	1	1	1	1	2	1	2	3	2	3	2	1	1	2	3	3	1				
9월(소)	1	1	3	3	3	2	1	1	2	3	1	1	1																	
10월(대)	1	1	2	3	2	1	1	1	2	2	3	2	2	2	3	2	2	2	1	3	2	1	3	3	3	1	1	2		
11월(소)	2	2	2	1																										
12월(대)	3	2	2	3	1	2	3	3	1	2	3	2	3	3	3	2	2	1	1	2	3	3	1	2	2					

2011년 단기 4344년 신묘년_ 토끼해

상수(태세수)

연령	신묘	경인	기축	무자	정해	병술	을유	갑신	계미	임오	신사	경진	기묘	무인	정축	병자	을해	갑술	계유	임신
	1	2	3	4	5	6	7	8	9	10	11	12	13	14	15	16	17	18	19	20
태세수	2	3	4	5	6	7	8	1	2	3	4	5	6	7	8	1	2	3	4	5
연령	신미	경오	기사	무진	정묘	병인	을축	갑자	계해	임술	신유	경신	기미	무오	정사	병진	을묘	갑인	계축	임자
	21	22	23	24	25	26	27	28	29	30	31	32	33	34	35	36	37	38	39	40
태세수	6	7	8	1	2	3	4	5	6	7	8	1	2	3	4	5	6	7	8	1
연령	신해	경술	기유	무신	정미	병오	을사	갑진	계묘	임인	신축	경자	기해	무술	정유	병신	을미	갑오	계사	임진
	41	42	43	44	45	46	47	48	49	50	51	52	53	54	55	56	57	58	59	60
태세수	2	3	4	5	6	7	8	1	2	3	4	5	6	7	8	1	2	3	4	5
연령	신묘	경인	기축	무자	정해	병술	을유	갑신	계미	임오	신사	경진	기묘	무인	정축	병자	을해	갑술	계유	임신
	61	62	63	64	65	66	67	68	69	70	71	72	73	74	75	76	77	78	79	80
태세수	6	7	8	1	2	3	4	5	6	7	8	1	2	3	4	5	6	7	8	1
연령	신미	경오	기사	무진	정묘	병인	을축	갑자	계해	임술	신유	경신	기미	무오	정사	병진	을묘	갑인	계축	임자
	81	82	83	84	85	86	87	88	89	90	91	92	93	94	95	96	97	98	99	100
태세수	2	3	4	5	6	7	8	1	2	3	4	5	6	7	8	1	2	3	4	5

중수(월건수)

월별	정월(대)	2월(소)	3월(대)	4월(대)	5월(소)	6월(대)	7월(소)	8월(소)	9월(대)	10월(소)	11월(대)	12월(소)
	경인	신묘	임진	계사	갑오	을미	병신	정유	무술	기해	경자	신축
월건수	3	6	5	3	5	4	1	5	4	6	5	2

하수(일진수)

	1	2	3	4	5	6	7	8	9	10	11	12	13	14	15	16	17	18	19	20	21	22	23	24	25	26	27	28	29	30
정월(대)	3	3	3	2	2	1	2	1	1	2	2	2	1	1	1	3	2	2	3	2	1	2	3	2	1	1	2	1	3	3
2월(소)	3	2	2	3	1	2	2	2	2	2	3	3	3	3	1	3	3	1	1	3	2	2	1	2	3	1	2	1	2	
3월(대)	3	1	1	3	2	2	3	1	1	2	2	1	1	2	2	3	1	3	3	2	3	1	3	3	2	1	2	2	2	1
4월(대)	1	1	3	3	2	2	1	1	1	2	2	3	2	2	3	1	1	1	2	3	2	3	3	1	1	2	2	1	2	3
5월(소)	1	3	3	2	2	1	1	2	2	3	3	2	2	1	1	3	3	2	2	2	1	1	3	1	2	3	2	1	2	
6월(대)	2	2	2	1	2	2	1	2	3	2	2	3	2	3	3	2	2	3	3	3	1	2	3	3	2	1	3	2	2	3
7월(소)	1	1	3	3	2	2	2	2	1	3	3	1	3	3	3	3	1	1	3	2	3	1	1	3	3	2	2	3	1	
8월(소)	1	3	3	3	2	2	1	2	2	3	2	2	2	3	3	3	1	3	3	2	1	1	3	3	2	1	2	2	3	
9월(대)	1	2	2	1	1	2	2	2	1	2	2	1	2	3	2	1	2	3	3	2	2	1	1	3	2	2	1	3	2	3
10월(소)	2	2	1	1	3	2	1	2	2	3	3	1	1	3	1	1	3	2	3	2	3	3	1	1	3	1	2	2	3	
11월(대)	2	2	3	1	1	3	2	2	1	1	2	2	1	1	1	3	3	1	1	2	2	2	3	3	3	1	1	3	2	1
12월(소)	3	3	3	2	2	1	1	2	1	1	1	3	2	2	3	2	2	2	3	2	2	1	3	3						

2012년 단기 4345년 임진년_ 용해

상수(태세수)

연령	임진	신묘	경인	기축	무자	정해	병술	을유	갑신	계미	임오	신사	경진	기묘	무인	정축	병자	을해	갑술	계유
	1	2	3	4	5	6	7	8	9	10	11	12	13	14	15	16	17	18	19	20
태세수	4	5	6	7	8	1	2	3	4	5	6	7	8	1	2	3	4	5	6	7
연령	임신	신미	경오	기사	무진	정묘	병인	을축	갑자	계해	임술	신유	경신	기미	무오	정사	병진	을묘	갑인	계축
	21	22	23	24	25	26	27	28	29	30	31	32	33	34	35	36	37	38	39	40
태세수	8	1	2	3	4	5	6	7	8	1	2	3	4	5	6	7	8	1	2	3
연령	임자	신해	경술	기유	무신	정미	병오	을사	갑진	계묘	임인	신축	경자	기해	무술	정유	병신	을미	갑오	계사
	41	42	43	44	45	46	47	48	49	50	51	52	53	54	55	56	57	58	59	60
태세수	4	5	6	7	8	1	2	3	4	5	6	7	8	1	2	3	4	5	6	7
연령	임진	신묘	경인	기축	무자	정해	병술	을유	갑신	계미	임오	신사	경진	기묘	무인	정축	병자	을해	갑술	계유
	61	62	63	64	65	66	67	68	69	70	71	72	73	74	75	76	77	78	79	80
태세수	8	1	2	3	4	5	6	7	8	1	2	3	4	5	6	7	8	1	2	3
연령	임신	신미	경오	기사	무진	정묘	병인	을축	갑자	계해	임술	신유	경신	기미	무오	정사	병진	을묘	갑인	계축
	81	82	83	84	85	86	87	88	89	90	91	92	93	94	95	96	97	98	99	100
태세수	4	5	6	7	8	1	2	3	4	5	6	7	8	1	2	3	4	5	6	7

중수(월건수)

월별	정월(대)	2월(소)	3월(대)	윤3월(대)	4월(대)	5월(소)	6월(대)	7월(소)	8월(소)	9월(대)	10월(소)	11월(대)	12월(소)
	임인	계묘	갑진	갑진	을사	병오	정미	무신	기유	경술	신해	임자	계축
월건수	1	4	2	2	6	3	2	5	2	1	4	3	6

하수(일진수)

	1	2	3	4	5	6	7	8	9	10	11	12	13	14	15	16	17	18	19	20	21	22	23	24	25	26	27	28	29	30
정월(대)	2	3	3	1	2	2	3	3	3	3	2	1	2	1	1	2	2	2	1	1	1	3	2	2	3	2	1	2	3	3
2월(소)	2	1	1	1	3	3	3	2	2	3	1	3	2	2	2	2	3	3	1	3	3	3	1	1	3	3	2	2	1	
3월(대)	2	2	3	1	2	2	1	1	1	3	3	3	2	2	3	3	3	2	2	1	2	2	3	3	1	1	1	2	2	1
윤3월(대)	1	3	3	2	2	1	1	1	3	2	2	2	3	3	1	1	1	2	2	1	1	1	3	3	2					
4월(대)	2	3	1	2	2	2	1	1	2	2	3	2	3	3	2	2	3	3	2	2	3	3	3	1	3	3	3			
5월(소)	1	3	2	2	2	1	1	2	2	1	1	2	2	3	2	1	2	2	3	3	2	2	3	3	1	1	1	3	3	
6월(대)	3	3	1	2	2	3	3	2	2	3	1	1	3	3	3	2	2	2	3	3	3	3	3	3	1	1	1	1	1	
7월(소)	2	2	2	3	3	2	2	1	1	2	2	3	3	3	1	1	1	2	2	3	3	3	2	2	3	3	3	2	1	
8월(소)	2	1	1	2	2	2	1	1	1	2	2	3	3	1	2	2	3	3	1	1	3	3	3	3	2	3	3	2		
9월(대)	2	3	1	1	3	3	2	2	1	1	1	2	2	3	3	3	3	1	2	2	1	1	2	2	2	2	1	2	2	1
10월(소)	3	3	2	2	3	3	3	2	2	2	1	1	1	2	2	1	1	2	2	2	1	1	2	2	1	1	3	3	1	
11월(대)	1	3	1	2	2	3	3	3	2	2	1	1	2	2	1	1	2	2	1	1	1	1	2	2	2	2	1	3	3	2
12월(소)	2	1	1	3	3	1	1	2	2	3	1	1	2	2	2	2	1	3	1	3	3	1	1	1	3	3	3	2	1	1

2013년 단기 4346년 계사년_ 뱀해

상수(태세수)

연령	계사	임진	신묘	경인	기축	무자	정해	병술	을유	갑신	계미	임오	신사	경진	기묘	무인	정축	병자	을해	갑술
	1	2	3	4	5	6	7	8	9	10	11	12	13	14	15	16	17	18	19	20
태세수	7	8	1	2	3	4	5	6	7	8	1	2	3	4	5	6	7	8	1	2
연령	계유	임신	신미	경오	기사	무진	정묘	병인	을축	갑자	계해	임술	신유	경신	기미	무오	정사	병진	을묘	갑인
	21	22	23	24	25	26	27	28	29	30	31	32	33	34	35	36	37	38	39	40
태세수	3	4	5	6	7	8	1	2	3	4	5	6	7	8	1	2	3	4	5	6
연령	계축	임자	신해	경술	기유	무신	정미	병오	을사	갑진	계묘	임인	신축	경자	기해	무술	정유	병신	을미	갑오
	41	42	43	44	45	46	47	48	49	50	51	52	53	54	55	56	57	58	59	60
태세수	7	8	1	2	3	4	5	6	7	8	1	2	3	4	5	6	7	8	1	2
연령	계사	임진	신묘	경인	기축	무자	정해	병술	을유	갑신	계미	임오	신사	경진	기묘	무인	정축	병자	을해	갑술
	61	62	63	64	65	66	67	68	69	70	71	72	73	74	75	76	77	78	79	80
태세수	3	4	5	6	7	8	1	2	3	4	5	6	7	8	1	2	3	4	5	6
연령	계유	임신	신미	경오	기사	무진	정묘	병인	을축	갑자	계해	임술	신유	경신	기미	무오	정사	병진	을묘	갑인
	81	82	83	84	85	86	87	88	89	90	91	92	93	94	95	96	97	98	99	100
태세수	7	8	1	2	3	4	5	6	7	8	1	2	3	4	5	6	7	8	1	2

중수(월건수)

월별	정월(대) 갑인	2월(소) 을묘	3월(대) 병진	4월(대) 정사	5월(소) 무오	6월(대) 기미	7월(소) 경신	8월(대) 신유	9월(소) 임술	10월(대) 계해	11월(소) 갑자	12월(대) 을축
월건수	4	1	6	4	1	5	2	1	4	3	5	4

하수(일진수)

	1	2	3	4	5	6	7	8	9	10	11	12	13	14	15	16	17	18	19	20	21	22	23	24	25	26	27	28	29	30
정월(대)	3	2	1	2	3	3	2	1	1	3	3	3	2	2	1	3	1	2	2	2	2	2	3	1	3	3	1	1
2월(소)	3	3	2	2	1	2	3	1	1	2	3	3	3	2	1	2	1	1	2	2	2	1	1	3	2
3월(대)	3	1	2	1	1	3	1	1	1	1	2	1	1	1	1	1	1	1	1	1	1	1	1	1	1	1	1	1	1	2
4월(대)	2	1	3	1	1	1	1	1	1	1	1	1	1	2	1	1	1	2	3	3	2	2	1	3
5월(소)	1	1	1	1	1	1	1	1	1	1	1	1	2	1	2	1	1
6월(대)	3	3	2	2	1	2	2	2	1	1	1	2	2	2	1	2	2	2	1	3	3	2
7월(소)	1	1	2	1	2	3	1	1	1	1	1	1	1	1
8월(대)	3	1	1	2	1	2	1	1	3	2	1	2	1	1	1	1	1	1
9월(소)	3	2	1	2	1	1	2	1	1	1	1	1	1	1	3
10월(대)	1	1	2	2	1	1	1	1	1	1	1	1	1	1	1	2	2	2	3	2	2
11월(소)	2	1	2	2	1	1	2	1	2	2
12월(대)	2	2	2	2	1	1	2	1	1	1	2	1	2	1	1	1	3	3	1	1	1	3

2014년 단기 4347년 갑오년_ 말해

상수(태세수)

연령	갑오	계사	임진	신묘	경인	기축	무자	정해	병술	을유	갑신	계미	임오	신사	경진	기묘	무인	정축	병자	을해
	1	2	3	4	5	6	7	8	9	10	11	12	13	14	15	16	17	18	19	20
태세수	3	4	5	6	7	8	1	2	3	4	5	6	7	8	1	2	3	4	5	6
연령	갑술	계유	임신	신미	경오	기사	무진	정묘	병인	을축	갑자	계해	임술	신유	경신	기미	무오	정사	병진	을묘
	21	22	23	24	25	26	27	28	29	30	31	32	33	34	35	36	37	38	39	40
태세수	7	8	1	2	3	4	5	6	7	8	1	2	3	4	5	6	7	8	1	2
연령	갑인	계축	임자	신해	경술	기유	무신	정미	병오	을사	갑진	계묘	임인	신축	경자	기해	무술	정유	병신	을미
	41	42	43	44	45	46	47	48	49	50	51	52	53	54	55	56	57	58	59	60
태세수	3	4	5	6	7	8	1	2	3	4	5	6	7	8	1	2	3	4	5	6
연령	갑오	계사	임진	신묘	경인	기축	무자	정해	병술	을유	갑신	계미	임오	신사	경진	기묘	무인	정축	병자	을해
	61	62	63	64	65	66	67	68	69	70	71	72	73	74	75	76	77	78	79	80
태세수	7	8	1	2	3	4	5	6	7	8	1	2	3	4	5	6	7	8	1	2
연령	갑술	계유	임신	신미	경오	기사	무진	정묘	병인	을축	갑자	계해	임술	신유	경신	기미	무오	정사	병진	을묘
	81	82	83	84	85	86	87	88	89	90	91	92	93	94	95	96	97	98	99	100
태세수	3	4	5	6	7	8	1	2	3	4	5	6	7	8	1	2	3	4	5	6

중수(월건수)

월별	정월(소)	2월(대)	3월(소)	4월(대)	5월(소)	6월(대)	7월(소)	8월(대)	9월(대)	윤9월(소)	10월(대)	11월(소)	12월(대)
	병인	정묘	무진	기사	경오	신미	임신	계유	갑술	갑술	을해	병자	정축
월건수	1	6	3	1	4	3	6	5	2	1	6	3	2

하수(일진수)

	1	2	3	4	5	6	7	8	9	10	11	12	13	14	15	16	17	18	19	20	21	22	23	24	25	26	27	28	29	30
정월(소)	3	3	2	1	1	2	1	3	1	2	1	3	3	3	2	1	1	2	1	3	2	1	1	1	2	2				
2월(대)	1	3	3	3	1	1	3	3	2	2	1	1	3	3	1	2	2	3	3	3	2	1	2	1	1	1	2	2	2	2
3월(소)	1	1	1	2	2	1	1	3	1	2	2	3	2	1	1	2	3	3	3	2	1	3	2	2	3	3	2	2	3	
4월(대)	1	2	1	1	2	2	1	2	1	2	2	2	3	3	2	1	1	2	3	3	2	3	3	3	2	3	2	3		
5월(소)	3	2	2	1	3	2	3	3	3	3	2	1	1	2	2	3	2	1	1	2	3	3	2	3	3	3	3	3		
6월(대)	2	2	3	2	2	2	3	2	2	1	3	2	1	3	3	1	1	2	2	2	2	2	1	3	3	1				
7월(소)	1	1	3	1	1	3	1	2	3	3	2	3	1	3	3	2	1	1	3	1	3	2	3	1	1	1	1			
8월(대)																														
9월(대)																											3	2	2	
윤9월(소)	2	3	1	2	3	3	2	2	3	3	2	3	1	3	3	2	1	1	3	2	1	3	1	2	1	2	1			
10월(대)	2	3	3	3	2	2	1	1	2	3	3	3	2	2	1	1	3	3	1	1	2	2	3	2	1	3	1	2	3	3
11월(소)	3	3	2	1	1	2	3	1	1	1	2	1	1	1	1	3	3	3	3	1	2	2	2	3	1	2	3	2	2	
12월(대)	3	3	1	1	1	3	3	2	2	1	3	1	2	2	3	3	1	3	3	2	2	2	1	1	2	3	2	1		

2015년 단기 4348년 을미년_ 양해

상수(태세수)

연령	을미	갑오	계사	임진	신묘	경인	기축	무자	정해	병술	을유	갑신	계미	임오	신사	경진	기묘	무인	정축	병자
	1	2	3	4	5	6	7	8	9	10	11	12	13	14	15	16	17	18	19	20
태세수	6	7	8	1	2	3	4	5	6	7	8	1	2	3	4	5	6	7	8	1
연령	을해	갑술	계유	임신	신미	경오	기사	무진	정묘	병인	을축	갑자	계해	임술	신유	경신	기미	무오	정사	병진
	21	22	23	24	25	26	27	28	29	30	31	32	33	34	35	36	37	38	39	40
태세수	2	3	4	5	6	7	8	1	2	3	4	5	6	7	8	1	2	3	4	5
연령	을묘	갑인	계축	임자	신해	경술	기유	무신	정미	병오	을사	갑진	계묘	임인	신축	경자	기해	무술	정유	병신
	41	42	43	44	45	46	47	48	49	50	51	52	53	54	55	56	57	58	59	60
태세수	6	7	8	1	2	3	4	5	6	7	8	1	2	3	4	5	6	7	8	1
연령	을미	갑오	계사	임진	신묘	경인	기축	무자	정해	병술	을유	갑신	계미	임오	신사	경진	기묘	무인	정축	병자
	61	62	63	64	65	66	67	68	69	70	71	72	73	74	75	76	77	78	79	80
태세수	2	3	4	5	6	7	8	1	2	3	4	5	6	7	8	1	2	3	4	5
연령	을해	갑술	계유	임신	신미	경오	기사	무진	정묘	병인	을축	갑자	계해	임술	신유	경신	기미	무오	정사	병진
	81	82	83	84	85	86	87	88	89	90	91	92	93	94	95	96	97	98	99	100
태세수	6	7	8	1	2	3	4	5	6	7	8	1	2	3	4	5	6	7	8	1

중수(월건수)

월별	정월(소) 무인	2월(대) 기묘	3월(소) 경진	4월(소) 신사	5월(대) 임오	6월(소) 계미	7월(대) 갑신	8월(대) 을유	9월(대) 병술	10월(소) 정해	11월(대) 무자	12월(소) 기축
월건수	5	3	6	3	6	4	2	6	3	2	4	

하수(일진수)

	1	2	3	4	5	6	7	8	9	10	11	12	13	14	15	16	17	18	19	20	21	22	23	24	25	26	27	28	29	30
정월(소)	1	1	1	2	2	2	3	2	2	2	3	2	1	1	3	3	1	2	2	3	1	1	2	2	2	2	2	1	3	
2월(대)	2	1	1	2	2	2	1	1	2	2	3	2	2	2	1	2	3	2	1	1	3	3	3	3	2	3	1	3		
3월(소)	2	2	2	2	3	3	1	3	3	3	1	1	3	3	2	2	1	1	1	3	3	3	3	2	3	3	1	3	3	2
4월(소)	2	3	2	1	1	1	2	2	2	1	3	1	2	2	3	1	3	2	2	1	1	1	3	3	1					
5월(대)	1	1	1	1	3	1	1	3	3	3	3	2	2	3	2	2	1	3	3	2	1	1	3	1	2	2	2	2		
6월(소)	1	3	1	3	1	1	2	3	2	1	3	2	1	3	1	1	3	3	2	1	3	3	3	2	2	1	1			
7월(대)	3	2	3	2	2	3	3	3	2	3	2	1	1	1	3	1	2	2	2	2	3	1	2	1	3	1	3	3		
8월(대)	3	2	1	1	2	2	1	2	1	1	1	3	2	2	2	1	1	3	1	2	3	3	1	1	3	3	3	2		
9월(대)	3	1	1	2	2	1	2	2	3	1	1	1	2	3	3	1	3	2	1	2	3	1	1	2	1	1	1	1		
10월(소)	3	2	1	3	3	1	3	1	1	1	2	2	3	3	2	1	1	1	2	1	3	2	1	2	3	3	2	2	3	
11월(대)	3	1	2	1	3	2	3	1	2	2	1	3	3	1	3	2	3	1	3	2	3	3	1	1	3	1	1	1		
12월(소)	1	1	3	2	3	2	3	3	3	2	2	1	3	3	2	3	1	2	3	1	3	1	2	2	2	2	1	1	3	

2016년 단기 4349년 병신년_ 원숭이해

상수(태세수)

연령	병신	을미	갑오	계사	임진	신묘	경인	기축	무자	정해	병술	을유	갑신	계미	임오	신사	경진	기묘	무인	정축
	1	2	3	4	5	6	7	8	9	10	11	12	13	14	15	16	17	18	19	20
태세수	4	5	6	7	8	1	2	3	4	5	6	7	8	1	2	3	4	5	6	7
연령	병자	을해	갑술	계유	임신	신미	경오	기사	무진	정묘	병인	을축	갑자	계해	임술	신유	경신	기미	무오	정사
	21	22	23	24	25	26	27	28	29	30	31	32	33	34	35	36	37	38	39	40
태세수	8	1	2	3	4	5	6	7	8	1	2	3	4	5	6	7	8	1	2	3
연령	병진	을묘	갑인	계축	임자	신해	경술	기유	무신	정미	병오	을사	갑진	계묘	임인	신축	경자	기해	무술	정유
	41	42	43	44	45	46	47	48	49	50	51	52	53	54	55	56	57	58	59	60
태세수	4	5	6	7	8	1	2	3	4	5	6	7	8	1	2	3	4	5	6	7
연령	병신	을미	갑오	계사	임진	신묘	경인	기축	무자	정해	병술	을유	갑신	계미	임오	신사	경진	기묘	무인	정축
	61	62	63	64	65	66	67	68	69	70	71	72	73	74	75	76	77	78	79	80
태세수	8	1	2	3	4	5	6	7	8	1	2	3	4	5	6	7	8	1	2	3
연령	병자	을해	갑술	계유	임신	신미	경오	기사	무진	정묘	병인	을축	갑자	계해	임술	신유	경신	기미	무오	정사
	81	82	83	84	85	86	87	88	89	90	91	92	93	94	95	96	97	98	99	100
태세수	4	5	6	7	8	1	2	3	4	5	6	7	8	1	2	3	4	5	6	7

중수(월건수)

월별	정월(소) 경인	2월(소) 신묘	3월(대) 임진	4월(소) 계사	5월(소) 갑오	6월(대) 을미	7월(소) 병신	8월(대) 정유	9월(대) 무술	10월(소) 기해	11월(대) 경자	12월(대) 신축
월건수	2	6	5	2	5	4	1	6	4	6	5	3

하수(일진수)

	1	2	3	4	5	6	7	8	9	10	11	12	13	14	15	16	17	18	19	20	21	22	23	24	25	26	27	28	29	30
정월(소)	3	1	2	1	3	3	3	3	1	1	2	1	1	1	2	2	1	3	3	2	2	3	1	2	3	3	1			
2월(소)	2	2	2	1	3	1	3	3	1	1	1	3	3	3	2	1	1	2	1	3	1	1	2	2	1	3	3	3	2	2
3월(대)	3	2	1	3	1	2	2	3	1	3	3	2	3	1	1	3	3	2	2	2	1	2	1	3	3	2	1	3	2	2
4월(소)	3	3	3	1	2	1	2	2	1	1	3	2	2	3	2	3	2	1	2	3	3	3	1	1	1	3				
5월(소)	1	1	3	1	3	2	1	2	2	1	2	1	1	2	1	2	1	3	2	2	2	3	1	1	2					
6월(대)	1	1	2	2	2	1	3	3	3	3	2	1	2	1	3	1	1	1	2	3	3	3	3	3	3	2	3	2	3	3
7월(소)	2	1	1	3	2	1	2	3	2	1	1	2	1	3	3	2	3	2	1	2	2	1	3	3						
8월(대)	1	2	2	3	3	3	2	1	1	1	3	1	1	2	3	2	1	3	2	2	3	2	1	1	3	3	1	3	2	1
9월(대)	1	3	3	2	1	1	2	2	1	1	2	1	3	1	3	3	3	2	3	1	1	2	3	3	1	2	2	3	3	3
10월(소)	1	2	2	1	3	2	1	3	2	2	2	1	2	2	1	1	3	2	1	2	2	1	3	2						
11월(대)	2	2	1	1	3	3	2	1	1	3	3	3	3	3	2	1	3	1	3	1	2	1	2	1	2	3	3	1	2	1
12월(대)	1	2	3	3	1	1	2	1	3	1	2	3	3	2	2	1	2	3	3	1	3	2	3	1	1	3	2	1	3	2

2017년 단기 4350년 정유년_ 닭해

상수(태세수)

연령	정유	병신	을미	갑오	계사	임진	신묘	경인	기축	무자	정해	병술	을유	갑신	계미	임오	신사	경진	기묘	무인
	1	2	3	4	5	6	7	8	9	10	11	12	13	14	15	16	17	18	19	20
태세수	3	4	5	6	7	8	1	2	3	4	5	6	7	8	1	2	3	4	5	6
연령	정축	병자	을해	갑술	계유	임신	신미	경오	기사	무진	정묘	병인	을축	갑자	계해	임술	신유	경신	기미	무오
	21	22	23	24	25	26	27	28	29	30	31	32	33	34	35	36	37	38	39	40
태세수	7	8	1	2	3	4	5	6	7	8	1	2	3	4	5	6	7	8	1	2
연령	정사	병진	을묘	갑인	계축	임자	신해	경술	기유	무신	정미	병오	을사	갑진	계묘	임인	신축	경자	기해	무술
	41	42	43	44	45	46	47	48	49	50	51	52	53	54	55	56	57	58	59	60
태세수	3	4	5	6	7	8	1	2	3	4	5	6	7	8	1	2	3	4	5	6
연령	정유	병신	을미	갑오	계사	임진	신묘	경인	기축	무자	정해	병술	을유	갑신	계미	임오	신사	경진	기묘	무인
	61	62	63	64	65	66	67	68	69	70	71	72	73	74	75	76	77	78	79	80
태세수	7	8	1	2	3	4	5	6	7	8	1	2	3	4	5	6	7	8	1	2
연령	정축	병자	을해	갑술	계유	임신	신미	경오	기사	무진	정묘	병인	을축	갑자	계해	임술	신유	경신	기미	무오
	81	82	83	84	85	86	87	88	89	90	91	92	93	94	95	96	97	98	99	100
태세수	3	4	5	6	7	8	1	2	3	4	5	6	7	8	1	2	3	4	5	6

중수(월건수)

월별	정월(대)	2월(소)	3월(소)	4월(대)	5월(소)	윤5월(소)	6월(대)	7월(소)	8월(대)	9월(소)	10월(대)	11월(대)	12월(대)
	임인	계묘	갑진	을사	병오	병오	정미	무신	기유	경술	신해	임자	계축
월건수	1	4	1	6	3	3	2	5	3	6	5	3	1

하수(일진수)

	1	2	3	4	5	6	7	8	9	10	11	12	13	14	15	16	17	18	19	20	21	22	23	24	25	26	27	28	29	30
정월(대)	2	2	1	1	1	3	3	1	3	1	2	1	3	3	3	3	1	2	1	1	1	2	2	1	3	3	2	2	3	1
2월(소)	1	2	3	3	1	1	1	3	2	2	3	3	1	1	1	3	3	3	2	2	2	2	1	3	2	1	3	1	1	3
3월(소)	3	3	3	2	2	3	1	2	2	1	1	1	1	2	2	3	2	2	2	2	2	1	2	1	3	3
4월(대)	2	3	1	2	2	3	1	2	1	1	2	2	2	2	1	1	3	2	2	2	2	3	3	3	2	2	3	1	2	3
5월(소)	2	1	1	1	3	2	2	3	1	2	2	3	2	2	3	2	2	3	3	3	3	3	2	3	2	3	2	2	2	1
윤5월(소)	2	3	1	1	3	2	3	2	1	3	3	2	2	3	1	2	2	2	2	2	1	1	1	3	3	3
6월(대)	2	1	3	3	2	2	1	2	1	3	3	2	2	1	1	2	3	3	2	2	2	1	1	1	3	3	3	1	1	1
7월(소)	3	3	1	2	2	1	1	1	2	1	2	3	3	3	2	3	1	1	1	2	1	2	2	1	1	2	2
8월(대)	2	3	1	2	3	3	1	1	2	2	2	3	3	2	2	2	2	2	2	1	3	3	1	3	3	1	1	1	1	2
9월(소)	2	1	1	1	2	2	2	1	2	3	3	2	3	2	1	2	2	1	3	3	3	2	3	3	2	2
10월(대)	2	3	1	3	2	2	2	1	1	1	1	3	1	2	2	1	2	1	3	3	2	2	1	1	1	2	1	1	1	1
11월(대)	3	3	1	1	2	2	3	3	1	3	2	2	1	1	1	1	2	2	3	2	2	1	3	2	2	2	2	1	1	3
12월(대)	2	3	1	1	3	2	3	3	1	3	3	1	3	3	3	3	1	2	1	1	1	1	2	2	1	1

2018년 단기 4351년 무술년_ 개해

상수(태세수)

연령	무술 1	정유 2	병신 3	을미 4	갑오 5	계사 6	임진 7	신묘 8	경인 9	기축 10	무자 11	정해 12	병술 13	을유 14	갑신 15	계미 16	임오 17	신사 18	경진 19	기묘 20
태세수	3	4	5	6	7	8	1	2	3	4	5	6	7	8	1	2	3	4	5	6
연령	무인 21	정축 22	병자 23	을해 24	갑술 25	계유 26	임신 27	신미 28	경오 29	기사 30	무진 31	정묘 32	병인 33	을축 34	갑자 35	계해 36	임술 37	신유 38	경신 39	기미 40
태세수	7	8	1	2	3	4	5	6	7	8	1	2	3	4	5	6	7	8	1	2
연령	무오 41	정사 42	병진 43	을묘 44	갑인 45	계축 46	임자 47	신해 48	경술 49	기유 50	무신 51	정미 52	병오 53	을사 54	갑진 55	계묘 56	임인 57	신축 58	경자 59	기해 60
태세수	3	4	5	6	7	8	1	2	3	4	5	6	7	8	1	2	3	4	5	6
연령	무술 61	정유 62	병신 63	을미 64	갑오 65	계사 66	임진 67	신묘 68	경인 69	기축 70	무자 71	정해 72	병술 73	을유 74	갑신 75	계미 76	임오 77	신사 78	경진 79	기묘 80
태세수	7	8	1	2	3	4	5	6	7	8	1	2	3	4	5	6	7	8	1	2
연령	무인 81	정축 82	병자 83	을해 84	갑술 85	계유 86	임신 87	신미 88	경오 89	기사 90	무진 91	정묘 92	병인 93	을축 94	갑자 95	계해 96	임술 97	신유 98	경신 99	기미 100
태세수	3	4	5	6	7	8	1	2	3	4	5	6	7	8	1	2	3	4	5	6

중수(월건수)

월별	정월(소) 갑인	2월(대) 을묘	3월(소) 병진	4월(대) 정사	5월(소) 무오	6월(소) 기미	7월(대) 경신	8월(소) 신유	9월(대) 임술	10월(소) 계해	11월(대) 갑자	12월(대) 을축
월건수	3	2	5	4	1	4	3	6	5	2	6	4

하수(일진수)

	1	2	3	4	5	6	7	8	9	10	11	12	13	14	15	16	17	18	19	20	21	22	23	24	25	26	27	28	29	30
정월(소)	3	3	2	2	3	1	1	2	3	3	1	1	1	3	2	3	2	2	3	3	3	2	2	2	1	3	3	1		
2월(대)	1	3	1	2	2	1	3	3	3	2	2	2	1	1	3	2	1	1	1	1	2	3	2	2	2	3	3	3	3	2
3월(소)	2	1	1	3	3	1	2	3	1	1	2	2	1	1	1	1	1	1	3	3	3	2	1							
4월(대)	3	2	1	2	2	1	1	3	1	3	3	2	2	1	3	2	2	2	3	3	1	3	3	1	1					
5월(소)	3	3	2	2	1	1	2	2	3	2	2	2	2	1	2	2	2	3	2	2	1	1	1	3	2					
6월(소)	3	1	3	3	1	1	3	2	2	1	2	1	2	3	3	3	1	2	1	1										
7월(대)	3	3	2	1	1	1	3	3	3	3	1	2	2	1	1	3	1	1	3	3	2									
8월(소)	1	1	2	1	2	1	3	3	3	3	1	1	3	2	1	1	1	1	2	2	3	2	2							
9월(대)	3	1	1	3	3	2	2	2	1	3	2	2	1	2	2	1	1													
10월(소)	3	2	2	3	2	1	1	3	3	2	2	2	2	2	2	2	3	1	3											
11월(대)	1	1	2	1	1	3	1	2	2	3	2	2																		
12월(대)	2	1	3	1	3	2	3	1	1	3	2	2	1	3	1	3	3	3	1	2	1									

2019년 단기 4352년 기해년_ 돼지해

상수(태세수)

연령	기해	무술	정유	병신	을미	갑오	계사	임진	신묘	경인	기축	무자	정해	병술	을유	갑신	계미	임오	신사	경진
	1	2	3	4	5	6	7	8	9	10	11	12	13	14	15	16	17	18	19	20
태세수	5	6	7	8	1	2	3	4	5	6	7	8	1	2	3	4	5	6	7	8
연령	기묘	무인	정축	병자	을해	갑술	계유	임신	신미	경오	기사	무진	정묘	병인	을축	갑자	계해	임술	신유	경신
	21	22	23	24	25	26	27	28	29	30	31	32	33	34	35	36	37	38	39	40
태세수	1	2	3	4	5	6	7	8	1	2	3	4	5	6	7	8	1	2	3	4
연령	기미	무오	정사	병진	을묘	갑인	계축	임자	신해	경술	기유	무신	정미	병오	을사	갑진	계묘	임인	신축	경자
	41	42	43	44	45	46	47	48	49	50	51	52	53	54	55	56	57	58	59	60
태세수	5	6	7	8	1	2	3	4	5	6	7	8	1	2	3	4	5	6	7	8
연령	기해	무술	정유	병신	을미	갑오	계사	임진	신묘	경인	기축	무자	정해	병술	을유	갑신	계미	임오	신사	경진
	61	62	63	64	65	66	67	68	69	70	71	72	73	74	75	76	77	78	79	80
태세수	1	2	3	4	5	6	7	8	1	2	3	4	5	6	7	8	1	2	3	4
연령	기묘	무인	정축	병자	을해	갑술	계유	임신	신미	경오	기사	무진	정묘	병인	을축	갑자	계해	임술	신유	경신
	81	82	83	84	85	86	87	88	89	90	91	92	93	94	95	96	97	98	99	100
태세수	5	6	7	8	1	2	3	4	5	6	7	8	1	2	3	4	5	6	7	8

중수(월건수)

월별	정월(대) 병인	2월(소) 정묘	3월(대) 무진	4월(소) 기사	5월(대) 경오	6월(소) 신미	7월(소) 임신	8월(대) 계유	9월(소) 갑술	10월(대) 을해	11월(소) 병자	12월(대) 정축
월건수	2	5	4	6	5	2	6	5	1	6	3	2

하수(일진수)

	1	2	3	4	5	6	7	8	9	10	11	12	13	14	15	16	17	18	19	20	21	22	23	24	25	26	27	28	29	30
정월(대)	1	1	2	2	1	1	3	3	2	2	3	1	1	2	2	3	1	1	1	3	3	2	2	2	2	3	3	3	2	2
2월(소)	2	1	3	3	1	2	3	1	1	2	3	2	2	2	1	1	2	3	3	1	3	1	3	3	3	3	3	1	1	2
3월(대)	2	2	2	1	2	3	1	2	3	3	1	1	1	2	1	1	1	1	2	2	1	2	1	2	1	2	1	1	1	3
4월(소)	3	1	2	1	1	2	1	2	1	1	2	3	3	1	1	1	2	2	2	1	1	1	1	1	1	1	1	1	2	2
5월(대)	1	3	3	3	1	1	1	1	1	1	1	1	1	1	1	1	1	1	1	1	2	2	2	1	1	2	2	2	2	2
6월(소)	1	1	1	3	2	2	1	1	2	2	1	1	1	1	1	3	3	1	1	1	1	2	2	2	2	2	2	2	3	
7월(소)	1	1	1	1	1	1	1	1	1	1	1	1	1	2	3	3	1	1	1	1	2	3	1	1	2	2	1	1	1	
8월(대)	1	1	3	3	3	2	1	1	2	1	1	1	1	1	2	2	2	1	2	1	2	3	1	1	1	1	1	1	1	1
9월(소)	2	2	1	2	2	2	1	1	2	1	1	2	1	1	1	1	1	2	2	1	1	1	2	2	2	2	2	2	3	
10월(대)	2	2	2	1	1	1	2	2	2	1	2	2	3	3	2	1	1	1	1	1	1	1	3	1	1	2	2	2	2	2
11월(소)	2	3	1	3	3	3	3	3	2	3	2	1	1	1	1	1	3	3	1	1	3	3	3	3	1	1	1	2	1	
12월(대)	2	3	3	3	2	3	1	1	1	3	3	3	1	1	3	3	2	2	1	1	3	3	3	1	2	1	3	1	3	3

2020년 단기 4353년 경자년_ 쥐해

상수(태세수)

연령	경자	기해	무술	정유	병신	을미	갑오	계사	임진	신묘	경인	기축	무자	정해	병술	을유	갑신	계미	임오	신사
	1	2	3	4	5	6	7	8	9	10	11	12	13	14	15	16	17	18	19	20
태세수	4	5	6	7	8	1	2	3	4	5	6	7	8	1	2	3	4	5	6	7
연령	경진	기묘	무인	정축	병자	을해	갑술	계유	임신	신미	경오	기사	무진	정묘	병인	을축	갑자	계해	임술	신유
	21	22	23	24	25	26	27	28	29	30	31	32	33	34	35	36	37	38	39	40
태세수	8	1	2	3	4	5	6	7	8	1	2	3	4	5	6	7	8	1	2	3
연령	경신	기미	무오	정사	병진	을묘	갑인	계축	임자	신해	경술	기유	무신	정미	병오	을사	갑진	계묘	임인	신축
	41	42	43	44	45	46	47	48	49	50	51	52	53	54	55	56	57	58	59	60
태세수	4	5	6	7	8	1	2	3	4	5	6	7	8	1	2	3	4	5	6	7
연령	경자	기해	무술	정유	병신	을미	갑오	계사	임진	신묘	경인	기축	무자	정해	병술	을유	갑신	계미	임오	신사
	61	62	63	64	65	66	67	68	69	70	71	72	73	74	75	76	77	78	79	80
태세수	8	1	2	3	4	5	6	7	8	1	2	3	4	5	6	7	8	1	2	3
연령	경진	기묘	무인	정축	병자	을해	갑술	계유	임신	신미	경오	기사	무진	정묘	병인	을축	갑자	계해	임술	신유
	81	82	83	84	85	86	87	88	89	90	91	92	93	94	95	96	97	98	99	100
태세수	4	5	6	7	8	1	2	3	4	5	6	7	8	1	2	3	4	5	6	7

중수(월건수)

월별	정월(대)	2월(소)	3월(대)	4월(대)	윤4월(소)	5월(대)	6월(소)	7월(소)	8월(대)	9월(소)	10월(대)	11월(소)	12월(대)
	무인	기묘	경진	신사	신사	임오	계미	갑신	을유	병술	정해	무자	기축
월건수	6	2	1	5	4	3	6	3	2	5	4	1	5

하수(일진수)

	1	2	3	4	5	6	7	8	9	10	11	12	13	14	15	16	17	18	19	20	21	22	23	24	25	26	27	28	29	30
정월(대)	3	3	1	1	2	1	1	1	2	2	1	3	1	3	2	2	3	1	1	2	3	3	1	1	1	1	3	2	3	2
2월(소)	2	3	3	3	2	2	2	1	2	3	1	3	2	3	1	1	3	2	2	2	1	1	1	3	3	1	2	1	3	
3월(대)	1	1	1	2	2	3	3	2	2	1	2	1	3	3	2	2	1	1	3	2	1	3	1	2	1	3	3	3	3	1
4월(대)	3	3	1	1	3	2	1	1	3	1	2	2	3	2	1	3	2	2	1	1	2	2	1	1	2	3	2	1	2	1
윤4월(소)	1	1	1	2	3	1	2	2	1	1	1	2	1	2	2	3	1	1	2	2	2	2	2	2	3	3	1	3	3	
5월(대)	2	1	1	2	2	3	2	2	3	2	1	1	2	2	3	2	3	1	1	3	2	3	3	3	2	2	3	2	1	3
6월(소)	2	2	2	3	3	1	3	2	2	1	3	3	3	2	1	2	1	3	3	2	3	2	2	3	3	3	3	3	2	
7월(소)	2	1	3	3	2	2	1	1	3	2	1	1	2	1	2	2	1	1	3	2	2	2	2	1	1	3	3	1		
8월(대)	3	2	1	1	2	1	2	1	1	1	1	3	2	1	2	3	2	3	1	1	1	2	1	2	2	2				
9월(소)	1	3	2	1	2	1	1	1	3	2	1	2	1	1	1	3	3	3	1	3	3	2	2	1						
10월(대)	3	1	3	2	2	2	1	3	3	2	1	1	1	3	1	3	2	3	2	1	1	1	1	2	2	3	3	3		
11월(소)	1	3	2	3	1	1	2	2	1	1	2	2	1	2	3	1	2	3	1	1	3	3	3	2						
12월(대)	3	1	2	1	3	3	3	1	1	2	1	1	2	2	1	1	3	2	2	3	1	1	2	3	3	1	1			

2021년 단기 4354년 신축년_ 소해

상수(태세수)

연령	신축	경자	기해	무술	정유	병신	을미	갑오	계사	임진	신묘	경인	기축	무자	정해	병술	을유	갑신	계미	임오
	1	2	3	4	5	6	7	8	9	10	11	12	13	14	15	16	17	18	19	20
태세수	5	6	7	8	1	2	3	4	5	6	7	8	1	2	3	4	5	6	7	8
연령	신사	경진	기묘	무인	정축	병자	을해	갑술	계유	임신	신미	경오	기사	무진	정묘	병인	을축	갑자	계해	임술
	21	22	23	24	25	26	27	28	29	30	31	32	33	34	35	36	37	38	39	40
태세수	1	2	3	4	5	6	7	8	1	2	3	4	5	6	7	8	1	2	3	4
연령	신유	경신	기미	무오	정사	병진	을묘	갑인	계축	임자	신해	경술	기유	무신	정미	병오	을사	갑진	계묘	임인
	41	42	43	44	45	46	47	48	49	50	51	52	53	54	55	56	57	58	59	60
태세수	5	6	7	8	1	2	3	4	5	6	7	8	1	2	3	4	5	6	7	8
연령	신축	경자	기해	무술	정유	병신	을미	갑오	계사	임진	신묘	경인	기축	무자	정해	병술	을유	갑신	계미	임오
	61	62	63	64	65	66	67	68	69	70	71	72	73	74	75	76	77	78	79	80
태세수	1	2	3	4	5	6	7	8	1	2	3	4	5	6	7	8	1	2	3	4
연령	신사	경진	기묘	무인	정축	병자	을해	갑술	계유	임신	신미	경오	기사	무진	정묘	병인	을축	갑자	계해	임술
	81	82	83	84	85	86	87	88	89	90	91	92	93	94	95	96	97	98	99	100
태세수	5	6	7	8	1	2	3	4	5	6	7	8	1	2	3	4	5	6	7	8

중수(월건수)

월별	정월(소)	2월(대)	3월(대)	4월(소)	5월(대)	6월(소)	7월(대)	8월(소)	9월(대)	10월(소)	11월(대)	12월(소)
	경인	신묘	임진	계사	갑오	을미	병신	정유	무술	기해	경자	신축
월건수	2	1	5	2	6	3	2	5	4	6	5	2

하수(일진수)

	1	2	3	4	5	6	7	8	9	10	11	12	13	14	15	16	17	18	19	20	21	22	23	24	25	26	27	28	29	30
정월(소)	1	1	3	2	3	2	2	2	3	3	2	2	2	3	2	3	1	3	2	3	1	1	3	2	2	2	1	1	1	
2월(대)	1	1	2	3	2	1	1	1	2	2	3	3	1	3	2	3	1	1	3	1	2	3	3	1	2	2	3	1	1	2
3월(대)	2	2	1	2	3	2	2	1	2	2	2	1	1	3	1	3	2	1	2	3	1	2	2	1	2	3	3	1	2	1
4월(소)	3	2	2	1	1	2	1	2	3	1	3	2	1	2	2	1	2	3	2	1	1	3	2	3	2	3	1	2	1	
5월(대)	3	3	3	1	1	2	1	1	2	3	3	2	1	1	3	2	1	3	3	2	1	3	2	1	3	3	1	3	3	3
6월(소)	2	2	2	1	2	2	2	2	1	2	3	2	3	1	3	2	3	1	2	1	2	2	3	1	3	2	2	1	2	
7월(대)	3	1	1	1	1	3	2	1	2	2	1	2	2	3	3	2	2	3	1	2	2	1	3	2	1	2	2	1	3	1
8월(소)	3	1	1	3	2	1	3	2	1	2	3	2	2	1	2	2	3	1	2	2	3	1	2	3	1	2	3	3	3	
9월(대)	3	2	3	3	2	1	3	2	1	1	3	2	2	1	3	2	2	3	1	3	2	2	1	3	3	2	1	2	3	3
10월(소)	2	2	2	1	1	3	2	1	2	2	3	2	2	2	3	2	3	1	1	3	1	2	2	3	1	2	2			
11월(대)	1	2	2	1	3	2	1	2	2	3	1	3	2	2	2	3	1	2	3	2	1	3	3	2	1	2	2	3	1	1
12월(소)	1	3	2	1	1	3	2	2	3	3	2	1	2	1	3	2	3	3	1	3	2	1	2	2	3	2	2	2	3	

2022년 단기 4355년 임인년_ 범해

상수(태세수)

연령	임인	신축	경자	기해	무술	정유	병신	을미	갑오	계사	임진	신묘	경인	기축	무자	정해	병술	을유	갑신	계미
	1	2	3	4	5	6	7	8	9	10	11	12	13	14	15	16	17	18	19	20
태세수	1	2	3	4	5	6	7	8	1	2	3	4	5	6	7	8	1	2	3	4
연령	임오	신사	경진	기묘	무인	정축	병자	을해	갑술	계유	임신	신미	경오	기사	무진	정묘	병인	을축	갑자	계해
	21	22	23	24	25	26	27	28	29	30	31	32	33	34	35	36	37	38	39	40
태세수	5	6	7	8	1	2	3	4	5	6	7	8	1	2	3	4	5	6	7	8
연령	임술	신유	경신	기미	무오	정사	병진	을묘	갑인	계축	임자	신해	경술	기유	무신	정미	병오	을사	갑진	계묘
	41	42	43	44	45	46	47	48	49	50	51	52	53	54	55	56	57	58	59	60
태세수	1	2	3	4	5	6	7	8	1	2	3	4	5	6	7	8	1	2	3	4
연령	임인	신축	경자	기해	무술	정유	병신	을미	갑오	계사	임진	신묘	경인	기축	무자	정해	병술	을유	갑신	계미
	61	62	63	64	65	66	67	68	69	70	71	72	73	74	75	76	77	78	79	80
태세수	5	6	7	8	1	2	3	4	5	6	7	8	1	2	3	4	5	6	7	8
연령	임오	신사	경진	기묘	무인	정축	병자	을해	갑술	계유	임신	신미	경오	기사	무진	정묘	병인	을축	갑자	계해
	81	82	83	84	85	86	87	88	89	90	91	92	93	94	95	96	97	98	99	100
태세수	1	2	3	4	5	6	7	8	1	2	3	4	5	6	7	8	1	2	3	4

중수(월건수)

월별	정월(대)	2월(소)	3월(대)	4월(소)	5월(대)	6월(대)	7월(소)	8월(대)	9월(소)	10월(대)	11월(소)	12월(대)
	임인	계묘	갑진	을사	병오	정미	무신	기유	경술	신해	임자	계축
월건수	1	4	2	5	4	2	5	3	6	5	2	1

하수(일진수)

	1	2	3	4	5	6	7	8	9	10	11	12	13	14	15	16	17	18	19	20	21	22	23	24	25	26	27	28	29	30
정월(대)	1	2	3	3	1	1	1	1	3	2	3	2	3	3	3	2	2	2	1	3	3	1	3	2	3	1	1	3	2
2월(소)	2	2	1	1	3	3	1	2	1	3	3	3	3	1	2	1	1	1	2	2	1	1	3	3	2	2	3
3월(대)	2	2	1	2	2	2	1	1	1	3	2	3	1	2	1	3	1	2	2	1
4월(소)	3	3	3	2	2	1	1	2	1	1	1	1	2	1	3	2	3	3	2	2	1	1	3	3
5월(대)																											3	2	1	2	3	3
6월(대)	2	1	1	1	3	3	3	2	2	1	3	2	2	2	2	3	3	1	2	3	3	1	1	3	3	2	2	1	1
7월(소)	2	3	3	1	2																									
8월(대)	1	3	2	2	2	1	1	1	2	1	3	3	3	1	2	1	1	2	1	1	1	2	1	2	1	3	2
9월(소)	2	3	2	3																										3
10월(대)	2	2	1	3	3	2	2	2	1	1	1	1	1	1	1	2	2	2	2	2	2	3	3	2	2	1
11월(소)	3	3	1	2	2	2	2	1	1	1	1	1	1	2	1	3
12월(대)	2	3	2	1	1	3	1	3	2	1	1	1	2	2	1	2	1	2	2	3	1	3	3	3	1	1	3	3	2

2023년 단기 4356년 계묘년_ 토끼해

상수(태세수)

연령	계묘	임인	신축	경자	기해	무술	정유	병신	을미	갑오	계사	임진	신묘	경인	기축	무자	정해	병술	을유	갑신
	1	2	3	4	5	6	7	8	9	10	11	12	13	14	15	16	17	18	19	20
태세수	8	1	2	3	4	5	6	7	8	1	2	3	4	5	6	7	8	1	2	3
연령	계미	임오	신사	경진	기묘	무인	정축	병자	을해	갑술	계유	임신	신미	경오	기사	무진	정묘	병인	을축	갑자
	21	22	23	24	25	26	27	28	29	30	31	32	33	34	35	36	37	38	39	40
태세수	4	5	6	7	8	1	2	3	4	5	6	7	8	1	2	3	4	5	6	7
연령	계해	임술	신유	경신	기미	무오	정사	병진	을묘	갑인	계축	임자	신해	경술	기유	무신	정미	병오	을사	갑진
	41	42	43	44	45	46	47	48	49	50	51	52	53	54	55	56	57	58	59	60
태세수	8	1	2	3	4	5	6	7	8	1	2	3	4	5	6	7	8	1	2	3
연령	계묘	임인	신축	경자	기해	무술	정유	병신	을미	갑오	계사	임진	신묘	경인	기축	무자	정해	병술	을유	갑신
	61	62	63	64	65	66	67	68	69	70	71	72	73	74	75	76	77	78	79	80
태세수	4	5	6	7	8	1	2	3	4	5	6	7	8	1	2	3	4	5	6	7
연령	계미	임오	신사	경진	기묘	무인	정축	병자	을해	갑술	계유	임신	신미	경오	기사	무진	정묘	병인	을축	갑자
	81	82	83	84	85	86	87	88	89	90	91	92	93	94	95	96	97	98	99	100
태세수	8	1	2	3	4	5	6	7	8	1	2	3	4	5	6	7	8	1	2	3

중수(월건수)

월별	정월(소)	2월(대)	윤2월(소)	3월(대)	4월(소)	5월(대)	6월(소)	7월(대)	8월(대)	9월(소)	10월(대)	11월(소)	12월(대)
	갑인	을묘	을묘	병진	정사	무오	기미	경신	신유	임술	계해	갑자	을축
월건수	3	2	1	6	3	2	4	3	1	4	3	5	4

하수(일진수)

	1	2	3	4	5	6	7	8	9	10	11	12	13	14	15	16	17	18	19	20	21	22	23	24	25	26	27	28	29	30
정월(소)	2	1	1	2	3	3	1	2	2	3	3	3	3	3	1	2	1	1	2	2	2	1	1	3	2	2	3	2		
2월(대)	2	3	1	1	3	2	2	2	1	1	3	3	1	2	1	3	3	3	1	1	2	1	2	1	1	2	2	1	1	1
윤2월(소)	3	3	1	3	3	3	1	1	1	1	1	3	2	2	2	1	1	1	3	3	3	2	2	2	1	1	2	2		
3월(대)																												3	3	2
4월(소)																							3			1	1	1		
5월(대)	3	2	1	2	3																							1	1	
6월(소)	3	3	2	1																							1	1		
7월(대)																														
8월(대)																														
9월(소)	1																							1	1	1	1	1		
10월(대)	3	3	2	2	1																								3	2
11월(소)																														
12월(대)	3	1	1	3	3	2	1	2	2	3	1	2	2	3	1	3	3	2	1	2	1	1	1	2	2	2	1	1	1	1

2024년 단기 4357년 갑진년_ 용해

상수(태세수)

연령	갑진 1	계묘 2	임인 3	신축 4	경자 5	기해 6	무술 7	정유 8	병신 9	을미 10	갑오 11	계사 12	임진 13	신묘 14	경인 15	기축 16	무자 17	정해 18	병술 19	을유 20
태세수	7	8	1	2	3	4	5	6	7	8	1	2	3	4	5	6	7	8	1	2
연령	갑신 21	계미 22	임오 23	신사 24	경진 25	기묘 26	무인 27	정축 28	병자 29	을해 30	갑술 31	계유 32	임신 33	신미 34	경오 35	기사 36	무진 37	정묘 38	병인 39	을축 40
태세수	3	4	5	6	7	8	1	2	3	4	5	6	7	8	1	2	3	4	5	6
연령	갑자 41	계해 42	임술 43	신유 44	경신 45	기미 46	무오 47	정사 48	병진 49	을묘 50	갑인 51	계축 52	임자 53	신해 54	경술 55	기유 56	무신 57	정미 58	병오 59	을사 60
태세수	7	8	1	2	3	4	5	6	7	8	1	2	3	4	5	6	7	8	1	2
연령	갑진 61	계묘 62	임인 63	신축 64	경자 65	기해 66	무술 67	정유 68	병신 69	을미 70	갑오 71	계사 72	임진 73	신묘 74	경인 75	기축 76	무자 77	정해 78	병술 79	을유 80
태세수	3	4	5	6	7	8	1	2	3	4	5	6	7	8	1	2	3	4	5	6
연령	갑신 81	계미 82	임오 83	신사 84	경진 85	기묘 86	무인 87	정축 88	병자 89	을해 90	갑술 91	계유 92	임신 93	신미 94	경오 95	기사 96	무진 97	정묘 98	병인 99	을축 100
태세수	7	8	1	2	3	4	5	6	7	8	1	2	3	4	5	6	7	8	1	2

중수(월건수)

월별	정월(소) 병인	2월(대) 정묘	3월(소) 무진	4월(소) 기사	5월(대) 경오	6월(소) 신미	7월(대) 임신	8월(대) 계유	9월(소) 갑술	10월(대) 을해	11월(대) 병자	12월(소) 정축
월건수	1	6	3	6	5	2	1	5	1	6	4	1

하수(일진수)

	1	2	3	4	5	6	7	8	9	10	11	12	13	14	15	16	17	18	19	20	21	22	23	24	25	26	27	28	29	30
정월(소)	3	2	2	3	2	1	2	3	3	2	1	1	1	3	3	3	2	2	3	1	3	2	2	2	2	3	3	1	3	
2월(대)	1	1	2	2	1	1	3	3	2	2	3	1	1	2	3	1	1	1	1	3	2	3	2	2	3	3	3	2	2	
3월(소)	2	1	3	2	3	2	3	3	2	3	2	2	1	2	3	3	3	1	3	3	2	3	3	3	3	3	3	1	1	2
4월(소)	2	2	2	3	3	2	2	1	2	2	3	3	1	2	2	2	2	2	1	3	1	3	3	1	3	3	1	1	1	
5월(대)	1	1	1	3	2	2	3	2	2	2	2	2	1	1	3	3	2	1	3	3	1	3	2	2	2	2	2	3	3	3
6월(소)	1	3	3	3	1	3	3	2	1	2	3	2	3	2	2	3	3	3	3	3	3	2	1	2	1	1	2	2		
7월(대)	3	2	2	2	2	2	2	1	2	2	2	2	2	1	2	3	2	2	2	3	2	2	3	3	2	2	2	3	3	1
8월(대)	2	1	1	2	2	1	1	2	1	2	3	2	1	2	3	3	3	1	1	1	3	2	2	3	2	2	2	3	3	
9월(소)	3	2	1	3	1	1	1	1	1	2	3	2	1	3	1	2	2	2	2	1	1	1	1	2	2	2	2	2	2	
10월(대)	2	2	3	2	2	2	3	1	3	3	1	2	2	3	1	2	2	2	2	2	3	1	3	3	1					
11월(대)	1	1	3	3	3	2	1	1	1	2	2	2	2	2	2	1	2	2	3	2	1	2	1	1	1	1				
12월(소)	2	2	3	2	2	2	3	2	1	2	2	3	1	1	2	2	2	1	3	1	3	3								

2025년 단기 4358년 을사년_ 뱀해

상수(태세수)

연령	을사	갑진	계묘	임인	신축	경자	기해	무술	정유	병신	을미	갑오	계사	임진	신묘	경인	기축	무자	정해	병술
	1	2	3	4	5	6	7	8	9	10	11	12	13	14	15	16	17	18	19	20
태세수	2	3	4	5	6	7	8	1	2	3	4	5	6	7	8	1	2	3	4	5
연령	을유	갑신	계미	임오	신사	경진	기묘	무인	정축	병자	을해	갑술	계유	임신	신미	경오	기사	무진	정묘	병인
	21	22	23	24	25	26	27	28	29	30	31	32	33	34	35	36	37	38	39	40
태세수	6	7	8	1	2	3	4	5	6	7	8	1	2	3	4	5	6	7	8	1
연령	을축	갑자	계해	임술	신유	경신	기미	무오	정사	병진	을묘	갑인	계축	임자	신해	경술	기유	무신	정미	병오
	41	42	43	44	45	46	47	48	49	50	51	52	53	54	55	56	57	58	59	60
태세수	2	3	4	5	6	7	8	1	2	3	4	5	6	7	8	1	2	3	4	5
연령	을사	갑진	계묘	임인	신축	경자	기해	무술	정유	병신	을미	갑오	계사	임진	신묘	경인	기축	무자	정해	병술
	61	62	63	64	65	66	67	68	69	70	71	72	73	74	75	76	77	78	79	80
태세수	6	7	8	1	2	3	4	5	6	7	8	1	2	3	4	5	6	7	8	1
연령	을유	갑신	계미	임오	신사	경진	기묘	무인	정축	병자	을해	갑술	계유	임신	신미	경오	기사	무진	정묘	병인
	81	82	83	84	85	86	87	88	89	90	91	92	93	94	95	96	97	98	99	100
태세수	2	3	4	5	6	7	8	1	2	3	4	5	6	7	8	1	2	3	4	5

중수(월건수)

월별	정월(대)	2월(소)	3월(대)	4월(소)	5월(소)	6월(대)	윤6월(소)	7월(대)	8월(소)	9월(대)	10월(대)	11월(대)	12월(소)
	무인	기묘	경진	신사	임오	계미	계미	갑신	을유	병술	정해	무자	기축
월건수	6	2	1	4	2	1	6	4	1	6	3	2	4

하수(일진수)

	1	2	3	4	5	6	7	8	9	10	11	12	13	14	15	16	17	18	19	20	21	22	23	24	25	26	27	28	29	30
정월(대)	2	2	1	1	1	3	2	2	3	1	2	3	3	2	1	1	1	3	3	3	2	2	3	1	3	2	2	2	2	2
2월(소)	2	3	3	1	3	2	1	1	3	3	2	2	1	2	1	2	2	3	3	3	3	2	1	2	1
3월(대)	2	1	3	2	1	2	1	1	2	1	2	3	3	3	2	2	2	3	1	3	2	2	2	3	3	2	1	3	1	3
4월(소)	3	3	1	1	2	1	3	2	2	1	3	1	3	3	2	3	2	3	1	1	1	1	3	3	3
5월(소)	3	1	3	1	3	1	2	3	3	1	2	2	1	2	2	2	2	3	2	3	2	3	1	3	3
6월(대)	2	2	2	3	2	1	1	2	2	1	2	3	2	3	3	3	2	3	1	2	2	3	3	3	3	3	3	3	3	1
윤6월(소)	2	1	1	3	2	3	2	2	1	3	2	3	2	2	3
7월(대)	1	3	3	3	3	1	1	1	1	1	1	3	3	1	1	2	1	3	3	1	2	2	1	2	1	3	1	2	1	3
8월(소)	2	1	2	1	3	1	2	2	1	1	3	2	2	1	2	3	3	2	2	1	2	2	1	2	1
9월(대)	3	2	1	1	1	3	3	3	1	3	2	1	2	2	1	3	3	3	2	2	2	1	1	3	2	3	1	2	2	2
10월(대)	1	3	3	3	2	1	2	1	3	1	3	3	1	2	1	1	2	3	3	2	2	1	2	2	2	1	1	3	1	2
11월(대)	3	1	2	1	1	1	3	1	3	1	3	3	3	1	2	2	1	2	3	1	3	3	3	2	2	3	3	2	1	1
12월(소)	1	3	1	3	3	1	3	3	2	1	2	1	3	1	2	1	3	3	3	2	2	1	1	1

2026년 단기 4359년 병오년_ 말해

상수(태세수)

연령																				
	병오	을사	갑진	계묘	임인	신축	경자	기해	무술	정유	병신	을미	갑오	계사	임진	신묘	경인	기축	무자	정해
	1	2	3	4	5	6	7	8	9	10	11	12	13	14	15	16	17	18	19	20
태세수	1	2	3	4	5	6	7	8	1	2	3	4	5	6	7	8	1	2	3	4
연령	병술	을유	갑신	계미	임오	신사	경진	기묘	무인	정축	병자	을해	갑술	계유	임신	신미	경오	기사	무진	정묘
	21	22	23	24	25	26	27	28	29	30	31	32	33	34	35	36	37	38	39	40
태세수	5	6	7	8	1	2	3	4	5	6	7	8	1	2	3	4	5	6	7	8
연령	병인	을축	갑자	계해	임술	신유	경신	기미	무오	정사	병진	을묘	갑인	계축	임자	신해	경술	기유	무신	정미
	41	42	43	44	45	46	47	48	49	50	51	52	53	54	55	56	57	58	59	60
태세수	1	2	3	4	5	6	7	8	1	2	3	4	5	6	7	8	1	2	3	4
연령	병오	을사	갑진	계묘	임인	신축	경자	기해	무술	정유	병신	을미	갑오	계사	임진	신묘	경인	기축	무자	정해
	61	62	63	64	65	66	67	68	69	70	71	72	73	74	75	76	77	78	79	80
태세수	5	6	7	8	1	2	3	4	5	6	7	8	1	2	3	4	5	6	7	8
연령	병술	을유	갑신	계미	임오	신사	경진	기묘	무인	정축	병자	을해	갑술	계유	임신	신미	경오	기사	무진	정묘
	81	82	83	84	85	86	87	88	89	90	91	92	93	94	95	96	97	98	99	100
태세수	1	2	3	4	5	6	7	8	1	2	3	4	5	6	7	8	1	2	3	4

중수(월건수)

월별	정월(대) 경인	2월(소) 신묘	3월(대) 임진	4월(소) 계사	5월(소) 갑오	6월(대) 을미	7월(소) 병신	8월(대) 정유	9월(소) 무술	10월(대) 기해	11월(대) 경자	12월(대) 신축
월건수	3	6	5	2	5	4	1	6	3	1	5	3

하수(일진수)

	1	2	3	4	5	6	7	8	9	10	11	12	13	14	15	16	17	18	19	20	21	22	23	24	25	26	27	28	29	30
정월(대)	3	1	3	2	2	2	2	2	3	3	1	3	3	3	1	1	3	2	2	1	1	2	3	3	1	2	2	3	3	3
2월(소)	3	2	1	2	1	1	2	2	2	1	1	3	2	2	1	2	1	2	3	3	2	1	1	1	3	3	3	2		
3월(대)	3	1	2	3	3	3	3	1	1	2	1	1	1	3	2	2	1	2	2	3	2	2	3	3	1	1	2	3	3	1
4월(소)	1	2	3	2	2	3	3	3	2	1	1	2	3	2	3	1	1	3	2	2	2	1	1	1						
5월(소)	1	1	2	3	2	1	2	2	2	3	1	3	2	3	3	3	2	2	3	1	3	2	2	1	1					
6월(대)	3	3	3	2	2	1	2	1	2	2	2	1	1	3	2	2	2	3	2	2	2	1	1	3	3					
7월(소)	3	2	1	2	3	3	3	2	2	1	3	1	2	3	3	2	2	2	1	1	2	3	1	3	1					
8월(대)	3	1	1	3	2	1	2	1	2	3	3	2	1	3	3	3	1	3	2	3	2	1	1	3	2	2	2	1		
9월(소)	1	1	3	2	2	1	1	2	1	2	2	1	2	3	2	2	1	1	3	3	3	2	3	1	2					
10월(대)	1	1	2	2	2	2	1	1	3	3	1	1	3	3	2	1	1	2	1	1	1	2	2	3	2	2	3	3	3	
11월(대)	2	2	2	1	1	2	3	2	1	1	1	1	3	3	2	1	1	2	2	2	1	3	1	2	2	2	3			
12월(대)	1	2	2	2	1	3	1	3	2	1	3	3	3	1	3	2	2	1	3	1	2	2	1	3	3	3				

2027년 단기 4360년 정미년_ 양해

상수(태세수)

연령	정미	병오	을사	갑진	계묘	임인	신축	경자	기해	무술	정유	병신	을미	갑오	계사	임진	신묘	경인	기축	무자
	1	2	3	4	5	6	7	8	9	10	11	12	13	14	15	16	17	18	19	20
태세수	4	5	6	7	8	1	2	3	4	5	6	7	8	1	2	3	4	5	6	7
연령	정해	병술	을유	갑신	계미	임오	신사	경진	기묘	무인	정축	병자	을해	갑술	계유	임신	신미	경오	기사	무진
	21	22	23	24	25	26	27	28	29	30	31	32	33	34	35	36	37	38	39	40
태세수	8	1	2	3	4	5	6	7	8	1	2	3	4	5	6	7	8	1	2	3
연령	정묘	병인	을축	갑자	계해	임술	신유	경신	기미	무오	정사	병진	을묘	갑인	계축	임자	신해	경술	기유	무신
	41	42	43	44	45	46	47	48	49	50	51	52	53	54	55	56	57	58	59	60
태세수	4	5	6	7	8	1	2	3	4	5	6	7	8	1	2	3	4	5	6	7
연령	정미	병오	을사	갑진	계묘	임인	신축	경자	기해	무술	정유	병신	을미	갑오	계사	임진	신묘	경인	기축	무자
	61	62	63	64	65	66	67	68	69	70	71	72	73	74	75	76	77	78	79	80
태세수	8	1	2	3	4	5	6	7	8	1	2	3	4	5	6	7	8	1	2	3
연령	정해	병술	을유	갑신	계미	임오	신사	경진	기묘	무인	정축	병자	을해	갑술	계유	임신	신미	경오	기사	무진
	81	82	83	84	85	86	87	88	89	90	91	92	93	94	95	96	97	98	99	100
태세수	4	5	6	7	8	1	2	3	4	5	6	7	8	1	2	3	4	5	6	7

중수(월건수)

월별	정월(소) 임인	2월(대) 계묘	3월(소) 갑진	4월(대) 을사	5월(소) 병오	6월(소) 정미	7월(대) 무신	8월(소) 기유	9월(소) 경술	10월(대) 신해	11월(대) 임자	12월(대) 계축
월건수	6	5	1	6	3	1	6	2	4	3	3	1

하수(일진수)

	1	2	3	4	5	6	7	8	9	10	11	12	13	14	15	16	17	18	19	20	21	22	23	24	25	26	27	28	29	30
정월(소)	2	2	2	1	1	2	2	3	2	1	1	1	2	2	1	2	2	2	3	2	3	2	2	1	3	3	3	1	2	2
2월(대)	1	2	2	3	3	3	1	1	1	2	2	2	1	1	2	2	1	2	2	3	3	3	2	3	3	3	3	2	1	1
3월(소)	1	3	3	3	2	3	2	1	3	1	2	2	2	1	1	3	1	3	3	3	3	2	2	1	1	2	3			
4월(대)	1	2	3	3	2	1	1	1	2	2	3	3	3	3	2	3	2	2	2	1	3	1	3	3	1	3	2	1	3	2
5월(소)	2	2	1	1	2	1	3	2	3	3	2	3	3	2	2	2	1	1	3	3	2	3	1	2	1	3	2	2	3	
6월(소)	2	2	3	1	1	2	1	2	2	1	1	2	3	2	2	1	3	3	3	1	3	2	2	3	2	1	3	1	3	
7월(대)	2	1	1	3	2	1	2	1	2	2	3	2	1	3	2	2	3	1	1	3	3	2	3	1	1	3	2	3	2	1
8월(소)	2	3	1	2	1	3	3	2	3	1	3	3	1	3	3	2	1	1	2	2	3	2	2	3	1	2	1	2	3	
9월(소)	1	3	2	2	1	3	3	2	1	1	1	3	3	3	1	2	3	3	2	1	2	2	1	3	1	1	2	1	1	
10월(대)	3	3	1	2	2	2	1	3	3	3	2	2	2	3	2	3	3	1	2	2	2	3	3	1	1	3	3	2	1	3
11월(대)	2	2	1	3	3	2	2	1	3	1	1	1	1	2	2	3	1	2	2	2	2	3	2	3	3	2	2	1	1	1
12월(대)	3	3	1	2	2	3	2	2	2	2	1	1	1	1	3	3	3	2	1	1	2	1	2	1	3	1				

2028년 단기 4361년 무신년_ 원숭이해

상수(태세수)

연령	무신	정미	병오	을사	갑진	계묘	임인	신축	경자	기해	무술	정유	병신	을미	갑오	계사	임진	신묘	경인	기축
	1	2	3	4	5	6	7	8	9	10	11	12	13	14	15	16	17	18	19	20
태세수	2	3	4	5	6	7	8	1	2	3	4	5	6	7	8	1	2	3	4	5
연령	무자	정해	병술	을유	갑신	계미	임오	신사	경진	기묘	무인	정축	병자	을해	갑술	계유	임신	신미	경오	기사
	21	22	23	24	25	26	27	28	29	30	31	32	33	34	35	36	37	38	39	40
태세수	6	7	8	1	2	3	4	5	6	7	8	1	2	3	4	5	6	7	8	1
연령	무진	정묘	병인	을축	갑자	계해	임술	신유	경신	기미	무오	정사	병진	을묘	갑인	계축	임자	신해	경술	기유
	41	42	43	44	45	46	47	48	49	50	51	52	53	54	55	56	57	58	59	60
태세수	2	3	4	5	6	7	8	1	2	3	4	5	6	7	8	1	2	3	4	5
연령	무신	정미	병오	을사	갑진	계묘	임인	신축	경자	기해	무술	정유	병신	을미	갑오	계사	임진	신묘	경인	기축
	61	62	63	64	65	66	67	68	69	70	71	72	73	74	75	76	77	78	79	80
태세수	6	7	8	1	2	3	4	5	6	7	8	1	2	3	4	5	6	7	8	1
연령	무자	정해	병술	을유	갑신	계미	임오	신사	경진	기묘	무인	정축	병자	을해	갑술	계유	임신	신미	경오	기사
	81	82	83	84	85	86	87	88	89	90	91	92	93	94	95	96	97	98	99	100
태세수	2	3	4	5	6	7	8	1	2	3	4	5	6	7	8	1	2	3	4	5

중수(월건수)

월별	정월(소)	2월(대)	3월(대)	4월(소)	5월(대)	윤5월(소)	6월(소)	7월(대)	8월(소)	9월(소)	10월(대)	11월(대)	12월(소)
	갑인	을묘	병진	정사	무오	무오	기미	경신	신유	임술	계해	갑자	을축
월건수	3	2	6	3	2	1	4	3	6	4	3	6	3

하수(일진수)

	1	2	3	4	5	6	7	8	9	10	11	12	13	14	15	16	17	18	19	20	21	22	23	24	25	26	27	28	29	30
정월(소)	2	2	1	3	3	3	2	2	2	1	1	2	3	2	1	1	1	2	2	3	2	2	2	2	3	3	2	2	1	
2월(대)	2	1	1	2	3	3	1	2	2	3	3	3	1	2	1	2	1	2	2	2	1	1	3	2	2	3	2	1	
3월(대)	2	3	3	2	1	1	2	3	2	2	2	1	2	2	3	2	2	3	2	2	3	1	3	3	1	1	1	3	3	2
4월(소)	2	1	1	2	3	2	2	1	3	3	2	1	2	2	2	1	2	2	1	1	3	2	2				1	3	2	
5월(대)																				3	3	3	1	3	3					1
윤5월(소)	3	3	2	2	2	1	1	1	1	1	2	2	3	3	2	2	2	2	2	2	2	2	1	3	3	1				
6월(소)																														
7월(대)	3	3	2	2	1	1	2	2	3	2	2	2	1	1	2	3	2	2	1	2	1	2	2	2	2	1	1	3	2	2
8월(소)	3	1	2	3	2	2	1	1	3	2	3	3	2	2	3	2	2	3	2	3	2	3	1	3	2	3	3	1		
9월(소)	2	1	1	2	3	2	2	2	1	3	2	2	1	2	2	3	2	3	1	2	3	2	2	3	3	3	3	1	1	
10월(대)	1	1	2	3	3	1	2	2	3	3	3	2	1	2	2	1	1	2	2	3	2	2	1	1	2	3	3	2	2	2
11월(대)	3	3	2	1	3	3	2	2	2	1	3	2	2	2	2	1	1	2	1	2	2	1	2	2	2	1	1	3	2	
12월(소)	1	1	2	1	3	1	2	2	3	3	2	2	1	2	2	3	2	1	1	1	1	2	2	3	2	2				

2029년 단기 4362년 기유년_ 닭해

상수(태세수)

연령	기유	무신	정미	병오	을사	갑진	계묘	임인	신축	경자	기해	무술	정유	병신	을미	갑오	계사	임진	신묘	경인
	1	2	3	4	5	6	7	8	9	10	11	12	13	14	15	16	17	18	19	20
태세수	6	7	8	1	2	3	4	5	6	7	8	1	2	3	4	5	6	7	8	1
연령	기축	무자	정해	병술	을유	갑신	계미	임오	신사	경진	기묘	무인	정축	병자	을해	갑술	계유	임신	신미	경오
	21	22	23	24	25	26	27	28	29	30	31	32	33	34	35	36	37	38	39	40
태세수	2	3	4	5	6	7	8	1	2	3	4	5	6	7	8	1	2	3	4	5
연령	기사	무진	정묘	병인	을축	갑자	계해	임술	신유	경신	기미	무오	정사	병진	을묘	갑인	계축	임자	신해	경술
	41	42	43	44	45	46	47	48	49	50	51	52	53	54	55	56	57	58	59	60
태세수	6	7	8	1	2	3	4	5	6	7	8	1	2	3	4	5	6	7	8	1
연령	기유	무신	정미	병오	을사	갑진	계묘	임인	신축	경자	기해	무술	정유	병신	을미	갑오	계사	임진	신묘	경인
	61	62	63	64	65	66	67	68	69	70	71	72	73	74	75	76	77	78	79	80
태세수	2	3	4	5	6	7	8	1	2	3	4	5	6	7	8	1	2	3	4	5
연령	기축	무자	정해	병술	을유	갑신	계미	임오	신사	경진	기묘	무인	정축	병자	을해	갑술	계유	임신	신미	경오
	81	82	83	84	85	86	87	88	89	90	91	92	93	94	95	96	97	98	99	100
태세수	6	7	8	1	2	3	4	5	6	7	8	1	2	3	4	5	6	7	8	1

중수(월건수)

월별	정월(대)	2월(대)	3월(소)	4월(대)	5월(대)	6월(소)	7월(소)	8월(대)	9월(소)	10월(소)	11월(대)	12월(대)
	병인	정묘	무진	기사	경오	신미	임신	계유	갑술	을해	병자	정축
월건수	2	6	3	1	5	2	6	5	1	5	4	2

하수(일진수)

	1	2	3	4	5	6	7	8	9	10	11	12	13	14	15	16	17	18	19	20	21	22	23	24	25	26	27	28	29	30
정월(대)	3	1	1	3	3	2	2	1	1	2	3	3	1	2	2	3	3	3	2	1	2	1	1	2	2	2	1	1	1	
2월(대)	3	2	2	3	2	1	2	3	1	1	1	3	3	3	3	1	2	2	2	2	3	1	3	3						
3월(소)	3	1	1	3	2	1	3	1	2	3	3	1	2	3	3	2	2	1	2	2	3	2	1	2	2	1	1			
4월(대)	2	1	3	3	3	2	1	3	3	2	2	1	1	2	3	3	1	3	3	3	1	1	2	1						
5월(대)	1	1	2	2	1	3	3	2	1	2	3	1	1	3	1	2	2	3	2	2										
6월(소)	2	1	1	3	1	2	3	2	1	2	1	2	3	3	2	3	3	1	2	3	3									
7월(소)	1	2	3	2	2	1	2	1	3	3	3	1	2	1	1	3	3	2	1											
8월(대)	1	1	2	3	2	2	1	3	3	2	3	2	1	2	2	1	3	2	2	3	2	1	2	2	3	3				
9월(소)	1	3	1	2	1	2	1	3	3	2	1	3	1	2	2	3	3	3	3	2	1	2	1	1						
10월(소)	3	2	2	2	3	1	1	2	2	2	1	1	3	3	1	2	1	2	2	3	3									
11월(대)	2	2	3	3	2	3	1	3	1	3	3	2	3	1	1	2	3	3	2	3	1									
12월(대)	1	1	3	3	2	2	1	2	2	3	1	3	3	2	2	1	2	3	2	1	1	1								

2030년 단기 4363년 경술년_ 개해

상수(태세수)

연령																				
	경술	기유	무신	정미	병오	을사	갑진	계묘	임인	신축	경자	기해	무술	정유	병신	을미	갑오	계사	임진	신묘
	1	2	3	4	5	6	7	8	9	10	11	12	13	14	15	16	17	18	19	20
태세수	6	7	8	1	2	3	4	5	6	7	8	1	2	3	4	5	6	7	8	1
연령	경인	기축	무자	정해	병술	을유	갑신	계미	임오	신사	경진	기묘	무인	정축	병자	을해	갑술	계유	임신	신미
	21	22	23	24	25	26	27	28	29	30	31	32	33	34	35	36	37	38	39	40
태세수	2	3	4	5	6	7	8	1	2	3	4	5	6	7	8	1	2	3	4	5
연령	경오	기사	무진	정묘	병인	을축	갑자	계해	임술	신유	경신	기미	무오	정사	병진	을묘	갑인	계축	임자	신해
	41	42	43	44	45	46	47	48	49	50	51	52	53	54	55	56	57	58	59	60
태세수	6	7	8	1	2	3	4	5	6	7	8	1	2	3	4	5	6	7	8	1
연령	경술	기유	무신	정미	병오	을사	갑진	계묘	임인	신축	경자	기해	무술	정유	병신	을미	갑오	계사	임진	신묘
	61	62	63	64	65	66	67	68	69	70	71	72	73	74	75	76	77	78	79	80
태세수	2	3	4	5	6	7	8	1	2	3	4	5	6	7	8	1	2	3	4	5
연령	경인	기축	무자	정해	병술	을유	갑신	계미	임오	신사	경진	기묘	무인	정축	병자	을해	갑술	계유	임신	신미
	81	82	83	84	85	86	87	88	89	90	91	92	93	94	95	96	97	98	99	100
태세수	6	7	8	1	2	3	4	5	6	7	8	1	2	3	4	5	6	7	8	1

중수(월건수)

월별	정월(소) 무인	2월(대) 기묘	3월(소) 경진	4월(대) 신사	5월(대) 임오	6월(소) 계미	7월(대) 갑신	8월(소) 을유	9월(대) 병술	10월(소) 정해	11월(대) 무자	12월(소) 기축
월건수	5	3	6	5	3	6	4	1	6	3	2	4

하수(일진수)

	1	2	3	4	5	6	7	8	9	10	11	12	13	14	15	16	17	18	19	20	21	22	23	24	25	26	27	28	29	30
정월(소)	2	2	3	2	2	2	3	3	2	1	1	3	1	2	2	3	1	2	3	1	2	2	2	1	3	1	3	3		
2월(대)	2	2	1	1	1	3	2	2	3	2	1	2	3	3	1	1	3	3	3	2	2	3	1	3	2	2	2	2	2	2
3월(소)	2	3	3	1	1	1	3	1	2	2	2	2	2	3	3	3	3	3	2	3	3	3	3	2	2	2	1	2	1	
4월(대)	2	3	3	2	2	1	2	2	1	2	3	2	2	2	2	3	2	2	1	3	1	3	3	3	1	3	3	1	2	3
5월(대)	2	3	1	1	2	3	2	2	2	3	2	2	2	3	2	1	1	1	3	2	2	3	1	1	1	1	3	2	3	2
6월(소)	2	3	3	3	2	2	2	1	3	2	1	2	2	2	2	2	2	2	1	1	3	2	1	3	1	2	1	3		
7월(대)	1	1	1	2	2	2	2	3	1	3	2	2	3	3	3	3	3	3	3	3	3	1	2	2	2	2	2	1	3	1
8월(소)	3	1	2	3	3	3	3	1	1	1	3	3	2	3	3	3	3	2	2	2	1	2	2	1	2	2	3	2		
9월(대)	2	2	1	1	2	2	2	1	3	3	3	2	3	3	3	3	3	3	2	2	3	1	1	2	2	1	2	1	3	1
10월(소)	2	1	1	2	2	2	1	1	1	3	2	2	3	2	2	2	3	1	1	1	3	3	3	2	2	3	1			
11월(대)	1	3	3	3	3	1	1	2	1	2	2	1	2	2	3	3	2	2	2	2	1	2	2	1	1	1	1	1	1	3
12월(소)	2	3	3	2	2	1	1	3	3	2	2	2	2	1	2	2	2	2	2	1	1	2	2	2	2	2	1	3	1	1

2031년 단기 4364년 신해년_ 돼지해

상수(태세수)

연령	신해	경술	기유	무신	정미	병오	을사	갑진	계묘	임인	신축	경자	기해	무술	정유	병신	을미	갑오	계사	임진
	1	2	3	4	5	6	7	8	9	10	11	12	13	14	15	16	17	18	19	20
태세수	3	4	5	6	7	8	1	2	3	4	5	6	7	8	1	2	3	4	5	6
연령	신묘	경인	기축	무자	정해	병술	을유	갑신	계미	임오	신사	경진	기묘	무인	정축	병자	을해	갑술	계유	임신
	21	22	23	24	25	26	27	28	29	30	31	32	33	34	35	36	37	38	39	40
태세수	7	8	1	2	3	4	5	6	7	8	1	2	3	4	5	6	7	8	1	2
연령	신미	경오	기사	무진	정묘	병인	을축	갑자	계해	임술	신유	경신	기미	무오	정사	병진	을묘	갑인	계축	임자
	41	42	43	44	45	46	47	48	49	50	51	52	53	54	55	56	57	58	59	60
태세수	3	4	5	6	7	8	1	2	3	4	5	6	7	8	1	2	3	4	5	6
연령	신해	경술	기유	무신	정미	병오	을사	갑진	계묘	임인	신축	경자	기해	무술	정유	병신	을미	갑오	계사	임진
	61	62	63	64	65	66	67	68	69	70	71	72	73	74	75	76	77	78	79	80
태세수	7	8	1	2	3	4	5	6	7	8	1	2	3	4	5	6	7	8	1	2
연령	신묘	경인	기축	무자	정해	병술	을유	갑신	계미	임오	신사	경진	기묘	무인	정축	병자	을해	갑술	계유	임신
	81	82	83	84	85	86	87	88	89	90	91	92	93	94	95	96	97	98	99	100
태세수	3	4	5	6	7	8	1	2	3	4	5	6	7	8	1	2	3	4	5	6

중수(월건수)

월별	정월(대)	2월(소)	3월(대)	윤3월(소)	4월(대)	5월(소)	6월(대)	7월(대)	8월(소)	9월(대)	10월(소)	11월(대)	12월(소)
	경인	신묘	임진	임진	계사	갑오	을미	병신	정유	무술	기해	경자	신축
월건수	3	6	1	4	2	5	3	1	2	5	4	5	2

하수(일진수)

	1	2	3	4	5	6	7	8	9	10	11	12	13	14	15	16	17	18	19	20	21	22	23	24	25	26	27	28	29	30
정월(대)	3	2	1	1	1	1	2	2	3	2	2	2	3	3	2	2	1	1	3	3	1	2	2	3	1	1	2	2	2	2
2월(소)	1	3	1	3	3	1	1	1	3	3	2	1	1	3	2	1	2	1	3	3	3	2	2	2	1	1				
3월(대)	3	1	2	2	3	2	2	1	1	3	2	2	1	1	1	2	2	3	3	1	2	2	1	3	3	1	2	3	3	3
윤3월(소)	3	2	1	2	1	1	2	2	1	1	3	2	3	2	2	3	2	1	1	1	1	1	3	3	3	2				
4월(대)	3	1	2	1	2	2	2	1	1	1	2	2	1	3	2	1	3	2	1	3	3	2	1	3	3	1	1	3	1	1
5월(소)	1	1	3	1	1	2	1	3	3	3	2	1	3	1	3	2	3	1	1	1	2	2	3	2	1	1				
6월(대)	1	1	3	2	2	1	3	2	2	3	1	2	1	3	2	2	2	1	1	3	2	1	3	1	2	3	3	1	3	2
7월(대)	2	2	2	1	3	1	1	1	2	2	3	1	1	3	2	3	3	1	2	3	1	1	3	3	3	2	2	1	2	2
8월(소)	1	1	2	1	1	3	1	3	1	3	2	3	1	3	3	1	1	3	2	2	2	2	1	3	2	1				
9월(대)	3	3	3	2	3	3	2	2	2	2	3	3	1	3	2	3	1	2	2	1	1	1	1	3	1	3	2	1	3	2
10월(소)	3	2	2	3	1	1	1	2	2	1	1	2	1	1	3	1	3	1	3	3	2	2	3	3	2	1				
11월(대)	3	1	2	1	1	1	1	3	3	2	2	2	2	3	3	3	2	1	1	3	3	1	2	2	2	3	1	2	1	1
12월(소)	1	3	3	1	2	1	3	3	3	1	1	1	1	1	2	1	1	3	2	2	3	1	1	2						

2032년 단기 4365년 임자년_ 쥐해

상수(태세수)

연령																				
	임자	신해	경술	기유	무신	정미	병오	을사	갑진	계묘	임인	신축	경자	기해	무술	정유	병신	을미	갑오	계사
	1	2	3	4	5	6	7	8	9	10	11	12	13	14	15	16	17	18	19	20
태세수	2	3	4	5	6	7	8	1	2	3	4	5	6	7	8	1	2	3	4	5
연령	임진	신묘	경인	기축	무자	정해	병술	을유	갑신	계미	임오	신사	경진	기묘	무인	정축	병자	을해	갑술	계유
	21	22	23	24	25	26	27	28	29	30	31	32	33	34	35	36	37	38	39	40
태세수	6	7	8	1	2	3	4	5	6	7	8	1	2	3	4	5	6	7	8	1
연령	임신	신미	경오	기사	무진	정묘	병인	을축	갑자	계해	임술	신유	경신	기미	무오	정사	병진	을묘	갑인	계축
	41	42	43	44	45	46	47	48	49	50	51	52	53	54	55	56	57	58	59	60
태세수	2	3	4	5	6	7	8	1	2	3	4	5	6	7	8	1	2	3	4	5
연령	임자	신해	경술	기유	무신	정미	병오	을사	갑진	계묘	임인	신축	경자	기해	무술	정유	병신	을미	갑오	계사
	61	62	63	64	65	66	67	68	69	70	71	72	73	74	75	76	77	78	79	80
태세수	6	7	8	1	2	3	4	5	6	7	8	1	2	3	4	5	6	7	8	1
연령	임진	신묘	경인	기축	무자	정해	병술	을유	갑신	계미	임오	신사	경진	기묘	무인	정축	병자	을해	갑술	계유
	81	82	83	84	85	86	87	88	89	90	91	92	93	94	95	96	97	98	99	100
태세수	2	3	4	5	6	7	8	1	2	3	4	5	6	7	8	1	2	3	4	5

중수(월건수)

월별	정월(대) 임인	2월(소) 계묘	3월(소) 갑진	4월(대) 을사	5월(소) 병오	6월(대) 정미	7월(대) 무신	8월(소) 기유	9월(대) 경술	10월(대) 신해	11월(소) 임자	12월(대) 계축
월건수	1	4	1	6	3	2	6	2	1	5	2	1

하수(일진수)

	1	2	3	4	5	6	7	8	9	10	11	12	13	14	15	16	17	18	19	20	21	22	23	24	25	26	27	28	29	30
정월(대)	1	1	2	2	2	2	1	3	1	3	3	1	1	3	3	3	2	1	2	1	3	1	2	2	1	3	3
2월(소)	2	2	2	1	1	2	3	2	1	1	1	2	3	2	2	2	3	3	2	2	1	1	3	3	1	2	2
3월(소)	1	2	3	3	3	2	1	2	2	2	2	2	1	1	3	2	1	1	3	2	3	2	1
4월(대)	2	2	1	1	3	3	1	1	1	2	1	2	3	1	1	3	3	2	3	1
5월(소)	1	2	3	1	1	1	3	2	2	1	1	1	2	2	1	3	2	3	1	1	3
6월(대)	3	3	3	2	2	1	1	3	3	3	1	2	2	2	3	2	2	1	3	3	1
7월(대)	3	3	3	2	2	1	1	3	3	3	1	2	2	2	3	2	2	1	1	3
8월(소)	3	3	3	2	2	1	1	3	3	3	1	2	2	2	3	2	2	1	1	3
9월(대)	2	3	1	2	3	1	1	2	3	1	1	2	3	3
10월(대)	2	1	1	1	3	3	3	2	2	1	3	2	2	2	2	3	3	3	3	1	1	3	3	2	2	1	1
11월(소)	2	1	2	2	3	3	3	1	2	2	2	1	1	2	2	3	3	1	3
12월(대)	1	3	2	2	1	2	3	3	2	1	2	3	3	1	2	3	1	2	1	1	2	2	1	3	2

2033년 단기 4366년 계축년_ 소해

상수(태세수)

연령	계축	임자	신해	경술	기유	무신	정미	병오	을사	갑진	계묘	임인	신축	경자	기해	무술	정유	병신	을미	갑오
	1	2	3	4	5	6	7	8	9	10	11	12	13	14	15	16	17	18	19	20
태세수	3	4	5	6	7	8	1	2	3	4	5	6	7	8	1	2	3	4	5	6
연령	계사	임진	신묘	경인	기축	무자	정해	병술	을유	갑신	계미	임오	신사	경진	기묘	무인	정축	병자	을해	갑술
	21	22	23	24	25	26	27	28	29	30	31	32	33	34	35	36	37	38	39	40
태세수	7	8	1	2	3	4	5	6	7	8	1	2	3	4	5	6	7	8	1	2
연령	계유	임신	신미	경오	기사	무진	정묘	병인	을축	갑자	계해	임술	신유	경신	기미	무오	정사	병진	을묘	갑인
	41	42	43	44	45	46	47	48	49	50	51	52	53	54	55	56	57	58	59	60
태세수	3	4	5	6	7	8	1	2	3	4	5	6	7	8	1	2	3	4	5	6
연령	계축	임자	신해	경술	기유	무신	정미	병오	을사	갑진	계묘	임인	신축	경자	기해	무술	정유	병신	을미	갑오
	61	62	63	64	65	66	67	68	69	70	71	72	73	74	75	76	77	78	79	80
태세수	7	8	1	2	3	4	5	6	7	8	1	2	3	4	5	6	7	8	1	2
연령	계사	임진	신묘	경인	기축	무자	정해	병술	을유	갑신	계미	임오	신사	경진	기묘	무인	정축	병자	을해	갑술
	81	82	83	84	85	86	87	88	89	90	91	92	93	94	95	96	97	98	99	100
태세수	3	4	5	6	7	8	1	2	3	4	5	6	7	8	1	2	3	4	5	6

중수(월건수)

월별	정월(소)	2월(대)	3월(소)	4월(소)	5월(대)	6월(소)	7월(대)	8월(대)	9월(대)	10월(대)	11월(대)	윤11월(소)	12월(대)
	갑인	을묘	병진	정사	무오	기미	경신	신유	임술	계해	갑자	갑자	을축
월건수	3	2	5	3	2	4	3	1	5	3	3	5	4

하수(일진수)

	1	2	3	4	5	6	7	8	9	10	11	12	13	14	15	16	17	18	19	20	21	22	23	24	25	26	27	28	29	30
정월(소)	2	3	1	1	2	3	3	1	1	1	1	3	2	3	2	2	3	3	2	2	1	2	2	1	1	3	1	3	2	3
2월(대)	2	2	1	3	3	2	2	2	1	1	2	3	1	1	1	1	3	2	2	3	2	2	2	3	3	2	2	1	1	1
3월(소)	3	1	2	2	1	2	2	2	1	1	2	2	1	1	3	2	2	2	1	1	2	3	2	3	3	1	2	2	1	3
4월(소)	2	2	3	1	1	2	3	3	2	3	2	1	2	1	2	3	3	2	3	2	3	2	3	3	1	3	3	1	1	3
5월(대)	3	2	3	1	1	1	1	2	2	2	1	2	1	3	1	2	2	1	1	1	2	1	1	2	2	2	3	1	1	3
6월(소)	2	3	1	1	3	2	1	1	2	3	1	1	3	3	1	1	1	1	1	1	1	1	2	3	3	1	1	2	1	
7월(대)	2	1	3	1	2	3	3	1	1	3	1	2	3	2	1	1	2	2	3	2	1	2	2	1	1	1	2	2	1	1
8월(대)	1	3	1	2	2	1	3	1	2	2	1	3	2	1	1	1	2	1	1	2	2	1	1	1	1	1	2	1	1	1
9월(대)	3	1	2	2	1	1	1	2	1	1	2	2	2	2	1	2	2	1	3	3	1	2	1	3	2	2	1	2	2	2
10월(대)	3	2	1	2	3	2	3	1	1	3	2	2	2	3	1	1	3	2	2	2	1	1	3	3	3	1	3	3	1	1
11월(대)	3	3	2	1	2	1	3	1	1	3	3	1	2	3	2	1	1	3	2	3	1	3	3	3	1	1	3	2	2	2
윤11월(소)	3	1	3	1	1	1	3	2	1	1	3	3	3	1	1	3	1	3	3	2	2	3	1	3	3	3	2	1	1	
12월(대)	2	1	1	3	2	3	3	2	1	1	2	3	1	1	1	1	3	2	3	3	1	3	2	2	3	3	2	2	1	3

2034년 단기 4367년 갑인년_ 범해

상수(태세수)

연령																				
	갑인	계축	임자	신해	경술	기유	무신	정미	병오	을사	갑진	계묘	임인	신축	경자	기해	무술	정유	병신	을미
	1	2	3	4	5	6	7	8	9	10	11	12	13	14	15	16	17	18	19	20
태세수	4	5	6	7	8	1	2	3	4	5	6	7	8	1	2	3	4	5	6	7
연령	갑오	계사	임진	신묘	경인	기축	무자	정해	병술	을유	갑신	계미	임오	신사	경진	기묘	무인	정축	병자	을해
	21	22	23	24	25	26	27	28	29	30	31	32	33	34	35	36	37	38	39	40
태세수	8	1	2	3	4	5	6	7	8	1	2	3	4	5	6	7	8	1	2	3
연령	갑술	계유	임신	신미	경오	기사	무진	정묘	병인	을축	갑자	계해	임술	신유	경신	기미	무오	정사	병진	을묘
	41	42	43	44	45	46	47	48	49	50	51	52	53	54	55	56	57	58	59	60
태세수	4	5	6	7	8	1	2	3	4	5	6	7	8	1	2	3	4	5	6	7
연령	갑인	계축	임자	신해	경술	기유	무신	정미	병오	을사	갑진	계묘	임인	신축	경자	기해	무술	정유	병신	을미
	61	62	63	64	65	66	67	68	69	70	71	72	73	74	75	76	77	78	79	80
태세수	8	1	2	3	4	5	6	7	8	1	2	3	4	5	6	7	8	1	2	3
연령	갑오	계사	임진	신묘	경인	기축	무자	정해	병술	을유	갑신	계미	임오	신사	경진	기묘	무인	정축	병자	을해
	81	82	83	84	85	86	87	88	89	90	91	92	93	94	95	96	97	98	99	100
태세수	4	5	6	7	8	1	2	3	4	5	6	7	8	1	2	3	4	5	6	7

중수(월건수)

월별	정월(소)	2월(대)	3월(소)	4월(소)	5월(대)	6월(소)	7월(대)	8월(소)	9월(대)	10월(대)	11월(대)	12월(소)
	병인	정묘	무진	기사	경오	신미	임신	계유	갑술	을해	병자	정축
월건수	1	6	3	6	5	2	1	4	2	6	4	1

하수(일진수)

	1	2	3	4	5	6	7	8	9	10	11	12	13	14	15	16	17	18	19	20	21	22	23	24	25	26	27	28	29	30
정월(소)	3	1	3	2	3	1	1	3	2	2	1	1	3	3	1	2	3	1	3	3	3	1	1	2	1	1	1			
2월(대)	3	3	2	2	1	1	3	3	1	2	2	3	1	2	2	2	2	1	3	3	1	1	1	3	3	2				
3월(소)	1	1	2	1	2	3	3	1	1	2	3	3	2	1	1	1	1	2	1	2	1	1	1	2	2	2				
4월(소)	3	1	3	2	1	2	2	3	1	3	2	1	2	1	2	1	1	2	2	2	1									
5월(대)	1	3	3	2	2	3	3	3	1	2	2	1	3	3	1	2	1													
6월(소)	1	1	2	2	1	3	3	3	2	2	1	2	3	3	1	1	1	3	2	3	2	3	3	3	2					
7월(대)	3	3	1	1	1																									
8월(소)	2	2	2	3	2	1	2	1	1	1	2	2	2	3	1	3	3	1	1	1										
9월(대)	1	1	2	1	1	1	2	1	2	3																			2	3
10월(대)	1	3	3	1	1	3	3	2	2	1	2	2	3	3	3	2	1	1	1	2	2	2								
11월(대)	1	1	1	1	2	1	2	3	2	3	3	3	3																2	3
12월(소)	1	3	3	3	1	2	2	3	1	2	3	2	3	3	2	1	1	2	2	3										

2035년 단기 4368년 을묘년_ 토끼해

상수(태세수)

연령	을묘	갑인	계축	임자	신해	경술	기유	무신	정미	병오	을사	갑진	계묘	임인	신축	경자	기해	무술	정유	병신
	1	2	3	4	5	6	7	8	9	10	11	12	13	14	15	16	17	18	19	20
태세수	3	4	5	6	7	8	1	2	3	4	5	6	7	8	1	2	3	4	5	6
연령	을미	갑오	계사	임진	신묘	경인	기축	무자	정해	병술	을유	갑신	계미	임오	신사	경진	기묘	무인	정축	병자
	21	22	23	24	25	26	27	28	29	30	31	32	33	34	35	36	37	38	39	40
태세수	7	8	1	2	3	4	5	6	7	8	1	2	3	4	5	6	7	8	1	2
연령	을해	갑술	계유	임신	신미	경오	기사	무진	정묘	병인	을축	갑자	계해	임술	신유	경신	기미	무오	정사	병진
	41	42	43	44	45	46	47	48	49	50	51	52	53	54	55	56	57	58	59	60
태세수	3	4	5	6	7	8	1	2	3	4	5	6	7	8	1	2	3	4	5	6
연령	을묘	갑인	계축	임자	신해	경술	기유	무신	정미	병오	을사	갑진	계묘	임인	신축	경자	기해	무술	정유	병신
	61	62	63	64	65	66	67	68	69	70	71	72	73	74	75	76	77	78	79	80
태세수	7	8	1	2	3	4	5	6	7	8	1	2	3	4	5	6	7	8	1	2
연령	을미	갑오	계사	임진	신묘	경인	기축	무자	정해	병술	을유	갑신	계미	임오	신사	경진	기묘	무인	정축	병자
	81	82	83	84	85	86	87	88	89	90	91	92	93	94	95	96	97	98	99	100
태세수	3	4	5	6	7	8	1	2	3	4	5	6	7	8	1	2	3	4	5	6

중수(월건수)

월별	정월(대)	2월(소)	3월(대)	4월(소)	5월(소)	6월(대)	7월(소)	8월(소)	9월(대)	10월(대)	11월(소)	12월(대)
	무인	기묘	경진	신사	임오	계미	갑신	을유	병술	정해	무자	기축
월건수	6	2	1	4	2	1	3	1	6	4	1	5

하수(일진수)

	1	2	3	4	5	6	7	8	9	10	11	12	13	14	15	16	17	18	19	20	21	22	23	24	25	26	27	28	29	30
정월(대)	3	2	2	2	1	3	3	1	3	2	3	1	1	3	2	2	3	2	2	1	1	3	3	1	2	1	2	3	3	1
2월(소)	1	2	1	1	1	2	2	1	1	3	3	2	2	3	1	1	2	3	3	1	1	1	3	1	2	3	2	2	2	3
3월(대)	1	1	3	3	2	1	1	1	2	1	1	2	2	3	3	2	2	2	1	3	2	1	1	3	3	2	1	1	1	1
4월(소)	2	2	1	1	1	2	3	2	1	3	1	3	3	2	3	1	2	2	2	1	3	1	2	1	3	1	3	3		
5월(소)	2	1	1	1	2	2	1	3	2	3	2	3	1	2	3	3	1	2	2	3	2	1	1	2	3	1	3	3		
6월(대)	3	3	1	2	1	2	1	3	3	1	2	3	1	3	3	1	3	3	3	1	3	1	1	1	3	1	1	2	3	2
7월(소)	2	3	3	2	1	3	1	1	3	2	2	1	1	2	1	3	2	2	3	3	1	2	1	3	2	1	3	3		
8월(소)	1	1	1	1	2	3	1	2	1	3	3	3	1	3	3	1	1	1	2	1	2	3	3	3	3	2	1	1		
9월(대)	2	1	1	2	3	3	1	3	1	1	2	2	2	2	1	1	2	1	2	3	1	3	3	1	1	2	1	1	3	3
10월(대)	2	2	2	2	1	3	3	2	2	1	3	3	1	1	1	3	3	2	3	1	2	2	1	3	2	3	1	2	2	1
11월(소)	2	1	1	2	1	1	3	2	1	2	1	3	1	2	1	1	3	2	3	2	3	3	1	3	3	1	1	1		
12월(대)	1	3	3	2	2	1	2	1	1	3	1	2	3	3	2	3	2	1	1	3	2	3	1	2	1	1	1	1	1	3

2036년 단기 4369년 병진년_ 용해

상수(태세수)

연령																				
	병진	을묘	갑인	계축	임자	신해	경술	기유	무신	정미	병오	을사	갑진	계묘	임인	신축	경자	기해	무술	정유
	1	2	3	4	5	6	7	8	9	10	11	12	13	14	15	16	17	18	19	20
태세수	5	6	7	8	1	2	3	4	5	6	7	8	1	2	3	4	5	6	7	8
연령	병신	을미	갑오	계사	임진	신묘	경인	기축	무자	정해	병술	을유	갑신	계미	임오	신사	경진	기묘	무인	정축
	21	22	23	24	25	26	27	28	29	30	31	32	33	34	35	36	37	38	39	40
태세수	1	2	3	4	5	6	7	8	1	2	3	4	5	6	7	8	1	2	3	4
연령	병자	을해	갑술	계유	임신	신미	경오	기사	무진	정묘	병인	을축	갑자	계해	임술	신유	경신	기미	무오	정사
	41	42	43	44	45	46	47	48	49	50	51	52	53	54	55	56	57	58	59	60
태세수	5	6	7	8	1	2	3	4	5	6	7	8	1	2	3	4	5	6	7	8
연령	병진	을묘	갑인	계축	임자	신해	경술	기유	무신	정미	병오	을사	갑진	계묘	임인	신축	경자	기해	무술	정유
	61	62	63	64	65	66	67	68	69	70	71	72	73	74	75	76	77	78	79	80
태세수	1	2	3	4	5	6	7	8	1	2	3	4	5	6	7	8	1	2	3	4
연령	병신	을미	갑오	계사	임진	신묘	경인	기축	무자	정해	병술	을유	갑신	계미	임오	신사	경진	기묘	무인	정축
	81	82	83	84	85	86	87	88	89	90	91	92	93	94	95	96	97	98	99	100
태세수	5	6	7	8	1	2	3	4	5	6	7	8	1	2	3	4	5	6	7	8

중수(월건수)

월별	정월(대)	2월(대)	3월(소)	4월(대)	5월(소)	6월(소)	윤6월(대)	7월(소)	8월(소)	9월(대)	10월(소)	11월(대)	12월(대)
	경인	신묘	임진	계사	갑오	을미	을미	병신	정유	무술	기해	경자	신축
월건수	3	1	4	3	5	3	4	1	5	4	6	5	3

하수(일진수)

	1	2	3	4	5	6	7	8	9	10	11	12	13	14	15	16	17	18	19	20	21	22	23	24	25	26	27	28	29	30
정월(대)	2	3	2	2	3	3	3	2	2	2	1	3	3	1	3	2	3	3	1	1	3	2	2	2	1	1	3	3	1	2
2월(대)	1	3	3	3	3	1	1	2	2	1	1	1	2	2	1	1	3	2	2	3	1	1	2	3	3	1	1	1	1	3
3월(소)	2	3	3	1	3	2	3	3	1	1	3	2	2	2	1	1	3	3	1	2	1	3	3	3	3	1	1	3	3	1
4월(대)	3	2	1	1	2	2	3	2	2	2	3	3	2	2	1	1	3	3	1	2	2	3	3	1	1	2	2	2	2	2
5월(소)	3	2	2	3	3	1	1	2	2	1	1	1	1	2	3	3	1	3	2	3	3	3	3	2	2	2	1	1	1	
6월(소)	3	1	3	2	2	2	3	3	1	1	3	2	3	3	1	1	1	2	3	2	2	3	3	1	1	1	2	2	3	3
윤6월(대)	1	1	3	2	2	2	2	3	3	2	3	3	1	1	3	3	2	1	1	3	3	1	1	2	2	1	1	2	2	3
7월(소)	3	1	2	3	3	3	1	2	2	1	1	1	2	1	1	2	2	2	3	1	1	1	1	2	3	3	3	3	1	
8월(소)	2	2	2	1	1	2	1	2	3	3	2	3	3	1	1	3	2	1	1	2	3	3	1	1	1	1	2	3	2	
9월(대)	3	2	2	3	3	1	1	1	3	2	3	3	1	1	3	2	2	3	3	2	1	1	3	3	1	1	1	1	2	2
10월(소)	3	3	3	1	2	1	1	2	3	3	2	2	1	1	2	2	2	3	2	2	2	1	3	3	1	1	1	1	3	
11월(대)	1	1	2	2	3	3	1	3	2	2	3	2	2	3	3	1	1	3	3	2	2	3	2	2	2	1	1	2	3	6
12월(대)	3	1	1	1	3	2	3	3	2	2	3	3	2	2	2	1	3	3	1	3	2	3	1	1	3	2	2	2	2	1

2037년 단기 4370년 정사년_ 뱀해

상수(태세수)

연령	정사	병진	을묘	갑인	계축	임자	신해	경술	기유	무신	정미	병오	을사	갑진	계묘	임인	신축	경자	기해	무술
	1	2	3	4	5	6	7	8	9	10	11	12	13	14	15	16	17	18	19	20
태세수	8	1	2	3	4	5	6	7	8	1	2	3	4	5	6	7	8	1	2	3
연령	정유	병신	을미	갑오	계사	임진	신묘	경인	기축	무자	정해	병술	을유	갑신	계미	임오	신사	경진	기묘	무인
	21	22	23	24	25	26	27	28	29	30	31	32	33	34	35	36	37	38	39	40
태세수	4	5	6	7	8	1	2	3	4	5	6	7	8	1	2	3	4	5	6	7
연령	정축	병자	을해	갑술	계유	임신	신미	경오	기사	무진	정묘	병인	을축	갑자	계해	임술	신유	경신	기미	무오
	41	42	43	44	45	46	47	48	49	50	51	52	53	54	55	56	57	58	59	60
태세수	8	1	2	3	4	5	6	7	8	1	2	3	4	5	6	7	8	1	2	3
연령	정사	병진	을묘	갑인	계축	임자	신해	경술	기유	무신	정미	병오	을사	갑진	계묘	임인	신축	경자	기해	무술
	61	62	63	64	65	66	67	68	69	70	71	72	73	74	75	76	77	78	79	80
태세수	4	5	6	7	8	1	2	3	4	5	6	7	8	1	2	3	4	5	6	7
연령	정유	병신	을미	갑오	계사	임진	신묘	경인	기축	무자	정해	병술	을유	갑신	계미	임오	신사	경진	기묘	무인
	81	82	83	84	85	86	87	88	89	90	91	92	93	94	95	96	97	98	99	100
태세수	8	1	2	3	4	5	6	7	8	1	2	3	4	5	6	7	8	1	2	3

중수(월건수)

월별	정월(대)	2월(대)	3월(소)	4월(대)	5월(소)	6월(소)	7월(대)	8월(소)	9월(소)	10월(대)	11월(소)	12월(대)
	임인	계묘	갑진	을사	병오	정미	무신	기유	경술	신해	임자	계축
월건수	1	5	1	6	3	1	6	2	6	5	2	1

하수(일진수)

	1	2	3	4	5	6	7	8	9	10	11	12	13	14	15	16	17	18	19	20	21	22	23	24	25	26	27	28	29	30
정월(대)	1	1	3	3	1	2	1	3	3	3	1	1	2	1	1	1	2	2	1	1	3	2	2	3	1	1	2	3
2월(대)	3	1	1	1	1	3	2	2	2	1	3	3	1	2	2	1	3	1	3	2	3	1	1	3	2	2	2	1
3월(소)	1	1	3	3	1	2	2	1	3	3	3	1	1	2	1	1	1	2	2	1	1	3	2	2	3	1	1	2
4월(대)	1	1	2	2	1	1	3	1	3	3	1	1	2	2	1	1	1	2	2	1	3	2	2	3	1	2	1	3	3	3
5월(소)	2	2	1	1	3	3	1	2	1	3	3	3	1	1	2	2	1	3	1	1	1	1	2	3	2
6월(소)	1	2	3	3	3	3	1	2	1	2	2	1	1	1	1	1	2	2	1	3	2	1	2	3	3	2	1
7월(대)	2	2	1	1	1	2	3	1	1	1	2	1	1	2	2	1	3	1	3	2	3	1	1	3	2	2	2	1
8월(소)	1	2	3	3	1	1	1	2	3	2	2	1	1	2	1	1	3	2	1	2
9월(소)	3	3	1	1	2	2	1	3	3	3	1	2	2	1	1	2	3	2
10월(대)	2	3	1	2	2	3	1	2	2	1	1	2	2	1	1	1	1	2	2	3	2	2	1	2	3
11월(소)	2	1	1	3	2	1	1	2	2	1	2	1	1	2	1	2
12월(대)	2	3	1	1	3	1	1	1	3	3	2	2	1	2	3	3	2	1	2	2	1	1	2	3	1	2	3	1

세대별 맞춤운세 토정비결_土亭秘訣

『토정비결』

111 ~ 163 _ 211 ~ 263 _ 311 ~ 363 _ 411 ~ 463
511 ~ 563 _ 611 ~ 663 _ 711 ~ 763 _ 811 ~ 863

111 有變化之意
유변화지의

연운

東風解凍 枯木逢春
동풍해동 고목봉춘   동풍에 얼음이 풀리고 고목이 봄을 만나듯 모든 것이 순조롭다.

小往大來 積小成大
소왕대래 적소성대   작은 것이 가고 큰 것이 오니 작은 것을 쌓아서 큰 것을 이룬다.

災消福來 心神自安
재소복래 심신자안   재앙이 사라지고 복이 오니 마음이 저절로 편안하다.

月明中天 天地明朗
월명중천 천지명랑   보름달이 밝게 비추니 천지가 밝고 환하다.

春回故國 百草回生
춘회고국 백초회생   고국에 봄이 돌아오니 온갖 초목이 되살아난다.

卯月之中 必生貴子
묘월지중 필생귀자   음력 2월에는 반드시 귀한 사람을 만나거나 행운이 찾아온다.

君謀大事 何必疑慮
군모대사 하필의려   큰일을 꾀하는데 어찌 의심과 염려를 하는가.

若逢貴人 身榮家安
약봉귀인 신영가안   만일 귀인을 만난다면 몸이 영화롭고 집안도 편안하다.

春雖小通 勞力恒大
춘수소통 노력항대   봄에는 비록 조금 이루지만 노력하면 언제나 큰 것을 이룬다.

성인의 연운 활용

금전·명예	횡재운이 있으니 오랜만에 금전의 여유가 넘친다.
사업·창업	사업을 하는 사람은 뜻밖에 큰 재물이 생긴다.
주식·투자	주식투자는 이변이 없는 한 큰 이익을 얻는다.
시험·취직	고시합격 등의 영광이 있으며, 구직자는 좋은 직장이 생긴다. 직장인은 승진의 기쁨이 있다.
당선·소원	큰 뜻을 펼치려는 사람은 국회의원에 당선되며, 원하는 소원은 모두 이루어진다.
이사·매매	매매가 쉽게 이루어지고 이사하기에도 적기다. 새로운 변화를 계획하기에 좋은 시기다.
건강·사고	병을 앓던 사람은 반드시 회복된다.
애정·결혼	새로운 인연이 생기거나 좋은 짝을 만나 즐거운 시간을 보낸다. 연인과 오랫동안 사귄 사람은 결혼을 하는 기쁨도 있을 것이다.
소송·다툼	오랫동안 끌어오던 소송이 말끔히 해결될 운이다.

신세대의 연운 활용

연애·사랑	짝이 없어 외롭던 청춘남녀에게 이제야 애인이 생긴다. 상대가 문을 열고 기다리고 있으니 용기를 내라. 데이트에 즐겁고 결혼의 기쁨까지 있다.
시험·취직	평소 열심히 공부했다면 반드시 합격하여 이름을 드높인다. 시험과 취직이 모두 길하다.
건강·사고	건강은 매우 좋으며 환자는 명의를 만나 치료된다.
금전·행운	귀인의 도움을 얻어 큰돈을 번다.
소원·성취	소원하는 것은 반드시 이루어진다.

운명을 바꾸는 연운 활용

좋은 방향	남쪽
좋은 색상	하얀색
좋은 장소	산
좋은 성씨	ㅅ, ㅈ, ㅊ
좋은 숫자	2, 7

숫자로 보는 연운 활용

	좋은 달	보통 달	나쁜 달
금전·투자	1, 8월	4, 6월	2, 7월
변화·변동	1, 8월	6, 10월	2, 7월
연애·사랑	2, 8월	5, 6월	1, 7월
건강·소송	1, 8월	3, 5월	2, 7월

111

월운

봄 날씨가 화창하니 전각에 봉황이 새끼를 친다.
재앙이 사라지고 복이 오니 아들을 낳는 경사다.
만약 이와 같은 일이 없으면 재물과 토지가 늘어날 것이다.

봄 동산의 복숭아와 자두나무가 때를 만나 꽃이 활짝 피었다.
운수가 대길하니 재물이 들어온다.
만일 재수가 없으면 도리어 마음이 상할 것이다.

명산에 가서 기도하라. 반드시 안정이 될 것이다.
계책을 세워 경영해도 맞지 않으니 어찌할까.
몸과 마음에 정한 바가 없어 동과 서로 분주하게 다닌다.

재수는 평탄하다. 그러나 구설수가 있으니 주의한다.
운수가 형통하니 일이 순조롭게 이루어진다.
산길을 지나왔으니 앞으로는 큰 길을 걸을 것이다.

이 달의 운수는 입을 무겁게 다물어라.
시비를 가까이하지 마라. 불리할 것이다.
객지에서 벗을 사귀기에 조심한다.

연인을 가까이하지 마라. 구설이 두렵다.
만약 안安씨를 가까이하면 해만 있을 뿐 이익이 없다.
먼 길을 떠나지 마라. 분수를 지키는 게 가장 좋다.

복숭아와 자두나무가 봄을 만나니 꽃이 피고 열매를 맺는다.
관록官祿을 얻지 않으면 자손에게 경사가 있다.
이와 같지 않으면 횡액이 있을까 두렵다.

형상이 있는 듯 없는 듯하니 반드시 허황된 것이다.
재물이 저절로 들어오니 일신이 안락하다.
이 달의 운수는 처음에는 힘들고 뒤에는 좋아진다.

세월은 흐르는 물과 같으니 재물이 저절로 나간다.
송사를 가까이하지 마라. 재물을 잃을까 두렵다.
금성金姓을 가까이하지 마라. 송사가 불리하다.

역마살이 있으니 분주할 것이다.
운수가 불리하니 질병을 조심한다.
그렇지 않으면 부모에게 변괴가 생긴다.

재수가 불리하니 마음이 편치 않다.
동북쪽으로 멀리 떠나면 불리하다.
집에 들어앉아 분수를 지키는 것이 좋다.

새로운 일을 꾀하나 마음과 힘만 허비한다.
몸은 왕성하나 재물은 소모되니 길흉이 서로 반대이다.
큰 것이 가고 작은 것이 오니 도리어 손해를 본다.

운명을 바꾸는 **월운** 활용

	1월	2월	3월	4월	5월	6월
좋은 방향	남쪽	동쪽	남동쪽	남서쪽	서쪽	북쪽
좋은 색상	노란색	파란색	보라색	주황색	주황색	귤색
좋은 장소	한식당	목욕탕	생과일전문점	낙지음식점	철판요리집	묵요리집
좋은 성씨	ㄱ, ㅋ	ㅇ, ㅎ	ㅁ, ㅂ, ㅍ	ㄴ, ㄷ, ㅌ, ㄹ	ㄱ, ㅋ	ㅅ, ㅈ, ㅊ
좋은 숫자	6, 8	5, 6	1, 7	4, 9	4, 10	3, 8
좋은 날짜	3, 5, 14, 19, 20, 25일	1, 4, 5, 9, 18, 23일	4, 12, 15, 17, 22, 27일	8, 9, 12, 16, 20, 25일	3, 12, 13, 19, 21, 26일	2, 4, 20, 25, 26, 29일
안 좋은 날짜	6, 12, 23일	6, 10, 12일	2, 11, 18일	3, 7, 23일	15, 18, 24일	8, 13, 22일
재물·금전 지수	90	85	80	76	76	77
변화·변동 지수	95	81	77	65	72	74
건강·행복 지수	91	80	81	70	70	74

	7월	8월	9월	10월	11월	12월
좋은 방향	북쪽	북서쪽	동쪽	서쪽	남쪽	북동쪽
좋은 색상	남청색	적갈색	청록색	회색	분홍색	연두색
좋은 장소	피자집	매점	매운탕음식점	바닷가	레스토랑	뷔페식당
좋은 성씨	ㅅ, ㅈ, ㅊ	ㅇ, ㅎ	ㅁ, ㅂ, ㅍ	ㅁ, ㅂ, ㅍ	ㅅ, ㅈ, ㅊ	ㅇ, ㅎ
좋은 숫자	4, 9	2, 8	4, 6	7, 8	2, 4	1, 2
좋은 날짜	3, 6, 15, 19, 24, 28일	4, 10, 13, 20, 22, 26일	5, 6, 8, 21, 23, 29일	8, 13, 16, 19, 23, 28일	2, 6, 15, 17, 19, 20일	3, 12, 13, 16, 22, 25일
안 좋은 날짜	5, 17, 21일	5, 19, 21일	15, 16, 20일	2, 14, 24일	7, 13, 27일	6, 14, 24일
재물·금전 지수	81	92	81	74	84	81
변화·변동 지수	83	90	80	75	80	80
건강·행복 지수	80	90	82	70	85	80

先滿後虧之意
선 만 후 휴 지 의

112 연운

望月圓滿 更有虧時
망월원만 갱유휴시 — 둥근 보름달도 다시 기우는 때가 있으니 항상 행동을 조심한다.

勿貪非理 先得後失
물탐비리 선득후실 — 남의 재물을 탐하지 마라. 처음에는 얻지만 나중에는 잃는다.

誠心勞力 必有亨通
성심노력 필유형통 — 열심히 노력하면 반드시 형통함이 있다.

三春財旺 三秋多滯
삼춘재왕 삼추다체 — 봄 석 달에는 재물이 많이 생기지만 가을 석 달에는 많이 막힌다.

先笑後嚬 終見損財
선소후빈 종견손재 — 처음에는 웃지만 나중에는 어려움이 있으니 마침내는 재물을 잃는다.

家有小憂 家人不和
가유소우 가인불화 — 집안에 작은 근심이 있으니 가족이 서로 화합하지 못한다.

秋草逢霜 何事有益
추초봉상 하사유익 — 가을풀이 서리를 만났으니 무슨 일인들 유익하겠는가.

家運太否 憂苦不離
가운태부 우고불리 — 집안에 운이 막히니 우환이 떠나지 않는다.

勿近喪家 弔殺侵身
물근상가 조살침신 — 초상집에 가까이 가지 마라. 조살이 침범해 조문을 가게 된다.

성인의 연운 활용

금전 · 명예	수입에 급급하지 말고 지출을 줄이는 데 힘써야 한다.
사업 · 창업	안일하게 일을 처리하면 문서로 인해 재물에 큰 손실이 있으니 신중해야 한다.
주식 · 투자	주식투자는 무리하지 말아야 한다.
시험 · 취직	일반직은 가능하지만 과욕을 부리면 망신만 당한다. 직장인은 매우 곤란한 일이 생겨 승진이 어렵다.
당선 · 소원	현재 상태를 유지하도록 노력하라. 당선은 다음 기회를 노리는 것이 좋다.
이사 · 매매	아직은 때가 오지 않았으니 매매가 쉽게 성사되지 않는다. 이사는 서두르지 않는다.
건강 · 사고	한번 발병하면 오래 치료해야 하니 약간의 이상에도 병원을 찾는다. 장거리 여행은 사고가 우려되니 삼간다.
애정 · 결혼	일시적인 향락을 위한 사귐은 반드시 그만둔다. 자칫하면 망신살만 뻗친다. 새로운 인연은 이루기 어렵고, 부부간에 심각한 다툼이 있다.
소송 · 다툼	소송은 매우 불리하다.

신세대의 연운 활용

연애 · 사랑	삼각관계나 불륜에 빠지기 쉬우니 만남을 자제하라. 지금은 애정문제보다는 자신의 발전을 위해 노력할 시기다. 애인이나 결혼상대가 못마땅하지만, 새로운 애인이 지금 만나는 사람보다 못하니 자제한다.
시험 · 취직	노력한 만큼의 결과가 있다. 하위직이나 일반직은 합격 가능하다. 그러나 직장인의 승진은 어렵다.
건강 · 사고	건강은 무리하지만 않는다면 별 탈이 없다.
금전 · 행운	금전은 나갈 때와 들어올 때가 따로 있으니 마음이 급하더라도 서두르지 않는다.
소원 · 성취	소원을 이루기 위해서는 가까운 사람에게 상의하는 것이 현명하다.

운명을 바꾸는 연운 활용

좋은 방향	동쪽
좋은 색상	파란색
좋은 장소	기념관
좋은 성씨	ㄱ, ㅋ
좋은 숫자	1, 3

숫자로 보는 연운 활용

	좋은 달	보통 달	나쁜 달
금전 · 투자	2월	1, 4월	3, 5월
변화 · 변동	2, 10월	7, 10월	6, 8월
연애 · 사랑	2월	1, 7월	8, 12월
건강 · 소송	2월	4, 7월	9, 11월

112

월운

처음에는 길하고 나중에는 흉하니 모든 일에 주의한다.
산에 들어가 물고기를 구하니 끝내 얻지 못한다.
그러나 이 달의 운수는 평탄하고 해로움이 없다.

동쪽과 북쪽에서 재물이 저절로 들어온다.
헛된 것 중에 실속이 있으니 마음이 자연히 편안해진다.
작은 것을 주고 큰 것을 얻으니 요행인 것을 알겠다.

도둑이 들지 않으면 우환이 생긴다. 도둑을 조심한다.
산도 설고 물도 선 곳에서 친한 벗을 얻지 못한다.
이 달의 운수는 관재官災를 조심한다.

비록 재수는 있으나 구설을 주의한다.
화성火姓을 가까이하지 마라. 재물을 잃을까 두렵다.
비록 재물을 얻지만 손에 들어오면 곧 사라진다.

나아가고자 하나 나아가지 못하니 운수인 것을 어찌할까.
까닭을 모르는 일로 구설이 들려온다.
몸이 타향에 나가니 친한 벗을 조심해야 한다.

집에 있으면 마음이 어지럽고 밖으로 나가도 이익이 없다.
5월과 6월에는 까닭 없이 비방을 당한다.
남쪽이 불리하니 그 쪽으로는 가지 마라.

조각배를 바다에 띄우니 바람이 없어도 두렵다.
처음에는 고생하나 다시 일어날 것이니 마침내는 성공한다.
마음으로 정성을 다하면 하늘이 복을 준다.

비록 재수는 있으나 질병이 두렵다.
분수 밖의 것을 탐하지 마라. 반드시 허황할 것이다.
관귀官鬼가 발동하니 형살刑殺이 붙어 떨어지지 않는다.

옥이 돌 속에 들어 있으니 그 빛을 보기 어렵다.
꾀하는 일이 허황하니 날이 갈수록 근심이다.
시비를 가까이 하지 마라. 몸을 다칠까 염려된다.

만약 부모에게 근심이 생기지 않으면 운수가 불리하다.
역마살이 찾아드니 동서로 분주하다.
집에 있으면 좋지만 멀리 나가면 해롭다.

분수를 지키는 게 가장 좋다. 움직이면 해롭다.
북쪽이 불리하니 그 곳으로 가면 해롭다.
운수가 또 막혔으니 재수가 좋지 않다.

가고자 하나 더 나아가지 못하니 운수인 것을 어찌할까.
친구를 사귀지 마라. 손해만 있고 이익이 없다.
재물은 없어져도 몸은 건강하리니 길과 흉이 반반이다.

운명을 바꾸는 월운 활용

	1월	2월	3월	4월	5월	6월
좋은 방향	서쪽	북동쪽	남쪽	북동쪽	남동쪽	동쪽
좋은 색상	하늘색	군청색	초록색	은색	고동색	검은색
좋은 장소	삼겹살식당	편의점	보리밥식당	찜질방	해장국식당	스카이라운지
좋은 성씨	ㅅ, ㅈ, ㅊ	ㄱ, ㅋ	ㄴ, ㄷ, ㅌ, ㄹ	ㅅ, ㅈ, ㅊ	ㅅ, ㅈ, ㅊ	ㅇ, ㅎ
좋은 숫자	3, 4	7, 9	4, 5	1, 8	4, 6	6, 10
좋은 날짜	3, 8, 11, 19, 22, 24일	1, 9, 19, 21, 24, 29일	5, 7, 15, 17, 23, 28일	2, 4, 10, 13, 18, 27일	8, 10, 13, 15, 25, 27일	4, 6, 12, 16, 20, 23일
안 좋은 날짜	4, 12, 20일	10, 17, 22일	8, 22, 27일	5, 26, 28일	9, 16, 26일	2, 11, 18일
재물·금전 지수	81	92	75	84	74	75
변화·변동 지수	80	93	76	80	75	79
건강·행복 지수	82	90	75	80	70	78

	7월	8월	9월	10월	11월	12월
좋은 방향	북서쪽	남서쪽	남쪽	동쪽	남서쪽	서쪽
좋은 색상	노란색	밤색	남청색	파란색	자주색	연보라색
좋은 장소	족발음식점	당구장	생맥주집	청국장식당	항구	아이스크림가게
좋은 성씨	ㅁ, ㅂ, ㅍ	ㄱ, ㅋ	ㄴ, ㄷ, ㅌ, ㄹ	ㄴ, ㄷ, ㅌ, ㄹ	ㅇ, ㅎ	ㅁ, ㅂ, ㅍ
좋은 숫자	7, 11	8, 10	1, 7	8, 9	3, 4	1, 3
좋은 날짜	6, 9, 16, 19, 26, 28일	7, 9, 18, 20, 27, 29일	2, 8, 10, 17, 21, 25일	4, 9, 19, 20, 23, 27일	5, 6, 12, 18, 21, 23일	1, 3, 13, 17, 22, 29일
안 좋은 날짜	15, 17, 21일	3, 11, 15일	6, 12, 23일	8, 15, 24일	4, 7, 16일	9, 16, 20일
재물·금전 지수	82	75	73	83	74	72
변화·변동 지수	85	75	79	81	76	74
건강·행복 지수	80	74	78	84	76	73

113 연운

天地光明之意
천지광명지의

鶯上柳枝 片片黃金
앵상유지 편편황금 꾀꼬리가 버들가지에 앉으니 조각마다 황금이다.

若非生財 膝下有榮
약비생재 슬하유영 만일 재물이 생기지 않으면 슬하에 영화가 있겠다.

斫石見玉 勞後可得
작석견옥 노후가득 꾸준히 노력한 결과가 있으니 열심히 노력하면 얻을 수 있다.

若非移徙 服制可畏
약비이사 복제가외 만일 이사 같은 변화와 변동이 아니면 상복을 입을까 두렵다.

三春之數 必有喜事
삼춘지수 필유희사 봄 석 달의 운수는 반드시 기쁜 일이 있다.

今年之數 口舌愼之
금년지수 구설신지 금년 운수는 뜻하지 않은 곳에서 말썽이 생기니 구설을 조심한다.

對人對酒 生計其中
대인대주 생계기중 주위 사람이 도와주니 살 계책이 그 안에 있다.

一身和平 心神安樂
일신화평 심신안락 몸이 평화로우니 마음도 편안하다.

利在木姓 可交橫財
이재목성 가교횡재 목성에 이로움이 있으니 목성과 사귀면 횡재를 한다.

성인의 연운 활용

금전·명예	모든 일이 순조롭고 수입도 늘어난다. 새롭게 시작하는 일도 희망이 넘친다.
사업·창업	누구와 어떤 일을 계획해도 이익이 크다.
주식·투자	주식은 상승하고 있으니 시간이 지난 후에는 이득을 볼 수 있다.
시험·취직	어려운 시험에 합격하고 구직자는 취직한다. 직장인은 높은 자리에 승진하여 사람들을 이끌게 된다.
당선·소원	소원은 차츰 이루어지고 서로 돕는 사람이 생긴다.
이사·매매	매매와 이사 또한 하늘이 돕고 사람이 도우니 어떤 경우든 이루어진다.
건강·사고	건강이 회복되어 새로운 출발을 하게 된다.
애정·결혼	오래 사귄 사람과 다투고 심각한 경우에는 헤어질 수 있으니 자제하고 서로 양보하라. 좋은 분위기에서 그리운 사람을 만나 즐거운 시간을 가진다. 또한 사랑하는 연인과 결혼하게 된다.
소송·다툼	준비만 완벽하다면 소송은 반드시 해결된다.

신세대의 연운 활용

연애·사랑	짝사랑하는 사람에게 청혼하면 반드시 이루어진다. 우여곡절 끝에 오래 끌어오던 사랑에 성공한다. 미혼남녀는 천생연분을 만나 결혼한다.
시험·취직	실력을 과신하지만 않으면 쉽게 합격한다. 직장인은 승진하고 실업자는 취직하는 기쁨이 있다.
건강·사고	건강은 악화되지도 않고 호전되지도 않는다.
금전·행운	적은 것을 주고 많은 것을 얻는 운세이니 재물이 가득 들어온다.
소원·성취	소원은 간절한 마음으로 행동해야 이룰 수 있다.

운명을 바꾸는 연운 활용

좋은 방향	북동쪽
좋은 색상	보라색
좋은 장소	레스토랑
좋은 성씨	ㄱ, ㅋ
좋은 숫자	8, 10

숫자로 보는 연운 활용

	좋은 달	보통 달	나쁜 달
금전·투자	1, 7, 12월	3, 5월	9, 10월
변화·변동	1, 2, 7월	6, 11월	10월
연애·사랑	7, 12월	4, 5, 6월	9월
건강·소송	2, 8, 12월	3, 6월	5, 9월

1月 봄풀이 비를 만나 푸른빛이 더욱 짙다.
재물이 가득하니 몸도 자연히 편안하다.
봄이 돌아온 것 같은 운수이니 집안에 경사가 있다.

2月 이 달의 운수는 성취하는 일이 있다.
몸이 바깥에 있으니 뜻밖에 횡재를 만난다.
가족이 화합하니 모든 일이 순조롭게 이루어진다.

3月 집안에 경사가 있으니 마음이 안락하다.
만일 혼인이 아니면 아들을 얻을 것이다.
도와주는 사람이 있어 일이 뜻밖에 이루어진다.

4月 물이 동해로 흘러가니 그 흐름이 길게 오래 간다.
남의 말을 믿지 마라. 모두 이익이 없다.
재물이 생기고 몸도 편안하니 참으로 귀한 운수다.

5月 재수가 대길하니 의외의 재물을 얻는다.
혹 질병이 있거든 성심껏 기도한다.
상복을 입지 않으면 화재를 당할까 두렵다.

6月 비바람이 멎고 날이 개이니 해와 달이 맑고 환하다.
재물운이 길하니 작은 것이 가고 큰 것이 온다.
6월 운수는 금실에 금이 갈까 염려된다.

7月 재수가 대통하니 횡재해서 풍요롭다.
재물이 생기지만 질병 또한 생긴다.
남의 도움을 받으면 성공할 것이다.

8月 귀인이 서로 도우니 관록官祿을 얻는다.
몸이 편안하고 식구가 늘어난다.
어두운 밤에 촛불을 얻으니 앞길이 밝다.

9月 때를 맞추어 비가 내리니 온갖 초목이 춤춘다.
화성火姓과 친하게 지내면 이익이 적지 않다.
이와 같지 않으면 도리어 불길하다.

10月 이 달의 운수는 묘한 계책이 그 안에 있다.
몸의 근심은 없지만 항상 번민이 있다.
만약 내환이 없으면 구설이 생겨 서로 다툰다.

11月 길성吉星이 문을 비추니 늦게나마 벼슬할 운이다.
멀리 나가면 불리하니 횡액을 조심한다.
돌을 쪼아 금을 얻는 격이니 노력하면 반드시 열매를 거둔다.

12月 집안이 화목하니 이익이 그 가운데 있다.
동서 두 방향에서 귀인이 찾아와 도와준다.
만일 과거에 급제하지 않으면 자녀를 얻는 경사가 있다.

운명을 바꾸는 월운 활용

	1월	2월	3월	4월	5월	6월
좋은 방향	남쪽	북동쪽	서쪽	남서쪽	북서쪽	남동쪽
좋은 색상	옥색	주황색	회색	고동색	보라색	귤색
좋은 장소	독서실	휴양림	섬	동굴	오리음식점	전통찻집
좋은 성씨	ㅇ, ㅎ	ㅁ, ㅂ, ㅍ	ㄴ, ㄷ, ㅌ, ㄹ	ㅇ, ㅎ	ㄴ, ㄷ, ㅌ, ㄹ	ㅁ, ㅂ, ㅍ
좋은 숫자	4, 6	7, 12	4, 8	5, 7	2, 4	2, 8
좋은 날짜	3, 5, 11, 13, 18, 24일	6, 8, 13, 17, 20, 21일	4, 7, 14, 16, 22, 28일	7, 9, 17, 20, 21, 23일	5, 7, 12, 16, 19, 24일	9, 11, 15, 19, 21, 23일
안 좋은 날짜	10, 19, 26일	7, 19, 22일	8, 19, 27일	12, 24, 28일	4, 8, 17일	10, 16, 20일
재물·금전 지수	92	92	81	83	80	84
변화·변동 지수	90	93	82	81	85	83
건강·행복 지수	91	95	82	82	80	82

	7월	8월	9월	10월	11월	12월
좋은 방향	동쪽	북쪽	남쪽	북쪽	서쪽	동쪽
좋은 색상	적갈색	연두색	초록색	베이지색	하얀색	다홍색
좋은 장소	시장	산	주택가	한적한 시외	영화감상실	샌드위치가게
좋은 성씨	ㅇ, ㅎ	ㅅ, ㅈ, ㅊ	ㅁ, ㅂ, ㅍ	ㄱ, ㅋ	ㄱ, ㅋ	ㅅ, ㅈ, ㅊ
좋은 숫자	7, 9	3, 11	4, 9	7, 12	4, 5	1, 6
좋은 날짜	3, 7, 10, 17, 23, 26일	8, 11, 15, 18, 20, 27일	1, 5, 8, 12, 15, 26일	5, 9, 14, 17, 19, 29일	7, 9, 11, 18, 19, 23일	4, 6, 14, 19, 24, 27일
안 좋은 날짜	2, 9, 19일	5, 19, 24일	3, 18, 23일	6, 13, 18일	1, 5, 12일	3, 11, 21일
재물·금전 지수	85	92	74	78	84	91
변화·변동 지수	85	90	76	77	82	92
건강·행복 지수	85	91	71	78	80	90

121

연운

天降雨水平安之意
천 강 우 수 평 안 지 의

圍棋消日 落子丁丁
위 기 소 일 낙 자 정 정   하는 일 없이 세월을 보내면 어려움이 있으니 부지런히 움직인다.

井魚出海 意氣揚揚
정 어 출 해 의 기 양 양   우물의 고기가 바다로 나가니 의기양양하다.

家人和合 一家和平
가 인 화 합 일 가 화 평   가족들이 화합하니 온 가정이 평화롭다.

貴人相助 必有吉利
귀 인 상 조 필 유 길 리   귀인이 서로 도와주니 반드시 길하고 이롭다.

三春之數 無憂自安
삼 춘 지 수 무 우 자 안   봄 석 달의 운수는 근심이 없고 늘 편안하다.

三夏之數 事有多逆
삼 하 지 수 사 유 다 역   여름 석 달 동안은 일에 거스르는 것이 많다.

東園桃李 逢時爛漫
동 원 도 리 봉 시 란 만   동쪽 뜰의 복숭아와 자두나무가 때를 만나 활짝 꽃 피었다.

財祿臨身 意外橫財
재 록 임 신 의 외 횡 재   재록이 따르니 뜻밖에 횡재를 만난다.

雲散月出 天地明朗
운 산 월 출 천 지 명 랑   구름이 흩어지고 달이 나오니 천지가 맑고 환하다.

성인의 연운 활용

금전 · 명예	주변 여건에 상관 없이 승승장구하고 재물이 순조롭게 들어온다.
사업 · 창업	급하게 서두르거나 사업을 확장하지 않는다.
주식 · 투자	처음에 잘못 투자했다고 생각한 것에서 이익이 생긴다.
시험 · 취직	실력 이상의 점수로 원하는 학교에 합격한다. 상사에게 실력을 인정받고 승진한다. 실업자는 취직한다.
당선 · 소원	능력이 있으므로 당선의 기쁨을 맞이한다. 간절히 바라는 소원을 이루는 행운이 따른다.
이사 · 매매	이사해도 되지만 무리하지 않는 것이 좋다. 매매는 큰 이익은 없지만 순조롭게 성사된다.
건강 · 사고	오랜 체증이 가시는 형상이니 장기간 치료가 필요한 환자도 많이 회복된다.
애정 · 결혼	서로 인내하면 멀어지던 관계가 서서히 회복되고, 새롭게 애정이 싹터 즐거운 데이트에 이어 결혼까지 이루어진다. 부부는 작지만 기쁜 일이 생긴다.
소송 · 다툼	소송은 화해를 먼저 청하는 것이 길하다.

신세대의 연운 활용

연애 · 사랑	미혼남녀는 좋은 짝을 만나는 기쁨이 있고, 오래 사귀어온 연인은 결혼한다.
시험 · 취직	학생은 좋은 학교에 합격하고 고시생은 합격 소식을 듣는다. 실업자는 취직하고 직장인은 승진한다.
건강 · 사고	건강은 평탄한 운이다.
금전 · 행운	꾸준한 수입이 보장된다. 욕심을 버리면 오히려 마음이 편안하다.
소원 · 성취	소원은 차츰 이루어지고 도와주는 사람이 나타난다.

운명을 바꾸는 연운 활용

좋은 방향	남쪽
좋은 색상	주황색
좋은 장소	놀이공원
좋은 성씨	ㅇ, ㅎ
좋은 숫자	5, 7

숫자로 보는 연운 활용

	좋은 달	보통 달	나쁜 달
금전 · 투자	1, 12월	5, 7, 9월	3, 4월
변화 · 변동	8, 12월	9, 10월	4, 11월
연애 · 사랑	1, 2월	5, 9월	3, 6월
건강 · 소송	2, 8월	10, 11월	6, 9월

121

월운

집안에 화목한 기운이 들어오니 근심이 없고 즐겁다.
위아래가 화목하니 어진 소리가 이웃까지 들린다.
복과 덕이 찾아드니 일신에 근심이 없다.

물고기가 연못으로 흘러드니 활기가 넘친다.
식구가 늘고 토지가 늘어나니 재물이 저절로 쌓인다.
복숭아와 자두나무가 봄을 만나니 꽃이 지고 열매를 맺는다.

이 달의 운수는 겉으로는 웃고 속으로는 근심한다.
남과 다투지 마라. 관재수官災數가 두렵다.
이 달의 운수는 나쁜 일이 많고 좋은 일이 적다.

길을 나서자 산을 만나니 갈 만한 길이 없어 나아가지 못한다.
시비를 가까이 마라. 구설이 두렵다.
봄에 거슬리는 일이 많더니 여름에도 막히는 일이 많다.

꾀하는 일이 불리하니 다른 일을 계획하지 않는다.
여름 석 달의 운수는 믿는 사람도 도둑이 된다.
집에 있으면 이익이 없으니 움직이는 게 길하다.

먼 길을 떠나지 마라. 도둑이 두렵다.
집안에 우환이 있거든 안택安宅하면 길하다.
몸이 길 위에 있으니 한 차례 먼 길을 떠난다.

객지에 나가 재물을 얻고 금의환향한다.
수성水姓이 불리하니 그 사람과는 거래를 조심한다.
일에 지장이 있으니 미리 조심한다.

천지가 서로 화합하니 그 가운데 이익이 있다.
재수가 대길하니 작은 것을 쌓아 큰 것을 이룬다.
이 달의 운은 서쪽이 불리하다.

가을 석 달 동안에는 큰 재물은 생기지 않는다.
서로 돕는 이가 있으므로 편안히 지낸다.
수산물이 유익하니 장사를 하면 좋을 것이다.

복성福星이 비치니 밖에서 재물이 들어온다.
여자를 가까이하지 마라. 구설이 따른다.
꾀하는 일은 시작은 화려하나 끝은 흐지부지하다.

토성土姓이 불리하니 사귀면 해롭다.
재수는 좋으므로 횡재수가 있다.
만일 귀인을 만나면 관록이 따른다.

길한 방향이 어디인가. 서쪽과 남쪽 두 방향이다.
길성吉星이 문을 비추니 귀인이 와서 도와준다.
모든 일에 주의하라. 혹 손해가 있을까 염려된다.

운명을 바꾸는 **월운** 활용

	1월	2월	3월	4월	5월	6월
좋은 방향	남서쪽	남쪽	북서쪽	남동쪽	북동쪽	남쪽
좋은 색상	검은색	분홍색	연보라색	적갈색	주황색	보라색
좋은 장소	순두부식당	버섯음식점	꽃집	연주회장	시골길	순대음식점
좋은 성씨	ㅇ, ㅎ	ㅅ, ㅈ, ㅊ	ㅁ, ㅂ, ㅍ	ㅇ, ㅎ	ㄱ, ㅋ	ㅅ, ㅈ, ㅊ
좋은 숫자	3, 4	4, 8	3, 7	2, 3	9, 11	6, 10
좋은 날짜	3, 9, 15, 17, 25, 29일	4, 7, 13, 16, 21, 27일	2, 5, 14, 18, 23, 26일	6, 10, 15, 18, 24, 29일	6, 8, 13, 17, 20, 24일	3, 7, 14, 17, 27, 29일
안 좋은 날짜	13, 18, 22일	1, 18, 23일	4, 17, 24일	8, 21, 22일	9, 15, 19일	6, 23, 28일
재물·금전 지수	90	94	78	77	85	74
변화·변동 지수	90	93	76	79	85	75
건강·행복 지수	93	90	78	78	81	76

	7월	8월	9월	10월	11월	12월
좋은 방향	북서쪽	남쪽	남동쪽	서쪽	남쪽	남서쪽
좋은 색상	주황색	자주색	은색	베이지색	고동색	상아색
좋은 장소	나이트클럽	곱창음식점	산	카페	야외음식점	모래사장
좋은 성씨	ㄱ, ㅋ	ㅁ, ㅂ, ㅍ	ㄴ, ㄷ, ㅌ, ㄹ	ㄴ, ㄷ, ㅌ, ㄹ	ㅅ, ㅈ, ㅊ	ㅇ, ㅎ
좋은 숫자	7, 12	2, 5	5, 7	6, 12	2, 10	5, 7
좋은 날짜	2, 5, 18, 20, 24, 28일	9, 11, 17, 21, 25, 29일	5, 8, 13, 17, 19, 22일	1, 3, 8, 13, 19, 25일	3, 5, 14, 18, 21, 29일	4, 8, 17, 19, 23, 25일
안 좋은 날짜	4, 8, 11일	12, 15, 20일	12, 15, 18일	18, 20, 21일	6, 17, 28일	1, 15, 29일
재물·금전 지수	82	91	84	83	82	94
변화·변동 지수	83	94	84	80	81	91
건강·행복 지수	81	90	85	81	82	90

122 不成事之意
불 성 사 지 의

연운

畵虎不成 反爲狗子
화 호 불 성 반 위 구 자 호랑이를 그리려다 개를 그린 것처럼 노력한 성과가 없다.

勿爲移徙 或有家憂
물 위 이 사 혹 유 가 우 이사하지 마라. 혹 집안에 근심이 생길 수 있다.

事多虛荒 徒費心力
사 다 허 황 도 비 심 력 일에 허황됨이 많으니 한갓 마음과 힘만 허비한다.

今年之數 妄動有害
금 년 지 수 망 동 유 해 금년 운수는 함부로 움직이면 해롭다.

先難後易 先損後得
선 난 후 이 선 손 후 득 처음은 어렵고 뒤에는 쉬우니 처음은 손해를 보고 나중에는 얻는다.

三秋之數 事有順成
삼 추 지 수 사 유 순 성 가을 석 달 동안은 일이 순조롭게 이루어진다.

毫厘之差 千里之謬
호 리 지 차 천 리 지 류 털끝만 한 차이로 천리나 어긋나니 매사에 조심한다.

福空祿虛 財數暫滯
복 공 록 허 재 수 잠 체 복록이 없고 재물이 나가니 조심한다.

以財傷心 夜不成寢
이 재 상 심 야 불 성 침 재물 때문에 마음이 상해 밤잠을 못 이룬다.

성인의 연운 활용

금전 · 명예	타인의 재물을 탐하지 않는다.
사업 · 창업	무리하게 일을 꾀하면 생각 못한 일이 생겨서 큰 손해를 본다.
주식 · 투자	주식투자는 신중해야 한다.
시험 · 취직	노력만큼 성과가 없으니 다른 사람보다 더 노력해야 합격한다. 승진은 다음 기회를 기다려라.
당선 · 소원	선거는 당선이 힘들다. 욕심에서 비롯된 소원은 불가능하고 아주 작은 소원만 이루어진다.
이사 · 매매	현재의 자리를 지키는 것이 손해를 보지 않는 길이니 이사는 다음으로 미룬다.
	분위기에 들떠 함부로 문서 거래를 하여 손해를 보니 매매 역시 다음 기회로 미루는 것이 좋다.
건강 · 사고	건강은 무리하지 않는 것이 바람직하다. 호전되고 있다고 과로하면 안 된다.
애정 · 결혼	가까운 사람에게 애인을 가로채이는 아픔이 있다. 결혼은 상대방이 망설이게 되니 여유를 가져라.
소송 · 다툼	소송은 확대하지 말고, 타인과 다투다가 소송에 휩싸일 수 있으니 순리대로 처신한다.

신세대의 연운 활용

연애 · 사랑	새로운 인연은 만나기 어렵고, 사귀는 연인과는 결혼으로 이어질 수 있다.
	부부운은 평소와 같지만 지나친 행동은 자제해야 한다.
시험 · 취직	실력 발휘를 못 하니 기대할 것이 없다. 승진은커녕 다른 부서로 옮기거나 좌천되지 않게 조심한다.
건강 · 사고	중환자나 노인은 특히 건강에 유의해야 하며, 운이 나쁜 사람은 불의의 사고나 질병을 주의한다.
금전 · 행운	한동안 심각한 자금난을 겪지만 우연한 기회에 융통되면서 수입이 서서히 늘고 뒤늦게 안정을 찾는다.
소원 · 성취	소원을 이루는 것은 그 동안의 노력과 쌓은 덕에 달려 있다.

운명을 바꾸는 연운 활용

좋은 방향	동쪽
좋은 색상	주황색
좋은 장소	영화관
좋은 성씨	ㅇ, ㅎ
좋은 숫자	4, 6

숫자로 보는 연운 활용

	좋은 달	보통 달	나쁜 달
금전 · 투자	3, 6월	4, 9월	1, 2월
변화 · 변동	7, 11월	12월	5, 8월
연애 · 사랑	3, 7, 11월	9, 12월	5, 11월
건강 · 소송	6, 7월	4, 9월	3, 11월

122

월운

① 月 무망無妄괘가 움직이니 하는 일이 허망하다.
매사에 막히는 것이 많으니 마음만 상한다.
바라는 일이 마음대로 안 되니 어찌할까.

② 月 질병이 몸에 침입하니 병자가 있는 집은 가까이하지 마라.
시비를 가까이하지 마라. 구설수가 있다.
구름이 하늘에 가득한데도 기다리는 비는 오지 않는다.

③ 月 운수가 대길하니 일이 성취된다.
가족끼리 마음이 같으니 온 집안이 화목하다.
동쪽과 남쪽에 마침내 길함이 있다.

④ 月 일에 막힘이 많으니 가족들끼리 화합하지 못한다.
여름 석 달 동안은 액운이 따른다.
명산에 가서 기도하면 불길한 운수를 면한다.

⑤ 月 재물은 손에 들어오지만 사람은 떠나는 것을 어찌할까.
이 달의 운수는 먼저 웃고 뒤에 운다.
심신이 어지러우니 앉지도 못하고 서지도 못한다.

⑥ 月 만일 남의 도움을 받으면 바야흐로 재물이 생길 것이다.
비가 내리니 강산에 풀빛이 푸르다.
모든 일이 이루어지니 재물이 늘어나는 운이다.

⑦ 月 칠월의 운수는 귀인을 만나게 된다.
재앙과 질병이 사라지니 반드시 기쁜 일이 있다.
안정하며 분수를 지키면 재앙이 복으로 변한다.

⑧ 月 토성土姓이 불리하므로 친하게 지내면 해롭다.
집안이 불안하고 동과 서에 근심이 있다.
재물을 잃지 않으면 질병이 따를까 두렵다.

⑨ 月 시비를 가까이하지 마라. 구설이 따른다.
관귀官鬼가 발동하니 관재官災가 두렵다.
좋은 운을 만나지 못하니 마음고생이 많다.

⑩ 月 토지에 이익이 없고 금물金物에도 이익이 없다.
권權가와 김金가 두 성은 가까이하면 해가 많다.
이름은 있고 실상은 없으니 심력만 허비한다.

⑪ 月 운수가 도우니 횡재할 운수다.
목성木姓이 해하니 가까이하지 않으면 길하다.
이익은 어디에 있는가. 서쪽과 북쪽이다.

⑫ 月 한 해의 재수는 겨울 석 달에 있다.
가족들이 마음을 합하니 집안이 태평하다.
모든 일을 조심한다. 복록이 저절로 온다.

운명을 바꾸는 **월운** 활용

	1월	2월	3월	4월	5월	6월
좋은 방향	남서쪽	남쪽	남쪽	서쪽	북서쪽	남동쪽
좋은 색상	청록색	군청색	하얀색	파란색	옥색	하늘색
좋은 장소	목욕탕	와인전문점	낙지음식점	생선구이식당	쇼핑몰	수목원
좋은 성씨	ㅇ, ㅎ	ㅁ, ㅂ, ㅍ	ㄴ, ㄷ, ㅌ, ㄹ	ㅇ, ㅎ	ㅅ, ㅈ, ㅊ	ㅅ, ㅈ, ㅊ
좋은 숫자	2, 9	4, 5	1, 9	6, 11	3, 10	1, 8
좋은 날짜	8, 9, 15, 19, 22, 27일	7, 9, 11, 15, 24, 26일	2, 5, 9, 14, 17, 22일	4, 8, 15, 18, 26, 29일	3, 5, 9, 14, 18, 19일	2, 7, 14, 16, 18, 26일
안 좋은 날짜	7, 16, 25일	8, 12, 22일	3, 8, 16일	16, 25, 28일	8, 15, 16일	3, 8, 19일
재물·금전 지수	74	76	92	85	78	93
변화·변동 지수	78	78	91	84	75	92
건강·행복 지수	77	78	90	83	75	95

	7월	8월	9월	10월	11월	12월
좋은 방향	동쪽	북쪽	남동쪽	북서쪽	북서쪽	남쪽
좋은 색상	노란색	귤색	노란색	밤색	보라색	검은색
좋은 장소	놀이터	운동장	토스트가게	축구장	오락실	나이트클럽
좋은 성씨	ㅁ, ㅂ, ㅍ	ㄱ, ㅋ	ㄴ, ㄷ, ㅌ, ㄹ	ㄱ, ㅋ	ㅅ, ㅈ, ㅊ	ㄱ, ㅋ
좋은 숫자	4, 10	1, 7	8, 10	1, 7	1, 6	4, 10
좋은 날짜	7, 9, 13, 17, 19, 22일	3, 6, 11, 15, 22, 27일	4, 8, 16, 19, 26, 28일	1, 3, 8, 15, 18, 24일	5, 8, 14, 16, 25, 27일	9, 11, 16, 22, 25, 28일
안 좋은 날짜	8, 14, 23일	8, 17, 20일	10, 17, 21일	2, 9, 25일	15, 22, 28일	4, 19, 29일
재물·금전 지수	91	76	83	79	95	84
변화·변동 지수	90	77	85	78	91	84
건강·행복 지수	90	78	86	79	90	84

123 外親內疎之意
외 친 내 소 지 의

연운

雖曰箕箒 舊主尚存
수 왈 기 추 구 주 상 존
매사에 부지런히 움직이나 노력한 만큼 소득이 없다.

虛荒之事 愼勿行之
허 황 지 사 신 물 행 지
허황된 일은 삼가고 함부로 행하지 마라.

有志未就 身數奈何
유 지 미 취 신 수 내 하
마음은 있지만 이루지 못하니 이 신수를 어찌할까.

仕則不利 農則有利
사 즉 불 리 농 즉 유 리
벼슬을 하면 불리하고 농사를 지으면 이로움이 있다.

莫信親友 終見失敗
막 신 친 우 종 견 실 패
친한 벗일지라도 믿지 마라. 결국에는 실패할 수 있다.

今年之運 去舊從新
금 년 지 운 거 구 종 신
금년 운수는 옛 것을 버리고 새 것을 좇으니 변화와 변동이 이롭다.

莫向雲地 親人不仁
막 향 운 지 친 인 불 인
가까운 사람이 어질지 못하니 믿지 마라. 어려움이 따를 수 있다.

事在落眉 橫厄可畏
사 재 락 미 횡 액 가 외
일을 꾀하다 갑자기 액을 당할 운수니 횡액이 두렵다.

爭論有數 訟事愼之
쟁 론 유 수 송 사 신 지
말다툼을 할 수 있으니 송사를 조심한다.

성인의 연운 활용

금전·명예	처음에는 무슨 일이나 막힘이 많고 진전이 없다가 차츰 재물운이 풀린다.
사업·창업	가까운 사람과 의논하고 많은 사람에게 알리면 일을 쉽게 마무리할 수 있다.
주식·투자	잃는 것이 더 많으니 주식에는 손대지 않는 것이 좋다.
시험·취직	하위직 공무원이나 일반회사는 합격하지만 고시 같은 큰 시험은 더 노력해야 한다. 승진은 어렵다.
당선·소원	경쟁자의 실력이 더 뛰어나므로 당선이 매우 어렵다. 아주 작은 소원은 이루어지나 다른 소원은 어렵다.
이사·매매	일에 막힘이 있으니 손해를 감수할 때만 이사 등의 변동이 가능하다.
건강·사고	건강은 사고나 과로로 인한 아픔이 있으니 몸가짐을 조심해야 한다.
애정·결혼	오랜 다툼에 지친 부부는 서로 이별하게 되며, 연인들은 자신의 주장을 내세우다가 갈등이 심해진다.
소송·다툼	타인과 옳다 그르다 다투지 마라. 억울하게 손재수나 관재수에 시달리게 된다.

신세대의 연운 활용

연애·사랑	새로운 이성의 접근에 마음이 흔들리지만 딴 마음을 가지면 두 사람 다 잃는다. 벌과 나비가 찾아들지 않으니 홀로 외로이 지내는 형상이다. 부부와 애인 모두 떨어져 있는 기간이 많아 오랫동안 쓸쓸하다.
시험·취직	시험과 취직은 더욱 노력해야 합격이 가능하다. 직장인은 새로운 자리로 옮기지만 승진은 아니다.
건강·사고	건강은 합병증을 조심한다.
금전·행운	재물을 얻거나 잃는 것 모두 노력 여하에 달려 있다. 완벽한 계획을 세우고 새로 시작해야 한다.
소원·성취	소원은 이루기 어렵다.

운명을 바꾸는 연운 활용

좋은 방향	북서쪽
좋은 색상	청록색
좋은 장소	바닷가
좋은 성씨	ㅁ, ㅂ, ㅍ
좋은 숫자	1, 6

숫자로 보는 연운 활용

	좋은 달	보통 달	나쁜 달
금전·투자	4, 7월	1, 9월	2, 5월
변화·변동	7, 10월	8, 9월	6, 11월
연애·사랑	4, 7월	1, 3월	5, 12월
건강·소송	4, 10월	3, 8월	6, 11월

123

월운

① 月 운수가 불리하니 내환內患이 있을까 두렵다.
재수가 통하지 않으니 재물을 구하나 얻지 못한다.
정월의 운수는 일을 서두르지만 이루지 못한다.

② 月 눈 위에 서리가 내리니 몸이 편하지 않다.
만약 재물을 잃지 않으면 반드시 사람이 떠난다.
구설을 조심하라. 재물을 잃을 운수다.

③ 月 고목이 봄을 만났으니 천리까지 빛난다.
해로운 방향은 어디인가. 북쪽이 불리하다.
현무玄武가 발동하니 도둑을 조심하라.

④ 月 사람들과 같이 누각에 올라 온종일 즐긴다.
분수 밖의 일을 탐하지 마라. 소망하는 것을 얻지 못한다.
남의 말을 하지 마라. 후회해도 돌이킬 수 없다.

⑤ 月 운수가 불리하니 재물을 구해도 얻지 못한다.
마음이 어지러우니 일을 꾀하지만 이루지 못한다.
만약 재물을 잃지 않으면 구설로 화가 따른다.

⑥ 月 운수에 거슬림이 많으니 패하기 십상이다.
친구를 믿지 마라. 구설이 귀에 들어온다.
혹 패할까 두려우니 모든 일을 조심한다.

⑦ 月 이 달의 운수는 옛 것을 버리고 새 것을 좇는다.
봄풀이 비를 만나니 날로 더 성장한다.
운수는 평탄하고 신수도 평화롭다.

⑧ 月 동남쪽에서 반드시 재물이 생긴다.
몸과 재물이 왕성하니 태평하게 지낸다.
여인을 가까이하지 마라. 구설이 따를까 두렵다.

⑨ 月 비바람이 그치고 달이 산창山窓에 밝게 떠오른다.
해를 끼칠 사람의 성은 토성土姓이다.
그대의 운수는 물과 불을 조심해야 한다.

⑩ 月 이로운 성은 무슨 성인가. 목성木姓이 가장 길하다.
이익은 어느 곳에 있는가. 서쪽에 있다.
화가 변하여 복이 되니 좋은 일과 나쁜 일이 함께 온다.

⑪ 月 운수가 불길하니 일을 구해도 이루지 못한다.
산에 올라 물고기를 구하니 하는 일에 허망함이 많다.
송사를 하지 마라. 반드시 손해가 있다.

⑫ 月 관청에 들어가지 마라. 손해가 있을까 두렵다.
병자가 있는 집을 가지 마라. 질병이 몸에 찾아온다.
섣달의 운수는 반드시 남아 있는 경사가 있다.

운명을 바꾸는 월운 활용

	1월	2월	3월	4월	5월	6월
좋은 방향	북동쪽	남동쪽	서쪽	동쪽	남서쪽	북쪽
좋은 색상	은색	초록색	연두색	자주색	연보라색	주황색
좋은 장소	바닷가	포장마차	감자탕음식점	치킨전문점	제과점	공공도서관
좋은 성씨	ㄴ, ㄷ, ㅌ, ㄹ	ㅇ, ㅎ	ㄱ, ㅋ	ㅇ, ㅎ	ㅅ, ㅈ, ㅊ	ㄴ, ㄷ, ㅌ, ㄹ
좋은 숫자	3, 5	2, 4	2, 7	4, 7	7, 12	9, 12
좋은 날짜	6, 9, 16, 18, 22, 25일	2, 5, 13, 18, 26, 29일	4, 8, 14, 19, 24, 27일	7, 9, 14, 17, 23, 28일	5, 7, 16, 18, 21, 25일	8, 10, 13, 17, 21, 28일
안 좋은 날짜	4, 12, 19일	6, 14, 24일	5, 16, 18일	4, 12, 16일	2, 3, 12일	11, 14, 20일
재물·금전 지수	84	79	85	94	74	77
변화·변동 지수	86	75	84	96	73	76
건강·행복 지수	85	73	88	91	78	77

	7월	8월	9월	10월	11월	12월
좋은 방향	남쪽	남동쪽	북서쪽	서쪽	북동쪽	동쪽
좋은 색상	남청색	베이지색	고동색	적갈색	카키색	하늘색
좋은 장소	야구장	목장	민속촌	정류장	파전음식점	빈대떡음식점
좋은 성씨	ㅅ, ㅈ, ㅊ	ㄱ, ㅋ	ㅁ, ㅂ, ㅍ	ㅁ, ㅂ, ㅍ	ㅇ, ㅎ	ㄴ, ㄷ, ㅌ, ㄹ
좋은 숫자	4, 12	3, 7	1, 5	1, 9	7, 11	8, 9
좋은 날짜	1, 4, 9, 14, 18, 22일	3, 8, 15, 21, 25, 28일	6, 9, 12, 17, 26, 29일	2, 6, 13, 16, 21, 25일	5, 9, 17, 19, 22, 25일	7, 9, 14, 17, 23, 29일
안 좋은 날짜	19, 20, 26일	14, 22, 26일	8, 11, 19일	1, 9, 24일	3, 8, 16일	8, 16, 22일
재물·금전 지수	91	86	84	95	79	75
변화·변동 지수	95	84	86	95	78	75
건강·행복 지수	95	85	85	90	75	75

131 有危孤獨之意
유위고독지의

연운

老人對酌 醉睡昏昏
노인대작 취수혼혼   노인이 술잔을 대하니 취하여 졸음이 쏟아진다.

日中則傾 月盈則仄
일중즉경 월영즉측   해도 중천에 오르면 기울고 달도 차면 이지러진다.

若而移舍 晩時生光
약이사사 만시생광   만일 이사하면 늦게 좋은 일이 생긴다.

若非如比 改業則吉
약비여비 개업즉길   만일 이와 같지 않을 때는 직업을 바꾸면 길하다.

三春之數 勿謀他營
삼춘지수 물모타영   봄 석 달은 현재를 지키는 것이 좋으니 변화와 변동을 삼간다.

三夏之數 口舌紛紛
삼하지수 구설분분   여름 석 달은 구설이 많이 따른다.

欲不可長 樂不可極
욕불가장 낙불가극   욕심은 오래 가지 않고 즐거움도 극치에 이르지는 못한다.

以下從上 改舊從新
이하종상 개구종신   아래로서 위를 좇으니 옛 것을 고치고 새 것을 따른다.

分外之事 有害無益
분외지사 유해무익   분수를 지키지 않으면 해로움만 있고 유익한 일은 없다.

성인의 연운 활용

금전 · 명예	요행은 절대로 바라지 마라. 일이 계획대로 풀려가지 않는다.
사업 · 창업	허황된 욕망이 없는 새로운 사업이라면 권장할 만하다.
주식 · 투자	주식투자는 아주 신중해야 이득이 있다.
시험 · 취직	시험운이 전혀 없으니 노력한 성과를 보지 못한다. 직장인은 강등되거나 명예퇴직을 당하는 아픔이 있다.
당선 · 소원	당선은 크게 기대하지 않는 것이 실망하지 않는 길이니 마음을 편안히 갖는다. 소원을 이루기 위해 노력하지만 욕심이 너무 커서 이루어지지 않는다.
이사 · 매매	성급하고 즉흥적으로 이사나 매매를 진행하면 전혀 이익이 없다. 신중하게 진행해야 한다.
건강 · 사고	자칫 여유를 부리면 합병증이 생길 우려가 있으니 건강관리에 신경 쓴다.
애정 · 결혼	새로 사귀는 사람과는 별 문제가 없지만, 오랜 연인과는 다툼이 심해진다. 부부는 다툼이 심각해진다.
소송 · 다툼	소송은 이해당사자끼리 의견이 분분하다.

신세대의 연운 활용

연애 · 사랑	짝사랑은 이루지 못한다. 새로 애인을 만나기도 어렵다. 결혼을 약속한 사람은 반드시 성사된다.
시험 · 취직	시험은 경험으로 생각하고 다음 기회를 생각한다. 직장인은 상사에게 질책을 당한다.
건강 · 사고	운수가 좋지 않으니 질병을 조심하고 건강관리에 유의한다.
금전 · 행운	금전운이 좋지 않다. 일확천금을 꿈꾸지 말고 작은 이익이라도 꾸준히 모아 나가는 것이 좋다.
소원 · 성취	소원이 이루어지기를 기대하지 마라. 이루기 어렵다.

운명을 바꾸는 연운 활용

좋은 방향	남동쪽
좋은 색상	군청색
좋은 장소	독서실
좋은 성씨	ㅅ, ㅈ, ㅊ
좋은 숫자	2, 8

숫자로 보는 연운 활용

	좋은 달	보통 달	나쁜 달
금전 · 투자	3, 9월	4, 5월	1, 2월
변화 · 변동	9, 12월	4, 11월	6, 7월
연애 · 사랑	9, 12월	8월	7, 10월
건강 · 소송	3, 12월	8, 11월	2, 7월

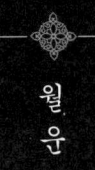

1月 잔설이 다 녹지 않았으니 온갖 풀이 생장하지 못한다.
몸이 산골에 있으니 마음이 심히 고달프다.
가족이 화합하지 못하니 은인이 도리어 원수가 된다.

2月 역마살이 몸에 붙었으니 한 차례 멀리 떠난다.
다른 일을 꾀하지 마라. 아무 이익이 없다.
하는 일이 머리만 있고 꼬리는 없는 격이다.

3月 뜻밖에 성공하여 이름을 널리 떨친다.
귀인이 도와주니 반드시 성공한다.
이 달의 길한 방향은 동쪽과 남쪽이다.

4月 봄풀이 서리를 만나니 자라기 어렵다.
만약 재물을 잃지 않으면 구설이 분분하다.
어린 소녀가 길을 잃어 동서를 분간하지 못한다.

5月 사람들과 더불어 노니 길흉이 같이 온다.
입을 무겁게 하라. 시비가 생길 수 있다.
집에 있으면 유익하니 횡재할 운수다.

6月 이름이 천리에 이르지만 헛이름만 나고 실상은 없다.
운수는 평탄한데 재수는 좋지 않다.
형이냐 아우냐. 안의 정을 밖에서 말하지 마라.

7月 강남으로 돌아가는 기러기가 서신을 전해준다.
모든 일이 길하고 관록官祿이 따른다.
동토動土가 불리하니 조심해야 한다.

8月 조용히 있으면 대길하고 움직이면 불리하다.
직분을 지켜 편안히 있으면 우연히 재물을 얻는다.
집도 없고 가족도 없으니 좋은 사람을 만나기 어렵다.

9月 모든 물이 서로 합하니 작은 시내가 바다를 이룬다.
밖은 차고 안은 비었으니 누가 알 수 있을까.
운수는 평탄한데 재물이 빨리 모이지 않는다.

10月 삿갓을 쓰고 하늘을 보니 좋은 달을 보지 못한다.
이익은 어느 방향에 있는가. 동쪽에 있다.
해를 끼칠 성은 무슨 성인가. 화성火姓이 불리하다.

11月 이 달의 운수는 노력은 하지만 공이 없다.
바른 마음으로 분수를 지키면 흉한 것이 도리어 길하게 바뀐다.
동짓달의 운수는 물과 불을 조심하라.

12月 귀인이 곁에 있으니 재수와 이익이 대길하다.
가을 쥐가 창고를 얻은 격이니 식록食祿이 쌓인다.
섣달에는 오직 좋은 일만 있을 것이다.

운명을 바꾸는 **월운** 활용

	1월	2월	3월	4월	5월	6월
좋은 방향	서쪽	북쪽	남쪽	남서쪽	남동쪽	남서쪽
좋은 색상	밤색	분홍색	하안색	검은색	회색	고동색
좋은 장소	민속주점	닭발음식점	강	만두전문점	유원지	생맥주집
좋은 성씨	ㅇ, ㅎ	ㄴ, ㄷ, ㅌ, ㄹ	ㄱ, ㅋ	ㅅ, ㅈ, ㅊ	ㅁ, ㅂ, ㅍ	ㄱ, ㅋ
좋은 숫자	3, 4	1, 3	4, 11	5, 10	3, 7	3, 4
좋은 날짜	1, 5, 9, 14, 18, 23일	6, 9, 14, 17, 24, 28일	2, 7, 15, 18, 22, 27일	5, 8, 19, 21, 26, 28일	3, 5, 9, 12, 22, 25일	8, 10, 14, 17, 19, 23일
안 좋은 날짜	4, 13, 24일	2, 20, 26일	5, 17, 23일	7, 17, 20일	8, 16, 23일	16, 18, 26일
재물·금전 지수	74	74	93	84	80	78
변화·변동 지수	75	74	94	89	85	75
건강·행복 지수	78	78	95	80	80	75

	7월	8월	9월	10월	11월	12월
좋은 방향	남쪽	동쪽	북서쪽	동쪽	북서쪽	서쪽
좋은 색상	청록색	빨간색	귤색	주황색	연보라색	옥색
좋은 장소	레스토랑	서점	은행	한식당	청국장식당	산
좋은 성씨	ㄴ, ㄷ, ㅌ, ㄹ	ㅇ, ㅎ	ㅁ, ㅂ, ㅍ	ㅅ, ㅈ, ㅊ	ㅁ, ㅂ, ㅍ	ㄴ, ㄷ, ㅌ, ㄹ
좋은 숫자	1, 5	1, 6	4, 9	8, 9	4, 7	1, 6
좋은 날짜	2, 4, 8, 15, 19, 22일	5, 9, 11, 17, 21, 25일	7, 9, 13, 16, 22, 27일	3, 8, 11, 15, 24, 28일	9, 11, 15, 18, 22, 25일	1, 4, 8, 11, 22, 24일
안 좋은 날짜	7, 18, 27일	10, 15, 23일	8, 14, 23일	4, 9, 26일	13, 17, 26일	3, 5, 19일
재물·금전 지수	74	84	94	74	84	91
변화·변동 지수	73	86	95	78	86	95
건강·행복 지수	78	85	95	79	88	96

132 有生生之意

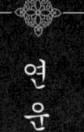
연운

草綠江邊 郁郁靑靑
초 록 강 변 욱 욱 청 청 　강변에 녹음이 푸른 것처럼 하는 일마다 이루어진다.

名利俱興 一室和氣
명 리 구 흥 일 실 화 기 　이름과 이익을 모두 얻으니 집안이 화목하다.

家庭和平 必有餘慶
가 정 화 평 필 유 여 경 　가정이 화평하니 반드시 경사가 찾아온다.

雖有小吉 恒多愁心
수 유 소 길 항 다 추 심 　비록 작은 길함이 있으나 걱정도 함께할 수 있으니 조심한다.

三春之數 意外成功
삼 춘 지 수 의 외 성 공 　봄 석 달에는 뜻밖에 성공을 거둔다.

五六月令 事有順成
오 육 월 령 사 유 순 성 　오월과 유월에는 일이 순조롭게 이루어진다.

渴龍飮水 喜事重重
갈 용 음 수 희 사 중 중 　목마른 용이 물을 마시니 기쁜 일이 많다.

橫財有數 人口增加
횡 재 유 수 인 구 증 가 　횡재수가 있고 식구가 늘어난다.

於財於身 近遠咸新
어 재 어 신 근 원 함 신 　재수와 신수가 가깝고 먼 곳에서 모두 새롭다.

성인의 연운 활용

금전·명예	완벽한 계획에 따라 경영하면 재물이 들어온다. 여기에 귀인의 도움을 얻으면 큰돈을 번다.
사업·창업	노력한 만큼 꾸준한 수입이 보장되고 횡재운까지 있어 사업을 확장한다. 귀인의 도움도 크다.
주식·투자	주식은 투자 시기를 늦추는 것이 길하다.
시험·취직	생각하지 못한 합격의 영광이 있고 이름을 널리 떨친다. 직장인은 특진과 영전의 기쁨이 있다.
당선·소원	어떤 소원도 이루어진다.
이사·매매	넓은 곳으로 이사하며, 매매는 큰 이익이 따른다.
건강·사고	최상의 컨디션이므로 건강은 걱정할 것이 없다.
애정·결혼	오래 사귄 사람이 인연이니 한눈팔지 마라. 자신의 실수로 오해를 사서 헤어질 수 있다. 나이가 찬 남녀는 주변의 축하 속에 결혼한다.
소송·다툼	소송은 문제될 것 없다.

신세대의 연운 활용

연애·사랑	좋은 인연을 만나니 애인이 여럿 생길 수 있다. 연인과의 만남은 시간이 흐를수록 즐겁다. 짝이 없던 사람은 새로운 짝을 만나고 부부 금실도 두터워진다.
시험·취직	뜻밖에 합격하여 이름을 드높인다. 수험생은 수석합격하고, 취직과 승진 모두 매우 유리하다.
건강·사고	건강이 매우 좋다. 오랜 병도 치료될 수 있으니 노력하라.
금전·행운	계획을 세워 꾸준히 준비해온 사람은 뜻밖에 큰 이익이 따른다.
소원·성취	어떤 소원이든 평소에 원하던 일이 모두 이루어진다.

운명을 바꾸는 연운 활용

좋은 방향	북동쪽
좋은 색상	옥색
좋은 장소	순두부식당
좋은 성씨	ㅅ, ㅈ, ㅊ
좋은 숫자	4, 8

숫자로 보는 연운 활용

	좋은 달	보통 달	나쁜 달
금전·투자	1, 3, 9월	2, 6월	4, 11월
변화·변동	3, 8, 9월	2, 6월	4월
연애·사랑	1, 8월	5, 10월	12월
건강·소송	3, 7, 9월	5, 6월	4, 12월

132

월운

사람이 늘고 널리 논밭을 마련한다.
옛 것이 가고 새 것이 오니 작은 것으로 큰 것을 이룬다.
재물운이 왕성하니 꽃 사이에서 논다.

봄날이 화창하니 온갖 꽃이 다투어 핀다.
인구가 왕성하고 재수가 흥왕하다.
물고기와 용이 물을 얻었으니 변화무쌍하다.

뜻밖에 성공하여 이름을 사방에 떨친다.
귀인이 서로 도와주니 이익이 적지 않다.
도덕과 이름이 높으니 살림이 풍족하다.

북쪽이 불리하며 구설을 조심한다.
덕을 쌓는 집에는 반드시 많은 경사가 있다.
시비를 가까이하지 마라. 불리하다.

오월의 운수는 일을 꾀하면 이루어진다.
이익은 어느 곳에 있는가. 동쪽과 북쪽 사이에 있다.
만약 관록官祿이 있지 않으면 뜻밖에 횡재를 얻는다.

술을 가지고 산에 올라서 친구와 같이 즐긴다.
일신이 평안하고 재수가 흥왕하다.
멀리 나가면 불리하고 집에 있으면 길하다.

칠월의 운수는 재수가 대길하다.
맑게 갠 하늘에 달이 나오니 세상이 맑고 밝다.
동과 서 양쪽 방향에 반드시 좋은 일이 있다.

돌을 쪼아 옥을 얻으니 천금이 스스로 들어온다.
만약 관록官祿이 아니면 아들을 얻을 운수다.
처궁妻宮에 경사가 있으니 집안에 봄기운이 가득하다.

밝은 달 맑은 바람에 한가롭게 앉아 거문고를 탄다.
길성吉星이 집을 비추니 재수가 흥왕하다.
가는 비와 따스한 봄바람에 흰 눈이 절로 녹는다.

동쪽에서 놀면 귀인이 도와준다.
봄풀이 비를 만나니 날로 더 성장한다.
겨울 석 달에는 마침내 재물을 얻는다.

동짓달의 운수는 일을 꾀하면 뜻대로 된다.
비와 바람이 알맞으니 꽃이 지고 열매를 맺는다
이 달의 운수는 재수가 대길하다.

시비를 가까이하지 마라. 구설이 분분하다.
멀리 나가면 길하고 재수가 매우 좋다.
운수가 형통하고 일신이 편안하다.

운명을 바꾸는 월운 활용

	1월	2월	3월	4월	5월	6월
좋은 방향	남동쪽	북동쪽	남서쪽	남서쪽	북동쪽	남쪽
좋은 색상	파란색	주황색	남청색	회색	노란색	군청색
좋은 장소	독서실	피자집	동물원	한식당	퓨전음식점	팬시용품점
좋은 성씨	ㅇ, ㅎ	ㅁ, ㅂ, ㅍ	ㄴ, ㄷ, ㅌ, ㄹ	ㅅ, ㅈ, ㅊ	ㅇ, ㅎ	ㅁ, ㅂ, ㅍ
좋은 숫자	2, 7	3, 4	5, 9	2, 10	2, 8	4, 6
좋은 날짜	2, 8, 10, 15, 18, 22일	7, 9, 14, 18, 25, 27일	5, 8, 11, 13, 18, 24일	3, 9, 15, 19, 24, 27일	6, 9, 13, 18, 23, 28일	4, 8, 11, 17, 21, 24일
안 좋은 날짜	7, 13, 19일	6, 15, 26일	6, 14, 17일	18, 21, 25일	8, 17, 22일	2, 10, 16일
재물·금전 지수	94	84	92	71	84	84
변화·변동 지수	95	88	95	72	83	85
건강·행복 지수	93	87	96	75	85	84

	7월	8월	9월	10월	11월	12월
좋은 방향	서쪽	북쪽	남서쪽	동쪽	남쪽	북서쪽
좋은 색상	보라색	검은색	연두색	자주색	하늘색	하얀색
좋은 장소	해장국식당	휴양림	채식전문점	갈비탕식당	삼겹살식당	라면전문점
좋은 성씨	ㄴ, ㄷ, ㅌ, ㄹ	ㅁ, ㅂ, ㅍ	ㄱ, ㅋ	ㅇ, ㅎ	ㄱ, ㅋ	ㅅ, ㅈ, ㅊ
좋은 숫자	3, 11	1, 5	1, 6	2, 4	2, 8	4, 7
좋은 날짜	8, 10, 13, 17, 22, 23일	1, 3, 8, 11, 18, 20일	3, 8, 11, 14, 18, 22일	6, 9, 11, 16, 22, 26일	4, 7, 11, 17, 21, 27일	7, 9, 14, 18, 23, 25일
안 좋은 날짜	7, 12, 20일	4, 23, 27일	1, 21, 26일	2, 13, 21일	5, 8, 16일	6, 17, 24일
재물·금전 지수	96	90	92	82	74	74
변화·변동 지수	90	94	91	86	76	79
건강·행복 지수	95	93	95	82	76	78

有親相別之意
유친상별지의

연운

雪滿窮巷 孤松獨立
설 만 궁 항 고 송 독 립 눈이 가득 쌓인 쓸쓸한 골짜기에 소나무 한 그루가 홀로 서 있다.

雖有孤寂 心神自安
수 유 고 적 심 신 자 안 비록 고독하나 마음은 스스로 편안하다.

周遊四方 身上有喜
주 유 사 방 신 상 유 희 사방에서 두루 노니 신상에 기쁜 일이 있다.

雖有生財 人手則消
수 유 생 재 인 수 즉 소 비록 재물은 생기나 손에 들어오면 곧 사라진다.

孑孑單身 孤獨無依
혈 혈 단 신 고 독 무 의 외롭게 홀로 있으니 고독하여 의지할 곳이 없다.

今年之數 是非愼之
금 년 지 수 시 비 신 지 금년 운수는 시비를 조심한다.

惟君一念 來住他人
유 군 일 념 내 주 타 인 그대의 생각이 다른 사람과 통하게 된다.

捉蟹放水 功歸西天
착 해 방 수 공 귀 서 천 게를 잡아 물에 넣으니 그 공이 서천으로 돌아간다.

枯木逢火 危在一髮
고 목 봉 화 위 재 일 발 고목이 불을 만나니 털 끝에 온몸이 매달려 있는 듯 위태롭다.

성인의 연운 활용

금전 · 명예	자금난에 허덕이고 손재수나 구설수마저 있으니 어려움이 끝날 줄 모른다.
사업 · 창업	현재의 위치를 지키는 것이 유리하다. 새로운 일은 시작할 때가 아니다.
주식 · 투자	주식운이 다하였으니 뿌렸던 것을 거둬들이는 것이 현명하다. 보유 주식을 매각하는 것이 좋다.
시험 · 취직	운이 따르지 않으니 실력대로 응시하는 것이 좋다. 직장인은 승진이 불가능하다.
당선 · 소원	지금 출마하면 망신만 당하니 다음 기회로 미룬다. 큰 소원은 물론 작은 소원 또한 이루기 힘들다.
이사 · 매매	이사나 매매는 손해가 있다.
건강 · 사고	건강은 검진을 받아야 한다.
애정 · 결혼	실연 당할 가능성이 크며, 새로 만난 배우자를 빼앗길 우려가 있다. 부부관계는 위험한 지경에 이른다.
소송 · 다툼	소송은 매우 어려워질 수 있으니 빨리 화해하라.

신세대의 연운 활용

연애 · 사랑	한눈팔다가 발각된다. 솔직하게 표현하지 말고 감정을 조절하고, 어려운 시기에는 만남을 자제한다. 모르는 사람이나 비난 받을 이성을 만날 운이니 주의하라. 순리를 따라야 결혼까지 이른다.
시험 · 취직	수험생은 실력 발휘가 어려우니 낮추어 응시한다. 취직은 어려움이 따르고, 직장인은 현재 위치를 지켜라.
건강 · 사고	자주 진찰을 받아볼 필요가 있다.
금전 · 행운	허황된 꿈을 꾸면 큰 화를 당한다. 분수를 지키고 맡은 일을 다해야 들어오는 재물을 지킬 수 있다.
소원 · 성취	몸은 고달프고 소원은 이루어지지 않으니 한숨만 나온다.

운명을 바꾸는 연운 활용

좋은 방향	북쪽
좋은 색상	초록색
좋은 장소	항구
좋은 성씨	ㄱ, ㅋ
좋은 숫자	1, 9

숫자로 보는 연운 활용

	좋은 달	보통 달	나쁜 달
금전 · 투자	5, 7월	2, 8월	1, 3월
변화 · 변동	7, 11월	9월	1, 10월
연애 · 사랑	6, 11월	8월	10월
건강 · 소송	5, 6월	2월	4, 12월

133 월운

1월 산중에서 길을 잃고 동서를 분별하지 못한다.
해로운 방향은 어디인가. 남쪽은 이익이 없다.
집에 있으면 길하고 멀리 나가면 불리하다.

2월 사람들이 믿지 않으니 강하게 구해야 한다.
다행히 귀인을 만나면 쓴 것이 다가고 단 것이 온다.
금이 화로에 들어가니 마침내 큰 그릇을 이룬다.

3월 천리타향에 의지할 곳 없는 외로운 몸이다.
운수가 불리하니 재물을 많이 잃는다.
삼월과 사월에는 구설을 조심한다.

4월 운수가 불리하니 좋은 일에 마가 많다.
시비를 가까이하지 마라. 횡액이 두렵다.
만약 관재官災가 아니면 구설이 두렵다.

5월 길성吉星이 문을 비추니 다행히 귀인을 만난다.
오월의 운수는 모든 일이 형통하다.
재물운이 형통하니 날로 재물을 얻는다.

6월 만약 남의 도움을 받으면 혼인할 운수다.
마음에 자기 주장이 없으니 매사가 허황하다.
기운이 활기차고 좋으니 집안이 화평하다.

7월 만약 재물을 잃지 않으면 몸에 근심이 찾아온다.
집에 있으면 이익이 없고 멀리 나가면 길하다.
가을 달 높은 누각에서 꽃과 함께 노닌다.

8월 아름다운 숲 속에서 귀인을 만난다.
여색을 가까이하지 마라. 재물을 잃을까 두렵다.
시작은 있고 끝이 없으니 일이 허황하다.

9월 구월과 시월에 한 번은 웃고 한 번은 슬퍼한다.
이 달의 운수는 직분을 지키는 것이 상책이다.
질병이 몸에 침범하면 남쪽의 의원을 찾는다.

10월 배를 큰 바다에 띄우니 바람이 일어나 가지 못한다.
친구를 믿지 마라. 그 실상이 완전하지 않다.
운수는 평길하나 재수는 대길하다.

11월 작은 것을 구하다 큰 것을 얻으니 소망이 뜻대로 이루어진다.
횡재하여 넉넉하니 일가가 화평하다.
겨울 석 달의 운수는 일에 성취함이 있다.

12월 비록 귀인은 있지만 말만 있고 이익은 없다.
함부로 행동하지 마라. 일에 마가 많다.
매사에 신중하면 마침내 길함이 있다.

운명을 바꾸는 월운 활용

	1월	2월	3월	4월	5월	6월
좋은 방향	동쪽	남동쪽	남쪽	북서쪽	남동쪽	서쪽
좋은 색상	파란색	노란색	분홍색	은색	연보라색	고동색
좋은 장소	편의점	찜질방	박물관	소주방	볼링장	산책로
좋은 성씨	ㄱ, ㅋ	ㅅ, ㅈ, ㅊ	ㄴ, ㄷ, ㅌ, ㄹ	ㅁ, ㅂ, ㅍ	ㅅ, ㅈ, ㅊ	ㅇ, ㅎ
좋은 숫자	4, 3	5, 6	7, 8	1, 3	1, 5	1, 6
좋은 날짜	2, 5, 9, 15, 18, 22일	6, 10, 17, 19, 21, 25일	3, 7, 13, 18, 20, 28일	5, 9, 16, 19, 24, 29일	1, 5, 8, 14, 19, 26일	7, 9, 16, 19, 25, 29일
안 좋은 날짜	3, 10, 17일	7, 18, 24일	2, 14, 19일	6, 10, 21일	7, 15, 22일	11, 18, 27일
재물·금전 지수	74	84	76	72	92	93
변화·변동 지수	73	82	76	78	94	92
건강·행복 지수	76	85	75	79	96	98

	7월	8월	9월	10월	11월	12월
좋은 방향	북쪽	남쪽	남쪽	남서쪽	북서쪽	북동쪽
좋은 색상	적갈색	베이지색	자주색	회색	빨간색	귤색
좋은 장소	산	단란주점	기념관	기차역	공연장	국수전문점
좋은 성씨	ㄱ, ㅋ	ㅁ, ㅂ, ㅍ	ㅅ, ㅈ, ㅊ	ㄴ, ㄷ, ㅌ, ㄹ	ㅇ, ㅎ	ㄱ, ㅋ
좋은 숫자	4, 9	2, 4	2, 8	1, 11	3, 4	4, 8
좋은 날짜	3, 8, 14, 16, 22, 25일	2, 7, 15, 18, 24, 26일	6, 8, 17, 19, 22, 25일	1, 7, 11, 18, 21, 25일	5, 8, 13, 21, 23, 28일	3, 6, 11, 15, 18, 29일
안 좋은 날짜	6, 17, 19일	3, 8, 17일	16, 18, 26일	6, 17, 20일	6, 18, 26일	7, 14, 23일
재물·금전 지수	92	82	84	73	92	78
변화·변동 지수	95	85	86	75	93	75
건강·행복 지수	90	80	82	75	94	77

141 有災不亨通之意
_{유 재 불 형 통 지 의}

― 연운 ―

萬頃滄波 一葉片舟
만 경 창 파 일 엽 편 주   파도 치는 넓은 바다에 떠 있는 한 척의 조각배다.

財在外方 出則入手
재 재 외 방 출 즉 입 수   재물이 밖에 있으니 나가면 손에 들어온다.

身在路中 一次遠行
신 재 로 중 일 차 원 행   몸이 자주 나가고 싶으니 한번은 멀리 나갈 운수다.

苦非家憂 反有口舌
고 비 가 우 반 유 구 설   만일 집안에 근심이 없으면 도리어 구설이 있다.

身遊他鄕 別無所益
신 유 타 향 별 무 소 익   몸이 타향에서 놀고 있으니 별로 이익이 없다.

今年之數 莫近是非
금 년 지 수 막 근 시 비   금년 운수는 옳고 그름을 가리지 마라.

細雨東風 虛花滿發
세 우 동 풍 허 화 만 발   동풍에 가랑비 내리니 헛된 꽃만 활짝 피었다.

入市求鹿 不見頭足
입 시 구 록 불 견 두 족   시장에서 사슴을 구했으나 머리와 발이 없다.

一人耕之 十人食之
일 인 경 지 십 인 식 지   한 사람이 농사를 지어 열 사람이 먹는다.

성인의 연운 활용

금전 · 명예	조금 여유가 있다고 금전을 자랑하다가 타인에게 속임수를 당할 수 있다.
사업 · 창업	새롭게 시작하는 일은 쉽게 성사되지 않으니 변화를 삼가는 것이 좋다.
주식 · 투자	노력하면 현상 유지는 가능하나 일확천금의 꿈은 헛된 것이다.
시험 · 취직	남보다 노력해도 실력을 발휘하지 못하니 낮추어서 응시하라. 직장인의 승진과 구직자의 취직은 모두 어렵다.
당선 · 소원	국회의원의 꿈은 버리는 것이 좋다. 당신과는 맞지 않는다. 욕심없이 남을 위하는 소원은 이루어진다.
이사 · 매매	한순간의 실수로 오랫동안 고생하기 쉬우니 함부로 계약하지 마라.
건강 · 사고	배우자나 가족의 건강에 유의하라. 방치하면 나빠진다.
애정 · 결혼	당신의 연인을 좋아하는 사람이 나타나고, 결혼을 상대가 미룬다. 부부 갈등이 심각해지니 주의하라.
소송 · 다툼	소송은 확대시키지 마라. 크게 확대되면 재앙이 매우 크다.

신세대의 연운 활용

연애 · 사랑	연인과 장기간 서먹한 관계가 지속된다. 결혼을 상대가 미룬다. 서로 약간의 갈등이 있으나 참아야 한다. 오해로 다투어 부부는 각방을 쓰거나 이혼할 수 있고, 연인은 심하면 헤어지는 위기가 있다.
시험 · 취직	현재의 직장을 소중하게 여기고 함부로 옮기지 마라. 시험은 매우 불리하니 더 많은 노력이 필요하다.
건강 · 사고	겉보기에는 멀쩡해도 남이 알지 못하는 질병이 생겨 고생하기 쉽다.
금전 · 행운	욕심을 부리거나 향락에 빠져들면 커다란 경제적 손실이 생긴다.
소원 · 성취	소원은 이루어지기 어렵다.

운명을 바꾸는 연운 활용

좋은 방향	서쪽
좋은 색상	귤색
좋은 장소	순대음식점
좋은 성씨	ㅇ, ㅎ
좋은 숫자	2, 8

숫자로 보는 연운 활용

	좋은 달	보통 달	나쁜 달
금전 · 투자	5, 6월	2월	3, 4월
변화 · 변동	5, 6월	7, 9월	11, 12월
연애 · 사랑	5, 6월	2, 9월	8, 11월
건강 · 소송	6월	7월	4, 8월

141

월운

① 만일 가족에게 우환이 없으면 슬하에 근심이 있다.
육충六沖이 발동하니 처음은 길하고 뒤는 흉하다.
집을 나와 어디로 향하는가. 이익이 타향에 있다.

② 길흉이 상반되니 한 번은 기뻐하고 한 번은 슬퍼한다.
몸이 농가에 있으니 온갖 생각이 쓸데없다.
육친이 냉정하니 자수성가한다.

③ 비록 재수는 있으나 상복을 입을까 두렵다.
몸이 길 가운데 있으니 재물에 손실이 있다.
이 달의 운수는 반은 흉하고 반은 길하다.

④ 송사가 생길 운수라 동분서주한다.
시비를 가까이하지 마라. 관재수官災數가 두렵다.
사월의 운수는 구설을 조심해야 한다.

⑤ 대인은 길하고 소인은 흉하다.
다행히 길한 운을 만나니 모든 일을 이룬다.
재물을 구하면 얻을 것이고 모든 일이 성취된다.

⑥ 집에 있으면 불리하고 멀리 나가면 길하다.
오월과 유월에는 이익이 타향에 있다.
산도 설고 물도 선데 몸이 타향에서 논다.

⑦ 처음에는 길하고 나중에는 흉하니 노력하면 공이 따른다.
모든 일을 조심하면 마침내 길함이 있다.
심신을 정하기 어려우니 마음에 번민이 있다.

⑧ 일을 꾀하면 불리하니 경영을 하지 마라.
이 달의 운수는 분수를 지키는 것이 상책이다.
일이 허황하니 분수 밖의 것을 탐하지 마라.

⑨ 물고기와 용이 때를 잃으니 활기가 없다.
몸에 질병이 있으니 미리 액을 막는다.
구월의 운수는 작은 재물을 얻는다.

⑩ 강에 이르니 배가 없어 건너려고 해도 건너지 못한다.
남의 말을 믿지 마라. 이름만 있고 실속은 없다.
시월의 운수는 나아가려 해도 나아가지 못한다.

⑪ 운수가 불리하니 횡액을 조심한다.
남의 재물을 탐하지 마라. 이익은 없고 해만 있다.
분수를 지켜야 길하니 문을 닫고 나가지 마라.

⑫ 힘을 다하여 일을 구하나 시작만 있고 끝이 없다.
남과 같이 일을 꾀하나 이루어지는 일이 없다.
사소한 일로 구설이 아주 많다.

운명을 바꾸는 **월운** 활용

	1월	2월	3월	4월	5월	6월
좋은 방향	동쪽	북서쪽	남쪽	남동쪽	북서쪽	서쪽
좋은 색상	청록색	밤색	연보라색	보라색	주황색	옥색
좋은 장소	순두부식당	칼국수전문점	다리	철판요리집	닭갈비음식점	미술관
좋은 성씨	ㅁ, ㅂ, ㅍ	ㅅ, ㅈ, ㅊ	ㅇ, ㅎ	ㅁ, ㅂ, ㅍ	ㄱ, ㅋ	ㄱ, ㅋ
좋은 숫자	4, 6	1, 7	1, 6	4, 6	3, 8	4, 7
좋은 날짜	2, 5, 16, 19, 21, 24일	4, 8, 12, 14, 20, 27일	8, 10, 15, 21, 27, 29일	7, 10, 13, 17, 21, 24일	9, 11, 18, 21, 25, 29일	2, 5, 9, 13, 19, 23일
안 좋은 날짜	15, 18, 20일	3, 11, 25일	7, 16, 20일	11, 15, 23일	8, 16, 20일	3, 12, 25일
재물·금전 지수	84	84	74	74	93	96
변화·변동 지수	85	88	75	76	93	95
건강·행복 지수	85	82	78	76	95	95

	7월	8월	9월	10월	11월	12월
좋은 방향	북쪽	남서쪽	남서쪽	북서쪽	북동쪽	북서쪽
좋은 색상	주황색	초록색	남청색	하얀색	하늘색	연두색
좋은 장소	쌈밥식당	등산로	중식당	스파게티전문점	갈비음식점	아구찜음식점
좋은 성씨	ㄴ, ㄷ, ㅌ, ㄹ	ㄴ, ㄷ, ㅌ, ㄹ	ㅅ, ㅈ, ㅊ	ㅇ, ㅎ	ㄱ, ㅋ	ㅇ, ㅎ
좋은 숫자	2, 5	5, 6	1, 7	8, 11	9, 10	7, 9
좋은 날짜	4, 7, 14, 17, 23, 29일	1, 5, 9, 16, 26, 28일	5, 8, 12, 14, 17, 29일	3, 5, 17, 18, 22, 25일	6, 9, 13, 17, 23, 26일	2, 4, 10, 13, 16, 20일
안 좋은 날짜	5, 13, 16일	4, 8, 25일	16, 20, 27일	2, 6, 13일	4, 8, 14일	21, 26, 27일
재물·금전 지수	85	72	82	74	78	71
변화·변동 지수	86	78	88	75	76	76
건강·행복 지수	82	75	85	74	74	75

142 無咎無禍之意
무 구 무 화 지 의

연운

百人作之 年祿長久
백인작지 연록장구 백 사람이 농사를 지으니 한 해의 녹이 오래간다.

七年大旱 喜逢甘雨
칠년대한 희봉감우 칠년 큰 가뭄에 단비를 만나니 기쁘기 그지 없다.

出入有吉 功名可得
출입유길 공명가득 출입하면 길하니 가히 공명을 얻을 수 있다.

外富內貧 有名無實
외부내빈 유명무실 겉은 부유하지만 안은 가난하니 실속이 없다.

有人多助 利在其中
유인다조 이재기중 사람들이 많이 도와주니 이익이 그 안에 있다.

困而得安 意外生財
곤이득안 의외생재 어렵다가 편안해지니 뜻밖에 재물이 생긴다.

生財之道 以口以文
생재지도 이구이문 재물은 어디에 있는가, 말과 문서에서 얻는다.

龍潛碧海 其志莫測
용잠벽해 기지막측 용이 푸른 바다에 숨어 있으니 그 뜻을 헤아릴 수 없다.

陰谷回春 萬物皆生
음곡회춘 만물개생 응달에 봄이 돌아오니 만물이 모두 되살아난다.

성인의 연운 활용

금전·명예	강력한 리더십만 있다면 재산이 불어나고 가옥이나 토지를 늘린다.
사업·창업	옛 것을 버리고 과감하게 새 것을 따르면 반드시 길한 일이 생긴다.
주식·투자	주식투자는 이변이 없는 한 큰 이득이 있다.
시험·취직	한눈팔지 않고 열심히 공부에만 전념한다면 반드시 합격한다. 직장인은 상사의 신임을 받는다.
당선·소원	당선되어 가족들의 얼굴에 웃음이 감돌게 된다. 운이 좋고 노력했으니 바라는 소원이 이루어진다.
이사·매매	이사는 확장보다 줄여가는 것이 오히려 이롭다. 시일을 늦출수록 매매는 쉽게 성사되고 이익이 생긴다.
건강·사고	평소에 자주 찾던 병원을 찾아가면 건강은 회복된다.
애정·결혼	오랜 짝사랑이 이루어지며, 여행에서나 친구의 소개로 좋은 사람을 만난다. 젊은 남녀는 삼각관계로 시비가 생길 수 있으니 조심한다. 약혼한 사람은 서둘러 결혼해야 한다.
소송·다툼	소송이 생길 경우 화해를 위해 적극적으로 노력한다면 반드시 그 보람이 있다.

신세대의 연운 활용

연애·사랑	이상적인 애인을 만나서 오랜만에 즐거운 시간을 보낸다. 청춘남녀의 결혼도 기대할 만하다.
시험·취직	많은 경쟁자들 가운데 선두에 서게 된다. 직장인은 승진하거나 원하는 부서에 배치된다.
건강·사고	건강에 이상이 전혀 없다.
금전·행운	구하려고 노력하면 얻을 것이다.
소원·성취	정당하고 욕심이 없는 소원은 이루어진다. 걱정할 것이 전혀 없다.

운명을 바꾸는 연운 활용

좋은 방향	북서쪽
좋은 색상	은색
좋은 장소	민속주점
좋은 성씨	ㅇ, ㅎ
좋은 숫자	2, 3

숫자로 보는 연운 활용

	좋은 달	보통 달	나쁜 달
금전·투자	7, 9월	3월	2, 5월
변화·변동	4, 7월	8월	5, 10월
연애·사랑	1, 11월	3, 8월	6, 10월
건강·소송	4, 9월	8월	2, 6월

142

월운

❶月 이익은 어느 성에 있는가, 배裵가임을 알아야 한다.
우연히 도움을 받아 뜻밖에 재물을 얻는다.
봄바람이 따뜻하니 만물이 화생和生한다.

❷月 비록 재수는 있으나 재물을 잃으니 어찌할까.
명예는 길함이 있으나 재수는 불리하다.
재물을 잃을 수 있으니 이득을 취함에 조심한다.

❸月 가만히 있으면 길하고 움직이면 불리하다.
이 달의 운수는 구설을 조심한다.
봄 석 달의 운수는 길흉이 서로 반반이다.

❹月 복숭아와 자두나무가 봄을 만나 꽃이 지고 열매를 맺는다.
만약 관록官祿이 아니면 아들을 얻을 운수다.
사월의 운수는 반드시 경사가 있다.

❺月 바깥의 재물을 탐하지 마라. 구설이 분분하다.
오월과 유월에는 얻으려다가 도리어 잃는다.
두 마음이 같지 않으니 일을 이루지 못한다.

❻月 운수는 평길하나 재수는 완전하지 못하다.
분수 밖의 것을 탐하지 마라. 재물을 잃을까 두렵다.
만약 관록官祿이 찾아오지 않으면 시비가 일어날 운수다.

❼月 다행히 귀인을 만나면 뜻밖에 횡재한다.
칠월과 팔월에는 주린 자가 밥을 얻는다.
구름 밖 만리에서 반드시 경사가 생긴다.

❽月 동쪽 뜰의 복숭아와 자두에 벌과 나비가 모여든다.
먼 곳에서 서신이 오니 반가운 벗인 줄 안다.
여러 사람이 서로 도와주니 재수가 흥왕하다.

❾月 길성吉星이 와서 비추니 이름을 사방에 떨친다.
구월 국화가 하루 아침에 꽃 핀다.
금년에는 뜻밖의 일이 많이 생긴다.

❿月 가을 달밤에 기러기는 울면서 어디로 가는가.
만일 부모에게 근심이 없으면 자손에게 액이 있다.
적게 얻고 많이 나가니 이 운수를 어찌할까.

⓫月 작은 것을 구하다가 큰 것을 얻으니 하는 일이 길하다.
한 집안이 넉넉하니 가족이 서로 화평하다.
기쁜 일이 많으니 심신이 평화롭다.

⓬月 토성土姓과 친하게 지내면 횡액이 찾아온다.
토지에도 불리하고 미곡米穀에도 이익이 없다.
분수 밖의 것을 탐하지 마라. 패망할까 두렵다.

운명을 바꾸는 **월운** 활용

	1월	2월	3월	4월	5월	6월
좋은 방향	동쪽	서쪽	남서쪽	남동쪽	북동쪽	북동쪽
좋은 색상	분홍색	노란색	검은색	회색	자주색	연보라색
좋은 장소	수목원	정류장	바닷가	노래방	조개구이식당	버스
좋은 성씨	ㄱ, ㅋ	ㅇ, ㅎ	ㅁ, ㅂ, ㅍ	ㅇ, ㅎ	ㄱ, ㅋ	ㅁ, ㅂ, ㅍ
좋은 숫자	4, 6	1, 3	2, 8	2, 7	4, 9	6, 7
좋은 날짜	5, 9, 13, 20, 23, 25일	4, 7, 11, 15, 20, 24일	1, 8, 10, 14, 19, 21일	7, 10, 13, 17, 21, 27일	3, 7, 11, 17, 22, 26일	8, 10, 17, 20, 26, 29일
안 좋은 날짜	4, 12, 24일	10, 14, 19일	6, 13, 18일	9, 11, 18일	5, 15, 23일	9, 18, 24일
재물·금전 지수	94	74	85	96	73	76
변화·변동 지수	95	75	85	94	75	78
건강·행복 지수	95	75	80	98	72	77

	7월	8월	9월	10월	11월	12월
좋은 방향	서쪽	남쪽	북서쪽	북쪽	남서쪽	북서쪽
좋은 색상	고동색	적갈색	군청색	베이지색	보라색	다홍색
좋은 장소	우동전문점	칵테일바	낙지음식점	카페	항구	매점
좋은 성씨	ㅅ, ㅈ, ㅊ	ㅇ, ㅎ	ㄴ, ㄷ, ㅌ, ㄹ	ㄴ, ㄷ, ㅌ, ㄹ	ㅅ, ㅈ, ㅊ	ㄴ, ㄷ, ㅌ, ㄹ
좋은 숫자	2, 4	1, 6	3, 8	4, 9	5, 8	9, 11
좋은 날짜	2, 6, 13, 16, 26, 28일	1, 7, 12, 18, 21, 23일	2, 7, 10, 18, 21, 24일	1, 3, 7, 13, 16, 20일	8, 10, 14, 17, 21, 28일	3, 5, 10, 14, 16, 21일
안 좋은 날짜	11, 12, 18일	3, 10, 19일	6, 17, 23일	5, 12, 17일	9, 18, 20일	1, 2, 13일
재물·금전 지수	93	86	95	74	93	76
변화·변동 지수	92	84	94	75	93	77
건강·행복 지수	90	82	95	75	95	78

143 有災有苦之意
유 재 유 고 지 의

연운

夜雨行人 進退苦苦
야 우 행 인 진 퇴 고 고   밤비에 가려고 하니 나아가지도 못하고 물러가지도 못해 괴롭다.

身運不利 求之不得
신 운 불 리 구 지 부 득   하는 일이 불리하니 구해도 얻지 못한다.

些少之事 一次落淚
사 소 지 사 일 차 락 루   사소한 일로 한번 눈물을 흘린다.

若棄舊業 新業難定
약 기 구 업 신 업 난 정   만일 옛 업을 버리면 새 업을 정하기 어렵다.

身上有苦 事事不成
신 상 유 고 사 사 불 성   신상에 괴로움이 있으니 매사에 성공하지 못한다.

三春之數 橫厄愼之
삼 춘 지 수 횡 액 신 지   봄 석 달은 갑작스러운 액을 조심한다.

雖有小喜 尙多悲悵
수 유 소 희 상 다 비 창   작은 기쁨 뒤에 오히려 더 많은 슬픔이 뒤따른다.

雖得人助 不甚大焉
수 득 인 조 불 심 대 언   비록 남의 도움을 얻지만 그리 크지 않다.

七八月間 金姓欲助
칠 팔 월 간 금 성 욕 조   칠월과 팔월 사이에는 금성을 가진 사람이 도와준다.

성인의 연운 활용

금전·명예	처음에는 재물운이 왕성하지만, 욕심이 지나쳐 나중에는 약간의 어려움이 따른다.
사업·창업	주위에 도와주는 사람이 전혀 없으니 혼자서 모든 일을 책임져야 한다.
주식·투자	주식에 손대면 더 이상 잃을 것이 없게 된다는 것을 명심한다.
시험·취직	시험은 모두 불리하다. 노력한 성과가 없어 허탈감에 빠진다. 승진은 다음 기회를 노리는 것이 유리하다.
당선·소원	당선은 아직 때가 아니니 기다리는 것이 현명하다. 헛된 욕심을 부리다가는 오히려 퇴보하게 된다.
이사·매매	이사와 매매 또한 성사되기 어렵다.
건강·사고	사주팔자가 나쁜 사람은 건강이 매우 위험하여 위독할 수 있다.
애정·결혼	새롭게 사귀는 사람과는 별 문제 없지만, 오랜 연인과는 다툼이 심해질 수 있다. 새로운 연인을 만나기 어렵고, 연인이나 부부는 서로 다툴 일이 생겨 오랜 냉각기를 가지게 될 운이다.
소송·다툼	소송은 크게 다투고 손해가 따른다.

신세대의 연운 활용

연애·사랑	사소한 다툼이 심각한 사태로 발전하여 곤란을 겪으니 반드시 인내하라. 부부는 대화가 필요한 시기다.
시험·취직	더 많이 노력해야 합격의 영광이 있다. 직장인은 승진이 어렵고 부서 이동은 가능하다.
건강·사고	가볍긴 해도 한 차례 병원을 찾을 것이다.
금전·행운	이익은 가까이 있고 시비는 멀리 있으니 무리하게 일을 벌이면 사람으로 인해 반드시 재물에 손해가 있다. 맡은 일만 철저히 하라.
소원·성취	소원은 이루어지기 힘들다.

운명을 바꾸는 연운 활용

좋은 방향	남쪽
좋은 색상	남청색
좋은 장소	동굴
좋은 성씨	ㅁ, ㅂ, ㅍ
좋은 숫자	1, 5

숫자로 보는 연운 활용

	좋은 달	보통 달	나쁜 달
금전·투자	11, 12월	4, 5월	1, 3월
변화·변동	9, 11월	2, 10월	6월
연애·사랑	7, 11월	4, 5월	3, 6월
건강·소송	9, 12월	5, 10월	8월

월운

봄풀이 서리를 만나니 자라지 못한다.
집에 있으면 길하고 움직이면 해롭다.
멀리 나가면 불리하니 조심하고 또 조심한다.

함부로 움직이지 마라. 횡액이 두렵다.
다른 사람의 말을 듣지 마라. 반드시 그 해가 있다.
두 사람 마음이 각각이니 일에 허황함이 있다.

삼월의 운수는 집안의 화를 면하기 어렵다.
상충상극相沖相剋하니 슬픈 눈물을 흘린다.
타인과 상종하면 반드시 실패한다.

마음이 괴롭고 일에 허황함이 있다.
흉함이 많고 길함이 적으니 운인 것을 어찌할까.
그대의 꽃다운 인연은 여인이 가장 길하다.

안정하면 길하고 집을 나가면 불리하다.
좋은 운이 늦게 돌아오니 좋은 기회를 잃지 마라.
몸도 재물도 왕성하나 부모의 근심을 어찌할까.

만약 질병이 아니면 구설을 면하기 어렵다.
시비를 가까이하지 마라. 관재官災가 불리하다.
동쪽과 남쪽으로 멀리 나가면 불리하다.

칠월과 팔월에는 횡액을 조심한다.
가랑비와 봄바람에 풀빛이 푸르다.
다행히 옛 인연을 만나면 이익이 있다.

집을 나가서 동쪽으로 가면 그 화가 적지 않다.
서쪽과 북쪽으로 멀리 나가면 해롭다.
운수가 불길하니 모든 일을 조심한다.

구월과 시월에는 재수가 매우 좋다.
다른 일을 꾀하지 마라. 반드시 실패가 있다.
남북 두 방향에서 재물이 저절로 왕성해진다.

위아래가 조화롭지 못하니 길흉이 반반이다.
마음에 정한 바가 없으니 반드시 실패한다.
금년에는 이사를 하면 불리하다.

동짓달과 섣달에는 재록財祿이 저절로 왕성해진다.
자녀를 얻지 않으면 상복을 입을 운수다.
쌀과 나무는 불리하니 조심한다.

동쪽은 불리하나 토지는 길하다.
오吳가 권權가 두 성은 반드시 손해가 있다.
박朴가와 최崔가와 친하면 그 이익이 적지 않다.

운명을 바꾸는 **월운** 활용

	1월	2월	3월	4월	5월	6월
좋은 방향	남동쪽	남동쪽	북동쪽	동쪽	북서쪽	북쪽
좋은 색상	주황색	초록색	굴색	파란색	자주색	노란색
좋은 장소	패스트푸드점	공원	돈까스전문점	주차장	당구장	축구장
좋은 성씨	ㅁ, ㅂ, ㅍ	ㅇ, ㅎ	ㅅ, ㅈ, ㅊ	ㅅ, ㅈ, ㅊ	ㅁ, ㅂ, ㅍ	ㄴ, ㄷ, ㅌ, ㄹ
좋은 숫자	4, 6	4, 7	1, 8	4, 3	2, 7	6, 8
좋은 날짜	2, 4, 8, 12, 17, 23일	5, 9, 13, 15, 20, 27일	6, 10, 14, 17, 22, 29일	7, 11, 16, 19, 23, 24일	3, 7, 14, 17, 20, 25일	4, 8, 12, 16, 19, 22일
안 좋은 날짜	6, 16, 21일	3, 4, 22일	8, 13, 26일	13, 18, 26일	5, 16, 27일	3, 17, 23일
재물·금전 지수	78	81	74	86	82	72
변화·변동 지수	77	85	74	85	88	73
건강·행복 지수	76	85	78	84	85	75

	7월	8월	9월	10월	11월	12월
좋은 방향	남동쪽	남쪽	남쪽	남동쪽	남쪽	서쪽
좋은 색상	은색	파란색	하늘색	고동색	연보라색	회색
좋은 장소	주택가	섬	양고기전문점	생선구이식당	아이스크림가게	생맥주집
좋은 성씨	ㅁ, ㅂ, ㅍ	ㄱ, ㅋ	ㅇ, ㅎ	ㅇ, ㅎ	ㄴ, ㄷ, ㅌ, ㄹ	ㄱ, ㅋ
좋은 숫자	3, 8	1, 9	4, 5	2, 8	2, 7	4, 6
좋은 날짜	9, 13, 15, 20, 23, 27일	2, 5, 10, 17, 21, 28일	1, 7, 13, 20, 24, 29일	6, 9, 11, 18, 23, 27일	3, 6, 13, 16, 23, 28일	6, 9, 11, 15, 25, 29일
안 좋은 날짜	10, 16, 25일	3, 13, 26일	4, 16, 18일	10, 20, 22일	5, 12, 21일	8, 16, 23일
재물·금전 지수	92	79	92	84	94	92
변화·변동 지수	94	74	95	82	93	95
건강·행복 지수	95	76	95	82	96	95

有凶不成功之意
유 흉 불 성 공 지 의

151 연운

緣木求魚 事事多滯
연 목 구 어 사 사 다 체
나무에 올라가 물고기를 구하니 일을 하는데 막힘이 많다.

欲動反居 得人又別
욕 동 반 거 득 인 우 별
움직이려 하나 반대로 머무르게 되고 사람을 얻었다가 이별한다.

心無所定 行如浮雲
심 무 소 정 행 여 부 운
마음에 정한 것이 없으니 행하는 것이 뜬구름 같다.

心神散亂 事有多滯
심 신 산 란 사 유 다 체
마음이 흐트러져 어지러우니 일을 하는데 막힘이 많다.

分外之事 愼勿行之
분 외 지 사 신 물 행 지
분수에 맞지 않은 일은 삼가고 행하지 않는다.

人不助我 謀事不成
인 불 조 아 모 사 불 성
사람이 도와주지 않으니 꾀하는 일을 이루지 못한다.

自知爪病 不知腸痛
자 지 조 병 부 지 장 통
손톱의 병은 스스로 알 수 있으나 복통은 알지 못한다.

莫作强求 因人作怨
막 작 강 구 인 인 작 원
억지로 구하지 마라, 남에게 원망을 듣는다.

角失其用 不成利刀
각 실 기 용 불 성 이 도
뿔이 그 쓰임을 잃으니 좋은 칼이 되지 못한다.

성인의 연운 활용

금전·명예	하는 일을 발설했다가 가까운 사람에게 재물을 잃을 수 있다. 노력한 만큼 재물과 금전이 크다.
사업·창업	욕심이 넘쳐서 타인의 돈을 빌려 겁 없이 사업을 확장하면 뒤늦게 심각한 어려움에 빠지게 된다.
주식·투자	주식투자는 신중하게 해야 한다.
시험·취직	실력대로 응시하면 가능하지만 욕심 부리면 실패한다. 직장인은 동료의 비방으로 곤욕을 치를 수 있다.
당선·소원	당선은 많은 노력이 필요하다. 아무리 열심히 노력해도 이치에 맞지 않으니 소원은 이루어지지 않는다.
이사·매매	이사와 매매는 급히 서두르면 손해가 따르니 조심한다.
건강·사고	나쁘지는 않지만, 환자나 노인은 건강이 위험하다.
애정·결혼	마음을 확실하게 정하지 않고 계속 만나면 결과가 좋지 않다. 모호한 감정은 분란을 만든다. 연인을 새로 만나기도 어렵고 짝사랑도 이루지 못한다. 결혼을 약속한 사람은 화촉을 밝히는 기쁨이 있다.
소송·다툼	소송은 만들지 않는 것이 뒤탈이 없으니 싸움을 확대시키지 않는다.

신세대의 연운 활용

연애·사랑	생각해보면 별 일 아닌데 연인과 크게 다투고 돌아서게 된다. 부부는 대화가 필요한 시기다.
시험·취직	한 단계 낮추어 하위직이나 일반직에 응시하면 합격 가능하다. 승진은 기대하기 어렵다.
건강·사고	건강은 생명의 위험이 따르니 무리한 행동은 삼간다.
금전·행운	엉뚱한 곳에서 재물을 탐하지 마라. 횡재의 꿈은 버리는 것이 좋다.
소원·성취	노력하지 않는 사람은 소원을 이루기 어렵다.

운명을 바꾸는 연운 활용

좋은 방향	서쪽
좋은 색상	노란색
좋은 장소	와인전문점
좋은 성씨	ㅇ, ㅎ
좋은 숫자	6, 7

숫자로 보는 연운 활용

	좋은 달	보통 달	나쁜 달
금전·투자	9, 10월	3, 11월	2, 4월
변화·변동	5, 10월	6, 7월	8월
연애·사랑	9, 12월	3, 6월	1, 4월
건강·소송	10, 12월	7, 11월	4월

151

월운

1月 생각지 못한 재앙이 갑자기 찾아든다.
정월과 이월에는 다른 일을 꾀하지 마라.
재수는 길하되 처음은 길하고 나중에는 흉하다.

2月 가신家神이 발동하니 이사가 아니면 반드시 우환이 있다.
봄 석 달의 재수는 반드시 흥왕하다.
서쪽 하늘에 날이 저물었으니 다른 사람의 말을 듣지 마라.

3月 농사에 때를 잃으니 추수를 하지 못한다.
병자가 있는 집을 가까이하지 마라. 질병이 두렵다.
비록 재수는 있으나 급하게 하면 얻지 못한다.

4月 꽃이 져도 열매가 없으니 어찌 큰 재물을 바라는가.
일을 꾀함에 불리하고 구설수가 있다.
분수를 지키는 것이 상책이니 다른 일을 꾀하지 마라.

5月 가뭄에 풀이 비를 만나니 그 빛이 푸르다.
일을 구하면 뜻대로 얻고 뜻밖에 횡재를 만난다.
운수가 대길하고 가정이 화목하다.

6月 처음은 흉하고 뒤는 길하니 길흉이 서로 반반이다.
유월의 운수는 흑백이 분명하지 않다.
먼 길을 떠나면 불리하고 집에 있으면 길하다.

7月 만약 재물을 잃지 않으면 관재官災와 구설이 있다.
재액災厄을 면하려면 이사를 하는 것이 길하다.
비록 재수는 있으나 처음은 길하고 뒤에 흉하다.

8月 귀살鬼殺이 문을 비추니 질병을 조심한다.
가족들이 서로 갈라지니 거리가 서로 멀다.
이 달의 운수는 흉함은 많고 길함은 적다.

9月 구월과 시월에는 아들을 얻을 운수다.
재물운이 들어오니 의외의 재물을 얻는다.
구월 단풍이 모란보다 낫다.

10月 해로움이 어느 방향에 있는가. 동쪽과 북쪽 두 방향이다.
멀리 나가면 불리하고 집에 있으면 길하다.
이익은 어느 방향에 있는가. 서쪽과 북쪽에 있다.

11月 동짓달과 섣달에는 재물이 북쪽에서 생긴다.
편안한 몸으로 잘 지내니 세상의 속된 일이 침범하지 않는다.
목성木姓이 불리하니 가까이하면 해롭다.

12月 몸도 재물도 왕성하니 집안이 평화롭다.
다른 일을 꾀하지 마라. 기쁜 일이 찾아든다.
사람이 있어 도와주니 뜻밖에 성공한다.

운명을 바꾸는 월운 활용

	1월	2월	3월	4월	5월	6월
좋은 방향	동쪽	북쪽	북서쪽	남동쪽	남쪽	남서쪽
좋은 색상	하얀색	주황색	청록색	밤색	연두색	검은색
좋은 장소	독서실	산	포장마차	서점	목욕탕	레스토랑
좋은 성씨	ㅅ, ㅈ, ㅊ	ㅇ, ㅎ	ㄴ, ㄷ, ㅌ, ㄹ	ㄴ, ㄷ, ㅌ, ㄹ	ㅇ, ㅎ	ㄱ, ㅋ
좋은 숫자	3, 5	4, 9	6, 8	5, 7	5, 10	6, 8
좋은 날짜	5, 7, 13, 18, 22, 26일	2, 6, 15, 19, 21, 25일	3, 5, 11, 13, 23, 27일	7, 9, 16, 19, 25, 27일	5, 8, 13, 18, 23, 28일	2, 6, 11, 16, 21, 29일
안 좋은 날짜	17, 20, 21일	7, 18, 23일	6, 14, 22일	14, 18, 28일	3, 9, 19일	4, 14, 15일
재물·금전 지수	79	74	72	79	95	86
변화·변동 지수	78	75	85	74	95	84
건강·행복 지수	77	73	85	75	96	85

	7월	8월	9월	10월	11월	12월
좋은 방향	북동쪽	서쪽	남쪽	남쪽	북쪽	서쪽
좋은 색상	적갈색	남청색	노란색	연보라색	고동색	초록색
좋은 장소	휴양림	토스트가게	기념관	보리밥식당	수영장	놀이터
좋은 성씨	ㅁ, ㅂ, ㅍ	ㅅ, ㅈ, ㅊ	ㅁ, ㅂ, ㅍ	ㄱ, ㅋ	ㅁ, ㅂ, ㅍ	ㄱ, ㅋ
좋은 숫자	4, 9	1, 8	1, 2	4, 6	2, 8	3, 4
좋은 날짜	4, 8, 13, 18, 24, 27일	1, 7, 12, 16, 21, 25일	3, 6, 15, 18, 24, 28일	5, 8, 13, 19, 21, 25일	4, 6, 12, 15, 23, 27일	2, 7, 13, 15, 21, 25일
안 좋은 날짜	5, 20, 23일	11, 20, 23일	4, 13, 19일	9, 16, 26일	5, 11, 19일	10, 16, 24일
재물·금전 지수	82	74	94	92	85	96
변화·변동 지수	83	76	93	90	84	92
건강·행복 지수	85	76	91	94	82	93

152 小求大失不利之意

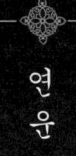
연운

火及棟梁 燕雀何知
화 급 동 량 연 작 하 지   기둥과 대들보에 불이 번져도 제비와 참새는 알지 못한다.

一喜一悲 此亦身數
일 희 일 비 차 역 신 수   한 번 기쁘고 한 번 슬프니 이 또한 신수다.

事有多滯 虛度光陰
사 유 다 체 허 도 광 음   일에 막힘이 많으니 헛되이 세월만 보낸다.

母行求養 反見空瓢
모 행 구 양 반 견 공 표   어미가 먹이를 구하나 오히려 빈 표주박만 본다.

聚散無定 得失有數
취 산 무 정 득 실 유 수   모이고 흩어짐이 일정하지 않아 얻는 것도 있지만 잃는 것도 있다.

今年之數 移徒則吉
금 년 지 수 이 도 즉 길   금년 운수는 이사하면 길하다. 가능하면 이사하라.

渴馬上山 絶無水泉
갈 마 상 산 절 무 수 천   목마른 말이 산에 올랐는데 샘이 전혀 없다.

天寒地白 獨鳥飛下
천 한 지 백 독 조 비 하   추운 겨울에 흰 눈이 대지를 덮었는데 외로운 새가 날아간다.

外人愼之 不利於我
외 인 신 지 불 리 어 아   바깥에서는 사람을 조심하라. 이롭지 못하다.

성인의 연운 활용

금전·명예	노력에 비해 이익이 적으니 사업을 경영하기 어렵다.
사업·창업	수입보다 지출이 많으니 개업은 절대 금물이다.
주식·투자	주식 폭락으로 많은 금전 손실이 따르고, 하는 일마다 어려움이 따른다.
시험·취직	운이 하락하여 약간의 막힘이 있으니 응시하는 여러 곳 중 어렵게 한 군데 정도에 합격한다. 직장인은 직장일로 동료와 다툴 일이 생긴다.
당선·소원	당선은 불가능하니 다음 기회를 기다려야 한다. 노력하지 않으니 소원을 성취하기 힘들다.
이사·매매	급히 서두르지 마라. 마음을 조급하게 먹고 변화를 꿈꾸다가는 손재수가 따른다.
건강·사고	컨디션이 좋지 않아 심신이 피곤하다. 건강상 뜻밖의 변고가 생길 수 있다.
애정·결혼	고독한 운이니 연인이 있어도 허전하다. 결혼은 날짜를 정한 사람이 아니면 다음으로 미룬다.
소송·다툼	아주 가까운 사람의 도움을 얻으면 문제가 해결된다.

신세대의 연운 활용

연애·사랑	갑자기 애인이 바람이 난다. 만일 친구가 애인과 함께 만나자고 한다면 바로 그 친구를 경계하라. 고독한 운이니 연인은 있으나 마음이 허전하다. 결혼은 날짜를 정한 사람이 아니면 다음 기회로 미룬다.
시험·취직	시험은 하향지원이 유리하고 취직도 만족할 만한 곳은 어렵다. 직장인은 동료가 승진을 방해한다.
건강·사고	사주팔자가 나쁜 사람은 건강이 위험하다.
금전·행운	금전운이 하락하니 오랜 기간 자금난에 허덕인다.
소원·성취	덕을 쌓고 이웃에게 베푼 사람은 작은 소원을 이룰 수 있지만 욕심이 과한 사람은 어렵다.

운명을 바꾸는 연운 활용

좋은 방향	북서쪽
좋은 색상	노란색
좋은 장소	전통찻집
좋은 성씨	ㄴ, ㄷ, ㅌ, ㄹ
좋은 숫자	1, 7

숫자로 보는 연운 활용

	좋은 달	보통 달	나쁜 달
금전·투자	5월	1, 3, 10월	2, 4월
변화·변동	6월	7, 10월	4, 8월
연애·사랑	6월	3, 10, 12월	8, 9월
건강·소송	5, 6월	1, 3, 7월	2, 9월

152

월운

1月
나는 새의 날개가 부러지니 나아가야 할지 물러나야 할지를 모른다.
물과 불에 놀랄 일이 있으니 부디 조심한다.
정월과 이월에는 반은 길하고 반은 흉하다.

2月
다른 사람을 도와주지 마라. 길함이 도리어 흉으로 변한다.
봄에 근심이 있으니 아내와 아들의 근심이다.
운수가 고단하니 멀리 나가면 불길하다.

3月
귀인은 어디 있는가. 서쪽과 북쪽 지방이다.
삼월과 사월에는 미리 기도한다.
자손에게 액이 있고 아내에게 간혹 우환이 있다.

4月
감언이설은 헛된 것일 뿐 실상이 없다.
미리 액을 막으면 화가 변하여 복이 된다.
마음이 괴로우니 항상 집을 나가려 한다.

5月
정성껏 구하면 재물을 조금은 얻는다.
동쪽의 목성木姓이 우연히 와서 도와준다.
큰 재물은 얻지 못하나 작은 재물은 얻는다.

6月
음양이 화합하니 바라는 바가 뜻대로 이루어진다.
다른 사람과 힘을 합하면 재산을 일굴 수 있다.
운수도 대길하고 재수도 흥왕하다.

7月
칠월과 팔월에는 수복壽福이 끝없이 이어진다.
만약 관록官祿이 아니면 자손의 경사가 있다.
꽃이 핀 저녁달 아래 꽃향기에 취하여 거닌다.

8月
다른 사람과 더불어 일을 꾀하면 길함이 도리어 흉으로 변한다.
분수를 지키는 것이 상책이니 움직이면 이익이 없다.
이 달의 운수는 모든 일에 조심한다.

9月
이른바 꾀하는 일은 머리는 있고 꼬리는 없다.
밖의 재물을 탐하지 마라. 반드시 그 해가 있다.
귀인은 어디에 있는가. 서쪽과 북쪽이다.

10月
가려 하나 나가지 못하니 마음이 괴롭다.
만약 주색을 가까이하면 반드시 그 해를 당한다.
이익은 어디에 있는가. 서쪽과 북쪽이다.

11月
비록 재물은 생기나 다른 사람에게 해를 입는다.
동쪽은 불리하고 서쪽은 길하다.
이익은 어느 성에 있는가. 화성火姓과 금성金姓이다.

12月
칠성에 기도하면 흉함이 길하게 바뀐다.
다른 사람과 더불어 일을 꾀하려면 미리 그 마음을 가려야 한다.
산새가 집을 잃으니 진퇴양난이다.

운명을 바꾸는 월운 활용

	1월	2월	3월	4월	5월	6월
좋은 방향	북서쪽	남서쪽	북서쪽	남쪽	동쪽	북쪽
좋은 색상	옥색	주황색	하얀색	분홍색	회색	베이지색
좋은 장소	시내	영화감상실	오리음식점	저수지	야외음식점	체육관
좋은 성씨	ㅇ, ㅎ	ㅅ, ㅈ, ㅊ	ㅁ, ㅂ, ㅍ	ㄴ, ㄷ, ㅌ, ㄹ	ㄱ, ㅋ	ㅁ, ㅂ, ㅍ
좋은 숫자	5, 7	1, 6	3, 8	3, 7	5, 12	5, 6
좋은 날짜	3, 5, 15, 17, 21, 29일	6, 9, 16, 19, 25, 28일	4, 8, 13, 18, 23, 26일	6, 10, 11, 16, 21, 25일	2, 7, 16, 18, 23, 27일	3, 9, 12, 15, 25, 27일
안 좋은 날짜	8, 18, 26일	5, 21, 29일	5, 11, 20일	1, 14, 18일	4, 20, 25일	2, 11, 26일
재물·금전 지수	89	78	84	74	92	93
변화·변동 지수	85	77	83	72	95	98
건강·행복 지수	82	79	82	75	93	95

	7월	8월	9월	10월	11월	12월
좋은 방향	남동쪽	동쪽	북서쪽	북쪽	서쪽	남서쪽
좋은 색상	녹색	적갈색	보라색	자주색	고동색	다홍색
좋은 장소	시장	도서관	추어탕식당	놀이공원	청국장식당	기차역
좋은 성씨	ㄴ, ㄷ, ㅌ, ㄹ	ㅅ, ㅈ, ㅊ	ㅅ, ㅈ, ㅊ	ㄱ, ㅋ	ㅇ, ㅎ	ㅇ, ㅎ
좋은 숫자	7, 8	2, 3	3, 11	1, 12	4, 7	5, 6
좋은 날짜	5, 8, 17, 19, 22, 29일	4, 7, 13, 18, 22, 25일	6, 9, 12, 14, 22, 26일	2, 5, 15, 18, 26, 29일	3, 6, 12, 17, 23, 27일	1, 7, 15, 19, 21, 28일
안 좋은 날짜	7, 18, 26일	5, 16, 19일	8, 13, 21일	4, 13, 21일	9, 15, 25일	4, 20, 23일
재물·금전 지수	85	74	74	84	92	87
변화·변동 지수	85	75	75	82	94	82
건강·행복 지수	82	78	73	86	95	85

避凶就吉之意
피 흉 추 길 지 의

年雖値凶 飢者逢豊
연 수 치 흉 기 자 봉 풍
비록 흉년을 만났으나 배고픈 자는 풍년을 만난다.

雨順風調 舜之乾坤
우 순 풍 조 순 지 건 곤
비가 순조롭게 내리고 바람까지 도와주니 순임금의 세상이다.

意外橫財 廣置田庄
의 외 횡 재 광 치 전 장
뜻밖에 횡재하여 넓은 논밭을 장만한다.

勿爲人爭 事有未決
물 위 인 쟁 사 유 미 결
남과 다투지 마라. 일을 끝맺지 못한다.

初雖困難 晚得運回
초 수 곤 란 만 득 운 회
비록 처음에는 어렵지만 나중에는 운이 돌아온다.

意外橫財 安過太平
의 외 횡 재 안 과 태 평
뜻밖에 횡재하니 태평하게 지낸다.

勿事驕傲 滿則招損
물 사 교 방 만 즉 초 손
거만하지 마라. 교만하면 손해를 본다.

培其根本 達其枝葉
배 기 근 본 달 기 지 엽
뿌리를 북돋워 가꾸면 가지와 잎이 무성해진다.

夢裡蝴蝶 幾度繁華
몽 리 호 접 기 도 번 화
꿈 속의 호랑나비는 몇 번이나 변화하여 화려하다.

성인의 연운 활용

금전 · 명예	욕심대로 일을 벌이니 힘과 돈 모두 소비하고 뒤늦게 후회한다. 능력에 맞게 일해야 이익이 있다.
사업 · 창업	당장 욕심이 나더라도 함부로 사업을 확장하지 않는다.
주식 · 투자	적당한 시기를 찾아서 처분한다.
시험 · 취직	시험운이 매우 저조하니 꾸준히 노력해야 하고, 직장인은 구설수로 오랫동안 어려움이 따른다.
당선 · 소원	당선은 다음 기회를 기다려라. 큰 뜻을 품은 사람은 소원을 이루지만 노력하지 않는 사람은 불가능하다.
이사 · 매매	이사와 매매는 다음 기회를 기대하는 것이 좋다.
건강 · 사고	심신이 피곤하지만 건강에는 이상이 없다.
애정 · 결혼	처음에는 화기애애하지만 사소한 말다툼으로 불화의 징조가 있다. 결혼은 상대가 시기를 미룰 수 있다.
소송 · 다툼	가까운 사람이 해를 끼치니 사람 대하기를 조심한다.

신세대의 연운 활용

연애 · 사랑	연인과 심각한 언쟁이 벌어지고, 부부간에도 작은 싸움이 커져서 잘못하면 헤어질 수 있으니 참고 인내하라.
시험 · 취직	하위직은 가능하지만 노력이 필요하다. 직장인은 승진 기회를 놓치고 실업자는 취직이 어렵다. 부단히 노력해야 한다.
건강 · 사고	위험한 곳에 가지 마라. 건강에 이상이 생긴다.
금전 · 행운	현재 상황을 침착하게 밀고 나가는 것이 경영을 정상화시키고 재물을 얻는 길이다.
소원 · 성취	자신을 낮추고 부탁하면 작은 소원은 이루어진다.

운명을 바꾸는 연운 활용

좋은 방향	북쪽
좋은 색상	밤색
좋은 장소	한식당
좋은 성씨	ㅅ, ㅈ, ㅊ
좋은 숫자	8, 10

숫자로 보는 연운 활용

	좋은 달	보통 달	나쁜 달
금전 · 투자	4, 5, 11월	6, 10월	7월
변화 · 변동	3, 9월	6, 12월	7, 8월
연애 · 사랑	1, 5, 9월	2, 6월	8월
건강 · 소송	3, 4, 11월	6, 10월	7월

월운

정월과 이월에는 재물운이 들어온다.
밖으로 나가면 길하고 뜻밖에 재물을 얻는다.
풍년이 오니 태평세계다.

복신福神이 임하니 모든 일을 다 이룬다.
목마른 용이 물을 얻었으니 반드시 길한 일이 있다.
기쁜 중에 근심이 있으니 구설을 조심한다.

이익은 어느 방향에 있는가. 서쪽과 북쪽이다.
만약 관록官祿을 얻지 않으면 아들을 얻을 경사다.
뜻밖에 성공하니 의기양양하다.

삼월과 사월에는 화합의 기운이 들어온다.
나는 용이 하늘에 있으니 대인大人을 찾아보는 게 이롭다.
액이 사라지고 복이 오니 귀인이 곁에 있다.

이익이 도처에 있으니 하루에 천금을 얻는다.
귀인이 와서 도와주니 그 공이 적지 않다.
비가 순하고 바람이 고르니 온갖 곡식이 여문다.

유월의 운수는 재액災厄을 조심한다.
다른 사람과 다투면 끝맺음이 없다.
재물운이 따르니 뜻밖에 재물이 생긴다.

칠월과 팔월에는 사람으로 인한 액을 면하기 어렵다.
만약 이와 같지 않으면 남에게 속임수를 당한다.
토성土姓과 친하면 구설이 끊이지 않는다.

바라는 일이 이루어지지 않으니 어찌할까.
운수가 통하지 않으니 재물을 구하나 얻지 못한다.
분수 밖의 것을 탐하지 마라. 꾀한 바를 이루지 못한다.

구월과 시월에는 반드시 기쁜 일이 있다.
일을 꾀하여 가히 이루니 많은 사람이 우러러본다.
음양이 화합하니 만물이 절로 왕성해진다.

식구도 늘고 토지도 느니 복록福祿이 있다.
여색을 가까이하지 마라. 구설이 따른다.
이익은 어느 곳에 있는가. 서쪽과 북쪽이다.

동짓달과 섣달에는 물고기와 용이 물을 얻는 격이다.
남쪽은 불리하니 그 쪽으로는 가지 마라.
이 달의 운수는 구설이 많다.

남과 함께 동쪽으로 가니 반은 흉하고 반은 길하다.
시비를 가까이하지 마라. 구설이 두렵다.
분수를 지키는 것이 상책이다. 망녕되이 움직이면 해롭다.

운명을 바꾸는 **월운** 활용

	1월	2월	3월	4월	5월	6월
좋은 방향	동쪽	서쪽	서쪽	북쪽	남쪽	남동쪽
좋은 색상	귤색	연보라색	연두색	하늘색	군청색	파란색
좋은 장소	장어음식점	상가	빈대떡음식점	동굴	카페	시냇가
좋은 성씨	ㄴ, ㄷ, ㅌ, ㄹ	ㄱ, ㅋ	ㅁ, ㅂ, ㅍ	ㅁ, ㅂ, ㅍ	ㅅ, ㅈ, ㅊ	ㅅ, ㅈ, ㅊ
좋은 숫자	6, 12	1, 2	2, 7	2, 9	3, 8	3, 9
좋은 날짜	7, 9, 11, 13, 19, 26일	4, 8, 15, 17, 22, 27일	3, 6, 13, 18, 24, 27일	6, 9, 11, 15, 22, 25일	5, 8, 15, 18, 24, 28일	2, 4, 13, 15, 21, 25일
안 좋은 날짜	6, 16, 20일	7, 16, 25일	7, 21, 26일	1, 21, 28일	3, 17, 22일	5, 16, 22일
재물·금전 지수	92	86	94	90	92	82
변화·변동 지수	93	84	95	95	92	84
건강·행복 지수	95	85	95	92	95	88

	7월	8월	9월	10월	11월	12월
좋은 방향	북동쪽	서쪽	동쪽	북서쪽	북쪽	남동쪽
좋은 색상	노란색	베이지색	노란색	밤색	회색	분홍색
좋은 장소	매운탕음식점	백화점	레스토랑	냉면전문점	생과일전문점	전통찻집
좋은 성씨	ㄱ, ㅋ	ㅇ, ㅎ	ㄴ, ㄷ, ㅌ, ㄹ	ㅅ, ㅈ, ㅊ	ㅇ, ㅎ	ㄱ, ㅋ
좋은 숫자	4, 9	8, 11	6, 7	1, 7	3, 6	1, 12
좋은 날짜	3, 9, 11, 14, 23, 27일	5, 9, 13, 16, 25, 27일	7, 9, 11, 15, 24, 29일	6, 8, 15, 17, 21, 24일	3, 6, 13, 16, 23, 26일	4, 7, 14, 18, 26, 29일
안 좋은 날짜	8, 13, 22일	4, 18, 24일	6, 10, 23일	2, 19, 23일	7, 18, 24일	3, 13, 22일
재물·금전 지수	78	74	93	82	96	83
변화·변동 지수	75	77	94	85	98	85
건강·행복 지수	75	75	92	85	95	85

161 有華有德之意
유 화 유 덕 지 의

연운

春雨斐斐 一枝梅花
춘 우 비 비 일 지 매 화 　봄비가 부슬부슬 내리는데 가지 끝 매화가 홀로 피었다.

有人多助 所望如意
유 인 다 조 소 망 여 의 　도와주는 사람이 많으니 소망을 이룬다.

運數大吉 到處春風
운 수 대 길 도 처 춘 풍 　운수가 대길하니 가는 곳마다 봄바람이 분다.

如干財數 得而半失
여 간 재 수 득 이 반 실 　이익이 매우 크나 반은 잃는다.

初吉後凶 每事愼之
초 길 후 흉 매 사 신 지 　처음은 길하나 나중에는 흉하니 매사에 조심한다.

利在他鄕 出行得利
이 재 타 향 출 행 득 리 　이로운 것이 타향에 있으니 길을 떠나면 이익을 얻는다.

江南江北 草色靑靑
강 남 강 북 초 색 청 청 　강남 강북에 풀빛이 푸르니 하는 일마다 행운이 있다.

春桃秋菊 憂喜相半
춘 도 추 국 우 희 상 반 　봄 복숭아와 가을 국화꽃이라. 근심과 기쁨이 반반이다.

閨裡殘月 流照千里
규 리 잔 월 유 조 천 리 　규방의 새벽달이 흘러 천리를 비춘다.

성인의 연운 활용

금전·명예	사업을 확장하거나 재물이 풍족해진다.
사업·창업	귀인의 도움이 이어지고 새 일을 시작하며 사람의 왕래가 빈번하니 소득이 매우 크다.
주식·투자	조금씩 분배해서 투자해야 손실 없이 이익을 얻는다.
시험·취직	국가직은 불리하지만 지방직이나 일반직은 매우 유리하다. 직장인은 승진의 행운이 따른다.
당선·소원	당선되어 이름을 떨친다. 소원은 맡은 일을 열심히 할 때만 이룰 수 있다.
이사·매매	이사와 매매가 쉽게 성사되는 기쁨이 있다.
건강·사고	약간 피곤함이 있지만 금세 사라진다.
애정·결혼	좋은 인연을 만나 즐거운 시간을 보낸다. 오래 사귄 미혼남녀는 결혼하여 신혼의 기쁨이 가득하다.
소송·다툼	소송은 처음 것을 고수하면 걱정이 없다.

신세대의 연운 활용

연애·사랑	혼자인 사람은 새로운 연인이 생겨 기쁜 일이 끊이지 않겠다. 부부는 금실이 두터워진다.
시험·취직	시험운이 매우 좋으니 고시나 일류대를 제외하면 모두 가능하다. 직장인은 상사의 도움으로 승진하고 실업자는 취직한다.
건강·사고	십년 묵은 체증이 뚫리는 형상이니 오랫동안 중병을 앓던 환자도 큰 차도가 있다.
금전·행운	수입보다 지출이 많지만 투기나 유흥이 아닌 순수한 인정으로 쓴 돈은 반드시 더 많은 소득으로 돌아온다.
소원·성취	소원은 대부분 이루어진다.

운명을 바꾸는 연운 활용

좋은 방향	동쪽
좋은 색상	분홍색
좋은 장소	매점
좋은 성씨	ㅇ, ㅎ
좋은 숫자	1, 11

숫자로 보는 연운 활용

	좋은 달	보통 달	나쁜 달
금전·투자	6, 8월	3, 7월	4월
변화·변동	2, 6월	3, 9월	5월
연애·사랑	8, 11월	9, 12월	1, 10월
건강·소송	2, 11월	12월	7월

161 월운

❶月 정월과 이월에는 이익을 보지 못한다.
비록 재물은 있으나 손에 들어오면 없어진다.
일은 많이 하나 이익은 얻지 못한다.

❷月 문을 나서 남쪽으로 가면 먼저 곤란하고 나중에 성공한다.
동쪽과 서쪽 두 방향에서 많은 일을 겪는다.
푸른 강에서 물고기를 구하니 재물을 구하고자 하면 반드시 얻는다.

❸月 터를 옮기는 것이 좋으니 지체하지 마라.
이로운 곳은 어디인가. 남쪽이 가장 길하다.
삼월과 사월에는 재물을 꾀하지 마라.

❹月 일을 여러 곳에서 구하나 이익은 별로 없다.
만약 이사하지 않으면 문서로 인해 서로 다툰다.
시비를 가까이하지 마라. 그 해가 적지 않다.

❺月 금성金姓은 해로우니 가까이하면 해가 많다.
송사를 가까이하지 마라. 마침내 크게 패한다.
이 달의 운수는 흉함은 많고 길함은 적다.

❻月 멀리 바깥으로 나가면 이익이 물가에 있다.
장삿길에 길함이 있으니 이 때를 놓치지 마라.
소망이 이루어지니 희희낙락한다.

❼月 송宋가가 도와주니 동업하면 길하다.
멀리 길을 떠나지 마라. 집에 있으면 길하다.
칠월의 운수는 질병을 조심한다.

❽月 달 밝은 창가에 귀인이 찾아온다.
구하지 않아도 저절로 큰 재물을 얻는다.
나를 도와줄 성은 무슨 성인가, 토성土姓인 줄 알아야 한다.

❾月 구월의 운수는 분수를 지키는 것이 가장 길하다.
인정을 생각하지 마라. 일을 하는 데 불리하다.
만약 관록官祿을 얻지 않으면 식구가 늘어날 운수다.

❿月 하는 일에 반드시 허망함이 있다.
일이 복잡해지고 구설이 분분하다.
운수가 고르지 못하니 이를 어찌할까.

⓫月 모든 일에 거슬리는 것이 많으니 집에 있으면 길하다.
이익은 어느 방향에 있는가, 서쪽이 길하다.
이 달의 수는 반은 흉하고 반은 길하다.

⓬月 일신이 편안해지니 모든 일이 형통하다.
재수가 대길하니 큰 재물을 얻는다.
만약 그렇지 않으면 아들을 얻을 운수다.

운명을 바꾸는 **월운** 활용

	1월	2월	3월	4월	5월	6월
좋은 방향	동남쪽	동쪽	남쪽	남서쪽	남동쪽	북동쪽
좋은 색상	청록색	검은색	자주색	주황색	고동색	초록색
좋은 장소	퓨전음식점	호수	PC방	강	뷔페식당	제과점
좋은 성씨	ㅅ, ㅈ, ㅊ	ㅇ, ㅎ	ㄱ, ㅋ	ㄴ, ㄷ, ㅌ, ㄹ	ㅁ, ㅂ, ㅍ	ㄱ, ㅋ
좋은 숫자	4, 5	4, 12	6, 8	5, 10	1, 4	2, 6
좋은 날짜	2, 8, 12, 16, 21, 23일	5, 9, 11, 15, 23, 27일	4, 7, 13, 18, 21, 28일	2, 8, 13, 16, 21, 27일	5, 8, 11, 15, 25, 29일	3, 6, 15, 17, 23, 26일
안 좋은 날짜	6, 14, 25일	6, 10, 14일	6, 15, 22일	11, 17, 25일	4, 13, 26일	9, 11, 18일
재물·금전 지수	75	92	86	78	78	93
변화·변동 지수	75	95	85	77	74	95
건강·행복 지수	74	95	85	74	75	90

	7월	8월	9월	10월	11월	12월
좋은 방향	서쪽	남쪽	동쪽	북동쪽	서쪽	남서쪽
좋은 색상	적갈색	연보라색	주황색	은색	파란색	보라색
좋은 장소	은행	떡전문점	모래사장	만두전문점	순두부식당	콩국수전문점
좋은 성씨	ㅅ, ㅈ, ㅊ	ㅇ, ㅎ	ㅁ, ㅂ, ㅍ	ㄴ, ㄷ, ㅌ, ㄹ	ㄱ, ㅋ	ㄴ, ㄷ, ㅌ, ㄹ
좋은 숫자	3, 5	4, 10	3, 9	2, 12	7, 8	6, 8
좋은 날짜	5, 8, 11, 17, 24, 28일	7, 9, 13, 18, 22, 26일	3, 8, 15, 19, 23, 29일	5, 7, 13, 16, 22, 28일	4, 8, 11, 17, 25, 29일	6, 8, 13, 15, 21, 24일
안 좋은 날짜	1, 2, 9일	15, 16, 21일	6, 13, 20일	3, 17, 21일	10, 19, 21일	5, 16, 19일
재물·금전 지수	84	96	83	78	92	85
변화·변동 지수	82	94	87	74	93	86
건강·행복 지수	85	95	88	73	95	85

162 無害有吉之意
무 해 유 길 지 의

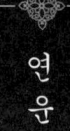
연운

夏雲起處 魚龍浴水
하 운 기 처 어 룡 욕 수   여름에 구름이 일어나는 곳에서 물고기와 용이 목욕을 한다.

勿貪非理 恐或訟事
물 탐 비 리 공 혹 송 사   이치에 맞지 않는 일은 하지 마라. 송사가 있을까 두렵다.

進退南北 謀事可成
진 퇴 남 북 모 사 가 성   남북으로 나가면 꾀하는 일을 이룬다.

財數興旺 動則滿利
재 수 흥 왕 동 즉 만 리   재수가 흥왕하니 움직이면 이익이 많다.

生活太平 事事如意
생 활 태 평 사 사 여 의   생활이 태평하니 매사가 생각대로 된다.

今年之數 訟事不利
금 년 지 수 송 사 불 리   금년 운수는 송사에는 불리하다.

鳥返故巢 宜其室家
조 반 고 소 의 기 실 가   새가 옛 집에 돌아오니 가정이 화목하다.

名播四方 萬人仰視
명 파 사 방 만 인 앙 시   이름이 사방에 퍼지니 만인이 우러러본다.

上下泰平 身安心和
상 하 태 평 신 안 심 화   위아래가 태평하니 몸과 마음이 편안하다.

성인의 연운 활용

금전·명예	금전운이 있을 때 허욕을 부리지 말고 꾸준히 저축한다.
사업·창업	현재 하는 일에 충실해야 좋다. 새로운 업종으로 변경한다면 치밀한 계획 아래 움직여야 탈이 없다.
주식·투자	주식투자는 과욕을 부리지 않는다.
시험·취직	취직은 쉽지 않으나 주위의 도움으로 어렵게 성사된다. 시험은 불리하고 직장인의 승진 역시 쉽지 않다.
당선·소원	소원은 성취되지만 큰 소원은 아니다.
이사·매매	변화의 운이 간절하니 가슴 속에 이사, 매매의 욕구가 크다. 원하는 대로 해도 좋다.
건강·사고	건강은 별 이상이 없다.
애정·결혼	현재 사귀는 상대를 놓치지 마라. 결혼은 다음 기회에 하는 것이 좋다. 부부는 다툼이 있다.
소송·다툼	자칫 작은 실수로 상해를 당할 수 있으니 주의하고 소송은 확대시키지 마라. 크게 확대되면 재앙이 매우 크다.

신세대의 연운 활용

연애·사랑	서로 갈등이 심해지거나 오해가 생기기 쉽다. 그러나 결혼은 성사되니 주저하지 말고 서두른다.
시험·취직	원하는 곳보다 한 단계 낮추어 응시해야 길하다. 직장인은 승진이 어렵고 다른 부서로 이동은 가능하다.
건강·사고	건강은 보통 정도이다.
금전·행운	움직이면 이익이 따르는 운이다. 노력만 하면 재물은 저절로 들어오니 적극적으로 재물을 찾아나서라.
소원·성취	작은 소원은 이루어진다.

운명을 바꾸는 연운 활용

좋은 방향	북쪽
좋은 색상	하늘색
좋은 장소	휴양림
좋은 성씨	ㅅ, ㅈ, ㅊ
좋은 숫자	4, 8

숫자로 보는 연운 활용

	좋은 달	보통 달	나쁜 달
금전·투자	3, 4월	9월	5월
변화·변동	1, 11, 12월	7, 10월	6월
연애·사랑	3, 8월	10월	2, 5월
건강·소송	4, 8, 11월	7, 9월	2월

162

월운

1月 정월과 이월에는 의기양양하다.
세 사람이 서로 맞으니 재물을 바라면 얻는다.
온갖 꽃이 다투어 피니 그 빛이 천리까지 빛난다.

2月 동서로 가지 마라. 꾀한 바를 이루지 못한다.
마음 가운데 근심이 있으니 할 일을 제대로 알지 못한다.
강가에서 토끼를 구하니 얻지 못하고 돌아온다.

3月 삼월과 사월에는 반드시 경사가 있다.
역마살이 있으니 밖에 나가서 논다.
서쪽과 북쪽은 길하고 동쪽과 남쪽은 해롭다.

4月 여색을 가까이하지 마라. 해로움만 있고 이익이 없다.
재물이 밖에 있으니 나가면 재물을 얻는다.
사월 남풍에 모든 일에 길하다.

5月 오월과 유월에는 한 번 다툰다.
이 두 달에는 동쪽과 남쪽에 가지 마라.
인정은 많은데 무슨 일로 시비인가.

6月 진퇴를 알지 못하니 흑백을 분간하지 못한다.
친한 사람을 믿지 마라. 재물이 많이 나간다.
동서로 향하지 마라. 해를 끼칠 사람이 반드시 따라온다.

7月 물고기와 용이 물을 얻으니 활기가 넘친다.
물고기가 봄물에 노니 식록食祿이 아주 많다.
움직이지 않으면 길하고 움직이면 해롭다.

8月 가문 하늘에 비가 오니 만물이 다 즐겁다.
목성木姓을 가까이하지 마라. 재물에 해가 있다.
몸도 재물도 왕성하니 집안이 화평하다.

9月 동쪽과 남쪽으로 가지 마라. 그 해가 적지 않다.
운수가 대길하니 뜻밖에 재물을 얻는다.
다른 사람과 같이 일하면 이익이 상당하다.

10月 재물도 몸도 왕성하니 소망이 이루어진다.
혹 구설이 따를 수 있으니 조심한다.
분수를 지키며 편안히 지내라. 이익이 그 가운데 있다.

11月 동짓달과 섣달에는 집안이 화목하다.
만약 횡재를 하지 않으면 반드시 경사가 있다.
육친이 화합하니 집안에 봄기운이 가득하다.

12月 귀인이 서로 도와주니 뜻밖에 성공한다.
화성火姓을 가까이하지 마라. 재물을 잃을 수 있다.
재물운이 들어오니 복록福祿이 저절로 들어온다.

운명을 바꾸는 **월운** 활용

	1월	2월	3월	4월	5월	6월
좋은 방향	북쪽	서쪽	북서쪽	동쪽	서쪽	북쪽
좋은 색상	하얀색	회색	검은색	자주색	베이지색	다홍색
좋은 장소	피자집	동물원	스카이라운지	삼겹살식당	박물관	운동장
좋은 성씨	ㄴ, ㄷ, ㅌ, ㄹ	ㅁ, ㅂ, ㅍ	ㅇ, ㅎ	ㅅ, ㅈ, ㅊ	ㄴ, ㄷ, ㅌ, ㄹ	ㄱ, ㅋ
좋은 숫자	5, 12	9, 12	1, 8	2, 4	1, 12	3, 10
좋은 날짜	3, 5, 11, 16, 25, 28일	5, 7, 15, 18, 21, 25일	3, 8, 12, 17, 23, 26일	2, 6, 12, 17, 23, 28일	5, 8, 16, 19, 21, 28일	5, 7, 11, 15, 21, 26일
안 좋은 날짜	6, 12, 17일	6, 14, 20일	7, 9, 16일	3, 15, 27일	4, 13, 23일	1, 13, 19일
재물·금전 지수	94	78	93	92	74	72
변화·변동 지수	92	72	95	96	75	74
건강·행복 지수	95	75	92	95	76	74

	7월	8월	9월	10월	11월	12월
좋은 방향	남쪽	동쪽	서쪽	남쪽	북동쪽	남서쪽
좋은 색상	분홍색	연두색	고동색	귤색	남청색	노란색
좋은 장소	김밥전문점	칼국수전문점	정류장	쇼핑몰	찜질방	기념관
좋은 성씨	ㅁ, ㅂ, ㅍ	ㄱ, ㅋ	ㅇ, ㅎ	ㄱ, ㅋ	ㅅ, ㅈ, ㅊ	ㅅ, ㅈ, ㅊ
좋은 숫자	4, 7	5, 8	5, 6	7, 9	6, 9	1, 6
좋은 날짜	3, 6, 15, 17, 26, 29일	5, 8, 16, 19, 22, 28일	6, 9, 13, 18, 25, 29일	3, 8, 11, 15, 23, 29일	4, 7, 15, 18, 21, 25일	6, 8, 13, 16, 22, 28일
안 좋은 날짜	12, 16, 25일	7, 15, 18일	4, 12, 21일	2, 12, 22일	16, 19, 20일	3, 4, 18일
재물·금전 지수	84	94	84	85	97	93
변화·변동 지수	83	92	82	84	98	94
건강·행복 지수	82	90	85	83	95	92

入出無益之意
입출무익지의

白露旣降 秋扇停止
백로기강 추선정지 　하얀 이슬이 벌써 내리니 부채질이 필요 없다.

進退有路 可而成功
진퇴유로 가이성공 　나아가고 물러남에 길이 있으니 마침내 성공한다.

吉變爲凶 凡事愼之
길변위흉 범사신지 　좋은 일이 변하여 나쁘게 변하니 모든 일에 조심한다.

若無是非 間或口舌
약무시비 간혹구설 　만일 시비가 없으면 간혹 구설이 따른다.

先困後旺 貴人助我
선곤후왕 귀인조아 　처음에는 곤란하나 나중에는 왕성하니 귀인이 돕는다.

身上榮貴 財祿可隨
신상영귀 재록가수 　신상이 영귀하니 재물과 녹이 따른다.

去舊生新 財數大通
거구생신 재수대통 　옛 것이 가고 새 것이 오니 재물운이 크게 트인다.

對面共語 心隔萬里
대면공어 심격만리 　얼굴을 대하고 같이 말하지만 마음은 만리에 막을 쳐놓은 듯하다.

名滿四方 囊箱俱虛
명만사방 낭상구허 　이름은 사방에 가득하나 주머니와 상자는 비어 있다.

성인의 연운 활용

금전·명예	새 일을 시작하지 않으면 나쁜 일을 당하지 않는다. 금전운은 불리하다.
사업·창업	도와줄 사람이 전혀 없이 앞뒤가 꽉 막혀 있다.
주식·투자	가까운 친구, 친척, 선후배의 조언을 무시하고 무리하게 투자하면 불리하니 명심하라.
시험·취직	남보다 더 노력해야만 하위권 대학이나 일반직에 합격한다. 직장인은 직장에서 실수를 자주 한다.
당선·소원	당선은 어려우니 다음에 도전하라. 성취될 수 없는 일만 바라니 소원은 이루어질 리가 없다.
이사·매매	이사와 매매 모두 움직일 시기가 아니다.
건강·사고	자신이 건강하지 않으면 집안에 변고가 생길지 모르니 매사에 조심해야 한다.
애정·결혼	좋은 결과를 기대하기 어렵다. 지금은 떨어져 지내거나 서로 시간을 갖는 것이 현명하다. 짝이 없더라도 원한다면 새로운 인연을 만나지만 너무 서두르면 오히려 구설수만 따른다.
소송·다툼	소송은 시비를 가려야 할 지경에 이른다.

신세대의 연운 활용

연애·사랑	연인과의 사소한 다툼이 심각한 사태로 발전하여 곤란해지니 인내하라. 부부도 심각한 다툼이 예상된다.
시험·취직	마음을 비우고 낮추어 응시하거나 다음 기회를 준비한다. 직장인은 욕심을 버리고 현재 위치를 지켜라.
건강·사고	몸에 병이 생기거나 다칠 우려가 있으니 주의한다.
금전·행운	허황된 마음으로 과소비가 심해져 상황이 어려워질 수 있다. 저축이 필요한 때이다.
소원·성취	작은 것이라야 소원이 이루어질 것이다.

운명을 바꾸는 연운 활용

좋은 방향	북동쪽
좋은 색상	연두색
좋은 장소	생맥주집
좋은 성씨	ㄱ, ㅋ
좋은 숫자	3, 6

숫자로 보는 연운 활용

	좋은 달	보통 달	나쁜 달
금전·투자	3, 7월	2, 6월	5, 8월
변화·변동	3, 10월	1, 11월	9월
연애·사랑	7, 10월	2, 11월	4, 5월
건강·소송	10, 12월	1, 6월	5, 9월

163

월운

1월 정월과 이월에는 기쁜 가운데 근심이 생긴다.
비록 재물은 있으나 재물을 모으기는 어렵다.
만약 귀인을 만나면 관록官祿이 찾아올 것이다.

2월 타향에서 노니 세상풍속을 분간하지 못한다.
귀인이 서로 도와주니 구하는 것을 반드시 얻는다.
이익이 사방에 있으니 재물을 구하면 얻는다.

3월 일신이 안락하고 심신이 화창하다.
남쪽의 귀인이 우연히 와서 도와준다.
진퇴하는 데 길이 있으니 앞으로 나아가면 길하다.

4월 외로이 뜬 보름달이 홀로 천리를 비춘다.
재수를 말하면 먼저는 길하고 뒤에는 흉하다.
구설이 두려우니 조심한다.

5월 적게 얻고 많이 쓰니 이 운수를 어찌할까.
안정하면 길하고 움직이면 불리하다.
동쪽의 재물은 결국에는 불리하다.

6월 세상일이 꿈 같으니 서로 헤어지면 길하다.
먼 곳에서 소식이 있으니 어느 때에나 고향에 돌아갈까.
형제가 서로 이별하니 반드시 재액災厄이 있다.

7월 귀성貴星이 문을 비추니 남의 도움으로 성공한다.
이후부터 비로소 재물을 얻는다.
만약 여자를 가까이하면 후회막급이다.

8월 사람을 믿으면 해가 있으니 친구를 조심한다.
옛 것을 지키면 대길하고 움직이면 불리하다.
흉함이 도리어 길하게 변하니 어찌 의리가 아니겠는가.

9월 가족이 화목하지 못하니 좋다가 나빠진다.
질병과 고통이 반반이다. 물건을 잃을까 두려우니 조심한다.
이 달의 운수는 흉함이 많고 길함이 적다.

10월 옛 터는 불리하니 옮겨 살면 길하다.
흰 눈이 천지에 쌓였으나 작은 재물은 얻는다.
금물金物은 해롭지만 토지에는 이익이 있다.

11월 동짓달과 섣달에는 구설이 분분하다.
만약 이름이 나지 않으면 횡재할 운수다.
만약 그렇지 않으면 병이 생길 수 있다.

12월 귀인이 문에 이르니 반드시 기쁜 일이 있다.
재물운이 들어오니 재물을 구하면 얻는다.
금년의 운수는 분수를 지키는 것이 상책이다.

운명을 바꾸는 월운 활용

	1월	2월	3월	4월	5월	6월
좋은 방향	북쪽	남동쪽	남쪽	북동쪽	서쪽	동쪽
좋은 색상	다홍색	옥색	청록색	밤색	자주색	연보라색
좋은 장소	산	바닷가	와인전문점	채식전문점	해장국식당	볼링장
좋은 성씨	ㄴ, ㄷ, ㅌ, ㄹ	ㅅ, ㅈ, ㅊ	ㅁ, ㅂ, ㅍ	ㅁ, ㅂ, ㅍ	ㄴ, ㄷ, ㅌ, ㄹ	ㄴ, ㄷ, ㅌ, ㄹ
좋은 숫자	2, 5	8, 12	3, 11	3, 5	2, 6	6, 8
좋은 날짜	3, 7, 11, 13, 25, 28일	5, 8, 16, 19, 22, 26일	3, 8, 12, 17, 23, 25일	5, 7, 11, 16, 25, 28일	3, 8, 11, 13, 21, 24일	6, 9, 15, 17, 21, 23일
안 좋은 날짜	10, 12, 21일	11, 18, 20일	7, 16, 18일	4, 15, 27일	7, 18, 22일	18, 20, 22일
재물·금전 지수	85	83	95	75	75	84
변화·변동 지수	84	85	95	76	78	85
건강·행복 지수	82	85	92	75	77	85

	7월	8월	9월	10월	11월	12월
좋은 방향	남쪽	남서쪽	북동쪽	북쪽	남서쪽	북쪽
좋은 색상	적갈색	베이지색	금색	회색	황토색	주황색
좋은 장소	닭발음식점	묵요리집	낙지음식점	영화관	독서실	파전음식점
좋은 성씨	ㅅ, ㅈ, ㅊ	ㅇ, ㅎ	ㄱ, ㅋ	ㄱ, ㅋ	ㅅ, ㅈ, ㅊ	ㅇ, ㅎ
좋은 숫자	5, 9	5, 7	9, 10	2, 8	2, 4	3, 7
좋은 날짜	2, 7, 12, 24, 22, 27일	4, 8, 14, 17, 23, 28일	6, 8, 13, 16, 23, 25일	3, 6, 14, 18, 25, 27일	2, 7, 12, 19, 24, 27일	3, 6, 15, 19, 26, 29일
안 좋은 날짜	8, 15, 23일	7, 19, 22일	2, 15, 26일	4, 15, 17일	3, 15, 17일	7, 18, 24일
재물·금전 지수	95	74	72	92	82	92
변화·변동 지수	93	78	73	94	85	96
건강·행복 지수	95	75	78	95	84	95

211 終得吉利之意
종 득 길 리 지 의

연운

晝耕夜讀 錦衣還鄉
주 경 야 독 금 의 환 향   낮에는 일하고 밤에 글을 읽으니 성공하여 고향에 돌아온다.

勤勞以後 壽福自來
근 로 이 후 수 복 자 래   부지런히 노력하면 저절로 장수하고 재물이 들어온다.

身上無憂 一身便安
신 상 무 우 일 신 편 안   신상에 근심이 없으니 일신이 편안하다.

莫出妄計 反有損害
막 출 망 계 반 유 손 해   이치에 맞지 않는 생각을 하지 마라. 도리어 손해를 본다.

春夏之間 必有慶事
춘 하 지 간 필 유 경 사   봄과 여름 사이에 반드시 좋은 일이 있다.

今年之數 到處得利
금 년 지 수 도 처 득 리   금년 운수는 이르는 곳마다 이익을 얻는다.

虎威百獸 意氣揚揚
호 위 백 수 의 기 양 양   호랑이가 온갖 짐승을 위압하니 의기양양하다.

以羊易牛 財運吉利
이 양 역 우 재 운 길 리   양을 소로 바꾸니 재수가 좋아지고 이익이 생긴다.

長男執事 家道日盛
장 남 숙 사 가 도 일 성   맏아들이 일을 시작하니 집안일이 날로 번창한다.

성인의 연운 활용

금전 · 명예	금전이 생기더라도 과도한 욕심은 버려야 한다.
사업 · 창업	새로운 일은 시작하지 말고 다음 기회로 미루는 것이 손해를 줄이는 길이다.
주식 · 투자	원하는 만큼은 아니더라도 작은 이익은 볼 수 있다.
시험 · 취직	시험은 바라는 곳에 모두 합격하는 길한 운수다. 직장인은 좋은 자리로 이동한다.
당선 · 소원	부정한 일만 하지 않으면 당선을 기대해도 좋다. 소원은 가까운 사람에게 조언을 구하면 이룰 수 있다.
이사 · 매매	이사는 보류하는 것이 이익이다. 매매는 쉽게 이루어지지 않는다.
건강 · 사고	사고나 질병이 전혀 없이 건강을 유지한다.
애정 · 결혼	귀인의 도움으로 서먹했던 연인과 화해한다. 그리운 사람과 즐거운 시간을 가지며, 오랜 연인과 결혼한다.
소송 · 다툼	강력하게 대처하면 문제가 금방 해결된다. 소송도 노력 여하에 달려 있다.

신세대의 연운 활용

연애 · 사랑	진실한 마음으로 구애하면 이루어지니 시도해보라. 우여곡절 끝에 사귀던 연인과 결혼하게 된다. 미혼남녀는 천생연분이라 서로 사랑이 가득하다. 서로 의지하고 존중하니 싸울 일이 없다.
시험 · 취직	중위권 이하의 대학과 회사는 합격 가능하다. 직장인은 바른말을 하다가 상사에게 꾸지람을 듣는다.
건강 · 사고	사주팔자나 운이 나쁜 사람은 건강에 심각한 문제가 발생하지만 보통 사람은 문제가 없다.
금전 · 행운	새 일을 시작하거나 확장하면 금전 손실이 반드시 따른다. 자제하고 현재의 일에 충실하라.
소원 · 성취	늦어지긴 해도 소원이 이루어질 가능성이 크다.

운명을 바꾸는 연운 활용

좋은 방향	북서쪽
좋은 색상	검은색
좋은 장소	목욕탕
좋은 성씨	ㅇ, ㅎ
좋은 숫자	2, 12

숫자로 보는 연운 활용

	좋은 달	보통 달	나쁜 달
금전 · 투자	1, 6월	2월, 5월	7월
변화 · 변동	6, 9월	4월, 10월	8월, 12월
연애 · 사랑	1, 9월	10월, 11월	7월, 8월
건강 · 소송	1, 3월	4월, 11월	12월

211

월운

1月
천지가 서로 화합하니 반드시 경사가 있다.
만약 혼인이 아니면 뜻밖에 재물을 얻는다.
두 사람의 마음이 같으니 일을 꾀하면 뜻대로 된다.

2月
길성吉星이 문을 비추니 슬하에 경사가 있다.
남의 재물을 탐하지 마라. 뜻은 있으나 이루지 못한다.
수고한 후에 얻으니 하늘이 준 복이다.

3月
물고기가 변하여 용이 되니 조화가 무궁하다.
달 밝은 높은 누각에서 기쁘게 즐긴다.
몸이 길 가운데 있으니 밖의 재물을 얻는다.

4月
메마른 나무가 봄을 만나니 꽃 피고 잎이 나온다.
만약 횡재가 아니면 반드시 경사가 있다.
친구를 사귀는 데 조심하라. 해가 따른다.

5月
재물이 왕성하니 많은 사람들이 우러러본다.
운수가 대길하니 도처에서 봄바람이 분다.
다른 사람의 말을 믿지 마라. 속임수를 당할 수 있다.

6月
작은 것으로 큰 것을 바꾸니 가산이 풍족하다.
이익은 어느 성에 있는가, 이李씨가 길하다.
다른 사람과 함께 일하면 그 이익이 적지 않다.

7月
주색을 가까이하지 마라. 그 해가 적지 않다.
주색으로 병들면 백약이 무효다.
동쪽으로 가지 마라. 길이 도리어 흉으로 변한다.

8月
수고한 뒤에 반드시 크게 길하다.
타인이 해를 입히니 친한 친구라도 가까이하지 마라.
술집을 가까이하지 마라. 별로 이익이 없다.

9月
구월과 시월에는 하늘이 복을 준다.
재수가 대길하니 재물도 있고 권리도 있다.
귀인이 서로 도와주니 의외로 성공한다.

10月
만약 관록官祿이 아니면 아들을 얻을 운수다.
재물운이 왕성하니 큰 재물이 들어온다.
해로운 성은 무슨 성인가, 금성金姓과 목성木姓 두 성이다.

11月
동짓달과 섣달에는 소망이 이루어진다.
재물을 구하면 얻으니 때를 기다려 편안히 있어야 한다.
비록 재물은 생기지만 얻으면 반은 잃는다.

12月
화성火姓을 가까이하면 모든 일을 가히 이룬다.
부귀가 따르니 사람마다 우러러본다.
분수 밖의 것을 탐내지 마라. 일에 허망함이 있다.

운명을 바꾸는 월운 활용

	1월	2월	3월	4월	5월	6월
좋은 방향	남서쪽	남쪽	북동쪽	북서쪽	서쪽	동쪽
좋은 색상	파란색	노란색	주황색	군청색	초록색	검은색
좋은 장소	한식당	편의점	레스토랑	축구장	놀이터	만화방
좋은 성씨	ㄱ, ㅋ	ㅅ, ㅈ, ㅊ	ㄴ, ㄷ, ㅌ, ㄹ	ㅅ, ㅈ, ㅊ	ㅅ, ㅈ, ㅊ	ㄱ, ㅋ
좋은 숫자	4, 8	1, 3	2, 7	1, 2	1, 10	3, 4
좋은 날짜	5, 7, 13, 18, 21, 27일	3, 6, 11, 16, 25, 27일	3, 8, 15, 17, 23, 25일	2, 7, 14, 18, 21, 24일	5, 7, 13, 15, 25, 29일	4, 6, 11, 13, 21, 27일
안 좋은 날짜	6, 8, 22일	5, 17, 24일	13, 19, 27일	4, 16, 25일	3, 19, 27일	8, 14, 22일
재물·금전 지수	95	84	96	82	86	94
변화·변동 지수	94	85	95	88	85	92
건강·행복 지수	93	83	92	87	82	96

	7월	8월	9월	10월	11월	12월
좋은 방향	남쪽	남서쪽	북쪽	북동쪽	남쪽	북쪽
좋은 색상	청록색	자주색	분홍색	하얀색	고동색	적갈색
좋은 장소	직장	공공도서관	주택가	산책로	유원지	보쌈음식점
좋은 성씨	ㅁ, ㅂ, ㅍ	ㅇ, ㅎ	ㄴ, ㄷ, ㅌ, ㄹ	ㅁ, ㅂ, ㅍ	ㅇ, ㅎ	ㅁ, ㅂ, ㅍ
좋은 숫자	3, 5	4, 8	5, 9	6, 9	8, 9	4, 9
좋은 날짜	5, 8, 13, 17, 23, 28일	3, 5, 11, 18, 24, 27일	2, 7, 15, 18, 26, 28일	3, 8, 13, 17, 21, 26일	6, 9, 15, 18, 22, 28일	5, 9, 13, 18, 25, 29일
안 좋은 날짜	6, 15, 26일	2, 16, 25일	4, 19, 27일	1, 15, 22일	5, 14, 20일	2, 11, 24일
재물·금전 지수	75	78	94	84	82	75
변화·변동 지수	76	74	92	85	84	76
건강·행복 지수	74	75	97	86	83	78

212 有段革變形之意

유 단 혁 변 형 지 의

연운

金入鍊爐 終成大器
금 입 연 로 종 성 대 기   금이 화로에 들어가니 마침내 큰 그릇을 이룬다.

身運逢吉 立身揚名
신 운 봉 길 입 신 양 명   좋은 운을 만나니 출세하여 명성을 얻는다.

萬人稱讚 喜滿家庭
만 인 칭 찬 희 만 가 정   만인이 칭찬하니 가정에 기쁨이 가득하다.

天神助我 官祿隨身
천 신 조 아 관 록 수 신   하늘이 도우니 관록이 따른다.

吉星照宅 一身榮貴
길 성 조 택 일 신 영 귀   길성이 집을 비추니 일신이 영귀하다.

一次榮華 一次愁心
일 차 영 화 일 차 수 심   한 번은 영화가 있고 한 번은 근심이 있다.

垂釣淸江 世事無關
수 조 청 강 세 사 무 관   맑은 강에 낚시를 드리우니 세상일과 무관하다.

心淸如水 何憂官厄
심 청 여 수 하 우 관 액   마음이 물처럼 맑으니 어찌 관액을 근심하는가.

一心不懈 必成大功
일 심 불 해 필 성 대 공   한마음으로 정진하면 반드시 큰 공을 이룬다.

성인의 연운 활용

금전 · 명예	작은 것을 주고 큰 것을 얻으니 이익이 2배로 남고 재물이 가득 쌓인다.
사업 · 창업	관재수나 손재수가 있던 사람도 모두 해결된다. 길한 운이니 바라던 일들이 뜻대로 되고 거듭 경사가 있다.
주식 · 투자	적당한 투자는 무난하게 진행된다.
시험 · 취직	시험에 수석으로 합격하는 영광이 있다. 직장인은 다음 기회를 기다려야 승진한다.
당선 · 소원	소원하던 바가 대부분 이루어진다. 국회의원 당선도 가능하다.
이사 · 매매	이사는 확장을 해서 옮겨가고 매매는 쉽게 성사된다.
건강 · 사고	건강은 매우 좋으며 오랜 질병에 시달리던 사람도 회복된다.
애정 · 결혼	미혼의 청춘남녀에게 가장 좋은 운으로 평생의 배필과 화촉을 밝히는 경사가 있다. 짝없는 사람도 새로운 연인을 만나 즐거운 시간을 보낸다.
소송 · 다툼	소송은 원만하게 해결된다.

신세대의 연운 활용

연애 · 사랑	오랜만에 인연을 만나 기쁘지만 흥분하여 실수할 수 있으니 평소대로 행동하라. 연인과의 만남은 시간이 흐를수록 즐겁다. 짝 없는 사람은 새로운 인연을 만나고 사이가 나빴던 부부도 금실이 두터워진다.
시험 · 취직	고시에 합격하고 원하는 학교에 수석입학한다. 직장인은 특히 언론계에서 능력을 인정받는다.
건강 · 사고	건강은 무리하지 않으면 걱정할 것이 없다.
금전 · 행운	횡재운도 있고 경영하는 일도 날마다 번창하고 귀인의 도움도 크다.
소원 · 성취	많은 사람들이 도와주니 소원이 쉽게 이루어진다.

운명을 바꾸는 연운 활용

좋은 방향	남쪽
좋은 색상	회색
좋은 장소	전철역
좋은 성씨	ㄴ, ㄷ, ㅌ, ㄹ
좋은 숫자	7, 9

숫자로 보는 연운 활용

	좋은 달	보통 달	나쁜 달
금전 · 투자	5, 7월	8, 9월	6월
변화 · 변동	3, 7월	11, 12월	1월
연애 · 사랑	2, 4월	8, 11월	1, 6월
건강 · 소송	4, 5월	9, 12월	10월

212

월운

 정월과 이월에는 반드시 나쁜 일이 있다.
관귀官鬼가 붙으니 혹 관재官災가 있을까 두렵다.
한 가지는 꽃이 피고 한 가지는 잎이 떨어진다.

 달 밝은 사창紗窓에서 반드시 귀인을 만난다.
만약 아들을 얻지 않으면 혼인할 운수다.
이사하거나 직업을 바꾸면 점점 더 길하다.

 삼월 동풍에 꾀꼬리가 쌍으로 날아든다.
길성吉星이 문에 비치니 복록官祿이 찾아온다.
만약 식구가 늘지 않으면 의외의 횡재를 한다.

 용이 구슬을 얻으니 기쁜 일이 많다.
꾀하는 일은 반드시 형통하게 된다.
다른 사람과 일을 꾀하면 반드시 큰 재물을 얻는다.

 봄풀이 비를 만나니 일취월장日就月將한다.
사람들이 서로 도와주니 모든 일을 순조롭게 이룬다.
꾀꼬리가 버들가지에 올라가니 조각마다 황금이다.

 술을 들고 누각에 오르니 가히 신선의 모습이다.
만약 좋은 일이 있지 않으면 운수가 불리할 것이다.
신운身運은 길하나 구설을 조심한다.

 산에 올라 토끼를 구하니 반드시 얻을 것이다.
이익은 어느 방향에 있는가. 동쪽과 남쪽 두 방향에 있다.
귀인이 북쪽에 있으니 친하면 이익이 있다.

 두 사람의 마음이 같으니 복록官祿이 매우 많다.
만약 여색을 가까이하면 횡액이 따를까 두렵다.
마침내 크게 성공하니 입신양명할 운수다.

 집에 있으면 이익이 없고 멀리 나가면 재물을 얻는다.
맑은 하늘에 달이 나오니 천지가 밝아온다.
재물이 동쪽에 있으니 그리로 가면 얻는다.

 동쪽의 금성金姓은 반드시 길하고 유익하다.
화성火姓과 목성木姓은 가까이하면 해롭다.
분수를 지키면 길하고 망녕되이 행동하면 패한다.

 십오야월十五夜月이 정겹게 문을 비춘다.
만약 과거에 급제하지 않으면 슬하에 경사가 있다.
집에 길한 경사가 있으니 집안이 평화롭다.

 최崔가 박朴가 김金가 정鄭가는 같이 일하면 불리하다.
재물이 따르니 일이 마음먹은 대로 된다.
재물이 많으니 논밭에 곡식이 가득하다.

운명을 바꾸는 월운 활용

	1월	2월	3월	4월	5월	6월
좋은 방향	북서쪽	서쪽	남서쪽	북동쪽	북쪽	동쪽
좋은 색상	하늘색	귤색	노란색	보라색	연보라색	다홍색
좋은 장소	수목원	기차역	갈비탕식당	전시회장	족발음식점	나이트클럽
좋은 성씨	ㄴ, ㄷ, ㅌ, ㄹ	ㅅ, ㅈ, ㅊ	ㅁ, ㅂ, ㅍ	ㅇ, ㅎ	ㄱ, ㅋ	ㄱ, ㅋ
좋은 숫자	2, 12	1, 8	1, 4	2, 9	2, 8	1, 9
좋은 날짜	4, 8, 14, 19, 24, 27일	5, 9, 16, 18, 22, 25일	3, 7, 12, 15, 27, 29일	1, 5, 11, 17, 21, 23일	2, 6, 12, 18, 22, 24일	3, 7, 13, 19, 23, 25일
안 좋은 날짜	7, 13, 25일	6, 14, 23일	5, 13, 22일	4, 15, 27일	9, 11, 25일	2, 17, 28일
재물·금전 지수	76	95	92	95	94	75
변화·변동 지수	74	90	97	92	93	75
건강·행복 지수	75	93	96	92	95	74

	7월	8월	9월	10월	11월	12월
좋은 방향	남동쪽	남쪽	동쪽	동쪽	남서쪽	북동쪽
좋은 색상	베이지색	연두색	상아색	회색	고동색	자주색
좋은 장소	해변	카페	순대국식당	곱창음식점	목욕탕	산장
좋은 성씨	ㅅ, ㅈ, ㅊ	ㅅ, ㅈ, ㅊ	ㅇ, ㅎ	ㄱ, ㅋ	ㅁ, ㅂ, ㅍ	ㄴ, ㄷ, ㅌ, ㄹ
좋은 숫자	2, 11	6, 7	5, 8	5, 7	4, 11	6, 11
좋은 날짜	4, 8, 14, 20, 24, 26일	5, 9, 15, 21, 25, 27일	2, 7, 15, 19, 24, 29일	3, 6, 13, 18, 22, 27일	1, 5, 12, 20, 25, 29일	5, 10, 15, 20, 25, 29일
안 좋은 날짜	6, 16, 27일	1, 16, 22일	4, 13, 28일	1, 17, 24일	8, 15, 27일	1, 9, 22일
재물·금전 지수	98	86	82	75	84	86
변화·변동 지수	92	82	80	78	82	84
건강·행복 지수	93	81	87	74	85	83

213 有虛驚之意
유 허 경 지 의

연운

平地風波 驚人損財
평지풍파 경인손재 — 뜻밖에 분쟁이 일어나 놀라고 재물을 잃는다.

若非損財 一次驚人
약비손재 일차경인 — 만일 재물을 잃지 않으면 한번은 놀라게 된다.

勿爲出行 或有訟事
물위출행 혹유송사 — 밖에 나가지 마라. 혹 송사가 있을지도 모른다.

勿發虛慾 反有不利
물발허욕 반유불리 — 쓸데없이 욕심부리지 마라. 도리어 불리할 것이다.

損財有數 勿爲出行
손재유수 물위출행 — 재물을 잃을 수 있으니 밖에 나가지 마라.

勿參訟事 不利之兆
물참송사 불리지조 — 송사에 참여하지 마라. 불리하다.

萬里行雲 無心出山
만리행운 무심출산 — 만리를 달려온 구름이 무심히 산에서 나온다.

財數無欠 抱病之數
재수무차 포병지수 — 재물운은 좋으나 병이 들 수 있다.

莫聽甘言 親人反害
막청감언 친인반해 — 달콤한 말을 듣지 마라. 친한 사람이 도리어 해를 끼친다.

성인의 연운 활용

금전·명예	들어온 재물을 잘못 관리하고 향락을 좇으면 다시 일어설 수 없을 정도로 곤란해진다.
사업·창업	친한 사람과 동업하면 관계가 악화된다.
주식·투자	재물이 들어오는 듯하나 그것의 배가 나가게 되니 주식투자는 하지 않는 것이 현명하다.
시험·취직	합격하려면 더 많은 노력이 필요하다. 승진은 매우 어려운 상황이다.
당선·소원	부단히 노력해야 당선이 가능하다. 노력하면 작은 소원은 이루지만 대부분의 소원은 이루기 힘들다.
이사·매매	새로운 곳으로 이사하지 마라. 욕심 때문에 망신만 당한다. 매매 또한 현재의 것을 지키는 것이 상책이다.
건강·사고	남이 모르는 질병이 발병할 수 있으니 주의한다.
애정·결혼	다른 사람에게 한눈팔다 현재 애인과 헤어질 결심을 하지만 그로 인해 평생배필을 놓치니 신중하라. 부부운은 평상시와 같으나 배우자의 집안문제로 다툼이 우려된다. 새로운 연인은 만나기 어렵다.
소송·다툼	소송이 확대되는 것을 막아야 한다.

신세대의 연운 활용

연애·사랑	이성문제로 관재와 구설수에 오르내린다. 부부간에도 사소한 다툼이 심각해지니 매사에 신중해야 한다.
시험·취직	시험은 능력에 따라 응시하라. 운이 매우 저조하니 하위직 같은 일반직에도 많은 노력이 필요하다. 직장인은 승진이 매우 어렵고 지금의 자리를 지키는 것이 우선이다.
건강·사고	여러 가지 일이 꼬여 건강이 악화될 수 있다. 상황이 어려워도 건강에 신경 쓴다.
금전·행운	일은 자꾸 쌓이는데 이익은 별로 없으니 마음만 급하다.
소원·성취	큰 소원은 불가능하지만 작은 소원은 노력으로 이룬다.

운명을 바꾸는 연운 활용

좋은 방향	서쪽
좋은 색상	자주색
좋은 장소	정류장
좋은 성씨	ㅇ, ㅎ
좋은 숫자	2, 6

숫자로 보는 연운 활용

	좋은 달	보통 달	나쁜 달
금전·투자	3, 8월	5월	9, 10월
변화·변동	3, 8월	5월	2, 12월
연애·사랑	8, 11월	4월	2, 6월
건강·소송	3, 11월	4, 5월	1, 7월

213

월운

 말을 타고 산길로 가니 앞으로 가도 힘들고 뒤로 가도 힘들다.
강에 다다랐으나 배가 없으니 앞길이 캄캄하다.
어두운 밤에 촛불이 꺼졌으니 동서를 분별하기 어렵다.

 깊은 산에서 길을 잃으니 진퇴양난이다.
마음에 근심이 있으나 누구를 향해 말할까.
구해도 얻지 못하니 망녕되이 움직이지 마라.

 집에 우환이 있으니 반드시 내환(內患)일 것이다.
물고기와 용이 물을 잃었으니 한때 힘들고 괴롭다.
모든 일이 뜻대로 이루어지니 마음이 평화롭다.

 행인이 길을 물으니 나무 하는 아이가 알려준다.
내환(內患)이 두려우니 미리 액을 막아라.
타인을 가까이하지 마라. 반드시 재물을 잃는다.

 오월과 유월에는 관액(官厄)이 있다.
관귀(官鬼)가 발동하니 헛것을 보고 놀란다.
모든 일이 타인에게 있으니 간섭하지 마라.

 동분서주하니 편안함을 모른다.
일을 꾀함에 불리하니 편안하게 하면 길하다.
이 달의 운수는 하고 싶은 일을 이루지 못한다.

 깊은 산에서 물고기를 구하니 얻을 수 없다.
멀리 나가면 이익을 얻지 못하고 송사를 하면 불리하다.
다른 사람과 다투지 마라. 재물을 잃고 불리하다.

 하고자 하는 일을 이루기 어려우니 분수를 지켜라.
결정 못한 일이 많으니 반드시 마음이 괴롭다.
고생 끝에 즐거움이 오니 그 때를 기다려라.

 달이 검은 구름 속으로 들어가니 좋은 일을 보지 못한다.
재수가 없으니 재물을 많이 잃는다.
만약 재물을 잃지 않으면 간혹 구설이 따른다.

 봄풀이 서리를 맞았으니 다시 살아나기 어렵다.
일을 꾀하지 마라. 이름뿐이고 이익이 없다.
부부 금실이 좋지 않으니 미리 기도한다.

 동짓달과 섣달에는 운수가 평탄하다.
정성을 다해 기도하면 이익이 있다.
가신(家神)이 발동하니 이사하면 좋다.

 밖에 나가지 마라. 이로운 일이 없다.
남북이 불길하니 그 쪽으로 나가면 해롭다.
멀리 움직이면 이익이 없으니 횡액을 조심한다.

운명을 바꾸는 월운 활용

	1월	2월	3월	4월	5월	6월
좋은 방향	북쪽	북쪽	남쪽	북서쪽	서쪽	서쪽
좋은 색상	적갈색	주황색	검은색	청록색	다홍색	보라색
좋은 장소	생맥주집	아이스크림가게	청국장식당	횟집	극장	생맥주집
좋은 성씨	ㄴ,ㄷ,ㅌ,ㄹ	ㅁ,ㅂ,ㅍ	ㅇ,ㅎ	ㅅ,ㅈ,ㅊ	ㄴ,ㄷ,ㅌ,ㄹ	ㅁ,ㅂ,ㅍ
좋은 숫자	3, 12	1, 5	2, 4	2, 6	5, 11	3, 11
좋은 날짜	2, 4, 9, 17, 24, 28일	6, 12, 18, 21, 23, 28일	4, 13, 15, 22, 24, 28일	5, 11, 14, 23, 25, 28일	3, 15, 17, 24, 26, 28일	3, 12, 17, 22, 25, 29일
안 좋은 날짜	3, 11, 25일	9, 16, 26일	1, 8, 16일	2, 9, 26일	6, 19, 25일	5, 18, 24일
재물·금전 지수	74	76	96	82	84	75
변화·변동 지수	75	79	94	84	84	79
건강·행복 지수	74	77	91	83	86	79

	7월	8월	9월	10월	11월	12월
좋은 방향	동쪽	남서쪽	북동쪽	서쪽	북쪽	북쪽
좋은 색상	카키색	파란색	연보라색	하얀색	하늘색	은색
좋은 장소	갈비음식점	순대음식점	계곡	일식당	오리전문점	서점
좋은 성씨	ㄱ,ㅋ	ㅅ,ㅈ,ㅊ	ㄱ,ㅋ	ㄴ,ㄷ,ㅌ,ㄹ	ㅇ,ㅎ	ㅇ,ㅎ
좋은 숫자	4, 6	3, 10	3, 9	4, 7	1, 3	9, 11
좋은 날짜	4, 11, 15, 19, 27, 29일	2, 11, 17, 23, 27, 29일	3, 7, 15, 22, 24, 27일	4, 15, 18, 22, 26, 29일	1, 6, 14, 22, 24, 28일	2, 4, 10, 15, 20, 29일
안 좋은 날짜	7, 14, 28일	6, 19, 22일	4, 19, 25일	7, 16, 21일	3, 16, 20일	8, 19, 24일
재물·금전 지수	78	94	75	78	97	74
변화·변동 지수	75	93	75	77	95	75
건강·행복 지수	77	95	76	79	95	72

221 先吉後凶之意
선 길 후 흉 지 의

연운

不知安分 反有乖常
부 지 안 분 반 유 괴 상
편안히 지낼 줄 모르니 도리어 괴상한 일이 생긴다.

草木逢霜 何望生計
초 목 봉 상 하 망 생 계
초목이 서리를 만났으니 어찌 살기를 바라는가.

財旺三春 東方有損
재 왕 삼 춘 동 방 유 손
봄 석 달은 재물이 왕성하고 동쪽으로 가면 손해를 본다.

若非移徙 與人相爭
약 비 이 도 여 인 상 쟁
만일 이사하지 않으면 남과 서로 다툰다.

勿爲妄動 安分最吉
물 위 망 동 안 분 최 길
망녕되이 행동하지 마라. 현재에 만족하는 것이 가장 길하다.

今年之數 親者反損
금 년 지 수 친 자 반 손
금년 운수는 가까운 사람에게 도리어 해를 입는다.

六親無德 恩反爲仇
육 친 무 덕 은 반 위 구
주변 사람들의 덕이 없으니 은혜가 도리어 원수가 된다.

財帛退敗 田蠶虛耗
재 백 퇴 패 전 잠 허 모
재물이 나가고 밭농사와 누에 농사가 잘못된다.

損財有數 愼之水火
손 재 유 수 신 지 수 화
재물을 잃을 수 있으니 물과 불을 조심한다.

성인의 연운 활용

금전·명예	처음에는 운이 매우 왕성하나 시간이 흐를수록 하락하기 시작한다.
사업·창업	완벽히 계획하여 일을 새로 시작하면 이익이 따르지만, 주위 사람들의 말에 현혹되어 무리하게 시작하면 문서로 인한 구설수나 다툼이 발생한다.
주식·투자	주식은 절대로 손대면 안 된다. 주식으로 인해 어려움에 처할 수 있다.
시험·취직	욕심이 지나치면 떨어지니 한 단계 낮추어 응시한다. 직장인은 현재의 위치를 지켜라.
당선·소원	원하는 것들이 쉽게 성사되지 않아 별 소득이 없다.
이사·매매	현재의 위치에서 옮기는 것은 불리하다. 매매 또한 손해를 감수해야 성사된다.
건강·사고	특히 갑작스런 사고를 조심한다.
애정·결혼	불륜관계는 금물이다. 가까운 사람이 애인을 가로채려니 주의한다. 결혼은 시간을 끌지 말고 서두른다.
소송·다툼	소송은 금전의 손해가 매우 크다.

신세대의 연운 활용

연애·사랑	기분전환으로 간 장소에서 생각지도 못했던 인연을 만난다. 기다리던 사람이 나타나지 않으니 오랜 기간 외롭고 울적하다. 부부는 같이 있어도 마음이 허전하다.
시험·취직	노력해야만 작은 시험이라도 합격한다. 직장인의 경우 외근직은 유리하지만 내근직은 불리하다.
건강·사고	질병이나 사고를 주의한다. 자칫 급작스런 사고로 위태로울 수 있다.
금전·행운	여기저기서 금전을 융통하지 않는 것만이라도 다행임을 깨달아야 한다.
소원·성취	이루지 못하니 단념하라.

운명을 바꾸는 연운 활용

좋은 방향	북쪽
좋은 색상	연보라색
좋은 장소	전철 안
좋은 성씨	ㄴ, ㄷ, ㅌ, ㄹ
좋은 숫자	3, 5

숫자로 보는 연운 활용

	좋은 달	보통 달	나쁜 달
금전·투자	4, 10월	7, 9월	5, 8월
변화·변동	10월	7, 9월	1, 2월
연애·사랑	10월	3, 7월	2, 11월
건강·소송	4월	3, 7월	11, 12월

221

월운

외지에서 지내니 어느 때에나 집에 돌아갈까.
만약 방랑하지 않으면 반드시 이사한다.
남의 말을 믿지 마라. 친한 사람이 도둑이 된다.

이월에는 어렵고 힘든 일이 생긴다.
늙은 용이 물이 없으니 강변에서 눈물을 흘린다.
나쁜 일을 하지 마라. 하늘이 복을 주지 않는다.

다른 것을 보지 마라. 나를 해하는 사람뿐이다.
돌을 깨뜨려 옥을 보고 나무를 다스려 집을 짓는다.
분수를 지키지 않으면 도리어 해를 당한다.

사월 봄바람에 꾀꼬리가 버들가지에서 논다.
분수를 지키고 편안히 살면 밖은 나쁘나 안은 좋다.
다른 사람과 일을 꾀하면 반드시 일을 이루지 못한다.

산중에 비가 오니 냇물이 쉬지 않고 흐른다.
남과 다투지 마라. 구설이 많이 따른다.
형제가 재물을 많이 잃는다.

천리타향에서 옛 친구를 만나니 기쁘다.
헛된 중에 실상이 있으니 하늘이 복을 준다.
귀인이 도와주니 남쪽으로 간다.

칠월과 팔월에는 되는 일이 없다.
타인의 재물이 뜻밖에 집에 들어온다.
토성土姓을 가까이하면 하는 일이 불리하다.

재물에 손해가 있으니 다른 일을 꾀하지 마라.
머리는 있고 꼬리는 없으니 일에 실패가 많다.
집에 있으면 길하고 움직이면 실패한다.

이익은 어느 쪽에 있는가. 남쪽에 있다.
이 달의 운수는 밖에서 재물이 들어온다.
위태롭지만 편안하고 허황되지만 얻는 것이 있다.

동쪽에는 좋은 일이 있고 서쪽에는 나쁜 일이 있다.
귀인은 무슨 성인가, 박朴가 송宋가가 길하다.
수성水姓은 불리하니 재물을 잃을 운수다.

큰 일을 꾀하지 마라. 반드시 실패한다.
마음이 괴로우니 바라는 대로 되지 않는다.
재물은 들어오지만 곧 없어진다.

두 사람의 마음이 각각이니 알 수가 없다.
재수가 없으니 재물을 많이 잃는다.
집에 있으면 답답하고 밖에 나가면 편안하다.

운명을 바꾸는 월운 활용

	1월	2월	3월	4월	5월	6월
좋은 방향	북서쪽	남쪽	서쪽	북서쪽	동쪽	남쪽
좋은 색상	초록색	옥색	주황색	굴색	회색	연두색
좋은 장소	민속주점	분식점	철판요리집	주택가	쌈밥식당	둔치
좋은 성씨	ㅅ, ㅈ, ㅊ	ㅇ, ㅎ	ㄱ, ㅋ	ㄴ, ㄷ, ㅌ, ㄹ	ㅅ, ㅈ, ㅊ	ㅁ, ㅂ, ㅍ
좋은 숫자	7, 12	7, 11	6, 10	1, 2	7, 10	7, 9
좋은 날짜	4, 9, 19, 21, 24, 28일	3, 4, 9, 15, 17, 26일	3, 6, 13, 16, 17, 27일	4, 6, 12, 15, 18, 25일	5, 8, 12, 15, 21, 25일	2, 5, 9, 12, 22, 27일
안 좋은 날짜	6, 17, 22일	9, 16, 29일	5, 18, 22일	7, 10, 26일	4, 19, 24일	6, 18, 25일
재물·금전 지수	79	78	84	94	73	91
변화·변동 지수	75	74	85	95	77	93
건강·행복 지수	74	75	80	93	78	97

	7월	8월	9월	10월	11월	12월
좋은 방향	북동쪽	남서쪽	남쪽	서쪽	북쪽	남쪽
좋은 색상	밤색	분홍색	자주색	남청색	주황색	연보라색
좋은 장소	나이트클럽	감자탕음식점	생선구이식당	놀이공원	산	토스트가게
좋은 성씨	ㅇ, ㅎ	ㄴ, ㄷ, ㅌ, ㄹ	ㅅ, ㅈ, ㅊ	ㅁ, ㅂ, ㅍ	ㄱ, ㅋ	ㄱ, ㅋ
좋은 숫자	2, 5	1, 8	2, 4	1, 5	8, 12	1, 6
좋은 날짜	3, 10, 15, 19, 22, 27일	3, 5, 9, 12, 15, 22일	4, 8, 12, 18, 22, 29일	2, 9, 15, 19, 25, 28일	6, 12, 15, 19, 25, 27일	1, 7, 11, 17, 24, 27일
안 좋은 날짜	8, 18, 24일	1, 10, 21일	6, 14, 25일	3, 17, 21일	5, 10, 22일	9, 14, 20일
재물·금전 지수	84	71	87	92	75	78
변화·변동 지수	85	75	85	95	76	75
건강·행복 지수	86	75	83	95	75	77

吉變爲凶之意
길 변 위 흉 지 의

연운

青天白日 陰雨濛濛
청 천 백 일 음 우 몽 몽   푸른 하늘 밝은 대낮에 궂은비가 내린다.

財在東方 北方有吉
재 재 동 방 북 방 유 길   재물은 동쪽에 있고 길함은 북쪽에 있다.

一身困苦 或有家憂
일 신 곤 고 혹 유 가 우   일신이 힘드니 혹 집안에 근심이 있을까 걱정이다.

三春已過 狂蝶失路
삼 춘 기 과 광 접 실 로   봄이 이미 지났으니 나비가 길을 잃는다.

欲進無力 身數奈何
욕 진 무 력 신 수 내 하   나가고자 하나 힘이 없으니 이 신수를 어찌할까.

意外有禍 身上有憂
의 외 유 화 신 상 유 우   뜻밖에 화가 있어 신상에 근심이 생긴다.

陰陵月黑 美人失容
음 릉 월 흑 미 인 실 용   어두운 묘터에 달이 어두우니 미인이 고운 얼굴을 잃는다.

一夫當關 萬夫莫開
일 부 당 관 만 부 막 개   한 사람이 관문을 지키나 만 명으로도 열지 못한다.

擧頭東南 不利前程
거 두 동 남 불 리 전 정   머리를 동남쪽으로 드니 앞길이 이롭지 못하다.

성인의 연운 활용

금전·명예	타인에게 의지하면 오히려 금전 지출이 많아지고 어려운 상황에 처한다.
사업·창업	처음 생각한 만큼 금전적 여유가 없어 잠시 어려움이 따른다.
주식·투자	주식투자나 경마와 같은 사행성 오락은 주의해야 한다.
시험·취직	노력만이 시험에 합격할 수 있는 길이다. 많이 노력하면 원하는 자리는 아니지만 승진한다.
당선·소원	노력 없이 요행만 바라니 당선은 어렵다. 소원 역시 이루기 힘드니 다음 기회를 기다려라.
이사·매매	어렵게 이사와 매매가 성사되어도 구설수에 휘말린다.
건강·사고	건강에 이상이 생기니 몸과 마음의 기운이 하락한다.
애정·결혼	연인관계에 금이 가서 장기간 서먹한 관계가 지속된다. 부부는 서로 마음을 열지 않아 사소한 일로 오해를 사게 된다. 마음을 터놓고 대화해야 한다.
소송·다툼	사주팔자가 꼬인 사람은 소송과 구속을 미리 방지하는 것이 상책이다.

신세대의 연운 활용

연애·사랑	주변의 질투나 방해로 연인이나 부부 사이에 오해가 생길 수 있다. 주변의 말에 현혹되지 않는다.
시험·취직	실력을 발휘하지 못하고 안절부절못하는 형국이다. 직장인은 한직으로 물러나거나 직장에서 구설수에 휘말리게 되니 조심한다.
건강·사고	무리하면 건강이 급격히 악화될 수 있다.
금전·행운	노력이 없다면 금전적으로 매우 어려워질 수 있다.
소원·성취	절망적인 상황이다. 바라지 않는 게 마음 편하다.

운명을 바꾸는 연운 활용

좋은 방향	동쪽
좋은 색상	고동색
좋은 장소	피자집
좋은 성씨	ㅁ, ㅂ, ㅍ
좋은 숫자	8, 12

숫자로 보는 연운 활용

	좋은 달	보통 달	나쁜 달
금전·투자	1, 3월	4, 6월	8, 9월
변화·변동	2, 3월	7, 11월	10, 12월
연애·사랑	1, 2월	6, 11월	8월
건강·소송	2, 3월	4, 7월	5월

222

월운

① 月
처음에는 흉하나 나중에는 길하니 금과 옥이 가득하다.
다른 사람이 방해하니 일에 막힘이 많다.
달이 구름 속으로 들어가니 그 빛을 볼 수가 없어 안타깝다.

② 月
재물이 동쪽에 있으니 목성木姓과 친하게 지낸다.
운수가 불길하니 질병에 걸릴까 두렵다.
매사를 이루지 못하고 멀리 나가면 불리하다.

③ 月
삼월과 사월은 처음에는 피곤하지만 나중에는 길하다.
만약 질병이 아니면 아들을 얻을 운수다.
만약 귀인을 만나면 재수가 대길하다.

④ 月
좋은 운을 맞이하니 재물과 보화가 들어온다.
재물은 동쪽에 있으나 반은 얻고 반은 잃는다.
먼저는 길하고 뒤에 흉하니 모든 일을 조심한다.

⑤ 月
농사 지을 시기를 놓쳤으니 생활이 괴롭다.
금성金姓과 친하면 반드시 손해가 있다.
모든 일이 순조롭고 반드시 아들을 얻는다.

⑥ 月
다른 사람의 말을 믿지 마라. 해가 따른다.
목성木姓이 불리하니 그 말을 듣지 마라.
만약 횡재가 아니면 식구가 늘어날 운수다.

⑦ 月
칠월과 팔월에는 재물을 얻는다.
동쪽에 재물이 있으나 얻어도 반은 잃는다.
먼저는 얻고 뒤에는 잃으니 처음만 못하다.

⑧ 月
되는 일이 없고 구설이 들려온다.
마음이 괴로우니 세상일이 꿈만 같다.
만약 질병이 없으면 도리어 재물을 잃는다.

⑨ 月
구월과 시월에는 구설수가 있다.
해로운 성은 무슨 성인가, 금성金姓이 불길하다.
금성金姓과 친하지 마라. 모든 일을 이루지 못한다.

⑩ 月
운수가 좋지 않으니 모든 일이 막힌다.
바라는 일은 반드시 이루어지지 않는다.
주작朱雀이 발동하니 시비와 구설이 있다.

⑪ 月
동짓달과 섣달에는 불을 조심한다.
좋은 일을 얻으려면 마땅히 시장으로 가라.
동쪽에서 일하면 천금을 얻는다.

⑫ 月
목성木姓이 해치니 북쪽에 가지 마라.
꾀하는 일 모두가 시작은 있지만 끝이 없다.
남북 양쪽에는 도와주는 자가 적다.

운명을 바꾸는 월운 활용

	1월	2월	3월	4월	5월	6월
좋은 방향	남동쪽	동쪽	서쪽	동쪽	북서쪽	남쪽
좋은 색상	검은색	적갈색	노란색	파란색	노란색	하늘색
좋은 장소	포장마차	꽃가게	체육관	기념관	한적한 시외	만두전문점
좋은 성씨	ㅁ, ㅂ, ㅍ	ㄴ, ㄷ, ㅌ, ㄹ	ㅅ, ㅈ, ㅊ	ㅅ, ㅈ, ㅊ	ㅇ, ㅎ	ㄱ, ㅋ
좋은 숫자	2, 8	9, 10	8, 11	2, 11	3, 4	1, 9
좋은 날짜	2, 5, 9, 14, 22, 29일	5, 7, 14, 18, 23, 28일	2, 7, 14, 19, 23, 28일	3, 8, 14, 17, 22, 27일	1, 7, 15, 20, 22, 27일	6, 12, 15, 18, 22, 27일
안 좋은 날짜	7, 19, 23일	3, 21, 24일	5, 13, 22일	6, 18, 29일	2, 6, 10일	9, 13, 26일
재물·금전 지수	94	92	90	84	78	85
변화·변동 지수	95	95	95	83	77	86
건강·행복 지수	93	95	95	84	76	83

	7월	8월	9월	10월	11월	12월
좋은 방향	동쪽	남서쪽	북동쪽	북쪽	동쪽	동쪽
좋은 색상	회색	베이지색	보라색	빨간색	다홍색	빨간색
좋은 장소	영화관	오락실	소주방	우동전문점	순두부식당	휴양림
좋은 성씨	ㄴ, ㄷ, ㅌ, ㄹ	ㅁ, ㅂ, ㅍ	ㅇ, ㅎ	ㄱ, ㅋ	ㅇ, ㅎ	ㅁ, ㅂ, ㅍ
좋은 숫자	2, 9	3, 6	1, 11	1, 10	2, 7	3, 8
좋은 날짜	2, 13, 16, 19, 24, 29일	2, 12, 15, 16, 25, 28일	3, 10, 14, 17, 23, 27일	5, 9, 12, 15, 23, 28일	2, 8, 13, 20, 23, 29일	3, 6, 12, 21, 24, 27일
안 좋은 날짜	5, 14, 22일	5, 19, 27일	5, 9, 22일	6, 19, 24일	5, 11, 27일	8, 15, 23일
재물·금전 지수	84	76	78	74	89	74
변화·변동 지수	85	75	77	75	84	73
건강·행복 지수	88	78	76	72	83	72

223 先凶後吉之意
선 흉 후 길 지 의

연운

一枝花凋 一枝花開
일 지 화 조 일 지 화 개   한 가지는 꽃이 시들고 한 가지는 꽃이 핀다.

勿貪虛欲 吉中有凶
물 탐 허 욕 길 중 유 흉   쓸데없이 욕심부리지 마라. 좋은 일 가운데 나쁜 일이 있다.

一身有苦 損財外端
일 신 유 고 손 재 외 단   일신이 괴롭고 외부의 일로 재물을 잃는다.

雖有財物 得而難聚
수 유 재 물 득 이 난 취   비록 재물은 있으나 얻어도 모으기 어렵다.

喜憂相半 虛送歲月
희 우 상 반 허 송 세 월   기쁨과 근심이 상반되니 세월만 헛되이 보낸다.

三夏之數 遠行不利
삼 하 지 수 원 행 불 리   여름 석 달은 멀리 나가면 불리하다.

洛陽城東 何人屹立
낙 양 성 동 하 인 흘 립   낙양성 동쪽에 누가 우뚝 서 있는가.

風花落廁 拾之無香
풍 화 락 측 습 지 무 향   꽃이 변소에 떨어지니 주워도 향기가 없다.

月明星稀 烏雀南飛
월 명 성 희 오 작 남 비   달이 밝고 별이 드문 밤에 까마귀와 까치가 남쪽으로 날아간다.

성인의 연운 활용

금전 · 명예	수입과 지출이 원활하다. 허황된 욕심을 부리거나 향락에 빠져 과소비를 하지만 않으면 매우 좋다.
사업 · 창업	다른 업종으로 변경하기는 매우 어려우니 현재 상태를 유지하는 것이 좋다.
주식 · 투자	주식은 조금 투자하여 큰 이익을 남기는데, 이는 횡재가 아닌 노력한 결과이다.
시험 · 취직	시험은 노력하는 사람만이 합격한다. 직장인은 승진의 영광이 있다.
당선 · 소원	노력해야만 당선의 기쁨이 있으니 최선을 다하라. 작은 소원은 이루어지나 큰 소원은 이루기 어렵다.
이사 · 매매	변화와 변동의 욕구가 큰 시기이니 새로운 일을 시작하거나 이사하기에 매우 적합하다.
건강 · 사고	과로하지만 않으면 건강을 유지한다.
애정 · 결혼	연인이나 부부 사이에 다툼이나 오해가 생기지만 가까운 사람에게 부탁하면 해결된다. 싸움을 키우지 말고 빨리 해결하는 것이 좋다.
소송 · 다툼	너무 강하게 밀고 나가면 오히려 관재수까지 따르니 주변 사람의 도움을 얻어 화해하는 것이 좋다.

신세대의 연운 활용

연애 · 사랑	새로운 이성교제는 쉽지 않다. 좋은 연인이나 배우자를 놓친 사람은 아쉬움이 남지만 안타까워하지 마라. 다시 좋은 인연을 만난다.
시험 · 취직	직장인은 외직으로 나가게 되니 미리 대비하라. 수험생은 한 단계 낮추어 응시하는 것이 유리하다.
건강 · 사고	건강한 사람은 건강할 때 더욱 주의하고 환자는 회복한 뒤 건강관리에 더욱 힘쓴다.
금전 · 행운	지나치게 급하게 서두르지만 않으면 좋은 운이 들어온다.
소원 · 성취	자신을 낮추고 가까운 사람과 상의하면 작은 소원은 이루어진다.

운명을 바꾸는 연운 활용

좋은 방향	남쪽
좋은 색상	적갈색
좋은 장소	생과일전문점
좋은 성씨	ㅅ, ㅈ, ㅊ
좋은 숫자	2, 7

숫자로 보는 연운 활용

	좋은 달	보통 달	나쁜 달
금전 · 투자	10, 11월	1, 7월	3월
변화 · 변동	2, 10월	7, 8월	6, 9월
연애 · 사랑	2, 11월	1, 12월	4, 6월
건강 · 소송	2, 10월	8, 12월	5, 6월

223

월운

 한 번은 기쁜 일이 있고 한 번은 슬픈 일이 있다.
길흉이 함께 오니 한 번은 기쁘고 한 번은 슬프다.
마음에 근심이 있으나 액을 물리치면 길하다.

 달이 구름 밖으로 나오니 천지가 맑고 밝다.
명산에 가서 기도하면 흉한 것이 도리어 길하게 된다.
눈이 녹지 않았으니 봄풀이 나오기 힘들다.

 위아래가 화합하지 못하니 분수를 지키는 게 제일이다.
해로운 방향은 어디인가. 동남 양쪽이다.
삼월에는 재물을 잃지 않게 조심한다.

 남의 말을 믿지 마라. 하는 일이 안 된다.
금실이 좋지 않으니 이 운수를 어찌할까.
남북에 길이 있어 동분서주한다.

 여름에 벌과 나비가 꽃을 찾아오지만 이익이 없다.
비록 재물은 있으나 들어오면 곧 나간다.
화성火姓은 불리하니 재물을 잃지 않게 조심한다.

 밖에 나가면 불리하니 두문불출한다.
재수가 없으니 받는 것을 조심한다.
만일 이와 같지 않으면 아내에게 우환이 생긴다.

 바위 위의 외로운 소나무요 울타리 아래 국화다.
만약 구설이 없으면 관재官災와 질병이 따른다.
집안에 경사가 있으니 반드시 귀한 자녀를 얻는다.

 만일 과거가 아니면 반드시 경사가 있다.
다른 사람의 말을 듣지 마라. 처음에는 좋지만 나중에 나쁘다.
마음이 심란하니 집에 있는 것이 상책이다.

 구월과 시월에는 다른 사람의 도움으로 재물을 얻는다.
만약 그렇지 않으면 집에 질병이 침범한다.
가운이 왕성하니 달이 먹구름 속에서 나온 것 같다.

 일은 남보다 많이 하지만 되는 일이 없다.
귀인이 많이 도와주니 반드시 재물을 얻는다.
할 일을 찾으니 몸과 마음이 편안하다.

 동짓달과 섣달에는 반드시 기쁜 일이 있다.
만일 관록官祿이 아니면 뜻밖에 횡재한다.
서남으로 가면 큰 재물을 얻는다.

구름이 걷히고 달이 나오니 세상이 밝고 맑다.
시비를 가까이하지 마라. 구설이 뒤따른다.
슬하에 근심이 있으니 미리 기도한다.

운명을 바꾸는 월운 활용

	1월	2월	3월	4월	5월	6월
좋은 방향	남쪽	북동쪽	서쪽	동쪽	남서쪽	남동쪽
좋은 색상	자주색	청록색	분홍색	군청색	연두색	연보라색
좋은 장소	섬	바닷가	채식전문점	기차역	미술관	보리밥식당
좋은 성씨	ㅇ, ㅎ	ㅅ, ㅈ, ㅊ	ㅇ, ㅎ	ㅁ, ㅂ, ㅍ	ㄱ, ㅋ	ㄴ, ㄷ, ㅌ, ㄹ
좋은 숫자	4, 6	4, 5	2, 10	5, 8	6, 9	8, 10
좋은 날짜	4, 5, 14, 21, 22, 26일	2, 7, 15, 17, 21, 27일	1, 9, 14, 20, 22, 28일	2, 8, 12, 21, 23, 29일	5, 12, 17, 18, 22, 28일	2, 13, 16, 19, 22, 27일
안 좋은 날짜	1, 10, 27일	4, 11, 25일	3, 16, 27일	5, 14, 20일	6, 9, 20일	4, 14, 21일
재물·금전 지수	84	94	78	74	76	77
변화·변동 지수	80	93	75	72	75	76
건강·행복 지수	85	97	79	75	75	72

	7월	8월	9월	10월	11월	12월
좋은 방향	북쪽	북동쪽	북서쪽	서쪽	남서쪽	남쪽
좋은 색상	주황색	적갈색	고동색	회색	주황색	하늘색
좋은 장소	야외음식점	스파게티전문점	해변	당구장	단란주점	공연장
좋은 성씨	ㅁ, ㅂ, ㅍ	ㅅ, ㅈ, ㅊ	ㄱ, ㅋ	ㅇ, ㅎ	ㄱ, ㅋ	ㄴ, ㄷ, ㅌ, ㄹ
좋은 숫자	7, 10	6, 10	4, 11	6, 7	4, 9	6, 11
좋은 날짜	6, 14, 17, 23, 25, 28일	2, 9, 16, 21, 22, 26일	4, 12, 17, 20, 25, 29일	5, 7, 18, 21, 22, 28일	2, 9, 11, 17, 23, 29일	3, 8, 13, 16, 21, 27일
안 좋은 날짜	1, 6, 20일	7, 19, 25일	8, 16, 28일	4, 16, 29일	5, 16, 22일	1, 15, 22일
재물·금전 지수	84	87	73	92	93	84
변화·변동 지수	85	85	75	95	94	83
건강·행복 지수	83	85	75	94	97	85

231 必有不安之意
필 유 불 안 지 의

연운

逢時不爲 更待何時
봉시불위 갱대하시 · 때를 만나도 하지 않으면 다시 어느 때를 기다릴까.

大財難望 小財入手
대재난망 소재입수 · 큰 재물은 바라기 어려우나 작은 재물은 들어온다.

千里遠客 勿爲相對
천리원객 물위상대 · 멀리 천리에서 온 나그네와는 상대하지 않는다.

勿爲遲滯 速圖有吉
물위지체 속도유길 · 지체하지 마라. 빨리 하는 것이 좋다.

勿失好機 貴客反害
물실호기 귀객반해 · 좋은 기회를 잃지 마라. 귀한 손님이 도리어 해를 끼친다.

守分上策 妄動不利
수분상책 망동불리 · 분수를 아는 것이 상책이다. 경솔하게 행동하면 불리하다.

西江一斗 能濡涸鱗
서강일두 능유고린 · 서강의 물 한 말이 능히 마른 비늘을 적신다.

羝羊觸藩 到處有害
저양촉번 도처유해 · 숫양이 울타리를 들이받는 격이니 도처에 해가 있다.

避人匿鹿 爲虎所得
피인닉록 위호소득 · 사람을 피해 숨은 사슴이 호랑이의 먹이가 된다.

성인의 연운 활용

금전 · 명예	충분한 계획과 치밀한 경영만이 재산을 모으는 비결이다.
사업 · 창업	자신감 있게 밀고 나가면 경영하는 일이 반드시 성공한다.
주식 · 투자	꾸준히 준비해온 사람은 뜻밖의 큰 이익을 얻는다.
시험 · 취직	실력을 과신하지만 않으면 손쉽게 합격한다. 직장인은 승진하고 실업자는 취직하는 기쁨이 있다.
당선 · 소원	당선은 노력하는 만큼 결과가 나타난다. 운이 좋으니 못 이룰 소원이 없다.
이사 · 매매	운세가 매우 좋고 귀인이 도우니 매매에 큰 이익이 따르고 확장하여 이사하니 온 가족이 즐거워한다.
건강 · 사고	건강은 과음만 하지 않으면 탈이 없다.
애정 · 결혼	마음에 둔 사람에게 적극적으로 다가가야 이루어진다. 좋은 분위기에서 그리운 사람을 만나 즐거운 시간을 가진다. 우여곡절 끝에 오랫동안 끌어오던 사랑에 성공한다. 미혼남녀는 천생연분을 만나 결혼한다.
소송 · 다툼	소송은 냉정하게 처리해야 승산이 있다.

신세대의 연운 활용

연애 · 사랑	여행이나 볼 일로 장기간 원행 중에 새로운 짝을 만난다. 짝이 없다면 찾아나서는 것도 좋다. 좋은 짝을 만나 즐거운 시간을 가질 것이다. 나이가 찬 남녀도 좋은 사람을 소개받고 축복 속에 결혼한다.
시험 · 취직	시험에 응시하는 사람은 합격 가능하다. 취직도 가능하고 직장인은 몇 단계 승진도 가능하다.
건강 · 사고	건강은 기도하는 마음으로 살면 악화되지 않는다.
금전 · 행운	처음은 어렵지만 인내하며 기다리면 뒤늦게 꾸준한 수입이 생긴다. 저축만 잘 한다면 지속적으로 성장한다.
소원 · 성취	정당하고 욕심 없는 소원이라면 이루어진다.

운명을 바꾸는 연운 활용

좋은 방향	동쪽
좋은 색상	베이지색
좋은 장소	운동장
좋은 성씨	ㅇ, ㅎ
좋은 숫자	1, 4

숫자로 보는 연운 활용

	좋은 달	보통 달	나쁜 달
금전 · 투자	10, 12월	3, 7월	5, 9월
변화 · 변동	6, 10월	2, 8월	11월
연애 · 사랑	1, 4월	2, 3월	5월
건강 · 소송	4, 12월	7, 8월	9월

231

월운

가을 하늘에 구름 한 점 없으니 밝은 달이 새롭다.
이익은 어느 곳에 있는가. 서쪽에서 이익을 얻는다.
만약 식구가 늘지 않으면 반드시 관록官祿을 얻는다.

마음이 편안하고 만족스러우니 재물을 얻는다.
이 달의 운수는 재물을 잃지 않게 조심한다.
재물운이 찾아오니 큰 재물을 얻는다.

마음을 닦아 덕을 쌓으면 이익을 얻는다.
북쪽이 길하니 좋은 기회를 잃지 마라.
슬하에 우환이 있으면 남쪽에서 약을 구한다.

악한 사람을 가까이하지 말고 분수를 지키면 길하다.
맑은 하늘에 달이 뜨니 그 빛이 가장 밝다.
모든 일이 뜻대로 되니 소망을 성취한다.

일이 제대로 안 되니 한 번은 이루고 한 번은 실패한다.
사람으로 인해 실패하니 그 해가 적지 않다.
되는 일이 없으니 일을 꾀하면 불리하다.

임금과 신하가 화목하니 귀인이 와서 도와준다.
은인은 어디에 있는가, 동쪽의 목성木姓이다.
옛 것을 보내고 새 것을 좇으면 작은 것을 쌓아 큰 것을 이룬다.

매화나무에 꽃이 피니 집안의 영광이다.
만약 아내에게 우환이 있지 않으면 부모에게 우환이 있다.
이익은 무슨 성에 있는가, 정鄭가와 이李가 두 성이다.

꾀하는 일은 귀인이 와서 도와준다.
비록 재물은 왕성하나 반은 잃고 반은 얻는다.
허욕을 부리지 마라. 반드시 그 해가 있다.

다른 사람의 말을 듣지 마라. 일을 마무리할 때 불리하다.
다른 사람과 함께 일을 꾀하면 두 사람의 마음이 다르다.
경영하는 일이 공허하다.

동남 양쪽에서 귀인이 도와준다.
이익은 어느 방향에 있는가. 서쪽이 길하다.
만약 목물木物이 아니면 밭과 땅에서 이익을 얻는다.

허욕을 부리지 마라. 큰 해를 면하기 어렵다.
남의 재물을 탐하지 마라. 흉한 일을 면하지 못한다.
토성土姓이 불리하니 가까이하면 해롭다.

이익이 남쪽에 있으니 그 쪽에서 우연히 도움을 받는다.
재물운이 왕성하니 큰 재물이 들어온다.
혹 도둑이 있으니 물건을 잃어버리지 않게 조심한다.

운명을 바꾸는 **월운** 활용

	1월	2월	3월	4월	5월	6월
좋은 방향	서쪽	동쪽	북쪽	북동쪽	남서쪽	동쪽
좋은 색상	하얀색	귤색	적갈색	검은색	초록색	자주색
좋은 장소	편의점	항구	버섯음식점	매점	놀이터	목장
좋은 성씨	ㅅ, ㅈ, ㅊ	ㅁ, ㅂ, ㅍ	ㄱ, ㅋ	ㅇ, ㅎ	ㄴ, ㄷ, ㅌ, ㄹ	ㄱ, ㅋ
좋은 숫자	7, 9	3, 10	4, 8	3, 12	5, 10	5, 11
좋은 날짜	1, 7, 12, 16, 25, 28일	2, 15, 17, 21, 22, 29일	4, 8, 12, 21, 24, 28일	2, 7, 13, 22, 26, 28일	1, 9, 11, 18, 22, 29일	5, 14, 16, 19, 22, 28일
안 좋은 날짜	2, 11, 19일	9, 11, 23일	5, 11, 27일	4, 17, 21일	6, 19, 21일	6, 18, 25일
재물·금전 지수	91	84	84	92	75	92
변화·변동 지수	95	85	85	98	78	95
건강·행복 지수	93	88	85	95	79	94

	7월	8월	9월	10월	11월	12월
좋은 방향	북쪽	남쪽	북동쪽	남쪽	동쪽	남쪽
좋은 색상	연보라색	노란색	베이지색	다홍색	파란색	금색
좋은 장소	떡전문점	라면전문점	퓨전음식점	백화점	레스토랑	독서실
좋은 성씨	ㅅ, ㅈ, ㅊ	ㅅ, ㅈ, ㅊ	ㅁ, ㅂ, ㅍ	ㅇ, ㅎ	ㄴ, ㄷ, ㅌ, ㄹ	ㄱ, ㅋ
좋은 숫자	5, 7	5, 9	8, 11	1, 7	7, 12	9, 10
좋은 날짜	4, 15, 17, 24, 25, 27일	3, 12, 17, 24, 26, 29일	3, 12, 16, 22, 23, 28일	2, 8, 15, 20, 22, 28일	4, 9, 12, 20, 23, 29일	3, 8, 15, 21, 25, 27일
안 좋은 날짜	1, 19, 22일	8, 10, 28일	6, 11, 17일	4, 11, 27일	7, 14, 28일	4, 12, 22일
재물·금전 지수	87	83	79	94	74	94
변화·변동 지수	84	85	78	93	73	92
건강·행복 지수	85	84	77	92	75	92

232 進退兩難之意
진퇴양난지의

연운

夜逢山君 進退兩難
야봉산군 진퇴양난
밤에 호랑이를 만나니 나아가지도 못하고 물러서지도 못한다.

事有多滯 徒費心力
사유다체 도비심력
일에 막힘이 많으니 헛수고만 한다.

若貪虛慾 必受困苦
약탐허욕 필수곤고
만일 쓸데없이 욕심부리면 반드시 곤란한 일을 당한다.

勿爲妄動 必有失敗
물위망동 필유실패
함부로 움직이지 마라. 반드시 실패가 있다.

人多害我 心神不安
인다해아 심신불안
많은 사람이 해를 끼치니 마음이 불안하다.

初雖辛苦 晩得吉運
초수신고 만득길운
처음은 비록 힘들지만 나중에는 좋은 운을 얻는다.

未決之事 可問山翁
미결지사 가문산옹
해결하지 못한 일은 산에 사는 노인에게 묻는다.

爲山九仞 功虧一簣
위산구인 공휴일궤
아홉 길이나 쌓은 산이 한 삼태기 흙이 모자라 완성되지 못한다.

缺月半圓 秋夢入春
결월반원 추몽입춘
이지러진 달이 반쯤 차고 가을 꿈이 봄에 든다.

성인의 연운 활용

금전 · 명예	금전운이 매우 나쁘니 꾸준히 재물을 모아 미래를 준비한다.
사업 · 창업	성공을 거두기 어려우니 다음 기회로 미루는 것이 좋다.
주식 · 투자	주식투자에 실패하여 어려움이 닥친다.
시험 · 취직	욕심이 지나치면 낙방하니 한 단계 낮추어 응시한다. 직장인은 내침을 당하지 않게 조심한다.
당선 · 소원	선거에 떨어진다. 아직은 때가 아니다. 소원은 많은데 어느 것 하나 이루기 힘들고 시일이 걸린다.
이사 · 매매	이사나 매매 모두 급하게 할수록 손해가 더 커진다. 매매나 이사를 강행하면 손해를 보게 된다.
건강 · 사고	관재수로 신체가 구속당하니 신중히 대처하라.
애정 · 결혼	마음을 정하지 못한 채 상황에 끌려가기 쉽지만 지금 감정을 억제하는 것이 현명하다. 당신의 연인을 좋아하는 사람이 나타나니 연인이 결혼을 미룬다. 부부 갈등도 심각해지니 자신을 낮추고 양보하라.
소송 · 다툼	시비구설이나 관재수도 조심해야 한다.

신세대의 연운 활용

연애 · 사랑	연애감정이 불건전한 방향으로 흐르거나 소비나 향락에 빠져들기 쉽다. 새로운 만남은 신중해야 하고 결혼 상대도 잘 살펴봐야 한다. 사귀지 않아야 될 사람과 사귀기 쉬우며 사기결혼이 우려된다.
시험 · 취직	시험은 더 노력하라. 목표보다 한 단계 낮은 곳에 취직되고, 직장인은 승진이 어렵다.
건강 · 사고	한때 부상을 당하거나 신병으로 고생할 우려가 있으니 주의한다.
금전 · 행운	수입은 적은데 지출은 너무 많으니 자금난에 시달리게 된다.
소원 · 성취	올해는 소원 성취를 단념하는 게 마음이 편할 것이다.

운명을 바꾸는 연운 활용

좋은 방향	남서쪽
좋은 색상	다홍색
좋은 장소	라이브 공연장
좋은 성씨	ㅁ, ㅂ, ㅍ
좋은 숫자	6, 8

숫자로 보는 연운 활용

	좋은 달	보통 달	나쁜 달
금전 · 투자	3, 7월	2, 5월	6월
변화 · 변동	1, 3월	2, 10월	9, 11월
연애 · 사랑	7, 8월	10, 12월	4, 9월
건강 · 소송	3, 7월	2, 12월	11월

1월: 정월과 이월에는 움직이려다 도로 주저앉는다.
좋은 운이 들어오니 기쁜 일이 많다.
봄에는 좋은 일만 있으니 이 기회를 잃지 마라.

2월: 복숭아와 자두나무가 봄을 만나 꽃 피고 열매를 맺는다.
녹祿이 곳곳에 있으니 도처에 봄바람이 분다.
만약 관액官厄이 아니면 질병이 몸에 침범한다.

3월: 타인의 재물이 우연히 집에 들어온다.
동남쪽의 재물이 뜻밖에 문에 들어온다.
반드시 어려운 일이 있으나 이익이 그 가운데 있다.

4월: 다른 사람을 가까이하지 마라. 질병이 서로 침범한다.
기쁜 중에 근심이 있으니 관액官厄을 조심한다.
분수를 지키고 편안히 있으면 뜻밖에 성공한다.

5월: 비밀스러운 일이 벌어지려 하니 동족이 아니면 외척이다.
길한 운이 들어오니 반드시 기쁜 일이 있다.
마음에 근심이 있으나 안정하면 길하다.

6월: 달이 구름 속으로 들어가니 좋은 일이 없다.
남쪽이 불리하니 그 쪽으로 가지 마라.
만약 재물을 잃지 않으면 횡액이 있을까 두렵다.

7월: 운수가 길하니 흉한 중에도 길함이 있다.
길이 남북에 있으니 분주하여 쉴 틈이 없다.
사나운 호랑이가 수풀에서 나오니 그 형세가 당당하다.

8월: 화가 도리어 복이 되니 마음에 근심이 없다.
음양이 서로 생기니 반드시 길함이 있다.
만약 관록官祿이 아니면 아들을 얻을 운수다.

9월: 호랑이가 서로 싸우니 누가 이기고 누가 질까.
만약 시비를 가까이하면 구설이 분분하다.
만약 그렇지 않으면 관재官災가 있을까 두렵다.

10월: 멀리 나가면 불리하니 옛 것을 지키고 편안하게 있어라.
혹 집에 우환이 있거든 미리 기도한다.
옛 것을 버리고 새 것을 좇으니 사람마다 우러러본다.

11월: 목성木姓에게 해가 있으니 그와 더불어 이익을 취하지 마라.
운수가 불길하니 질병을 조심한다.
이 달의 운수는 흉함은 많고 길함은 적다.

12월: 몸이 편하고 근심이 없으니 태평하게 지낸다.
구름 속에서 달이 나오니 소망을 이룬다.
비록 직업을 바꾸나 헛수고다.

운명을 바꾸는 월운 활용

	1월	2월	3월	4월	5월	6월
좋은 방향	북동쪽	남서쪽	남동쪽	남쪽	동쪽	북동쪽
좋은 색상	노란색	남청색	옥색	연두색	파란색	베이지색
좋은 장소	양고기전문점	놀이공원	전시회장	목욕탕	동물원	야구장
좋은 성씨	ㅇ, ㅎ	ㄴ, ㄷ, ㅌ, ㄹ	ㄴ, ㄷ, ㅌ, ㄹ	ㅅ, ㅈ, ㅊ	ㅁ, ㅂ, ㅍ	ㅁ, ㅂ, ㅍ
좋은 숫자	1, 4	8, 9	7, 11	1, 9	1, 5	1, 3
좋은 날짜	2, 6, 15, 23, 24, 26일	1, 15, 17, 20, 21, 28일	3, 13, 18, 19, 22, 27일	4, 15, 19, 24, 25, 27일	3, 8, 14, 17, 22, 28일	2, 12, 13, 15, 20, 29일
안 좋은 날짜	5, 18, 29일	3, 19, 23일	7, 15, 26일	6, 18, 22일	5, 13, 20일	9, 10, 23일
재물·금전 지수	92	82	94	78	82	74
변화·변동 지수	95	88	93	76	85	73
건강·행복 지수	93	87	98	75	83	77

	7월	8월	9월	10월	11월	12월
좋은 방향	남서쪽	북동쪽	북쪽	남동쪽	북서쪽	서쪽
좋은 색상	회색	연보라색	보라색	검은색	분홍색	고동색
좋은 장소	치킨전문점	꽃가게	찜질방	전통찻집	샌드위치가게	저수지
좋은 성씨	ㄱ, ㅋ	ㄱ, ㅋ	ㄴ, ㄷ, ㅌ, ㄹ	ㅇ, ㅎ	ㄱ, ㅋ	ㅅ, ㅈ, ㅊ
좋은 숫자	2, 3	2, 12	4, 5	1, 10	2, 8	3, 7
좋은 날짜	3, 7, 14, 17, 20, 29일	4, 9, 12, 15, 22, 29일	3, 8, 13, 14, 25, 27일	2, 7, 11, 18, 23, 27일	1, 9, 11, 20, 21, 27일	3, 8, 15, 19, 25, 28일
안 좋은 날짜	1, 16, 25일	7, 11, 20일	6, 15, 23일	5, 13, 20일	2, 8, 18일	6, 14, 22일
재물·금전 지수	94	94	78	84	74	87
변화·변동 지수	92	92	77	82	75	88
건강·행복 지수	95	90	75	86	78	85

233 隨時有吉之意
수 시 유 길 지 의

연운

潛龍得珠 變化無窮
잠 용 득 주 변 화 무 궁 물 속의 용이 구슬을 얻으니 변화가 무궁하다.

幸逢貴人 可得功名
행 운 귀 인 가 득 공 명 다행히 귀인을 만나 공을 세우고 이름을 떨친다.

或有官災 一身勞苦
혹 유 관 재 일 신 로 고 혹 관재수가 있으면 일신이 힘들고 괴롭다.

莫信人言 反有不利
막 신 인 언 반 유 불 리 남의 말을 믿지 마라. 도리어 불리하다.

財物興旺 百事如意
재 물 흥 왕 백 사 여 의 재물이 왕성하니 모든 일이 뜻대로 이루어진다.

貴人恒助 必是成功
귀 인 항 조 필 시 성 공 귀인이 항상 도우니 반드시 성공한다.

好雨知時 年事大豊
호 우 지 시 연 사 대 풍 좋은 비가 때맞춰 내리니 큰 풍년이 든다.

鳳生五雛 長於南郭
봉 생 오 추 장 어 남 곽 봉황이 새끼 다섯 마리를 낳아 남쪽 성에서 기른다.

出門大吉 意外得財
출 문 대 길 의 외 득 재 문을 나가면 좋은 일이 생기니 의외의 재물을 얻는다.

성인의 연운 활용

금전 · 명예	금전운이 가장 좋은 때이다. 능력을 마음껏 펼쳐 나가니 목표 이상의 재물이 쌓이고 집안에 경사가 넘친다.
사업 · 창업	생각한 일이 뜻대로 되며 어디를 가더라도 좋은 일만 만난다.
주식 · 투자	주식투자는 약간의 어려움이 있은 뒤에야 이익이 생긴다.
시험 · 취직	수험생은 상향지원해도 좋다. 원하는 직장을 얻고 직장인은 승진하며 일반인도 최고의 위치에 오른다.
당선 · 소원	지금의 노력에 몇 배를 더해야만 당선이 가능하다. 소원은 노력만큼 이루어진다.
이사 · 매매	넓게 확장하여 이사하고 매매는 쉽게 성사되니 기쁨이 매우 크다.
건강 · 사고	몸과 마음이 편안해진다.
애정 · 결혼	진실하게 대하면 연인과 관계가 좋아진다. 과대포장하면 뒤늦게 후회할 일이 생긴다. 헤어졌던 연인과 다시 합치니 기쁘고 노력하면 이상형과 결혼이 이루어진다. 다시없는 즐거움에 시간 가는 줄 모른다.
소송 · 다툼	소송은 우연히 도와주는 사람이 있어 결국에는 해결된다.

신세대의 연운 활용

연애 · 사랑	좋은 짝과 즐거운 시간을 가진다. 부부는 금실이 두터워진다.
시험 · 취직	입학, 고시, 취직 모두 기회가 왔으니 합격할 것이다. 직장인은 반드시 특진이나 영전의 기쁨이 있다.
건강 · 사고	건강은 매우 좋다.
금전 · 행운	사람이 모여들고 이익이 넘치니 손해가 전혀 없다.
소원 · 성취	원하는 바를 이루어줄 귀인이 나타난다.

운명을 바꾸는 연운 활용

좋은 방향	남동쪽
좋은 색상	상아색
좋은 장소	미술관
좋은 성씨	ㅅ, ㅈ, ㅊ
좋은 숫자	3, 10

숫자로 보는 연운 활용

	좋은 달	보통 달	나쁜 달
금전 · 투자	9, 10월	6, 8월	5월
변화 · 변동	10, 11월	2, 3, 6월	4, 5월
연애 · 사랑	1, 10월	2, 7월	12월
건강 · 소송	1, 9월	3, 8월	12월

233

월운

천지가 서로 조화를 이루니 만물이 되살아난다.
정월과 이월에 수복壽福이 찾아온다.
귀인이 곁에 있으니 우연히 와서 도와준다.

일이 빨리 이루어지니 이익이 많다.
돌아가는 기러기가 힘을 모아 날아가니 천리인들 못 갈까.
만약 이름을 얻지 않으면 반드시 아들을 얻는다.

집안 살림이 흥왕하니 식구도 늘고 토지도 늘어난다.
계획하는 일을 다른 사람이 먼저 꾀한다.
모든 일이 순조롭게 이루어지니 큰 재물이 들어온다.

흉한 귀신이 몸을 엿보니 횡액을 조심한다.
도둑을 조심하라. 물건을 도둑맞을 수 있다.
북쪽이 불길하니 그 쪽으로 가지 마라.

비록 일은 꾀하지만 다른 사람이 해를 끼친다.
서쪽 사람을 가까이하지 마라. 그 해가 적지 않다.
금성金姓과 친하게 지내면 많은 재물을 잃는다.

이익이 남북에 있으니 마땅히 남북으로 간다.
모든 일을 이루니 사람마다 우러러본다.
허욕을 부리지 말고 분수를 지켜라.

시비를 가까이하지 마라. 재물에 해가 있다.
일의 이치가 정당하니 다른 사람들이 말을 못한다.
만약 횡재가 아니면 아들을 얻을 운수다.

시비를 가까이하지 마라. 관재官災가 두렵다.
이익이 먼 곳에 있으니 나가면 재물을 얻는다.
이름을 사방에 떨치니 사람들이 우러러본다.

장원급제하니 사람마다 우러러본다.
궁지에서 삶을 만나니 흉하지만 좋은 일이 있다.
소인은 불길하고 군자는 길하다.

길성吉星이 찾아오니 집에 경사가 있다.
이익은 어느 곳에 있는가, 남쪽과 북쪽 양쪽이다.
만일 사람이 도와주면 뜻밖에 재물을 얻는다.

동짓달과 섣달에는 기쁜 일이 찾아온다.
비록 마음은 괴로우나 도리어 길하게 바뀐다.
이름을 사방에 떨치고 모든 일이 순조롭다.

사람 때문에 해를 입으니 재물을 많이 잃는다.
화성火姓과 친하게 지내면 재물을 잃는다.
마음에 근심이 없으니 편한 곳에서 태평하게 지낸다.

운명을 바꾸는 월운 활용

	1월	2월	3월	4월	5월	6월
좋은 방향	동쪽	남쪽	남서쪽	남쪽	서쪽	북동쪽
좋은 색상	밤색	주황색	녹색	자주색	하늘색	청록색
좋은 장소	생맥주집	낙지음식점	볼링장	칼국수전문점	도서관	수목원
좋은 성씨	ㄴ, ㄷ, ㅌ, ㄹ	ㄱ, ㅋ	ㅁ, ㅂ, ㅍ	ㄴ, ㄷ, ㅌ, ㄹ	ㄴ, ㄷ, ㅌ, ㄹ	ㄱ, ㅋ
좋은 숫자	3, 12	3, 4	2, 11	3, 6	5, 8	3, 8
좋은 날짜	2, 6, 10, 22, 24, 29일	4, 9, 12, 22, 23, 29일	3, 8, 10, 20, 22, 27일	2, 7, 13, 15, 24, 26일	1, 6, 15, 18, 23, 26일	3, 9, 12, 19, 21, 26일
안 좋은 날짜	3, 11, 19일	7, 15, 28일	6, 21, 29일	5, 9, 19일	5, 16, 22일	2, 7, 11일
재물·금전 지수	94	82	87	75	77	83
변화·변동 지수	95	85	85	79	78	84
건강·행복 지수	93	86	85	78	75	82

	7월	8월	9월	10월	11월	12월
좋은 방향	북쪽	남동쪽	북서쪽	북쪽	동쪽	남쪽
좋은 색상	은색	황토색	주황색	적갈색	베이지색	귤색
좋은 장소	팬시용품점	체육관	국수전문점	삼겹살식당	생과일전문점	만화방
좋은 성씨	ㅅ, ㅈ, ㅊ	ㅅ, ㅈ, ㅊ	ㅁ, ㅂ, ㅍ	ㄱ, ㅋ	ㅇ, ㅎ	ㅇ, ㅎ
좋은 숫자	1, 12	3, 4	2, 5	1, 7	1, 7	2, 5
좋은 날짜	5, 8, 15, 18, 24, 28일	5, 7, 14, 17, 23, 28일	6, 9, 15, 19, 21, 29일	6, 8, 13, 21, 24, 28일	3, 7, 12, 22, 23, 27일	4, 9, 15, 20, 24, 28일
안 좋은 날짜	4, 26, 29일	6, 9, 22일	3, 18, 20일	1, 10, 27일	9, 15, 20일	3, 22, 29일
재물·금전 지수	88	84	95	97	94	74
변화·변동 지수	84	88	95	91	93	79
건강·행복 지수	83	85	92	95	92	73

241 有功他處之意

유 공 타 처 지 의

연운

居家不安 出他心閑
거가불안 출타심한 집에 있으면 편치 못하고 밖으로 나가면 마음이 한가롭다.

空然之事 一次相爭
공연지사 일차상쟁 쓸데없이 사소한 일로 서로 한번 다툰다.

有始無終 行如浮雲
유시무종 행여부운 시작은 있고 끝이 없으니 하는 일이 뜬구름 같다.

財數平吉 心亂奈何
재수평길 심란내하 재물운은 평탄하나 마음이 심란하니 어찌할까.

入則困苦 出則有吉
입즉곤고 출즉유길 들어오면 힘들고 나가면 길하다.

東北兩方 必有吉事
동북양방 필유길사 동북 양쪽에 반드시 기쁜 일이 있다.

鷹逐群雉 莫知所指
응축군치 막지소지 매가 뭇 꿩을 쫓으니 가리키는 바를 알지 못한다.

寂寂春林 孤鶯獨啼
적적춘림 고앵독제 고요한 봄 숲에서 외로운 꾀꼬리가 홀로 운다.

露下天高 秋扇無用
노하천고 추선무용 이슬이 내리고 하늘이 높으니 가을에는 부채가 소용 없다.

성인의 연운 활용

금전·명예	욕심만 부리지 않으면 현상 유지는 가능하다.
사업·창업	현재의 장소와 현재의 위치를 지키는 것이 좋다.
주식·투자	상승세가 다가올 운이므로 상황을 잘 살펴 투자한다.
시험·취직	능력을 펼 때가 왔으니 자신있게 밀고 나가면 큰 시험을 빼고 모두 가능하다. 직장인은 승진 기회가 온다.
당선·소원	약간의 편법을 쓰면 당선 가능하다. 평소에 바라던 소원이 이제야 이루어진다.
이사·매매	지나친 욕심이 아니라면 변화와 변동을 가져도 순조롭다.
건강·사고	가족 모두 건강하지만 한번 진단할 필요는 있다.
애정·결혼	정성을 다해 성실하게 구애한다면 상대가 감동하여 허락한다. 부부 금실은 다시 좋아진다.
소송·다툼	소송은 완벽하게 이기려고 하지 말고 적당한 선에서 타협하는 것이 좋다.

신세대의 연운 활용

연애·사랑	되도록 많은 시간을 연인과 함께 지내도록 노력하라. 오랫동안 미뤄온 결혼이 성사되고 부부는 주위의 부러움을 살 정도로 화목하다. 혼자인 사람도 새로운 연인을 만난다.
시험·취직	일반직은 가능하나 상위직은 어렵다. 직장인은 전직이나 보직 변경이 있고, 승진은 다음이 유리하다.
건강·사고	건강은 별 탈 없을 것이다.
금전·행운	방심하지 말고 수입이 여유로울 때 미리 저축한다.
소원·성취	씨를 뿌리고 가꾼 공이 있으면 소원이 이루어진다.

운명을 바꾸는 연운 활용

좋은 방향	남동쪽
좋은 색상	카키색
좋은 장소	삼겹살식당
좋은 성씨	ㅁ, ㅂ, ㅍ
좋은 숫자	5, 7

숫자로 보는 연운 활용

	좋은 달	보통 달	나쁜 달
금전·투자	4, 5월	2, 8월	3, 6월
변화·변동	4, 12월	1, 2, 8월	10, 11월
연애·사랑	5, 12월	1월	7, 10월
건강·소송	5, 12월	2월	3, 7월

241

월운

❶ 집에 있으면 마음이 어지럽고 나가면 길하다.
서쪽과 북쪽으로 나가는 것이 마땅치 않다.
동쪽이 길하니 그 쪽으로 가면 이익을 얻는다.

❷ 운수가 고르지 않으니 괴롭고 근심이 많다.
시비를 가까이하지 마라. 구설이 따른다.
집에 근심이 있으니 멀리 나가면 길하다.

❸ 깊은 산에서 길을 잃으니 동서를 분별하지 못한다.
마음에 정한 곳이 없으니 일이 허황하다.
미리 안정하고 편안하게 있으면 이 운수를 면한다.

❹ 귀성貴星이 집을 비추니 귀인이 도와준다.
남쪽과 북쪽이 길하다. 다른 사람과 함께 일하라.
작은 것을 쌓아 큰 것을 이루니 재물이 가득하다.

❺ 재물이 사방에 있으니 이르는 곳마다 길하다.
기쁜 빛이 얼굴에 가득하니 모든 일을 이룬다.
이익은 어떤 물건에 있는가, 쌀과 나무가 유익하다.

❻ 장사로 재물을 얻어서 커다란 창고를 짓는다.
달이 구름 속으로 들어가니 한때 괴로움이 있다.
만약 재물을 잃지 않으면 슬하에 나쁜 일이 있다.

❼ 운이 좋지 않으니 내환內患을 어찌 면할까.
재물이 집에 들어오나 반은 잃으니 어찌할까.
먼저는 길하고 뒤에 흉하니 선산에 흠이 있기 때문이다.

❽ 먹구름이 가득하니 곧 큰비가 올 것이다.
두 사람의 마음이 같으니 나날이 큰 재물을 얻는다.
얻어도 모으기 어려우니 운인 것을 어찌할까.

❾ 천리에서 서신이 오니 기쁘게 친구를 만난다.
시비를 가까이하지 마라. 구설을 면하기 어렵다.
동서 양쪽에서 일을 구하나 이루지 못한다.

❿ 비록 일을 꾀하지만 뜻대로 되지 않으니 어찌할까.
다른 사람의 재물을 탐하지 마라. 도리어 해를 입는다.
허욕을 부리지 마라. 이익이 별로 없다.

⓫ 금성金星이 해로우니 동쪽에 가지 마라.
재물이 집에 들어오나 도리어 해가 된다.
험한 산길이라 가고 싶어도 가지 못한다.

⓬ 재물운이 돌아오니 모든 일이 길하다.
관청을 멀리하라. 반드시 길하다.
귀인이 와서 도와주니 반드시 재물을 얻는다.

운명을 바꾸는 **월운** 활용

	1월	2월	3월	4월	5월	6월
좋은 방향	동쪽	남서쪽	북동쪽	남쪽	북쪽	남동쪽
좋은 색상	고동색	연보라색	상아색	검은색	빨간색	하얀색
좋은 장소	기념관	동굴	채식전문점	산	은행	해장국식당
좋은 성씨	ㄴ, ㄷ, ㅌ, ㄹ	ㅅ, ㅈ, ㅊ	ㅁ, ㅂ, ㅍ	ㄱ, ㅋ	ㅇ, ㅎ	ㄱ, ㅋ
좋은 숫자	3, 4	1, 12	3, 8	5, 8	3, 6	2, 11
좋은 날짜	7, 8, 16, 22, 23, 27일	9, 10, 15, 21, 23, 26일	6, 10, 18, 20, 24, 26일	4, 11, 16, 21, 23, 26일	4, 7, 12, 22, 25, 28일	4, 11, 18, 22, 26, 28일
안 좋은 날짜	2, 17, 21일	5, 20, 29일	8, 17, 23일	6, 18, 22일	6, 11, 20일	3, 9, 10일
재물·금전 지수	84	83	72	94	99	74
변화·변동 지수	82	84	75	93	90	78
건강·행복 지수	80	83	74	92	95	72

	7월	8월	9월	10월	11월	12월
좋은 방향	동쪽	서쪽	북쪽	남쪽	남쪽	남서쪽
좋은 색상	다홍색	노란색	자주색	분홍색	주황색	적갈색
좋은 장소	영화감상실	뷔페식당	매운탕음식점	빈대떡음식점	카페	토스트가게
좋은 성씨	ㅅ, ㅈ, ㅊ	ㅁ, ㅂ, ㅍ	ㄱ, ㅋ	ㅇ, ㅎ	ㄴ, ㄷ, ㅌ, ㄹ	ㅁ, ㅂ, ㅍ
좋은 숫자	3, 4	3, 12	3, 7	2, 8	1, 10	4, 5
좋은 날짜	9, 13, 15, 21, 26, 28일	6, 8, 13, 23, 24, 29일	8, 11, 12, 20, 23, 29일	7, 17, 19, 20, 26, 29일	6, 14, 18, 19, 23, 29일	5, 9, 16, 18, 23, 28일
안 좋은 날짜	11, 16, 20일	1, 17, 22일	6, 18, 21일	9, 11, 23일	1, 11, 20일	4, 13, 25일
재물·금전 지수	74	85	73	74	78	92
변화·변동 지수	75	85	77	75	73	93
건강·행복 지수	75	84	76	75	75	99

無咎有吉之意
무 구 유 길 지 의

연운

古人塚上 今人葬之
고 인 총 상 금 인 장 지   옛 사람의 무덤 위에 이제 사람을 장사지낸다.

兩人各心 必有分離
양 인 각 심 필 유 분 리   두 사람의 마음이 각각이니 반드시 헤어짐이 있다.

若非親憂 家庭不安
약 비 친 우 가 정 불 안   만일 가까운 사람이 아프지 않으면 가정이 불안하다.

若而妄動 損財口舌
약 이 망 동 손 재 구 설   함부로 움직이지 마라. 재물을 잃고 구설이 따른다.

初困後泰 終見吉利
초 곤 후 태 종 견 길 리   처음에는 어려우나 나중에는 형통하니 마침내 좋은 일이 있다.

事有順成 身上無憂
사 유 순 성 신 상 무 우   일이 쉽게 이루어지니 신상에 근심이 없다.

東隣有友 不如西隣
동 린 유 우 불 여 서 린   동쪽 이웃에 벗이 있지만 서쪽 이웃만 못하다.

雖有過咎 改之爲貴
수 유 과 구 개 지 위 귀   비록 허물은 있지만 고치면 오히려 귀하게 된다.

喜笑且語 不能掩口
의 소 차 어 불 능 엄 구   웃으면서 말하니 입을 가리지 못한다.

성인의 연운 활용

금전·명예	다른 사람의 말만 믿고 금전거래를 하면 손재수가 있으니 신중하게 판단한다.
사업·창업	헛된 욕심을 부리다가는 큰 손해가 따른다.
주식·투자	주식투자는 신중해야 한다.
시험·취직	시험운이 나빠 능력을 제대로 발휘하지 못한다. 직장인은 회사 내에서 구설수를 조심한다.
당선·소원	한 가지 소원은 이룬다. 반면에 언짢은 일도 생긴다.
이사·매매	타인의 시선 때문에 겉모습에 치중하여 엉뚱한 곳으로 이사할 수 있다. 자신의 처지를 깨달아야 한다.
건강·사고	대부분의 사람은 별 문제 없지만 운세가 급격히 하락한 사람은 생명까지 위태로울 수 있다.
애정·결혼	서로의 이상이 달라 갈등이 생길 수 있으니 냉각기를 가져보는 것도 좋다. 젊은 남녀는 삼각관계로 시비가 생길지 모른다. 약혼한 사람은 서둘러 결혼한다.
소송·다툼	소송은 관재수까지 있으니 타협하는 것이 유리하다.

신세대의 연운 활용

연애·사랑	연인과 충돌하기 쉽다. 결혼은 다음으로 미루어야 하고, 부부는 관계 악화를 조심해야 한다.
시험·취직	노력의 대가를 얻을 수 없으니 섣불리 도전하지 말고 철저하게 준비하여 다음에 응시한다. 취업은 주변 사람의 협조가 있어야 가능하다. 직장인은 상황이 매우 어렵다.
건강·사고	아주 가까운 사람의 건강에 문제가 생기기 쉬우니 가족의 건강에 주의한다.
금전·행운	세월이 흘러가면서 재물이 서서히 줄어드니 타인과 다투거나 시비에 끼어들지 않는다.
소원·성취	부탁해도 상대는 당신을 도와줄 여유가 없다.

운명을 바꾸는 연운 활용

좋은 방향	서쪽
좋은 색상	빨간색
좋은 장소	편의점
좋은 성씨	ㅅ, ㅈ, ㅊ
좋은 숫자	9, 10

숫자로 보는 연운 활용

	좋은 달	보통 달	나쁜 달
금전·투자	7, 8월	3, 5월	9월
변화·변동	4, 7월	1, 3월	10, 11월
연애·사랑	2, 7월	1, 12월	6, 9월
건강·소송	4, 8월	5, 12월	9, 11월

242

월운

운수가 불길하여 부모에게 우환이 있다.
비록 일을 구하나 맞지 않으니 이를 어찌할까.
동쪽에서 귀인이 우연히 와서 그대를 도와준다.

이익은 어느 곳에 있는가, 서쪽이 길하다.
근심은 있으나 재수는 대길하다.
봄바람 부는 이월에 복숭아꽃이 활짝 핀다.

마음에 바라는 것이 없으니 밤꿈이 어지럽다.
흉이 변하여 길하게 되니 큰 이익이 들어온다.
재성財星이 찾아오니 재물이 스스로 들어온다.

재물이 많으니 마음이 편안하다.
서쪽이 길하니 반드시 재물을 얻는다.
밤꿈이 불길하니 매사가 헛되다.

기지基地가 발동하니 이사하면 길하다.
만약 새 집에 살면 흉이 길로 변한다.
함부로 일을 꾀하지 마라. 장사를 하면 실패한다.

만약 시비가 아니면 간혹 구설이 있다.
낯선 사람을 가까이하면 실패하게 된다.
움직이지 않으면 대길하고 움직이면 해롭다.

나무에서 물고기를 구하니 그림의 떡이다.
밖에 나가 돌아다니니 사방이 내 집이다.
이익은 어느 곳에 있는가, 남쪽이 대길하다.

마음 속 소망은 즉시 구하면 얻는다.
재물복이 따르니 나중에 재물을 얻는다.
동서 양쪽에서 뜻밖에 재물을 얻는다.

재물을 얻지만 그 중에 반은 잃는다.
주작朱雀이 문으로 들어오니 구설이 많다.
재수가 불길하니 밖에서 재물을 탐하지 마라.

낚시를 푸른 강에 드리니 반드시 큰 고기를 얻는다.
물귀신이 이름을 그르치니 물과 불을 조심한다.
혹 관액官厄이 있을 수 있으니 미리 기도한다.

작은 일도 되지 않으니 이루어지는 것이 없다.
동짓달과 섣달에는 매사를 이루지 못한다.
이로써 말하면 다른 데 가면 불리하다.

신상이 위태로우니 함부로 행동하지 마라.
사소한 일로 구설이 생긴다.
미리 액을 막으면 흉함이 길하게 바뀐다.

운명을 바꾸는 월운 활용

	1월	2월	3월	4월	5월	6월
좋은 방향	동쪽	서쪽	동쪽	서쪽	남쪽	북동쪽
좋은 색상	고동색	연두색	보라색	주황색	파란색	연보라색
좋은 장소	청국장식당	카페	등산로	기차역	피자집	강
좋은 성씨	ㅅ, ㅈ, ㅊ	ㅇ, ㅎ	ㅁ, ㅂ, ㅍ	ㅁ, ㅂ, ㅍ	ㄱ, ㅋ	ㅅ, ㅈ, ㅊ
좋은 숫자	2, 12	2, 3	1, 3	1, 5	1, 9	7, 11
좋은 날짜	4, 10, 12, 22, 23, 28일	3, 8, 13, 21, 24, 27일	4, 9, 13, 21, 24, 29일	5, 8, 12, 21, 24, 29일	8, 12, 14, 19, 23, 29일	6, 9, 12, 14, 24, 27일
안 좋은 날짜	9, 17, 25일	6, 17, 25일	3, 11, 22일	4, 7, 10일	4, 11, 28일	6, 18, 20일
재물·금전 지수	82	94	84	98	84	78
변화·변동 지수	85	95	83	92	83	75
건강·행복 지수	85	93	85	93	82	75

	7월	8월	9월	10월	11월	12월
좋은 방향	남쪽	서쪽	동쪽	남서쪽	북동쪽	북쪽
좋은 색상	군청색	회색	베이지색	자주색	카키색	옥색
좋은 장소	바닷가	제과점	운동장	공공도서관	파전음식점	오리음식점
좋은 성씨	ㅇ, ㅎ	ㄱ, ㅋ	ㅅ, ㅈ, ㅊ	ㄴ, ㄷ, ㅌ, ㄹ	ㅇ, ㅎ	ㄱ, ㅋ
좋은 숫자	8, 9	1, 4	9, 10	7, 12	1, 7	8, 11
좋은 날짜	5, 10, 15, 17, 23, 28일	4, 13, 16, 21, 22, 28일	2, 11, 14, 16, 23, 28일	3, 12, 14, 20, 21, 27일	3, 12, 16, 18, 22, 27일	4, 15, 17, 23, 25, 29일
안 좋은 날짜	7, 16, 24일	5, 11, 25일	3, 18, 22일	4, 11, 25일	4, 23, 29일	1, 14, 22일
재물·금전 지수	94	94	74	73	74	84
변화·변동 지수	93	92	76	78	75	82
건강·행복 지수	92	90	75	77	72	85

243 若不謹愼有禍之意
약불근신유화지의

연운

傳相告引 罪及念外
전상고인 죄급염외 　서로 고발하다가 죄가 생각보다 무거워진다.

財數論之 得而反失
재수론지 득이반실 　재물운을 말하자면 얻는 듯하나 도로 잃는다.

財運不吉 所得多耗
재운불길 소득다모 　재물운이 불길하니 적게 얻고 많이 나간다.

勿貪分外 安靜則吉
물탐분외 안정즉길 　분수를 알고 탐내지 마라. 편안하게 있는 게 좋다.

口舌有數 莫爲人爭
구설유수 막위인쟁 　구설수가 있으니 남과 다투지 마라.

今年之數 水火愼之
금년지수 수화신지 　금년 운수는 물과 불을 조심한다.

月隱西窓 怪夢頻頻
월은서창 괴몽빈빈 　달이 서창으로 넘어가는데 괴이한 꿈을 자주 꾼다.

化體歸本 晩脫其殼
화체귀본 만탈기각 　몸이 비로소 근본으로 돌아오니 늦게야 그 껍질을 벗는다.

財多泄氣 勿營他事
재다설기 물영타사 　재물이 많이 빠져 나가니 새로운 일에 손대지 마라.

성인의 연운 활용

금전·명예	가까운 사람과 다투다가 사업과 금전운이 침체되기 쉽다.
사업·창업	성급하게 일을 벌이면 일이 매우 어렵게 된다.
주식·투자	주식투자는 아예 시작하지 않는 것이 좋다.
시험·취직	요행은 있을 수 없고, 도리어 노력한 만큼의 결과도 얻기 힘들다. 직장인은 실직을 조심해야 한다.
당선·소원	당선은 노력해도 안 되니 다음 기회에 최선을 다하라. 작은 일도 착실하게 밀고 나가야 소원이 이루어진다.
이사·매매	이사와 매매는 잠시 어려움이 닥쳐 근심걱정이 있다.
건강·사고	과로할 수 있으니 휴식이 필요하다. 또한 질병과 부상의 염려도 있으니 주의한다.
애정·결혼	삼각관계가 되기 쉽고 자주 다툰다. 새 애인이 생길 수 있으며, 약혼이 취소되거나 이혼의 징조도 있다.
소송·다툼	소송은 어려움이 닥칠 수 있으니 언행을 조심한다.

신세대의 연운 활용

연애·사랑	짝사랑이나 서먹한 관계는 이루어지지 못한다. 새로 애인을 만나기도 어려우니 다음 기회를 기다려라. 약혼자는 결혼이 가능하다.
시험·취직	고시 같은 큰 시험은 불가능하고 공사직이나 공무원 등은 노력하면 합격한다. 직장인은 승진한다.
건강·사고	종합검진을 해볼 시기다. 속병이나 심장병에 시달리게 되고 심하면 위험하다.
금전·행운	재물운이 도와주지 않으니 어렵다.
소원·성취	이루기 어려우니 바라지도 않고 기다리지도 않는다.

운명을 바꾸는 연운 활용

좋은 방향	서쪽
좋은 색상	빨간색
좋은 장소	바닷가
좋은 성씨	ㅇ, ㅎ
좋은 숫자	5, 8

숫자로 보는 연운 활용

	좋은 달	보통 달	나쁜 달
금전·투자	6, 8월	3, 10월	1, 2월
변화·변동	8, 12월	10월	9, 11월
연애·사랑	8, 12월	10월	4, 5월
건강·소송	6, 12월	3월	7, 9월

243

월운

❶ 月
마음에 슬픔과 근심이 있으니 송사가 끊이지 않는다.
마음은 정직하나 모호한 것이 매우 많다.
친한 친구를 가까이하지 마라. 밖은 실하지만 안은 허황하다.

❷ 月
말이 길을 잃으니 나아가기 어렵다.
일을 꾀하나 이루지 못하니 재물을 적지 않게 잃는다.
친구가 무정하니 사람 때문에 해를 당한다.

❸ 月
분수를 지키고 집에 있으면 과실이 별로 없다.
마음에 근심은 없으나 재수는 불리하다.
가족들이 서로 화합하지 못하니 마음이 안정되지 못한다.

❹ 月
마음과 행실을 바로하고 악을 멀리하면 과실이 거의 없다.
여자를 가까이하지 마라. 구설이 따르고 재물을 잃는다.
손을 잡고 누각에 오르나 친구가 무정하다.

❺ 月
재물은 얻지만 구설과 시비가 있다.
심신이 불안하니 시비를 가까이하지 마라.
수성水姓을 가까이하지 마라. 모든 일을 이루지 못한다.

❻ 月
배고픈 사람이 풍년을 만났으니 생활이 절로 족하다.
이름을 사방에 떨치니 많은 사람들이 우러러본다.
어느 물건에 이익이 있는가, 논과 밭에 많다.

❼ 月
일어서도 불안하고 자리에 앉아도 불안하니 마음이 편치 않다.
남북은 길하나 동서는 해롭다.
경영하는 일이 될 것 같으면서도 잘 되지 않는다.

❽ 月
작은 것으로 큰 것을 얻으니 모든 시내가 바다로 흘러든다.
비록 재물은 얻었으나 구설을 어찌할까.
물과 불에 놀랄 수 있으니 이 둘을 조심한다.

❾ 月
몸이 길 가운데 있으니 한번은 멀리 나간다.
화성火姓이 해로우니 그와는 친하게 지내지 마라.
마음에 근심이 있으니 누가 능히 알까.

❿ 月
형산백옥荊山白玉이 그 빛을 감추었다.
만약 상을 당하지 않으면 질병이 생길까 두렵다.
길흉이 서로 반반이니 고생 끝에 낙이 온다.

⓫ 月
물귀신이 몸에 붙으니 깊은 내를 건너지 마라.
만약 그렇지 않으면 집에서 한번 놀랄 일이 있다.
만약 송사가 없으면 구설을 면하기 어렵다.

⓬ 月
뜰에 봄이 오니 온갖 꽃이 활짝 피었다.
행운이 집안에 들어오니 살림이 절로 왕성해진다.
이李가 김金가 두 성과는 같이 일하지 마라.

운명을 바꾸는 **월운** 활용

	1월	2월	3월	4월	5월	6월
좋은 방향	남쪽	남동쪽	동쪽	북동쪽	남서쪽	북서쪽
좋은 색상	밤색	초록색	남청색	적갈색	하늘색	파란색
좋은 장소	시장	목욕탕	유원지	박물관	조개구이식당	직장
좋은 성씨	ㄱ, ㅋ	ㅇ, ㅎ	ㅅ, ㅈ, ㅊ	ㅇ, ㅎ	ㄱ, ㅋ	ㅁ, ㅂ, ㅍ
좋은 숫자	5, 9	5, 7	5, 11	5, 10	3, 12	4, 8
좋은 날짜	7, 11, 18, 22, 23, 29일	8, 14, 16, 23, 24, 29일	9, 13, 15, 21, 23, 28일	5, 11, 16, 21, 24, 27일	4, 15, 18, 21, 25, 27일	2, 8, 15, 18, 21, 27일
안 좋은 날짜	9, 17, 25일	5, 11, 20일	2, 11, 25일	4, 13, 20일	3, 17, 20일	4, 11, 20일
재물·금전 지수	71	75	84	78	74	95
변화·변동 지수	78	74	83	77	78	93
건강·행복 지수	77	76	82	74	77	91

	7월	8월	9월	10월	11월	12월
좋은 방향	서쪽	북쪽	남쪽	동쪽	북동쪽	남동쪽
좋은 색상	귤색	파란색	연보라색	검은색	분홍색	하얀색
좋은 장소	갈비음식점	모래사장	보쌈음식점	쌈밥식당	스카이라운지	PC방
좋은 성씨	ㄴ, ㄷ, ㅌ, ㄹ	ㅅ, ㅈ, ㅊ	ㅁ, ㅂ, ㅍ	ㅁ, ㅂ, ㅍ	ㄴ, ㄷ, ㅌ, ㄹ	ㄴ, ㄷ, ㅌ, ㄹ
좋은 숫자	3, 10	7, 9	6, 11	4, 9	6, 7	4, 11
좋은 날짜	7, 9, 12, 16, 25, 27일	5, 8, 13, 17, 22, 27일	8, 11, 12, 13, 25, 28일	6, 13, 15, 17, 25, 28일	5, 11, 12, 17, 25, 28일	4, 8, 16, 18, 22, 29일
안 좋은 날짜	8, 15, 24일	3, 6, 10일	10, 15, 21일	5, 16, 22일	2, 13, 21일	5, 9, 11일
재물·금전 지수	73	95	74	84	74	92
변화·변동 지수	75	91	78	83	75	93
건강·행복 지수	74	94	76	82	75	95

251 先吉後凶之意

연운

蓬萊求仙 反似虛妄
봉래구선 반사허망 봉래산에서 신선을 찾으니 도리어 허망하다.

若偶人助 橫財之數
약우인조 횡재지수 만일 도움을 받으면 횡재할 운수다.

無端虛慾 必有失財
무단허욕 필유실재 무단한 허욕은 반드시 실패가 있다.

莫信人言 損財口舌
막신인언 손재구설 남의 말을 믿지 마라. 재물을 잃고 구설이 따른다.

虛妄之事 勿爲行之
허망지사 물위행지 허황된 일은 하지 마라.

若而妄動 後悔莫及
약이망동 후회막급 만약 함부로 행동하면 후회하게 된다.

兄征燕北 弟伐遼西
형정연북 제벌요서 형은 연나라 북쪽을 치고 아우는 요나라 서쪽을 친다.

貴人何在 東南兩方
귀인하재 동남양방 귀인은 어디에 있는가, 동쪽과 남쪽에 있다.

事多蒼茫 速成速敗
사다창망 속성속패 일에 아득함이 많으니 속히 이루고 속히 패한다.

성인의 연운 활용

금전 · 명예	능력만으로는 현재의 운을 극복하기 힘들다. 주변의 도움을 받으면 반드시 많은 이익과 재물을 얻는다.
사업 · 창업	새로운 사업을 시작하겠다고 나서다가는 어려운 상황에 처하기 쉽다.
주식 · 투자	욕심이 화를 부른다. 허황된 경마나 주식보다는 자신의 일을 꾸준히 하는 것이 침체된 운을 바꿀 수 있다.
시험 · 취직	경쟁은 치열한데 노력이 부족하니 시험에 실패한다. 직장인은 내침을 당하지 않게 조심한다.
당선 · 소원	당선은 매우 어려우니 좀더 실력을 쌓아라. 소원은 이루어지지 않으니 차라리 바라지 않는 것이 낫다.
이사 · 매매	분수에 맞지 않게 확장해서 이사하면 재물 손실이 매우 크다. 변동은 자제하는 것이 좋다.
건강 · 사고	뼈나 관절의 질병을 조심한다. 병이 없어도 원기가 부족하다.
애정 · 결혼	연인이 있는 사람에게는 색난이나 새로운 유혹이 있을 가능성이 크고, 혼자인 사람은 향락에 빠지기 쉽다. 옛 애인을 다시 만나 행복했던 결혼생활에 큰 어려움이 닥치니 유혹을 피해야 한다.
소송 · 다툼	시비나 다툼으로 소송이 생길까 두렵다.

신세대의 연운 활용

연애 · 사랑	만나는 사람마다 마음에 들지 않으니 새로운 인연을 찾기 어렵다. 사랑이 이루어지기 힘드니 다음을 기약하라. 좋은 연인과 배우자를 놓친 아쉬움에 누구를 만나도 즐겁지 않다.
시험 · 취직	큰 시험에는 합격하기 어려우나 일반직이나 하위직은 가능하다. 직장인은 뒤늦게 변화의 운이 있다.
건강 · 사고	계획 없이 허송세월하다가는 반드시 건강에 이상이 생길 것이다.
금전 · 행운	요행수를 바라다가는 오히려 재물 손실이 커지니 조심해야 한다.
소원 · 성취	소원 성취는 기대하지 마라.

운명을 바꾸는 연운 활용

좋은 방향	남쪽
좋은 색상	초록색
좋은 장소	영화관
좋은 성씨	ㅅ, ㅈ, ㅊ
좋은 숫자	1, 11

숫자로 보는 연운 활용

	좋은 달	보통 달	나쁜 달
금전 · 투자	5, 8월	3, 9월	2, 7월
변화 · 변동	4, 5월	9, 11월	7, 12월
연애 · 사랑	5, 8월	3, 10월	2, 6월
건강 · 소송	4, 5월	10, 11월	1, 2월

251

월운

① 일에 실패가 있으니 일을 구해도 이루지 못한다.
살피는 것이 밝지 못하니 심력만 허비한다.
모든 일에 해가 있으니 집에 있는 것만 못하다.

② 바다 속에서 구슬을 구하니 좋은 옥을 보지 못한다.
일이 여의치 않으니 먼저는 웃고 뒤에 찌푸린다.
친한 사람을 믿지 마라. 재물을 많이 잃는다.

③ 밖에 나가지 마라. 처음에는 울고 나중에 웃는다.
집에 작은 근심이 있으니 심신이 불편하다.
뜻하지 않은 일로 소송에 시달리게 된다.

④ 대인은 길하고 소인은 해가 있다.
곳곳에 재물이 있으니 수성水姓이 와서 도와준다.
재물이 따라오니 좋은 기회를 잃지 마라.

⑤ 집에 있으면 길하고 다른 데 나가면 해롭다.
이사하고 직업을 바꾸면 흉이 길로 변한다.
박朴씨가 길하니 뜻밖에 와서 도와준다.

⑥ 작은 것을 버리고 큰 것을 취하니 도리어 그것이 해롭다.
두 사람의 마음이 각각이니 동서로 헤어지게 된다.
다른 사람과 일을 꾀하면 도리어 그 해를 당한다.

⑦ 비록 재물은 생기지만 얻어도 반은 잃는다.
송사가 부적절하니 재물을 많이 잃는다.
가까운 것을 버리고 먼 것을 바라니 반드시 실패한다.

⑧ 돌을 쪼아 금을 보니 반드시 재물을 얻는다.
타인의 재물이 우연히 집에 들어온다.
이름이 나고 몸이 왕성하니 한가한 곳에서 재물을 구한다.

⑨ 초목이 가을을 만나니 마음에 번민이 많다.
만약 이사를 하지 않으면 멀리 떠나는 것이 길하다.
운수가 불리하니 반드시 상복을 입는다.

⑩ 두 사람의 마음이 같으니 일을 구하면 이룬다.
금성金姓을 가까이하지 마라. 도리어 재물에 손해가 있다.
화성火姓과 친하게 지내면 논과 밭에서 이익을 얻는다.

⑪ 재수가 불길하니 다른 일을 꾀하지 마라.
남의 말을 믿지 마라. 반드시 낭패를 당한다.
모든 일에 막힘이 있으니 집에 있는 것이 가장 좋다.

⑫ 비록 재물은 얻지만 모으기 어렵다.
남쪽의 그 사람이 우연히 와서 구해준다.
집에 있으면 길하고 밖에 나가면 해롭다.

운명을 바꾸는 **월운** 활용

	1월	2월	3월	4월	5월	6월
좋은 방향	서쪽	서쪽	남쪽	남서쪽	동쪽	북동쪽
좋은 색상	청록색	자주색	회색	상아색	연두색	적갈색
좋은 장소	서점	산장	놀이터	편의점	묵요리집	한식당
좋은 성씨	ㄴ, ㄷ, ㅌ, ㄹ	ㅅ, ㅈ, ㅊ	ㄱ, ㅋ	ㅇ, ㅎ	ㄱ, ㅋ	ㅅ, ㅈ, ㅊ
좋은 숫자	6, 10	7, 10	8, 10	5, 8	6, 9	2, 10
좋은 날짜	3, 7, 13, 19, 23, 29일	2, 7, 15, 20, 22, 29일	4, 11, 12, 15, 21, 28일	6, 12, 13, 15, 23, 27일	5, 9, 12, 15, 22, 28일	8, 14, 16, 19, 25, 28일
안 좋은 날짜	6, 15, 21일	3, 21, 28일	5, 14, 29일	7, 11, 22일	6, 11, 23일	7, 18, 21일
재물·금전 지수	78	74	84	95	94	79
변화·변동 지수	77	75	82	93	90	77
건강·행복 지수	73	74	80	92	93	75

	7월	8월	9월	10월	11월	12월
좋은 방향	북쪽	서쪽	남쪽	남동쪽	북서쪽	남쪽
좋은 색상	베이지색	노란색	보라색	연보라색	고동색	귤색
좋은 장소	순두부식당	독서실	축구장	다리	와인전문점	아이스크림가게
좋은 성씨	ㅇ, ㅎ	ㅇ, ㅎ	ㅁ, ㅂ, ㅍ	ㄴ, ㄷ, ㅌ, ㄹ	ㄴ, ㄷ, ㅌ, ㄹ	ㅁ, ㅂ, ㅍ
좋은 숫자	4, 5	4, 6	3, 8	2, 7	1, 10	1, 11
좋은 날짜	9, 15, 17, 20, 22, 29일	1, 9, 12, 21, 22, 28일	2, 8, 11, 18, 21, 27일	3, 9, 15, 18, 22, 27일	5, 8, 13, 22, 23, 27일	7, 9, 12, 21, 24, 27일
안 좋은 날짜	1, 5, 9일	2, 10, 23일	5, 9, 23일	2, 14, 20일	7, 12, 21일	3, 11, 20일
재물·금전 지수	76	92	84	83	81	74
변화·변동 지수	74	97	85	89	84	73
건강·행복 지수	73	95	85	87	86	78

252 靜則吉之意

연운

靡室靡家 窮居無聊
미실미가 궁거무료　방도 아니고 집도 아니니 거처하기가 궁색하다.

生涯淡泊 虛送歲月
생애담박 허송세월　생애가 담박하니 허송세월만 한다.

口舌有數 莫與人爭
구설유수 막여인쟁　구설수가 있으니 남과 다투지 마라.

吉中有凶 身數奈何
길중유흉 신수내하　길한 가운데 흉한 일이 있으니 이 신수를 어찌할까.

家憂不離 心亂事滯
가우불리 심난사체　집에 우환이 떠나지 않으니 마음이 어지럽고 하는 일이 막힌다.

初雖事逆 終見亨通
초수사역 종견형통　처음에는 비록 일이 거슬려도 마침내는 형통한다.

結繩之政 太古之風
결승지정 태고지풍　새끼로 옭아매는 정치는 먼 옛적에나 행하던 풍속이다.

一室兩姓 不合意義
일실양성 불합의의　한 방안에 두 성씨가 있어 뜻이 맞지 않는다.

兩虎相爭 利在獵夫
양호상쟁 이재엽부　두 호랑이가 싸우니 엉뚱한 사냥꾼에게 이익이 돌아간다.

성인의 연운 활용

금전 · 명예	친한 사람을 가까이하다 재산 손실이 생기니 분별하여 사귀어야 한다.
사업 · 창업	뜻밖에 어려워지니 과욕을 버리고 운세에 순응하며 미래를 준비하는 것이 현명하다.
주식 · 투자	지금 주식투자를 하면 많은 재물을 잃을 것이니 적절한 시기를 기다려야 한다.
시험 · 취직	시험운이 불리하니 한 단계 낮추어 응시한다. 구직자는 취직하지만 직장인은 자리가 위태롭다.
당선 · 소원	당선운이 없으니 출마는 자제한다. 욕심이 지나쳐 이루어지려던 소원도 이루어지지 않으니 욕심을 버린다.
이사 · 매매	이사는 불가능하다. 변화가 있은 후에는 안절부절못하고 일이 손에 잡히지 않는다.
건강 · 사고	잦은 감기는 있지만 중병은 아니다.
애정 · 결혼	짝사랑은 이루지 못한다. 새로 애인을 만나기도 어렵다. 삼각관계가 되기 쉽고 다툼이 잦아진다. 애인이 있는데 새로운 사람을 만날 수 있으며 약혼 취소나 이혼의 징조도 있다. 배려가 필요한 시기다.
소송 · 다툼	사소한 일이 소송으로 확대될 수 있으니 시비가 생기더라도 피하고 참아야 한다.

신세대의 연운 활용

연애 · 사랑	처음에는 서로의 단점이 보이지 않지만 서로를 알아갈수록 다툼이 잦아진다. 부부간의 다툼이 잦은 운이다.
시험 · 취직	최선을 다해도 실력을 발휘하기 어려우니 한 단계 낮추어 응시한다. 직장인은 내근직으로 옮긴다.
건강 · 사고	병중인 환자는 차도가 있다. 그러나 사건 사고를 특히 조심해야 한다.
금전 · 행운	큰돈은 벌기 어려우니 횡재를 기대하지 마라. 경영하는 일은 현상유지에 힘쓴다.
소원 · 성취	소원 성취를 바라기보다는 현재 처한 문제부터 급히 해결해야 한다.

운명을 바꾸는 연운 활용

좋은 방향	동쪽
좋은 색상	파란색
좋은 장소	도서관
좋은 성씨	ㅇ, ㅎ
좋은 숫자	4, 6

숫자로 보는 연운 활용

	좋은 달	보통 달	나쁜 달
금전 · 투자	9, 11월	7, 10월	1, 4월
변화 · 변동	2, 9월	6, 10월	3, 5월
연애 · 사랑	11, 12월	6, 7월	5, 8월
건강 · 소송	9, 11월	6, 7월	3, 8월

252

월운

① 月
집에 재산이 없으니 생활이 곤란하다.
해가 서쪽 창으로 지니 원통한 마음이 물러간다.
가신家神이 발동하니 재물을 구하면 불리하다.

② 月
한가로이 높은 정자에 누워 즐겁게 논다.
곳곳에 재물이 있으니 사람마다 우러러본다.
두 사람이 마음을 같이하니 재물이 저절로 들어온다.

③ 月
위아래가 화합하지 못하니 구설이 끊이지 않는다.
길한 것이 도리어 흉하게 되니 이것을 또 어찌할까.
만약 부모에게 우환이 있지 않으면 질병이 생길까 두렵다.

④ 月
외관을 갖추고 외출하니 많이 바쁘다.
분수를 지키면 길하고 재물을 구하면 얻지 못한다.
구설이 많으니 살피지 못한 까닭이다.

⑤ 月
쥐가 쌀 곳간을 잃었으니 재물길이 끊어진다.
몸이 타향에 있으니 분주한 형상이다.
열심히 노력해도 공이 없으니 이 운수를 어찌할까.

⑥ 月
서로 다투지 마라. 구설을 면하기 어렵다.
일은 많이 꾀하나 맞지 않으니 이를 어찌할까.
정성을 다해 터에 제사지내면 이 운수를 거의 면한다.

⑦ 月
관귀官鬼가 발동하니 관액官厄을 면하기 어렵다.
만일 돕는 사람이 있으면 혼인의 경사가 있다.
만약 쟁론이 아니면 송사로 시달린다.

⑧ 月
하는 일마다 반드시 낭패를 본다.
길함이 변하여 흉이 되니 심력만 허비한다.
동쪽에 가지 마라. 재물을 잃는다.

⑨ 月
문서에 길함이 있으니 반드시 재물을 얻는다.
타향의 여관에서 기쁘게 친구를 만난다.
분수 밖의 것을 탐하지 마라. 반드시 허망하다.

⑩ 月
시월의 운수는 작은 재물은 얻을 수 있다.
관재官災와 구설이 간혹 있다.
이 달의 운수는 처음에는 길하고 나중에는 흉하다.

⑪ 月
주린 자가 밥을 얻으니 금과 옥이 집에 가득하다.
재성財星이 문을 비추니 횡재하여 풍요롭다.
꽃이 핀 숲 속 높은 누각에서 귀인을 만난다.

⑫ 月
덕을 쌓은 집에는 반드시 많은 경사가 있다.
몸과 마음을 닦고 집안을 다스리니 복록福祿이 서로 따른다.
박朴가 김金가는 불리하고 목성木姓이 도와준다.

운명을 바꾸는 **월운** 활용

	1월	2월	3월	4월	5월	6월
좋은 방향	동쪽	북동쪽	남서쪽	남쪽	남동쪽	북쪽
좋은 색상	하늘색	은색	자주색	검은색	파란색	적갈색
좋은 장소	생선구이식당	닭발음식점	레스토랑	만두전문점	생맥주집	분식점
좋은 성씨	ㅅ, ㅈ, ㅊ	ㅅ, ㅈ, ㅊ	ㄱ, ㅋ	ㅁ, ㅂ, ㅍ	ㄱ, ㅋ	ㄱ, ㅋ
좋은 숫자	3, 6	2, 9	1, 9	3, 4	2, 11	8, 11
좋은 날짜	8, 9, 13, 21, 22, 27일	6, 8, 12, 20, 23, 27일	5, 7, 11, 23, 24, 28일	4, 9, 13, 15, 23, 28일	8, 14, 16, 18, 25, 27일	5, 15, 17, 21, 25, 26일
안 좋은 날짜	6, 10, 11일	13, 21, 29일	4, 9, 20일	3, 8, 21일	9, 12, 17일	16, 28, 29일
재물·금전 지수	74	92	73	73	78	82
변화·변동 지수	75	90	78	77	77	84
건강·행복 지수	75	91	77	76	79	85

	7월	8월	9월	10월	11월	12월
좋은 방향	서쪽	서쪽	남서쪽	북서쪽	남쪽	동쪽
좋은 색상	주황색	밤색	빨간색	베이지색	다홍색	카키색
좋은 장소	레스토랑	포장마차	미술관	시냇가	공연장	산책로
좋은 성씨	ㅇ, ㅎ	ㅁ, ㅂ, ㅍ	ㅇ, ㅎ	ㄴ, ㄷ, ㅌ, ㄹ	ㄴ, ㄷ, ㅌ, ㄹ	ㄴ, ㄷ, ㅌ, ㄹ
좋은 숫자	9, 10	2, 8	1, 6	8, 12	1, 5	2, 4
좋은 날짜	9, 16, 17, 20, 22, 26일	5, 9, 13, 14, 25, 26일	6, 11, 14, 19, 21, 27일	5, 10, 12, 15, 21, 27일	4, 10, 13, 17, 22, 27일	2, 9, 14, 16, 23, 26일
안 좋은 날짜	2, 11, 13일	1, 22, 24일	4, 13, 20일	2, 11, 20일	9, 15, 25일	3, 11, 20일
재물·금전 지수	83	74	94	81	91	97
변화·변동 지수	87	75	92	82	95	94
건강·행복 지수	86	76	98	85	93	95

253 卦象雖吉之意
괘 상 수 길 지 의

연운

花爛春城 萬化方暢
화 란 춘 성 만 화 방 창 꽃이 봄을 만나 만발하니 만 가지가 평화롭다.

身數太平 到處宥吉
신 수 태 평 도 처 유 길 신수가 태평하니 이르는 곳마다 길하다.

吉星照臨 恩人助我
길 성 조 림 은 인 조 아 길성이 비추니 은인이 와서 도와준다.

莫近女色 疾病可畏
막 근 여 색 질 병 가 외 여색을 가까이하지 마라. 질병을 얻을까 두렵다.

家人和合 官祿隨身
가 인 화 합 관 록 수 신 가족들끼리 화합하니 관록이 따른다.

若非如化 身數不利
약 비 여 화 신 수 불 리 만일 이와 같은 일이 없으면 신수가 불리하다.

口吐雄辯 六國縱橫
구 토 웅 변 육 국 종 횡 입으로 웅변을 토하며 여섯 나라를 종횡한다.

小人道消 君子道長
소 인 도 소 군 자 도 장 소인의 도는 사라지고 군자의 도는 자란다.

人口不寧 生計簫條
인 구 불 녕 생 계 소 조 식구가 편하지 못함은 살아갈 계책이 마땅치 않기 때문이다.

성인의 연운 활용

금전·명예	가는 곳마다 재물이 따르니 사업도 순조롭고 금전의 여유도 많다.
사업·창업	매우 좋다. 마음 놓고 경영하라. 새롭게 시작하는 일이 운을 활짝 열어줄 것이다.
주식·투자	주식투자는 가까운 사람의 조언을 듣는 것이 유리하다.
시험·취직	변화의 욕구가 왕성한 새출발의 시기다. 직장인 또한 변화의 기운이 왕성하고 학생은 합격한다.
당선·소원	선거에 출마하면 당선된다. 소원은 바라는 것 이상을 성취한다.
이사·매매	이사는 새롭게 확장하는 기쁨이 있고, 매매는 거래로 많은 이익을 남긴다.
건강·사고	건강은 근심걱정이 전혀 없다.
애정·결혼	오랜 연인과 행복한 결혼을 하며, 혼자인 사람은 좋은 짝을 만난다. 노총각과 노처녀도 결혼한다.
소송·다툼	소송은 별 문제 없이 해결된다.

신세대의 연운 활용

연애·사랑	오랜 짝사랑이 이루어지며 여행에서 친구 소개로 애인을 만난다. 혼기의 남녀는 반드시 결혼에 이른다.
시험·취직	생각했던 결과를 얻을 수 있다. 취직도 가능하고 직장인은 승진을 기대해도 좋다.
건강·사고	건강해져서 세상에 근심할 것이 전혀 없다.
금전·행운	귀인의 도움이 왕성하니 재물이 여유 있게 들어온다.
소원·성취	하늘이 돕고 사람이 도우니 근심할 일이 없다. 몸과 마음 모두 상쾌하다.

운명을 바꾸는 연운 활용

좋은 방향	동쪽
좋은 색상	녹색
좋은 장소	아이스크림가게
좋은 성씨	ㅁ, ㅂ, ㅍ
좋은 숫자	7, 9

숫자로 보는 연운 활용

	좋은 달	보통 달	나쁜 달
금전·투자	2, 6, 8월	1, 5월	7, 10월
변화·변동	6, 9월	5, 11월	10월
연애·사랑	4, 8월	5, 11월	10, 12월
건강·소송	8, 9월	1, 11월	7, 12월

253

월운

① 月
비로소 대운을 만나니 만사가 이루어진다.
남북 양쪽에 반드시 묘한 계교가 있다.
만약 관록官祿이 아니면 아들을 얻을 운수다.

② 月
미인을 마주 대하니 반드시 기쁜 일이 있다.
동쪽과 남쪽 양쪽에서 재물이 왕성하다.
이익은 어떤 사람에게 있는가, 반드시 금성金姓에 있다.

③ 月
화목한 기운이 들어오니 만물이 되살아난다.
용이 밝은 구슬을 얻었으니 조화가 끝이 없다.
삼월 봄바람에 만물이 뜻을 얻는다.

④ 月
초록 강가에서 은인이 도와준다.
밖에 나가는 것은 불리하고 집에 있으면 길하다.
용이 천문天門을 얻었으니 반드시 영귀함이 있다.

⑤ 月
운수가 대통하며 집안이 평화롭다.
재물운을 말하자면 이익이 정鄭가와 김金가에게 있다.
만약 주색을 가까이하면 질병이 몸에 침범한다.

⑥ 月
먼저 장원급제하니 사람들이 모두 우러러본다.
뜻밖에 영귀하게 되니 반드시 귀인이 찾아온다.
남북 양쪽에서 반드시 큰 재물을 얻는다.

⑦ 月
재물운이 왕성하니 반드시 재물을 얻는다.
과욕을 부리지 마라. 길함이 변하여 흉하게 된다.
만약 부모의 우환이 아니면 슬하에 놀랄 일이 있다.

⑧ 月
큰 집에서 노니 의기양양하다.
집안이 화평하니 어찌 아름답지 않은가.
서북 양쪽으로 멀리 떠나면 길하다.

⑨ 月
달 밝은 밤 높은 누각에서 술을 마시고 스스로 즐긴다.
집에 경사가 있으니 아들을 얻을 경사다.
서남 양쪽에서 천금이 저절로 들어온다.

⑩ 月
어둔 밤에 등불을 잃으니 동서를 분간하지 못한다.
재물도 잃고 뜻도 잃으니 도둑을 조심한다.
이익은 어떤 성에 있는가, 반드시 화성火姓에 있다.

⑪ 月
운수가 형통하니 의기양양하다.
만약에 운수가 없으면 도리어 허황하다.
뜻밖에 귀인이 와서 반드시 도와준다.

⑫ 月
가족들이 서로 화합하니 이익이 그 가운데 있다.
이익은 어느 성에 있는가, 반드시 정鄭씨다.
비록 재물을 얻었으나 적게 얻고 많이 쓴다.

운명을 바꾸는 월운 활용

	1월	2월	3월	4월	5월	6월
좋은 방향	북쪽	남쪽	북동쪽	서쪽	남서쪽	북쪽
좋은 색상	분홍색	회색	연보라색	주황색	옥색	빨간색
좋은 장소	우동전문점	순대음식점	노래방	도서관	생맥주집	쇼핑몰
좋은 성씨	ㅇ, ㅎ	ㅁ, ㅂ, ㅍ	ㅅ, ㅈ, ㅊ	ㅇ, ㅎ	ㄴ, ㄷ, ㅌ, ㄹ	ㄱ, ㅋ
좋은 숫자	1, 8	2, 5	7, 9	7, 10	1, 2	6, 10
좋은 날짜	5, 11, 14, 17, 22, 28일	3, 8, 15, 17, 22, 28일	1, 10, 14, 15, 23, 28일	5, 13, 14, 21, 25, 28일	2, 7, 17, 21, 22, 28일	4, 8, 16, 21, 23, 29일
안 좋은 날짜	1, 13, 29일	4, 16, 24일	9, 15, 22일	6, 11, 22일	6, 18, 20일	5, 13, 28일
재물·금전 지수	85	92	97	94	82	97
변화·변동 지수	84	93	75	92	83	95
건강·행복 지수	83	95	84	98	84	94

	7월	8월	9월	10월	11월	12월
좋은 방향	남동쪽	서쪽	남서쪽	동쪽	남서쪽	북쪽
좋은 색상	귤색	남청색	하늘색	자주색	하얀색	연두색
좋은 장소	시내	공원	민속촌	전시회장	갈비탕식당	기념관
좋은 성씨	ㄴ, ㄷ, ㅌ, ㄹ	ㄱ, ㅋ	ㅁ, ㅂ, ㅍ	ㄴ, ㄷ, ㅌ, ㄹ	ㄱ, ㅋ	ㅅ, ㅈ, ㅊ
좋은 숫자	7, 11	7, 12	9, 11	1, 3	4, 7	3, 9
좋은 날짜	7, 9, 17, 21, 22, 29일	5, 10, 13, 22, 23, 29일	8, 15, 17, 19, 25, 29일	5, 14, 16, 20, 24, 29일	6, 16, 17, 21, 23, 28일	2, 15, 18, 22, 23, 28일
안 좋은 날짜	6, 16, 27일	6, 11, 28일	2, 13, 20일	6, 13, 22일	8, 19, 29일	3, 16, 20일
재물·금전 지수	75	94	91	73	87	74
변화·변동 지수	71	96	90	76	86	75
건강·행복 지수	72	92	98	77	85	77

261 憂散喜生之意
우산희생지의

연운

千里他鄉 喜逢故人
천리타향 희봉고인   천리 타향에서 옛 친구를 만나니 기쁘다.

莫恨困苦 終得安樂
막한곤고 종득안락   힘든 것을 한탄하지 마라. 마침내는 안락해진다.

身上有勞 運數奈何
신상유로 운수내하   신상이 수고로우니 이 운수를 어찌할까.

心多煩悶 財數大吉
심다번민 재수대길   마음에 번민은 많으나 재수는 대길하다.

貴人相逢 必得功名
귀인상봉 필득공명   귀인을 만나니 반드시 벼슬과 명성을 얻는다.

三秋之節 必生貴子
삼추지절 필생귀자   가을 석 달 중에 반드시 귀한 자녀를 얻는다.

飛花滿席 可思酒情
비화만석 가사주정   꽃잎이 날려 자리에 가득하니 술 생각이 절로 난다.

高高天邊 日輪初紅
고고천변 일륜초홍   높고 높은 하늘가에 태양이 붉게 솟아오른다.

莫近土姓 終見損害
막근토성 종견손해   토성을 가까이하지 마라. 마침내는 손해를 본다.

성인의 연운 활용

금전 · 명예	서서히 운이 들어오기 시작한다. 생각보다 더 큰 실속이 있어 많은 사람들이 부러워한다.
사업 · 창업	사업운이 매우 좋으니 재물이 산처럼 쌓인다. 일을 도모하면 반드시 성과가 있다.
주식 · 투자	주식투자는 무리하지 않으면 큰 이익이 있다.
시험 · 취직	시험은 한 단계 낮추어 응시하면 합격 가능하다. 직장인도 승진이나 진급이 이루어진다.
당선 · 소원	최선을 다해야 당선 가능하고 항상 여유롭게 행동해야 한다. 소원은 이루기까지 시간이 걸린다.
이사 · 매매	무리하지만 않는다면 이사해도 좋다. 원하는 사람에게 원하는 만큼 이익을 남기면서 매매가 이루어진다.
건강 · 사고	병원을 찾으면 병세가 호전된다.
애정 · 결혼	좋은 분위기에서 그리운 사람을 만나 즐거운 시간을 보낸다. 또한 오랜 연인과 결혼하는 기쁨이 있다.
소송 · 다툼	소송은 발생하지 않고 과거에 있었던 소송은 반드시 해결된다.

신세대의 연운 활용

연애 · 사랑	연인과 헤어진 사람과 짝이 없는 사람은 새로운 인연을 만난다. 연인과의 만남이 갈수록 즐거워진다.
시험 · 취직	고시생은 수석합격을 하고, 직장인은 승진이나 특채의 명예가 있다.
건강 · 사고	건강은 매우 좋다.
금전 · 행운	재물운이 매우 왕성하다. 생각대로 재물이 들어오고 계획대로 모두 성공하여 명예까지 얻는다.
소원 · 성취	귀인의 도움을 받으니 반드시 소원이 이루어진다.

운명을 바꾸는 연운 활용

좋은 방향	남쪽
좋은 색상	금색
좋은 장소	운동장
좋은 성씨	ㄱ, ㅋ
좋은 숫자	8, 11

숫자로 보는 연운 활용

	좋은 달	보통 달	나쁜 달
금전 · 투자	2, 9월	4, 7월	5월
변화 · 변동	1, 11월	3, 10월	6월
연애 · 사랑	8, 9월	4, 12월	6월
건강 · 소송	2, 11월	7, 12월	5월

261

월운

먼저 찌푸리고 뒤에 웃으니 운수가 차차 돌아온다.
식구도 늘고 토지도 늘어나니 기쁨이 가정에 가득하다.
몸이 분주하니 수고한 공이 있다.

타인이 구조해주니 반드시 횡재를 만난다.
봄풀이 비를 만난 격이니 수복壽福이 저절로 들어온다.
흉한 것이 길하게 바뀌니 집안 살림이 늘어난다.

신상이 불안하나 재수는 반드시 오래 간다.
수고하고 얻지 못하니 이 운수를 어찌할까.
옛 것을 지키고 안정하면 귀인이 와서 도와준다.

음양이 화합하니 반드시 경사가 있다.
만약 관록官祿이 아니면 아들을 얻을 운수다.
집을 나가지 마라. 질병이 침범한다.

관귀官鬼가 발동하니 헛된 꿈이 어지럽다.
두 사람이 마음을 합하면 어려운 일도 속히 이룬다.
집에 경사가 있으니 반드시 아들을 얻을 경사다.

동서에 길이 있으니 타향에서 분주히 지낸다.
다른 사람 말을 듣지 마라. 별로 이익이 없다.
마음이 심란하니 누구를 향하여 말할까.

동쪽에 화촉을 밝히고 홀로 앉아 거문고를 탄다.
힘든 뒤에 길하니 가을에 이익이 생긴다.
사방에서 두루 노니 먼저 길하고 뒤에는 흉하다.

꾀하는 일은 속히 하면 길하다.
만약 귀인을 만나면 큰 재물을 얻는다.
복숭아와 자두나무가 봄을 만나 꽃 피고 열매를 맺는다.

일을 꾀하여 쉽게 이루니 반드시 길하게 된다.
운수가 대길하니 모든 일을 이룬다.
몸과 재물이 왕성하니 득의양양하게 고향에 돌아온다.

남북으로 가면 먹을 것과 옷을 얻는다.
재물이 북쪽에 있으니 다른 사람과 함께 일을 꾀한다.
금성金姓은 해로우니 거래하지 마라.

모든 일이 형통하니 사람으로 인해 이루게 된다.
말라 죽어가는 나무에 봄이 돌아오니 그 형상이 다시 새롭다.
먼저 힘들고 나중에 왕성하니 재물이 남북에 있다.

이익이 먼 데 있으니 멀리 떠나면 이를 얻는다.
만약 귀인을 만나면 큰 재물이 손에 들어온다.
서북으로 가지 마라. 재물에 손해가 있다.

운명을 바꾸는 **월운** 활용

	1월	2월	3월	4월	5월	6월
좋은 방향	북동쪽	남쪽	남동쪽	동쪽	남서쪽	북서쪽
좋은 색상	청록색	초록색	보라색	적갈색	고동색	군청색
좋은 장소	곱창음식점	카페	목장	콩국수전문점	꽃집	순대국식당
좋은 성씨	ㅁ, ㅂ, ㅍ	ㄱ, ㅋ	ㅇ, ㅎ	ㄴ, ㄷ, ㅌ, ㄹ	ㄱ, ㅋ	ㅅ, ㅈ, ㅊ
좋은 숫자	3, 10	4, 6	3, 11	5, 11	2, 6	2, 4
좋은 날짜	3, 9, 12, 21, 22, 28일	5, 10, 13, 15, 23, 27일	8, 14, 20, 22, 25, 27일	4, 8, 13, 14, 21, 27일	7, 10, 14, 17, 23, 27일	5, 9, 14, 17, 22, 26일
안 좋은 날짜	2, 11, 20일	4, 9, 14일	2, 21, 28일	6, 11, 20일	6, 13, 20일	6, 21, 29일
재물·금전 지수	91	95	81	83	75	76
변화·변동 지수	92	94	84	84	78	77
건강·행복 지수	97	95	85	88	79	75

	7월	8월	9월	10월	11월	12월
좋은 방향	북쪽	서쪽	남서쪽	북쪽	남쪽	동쪽
좋은 색상	노란색	황토색	베이지색	파란색	연보라색	노란색
좋은 장소	주택가	생맥주집	호수	보리밥식당	족발음식점	목장
좋은 성씨	ㅇ, ㅎ	ㅁ, ㅂ, ㅍ	ㄴ, ㄷ, ㅌ, ㄹ	ㅅ, ㅈ, ㅊ	ㄴ, ㄷ, ㅌ, ㄹ	ㅁ, ㅂ, ㅍ
좋은 숫자	1, 5	3, 12	6, 11	4, 11	5, 7	5, 8
좋은 날짜	6, 9, 12, 13, 23, 26일	2, 9, 14, 18, 22, 26일	1, 9, 12, 15, 22, 27일	2, 9, 14, 17, 22, 27일	5, 8, 13, 20, 23, 27일	8, 9, 12, 20, 24, 27일
안 좋은 날짜	1, 16, 24일	4, 7, 16일	5, 11, 20일	5, 13, 19일	4, 9, 22일	10, 15, 22일
재물·금전 지수	84	96	94	84	94	84
변화·변동 지수	83	95	93	82	99	88
건강·행복 지수	88	92	90	83	95	86

262 多害注意之意
다 해 주 의 지 의

연운

三年不雨 年事可知
삼 년 불 우 연 사 가 지 　　삼년 동안 비가 내리지 않으니 한 해의 일을 가히 알 수 있다.

莫恨初苦 晚得吉運
막 한 초 고 만 득 길 운 　　처음의 고생을 한탄하지 마라. 늦게 길운을 만난다.

先困後泰 得時而動
선 곤 후 태 득 시 이 동 　　처음에는 곤궁해도 나중에는 좋아지니 때를 기다려 움직인다.

苦盡甘來 晚時成功
고 진 감 래 만 시 성 공 　　고생이 다 끝나면 단 것이 오는 법이니 늦게야 성공한다.

謀事如意 終見亨通
모 사 여 의 종 견 형 통 　　꾀하는 일이 뜻대로 되니 마침내는 형통하게 된다.

祈禱名山 一家和平
기 도 명 산 일 가 화 평 　　명산에 기도하면 가정이 평화롭다.

靑山霽月 何人舉手
청 산 재 월 하 인 거 수 　　푸른 산 밝은 달빛 아래 어느 누가 손을 드는가.

月落烏啼 三鰥痛恨
월 락 조 제 삼 환 통 한 　　달이 지고 까마귀가 울어대니 세 홀아비가 슬프게 탄식한다.

預先移居 庶免此厄
예 선 이 거 서 면 차 액 　　예방책으로 이사해 살면 이러한 액을 면한다.

성인의 연운 활용

금전 · 명예	분수 밖의 금전이 들어온다 해도 곧 사라진다는 사실을 명심한다.
사업 · 창업	노력 없이 일확천금을 꿈꾸다가는 뜻밖의 어려움을 겪는다.
주식 · 투자	주식투자로 재물 손실이 염려된다. 투자는 맞지 않으니 다음을 생각하라.
시험 · 취직	시험은 초조하고 불안하니 실력 발휘를 못한다. 직장인의 승진은 다음 기회를 기다리는 것이 유리하다.
당선 · 소원	당선은 다음이 지금보다 희망적이다. 소원은 꿈에 불과하지만 기적적으로 이루어지는 경우도 있다.
이사 · 매매	새 집을 장만하려다 자금난으로 오랜 기간 곤란해질 수 있으니 자제한다.
건강 · 사고	새로운 질병은 발생하지 않지만, 환자는 악화되기 쉬우니 치료를 게을리하지 않는다.
애정 · 결혼	연인끼리는 좋지만 주변의 시기와 질투로 구설수에 오르고 심한 경우 헤어질 수 있다. 부부는 대화가 필요한 시기다. 작은 일이라도 함께하라. 연인과 있기보다는 친구와 함께 지내는 시간이 많아진다.
소송 · 다툼	소송은 어렵게 해결된다.

신세대의 연운 활용

연애 · 사랑	새로운 사람과는 별 문제 없지만 오랜 연인과는 다툼이 심해질 수 있다. 결혼을 상대가 미루는 상황이다.
시험 · 취직	일반직이나 공사직은 합격 가능하지만 나머지는 불가능하다. 직장인은 승진이 불가능하고 취직도 어렵다.
건강 · 사고	급한 마음으로 서두르지 마라. 건강 악화가 예상된다.
금전 · 행운	노력하면 현상유지는 가능하지만 일확천금의 꿈은 헛된 것이다.
소원 · 성취	아무에게도 부탁하지 마라. 그 사람이 도리어 당신을 이용하려 할 것이다.

운명을 바꾸는 연운 활용

좋은 방향	남동쪽
좋은 색상	황토색
좋은 장소	빈대떡음식점
좋은 성씨	ㄴ, ㄷ, ㅌ, ㄹ
좋은 숫자	4, 9

숫자로 보는 연운 활용

	좋은 달	보통 달	나쁜 달
금전 · 투자	9월	1, 12월	4, 6월
변화 · 변동	8, 11월	12월	7, 10월
연애 · 사랑	8, 9월	3, 5월	4, 10월
건강 · 소송	9, 11월	3, 12월	2, 7월

262

월운

1월
힘들고 괴로우니 신상이 편하지 못하다.
분수 밖의 것을 탐하지 마라. 흉한 계교는 쓸 데가 없다.
고생 끝에 낙이 오니 마침내 성공한다.

2월
토성土姓이 해로우니 가까이하면 해롭다.
만약 관재官災가 아니면 구설과 신병이 있다.
슬하에 근심은 있으나 손해는 별로 없다.

3월
힘들고 액이 있으니 질병을 조심한다.
곤경에 처하니 거처가 불안하다.
매사가 순조로우니 재물을 조금 얻는다.

4월
비록 일을 꾀하나 재물에 이익이 별로 없다.
허욕을 부리지 마라. 흉계를 꾀하지 마라. 분수에 맞게 하라.
거꾸로 배를 타고 가는 격이니 하는 일이 맞지 않는다.

5월
어둔 밤에 촛불을 잃으니 앞길이 캄캄하다.
만약 여색을 가까이하면 괴이한 일을 당한다.
이익이 동쪽에 있으니 반드시 재물을 얻는다.

6월
앞길이 험하니 멀리 나가면 이롭지 못하다.
꾀하는 일은 내용을 발설하지 마라.
만일 구설이 아니면 관재官災와 횡액이 따른다.

7월
보고도 먹지 못하니 그림의 떡이다.
해와 달이 어두우니 신상에 곤란함이 있다.
마음에 번민이 있으니 어찌 편할 수 있을까.

8월
시비를 가까이하지 마라. 구설을 면하기 어렵다.
텅 빈 골짜기에 봄이 돌아오니 초목이 즐거워한다.
다른 사람의 재물이 우연히 집으로 들어온다.

9월
다른 일을 꾀하지 마라. 도리어 그 해를 당한다.
좋은 운수가 점점 돌아오니 모든 일이 길하다.
이로부터 뒤에는 차차 형통할 것이다.

10월
망녕되이 움직이지 마라. 횡액이 따른다.
옛 것을 지키고 안정하면 이 운수를 거의 면한다.
만약 서쪽에 가면 재물을 잃고 구설이 따를까 두렵다.

11월
동짓달의 운수는 별로 손익이 없다.
재물이 동쪽에 있으니 나가면 얻는다.
이익은 어느 성에 있는가, 권權가 박朴가가 길하다.

12월
반드시 형통할 것이니 이 때를 놓치지 마라.
명산에 가서 기도하면 집안이 화평하다.
횡액이 우려되니 멀리 떠나지 마라.

운명을 바꾸는 **월운** 활용

	1월	2월	3월	4월	5월	6월
좋은 방향	동쪽	북동쪽	남서쪽	북쪽	동쪽	남쪽
좋은 색상	주황색	분홍색	밤색	다홍색	검은색	회색
좋은 장소	항구	청국장식당	철판요리집	수영장	한식당	산
좋은 성씨	ㄴ, ㄷ, ㅌ, ㄹ	ㅅ, ㅈ, ㅊ	ㅁ, ㅂ, ㅍ	ㅇ, ㅎ	ㄱ, ㅋ	ㄱ, ㅋ
좋은 숫자	6, 7	2, 11	1, 9	2, 8	2, 9	1, 4
좋은 날짜	4, 8, 16, 21, 25, 28일	5, 9, 17, 21, 22, 28일	6, 8, 16, 23, 26, 28일	3, 9, 17, 23, 26, 28일	5, 7, 15, 22, 23, 27일	1, 8, 14, 20, 23, 27일
안 좋은 날짜	3, 12, 24일	4, 8, 10일	7, 21, 29일	4, 8, 11일	9, 20, 24일	2, 18, 22일
재물·금전 지수	78	76	72	74	74	78
변화·변동 지수	77	75	73	72	75	79
건강·행복 지수	74	74	74	75	77	75

	7월	8월	9월	10월	11월	12월
좋은 방향	북동쪽	서쪽	동쪽	서쪽	동쪽	남동쪽
좋은 색상	고동색	적갈색	베이지색	자주색	금색	녹색
좋은 장소	낙지음식점	주차장	등산로	둔치	샌드위치가게	퓨전음식점
좋은 성씨	ㄴ, ㄷ, ㅌ, ㄹ	ㅇ, ㅎ	ㅁ, ㅂ, ㅍ	ㄴ, ㄷ, ㅌ, ㄹ	ㅅ, ㅈ, ㅊ	ㅅ, ㅈ, ㅊ
좋은 숫자	1, 8	2, 12	4, 9	8, 9	6, 9	4, 8
좋은 날짜	5, 9, 15, 17, 21, 27일	2, 7, 14, 16, 22, 27일	3, 8, 13, 16, 23, 26일	5, 7, 14, 17, 24, 26일	7, 9, 15, 18, 25, 26일	4, 8, 13, 16, 22, 26일
안 좋은 날짜	6, 16, 20일	5, 13, 26일	1, 22, 28일	4, 9, 16일	6, 14, 20일	3, 11, 21일
재물·금전 지수	73	92	90	78	92	76
변화·변동 지수	75	94	95	77	93	75
건강·행복 지수	74	95	94	74	98	74

263 有困有凶禍之意

연운

유 곤 유 흉 화 지 의

淸風明月 獨坐叩盆
청 풍 명 월 독 좌 고 분   맑은 바람 밝은 달에 홀로 앉아 술잔을 두드린다.

每事不成 或有疾病
매 사 불 성 혹 유 질 병   매사를 이루지 못하고 혹 질병을 얻게 된다.

陰陽和合 萬物如生
음 양 화 합 만 물 여 생   음양이 화합하니 만물이 비로소 살아난다.

龍得碧海 心有喜事
용 득 벽 해 심 유 희 사   용이 푸른 바다에 나가니 반드시 기쁜 일이 있다.

先吉後困 移鄕孤單
선 길 후 곤 이 향 고 단   처음에는 좋고 나중에는 곤란해지니 고향을 떠나 외롭다.

若非如此 妻憂何免
약 비 여 차 처 우 하 면   만일 이와 같지 않으면 아내의 근심을 어찌 면할까.

種瓜得瓜 種豆得豆
종 과 득 과 종 두 득 두   오이를 심으면 오이를 얻고 콩을 심으면 콩을 얻는다.

前有高山 後有峻嶺
전 유 고 산 후 유 준 령   앞에는 높은 산이 있고 뒤에는 험한 고개가 있다.

旱天甘雨 侍霑新苗
한 천 감 우 시 점 신 묘   가문 하늘에 단비가 내려 때때로 새싹을 적셔준다.

성인의 연운 활용

금전·명예	잘못이 없더라도 누명을 써서 재물 손실이 크다.
사업·창업	추진하는 일을 이루기 어려우니 새로운 일의 시작은 다음 기회로 미룬다.
주식·투자	얻은 것마저 잃을 운세니 주식투자에는 손대지 않는 것이 좋다.
시험·취직	시험은 완벽하게 준비해야만 합격한다. 승진은 매우 어렵고 오히려 직장에서 구설수를 조심해야 한다.
당선·소원	낙선하더라도 경험으로 생각한다면 선거에 출마해도 좋다. 작은 소원 정도는 이루어진다.
이사·매매	집을 확장하려다가 금전의 어려움만 가중되니 절대로 변화를 꾀하지 않는다.
건강·사고	사주팔자가 나쁜 사람은 건강에 큰 이상이 생긴다.
애정·결혼	사소한 다툼이 심각한 사태로 발전할 수 있으니 반드시 인내하라. 부부는 대화가 필요한 시기다. 연인관계에 금이 가니 장기간 서먹한 관계가 지속된다.
소송·다툼	소송으로 이어지는 시비가 있다. 상해로 확대되지 않게 조심해야 한다.

신세대의 연운 활용

연애·사랑	이성문제로 관재와 구설수가 따를 수 있으니 조심한다. 짝사랑은 이루지 못하며 새로 애인을 만나기도 어렵다. 부부는 대화가 필요한 시기다.
시험·취직	시험은 한 단계 낮추어 응시해야 하고, 직장인은 외근직으로 내몰리니 언행을 조심하는 것이 좋다.
건강·사고	몸가짐을 조심해야 한다. 함부로 움직이면 크게 다친다.
금전·행운	남의 재물이 탐나지만 헛된 욕심은 버려야 한다. 욕심을 부리면 재물을 얻기 힘들다.
소원·성취	소원은 이루지 못한다.

운명을 바꾸는 연운 활용

좋은 방향	북동쪽
좋은 색상	초록색
좋은 장소	산
좋은 성씨	ㄴ, ㄷ, ㅌ, ㄹ
좋은 숫자	2, 8

숫자로 보는 연운 활용

	좋은 달	보통 달	나쁜 달
금전·투자	5, 11월	4, 12월	3, 9월
변화·변동	1, 11월	4, 12월	6, 10월
연애·사랑	1, 5월	2, 4월	7, 8월
건강·소송	1, 11월	12월	8, 9월

263

월운

하는 일이 없으니 수고해도 공이 없다.
만약 관청의 일이 없으면 집에 질병이 있다.
만약 귀인을 만나면 신상에 영화가 따를 것이다.

집에 경사가 있으니 반드시 아들을 얻는다.
재물이 북쪽에 있으니 구하면 얻을 수 있다.
남쪽으로 향하지 마라. 길함이 변하여 흉하게 된다.

서쪽과 남쪽이 해로우니 그 쪽으로는 가지 마라.
권權가 장張가 두 성은 가까이하면 해롭다.
만약 서로 싸우지 않으면 구설이 분분할 것이다.

관록官祿이 따르면 가히 상처喪妻를 면할 수 있다.
주작朱雀이 발동하니 간간이 구설이 따른다.
만약 경사가 아니면 반드시 상을 당하거나 실패한다.

남쪽으로 가지 마라. 길함이 변하여 흉하게 된다.
만약 귀인을 만나면 뜻밖에 횡재를 만난다.
혹 재물을 잃을 수 있으니 모든 일에 조심한다.

서쪽으로 가지 마라. 길함이 변하여 흉하게 된다.
일에 막힘이 많으니 일을 구하나 이루지 못한다.
뜻은 있으나 이루지 못하니 머리는 있고 꼬리는 없는 격이다.

매사에 조심하라. 혹 재물의 손해가 있을까 두렵다.
올해는 돈으로 인해 걱정하게 된다.
동북을 가까이하지 마라. 시비로 시달릴 운수다.

날고 싶지만 날지 못하니 이를 어찌할까.
꾀하는 일이 허망하니 이를 어찌할까.
운수가 불길하니 망령된 계교를 생각하지 마라.

얼굴에 수심이 가득하니 집에 있느니만 못하다.
송사를 벌이지 마라. 구설이 따르게 된다.
비록 재물은 얻지만 얻어도 모으기 어렵다.

작은 새가 수풀을 벗어나니 의지할 곳이 없다.
만약 횡액이 있지 않으면 재물을 잃을까 두렵다.
욕심내지 마라. 도리어 실패한다.

반드시 작은 재물이 있을 것이니 북쪽으로 가라.
옛 것을 버리고 새 것을 좇으니 기쁜 일이 앞에 있다.
늦게 좋은 말을 얻어서 하루에 천리를 달린다.

마음에 바라는 바가 없으니 기쁨과 슬픔이 서로 교차한다.
일이 뜻대로 되지 않으니 수고만 많다.
운수가 겨울에 열리지만 작지도 않고 크지도 않다.

운명을 바꾸는 월운 활용

	1월	2월	3월	4월	5월	6월
좋은 방향	북동쪽	북쪽	동쪽	북서쪽	북쪽	남쪽
좋은 색상	하늘색	연보라색	은색	파란색	귤색	하얀색
좋은 장소	삼겹살식당	장어음식점	바닷가	주택가	수목원	분식점
좋은 성씨	ㄱ, ㅋ	ㄱ, ㅋ	ㅁ, ㅂ, ㅍ	ㅇ, ㅎ	ㅅ, ㅈ, ㅊ	ㄱ, ㅋ
좋은 숫자	5, 9	3, 5	3, 4	1, 10	1, 2	2, 7
좋은 날짜	6, 7, 14, 16, 23, 27일	5, 8, 15, 19, 22, 27일	8, 14, 18, 24, 26, 28일	5, 15, 17, 24, 25, 28일	2, 6, 12, 22, 25, 28일	1, 4, 13, 21, 25, 28일
안 좋은 날짜	5, 17, 22일	4, 21, 25일	7, 13, 20일	1, 23, 29일	4, 18, 24일	3, 11, 20일
재물·금전 지수	92	84	75	84	92	74
변화·변동 지수	93	85	78	82	95	78
건강·행복 지수	97	83	78	88	94	77

	7월	8월	9월	10월	11월	12월
좋은 방향	서쪽	남서쪽	북동쪽	남쪽	북쪽	남동쪽
좋은 색상	보라색	베이지색	남청색	자주색	회색	연두색
좋은 장소	일식당	계곡	생맥주집	섬	극장	횟집
좋은 성씨	ㅁ, ㅂ, ㅍ	ㄴ, ㄷ, ㅌ, ㄹ	ㄴ, ㄷ, ㅌ, ㄹ	ㅅ, ㅈ, ㅊ	ㅇ, ㅎ	ㄴ, ㄷ, ㅌ, ㄹ
좋은 숫자	1, 3	4, 8	3, 7	2, 4	2, 8	9, 10
좋은 날짜	5, 13, 15, 20, 22, 28일	3, 9, 13, 17, 23, 28일	6, 8, 12, 15, 22, 28일	2, 12, 16, 23, 24, 27일	8, 14, 16, 23, 24, 27일	5, 10, 14, 21, 23, 27일
안 좋은 날짜	4, 11, 23일	7, 11, 26일	2, 14, 26일	1, 11, 28일	2, 19, 21일	9, 13, 25일
재물·금전 지수	76	72	73	74	98	84
변화·변동 지수	75	74	77	75	94	82
건강·행복 지수	71	75	75	74	95	85

初凶後吉之意
초 흉 후 길 지 의

忙忙歸客 臨津無船
망 망 귀 객 임 진 무 선 　갈 길 바쁜 사람이 강가에 이르렀는데 건너갈 배가 없다.

上下不和 臨江無船
상 하 불 화 임 강 무 선 　위아래가 화합하지 않으니 모든 일에 막힘이 있다.

若非損名 身有困辱
약 비 손 명 신 유 곤 욕 　만일 명예가 손상되지 않으면 남한테 곤욕을 당한다.

三冬之數 莫渡江水
삼 동 지 수 막 도 강 수 　겨울철에는 강물을 건너지 마라.

若然渡江 損財多端
약 연 도 강 손 재 다 단 　만약 강물을 건너면 많은 재물을 잃는다.

奔走東西 事不順成
분 주 동 서 사 불 순 성 　바쁘게 움직이지만 일을 쉽게 이루지 못한다.

盜飮仙酒 先醉其顔
도 음 선 주 선 취 기 안 　신선의 술을 훔쳐 먹으니 먼저 얼굴만 벌겋게 달아오른다.

獲罪于天 無處可禱
획 죄 우 천 무 처 가 도 　하늘에 죄를 지으니 빌 만한 곳이 없다.

待時而動 勿爲妄進
대 시 이 동 물 위 망 진 　때를 기다려 움직여라. 망녕되이 나가면 안 된다.

성인의 연운 활용

금전·명예	좋은 일 가운데 나쁜 일이 있으니 한번은 손해를 본다. 그러나 뒤늦게 결실을 보고 바라던 일을 이룬다.
사업·창업	이 일 저 일 벌이다가 힘과 돈 모두 소비하고 남는 것이 없다. 자신의 능력을 알고 추진할 때 이익이 크다.
주식·투자	주식투자는 이익도 없고 손해도 없는 현재 상황을 유지한다.
시험·취직	보통 시험은 가능하지만 무리하게 응시하면 반드시 떨어진다. 승진은 매우 어려우니 다음을 생각한다.
당선·소원	국회의원직에는 맞지 않으니 포기하는 것이 현명하다. 소원은 한 가지만 추진해야 이루어진다.
이사·매매	이사나 매매 같은 변화와 변동은 반드시 다음 기회로 미루는 것이 좋다.
건강·사고	대수롭지 않은 병인데 과로하다 보면 큰 탈이 생긴다.
애정·결혼	오랜 연인과 사소한 다툼으로 헤어지기 쉽다. 결혼한 사람도 과음이나 실수를 하지 않도록 주의한다.
소송·다툼	소송이 벌어지면 명예에 먹칠하는 구설수에 시달리게 된다.

신세대의 연운 활용

연애·사랑	가까운 사람이 애인을 가로채 실연 당할 가능성이 크다. 부부관계는 악화되어 위험한 상황이 된다.
시험·취직	경쟁자가 너무 많아 어렵지만 한 단계 낮추어 응시하면 합격 가능하다. 직장인은 승진운이 좋지 않지만 다른 부서로의 이동은 가능하다.
건강·사고	작은 병이라도 바로 치료하는 것이 좋다.
금전·행운	남의 것을 탐하지 마라. 검소하게 살지 않으면 구설수가 따르고 재물을 잃기 쉽다.
소원·성취	소원 성취를 바라지 마라. 이루기 어렵다.

운명을 바꾸는 연운 활용

좋은 방향	남쪽
좋은 색상	보라색
좋은 장소	찜질방
좋은 성씨	ㄱ, ㅋ
좋은 숫자	6, 9

숫자로 보는 연운 활용

	좋은 달	보통 달	나쁜 달
금전·투자	9, 12월	7, 10월	2, 11월
변화·변동	3, 12월	7, 8월	6월
연애·사랑	3, 9월	1, 7월	4, 6월
건강·소송	3, 12월	1, 10월	5, 11월

311

월운

1月 한스러워 스스로 탄식하니 누가 있어 능히 알아줄까.
다른 사람과 일을 꾀하면 반드시 손해가 있다.
만약 재물을 구하려면 북쪽이 매우 길하다.

2月 집에 있으면 길하나 움직이면 후회하게 된다.
만약 이사하지 않으면 슬하에 놀랄 일이 있다.
비가 음산하게 계속 내리니 어두워 밝은 달이 보이지 않는다.

3月 앞길이 형통하니 반드시 재물을 얻는다.
하는 일이 순조로우니 생활이 태평하다.
집에 경사가 있으니 슬하에 경사가 있을 것이다.

4月 타향에 가지 마라. 구설이 따를까 두렵다.
재물 없는 것을 탄식하지 마라. 궁하면 통한다.
사월과 오월에 액이 있으니 마땅히 삼가야 한다.

5月 물고기와 용이 물을 잃으니 처음부터 끝까지 불리하다.
운수가 불길하니 혹 가까운 사람과 헤어질 수 있다.
삵을 피하다 호랑이를 만나니 하는 일이 위험하다.

6月 관귀官鬼가 발동하니 하는 일마다 이루어지지 않는다.
두 사람 마음이 각각이니 시비와 구설이 있다.
만약 이사하지 않으면 슬하에 놀랄 일이 있다.

7月 이익은 어디에 있는가, 남북인 줄 알아야 한다.
가을 석 달의 운수는 분수를 지켜야 한다.
허망한 일을 하면 반드시 손해를 볼 것이다.

8月 허욕을 부리지 마라. 나중에는 불리하다.
집에 있으면 심란하니 남쪽으로 멀리 떠난다.
재수가 뒤늦게 돌아오니 이익이 논밭에 있다.

9月 만약 재물을 잃지 않으면 자손에게 근심이 생긴다.
만약 이 고비를 넘기면 사방에서 이익을 얻는다.
구월의 운수는 질병을 조심한다.

10月 깊은 산의 작은 토끼가 호랑이떼를 어찌 막을까.
다른 사람을 믿지 마라. 구설이 간혹 따른다.
북쪽은 길하나 남쪽은 해롭다.

11月 남쪽에 액이 있으니 횡액을 조심한다.
분수를 지키고 편히 있으면 간신히 이 화를 면한다.
재수가 없으니 구해도 얻지 못한다.

12月 작은 것으로 큰 것을 바꾸니 그 이익이 매우 크다.
재물이 사방에 있으니 큰 재물이 손에 들어온다.
동서 양쪽에서는 하는 일이 다 불리하다.

운명을 바꾸는 **월운** 활용

	1월	2월	3월	4월	5월	6월
좋은 방향	북쪽	동쪽	북서쪽	북동쪽	남쪽	남서쪽
좋은 색상	옥색	분홍색	파란색	청록색	밤색	적갈색
좋은 장소	산장	오리음식점	모래사장	순대국식당	해변	전시회장
좋은 성씨	ㄴ, ㄷ, ㅌ, ㄹ	ㅅ, ㅈ, ㅊ	ㄱ, ㅋ	ㄴ, ㄷ, ㅌ, ㄹ	ㄴ, ㄷ, ㅌ, ㄹ	ㅅ, ㅈ, ㅊ
좋은 숫자	5, 9	6, 8	2, 6	3, 5	3, 11	8, 12
좋은 날짜	9, 17, 19, 20, 24, 26일	5, 14, 16, 19, 20, 26일	4, 14, 15, 21, 22, 28일	5, 12, 16, 22, 23, 27일	6, 13, 15, 16, 20, 27일	2, 12, 14, 16, 24, 27일
안 좋은 날짜	10, 21, 25일	4, 6, 18일	5, 10, 24일	6, 18, 25일	5, 11, 19일	5, 11, 20일
재물·금전 지수	84	76	92	71	78	72
변화·변동 지수	85	75	98	78	77	74
건강·행복 지수	83	75	92	77	75	75

	7월	8월	9월	10월	11월	12월
좋은 방향	북쪽	남쪽	동쪽	북쪽	북동쪽	남쪽
좋은 색상	고동색	초록색	자주색	주황색	연보라색	노란색
좋은 장소	휴양림	보쌈음식점	직장	만화방	야외음식점	나이트클럽
좋은 성씨	ㅇ, ㅎ	ㅇ, ㅎ	ㅁ, ㅂ, ㅍ	ㄱ, ㅋ	ㄱ, ㅋ	ㅁ, ㅂ, ㅍ
좋은 숫자	2, 5	1, 6	6, 9	7, 9	5, 6	5, 8
좋은 날짜	3, 11, 13, 15, 22, 27일	2, 10, 12, 18, 20, 27일	5, 9, 17, 22, 23, 28일	2, 11, 15, 21, 22, 28일	1, 9, 13, 20, 21, 28일	5, 8, 12, 15, 23, 28일
안 좋은 날짜	7, 16, 25일	8, 11, 22일	7, 16, 25일	3, 14, 23일	5, 7, 10일	7, 9, 18일
재물·금전 지수	85	84	91	82	73	90
변화·변동 지수	85	84	92	81	74	95
건강·행복 지수	80	83	95	83	75	95

312 陰陽和合之意

음 양 화 합 지 의

연운

靑鳥傳信 鰥者得配
청 조 전 신 환 자 득 배   파랑새가 소식을 전하니 홀아비가 배필을 얻는다.

十年經營 一日之榮
십 년 경 영 일 일 지 영   십년을 경영함은 하루의 영화를 위해서다.

吉運已回 絶處逢生
길 운 기 회 절 처 봉 생   길한 운이 돌아왔으니 절박함 속에서 살아난다.

金姓來助 必有喜事
금 성 래 조 필 유 희 사   금성이 와서 도와주니 반드시 기쁜 일이 생긴다.

若有人助 婚姻之數
약 유 인 조 혼 인 지 수   만일 남의 도움이 있으면 혼인할 운수다.

今年之數 必有喜事
금 년 지 수 필 유 희 사   금년 운수는 반드시 기쁜 일이 있다.

魚躍龍門 攀龍附鳳
어 약 룡 문 반 룡 부 봉   물고기가 용문에 올라 용과 봉황을 받든다.

名振一世 立馬金門
명 진 일 세 입 마 금 문   이름을 세상에 떨치니 금문에 말을 세운다.

水中殘月 隨我千里
수 중 잔 월 수 아 천 리   물 속에 비친 달그림자가 천리를 따라온다.

성인의 연운 활용

금전·명예	재물운이 왕성하니 수입이 꾸준히 들어온다.
사업·창업	꾸준히 노력하면 들어오는 행운이 모두 내 것이 된다.
주식·투자	주식투자는 지금이 적기다. 투자해도 좋다.
시험·취직	시험은 그 동안 공부했던 것을 한번만 더 검토하면 합격한다. 직장인은 상사에게 신임받고 승진한다.
당선·소원	열심히 노력하여 당선된다. 다른 소원은 이루어지나 꼭 이루고 싶은 소원은 이루기 힘들다.
이사·매매	운이 왕성하니 이사와 매매로 이익이 생긴다.
건강·사고	컨디션이 좋고 원기도 매우 왕성하니 건강은 조금도 걱정할 것이 없다.
애정·결혼	갈수록 연인과의 만남이 즐거워진다. 혼자인 사람은 새로운 짝을 만나며, 부부는 금실이 좋아진다.
소송·다툼	소송이 일어나지 않고 큰 탈 없이 태평하다.

신세대의 연운 활용

연애·사랑	헤어진 연인과 다시 합치고, 이상형의 배필을 만난다. 다시없는 즐거움에 시간 가는 줄 모른다.
시험·취직	귀인의 도움으로 생각보다 더 좋은 성적이 나온다. 직장인은 승진이나 보직 변경 등의 기쁨이 있다.
건강·사고	건강도 매우 양호하다.
금전·행운	움직일 때마다 재물이 쌓이고 횡재운이 따른다.
소원·성취	정당하고 욕심 없는 소원이라면 이루어진다.

운명을 바꾸는 연운 활용

좋은 방향	북동쪽
좋은 색상	파란색
좋은 장소	연극공연장
좋은 성씨	ㅁ, ㅂ, ㅍ
좋은 숫자	4, 10

숫자로 보는 연운 활용

	좋은 달	보통 달	나쁜 달
금전·투자	5, 7, 10월	6월	3, 4월
변화·변동	7, 8월	12월	4, 8월
연애·사랑	2, 7월	6월	4, 8월
건강·소송	1, 2, 5월	12월	3, 8월

312

월운

 귀성貴星이 문을 비추니 귀인을 만나게 된다.
집에 경사가 있으니 미인과 술잔을 마주한다.
집안에 식구가 늘고 논밭을 얻는다.

 슬하에 경사가 있고 금과 옥이 가득하다.
이름을 사방에 떨치니 모든 사람이 우러러본다.
이월 복숭아와 자두나무가 때를 만나 꽃 핀다.

 혹 질병이 생길 수 있으니 미리 기도한다.
만약 질병이 있거든 박朴씨 의원에게 묻는다.
괘에 길성吉星이 있으니 죽을 곳에서 생명을 구한다.

 처음과 끝이 같으니 반드시 영귀함이 있다.
수성水姓을 가까이하지 마라. 일을 방해한다.
만약 횡재를 하지 않으면 질병이 있을 수 있다.

 행운이 돌아오니 복록福祿이 찾아온다.
길성吉星이 문을 비추니 태성胎星이 와서 비춘다.
먼저 큰 이익을 얻고 뒤에는 안정을 취한다.

 집에 경사가 있으니 반드시 아들을 얻는다.
마음을 바르게 하고 때를 기다리면 반드시 성공한다.
다른 사람과 다투지 마라. 반드시 손해가 있다.

 재성財星이 문에 들어오니 반드시 횡재한다.
재록財祿이 따르니 이름을 널리 떨친다.
웃음소리가 담장 밖을 넘어가니 가정에 기쁨이 가득하다.

 일마다 길하니 재물이 들어온다.
귀인이 서로 도우니 이익이 그 가운데 있다.
재물이 서쪽에 있으니 뜻밖에 얻게 된다.

 깊은 산에서 길을 잃으니 나아가기 힘들다.
사람들이 나를 꺼리니 소망을 이루지 못한다.
집에 길함이 있으니 귀인이 와서 도와준다.

 사창紗窓에 달빛이 밝으니 일이 반드시 이루어진다.
문서가 길하고 논밭에서 이익을 얻는다.
마음을 단단히 먹고 분수를 지키면 산옥山玉처럼 단단해진다.

 먼 곳으로 가지 마라. 이롭지 않다.
모든 일이 뜻대로 되니 큰 재물이 들어온다.
남아가 뜻을 얻으니 의기양양하다.

 만약 금성金姓이 도우면 반드시 기쁜 일이 있다.
마음을 급하게 먹지 마라. 길함이 변하여 흉하게 된다.
섣달의 운수는 경사가 많다.

운명을 바꾸는 **월운** 활용

	1월	2월	3월	4월	5월	6월
좋은 방향	북동쪽	동쪽	남쪽	남서쪽	북쪽	남동쪽
좋은 색상	초록색	하늘색	검은색	주황색	베이지색	다홍색
좋은 장소	해장국식당	영화관	독서실	레스토랑	김밥전문점	콩국수전문점
좋은 성씨	ㅇ, ㅎ	ㅁ, ㅂ, ㅍ	ㅅ, ㅈ, ㅊ	ㄱ, ㅋ	ㄴ, ㄷ, ㅌ, ㄹ	ㅇ, ㅎ
좋은 숫자	4, 7	3, 10	1, 12	2, 4	1, 8	9, 12
좋은 날짜	3, 9, 13, 16, 22, 28일	5, 9, 12, 14, 24, 28일	6, 9, 13, 16, 22, 28일	5, 9, 12, 18, 23, 29일	8, 12, 14, 18, 21, 27일	5, 8, 15, 21, 25, 27일
안 좋은 날짜	6, 11, 21일	8, 10, 20일	3, 21, 25일	4, 10, 22일	3, 11, 25일	4, 13, 20일
재물 · 금전 지수	92	92	78	74	94	82
변화 · 변동 지수	93	93	77	75	95	83
건강 · 행복 지수	94	95	79	76	97	85

	7월	8월	9월	10월	11월	12월
좋은 방향	북서쪽	서쪽	동쪽	북동쪽	서쪽	서쪽
좋은 색상	고동색	적갈색	노란색	빨간색	카키색	자주색
좋은 장소	산	정류장	갈비음식점	편의점	떡전문점	PC방
좋은 성씨	ㄱ, ㅋ	ㅁ, ㅂ, ㅍ	ㅅ, ㅈ, ㅊ	ㄱ, ㅋ	ㄴ, ㄷ, ㅌ, ㄹ	ㄴ, ㄷ, ㅌ, ㄹ
좋은 숫자	5, 12	6, 8	7, 8	2, 12	3, 9	4, 10
좋은 날짜	4, 9, 14, 22, 26, 27일	2, 8, 15, 22, 25, 28일	5, 9, 14, 21, 24, 28일	2, 8, 15, 20, 23, 28일	3, 9, 14, 16, 22, 28일	5, 8, 15, 20, 23, 27일
안 좋은 날짜	7, 15, 25일	1, 14, 16일	2, 10, 22일	4, 7, 10일	6, 20, 29일	4, 16, 21일
재물 · 금전 지수	92	94	94	94	80	85
변화 · 변동 지수	98	93	93	94	84	85
건강 · 행복 지수	90	92	92	93	83	82

313 有頭無尾之意
유 두 무 미 지 의

연운

事多慌忙 晝出魅魎
사 다 황 망 주 출 매 량   황망한 일이 많으니 마치 낮도깨비 같다.

風吹孤燈 火消不明
풍 취 고 등 화 소 불 명   외로운 등불에 바람이 부니 불이 꺼지고 어두워진다.

日月不明 東西不辨
일 명 불 명 동 서 불 변   해와 달이 어두우니 동서를 분별하지 못한다.

莫信親人 言甘事違
막 신 친 인 언 감 사 위   친한 사람을 믿지 마라. 말은 달콤해도 일은 어긋난다.

每事不成 他人期我
매 사 불 성 타 인 기 아   매사를 이루지 못하며 남이 나를 속이려 한다.

在家則吉 出行不利
재 가 즉 길 출 행 불 리   집에 있으면 길하나 나가면 불리하다.

行路不寧 莫渡江水
행 로 불 녕 막 도 강 수   가는 길이 힘드니 강물은 건너지 마라.

月盈則虧 器滿則溢
월 영 즉 휴 기 만 즉 일   달은 차면 이지러지고 그릇은 차면 넘친다.

百花深處 錦衣夜行
백 화 심 처 금 의 야 행   온갖 꽃이 깊은 곳에 피고 비단옷 입고 밤길을 걷지만 보는 이가 없다.

성인의 연운 활용

금전 · 명예	재물운이 왕성하니 날마다 재물을 얻는다. 다만 사람 사귀기에 주의해야 해로움이 없다.
사업 · 창업	생각한 것보다 축소하여 사업하는 것이 유리하다.
주식 · 투자	물에서 벗어난 물고기와 같으니 들어오는 것은 없고 나가는 것은 크다.
시험 · 취직	시험은 낮추어 응시해야 합격이 가능하고, 취직도 좋은 곳은 어렵다. 직장인은 승진 기회가 오지만 동료가 방해한다.
당선 · 소원	당선은 때가 아니니 다음을 기약한다. 허황된 소원이나 욕심에 가득 찬 소원은 절대로 이루지 못한다.
이사 · 매매	이사나 매매가 쉽게 성사되지 않으니 금전 손실이 크다.
건강 · 사고	예전부터 병을 앓던 사람은 위험하지만 그렇지 않은 사람은 건강하다.
애정 · 결혼	향락만을 위한 일시적인 만남은 망신만 당한다. 새로운 인연은 불가능하다. 부부는 불화를 조심해야 한다.
소송 · 다툼	다투고 싸우는 형상이니 소송이 벌어지지 않게 조심한다.

신세대의 연운 활용

연애 · 사랑	새로운 이성에게 한눈팔면 모두를 잃는다. 삼각관계가 되기 쉽고 다툼이 잦아진다. 약혼 취소나 이혼의 징조가 있으니 주의한다. 다른 사람을 찾겠다는 생각을 버려라. 지금의 연인보다 좋은 사람은 없다.
시험 · 취직	노력한 성과를 거두기 힘들다. 남보다 더 노력해야 공사직, 일반직이 가능하다. 직장인의 승진은 때가 아니다.
건강 · 사고	건강은 평탄하지만 나이가 많은 사람은 불리하다.
금전 · 행운	과도한 욕심만 버리면 현상유지는 가능하다.
소원 · 성취	현재의 상태를 지키기 위해 노력하라.

운명을 바꾸는 연운 활용

좋은 방향	남동쪽
좋은 색상	노란색
좋은 장소	놀이공원
좋은 성씨	ㅇ, ㅎ
좋은 숫자	7, 9

숫자로 보는 연운 활용

	좋은 달	보통 달	나쁜 달
금전 · 투자	5, 10월	3, 6월	4, 7월
변화 · 변동	5, 10월	3, 8월	7, 11월
연애 · 사랑	5, 10월	6, 8월	1, 2월
건강 · 소송	5, 10월	6, 8월	11, 12월

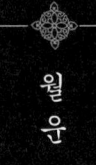

월운

❶월
움직이지 않으면 일이 없고 활동하면 이익이 많다.
만약 재물을 잃지 않으면 질병이 찾아온다.
기쁨과 근심이 서로 찾아오니 한 번은 기쁘고 한 번은 슬프다.

❷월
세상일이 뜬구름 같으니 처음은 길하고 나중에는 흉하다.
만약 구설이 없으면 도둑을 조심해야 한다.
풍파에 배를 띄우니 나아가지 못한다.

❸월
옛 집을 잘 지키면 마침내 복이 있다.
운수가 불길하니 질병을 조심한다.
명산에 기도하면 가히 이 운수를 면한다.

❹월
해가 구름 속으로 들어가니 뜬구름이 해를 가린다.
들어오고 나갈 때마다 해로움이 있으니 재물을 많이 잃는다.
사람 때문에 해로우니 금성金姓을 멀리한다.

❺월
신상에 길함이 있으니 반드시 형통할 것이다.
재물운이 왕성하니 집안 살림이 왕성하게 일어난다.
편안하게 집에 있으면 이로움이 있다.

❻월
작은 것으로 큰 것을 바꾸니 재물운이 가득하다.
다른 사람의 재물을 탐하지 마라. 도리어 손해를 본다.
시비를 가까이하지 마라. 구설이 생긴다.

❼월
산새가 날개를 다치니 날고 싶어도 날지 못한다.
일에도 순서가 있으니 급하게 하면 이루지 못한다.
혹 구설이 있고 여러 일을 이루지 못한다.

❽월
보름달이 뜨니 의심했던 일을 잘 판단해야 한다.
횡액을 피하려거든 미리 남쪽으로 가야 한다.
괴로움과 근심이 교차하고 기쁨과 근심이 서로 뒤섞인다.

❾월
달이 서쪽 하늘에 떨어지니 밤꿈이 흉하다.
도둑을 조심하라. 재물을 잃을까 염려된다.
뜻하지 않은 일로 손해가 많다.

❿월
문서가 해로우니 토성土姓을 가까이하지 마라.
뜻밖의 재물이 집으로 들어온다.
사방에 이로움이 있으니 반드시 큰 재물을 얻는다.

⓫월
강남쪽 물가에 작은 배를 띄우니 난파를 당한다.
먼 길을 나서지 마라. 반드시 해로움이 있다.
집에 불평이 있고 이유 없이 재물이 나간다.

⓬월
만약 질병이 없으면 부모에게 근심이 생긴다.
큰 것이 가고 작은 것이 오니 반드시 재물이 나간다.
일이 잘 이루어지지 않으니 세상일이 꿈만 같다.

운명을 바꾸는 **월운** 활용

	1월	2월	3월	4월	5월	6월
좋은 방향	남쪽	동쪽	남서쪽	북쪽	남동쪽	서쪽
좋은 색상	파란색	밤색	하얀색	분홍색	베이지색	고동색
좋은 장소	호수	순두부식당	냉면전문점	레스토랑	시장	칼국수전문점
좋은 성씨	ㄱ, ㅋ	ㅇ, ㅎ	ㄴ, ㄷ, ㅌ, ㄹ	ㄱ, ㅋ	ㄴ, ㄷ, ㅌ, ㄹ	ㅅ, ㅈ, ㅊ
좋은 숫자	3, 5	2, 6	1, 4	5, 10	6, 8	4, 12
좋은 날짜	6, 9, 16, 19, 20, 27일	9, 12, 15, 19, 21, 27일	5, 11, 15, 21, 23, 27일	8, 10, 15, 20, 24, 27일	2, 11, 12, 21, 25, 28일	3, 13, 16, 21, 22, 28일
안 좋은 날짜	4, 10, 28일	6, 10, 13일	9, 13, 22일	2, 5, 11일	4, 6, 20일	12, 15, 20일
재물·금전 지수	78	75	82	75	95	82
변화·변동 지수	77	74	81	76	95	83
건강·행복 지수	75	73	84	74	92	85

	7월	8월	9월	10월	11월	12월
좋은 방향	북서쪽	북쪽	동쪽	북동쪽	서쪽	남쪽
좋은 색상	연보라색	청록색	보라색	군청색	귤색	회색
좋은 장소	백화점	시냇가	생과일전문점	상가	장어음식점	기념관
좋은 성씨	ㅁ, ㅂ, ㅍ	ㅅ, ㅈ, ㅊ	ㄱ, ㅋ	ㅇ, ㅎ	ㅅ, ㅈ, ㅊ	ㅁ, ㅂ, ㅍ
좋은 숫자	4, 5	1, 11	1, 12	3, 6	1, 7	6, 7
좋은 날짜	5, 10, 15, 16, 23, 29일	8, 11, 13, 17, 22, 28일	2, 9, 14, 17, 23, 27일	1, 8, 15, 16, 22, 26일	2, 9, 12, 18, 23, 26일	5, 8, 14, 18, 21, 28일
안 좋은 날짜	9, 11, 22일	1, 18, 21일	3, 4, 20일	6, 14, 20일	3, 11, 20일	1, 15, 22일
재물·금전 지수	78	87	93	91	79	74
변화·변동 지수	74	88	94	92	78	75
건강·행복 지수	72	89	95	93	77	74

321 事不如意之象
사 불 여 의 지 상

연운

方病大腫 扁鵲難醫
방병대종 편작난의 　이곳 저곳 병이 깊으니 편작도 고치지 못한다.

家神發動 家庭不安
가신발동 가정불안 　가신이 움직이니 가정이 불안하다.

愼之水火 一次虛驚
신지수화 일차허경 　물과 불을 조심하라. 한번 헛된 일로 놀라게 된다.

財數論之 得而反凶
재수론지 득이반흉 　재수를 말하자면 얻은 것이 도리어 흉하다.

正月之中 損財多端
정월지중 손재다단 　정월에는 많은 재물을 잃는다.

春節之內 必然生女
춘절지내 필연생녀 　봄철에는 반드시 딸을 낳는다.

心滿意足 半得半失
심만의족 반득반실 　마음과 뜻이 흡족하나 반은 얻고 반은 잃는다.

小往大來 君子道長
소왕대래 군자도장 　작은 것이 가고 큰 것이 오니 군자의 도가 자란다.

智短謀淺 欲巧反拙
지단모천 욕교반졸 　지혜와 꾀가 부족하면 애써도 도리어 옹졸해진다.

성인의 연운 활용

금전·명예	주위 사람의 말만 믿고 변화를 꿈꾸다가 뜻하지 않게 재물 손실을 입으니 주의해야 한다.
사업·창업	완벽한 계획 없이 서두르면 망신을 당할 수 있다.
주식·투자	재물을 잃을 수 있으니 주식투자나 경마 등은 신중하게 판단해야 한다.
시험·취직	노력만큼 성과가 없으니 남보다 더 노력하라. 직장인의 승진은 때가 아니니 다음 기회를 기다린다.
당선·소원	아직은 당선될 실력이 없으니 좀더 실력을 쌓는다. 간절히 바라는 소원은 시일이 지나면 이룰 수 있다.
이사·매매	무리하게 집을 확장하면 금전적 어려움이 크다. 꾸준한 저축이 최선의 방법이다.
건강·사고	무리하게 움직이면 몸과 마음 모두 상처를 입는다.
애정·결혼	지금 애인보다 더 마음에 드는 이성이 나타나지만 현명하게 처신하고 현재에 만족해야 한다. 연인과 오해로 헤어지기 쉽다. 기혼자도 안심할 수 없으니 과음이나 실수를 주의한다. 특히 이성의 유혹을 주의한다.
소송·다툼	완벽한 승리를 꿈꾸다가는 시비가 더 커진다.

신세대의 연운 활용

연애·사랑	좋은 상대를 소개받지만 오래 사귀기 어렵다. 오랜 연인과 다툼이 잦아지니 먼저 양보하라. 모르는 사람이나 비난받을 이성과 만날 운이 있으니 주의한다. 순리에 따라야 결혼까지 이어짐을 명심하라.
시험·취직	노력하면 하위직은 합격 가능하다. 직장인은 승진 기회를 놓치고 실업자는 취직이 어렵다.
건강·사고	자칫 작은 실수로 상해를 당할 수 있으니 주의한다.
금전·행운	절약이 최선의 길임을 깨닫고 한 푼이라도 모아두는 것이 좋다.
소원·성취	소원은 이루기 어렵다. 단념하는 것이 마음 편하다.

운명을 바꾸는 연운 활용

좋은 방향	남쪽
좋은 색상	주황색
좋은 장소	스키장
좋은 성씨	ㅅ, ㅈ, ㅊ
좋은 숫자	2, 8

숫자로 보는 연운 활용

	좋은 달	보통 달	나쁜 달
금전·투자	11, 12월	5, 6월	3, 4월
변화·변동	12월	5, 6월	1, 7월
연애·사랑	11, 12월	5, 6월	8, 9월
건강·소송	11월	5, 6월	2, 10월

321

월운

기지基地가 발동하니 반드시 구설이 있다.
괘가 구진勾陳을 만났으니 다른 일을 꾀하지 마라.
남의 재물을 탐하지 마라. 낭패를 본다.

만약 이사하지 않으면 처자에게 근심이 생긴다.
경영하는 일은 될 것 같다가 결국 이루지 못한다.
밖에 나가면 마음이 한가롭고 들어오면 마음이 심란하다.

배고픈 사람이 밥을 얻었는데 숟가락이 없으니 어찌할까.
재물운이 공허하니 횡재가 도리어 흉하게 된다.
시비를 가까이하지 마라. 구설이 따라 들어온다.

달이 구름 속으로 들어가니 그 빛을 보지 못한다.
다른 사람과 일을 꾀하니 도무지 성공하지 못한다.
구설수가 있으니 서로 다투지 마라.

동남 양쪽에서 귀인이 와서 돕는다.
집에 우환이 있으니 그 해가 매우 많다.
분수를 지키지 않으면 혹 실패할 수 있다.

재물이 길가에 있으니 애써 구하면 얻는다.
유월과 칠월에는 모든 일에 어려움이 있다.
일을 반복할 수 있으니 다른 사람을 멀리한다.

가려고 하나 길이 없으니 이 운수를 어찌할까.
횡액이 우려되니 성심껏 액을 떨쳐야 한다.
일에 막힘이 있으니 반드시 번민한다.

남의 말을 듣지 마라. 일이 허황할 것이다.
여자를 가까이하지 마라. 반드시 손해가 있다.
여행을 떠나지 마라. 질병이 찾아온다.

처음 보는 사람과는 사귀거나 함께하지 마라.
만약 이사하지 않으면 질병의 고통을 면치 못한다.
서쪽과 북쪽이 해로우니 그 쪽으로 가지 마라.

소망하는 일을 하나도 이루지 못한다.
만약 목성木姓을 가까이하면 구설을 면하기 어렵다.
하는 일에 막힘이 있으니 허황한 일은 하지 마라.

한 해의 재수는 겨울에 있다.
최崔가 김金가 정鄭가 박朴가는 금년에 해롭다.
집안에 경사가 있으니 자손의 경사다.

우연한 재물이 뜻밖에 들어온다.
만약 화성火姓이 도우면 재물을 얻는다.
동서 양쪽에서는 일을 구해도 이루기 어렵다.

운명을 바꾸는 **월운** 활용

	1월	2월	3월	4월	5월	6월
좋은 방향	북쪽	남서쪽	남동쪽	동쪽	남동쪽	서쪽
좋은 색상	은색	주황색	남청색	자주색	하늘색	검은색
좋은 장소	목욕탕	청국장식당	매점	바닷가	빈대떡음식점	찜질방
좋은 성씨	ㄴ, ㄷ, ㅌ, ㄹ	ㅁ, ㅂ, ㅍ	ㅇ, ㅎ	ㄱ, ㅋ	ㄱ, ㅋ	ㄴ, ㄷ, ㅌ, ㄹ
좋은 숫자	8, 11	4, 9	3, 9	3, 8	2, 9	2, 7
좋은 날짜	4, 9, 15, 24, 25, 28일	8, 11, 13, 21, 22, 28일	5, 7, 14, 22, 23, 27일	6, 7, 12, 24, 25, 27일	2, 7, 14, 17, 22, 26일	5, 7, 12, 15, 23, 26일
안 좋은 날짜	5, 14, 21일	4, 15, 25일	6, 13, 21일	5, 9, 22일	4, 8, 11일	9, 13, 21일
재물·금전 지수	75	73	75	74	82	84
변화·변동 지수	74	75	76	74	89	86
건강·행복 지수	73	74	75	75	88	85

	7월	8월	9월	10월	11월	12월
좋은 방향	북서쪽	서쪽	남동쪽	남쪽	북동쪽	남서쪽
좋은 색상	파란색	연보라색	베이지색	고동색	적갈색	분홍색
좋은 장소	피자집	토스트가게	은행	강	삼겹살식당	카페
좋은 성씨	ㄴ, ㄷ, ㅌ, ㄹ	ㅁ, ㅂ, ㅍ	ㅇ, ㅎ	ㅅ, ㅈ, ㅊ	ㄴ, ㄷ, ㅌ, ㄹ	ㅅ, ㅈ, ㅊ
좋은 숫자	1, 2	6, 12	5, 6	4, 7	1, 12	3, 11
좋은 날짜	8, 14, 17, 20, 22, 28일	4, 9, 13, 20, 21, 28일	5, 8, 12, 16, 25, 28일	2, 9, 11, 14, 20, 27일	3, 8, 13, 16, 24, 27일	6, 16, 17, 21, 23, 28일
안 좋은 날짜	9, 24, 29일	6, 14, 22일	6, 9, 20일	3, 15, 26일	3, 15, 22일	5, 11, 22일
재물·금전 지수	76	73	74	84	95	97
변화·변동 지수	77	77	72	85	91	95
건강·행복 지수	73	75	70	82	93	95

322

연운

和合有結實之意
화 합 유 결 실 지 의

暮春三月 落花結實
모 춘 삼 월 낙 화 결 실   봄이 저무는 삼월에 꽃 지고 열매 맺으니 하는 일마다 이루어진다.

大旱之時 喜逢甘雨
대 한 지 시 희 봉 감 우   큰 가뭄에 단비를 만나니 기쁘다.

雲散日出 景色一新
운 산 일 출 경 색 일 신   구름이 흩어지고 해가 나오니 경치가 새롭다.

草綠江邊 牛逢盛草
초 록 강 변 우 봉 성 초   초록 강변에서 소가 무성한 풀을 만난다.

今年之數 必有生男
금 년 지 수 필 유 생 남   금년 운수는 반드시 아들을 얻는다.

若非如此 婚姻之數
약 비 여 차 혼 인 지 수   만일 이와 같지 않으면 혼인할 운수다.

金井風至 梧桐先秋
금 정 풍 지 오 동 선 추   우물가에 바람이 부니 오동나무가 먼저 가을을 안다.

身安心平 百事俱吉
신 안 심 평 백 사 구 길   몸과 마음이 편하니 모든 일이 길하다.

弊衣歸客 終見吉利
폐 의 귀 객 종 견 길 리   헤진 옷을 입고 돌아가는 나그네가 마침내 좋은 일을 본다.

성인의 연운 활용

금전 · 명예	하는 일마다 성공하여 사업을 확장하고, 귀인의 도움까지 받아 재물이 풍족해지고 명예를 얻는다.
사업 · 창업	현재의 일을 확장하든 새로운 일을 경영하든 모두 좋다.
주식 · 투자	주식투자를 한 성과가 있다.
시험 · 취직	미리 실력을 쌓았다면 합격과 취직이 가능하다. 운이나 요행을 바라지 마라. 능력대로 된다.
당선 · 소원	당선은 최선을 다하면 가능성이 있다. 모르는 귀인이 나타나 소원을 이루어주니 기쁘다.
이사 · 매매	큰 집으로 확장하여 이사하고 매매로 큰 이득을 본다.
건강 · 사고	매우 건강하니 근심걱정이 전혀 없다.
애정 · 결혼	상대를 인정하고 꾸준한 노력해야 하는 시기다. 새로운 인연을 만나기는 어렵지만 애인이 있는 사람은 화촉을 밝히는 기쁨이 있고, 부부운은 평소와 같지만 지나친 행동은 자제해야 한다.
소송 · 다툼	시비나 구설수가 자연스럽게 해결되니 염려하지 않는다.

신세대의 연운 활용

연애 · 사랑	상대가 문을 열어놓고 기다리니 용기를 내어 청혼하라. 청춘남녀는 데이트에 즐겁고 결혼까지 이른다.
시험 · 취직	시험운이 대체로 좋으니 어느 시험이든지 합격 가능하다. 단체에서 간부로 임명되는 운이다.
건강 · 사고	건강은 매우 좋으며 병을 오래 앓던 환자도 완쾌되는 기쁨이 있다.
금전 · 행운	맡은 일에 최선을 다하면 꾸준히 이익이 생기니 걱정할 것이 전혀 없다.
소원 · 성취	그 동안 쌓아온 공이 있는 사람은 올해 반드시 빛을 본다.

운명을 바꾸는 연운 활용

좋은 방향	남서쪽
좋은 색상	군청색
좋은 장소	섬
좋은 성씨	ㅁ, ㅂ, ㅍ
좋은 숫자	1, 6

숫자로 보는 연운 활용

	좋은 달	보통 달	나쁜 달
금전 · 투자	4, 6월	2, 3월	7월
변화 · 변동	5, 9, 11월	12월	10월
연애 · 사랑	1, 8월	2, 12월	7월
건강 · 소송	5, 11월	3월	10월

322 월운

 음양이 화합하니 반드시 경사가 있다.
태성胎星이 문을 비추니 반드시 아들을 얻는다.
다른 사람이 많이 도와주니 재물이 많이 들어온다.

 만일 벼슬을 하지 못하면 반드시 재액災厄이 있다.
모든 일을 순조롭게 구하니 하루에 천금을 얻는다.
좋은 운수가 돌아오니 귀한 몸이 되고 재물이 왕성해진다.

 바른 마음으로 일을 꾀하면 앞일이 형통하다.
만약 옮겨 살지 않으면 상을 당할 염려가 있다.
만일 산고産苦가 아니면 식구가 늘어난다.

 동쪽에서 목성木姓이 우연히 찾아와서 도와준다.
모든 액이 없어지니 몸도 재물도 왕성하다.
박朴가나 이李가가 뜻밖에 도와준다.

 재성財星이 들어오니 재물이 동북쪽에 왕성하다.
헛되이 움직이면 해롭고 신중하게 일을 도모하면 길하다.
재성이 비추니 큰 재물을 얻는다.

 산과 들에 봄이 오니 꽃이 더욱 새롭다.
만약 재물이 생기지 않으면 슬하에 경사가 있다.
처음에는 흉하고 나중에는 길하니 흉한 중에 길함이 있다.

 칠월과 팔월에는 구설을 조심한다.
물과 불은 서로 상극이니 서로 다투면 이익이 없다.
마땅히 동서로 가라. 반드시 횡재가 있다.

 만약 귀인을 만나면 재물도 몸도 왕성해진다.
도가 높고 이름을 널리 떨치니 귀인을 만나게 된다.
모든 일이 잘 되니 몸이 평안하다.

 작은 것이 가고 큰 것이 오니 반드시 가정을 이룬다.
만약 다른 사람의 도움을 받으면 자수성가한다.
꾀하는 일이 반드시 길할 것이다.

 시비하지 마라. 결국에는 재물을 잃는다.
만약 그렇지 않으면 구설이 따를까 두렵다.
마음에 번민이 있음을 누가 능히 알겠는가.

 해와 달이 항상 밝으니 기쁨이 가정에 가득하다.
만약 이름을 떨치지 않으면 반드시 재물을 얻는다.
집안 살림이 풍성하니 식구가 늘어나거나 가족이 모인다.

 시비를 가까이하지 마라. 구설이 찾아온다.
재물을 잃을까 두려우니 목성木姓을 조심한다.
편안하게 잘 지내니 세상일이 태평하다.

운명을 바꾸는 **월운** 활용

	1월	2월	3월	4월	5월	6월
좋은 방향	동쪽	북쪽	북동쪽	북서쪽	북동쪽	남동쪽
좋은 색상	옥색	회색	다홍색	밤색	자주색	노란색
좋은 장소	유원지	당구장	기차역	서점	놀이공원	추어탕식당
좋은 성씨	ㄱ, ㅋ	ㅁ, ㅂ, ㅍ	ㅅ, ㅈ, ㅊ	ㅇ, ㅎ	ㅁ, ㅂ, ㅍ	ㄱ, ㅋ
좋은 숫자	2, 3	7, 8	5, 6	5, 12	3, 7	3, 8
좋은 날짜	6, 9, 12, 13, 22, 26일	9, 13, 15, 18, 23, 28일	5, 10, 13, 16, 22, 27일	2, 10, 12, 14, 21, 26일	8, 13, 17, 20, 23, 28일	5, 12, 15, 17, 22, 29일
안 좋은 날짜	5, 14, 20일	10, 21, 25일	4, 15, 21일	3, 20, 29일	9, 15, 22일	6, 16, 25일
재물·금전 지수	91	78	74	92	97	92
변화·변동 지수	95	77	75	93	95	95
건강·행복 지수	93	76	74	95	94	93

	7월	8월	9월	10월	11월	12월
좋은 방향	서쪽	남서쪽	동쪽	북동쪽	남쪽	남서쪽
좋은 색상	주황색	연두색	노란색	고동색	베이지색	하얀색
좋은 장소	채식전문점	생선구이식당	민속주점	제과점	볼링장	도서관
좋은 성씨	ㅅ, ㅈ, ㅊ	ㄴ, ㄷ, ㅌ, ㄹ	ㄱ, ㅋ	ㄴ, ㄷ, ㅌ, ㄹ	ㅇ, ㅎ	ㄴ, ㄷ, ㅌ, ㄹ
좋은 숫자	1, 6	1, 4	3, 9	2, 4	2, 5	8, 12
좋은 날짜	4, 10, 13, 17, 23, 29일	7, 12, 17, 20, 22, 29일	5, 11, 14, 21, 24, 28일	6, 10, 12, 24, 25, 27일	3, 12, 17, 20, 22, 26일	2, 9, 13, 18, 22, 27일
안 좋은 날짜	3, 11, 24일	9, 10, 25일	9, 10, 22일	5, 11, 23일	7, 25, 29일	6, 10, 21일
재물·금전 지수	72	94	92	71	93	78
변화·변동 지수	79	92	91	73	92	78
건강·행복 지수	78	97	90	76	90	77

323 君子利小人不能之意
군자이소인불능지의

연운

有弓無矢 來賊何防
유궁무시 내적하방   활은 있으나 화살이 없으니 공격해 오는 적을 어떻게 막겠는가.

有財有德 成功何難
유재유덕 성공하난   재주와 덕이 있는데 성공이 어찌 어렵겠는가.

莫聽人言 好事多魔
막청인언 호사다마   남의 말을 믿지 마라. 좋은 일에 마가 많다.

若而移徙 終得財利
약이이사 종득재이   만일 이사하면 마침내 재물을 얻는다.

每事注意 前程有險
매사주의 전정유험   매사에 주의하라. 앞길이 험난하다.

莫恨困苦 必有吉利
막한곤고 필유길리   곤고함을 한탄하지 마라. 나중에 반드시 좋은 일이 있다.

一喜一悲 欠在先塋
일희일비 흠재선영   한 차례 기쁘고 한 차례 슬프니 조상의 무덤에 흠이 있기 때문이다.

西南有損 不宜出行
서남유손 불의출행   서쪽과 남쪽에 손해가 있으니 그 쪽으로는 가지 마라.

莫信親友 損財可畏
막신친우 손재가외   친한 벗을 믿지 마라. 재물을 잃을까 두렵다.

성인의 연운 활용

금전·명예	이 사업 저 사업 벌여놓다가는 힘과 돈 모두 소비하고 남는 것이 없다.
사업·창업	혼자 잘났다고 주변의 조언을 무시하면 일이 풀리지 않아 반드시 후회한다.
주식·투자	손해를 감수한다면 투자해도 좋지만 작은 손해가 아니니 신중해야 한다.
시험·취직	2배로 노력해야 일반직이나 일반대학에 합격 가능하다. 직장인은 상사에게 질책당하고 좌천될 수 있다.
당선·소원	실력도 없고 운도 없으니 당선은 어렵다. 옛 소원을 이제야 이루지만 현재의 소원은 이루기 힘들다.
이사·매매	작은 곳으로는 이사할 수 있지만 확장하여 이사하면 손실이 있다. 매매 또한 손실을 보고 성사된다.
건강·사고	건강은 속병이 생길 수 있으니 주의한다.
애정·결혼	만족할 정도는 아니지만 서먹했던 사이가 좋아진다. 오래 못 만나던 연인을 만나게 된다. 연인과의 관계를 시기 또는 질투하는 사람이 모함하여 오해가 생길 수 있다. 소문에 휘말리지 않게 조심한다.
소송·다툼	소송 문제가 심각한 상황으로 발전하니 미리 대비한다.

신세대의 연운 활용

연애·사랑	과도한 욕심 때문에 상황이 꼬여간다. 당장은 좋은 인연을 만나기 어려우니 가까운 데서 인연을 찾아보는 것이 현명하다. 부부는 다툼이 잦을 운이다.
시험·취직	남보다 더 노력하면 하위직이나 일반직은 합격 가능하다. 직장인은 승진이 어렵고 부서 이동은 가능하다.
건강·사고	조금만 이상이 있어도 서둘러 병원을 찾아라. 건강 때문에 어려움이 매우 클 것이다.
금전·행운	좋지 않다. 당분간 가족의 일에 협력하는 것이 바람직하다.
소원·성취	허황된 소원만 아니라면 이루어지지만 너무 크고 이루기 어려운 소원은 바라지 않는 것이 낫다.

운명을 바꾸는 연운 활용

좋은 방향	동쪽
좋은 색상	빨간색
좋은 장소	시장
좋은 성씨	ㄴ, ㄷ, ㅌ, ㄹ
좋은 숫자	5, 12

숫자로 보는 연운 활용

	좋은 달	보통 달	나쁜 달
금전·투자	9, 10월	6, 11월	2, 3월
변화·변동	7, 9월	6, 11월	4, 5월
연애·사랑	7, 9월	1, 11월	5, 12월
건강·소송	7, 10월	1, 6월	8, 12월

323

월운

호랑이가 기운을 다하니 어찌 살기를 바라는가.
멀리 나가면 길하니 마땅히 동남쪽으로 간다.
금년에는 북쪽이 가장 길하다.

하는 일이 시작만 있고 끝이 없다.
만약 여행이 아니면 관재官災를 조심한다.
이월과 삼월에는 이루어지지 않는 일이 많다.

만약 질병이 없으면 반드시 자식을 보게 된다.
신상이 위태로우니 도시에는 가지 마라.
만약 이와 같지 않으면 구설수가 따른다.

실패가 있으니 꾀하는 일에 이익이 없다.
동쪽은 길하고 남쪽은 해롭다.
분수를 지키고 살아야 편안하다. 망령되이 움직이면 실패한다.

운수가 좋지 않으니 횡액을 조심한다.
금성金姓이 해로우니 일을 같이 일하지 마라.
다른 일을 하지 마라. 일이 잘못된다.

모든 일에 막힘이 있으니 심신이 매우 어지럽다.
재물운을 말하자면 잃는 것이 없다.
말라 죽어가는 나무에 봄이 돌아오니 마침내 빛을 얻는다.

가문 하늘에 단비가 내리니 온갖 곡식이 풍성하다.
신상에 귀함이 있으니 귀인이 서로 돕는다.
일에 분수를 지키고 남의 재산을 탐내지 마라.

만약 질병이 없으면 반드시 큰 근심이 있다.
마음에 바라는 일이 없으니 뜻밖에 일을 만난다.
시비를 가까이하지 마라. 관재官災가 있다.

서북쪽에 좋은 일이 있으니 필시 여자일 것이다.
이익이 북쪽에 있으니 나가면 이익을 얻는다.
하는 일이 분명하지 않으니 기회를 잘 살펴서 행동한다.

구해도 얻지 못하니 집에 있느니만 못하다.
재앙이 사라지고 복이 오니 하는 일마다 이룬다.
밖에서는 부자인 듯하나 속은 가난하니 이 또한 어찌할까.

움직이지 않으면 길하나 움직이면 해롭다.
몸이 고달픈 것을 탓하지 마라. 마침내 영화가 있을 것이다.
분수 밖의 일을 행하지 마라. 반드시 실패한다.

성공과 실패가 많으니 이 운수를 어찌할까.
만약 상을 당하지 않으면 슬하에 근심이 있다.
이로움도 해로움도 별로 없는데 구설이 찾아온다.

운명을 바꾸는 **월운** 활용

	1월	2월	3월	4월	5월	6월
좋은 방향	북쪽	북쪽	북동쪽	북서쪽	동쪽	남동쪽
좋은 색상	보라색	주황색	파란색	하늘색	분홍색	검은색
좋은 장소	카페	영화감상실	동물원	스카이라운지	파전음식점	라면전문점
좋은 성씨	ㅅ, ㅈ, ㅊ	ㄱ, ㅋ	ㄱ, ㅋ	ㅁ, ㅂ, ㅍ	ㅅ, ㅈ, ㅊ	ㅁ, ㅂ, ㅍ
좋은 숫자	6, 8	1, 10	8, 9	6, 7	4, 6	7, 11
좋은 날짜	8, 12, 15, 19, 24, 26일	2, 8, 15, 16, 21, 26일	9, 11, 12, 17, 23, 26일	5, 10, 13, 16, 22, 26일	1, 8, 12, 14, 24, 28일	5, 9, 13, 15, 25, 28일
안 좋은 날짜	6, 11, 28일	4, 14, 20일	3, 15, 21일	1, 9, 15일	5, 11, 21일	4, 10, 20일
재물·금전 지수	82	72	73	78	71	84
변화·변동 지수	88	75	73	75	74	83
건강·행복 지수	85	75	75	76	72	80

	7월	8월	9월	10월	11월	12월
좋은 방향	서쪽	남쪽	북쪽	남서쪽	동쪽	북동쪽
좋은 색상	연보라색	초록색	다홍색	베이지색	청록색	회색
좋은 장소	박물관	체육관	만두전문점	팬시용품점	저수지	시내
좋은 성씨	ㅇ, ㅎ	ㄴ, ㄷ, ㅌ, ㄹ	ㅇ, ㅎ	ㄴ, ㄷ, ㅌ, ㄹ	ㅅ, ㅈ, ㅊ	ㅇ, ㅎ
좋은 숫자	8, 12	1, 11	2, 10	4, 9	6, 11	5, 7
좋은 날짜	6, 8, 12, 13, 22, 28일	5, 9, 13, 14, 23, 28일	2, 8, 12, 20, 22, 29일	3, 9, 13, 22, 23, 26일	2, 8, 15, 16, 20, 26일	1, 9, 14, 19, 21, 26일
안 좋은 날짜	4, 11, 20일	3, 11, 22일	9, 11, 23일	5, 10, 20일	4, 14, 25일	2, 17, 24일
재물·금전 지수	92	78	94	97	84	72
변화·변동 지수	92	77	95	99	85	75
건강·행복 지수	90	72	96	90	82	73

331 在家心亂出他之意

재가심란출타지의

연운

陽翟大賈 手弄千金
양적대고 수롱천금 　큰 장사꾼이 이익이 많아 손으로 천금을 만진다.

小草逢春 蓮花秋開
소초봉춘 연화추개 　작은 풀이 봄을 만나고 연꽃이 가을에 피듯 기쁨이 가득하다.

旱苗逢雨 豈非生光
한묘봉우 기비생광 　가뭄 끝에 비가 내리니 새싹이 어찌 빛나지 않겠는가.

經營之事 賴人成就
경영지사 뇌인성취 　경영하는 일은 남의 도움을 받아 성사시킨다.

今年之數 商業得利
금년지수 상업득리 　금년 운수는 상업으로 이익을 얻는다.

貴人助我 所望如意
귀인조아 소망여의 　귀인이 도우니 소망이 뜻대로 이루어진다.

鼠入倉庫 財利大通
서입창고 재리대통 　쥐가 창고에 들어온 격이니 재물과 이익이 크게 통한다.

月出瑤臺 天地明朗
월출요대 천지명랑 　잔칫집에 달이 뜨니 천지가 밝고 환하다.

自公得吉 必是貴人
자공득길 필시귀인 　공적으로 좋은 일이 생기니 이는 반드시 귀인의 도움이다.

성인의 연운 활용

금전 · 명예	횡재운이 들어오니 큰 재물을 얻는다.
사업 · 창업	새로운 사업을 계획하기에 가장 적합한 운세이니 변화를 시도해도 좋다.
주식 · 투자	과욕을 부리지 않으면 주식투자로 이익을 본다.
시험 · 취직	시험운이 있어서 노력한 만큼 결과를 얻는다. 직장인은 동료의 도움으로 승진이 가능하다.
당선 · 소원	당선은 지금이 절호의 기회이므로 결코 놓쳐서는 안 된다. 어떤 소원이든 평소에 바라던 바를 이룬다.
이사 · 매매	넓혀서 이사하는 즐거움이 있다. 매매도 이익이 매우 크고 쉽게 성사된다.
건강 · 사고	건강은 무리하지 않으면 나쁘지 않다.
애정 · 결혼	당신의 적극적인 모습과 정성에 감동받아 상대가 마음을 연다. 나이든 남녀는 주위의 축하 속에 결혼한다.
소송 · 다툼	소송은 무난하게 해결된다.

신세대의 연운 활용

연애 · 사랑	시간만 끌던 관계가 가까워지고 짝 없는 사람은 좋은 사람을 만난다. 결혼을 약속한 사람은 결혼을 서두른다.
시험 · 취직	귀인의 도움으로 생각보다 더 좋은 성적이 나온다. 직장인은 승진이나 보직 변경 등의 기쁨이 있다.
건강 · 사고	악화된 건강이 최상의 컨디션을 맞이하면서 회복기에 접어드니 걱정이 없다.
금전 · 행운	바라는 일이 뜻대로 되고 경사가 거듭 있다. 복이 따르고 재물운이 열린다.
소원 · 성취	좀더 욕심을 내도 소원이 이루어진다.

운명을 바꾸는 연운 활용

좋은 방향	남쪽
좋은 색상	남색
좋은 장소	쇼핑몰
좋은 성씨	ㄱ, ㅋ
좋은 숫자	9, 12

숫자로 보는 연운 활용

	좋은 달	보통 달	나쁜 달
금전 · 투자	6, 9월	8월	7, 11월
변화 · 변동	4, 5월	1, 2월	7, 12월
연애 · 사랑	5, 10월	2, 8월	11, 12월
건강 · 소송	1, 9월	1월	12월

331

월운

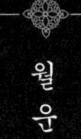

 봄이 오니 만물이 다시 살아난다.
문서가 변하여 복이 되니 뜻밖에 재물을 얻는다.
재물이 관문官門에 있으니 남의 재물을 탐내지 마라.

 재물운이 풍성하니 우연히 큰 재물을 얻는다.
용이 작은 내에 있으니 어찌 구름과 비를 부를까.
이로써 말하자면 길흉이 서로 함께 있다.

 삼월 봄바람에 복숭아꽃이 활짝 피었다.
재물이 관문官門에 있으니 어찌 아름답지 않은가.
근심이 사라지고 기쁜 일이 생기니 운수가 태평하다.

 두 사람의 마음이 같으면 이루지 못하는 일이 없다.
귀인이 도와주니 천금을 얻는다.
동쪽 뜰에 꽃이 활짝 피니 반드시 자식을 본다.

 오월과 유월에는 재물이 산처럼 쌓인다.
길성吉星이 들어오니 노인이 나이 어린 여자와 결혼한다.
사람의 도움을 받아 꾀하는 일을 성사시킨다.

 봄이 오듯 운수가 돌아오니 만물이 저절로 살아난다.
온갖 일을 모두 이루니 뜻밖에 재물을 얻는다.
가운家運이 왕성하니 귀인이 도와준다.

 다른 사람과 일을 꾀하면 반드시 재물을 얻는다.
칠월과 팔월에는 반드시 비밀스러운 일이 있다.
서쪽에서 만난 여자를 믿지 마라. 까닭 없이 구설이 따른다.

 달 밝은 사창紗窓에서 귀인을 만나 친해진다.
집에 경사가 있으니 이는 슬하의 경사다.
만약 그렇지 않으면 관록官祿을 얻는다.

 가문 하늘에 단비가 오니 온갖 곡식이 풍성하다.
초목에 봄이 돌아오니 날로 빛이 난다.
이로써 말하자면 매사가 길하다.

 작은 것을 쌓아 큰 것을 이루니 재물이 산처럼 쌓인다.
동쪽 뜰의 복숭아나무가 드디어 열매를 맺는다.
집에 있으면 이익이 없으나 밖에 나가면 재물을 얻는다.

 소망하는 일은 반드시 이룬다.
물가에 가지 마라. 횡액이 두렵다.
열심히 노력하면 반드시 재물을 얻는다.

큰 것으로 작은 것을 바꾸니 반드시 손해를 본다.
재물 때문에 마음이 아프니 허욕을 탐하지 마라.
분수를 지키고 있으면 뜻밖의 재물을 얻는다.

운명을 바꾸는 **월운** 활용

	1월	2월	3월	4월	5월	6월
좋은 방향	북쪽	남동쪽	동쪽	서쪽	북서쪽	남쪽
좋은 색상	자주색	귤색	밤색	고동색	적갈색	베이지색
좋은 장소	전통찻집	생맥주집	운동장	돈까스전문점	매운탕음식점	우동전문점
좋은 성씨	ㄴ, ㄷ, ㅌ, ㄹ	ㄴ, ㄷ, ㅌ, ㄹ	ㄱ, ㅋ	ㅅ, ㅈ, ㅊ	ㅇ, ㅎ	ㄱ, ㅋ
좋은 숫자	8, 9	1, 7	9, 10	1, 3	5, 8	3, 7
좋은 날짜	4, 8, 13, 16, 25, 26일	5, 9, 15, 17, 25, 26일	6, 8, 14, 19, 22, 26일	9, 13, 15, 19, 23, 26일	8, 10, 16, 20, 22, 27일	5, 9, 15, 17, 21, 28일
안 좋은 날짜	3, 11, 24일	1, 10, 21일	5, 18, 25일	10, 22, 27일	9, 11, 25일	4, 11, 20일
재물·금전 지수	81	84	92	90	97	92
변화·변동 지수	82	85	90	93	95	93
건강·행복 지수	80	83	92	92	93	90

	7월	8월	9월	10월	11월	12월
좋은 방향	남서쪽	북동쪽	동쪽	북쪽	남동쪽	서쪽
좋은 색상	연두색	남청색	하늘색	상아색	황토색	다홍색
좋은 장소	산	공원	놀이터	뷔페식당	패스트푸드점	산책로
좋은 성씨	ㅁ, ㅂ, ㅍ	ㄴ, ㄷ, ㅌ, ㄹ	ㄱ, ㅋ	ㅇ, ㅎ	ㅁ, ㅂ, ㅍ	ㅅ, ㅈ, ㅊ
좋은 숫자	1, 12	3, 8	4, 12	6, 8	7, 9	5, 7
좋은 날짜	4, 10, 13, 15, 24, 27일	2, 9, 12, 16, 22, 27일	5, 7, 13, 15, 24, 28일	3, 9, 12, 15, 22, 28일	5, 8, 11, 17, 23, 29일	8, 14, 17, 20, 22, 29일
안 좋은 날짜	5, 11, 28일	6, 19, 20일	2, 14, 22일	8, 20, 29일	2, 14, 28일	7, 15, 21일
재물·금전 지수	73	82	94	92	76	73
변화·변동 지수	75	85	93	91	75	75
건강·행복 지수	73	80	92	90	77	75

332 去舊生新之意
거 구 생 신 지 의

연운

北邙山下 新建茅屋
북 망 산 하 신 건 모 옥   북망산 아래 새로 초가집을 짓는다.

凶神暗動 家庭不安
흉 신 암 동 가 정 불 안   흉신이 몰래 움직이니 가정이 불안하다.

凶變爲吉 祈禱則吉
흉 변 위 길 기 도 즉 길   흉한 일이 길한 일로 변하니 기도하면 길하다.

年運不利 百事無心
연 운 불 리 백 사 무 심   한 해 운수가 불리하므로 모든 일에 마음이 없다.

極凶生吉 初困後吉
극 흉 생 길 초 곤 후 길   흉이 다하면 길이 오니 처음엔 힘들어도 나중에는 길하다.

若無親患 膝下有憂
약 무 친 환 슬 하 유 우   만일 부모에게 우환이 없으면 슬하에 근심이 있다.

天老地荒 英雄無功
천 로 지 황 영 웅 무 공   하늘의 운이 다하고 땅이 황폐하니 영웅도 공을 세우지 못한다.

上下不和 先笑後哭
상 하 불 화 선 소 후 곡   위아래가 화합하지 못하니 처음에는 웃어도 나중에는 울게 된다.

利在東南 謀事方成
이 재 동 남 모 사 방 성   이익이 동남쪽에 있으니 꾀하는 일이 성취된다.

성인의 연운 활용

금전·명예	꼭 필요한 돈조차 융통할 수 없어 답답한 상황이다.
사업·창업	절대로 동업은 안 된다. 믿고 함께 시작했다가 친구도 잃고 돈도 잃을 수 있다.
주식·투자	주식투자는 아직 시기가 좋지 않으니 손대지 않는 것이 유리하다.
시험·취직	하위직이나 작은 시험은 가능하나 큰 시험은 어렵다. 직장인은 작은 변화는 가능하지만 승진은 어렵다.
당선·소원	실력이 부족한 것은 모르고 그저 운만 탓한다. 주변 사람에게 부탁하면 작은 소원은 이룰 수 있다.
이사·매매	무리한 변화나 변동은 자제하라. 이사하려다 큰 손실을 볼 수 있으므로 신중하게 현재 위치를 지켜라.
건강·사고	사주팔자가 좋지 않은 사람은 반드시 건강에 이상이 있다.
애정·결혼	사소한 시비가 험악한 싸움이 되기 쉬우니 평소에 가까운 사람이라도 함부로 대하지 마라. 연인의 마음을 읽는 자상함이 필요하고 오해가 생기지 않게 주의하라. 작은 실수로 파경에 이를 수 있다.
소송·다툼	소송도 어렵게 꼬여간다.

신세대의 연운 활용

연애·사랑	오랜 연인이 결별을 고하거나 주변의 방해가 심해진다. 오해가 생기지 않게 각별히 신경 써야 한다. 부부는 갈등이 심해지니 스스로를 낮추고 인내해야 한다.
시험·취직	시험운이 불리하니 더 많은 노력이 필요하다. 취직은 어려운 운이지만 오래 노력해온 사람은 가능하다.
건강·사고	건강이 악화되기 쉽다. 한 가지 병이 합병증을 유발할 수 있으니 항상 건강에 주의한다.
금전·행운	어느 정도의 수입이 있지만 지출이 더욱 늘어나니 새로운 변화를 삼가야 한다.
소원·성취	소원은 성취하기에 적절한 시기가 아니니 기다려야 한다. 한눈팔지 말고 현재 상황을 수습하는 데 힘쓴다.

운명을 바꾸는 연운 활용

좋은 방향	동남쪽
좋은 색상	주황색
좋은 장소	카페
좋은 성씨	ㅇ, ㅎ
좋은 숫자	2, 6

숫자로 보는 연운 활용

	좋은 달	보통 달	나쁜 달
금전·투자	4, 5월	7, 10월	3, 8월
변화·변동	4, 9월	6, 7월	1, 11월
연애·사랑	5, 9월	7, 10월	2, 12월
건강·소송	4, 5월	6, 7월	3, 11월

332

월운

1월
해와 달을 보지 못하니 마음에 근심이 많다.
만약 그렇지 않으면 집안이 불안하다.
만약 금성金姓을 가까이하면 재물을 잃는다.

2월
집을 떠나 어디로 향하는가. 몸이 도시에서 논다.
집에 불평이 있으니 위아래 모두 근심한다.
다른 사람의 말을 믿지 마라. 처음에는 좋지만 나중에는 흉하다.

3월
마음이 불안하니 재물을 구하나 얻지 못한다.
벼슬을 하면 물러나게 되고 농사를 지으면 이익이 없다.
다행히 귀인을 만나면 횡액을 면한다.

4월
집에 있으면 근심하고 밖으로 나가면 한가하다.
동쪽에 가서 놀면 귀인이 도와준다.
미리 불전에 기도하면 재앙이 사라지고 복이 온다.

5월
이익이 문서에 있으니 논밭의 일이다.
가신家神이 도와주니 흉한 것은 가고 복이 온다.
재물운이 왕성하니 재물과 비단이 풍성하다.

6월
만약 질병이 없으면 구설이 따른다.
억지로 구하지 마라. 화가 변하여 복이 된다.
망녕되이 움직이지 마라. 때를 기다려 편안히 있어야 한다.

7월
불전에 기도하면 남은 액을 면한다.
송사가 벌어질 수 있으니 남과 다투지 마라.
다른 사람의 말을 듣지 마라. 신기한 것이 없다.

8월
일을 끝맺지 못하니 머리는 있되 꼬리는 없는 격이다.
일이 잘못된 것이 많으니 이것을 어찌할까.
신상에 액이 있으니 가신家神에게 기도한다.

9월
모든 일을 성취하니 가정에 기쁨이 가득하다.
이름을 떨치고 몸이 성하니 한가로운 곳에서 재물을 구한다.
운수가 이 같으니 이 밖에 무엇을 원하겠는가.

10월
만약 부모의 우환이 아니면 슬하에 놀랄 일이 있다.
목성木姓은 해로우니 거래를 하지 마라.
때를 기다리고 안정하라. 괴로움 뒤에는 기쁜 일이 있다.

11월
동짓달과 섣달에는 길흉을 분별하기 어렵다.
만약 액을 예방하지 않으면 길함이 흉하게 된다.
다른 사람과 하는 일은 반드시 허황하다.

12월
동쪽에 나무가 있어서 때때로 슬피 운다.
운수가 불리하니 혹 질병이 있다.
목성木姓을 가까이하지 마라. 반드시 재앙이 생긴다.

운명을 바꾸는 월운 활용

	1월	2월	3월	4월	5월	6월
좋은 방향	북서쪽	서쪽	남쪽	동쪽	동쪽	북동쪽
좋은 색상	보라색	파란색	자주색	검은색	하얀색	주황색
좋은 장소	낙지음식점	한식당	보리밥식당	닭발음식점	순대음식점	카테일바
좋은 성씨	ㅇ, ㅎ	ㅅ, ㅈ, ㅊ	ㅅ, ㅈ, ㅊ	ㅇ, ㅎ	ㅁ, ㅂ, ㅍ	ㄱ, ㅋ
좋은 숫자	1, 3	3, 4	1, 4	2, 6	6, 10	1, 5
좋은 날짜	5, 10, 14, 21, 22, 29일	1, 9, 13, 23, 25, 28일	1, 7, 14, 23, 24, 26일	5, 8, 15, 21, 22, 26일	6, 9, 12, 22, 23, 27일	3, 8, 15, 21, 25, 26일
안 좋은 날짜	6, 9, 28일	7, 11, 22일	8, 10, 22일	4, 16, 24일	4, 13, 25일	4, 18, 27일
재물·금전 지수	79	70	74	92	94	85
변화·변동 지수	78	75	76	90	94	85
건강·행복 지수	77	73	76	93	97	82

	7월	8월	9월	10월	11월	12월
좋은 방향	남서쪽	북쪽	남동쪽	북서쪽	서쪽	서쪽
좋은 색상	분홍색	연보라색	회색	노란색	적갈색	카키색
좋은 장소	축구장	족발음식점	버스	독서실	소주방	조개구이식당
좋은 성씨	ㄱ, ㅋ	ㄴ, ㄷ, ㅌ, ㄹ	ㄴ, ㄷ, ㅌ, ㄹ	ㅁ, ㅂ, ㅍ	ㄱ, ㅋ	ㄴ, ㄷ, ㅌ, ㄹ
좋은 숫자	7, 10	7, 9	2, 11	3, 6	4, 6	4, 8
좋은 날짜	2, 9, 13, 18, 20, 29일	5, 8, 15, 21, 22, 29일	8, 15, 18, 22, 23, 28일	4, 9, 13, 17, 22, 28일	9, 16, 18, 21, 23, 28일	5, 12, 14, 20, 21, 28일
안 좋은 날짜	3, 11, 28일	9, 20, 28일	7, 14, 26일	5, 11, 18일	5, 11, 20일	4, 16, 18일
재물·금전 지수	84	78	92	87	74	76
변화·변동 지수	83	77	95	88	75	72
건강·행복 지수	85	70	96	86	75	75

有事成功之意
유사성공지의

연운

射虎南山 連貫五中
사 호 남 산 연 관 오 중   남산에서 호랑이를 쏘아 연달아 다섯 대를 명중시킨다.

誠心勞力 晚時生光
성 심 노 력 만 시 생 광   성심껏 노력하면 늦게나마 빛을 본다.

初雖有苦 終見榮華
초 수 유 고 종 견 영 화   처음에는 비록 고생하지만 끝내는 영화를 본다.

若無疾病 一次相爭
약 무 질 병 일 차 상 쟁   만일 병들지 않으면 남과 한 차례 다툰다.

每事如意 至處有權
매 사 여 의 지 처 유 권   매사가 뜻대로 되니 이르는 곳마다 권세가 있다.

待時而動 成功無疑
대 시 이 동 성 공 무 의   때를 기다려 움직이면 틀림없이 성공한다.

飛龍在天 利見大人
비 용 재 천 이 견 대 인   날아가는 용이 하늘에 있으니 대인을 만나면 이롭다.

出將入相 萬事如意
출 장 입 상 만 사 여 의   밖에서는 장수요 안에서는 정승이니 만사가 뜻대로 된다.

貴人在東 利在西方
귀 인 재 동 이 재 서 방   귀인은 동쪽에 있고 이익은 서쪽에 있다.

성인의 연운 활용

금전·명예	집에 가만히 있으면 소득이 없지만 나가서 활동하면 얻는 것이 많다.
사업·창업	마음 놓고 활동해도 좋다. 밖에서 활동하는 만큼 소득이 있으니 노력하라.
주식·투자	주식이 상승세를 타고 있으니 이익이 생기고 마음에도 여유가 생긴다.
시험·취직	최상의 컨디션에 운까지 따르니 수석합격한다. 직장인은 좋은 자리로 승진한다.
당선·소원	원하는 것을 얻는 운으로 당선된다. 능력 있는 사람에게 요청하면 반드시 소원을 들어줄 것이다.
이사·매매	확장해 나가는 즐거움이 있으니 이사해도 좋다. 귀인의 도움으로 매매는 크게 성사되고 이익이 따른다.
건강·사고	피곤한 것만 빼면 건강은 큰 이상이 없으니 걱정하지 않아도 된다.
애정·결혼	좋은 인연을 만날 수 있는 운이지만 애인과는 가벼운 다툼이 생길 수 있다. 선물을 준비하여 화해를 청하라. 뜻밖에 먼 곳에서 연인이 찾아들고 주변의 도움으로 결혼한다. 부부운도 좋아 매우 화목하다.
소송·다툼	선한 일을 한 사람은 그 복을 돌려받을 것이니 소송 문제는 걱정하지 않아도 된다.

신세대의 연운 활용

연애·사랑	매우 감성적인 상대를 만나거나 자신의 좋은 감정이 상대방에게 전달될 운이다. 기회를 놓치지 마라. 정직하게 성심껏 상대하면 그 정성에 상대가 감동받아 결혼까지 가능하다.
시험·취직	시험은 노력한 대가가 있으니 열심히 노력하라. 직장인은 원하는 자리로 승진하는 기쁨이 있다.
건강·사고	건강은 활기차고 기운이 넘쳐날 것이다. 안심하고 어떤 일이든 활동해도 된다.
금전·행운	금전운이 매우 좋아 큰 재물이 생기니 집안에 기쁨이 끊이지 않는다.
소원·성취	그 동안 노력한 것이 있으니 간절히 바라던 소원이 이루어진다.

운명을 바꾸는 연운 활용

좋은 방향	동쪽
좋은 색상	하얀색
좋은 장소	야외연주회장
좋은 성씨	ㅇ, ㅎ
좋은 숫자	8, 10

숫자로 보는 연운 활용

	좋은 달	보통 달	나쁜 달
금전·투자	6, 8월	7, 11월	5, 10월
변화·변동	1, 3, 9월	11월	10월
연애·사랑	2, 6월	4, 7월	10, 12월
건강·소송	3, 8월	4, 7월	5, 12월

333 월운

마른 샘이 비를 만나니 그 물이 다시 많아진다.
음양이 스스로 화합하니 명성을 얻는다.
위엄을 사방에 떨치니 의기양양하다.

해와 달이 밝게 빛나니 반드시 기쁜 일이 있다.
집안에 경사가 있으니 반드시 자손의 일이다.
칠년 큰 가뭄에 단비가 촉촉히 내린다.

용이 넓은 바다를 얻으니 조화가 무궁하다.
남의 재물이 우연히 문에 들어온다.
운수가 길하니 능히 그 소망을 이룬다.

군자는 벼슬하고 소인은 재물을 얻는다.
재물이 시장에 있으니 구하면 조금 얻는다.
멀리 가는 것은 불리하니 집에 있느니만 못하다.

재물을 잃을 수 있으니 모든 일을 조심한다.
북쪽 사람을 믿지 마라. 수성水姓이 해롭다.
만약 멀리 나가지 않으면 질병이 찾아온다.

만일 벼슬을 하지 않으면 반드시 재물을 얻는다.
금성金姓이나 목성木姓이 뜻밖에 도와준다.
마음을 돌같이 굳게 하라. 수고한 뒤에는 반드시 공이 따른다.

칠월과 팔월에는 물고기와 용이 물을 얻는다.
좋은 것이 도리어 근심이 되니 차라리 허황한 것만 못하다.
분수를 지키고 망녕되이 움직이지 마라.

단비가 때맞춰 내리니 풍년을 기약한다.
서북 양쪽에서 귀인이 와 도와준다.
귀인은 무슨 성인가. 반드시 목성木姓이다.

맑게 갠 하늘에 달이 뜨니 경치가 아름답다.
마음과 몸이 편안하니 성공하기에 무엇이 어렵겠는가.
귀인은 어디에 있는가. 반드시 서북쪽이다.

다른 사람의 재물을 탐하지 마라. 반드시 허황할 것이다.
연꽃이 가을을 맞으니 일시에 활짝 피었다.
만약 횡재를 하지 않으면 아들을 얻을 운수다.

푸른 물결에 낚시를 던지니 늦게 물고기를 얻는다.
운수가 대길하니 소원을 성취한다.
만약 횡재를 하지 않으면 관록官祿이 따를 것이다.

여색을 가까이하면 이유 없이 구설이 따른다.
돌 틈에서 작은 물이 쉬지 않고 바다로 흘러들어간다.
모든 일이 부드럽게 잘 되니 구하는 바를 얻는다.

운명을 바꾸는 **월운** 활용

	1월	2월	3월	4월	5월	6월
좋은 방향	동쪽	남쪽	북동쪽	남서쪽	북쪽	북서쪽
좋은 색상	군청색	은색	노란색	베이지색	연두색	고동색
좋은 장소	쇼핑몰	포장마차	기념관	갈비탕음식점	노래방	정류장
좋은 성씨	ㅇ, ㅎ	ㅅ, ㅈ, ㅊ	ㄴ, ㄷ, ㅌ, ㄹ	ㅁ, ㅂ, ㅍ	ㄴ, ㄷ, ㅌ, ㄹ	ㄱ, ㅋ
좋은 숫자	8, 11	3, 7	3, 4	2, 11	1, 5	2, 12
좋은 날짜	6, 10, 15, 19, 22, 27일	2, 9, 12, 18, 25, 27일	8, 15, 16, 25, 27, 28일	5, 13, 17, 18, 26, 29일	4, 9, 15, 18, 21, 28일	5, 8, 14, 17, 23, 28일
안 좋은 날짜	2, 14, 24일	8, 13, 20일	9, 14, 29일	6, 11, 21일	5, 7, 11일	6, 10, 19일
재물·금전 지수	92	93	92	82	72	94
변화·변동 지수	90	94	97	85	73	96
건강·행복 지수	95	95	96	88	77	94

	7월	8월	9월	10월	11월	12월
좋은 방향	남동쪽	북쪽	북서쪽	동쪽	남쪽	서쪽
좋은 색상	청록색	하늘색	검은색	자주색	연보라색	다홍색
좋은 장소	미술관	편의점	버섯음식점	아구찜음식점	레스토랑	스파게티전문점
좋은 성씨	ㄱ, ㅋ	ㄴ, ㄷ, ㅌ, ㄹ	ㅇ, ㅎ	ㅅ, ㅈ, ㅊ	ㅅ, ㅈ, ㅊ	ㅁ, ㅂ, ㅍ
좋은 숫자	3, 4	5, 10	7, 10	3, 8	1, 10	9, 10
좋은 날짜	6, 9, 15, 18, 25, 28일	2, 8, 14, 17, 22, 27일	8, 12, 13, 19, 22, 27일	5, 14, 17, 18, 21, 27일	4, 9, 14, 16, 22, 28일	9, 17, 18, 20, 23, 28일
안 좋은 날짜	5, 14, 22일	3, 15, 23일	4, 15, 28일	2, 13, 23일	3, 18, 29일	7, 11, 27일
재물·금전 지수	84	95	92	77	81	75
변화·변동 지수	86	98	95	74	83	74
건강·행복 지수	82	90	96	73	85	73

341 欲進不達之意

연운

욕 진 부 달 지 의

萬里長程 去去高山
만 리 장 정 거 거 고 산   만리나 되는 먼 길에 갈수록 산이 높다.

事不如意 頻頻移席
사 불 여 의 빈 빈 이 석   일이 뜻대로 되지 않아 자주 자리를 옮긴다.

三春之數 心神散亂
삼 춘 지 수 심 신 산 란   봄 석 달의 운수는 몸과 마음이 어지럽다.

勿爲相爭 口舌可畏
물 위 상 쟁 구 설 가 외   남과 다투지 마라. 구설이 있을까 두렵다.

事有未決 心不安靜
사 유 미 결 심 불 안 정   일마다 끝을 맺지 못하니 마음이 편치 않다.

愁心不離 出行則吉
수 심 불 리 출 행 즉 길   근심이 떠나지 않으니 멀리 떠나면 길하다.

梧桐落葉 鳳凰不栖
오 동 낙 엽 봉 황 불 서   오동잎이 다 떨어지니 봉황새가 머물러 살지 못한다.

白沙晴川 月色照臨
백 사 청 천 월 색 조 림   흰 모래사장과 맑은 시냇물에 달빛이 비친다.

凶服有數 身病可畏
흉 복 유 수 신 병 가 외   상복을 입을 수 있고 몸에 병이 날까 두렵다.

성인의 연운 활용

금전·명예	계획 없이 남의 돈을 끌어다 쓰면 심각한 금전난에 빠져 헤어나기 힘들다. 지출을 줄이는 것이 현명하다.
사업·창업	재물운도 신통치 않고 사업도 오히려 퇴보하려는 조짐이 있으니 일에서 이익을 꾀하지 않는 것이 좋다.
주식·투자	운이 없어서 주식투자는 잃는 것이 많으니 주의한다.
시험·취직	능력대로 응시해야 합격한다. 구직자는 원하는 직장은 아니더라도 취직하지만 직장인은 승진이 어렵다.
당선·소원	국회의원 선거는 불리한 쪽에 가까우니 다음으로 미룬다. 소원은 바라던 것 이상이 이루어진다.
이사·매매	이사는 손해만 나고 가족간에 다툼이 생기니 다음 기회로 미룬다. 매매는 현재 가진 것에 전혀 이익이 없다고 판단되면 손해를 보더라도 빨리 처분해야 더 큰 손해를 보지 않는다.
건강·사고	건강은 다른 문제는 없지만 뼈를 다치는 사고가 생길 수 있으니 조심한다.
애정·결혼	마음과 달리 엇나가기 쉬우니 때를 기다려라. 결혼은 시기가 나쁘고 부부는 다툼이 커지니 주의한다.
소송·다툼	타인과 옳다 그르다 다투지 마라. 억울하게 손재수나 관재수에 시달리고 소송으로 이어질 수 있다.

신세대의 연운 활용

연애·사랑	우울하고 침체되기 쉬운 운이니 평소 언행을 주의한다. 부부는 다툼이 심각해질 수 있으니 서로 양보하고 자제하도록 노력한다.
시험·취직	노력하면 고시나 대부분의 시험에 합격한다. 승진은 어려움이 많으니 현재의 위치에 만족하라.
건강·사고	건강은 그리 나쁘지도 좋지도 않지만 무리하면 과로로 병원 신세를 질 수 있으니 주의한다.
금전·행운	금전이 풍족하지만 들어오는 대로 다 써버리면 형편이 어려워져 오랜 기간 고생하니 주의한다.
소원·성취	지금 바라는 것은 소원이 아니라 욕심이기 때문에 이루어지기 어렵다.

운명을 바꾸는 연운 활용

좋은 방향	남서쪽
좋은 색상	황토색
좋은 장소	강
좋은 성씨	ㄱ, ㅋ
좋은 숫자	6, 8

숫자로 보는 연운 활용

	좋은 달	보통 달	나쁜 달
금전·투자	4, 10월	6, 12월	3, 5월
변화·변동	10, 11월	6, 12월	5, 8월
연애·사랑	4, 10월	1, 6월	2, 9월
건강·소송	10, 11월	1, 12월	7, 8월

341

월운

 깊은 산의 오래된 소나무요 큰 바다의 조각배다.
운수가 많이 거슬리니 반드시 손해가 있다.
일에 정한 이치가 있으니 흉이 변하여 길하게 된다.

 횡액이 두려우니 미리 액을 막는다.
위아래의 마음이 서로 다르니 매사를 이루지 못한다.
목성木姓과 토성土姓 두 성이 뜻밖에 해를 끼친다.

 봄 석 달에는 이익이 없고 여름에는 뜻대로 이룬다.
북쪽에 가지 마라. 반드시 실패한다.
비록 노력은 하나 도무지 공이 없다.

 버들은 푸르고 복숭아꽃은 붉으니 가히 봄을 만난다.
심신이 태평하니 집안에 경사가 있다.
재물이 밖에 있으니 멀리 떠나면 길하다.

 수심이 그치지 않고 구설이 따른다.
다투지 마라. 사소한 일이다.
인명을 구해주었으나 은혜가 도리어 원수가 된다.

 귀인이 도와주니 어찌 빛나지 않겠는가.
꽃이 떨어져도 열매는 열리지 않고 광풍만 부니 무슨 일인가.
운수가 이와 같으니 이 운수를 어찌할까.

 달 밝은 청산에서 두견이 슬피 운다.
동쪽에 가지 마라. 반드시 손해가 있다.
비록 재물은 얻지만 얻은 재물도 반은 잃는다.

 비록 노력은 하나 수고해도 공이 없다.
만약 재물을 잃지 않으면 반드시 아내를 잃는다.
재물을 잃은 것을 한탄하지 마라. 몸의 병이 근심이다.

 일이 뜻대로 되지 않으니 마음에 번민이 많다.
하룻밤 광풍에 꽃이 떨어져 어디로 갔는가.
집이 불안하니 일을 이루기 위해 기도한다.

 노력을 아끼지 마라. 마침내 큰 재물을 얻는다.
동으로 닫고 서로 달아나니 바쁘다.
깊은 산에 흐르는 물이 쉬지 않고 바다로 간다.

 구름이 흩어지고 달이 나오니 경치가 다시 새롭다.
봄풀이 봄을 만났으니 일취월장日就月長한다.
멀리 떠나면 이익을 얻으니 하늘이 준 복이다.

 기회를 보아서 활동하면 반드시 작은 재물을 얻는다.
만약 시비를 가까이하면 송사가 있을까 두렵다.
이李가와 김金가 두 성은 반드시 길하다.

운명을 바꾸는 **월운** 활용

	1월	2월	3월	4월	5월	6월
좋은 방향	남서쪽	북서쪽	남쪽	북동쪽	북쪽	남쪽
좋은 색상	밤색	주황색	주황색	적갈색	베이지색	옥색
좋은 장소	청국장식당	중식당	등산로	닭갈비음식점	해장국식당	퓨전음식점
좋은 성씨	ㅅ, ㅈ, ㅊ	ㅁ, ㅂ, ㅍ	ㄴ, ㄷ, ㅌ, ㄹ	ㄱ, ㅋ	ㅁ, ㅂ, ㅍ	ㅇ, ㅎ
좋은 숫자	3, 4	7, 12	9, 11	2, 4	4, 11	3, 12
좋은 날짜	5, 12, 14, 19, 22, 29일	6, 12, 14, 21, 28, 29일	2, 12, 13, 15, 20, 28일	5, 13, 17, 18, 22, 27일	8, 15, 17, 19, 20, 29일	4, 9, 10, 15, 22, 27일
안 좋은 날짜	6, 15, 23일	4, 16, 22일	3, 11, 22일	9, 14, 21일	7, 13, 22일	11, 13, 21일
재물·금전 지수	82	75	74	92	77	84
변화·변동 지수	83	77	76	94	78	85
건강·행복 지수	84	73	75	96	79	83

	7월	8월	9월	10월	11월	12월
좋은 방향	남쪽	동쪽	북동쪽	남동쪽	남서쪽	북서쪽
좋은 색상	연보라색	하얀색	연두색	금색	귤색	초록색
좋은 장소	다리	국수전문점	공연장	갈비음식점	공공도서관	바닷가
좋은 성씨	ㅅ, ㅈ, ㅊ	ㄱ, ㅋ	ㄴ, ㄷ, ㅌ, ㄹ	ㅇ, ㅎ	ㄴ, ㄷ, ㅌ, ㄹ	ㄱ, ㅋ
좋은 숫자	1, 5	5, 7	1, 9	2, 8	2, 9	6, 11
좋은 날짜	5, 8, 13, 17, 23, 29일	2, 9, 12, 17, 24, 28일	3, 8, 13, 17, 23, 28일	6, 9, 12, 18, 21, 29일	5, 8, 15, 16, 24, 29일	8, 12, 14, 19, 25, 29일
안 좋은 날짜	7, 11, 21일	8, 15, 29일	7, 11, 24일	4, 15, 22일	7, 19, 21일	4, 18, 21일
재물·금전 지수	74	70	71	91	92	82
변화·변동 지수	76	75	75	95	95	80
건강·행복 지수	72	73	73	93	94	88

有發達之意
유 발 달 지 의

연운

年少靑春 足踏紅塵
연 소 청 춘 족 답 홍 진   젊은 나이에 벼슬길에 올라 부귀영화를 누린다.

家運大吉 子孫榮貴
가 운 대 길 자 손 영 귀   가운이 대길하니 자손이 영화롭고 귀하게 된다.

猛虎出林 到處有權
맹 호 출 림 도 처 유 권   사나운 호랑이가 숲에서 나오니 이르는 곳마다 권세가 있다.

甘雨知時 百穀豊登
감 우 지 시 백 곡 풍 등   단비가 때 맞춰 내리니 모든 곡식이 풍성하다.

若非官祿 橫財之數
약 비 관 록 횡 재 지 수   만일 벼슬을 얻지 않으면 횡재할 운이다.

身數大吉 福祿陳陳
신 수 대 길 복 록 진 진   신수가 대길하니 복록이 끊이지 않는다.

春滿乾坤 螽斯振振
춘 만 건 곤 종 사 진 진   봄 기운이 하늘과 땅에 가득하니 부부가 화합하고 자손이 번창한다.

財福綿綿 生子之慶
재 복 면 면 생 자 지 경   재물과 복이 계속 이어지니 득남의 경사가 있다.

物各有主 守而防盜
물 각 유 주 수 이 방 도   물건에는 각각 주인이 있다. 도둑이 들지 않게 주의한다.

성인의 연운 활용

금전 · 명예	그 동안 잃었던 재물이 이제야 다시 들어온다.
사업 · 창업	주변의 경제 여건과 상관없이 사업이 날로 번창하고 재물이 쌓인다.
주식 · 투자	생각한 바를 과감하게 밀고 나가면 반드시 얻는 것이 있다.
시험 · 취직	어떤 시험이든 노력한 성과를 얻고 합격한다. 직장인은 승진하고 구직자는 원하는 직장에 취직한다.
당선 · 소원	당선은 노력만 한다면 가능하다. 현재의 소원보다는 과거의 소원이 이루어질 가능성이 더 크다.
이사 · 매매	오랜 소원이었던 집의 확장과 이사가 가능하고 그로 인해 가정에 기쁨이 넘친다. 시일을 끌던 매매도 쉽게 해결되고 지금 계약하려던 매매도 큰 이익을 보고 성사된다.
건강 · 사고	건강이 매우 좋다. 환자는 중증이 아니면 치료 가능하다.
애정 · 결혼	연애운이 매우 좋으니 이색적인 장소에서 데이트를 시도하라. 결혼이 속히 성사되고 부부운은 무난하다.
소송 · 다툼	그 동안 진행되던 소송이 해결되고 새로운 소송도 아무 탈 없이 잘 해결된다.

신세대의 연운 활용

연애 · 사랑	좋은 만남이 있을 운이니 적극적으로 다가가라. 서로 배려하면 소홀해지던 관계가 서서히 회복되고 새롭게 애정이 싹터 결혼까지 이른다.
시험 · 취직	오랫동안 노력해온 수험생은 합격한다. 직장인은 승진하고 구직자도 상위직은 아니지만 취직한다.
건강 · 사고	건강은 걱정할 것 없이 매우 좋으며, 질병이 발생한 환자는 명의를 만나 빠르게 치료된다.
금전 · 행운	사업이 꾸준히 발전해 나가니 큰 재물은 아니라도 작은 재물은 들어온다.
소원 · 성취	정당하고 욕심 없는 소원이라면 반드시 이루어질 것이다.

운명을 바꾸는 연운 활용

좋은 방향	북서쪽
좋은 색상	보라색
좋은 장소	수목원
좋은 성씨	ㄴ, ㄷ, ㅌ, ㄹ
좋은 숫자	5, 6

숫자로 보는 연운 활용

	좋은 달	보통 달	나쁜 달
금전 · 투자	1, 11월	2, 8월	9, 10월
변화 · 변동	4, 11월	5, 12월	7, 9월
연애 · 사랑	1, 3월	6, 8월	7, 9월
건강 · 소송	1, 4월	2, 5월	7, 10월

342

월운

1월
가는 곳마다 길하니 이 기회를 놓치지 마라.
남아가 뜻을 얻으니 의기양양하다.
몸과 재물이 왕성하고 집안이 화평하다.

2월
만약 관록官祿이 따르지 않으면 도리어 흉하게 된다.
만약 귀인을 만나면 반드시 큰 재물을 얻는다.
운수가 대길하니 반드시 흥왕할 것이다.

3월
집안에 경사가 있으니 혼인할 운수다.
길성吉星이 집을 비추니 집안에 기쁨이 가득하다.
재성財星이 문에 들어오니 재물이 산처럼 쌓인다.

4월
사월 남풍에 귀인이 서로 찾아온다.
소망을 뜻대로 이루니 손상되는 것이 하나도 없다.
재물을 구하지 않아도 뜻밖에 저절로 얻게 된다.

5월
만약 길하고 경사스럽지 않다면 도리어 상을 당할 운수다.
비록 재수는 좋으나 나가는 것이 많다.
뜻밖의 구설이 송사로 이어진다.

6월
집안에 있어도 마음이 어지럽고 나가도 애를 태운다.
처음은 힘들고 나중에는 길하니 큰 재물을 얻는다.
봄바람과 가랑비에 산천초목이 모두 즐거워한다.

7월
목성木姓이 불리하니 같이 일을 꾀하지 마라.
서쪽에서 오는 귀인이 우연히 도와준다.
칠월의 운수는 길흉이 서로 뒤섞인다.

8월
가문 하늘에 단비가 내리니 메마른 싹이 다시 살아난다.
봄닭이 알을 품으니 반드시 아들을 얻는다.
다투지 마라. 구설이 또 따른다.

9월
재성財星이 들어오니 움직이면 재물을 얻는다.
재물이 왕성하나 몸이 괴로우니 나중에는 흥하게 된다.
목성木星이 해로우니 함께 일하지 마라.

10월
부귀를 얻으니 사람마다 우러러본다.
관청에 가지 마라. 형살刑殺이 침투한다.
남과 꾀하는 일은 도리어 실패한다.

11월
동짓달과 섣달에는 만사가 순조롭게 이루어진다.
만약 횡재가 아니면 반드시 경사가 있다.
항상 기쁜 일이 있으니 심신이 편안하다.

12월
명예를 사방에 떨치니 이 밖에 무엇을 구하겠는가.
금년의 운수는 분수를 꼭 지켜야 한다.
섣달의 운수는 이름을 사방에 떨친다.

운명을 바꾸는 **월운** 활용

	1월	2월	3월	4월	5월	6월
좋은 방향	북쪽	동쪽	북동쪽	남쪽	서쪽	남동쪽
좋은 색상	노란색	하늘색	분홍색	자주색	회색	베이지색
좋은 장소	항구	철판요리집	수목원	쌈밥식당	단란주점	산
좋은 성씨	ㅅ, ㅈ, ㅊ	ㄱ, ㅋ	ㅅ, ㅈ, ㅊ	ㅅ, ㅈ, ㅊ	ㄴ, ㄷ, ㅌ, ㄹ	ㅁ, ㅂ, ㅍ
좋은 숫자	5, 8	2, 11	5, 11	3, 10	5, 8	4, 7
좋은 날짜	9, 15, 16, 20, 25, 27일	5, 7, 14, 21, 22, 28일	4, 8, 12, 20, 21, 27일	2, 7, 11, 22, 23, 27일	1, 8, 12, 16, 20, 27일	5, 9, 11, 14, 22, 28일
안 좋은 날짜	8, 13, 21일	6, 18, 24일	5, 9, 10일	5, 13, 21일	9, 13, 22일	6, 10, 21일
재물 · 금전 지수	92	84	94	92	85	85
변화 · 변동 지수	90	83	96	95	85	80
건강 · 행복 지수	92	84	96	90	89	82

	7월	8월	9월	10월	11월	12월
좋은 방향	서쪽	동쪽	남서쪽	북쪽	서쪽	북동쪽
좋은 색상	파란색	고동색	검은색	적갈색	남청색	연보라색
좋은 장소	아이스크림가게	오리음식점	한식당	기차역	수영장	민속촌
좋은 성씨	ㅇ, ㅎ	ㅇ, ㅎ	ㅁ, ㅂ, ㅍ	ㅁ, ㅂ, ㅍ	ㄴ, ㄷ, ㅌ, ㄹ	ㄴ, ㄷ, ㅌ, ㄹ
좋은 숫자	3, 11	1, 6	6, 9	2, 6	3, 5	9, 10
좋은 날짜	2, 8, 12, 16, 23, 27일	4, 7, 14, 18, 21, 28일	1, 8, 15, 19, 22, 28일	2, 9, 16, 17, 24, 28일	5, 7, 12, 19, 22, 28일	8, 11, 13, 20, 21, 29일
안 좋은 날짜	5, 18, 22일	6, 19, 20일	7, 21, 29일	8, 10, 21일	4, 20, 21일	4, 10, 18일
재물 · 금전 지수	78	84	72	78	94	87
변화 · 변동 지수	74	83	74	74	93	86
건강 · 행복 지수	73	87	75	73	90	83

343 奔走之象
분주지상

연운

驅馳四方 山程水程
구 치 사 방　산 정 수 정　사방으로 말을 몰아 달려가니 산도 넘고 물도 건넌다.

渴龍得水 財數亨通
갈 룡 득 수　재 수 형 통　목마른 용이 물을 얻으니 재수가 형통하다.

身上有苦 誰有知之
신 상 유 고　수 유 지 지　일신의 고생이 있음을 누가 있어 알겠는가.

初困後泰 晚得財利
초 곤 후 태　만 득 재 리　처음은 고생하나 나중에 태평하니 늦게 재물을 얻는다.

喜憂相半 吉凶相半
희 우 상 반　길 흉 상 반　기쁨과 근심이 반반이니 길흉이 상반되어 반은 흉하고 반은 길하다.

官災口舌 間間有之
관 재 구 설　간 간 유 지　관재와 구설이 간간히 있다.

鴛鴦交頸 鷗鷺何侵
원 앙 교 경　구 로 하 침　원앙이 짝을 짓는데 갈매기와 해오라기가 어찌 끼어드는가.

深山窮谷 指路者誰
심 산 궁 곡　지 로 자 수　깊은 산 막다른 골짜기에서 길을 알려주는 이가 누구인가.

之南之北 四顧無親
지 남 지 북　사 고 무 친　남북으로 왕래하며 사방을 돌아보아도 친한 이가 없다.

성인의 연운 활용

금전·명예	정상적인 방법이 아니라면 금전에 욕심내지 마라. 무리하면 손해만 볼 뿐이다.
사업·창업	사업운이 침체되고 있으니 동업을 계획하지 마라. 손해만 보고 친한 사람과 의리가 끊어지게 된다.
주식·투자	주식운이 따르지 않으니 당연히 들어오는 이익이 없다. 다음으로 미루는 것이 좋다.
시험·취직	이번 시험은 매우 불리하다. 합격운은 다음 기회가 유리하다. 직장인은 승진보다 현재의 위치를 지켜라.
당선·소원	당선은 노력만큼 결과가 없으니 다음을 생각하라. 소원은 도와주는 사람이 많으니 이룰 수 있다.
이사·매매	이사는 시기가 나쁘니 하지 않는 것이 좋고 옮겨야 한다면 날짜와 방향을 잘 선택해야 한다. 옛 것을 버리지 말고 현재의 장소에서 끈기 있게 노력하라. 단, 오랫동안 침체된 곳은 손해가 있더라도 매매한다.
건강·사고	보이지 않는 곳에 질병이 있을 수 있으니 미리 예방한다. 가끔 병원을 찾는 것이 좋다.
애정·결혼	아직은 시기가 아니니 간접적인 애정표현이 더 효과적이다. 부부는 금실이 매우 좋다.
소송·다툼	가까운 사람일수록 철저하라. 방심하다가 사소한 시비가 소송으로 발전한다. 작은 실수도 주의한다.

신세대의 연운 활용

연애·사랑	새로운 사람은 만나기 어렵다. 그러나 천생배필이라면 둘만의 아름다운 시간을 가진다. 결혼을 약속한 사이라도 실수하여 오해로 헤어질 수 있으니 주변의 유혹에 넘어가지 말고 상대와 더 많은 시간을 보내라.
시험·취직	시험은 노력만이 방법이다. 직장인은 승진이 어렵고 구설수나 파직의 위험이 따르니 언행을 조심한다.
건강·사고	건강은 오랜 기간 치료할 질병이 예상되니 매사에 조심한다.
금전·행운	재물과 문서로 싸움이 벌어져 친한 관계가 악화되고 큰 재물 손실이 따른다.
소원·성취	큰 소원도 작은 소원도 이루어지기 힘들다.

운명을 바꾸는 연운 활용

좋은 방향	동쪽
좋은 색상	연두색
좋은 장소	포장마차
좋은 성씨	ㅁ, ㅂ, ㅍ
좋은 숫자	2, 8

숫자로 보는 연운 활용

	좋은 달	보통 달	나쁜 달
금전·투자	5, 6월	8, 11월	1, 3월
변화·변동	2, 5월	8, 11월	4, 9월
연애·사랑	2, 5월	11, 12월	1, 3월
건강·소송	2, 6월	8월, 12월	7, 10월

343 월운

1月
소망은 이루어지나 일에 의심이 따른다.
산길로 말을 달리니 길이 험해 나아가기 어렵다.
얻어도 많이 잃으니 도리어 없는 것만 못하다.

2月
배회하며 하늘을 바라보다가 돌아오는 길에 재물을 얻는다.
만약 횡재가 없으면 도리어 상을 당할 운수다.
길을 가다 재물을 만나니 멀리 떠나면 얻는다.

3月
천리타향에 고독하고 외로운 몸이다.
다른 사람의 말을 듣지 마라. 도리어 허망하다.
동서 양쪽으로는 가까이 가지 마라. 반드시 손해가 있다.

4月
해가 넘어가니 동서를 분별하지 못한다.
만약 신병이 아니면 슬하에 근심이 있다.
이李가와 박朴가 두 성이 몰래 일을 시기한다.

5月
서쪽과 북쪽 양쪽에는 반드시 흉함이 있다.
하순에는 동서 양쪽에 반드시 좋은 일이 있다.
우물의 물고기가 바다로 나가니 의기양양하다.

6月
산에 들어가서 도를 닦으니 신선의 모습이다.
동남 양쪽에는 반드시 길함이 있다.
횡액을 조심하라. 흉악한 일이 생긴다.

7月
다른 사람과 꾀하는 일은 반드시 손해가 있다.
일에 마가 있으니 멀리 나가지 마라.
본래 재물이 없으니 몸이 괴롭고 수고한다.

8月
해로움은 어느 성에 있는가. 반드시 화성火姓에 있다.
이익은 어느 성에 있는가. 반드시 수성水姓에 있다.
만약 남의 도움을 받으면 천금을 얻는다.

9月
밖에 나가지 마라. 손해만 있고 이익은 없다.
기쁨과 근심이 서로 뒤섞였으니 반은 길하고 반은 흉하다.
몸과 마음이 힘드니 마음에 번민이 많다.

10月
가을밤 삼경에 집을 생각하고 스스로 한탄한다.
분수를 지키고 편히 있으면 이 운수를 거의 면한다.
동쪽에서 온 나그네는 반드시 악한 사람이다.

11月
해가 서산에 지니 돌아가는 나그네 발걸음이 바쁘다.
매사를 이루지 못하니 분수를 지키는 게 제일이다.
만약 관재官災가 아니면 구설이 끊이지 않는다.

12月
섣달의 운수는 재물도 얻고 생각하는 일도 이루어진다.
집에 불평이 있으니 반드시 재물을 잃을 수가 있다.
금년의 운수는 분주하되 이익은 적다.

운명을 바꾸는 **월운** 활용

	1월	2월	3월	4월	5월	6월
좋은 방향	북서쪽	동쪽	남동쪽	남쪽	동쪽	남동쪽
좋은 색상	빨간색	다홍색	녹색	파란색	빨간색	파란색
좋은 장소	순두부식당	삼겹살식당	목장	와인전문점	섬	야구장
좋은 성씨	ㅇ, ㅎ	ㅅ, ㅈ, ㅊ	ㅁ, ㅂ, ㅍ	ㄱ, ㅋ	ㅇ, ㅎ	ㄱ, ㅋ
좋은 숫자	5, 6	1, 12	3, 10	1, 8	5, 9	2, 8
좋은 날짜	6, 11, 12, 17, 22, 27일	9, 13, 15, 18, 21, 28일	5, 9, 14, 16, 25, 29일	4, 8, 11, 21, 25, 28일	2, 9, 10, 22, 25, 28일	1, 8, 12, 15, 22, 29일
안 좋은 날짜	2, 13, 16일	8, 14, 22일	4, 21, 24일	7, 13, 18일	5, 13, 21일	7, 16, 25일
재물·금전 지수	76	92	75	74	98	93
변화·변동 지수	74	97	77	73	95	95
건강·행복 지수	73	98	76	70	94	96

	7월	8월	9월	10월	11월	12월
좋은 방향	북동쪽	남서쪽	북쪽	남쪽	동쪽	북동쪽
좋은 색상	초록색	청록색	연두색	밤색	보라색	주황색
좋은 장소	치킨전문점	감자탕음식점	나이트클럽	오락실	시골길	묵요리집
좋은 성씨	ㄱ, ㅋ	ㅅ, ㅈ, ㅊ	ㅇ, ㅎ	ㅁ, ㅂ, ㅍ	ㄴ, ㄷ, ㅌ, ㄹ	ㄴ, ㄷ, ㅌ, ㄹ
좋은 숫자	2, 4	3, 7	4, 8	1, 2	2, 7	3, 11
좋은 날짜	5, 9, 11, 20, 21, 28일	2, 8, 14, 22, 23, 27일	3, 9, 12, 21, 24, 28일	6, 11, 13, 20, 22, 29일	2, 9, 11, 22, 23, 28일	5, 8, 13, 18, 22, 29일
안 좋은 날짜	10, 18, 23일	3, 15, 21일	5, 11, 29일	5, 15, 28일	7, 10, 21일	4, 10, 21일
재물·금전 지수	74	84	75	74	82	89
변화·변동 지수	75	83	70	73	80	85
건강·행복 지수	73	82	75	76	87	86

351 有事不能之意
유사불능지의

연운

未嫁閨女 弄珠不當
미가규녀 농주부당   시집 안 간 처녀가 아이를 낳는 것은 마땅치 않다.

上下相克 其害不少
상하상극 기해불소   위아래가 서로 극하니 그 해가 적지 않다.

時違行事 必有不利
시위행사 필유불리   때를 어겨 일을 진행하니 반드시 불리함이 있다.

妄動妄想 終時不利
망동망상 종시불리   망녕되게 생각하거나 행동하지 마라. 끝내는 불리하다.

衣食自足 安靜則吉
의식자족 안정즉길   옷과 음식이 저절로 족하니 안정을 취하면 길하다.

家有慶事 利在田庄
가유경사 이재전장   집안에 경사가 있고 논밭의 토지를 늘리게 된다.

碌碌浮生 因人成事
녹록부생 인인성사   떠돌이 같은 인생이 사람으로 인해 일을 성사시킨다.

莫慎困苦 後必有榮
막신곤고 후필유영   힘든 것을 탄식하지 마라. 뒤에는 반드시 영화가 있다.

祈禱佛前 災消福來
기도불전 재소복래   불전에 기도하라. 재앙이 사라지고 복이 온다.

성인의 연운 활용

금전 · 명예	수입과 이익이 적으니 절약이 최선이다. 금전운이 나쁘니 욕심부리다가는 상당한 자금난이 닥친다.
사업 · 창업	허황된 꿈을 꾸면 큰 화를 당한다. 분수를 지키고 맡은 바를 실천하는 것이 현재를 지키는 방법이다.
주식 · 투자	주식이 하락하고 있으니 투자하지 말고 잠시 쉬는 것이 좋다.
시험 · 취직	일반 시험은 가능하나 상위직 · 고시 · 일류대는 불가능하다. 승진은 욕심 없이 실력대로 하면 가능하다.
당선 · 소원	운이 불리하여 당선은 어렵다. 소원은 노력해도 이루기 힘들다. 뜻밖의 행운도 잠깐일 뿐이다.
이사 · 매매	이사할 마음이 크지만 함부로 움직이지 마라. 지금의 위치가 손해나는 것을 막아주고 있다. 매매는 문서상의 문제로 어려움이 따르니 꼼꼼하게 살펴야 한다.
건강 · 사고	특별한 이상은 없지만 오랜 고생 끝에 휴식인지라 심신의 피로가 한꺼번에 몰려온다.
애정 · 결혼	새로운 만남은 좋지만 순간적인 감정으로 애인과 다투기 쉽다. 부부운은 매우 좋다.
소송 · 다툼	소송은 무리하게 밀고 나가다가 구설수에 오를 수 있으니 한 가지씩 계획을 세워서 밀고 나가야 한다.

신세대의 연운 활용

연애 · 사랑	사랑을 얻기 위해 노력해도 실속이 없다. 새로운 만남도 어렵다. 결혼을 약속한 사람은 결혼을 서두른다.
시험 · 취직	학교와 직장은 실력대로 선택한다. 요행은 기대하지 마라. 직장인은 승진 기회가 없으니 다음을 기다린다.
건강 · 사고	건강을 지키려면 주색을 멀리하고 남들과 싸우거나 시비에 말려들지 않도록 주의한다.
금전 · 행운	한때 심한 금전적 어려움이 생긴다. 작은 돈이나마 착실히 모아두어 미래를 대비한다.
소원 · 성취	어떠한 소원도 이루기 어려우니 기대하지 않는다.

운명을 바꾸는 연운 활용

좋은 방향	북서쪽
좋은 색상	회색
좋은 장소	채식전문점
좋은 성씨	ㅅ, ㅈ, ㅊ
좋은 숫자	3, 4

숫자로 보는 연운 활용

	좋은 달	보통 달	나쁜 달
금전 · 투자	9, 11월	6, 10월	2, 3월
변화 · 변동	9, 11월	5, 10월	1, 4월
연애 · 사랑	11, 12월	5, 6월	1, 7월
건강 · 소송	11, 12월	5, 6월	7, 8월

351

월운

1월
바람과 비가 고르게 내리지 않으니 온갖 곡식이 자라지 못한다.
가는 곳마다 불리하니 이 운수를 어찌할까.
돌 위의 외로운 소나무는 뿌리를 내리기 어렵다.

2월
겉으로는 웃고 속으로는 찌푸리니 머리는 있고 꼬리는 없는 격이다.
다른 사람의 말을 듣지 마라. 도리어 허황하다.
집안이 편안하지 않으니 재액災厄이 끊이지 않는다.

3월
재수가 불리하니 반드시 재물을 잃는다.
허욕을 탐하지 마라. 별로 얻는 것이 없다.
소망은 이루기 어렵고 흉한 것은 많되 길한 것은 적다.

4월
늙은 용이 힘이 없어 하늘에 오르기 힘들다.
해가 구름 속으로 들어가니 동서를 알지 못한다.
시비를 가까이하지 마라. 구설이 따른다.

5월
재물을 잃을 수 있으니 화성火姓을 멀리한다.
물을 거슬러 배를 타고 가니 나아가기가 어렵다.
집에 있으면 흉하니 이사를 가면 길하다.

6월
집안이 화평하니 재물이 찾아온다.
횡재수가 있으니 손으로 천금을 만진다.
만약 그렇지 않으면 구설을 면하기 어렵다.

7월
만약 이사하지 않으면 반드시 직업을 바꾸게 된다.
올해 운수는 가정에 근심이 있으니 어찌할까.
다른 사람과 원수가 되었으니 그 해가 아주 많다.

8월
만약 횡재하지 않으면 도리어 물건을 잃어버린다.
달이 구름 속으로 들어가니 그 빛을 보지 못한다.
만일 그렇지 않으면 슬하에 근심이 있다.

9월
길성吉星이 문을 비추니 귀인과 마주 대한다.
호랑이가 서로 다투니 승부를 알기 어렵다.
가족이 서로 화합하지 못하고 또 다시 질병이 침범한다.

10월
매화꽃이 광풍에 다 떨어진다.
만일 상을 당하지 않으면 슬하에 해가 생긴다.
목성木姓과 금성金姓은 반드시 길하다.

11월
옛 것을 버리고 새 것을 좇으니 온 들판에 봄이 돌아온다.
금이 난로에 들어가니 마침내 큰 그릇이 된다.
날려고 하지만 날개가 없으니 분수를 지키면 길하다.

12월
봉황이 전각에 새끼를 치니 반드시 구름 위로 날아오른다.
재성財星이 문을 비추니 논밭에서 이익을 얻는다.
가는 곳마다 재물이 있으니 편안하게 지낸다.

운명을 바꾸는 월운 활용

	1월	2월	3월	4월	5월	6월
좋은 방향	남동쪽	남쪽	북서쪽	남서쪽	동쪽	북동쪽
좋은 색상	주황색	검은색	옥색	하얀색	노란색	연보라색
좋은 장소	곱창음식점	시장	꽃집	샌드위치가게	휴양림	한적한 시외
좋은 성씨	ㄴ, ㄷ, ㅌ, ㄹ	ㅅ, ㅈ, ㅊ	ㄱ, ㅋ	ㄴ, ㄷ, ㅌ, ㄹ	ㅅ, ㅈ, ㅊ	ㄴ, ㄷ, ㅌ, ㄹ
좋은 숫자	7, 8	5, 12	2, 3	6, 12	2, 9	2, 7
좋은 날짜	7, 12, 15, 18, 24, 29일	4, 8, 16, 21, 22, 26일	8, 12, 13, 22, 24, 28일	5, 9, 15, 20, 22, 29일	9, 17, 18, 19, 22, 28일	6, 13, 15, 21, 23, 28
안 좋은 날짜	10, 17, 21일	5, 9, 15일	1, 15, 21일	4, 13, 21일	10, 21, 23일	5, 14, 22일
재물·금전 지수	72	73	77	75	81	83
변화·변동 지수	75	74	74	74	85	87
건강·행복 지수	75	75	73	73	84	85

	7월	8월	9월	10월	11월	12월
좋은 방향	서쪽	북쪽	남동쪽	서쪽	남쪽	북서쪽
좋은 색상	하늘색	고동색	자주색	은색	적갈색	군청색
좋은 장소	놀이공원	직장	양고기전문점	주택가	서점	백화점
좋은 성씨	ㅇ, ㅎ	ㅇ, ㅎ	ㄱ, ㅋ	ㄱ, ㅋ	ㅁ, ㅂ, ㅍ	ㅁ, ㅂ, ㅍ
좋은 숫자	4, 9	5, 6	3, 8	1, 2	8, 11	3, 9
좋은 날짜	5, 9, 11, 14, 20, 29일	8, 16, 18, 19, 20, 29일	2, 8, 10, 15, 21, 26일	5, 9, 11, 18, 22, 26일	6, 11, 13, 15, 21, 27일	3, 9, 14, 18, 22, 27일
안 좋은 날짜	1, 10, 22일	9, 14, 21일	4, 11, 23일	4, 13, 20일	2, 18, 22일	5, 11, 28일
재물·금전 지수	78	79	92	84	92	94
변화·변동 지수	77	76	94	85	92	93
건강·행복 지수	75	72	95	81	90	95

352 有和順之意
유화순지의

연운

靑龍朝天 雲行雨施
청룡조천 운행우시 　청룡이 하늘에 올라 구름을 움직이며 비를 내린다.

擇地移屋 終見吉祥
택지이옥 종견길상 　땅을 골라 이사하면 마침내 좋은 일이 있다.

三秋之數 必有吉事
삼추지수 필유길사 　가을 석 달의 운수는 반드시 길한 일이 있다.

淺水行舟 外貧內富
천수행주 외빈내부 　얕은 물에 배가 가는 격이니 겉은 가난하나 속은 부유하다.

今年之數 官祿隨身
금년지수 관록수신 　금년 운수는 관록이 따른다.

若非如此 橫財之數
약비여차 횡재지수 　만일 그렇지 않으면 횡재할 운이다.

春風蟹眼 蟄而不出
춘풍해안 칩이불출 　봄바람에 게가 눈을 움츠리고 나오지 않는다.

朝聚暮散 虛慾滿腹
조취모산 허욕만복 　아침에 모이고 저녁에 흩어지니 배에 허욕만 가득하다.

若非折桂 可得千金
약비절계 가득천금 　만일 과거에 합격하지 않으면 가히 천금을 얻는다.

성인의 연운 활용

금전 · 명예	재수가 대통하니 뜻밖에 횡재에 버금가는 큰 재물을 얻는다.
사업 · 창업	그 동안의 노력이 이제야 결실을 맺어 사업이 발전하고 큰 성공을 거둔다.
주식 · 투자	흐름이 전반적으로 좋으니 적당한 투자는 무난하다.
시험 · 취직	시험운이 크게 좋지는 않다. 노력이 필요하다. 실업자는 취직하고 직장인은 실력을 인정받고 승진한다.
당선 · 소원	실력과 노력만 있다면 얼마든지 당선 가능하다. 운 또한 매우 좋다.
이사 · 매매	이사운이 매우 좋으니 이번에 옮겨도 괜찮다. 매매 역시 원하는 가격대로 거래가 성사된다.
건강 · 사고	정력이 왕성하니 걱정이 없지만 욕심이 너무 큰 사람은 건강이 위험할 수 있으니 주의한다.
애정 · 결혼	새로운 만남은 이루어질 것이다. 오랜 연인과는 애정이 더욱 두터워지고 원한다면 결혼까지 이어진다.
소송 · 다툼	소송이 발생할지는 운에 달려 있지만, 승소하느냐 패소하느냐는 대인관계에 달려 있다.

신세대의 연운 활용

연애 · 사랑	사랑고백에 적기지만, 오랜 연인과 다투기 쉽다. 결혼은 다음으로 미루어야 하며, 부부는 인내가 필요하다.
시험 · 취직	시험운이 매우 좋아 열심히 공부했다면 반드시 합격한다. 직장인은 승진하고 실업자도 취직한다.
건강 · 사고	모든 병은 마음에서 온다. 마음을 편히 가지면 오랜 병을 앓던 사람도 명의를 만나 회복될 것이다.
금전 · 행운	생활이 궁핍하지 않을 정도의 수입이 보장된다. 욕심만 부리지 않으면 손실이 없을 것이다.
소원 · 성취	지나치게 무리한 소원만 아니라면 이룰 수 있고 그 과정에서 큰 어려움은 없을 것이다.

운명을 바꾸는 연운 활용

좋은 방향	남서쪽
좋은 색상	군청색
좋은 장소	기차역
좋은 성씨	ㅇ, ㅎ
좋은 숫자	1, 6

숫자로 보는 연운 활용

	좋은 달	보통 달	나쁜 달
금전 · 투자	5, 8, 9월	3, 7월	4월
변화 · 변동	8, 11월	1, 7월	12월
연애 · 사랑	2, 5, 6월	1, 7월	12월
건강 · 소송	6, 9월	7, 10월	4, 12월

352

월운

금소반에 과실을 쌓고 꽃탑에서 잔치를 벌인다.
원수가 은인이 되고 도둑이 찾아와 복종한다.
이름이 온 누리에 퍼지니 사람마다 우러러본다.

임금과 신하가 화합하니 만사가 편안하다.
만약 장가를 들지 않으면 반드시 귀한 자녀를 낳는다.
만약 관록官祿이 아니면 횡재를 할 운수다.

재물이 타향에 있으니 멀리 떠나면 재물을 얻는다.
재물도 있고 권리도 있으니 위엄을 사방에 떨친다.
박朴가를 가까이하면 반드시 손해를 본다.

남쪽에 길함이 있고 재물은 북쪽에 있다.
사월의 운수는 바깥은 가난하나 속은 부유하다.
만약 금성金姓을 가까이하면 재물을 많이 잃는다.

재성財星이 들어오니 손으로 천금을 만진다.
온갖 일이 다 길하니 도처에서 재물을 얻는다.
만약 횡재가 아니면 관록官祿이 따른다.

귀인이 와서 도와주니 묘한 계획이 잘 맞아떨어진다.
집안의 기운이 왕성하고 슬하에 경사가 있다.
남과 함께 하는 일은 반드시 길함이 있다.

시원한 칠월에 반드시 장원급제한다.
뜻밖에 성공하니 기쁨이 가정에 가득하다.
비록 근심이 조금 있으나 마침내 형통하게 된다.

재물과 권리가 있으니 가는 곳마다 봄바람이다.
낚시를 푸른 물결에 드리우니 마침내 큰 고기를 얻는다.
재물이 산같이 쌓이니 이 밖에 무엇을 바랄까.

푸른 하늘에 달이 밝으니 경치가 다시 새롭다.
이익은 어디에 있는가. 동북 양쪽이다.
소원을 이루고 재물을 구하면 얻는다.

넓은 바다에서 배가 순풍을 만난다.
길성吉星이 문에 들어오니 반드시 경사가 있다.
비록 재물은 얻지만 몸에 작은 근심이 있다.

용이 좋은 구슬을 얻으니 조화가 무궁하다.
만약 귀인을 만나면 가히 천금을 얻는다.
재물과 곡식이 풍부하니 이 밖에 무엇을 구할까.

밝은 달이 공중에 떠오르니 그 빛이 오래간다.
남과 꾀하는 일은 반드시 허황하다.
남과 서로 다투지 마라. 시비와 구설이 있다.

운명을 바꾸는 월운 활용

	1월	2월	3월	4월	5월	6월
좋은 방향	동쪽	북동쪽	남서쪽	남쪽	남동쪽	북쪽
좋은 색상	분홍색	파란색	노란색	연두색	베이지색	회색
좋은 장소	영화감상실	유원지	시내	주택가	돈까스전문점	모래사장
좋은 성씨	ㄱ, ㅋ	ㅅ, ㅈ, ㅊ	ㅇ, ㅎ	ㅇ, ㅎ	ㅁ, ㅂ, ㅍ	ㄴ, ㄷ, ㅌ, ㄹ
좋은 숫자	4, 7	5, 6	6, 7	1, 6	1, 7	1, 12
좋은 날짜	2, 9, 14, 20, 23, 29일	5, 9, 15, 21, 22, 27일	8, 14, 16, 21, 22, 28일	4, 9, 12, 22, 23, 27일	5, 10, 12, 20, 22, 28일	9, 13, 15, 18, 23, 26일
안 좋은 날짜	7, 13, 22일	4, 14, 28일	6, 11, 20일	3, 13, 18일	3, 13, 29일	4, 11, 20일
재물·금전 지수	81	92	84	74	93	94
변화·변동 지수	86	90	84	73	95	93
건강·행복 지수	85	91	85	78	97	90

	7월	8월	9월	10월	11월	12월
좋은 방향	북서쪽	남쪽	북동쪽	동쪽	북동쪽	남서쪽
좋은 색상	빨간색	초록색	연보라색	자주색	다홍색	고동색
좋은 장소	분식점	빈대떡음식점	공원	미술관	일식당	생과일전문점
좋은 성씨	ㄱ, ㅋ	ㄴ, ㄷ, ㅌ, ㄹ	ㅅ, ㅈ, ㅊ	ㅅ, ㅈ, ㅊ	ㅁ, ㅂ, ㅍ	ㄱ, ㅋ
좋은 숫자	3, 6	3, 5	4, 10	5, 12	2, 12	2, 6
좋은 날짜	5, 11, 13, 15, 22, 27일	7, 10, 12, 17, 23, 28일	5, 9, 15, 18, 20, 26일	8, 14, 17, 20, 22, 27일	4, 10, 14, 21, 23, 28일	6, 13, 18, 21, 22, 29일
안 좋은 날짜	4, 8, 20일	6, 15, 19일	10, 21, 22일	10, 11, 23일	5, 11, 20일	11, 14, 23일
재물·금전 지수	87	94	97	82	98	71
변화·변동 지수	86	95	96	83	95	74
건강·행복 지수	85	90	95	84	90	77

353 不能而行有凶之意
불능이행유흉지의

연운

弱小騰國 間於齊楚
약소등국 간어제초 약소한 등나라가 제나라와 초나라 사이에 있다.

兩人合心 終得財利
양인합심 종득재리 두 사람이 마음을 합하니 마침내 재물을 얻는다.

意外功名 必有餘慶
의외공명 필유여경 의외로 공명을 세우니 반드시 남은 경사가 있다.

木姓不利 近則損害
목성불리 근즉손해 목성은 불리하니 가까이하면 손해를 본다.

一家和平 財物自來
일가화평 재물자래 온 가족이 화목하니 재물이 절로 따라온다.

莫近親人 徒無所益
막근친인 도무소익 친한 사람을 가까이하지 마라. 도무지 이익이 없다.

深夜有夢 女人入懷
심야유몽 여인입회 깊은 밤 꿈에 여인을 품에 안는다.

事事如意 千金自來
사사여의 천금자래 하는 일마다 뜻대로 이루어지니 천금이 절로 들어온다.

鵲巢庭樹 喜事到門
작소정수 희사도문 까치가 뜰 안 나무에 둥지를 트니 기쁜 일이 있을 것이다.

성인의 연운 활용

금전·명예	벼락부자를 바라지 마라. 요행을 바라는 것은 금물이다. 노력만큼 이익을 얻는다.
사업·창업	현재의 사업에 전력하면 시간이 걸리더라도 많은 성공을 거둔다. 노력해야만 성공과 행운이 따른다.
주식·투자	경제 흐름이 불분명하니 주식투자는 신중해야 한다.
시험·취직	아직은 때가 아니니 시험은 다음 기회로 미룬다. 승진은 실력도 부족하고 주위의 방해가 심해 불가능하다.
당선·소원	당선은 어려우니 좀더 실력을 쌓아야 한다. 소원은 노력한다면 시일이 걸리더라도 반드시 이루어진다.
이사·매매	이사는 되도록 자제하고, 하더라도 축소하든지 같은 수준으로 옮겨야 한다. 매매와 같은 변화도 삼간다.
건강·사고	건강은 작은 이상이라도 발생하거나 그러한 기미가 보이면 병원에 간다. 그래야 병을 키우지 않는다.
애정·결혼	괜히 울적해지기 쉬운 때이지만 이성에게서 위안을 받기보다 감성적으로 홀로서기를 해야 한다. 지지부진하던 연애가 진전되고 결혼에 이른다. 특히 좋은 배필을 만나니 더욱 기쁘다.
소송·다툼	소송은 매우 어려워지지만 상황을 잘 파악하고 진행하면 결국에는 좋은 쪽으로 풀려나간다.

신세대의 연운 활용

연애·사랑	변덕이 심해지고 마음과 말이 제각각이기 쉽다. 이럴수록 언행을 조심하고 마음 속의 말을 솔직하게 털어놓아라. 좋아하는 사람과 약혼이나 결혼을 한다. 단, 삼각관계를 주의하라.
시험·취직	오직 노력만이 시험에 합격하는 길이다. 승진 역시 노력하면 반드시 기회가 온다.
건강·사고	마음 놓고 움직여도 괜찮은 운이니 걱정하지 말고 활동적인 생활을 한다.
금전·행운	금전의 여유가 있을 때 모아두는 것이 미래를 대비하는 현명한 길이다.
소원·성취	원하는 소원을 이루기에는 시간이 많이 걸릴 것이다.

운명을 바꾸는 연운 활용

좋은 방향	북동쪽
좋은 색상	은색
좋은 장소	미술관
좋은 성씨	ㄱ, ㅋ
좋은 숫자	4, 10

숫자로 보는 연운 활용

	좋은 달	보통 달	나쁜 달
금전·투자	8, 11월	5, 7월	3월
변화·변동	9, 11월	1, 7월	2, 6월
연애·사랑	8, 12월	4, 10월	3, 6월
건강·소송	8, 9월	7, 10월	2, 6월

353

월운

① 흉함이 화하여 길하게 되니 세상일이 태평하다.
집에 있으면 길하니 밖에 나가지 마라.
배가 여울을 건너는데 다시 풍파가 몰아친다.

② 두 사람의 마음이 다르니 꾀하는 일을 이루지 못한다.
손해를 볼 수 있으니 목성木姓을 가까이하지 마라.
해는 서산으로 저무는데 갈 길이 바쁘기만 하다.

③ 시비를 가까이하지 마라. 구설을 면하기 어렵다.
재수는 평탄하나 질병이 염려된다.
봄에 하는 일은 반드시 허망하다.

④ 뜰의 붉은 복숭아가 홀로 봄빛을 띠었다.
집에 경사가 있으니 자식을 볼 경사다.
재물이 서쪽에 있으니 나가면 손에 들어온다.

⑤ 해는 서산으로 넘어가는데 나그네가 길을 잃었다.
친한 사람이 해를 입히니 모든 일을 조심한다.
이익은 어디에 있는가. 북쪽이 가장 길하다.

⑥ 유월의 운수는 배가 물을 거슬러 올라간다.
앞으로 나가면 근심이 생기고 물러서면 무력해진다.
만약 부모에게 근심이 없으면 슬하에 근심이 생긴다.

⑦ 뜻밖에 이름을 얻으니 이름을 사방에 떨친다.
슬하에 길함이 있고 재록財祿이 가득하다.
다른 사람의 말을 듣지 마라. 구설이 많고도 많다.

⑧ 두 사람의 마음이 같으니 사람으로 인해 일을 이룬다.
만약 그렇지 않으면 반드시 혼인한다.
출입하면 이로우니 움직이면 이익을 얻는다.

⑨ 마음을 다해 덕을 쌓으면 이로움이 있다.
음양이 화합하니 반드시 경사가 생긴다.
모든 일을 이루니 몸과 마음이 편안하다.

⑩ 형산荊山의 백옥이 어느 때에나 나올까.
급하게 하지 마라. 마침내 재물을 얻을 것이다.
나가면 해로우니 옛 것을 지키고 안정한다.

⑪ 횡재수가 있으니 좋은 기회를 놓치지 마라.
수성水姓과 친하면 손으로 천금을 만진다.
몸도 왕성하고 재물도 성하니 모든 일이 순조롭다.

⑫ 재물이 풍족하니 심신이 편안하다.
가랑비와 봄바람에 온갖 풀이 잘 자란다.
집안이 안락하니 재록財祿이 풍성하게 들어온다.

운명을 바꾸는 **월운** 활용

	1월	2월	3월	4월	5월	6월
좋은 방향	남동쪽	서쪽	북쪽	남쪽	북쪽	북서쪽
좋은 색상	적갈색	검은색	하늘색	주황색	보라색	베이지색
좋은 장소	패스트푸드점	계곡	칵테일바	생맥주집	버스	청국장식당
좋은 성씨	ㅅ, ㅈ, ㅊ	ㅅ, ㅈ, ㅊ	ㅁ, ㅂ, ㅍ	ㄱ, ㅋ	ㅇ, ㅎ	ㄱ, ㅋ
좋은 숫자	6, 8	5, 10	1, 11	4, 5	7, 8	9, 12
좋은 날짜	5, 10, 18, 20, 23, 26일	3, 10, 17, 19, 22, 28일	2, 9, 13, 20, 21, 27일	5, 8, 12, 16, 22, 29일	9, 16, 17, 19, 23, 25일	5, 10, 13, 18, 22, 27일
안 좋은 날짜	3, 11, 22일	7, 14, 21일	3, 15, 22일	4, 11, 20일	10, 11, 22일	4, 6, 20일
재물·금전 지수	81	75	74	84	87	73
변화·변동 지수	85	75	73	84	86	78
건강·행복 지수	84	76	71	85	82	79

	7월	8월	9월	10월	11월	12월
좋은 방향	북동쪽	남서쪽	서쪽	남동쪽	서쪽	북쪽
좋은 색상	회색	초록색	파란색	빨간색	카키색	상아색
좋은 장소	찜질방	기념관	극장	산책로	정류장	피자집
좋은 성씨	ㅁ, ㅂ, ㅍ	ㄴ, ㄷ, ㅌ, ㄹ	ㅇ, ㅎ	ㅅ, ㅈ, ㅊ	ㄴ, ㄷ, ㅌ, ㄹ	ㄱ, ㅋ
좋은 숫자	4, 8	3, 5	2, 12	6, 9	1, 8	4, 9
좋은 날짜	6, 12, 15, 17, 23, 28일	2, 10, 12, 13, 22, 26일	3, 9, 12, 15, 25, 29일	5, 9, 13, 16, 24, 28일	2, 8, 12, 19, 25, 26일	5, 9, 13, 20, 24, 29일
안 좋은 날짜	13, 16, 22일	3, 4, 16일	6, 13, 27일	8, 15, 22일	6, 16, 18일	8, 16, 25일
재물·금전 지수	81	92	90	84	95	98
변화·변동 지수	80	94	93	82	90	91
건강·행복 지수	89	90	95	85	95	90

361 事有難處之意
사 유 난 처 지 의

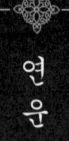
연운

狡兎旣死 走狗何烹
교 토 기 사 주 구 하 팽 　교활한 토끼가 죽었으니 달리는 개를 어떻게 죽이겠는가.

今年之數 必是有困
금 년 지 수 필 시 유 곤 　금년 운수는 반드시 어려움이 있다.

雖有名利 間間口舌
수 유 명 리 간 간 구 설 　비록 명예와 이익이 있더라도 간간이 구설이 따른다.

日暮江上 乘舟不利
일 모 강 상 승 주 불 리 　해가 저물었는데 강을 건너려 배를 타는 것은 좋지 않다.

三春之數 別無所得
삼 춘 지 수 별 무 소 득 　봄 석 달의 운수는 별로 소득이 없다.

運數不利 他人被害
운 수 불 리 타 인 피 해 　운수가 불리하니 남한테 손해를 본다.

方中有圓 乾極坤位
방 중 유 원 건 극 곤 위 　모난 가운데 둥근 것이 있으니 양기가 다하고 음기가 시작된다.

擾擾世事 袖手傍觀
요 요 세 사 수 수 방 관 　요란한 세상일에 팔짱을 끼고 바라보기만 한다.

人心卒變 難定其性
인 심 졸 변 난 정 기 성 　인심이 순간에 변하니 그 성품을 알기 어렵다.

성인의 연운 활용

금전 · 명예	횡재를 바라지 말고 노력하라. 사업은 발전이 저조하고 이익이 생겨도 다시 나가 자금난으로 고생한다.
사업 · 창업	도와주는 사람이 없으니 함부로 움직이지 말고 때를 기다려라.
주식 · 투자	과욕으로 인한 과다한 투자 때문에 가산을 탕진하고 패가망신할 수 있으니 주의한다.
시험 · 취직	일반직 · 하위직은 합격하지만 고시는 많은 노력이 필요하다. 승진은 여유를 가지고 때를 기다려라.
당선 · 소원	철저한 계획 아래 꾸준히 노력하면 당선된다. 노력하면 작은 소원은 이루어진다.
이사 · 매매	이사는 아직 때가 아니니 쉽게 성사되지 않는다. 손해를 감수해야만 가능하니 움직이지 않는 것이 좋다. 문서로 인해 심각한 어려움이 생기니 보증이나 매매를 특히 조심하고, 사람들의 말에 현혹되지 마라.
건강 · 사고	뜻하지 않은 사고를 당하거나 병명을 알 수 없는 병에 걸리기 쉬우니 건강에 각별히 주의한다.
애정 · 결혼	충돌이 잦아지니 잠시 냉각기를 가져라. 사소한 실수로 오해를 사고 이별할 수 있으니 조심한다.
소송 · 다툼	뜻밖의 구설수가 예상된다. 몸조심 · 입조심 해야 소송이 발생하는 것을 막을 수 있다.

신세대의 연운 활용

연애 · 사랑	일시적이거나 향락을 위한 만남을 가질 운으로 진정한 인연을 만나기 어려운 시기다. 연인끼리는 작은 실수로 헤어질 수 있으니 상대가 오해하지 않게 주의한다.
시험 · 취직	하위직이나 일반직은 합격 가능하지만, 상위직은 어렵다. 승진은 노력과 실력이 있을 때 가능하다.
건강 · 사고	건강은 매우 왕성하여 걱정할 것 없지만 과로하여 건강을 해칠 수 있으니 무리하지 않는다.
금전 · 행운	금전은 나갈 때와 들어올 때가 따로 있으니 마음이 급하다고 서두르면 안 된다.
소원 · 성취	주변의 도움으로 원하는 바를 어렵게 성취한다. 꾸준히 노력하고 대인관계에 힘쓴다.

운명을 바꾸는 연운 활용

좋은 방향	북쪽
좋은 색상	빨간색
좋은 장소	주차장
좋은 성씨	ㅅ, ㅈ, ㅊ
좋은 숫자	7, 11

숫자로 보는 연운 활용

	좋은 달	보통 달	나쁜 달
금전 · 투자	6, 10월	5, 7월	1, 12월
변화 · 변동	3, 6월	5, 7월	4, 11월
연애 · 사랑	3, 6월	2, 5월	8, 9월
건강 · 소송	3, 10월	5, 7월	4, 8월

361

월운

 1月
가신家神이 발동하니 집에 편안히 있어야 한다.
비록 노력은 하지만 성공하기 어렵다.
해가 서산에 저무니 배를 타기 불리하다.

 2月
만약 덕을 쌓은 일이 없으면 스스로 수치스럽다.
친한 사람을 믿지 마라. 도리어 그 해를 입는다.
마음이 산란하니 마음에 항상 두려움이 도사리고 있다.

 3月
신상에 근심이 많으니 다른 사람을 가까이하지 마라.
다른 사람과 꾀하는 일은 반드시 실패한다.
이십연광二十年光에 세상일이 꿈만 같다.

 4月
음양이 화합하지 못하니 꾀하는 일을 이루지 못한다.
서남 양쪽으로는 길을 떠나지 마라. 놀랄 일이 생긴다.
두서가 별로 없으니 모든 일을 이루지 못한다.

 5月
물건을 잃을 수 있으니 도둑을 조심한다.
노력하지 않고 수복壽福을 어찌 바라는가.
집에 경사가 생기니 반드시 아내의 일이다.

 6月
만약 횡재가 아니면 슬하에 경사가 있다.
초상집에 가지 마라. 질병이 두렵다.
이로움이 동서에 있으니 길을 떠나면 얻을 수 있다.

 7月
구설로 인해 이익이 생기니 집안이 편안하고 즐겁다.
망녕되이 움직이지 마라. 움직이면 해롭다.
바깥은 부유하고 안은 허하니 이것을 어찌할까.

 8月
나는 새가 날개를 다쳤으니 이러지도 못하고 저러지도 못한다.
물귀신이 쫓아오니 물가에 가지 마라.
다른 사람의 일로 반드시 재물이 나간다.

 9月
급하게 하면 해롭고 천천히 하면 이롭다.
이李가를 가까이하지 마라. 처음에는 길하나 나중에는 흉하다.
함께 일하지 마라. 마음이 따로따로 움직인다.

 10月
구름을 헤치고 달이 나오니 천지가 맑고 밝다.
만약 관록官祿이 아니면 아들을 얻을 운수다.
다른 사람을 믿지 마라. 나쁜 말이 많다.

 11月
마음에 정한 바가 없으니 진퇴를 알지 못한다.
운수가 나쁘니 매사를 이루지 못한다.
재물을 잃을 수 있으니 북쪽으로 가까이 가지 마라.

 12月
분수 밖의 것을 탐하지 마라. 하늘이 복을 주지 않는다.
일에 두서가 없으니 머리도 없고 꼬리도 없는 격이다.
재물을 잃을 수 있으니 도둑을 조심한다.

운명을 바꾸는 월운 활용

	1월	2월	3월	4월	5월	6월
좋은 방향	동쪽	남쪽	북동쪽	북쪽	남서쪽	동쪽
좋은 색상	청록색	노란색	귤색	남청색	연두색	옥색
좋은 장소	레스토랑	생맥주집	은행	산	카페	순대국식당
좋은 성씨	ㅁ, ㅂ, ㅍ	ㄴ, ㄷ, ㅌ, ㄹ	ㅅ, ㅈ, ㅊ	ㅇ, ㅎ	ㄱ, ㅋ	ㅅ, ㅈ, ㅊ
좋은 숫자	5, 9	3, 11	3, 9	1, 3	1, 2	2, 5
좋은 날짜	8, 12, 15, 21, 22, 27일	4, 10, 14, 20, 21, 28일	2, 9, 12, 21, 23, 29일	5, 8, 11, 21, 22, 26일	1, 10, 17, 18, 22, 28일	4, 9, 12, 17, 20, 27일
안 좋은 날짜	14, 19, 23일	11, 18, 19일	4, 13, 20일	7, 19, 27일	8, 9, 21일	8, 11, 19일
재물·금전 지수	74	82	95	76	84	95
변화·변동 지수	73	82	92	71	83	95
건강·행복 지수	78	81	90	72	83	95

	7월	8월	9월	10월	11월	12월
좋은 방향	남동쪽	북서쪽	북쪽	서쪽	남쪽	동쪽
좋은 색상	분홍색	주황색	자주색	연보라색	하얀색	노란색
좋은 장소	아구찜음식점	해변	놀이터	파전음식점	낙지음식점	스파게티전문점
좋은 성씨	ㅁ, ㅂ, ㅍ	ㄴ, ㄷ, ㅌ, ㄹ	ㅇ, ㅎ	ㄱ, ㅋ	ㄱ, ㅋ	ㄴ, ㄷ, ㅌ, ㄹ
좋은 숫자	1, 8	4, 7	2, 4	8, 11	1, 6	2, 8
좋은 날짜	5, 10, 16, 18, 20, 28일	2, 9, 14, 19, 22, 29일	3, 10, 13, 20, 22, 26일	6, 13, 16, 21, 23, 28일	9, 15, 17, 21, 22, 27일	8, 12, 16, 20, 23, 28일
안 좋은 날짜	1, 15, 21일	4, 6, 16일	14, 21, 27일	10, 17, 22일	11, 18, 23일	7, 13, 22일
재물·금전 지수	82	78	76	94	74	74
변화·변동 지수	87	77	74	95	74	78
건강·행복 지수	88	77	73	97	70	77

事有亨通之意
사 유 형 통 지 의

연운

太平宴度 君臣會座
태 평 연 도 군 신 회 좌   태평한 잔치에서 임금과 신하가 함께 앉아 있다.

本無世業 橫財成家
본 무 세 업 횡 재 성 가   본래 가업이 없으나 횡재하여 집안을 일으킨다.

心神自安 一室和氣
심 신 자 안 일 실 화 기   마음과 정신이 편안하고 가정이 화목하다.

若非生産 一身榮貴
약 비 생 산 일 신 영 귀   만일 자녀를 얻지 않으면 일신이 영귀해진다.

東西兩方 貴人助我
동 서 양 방 귀 인 조 아   동쪽과 서쪽 두 방향에서 귀인이 돕는다.

金姓有害 莫近其人
금 성 유 해 막 근 기 인   금성이 해로우니 그 사람을 가까이하지 마라.

鳳含丹詔 太乙臨命
봉 함 단 조 태 을 임 명   봉황이 붉은 조서를 물고 오니 태을귀인이 임한다.

十里路邊 官人棄馬
십 리 로 변 관 인 기 마   십리 밖 길가에 벼슬아치가 타고 가던 말을 버린다.

萬里長江 一帆順風
만 리 장 강 일 범 순 풍   만리나 되는 긴 강에 떠 있는 배가 순풍을 만난다.

성인의 연운 활용

금전·명예	오랜만에 횡재는 아니라도 정기적인 수입이 보장된다.
사업·창업	어디에서나 능력을 모두 발휘하여 사업이 번창하고 많은 이익을 얻는다.
주식·투자	과도한 투자는 시기가 좋아도 손해를 보지만 적당한 투자는 2배의 이익을 얻는다.
시험·취직	바라는 곳에 모두 합격한다. 또한 승진과 취직에서도 희망이 넘치는 운이다.
당선·소원	꾸준히 노력하고 실력을 쌓으면 당선된다. 예전의 소원은 이루지만 현재의 소원은 이루기 어렵다.
이사·매매	귀인의 도움으로 원하는 집으로 이사한다. 매매가 쉽게 성사되며 생각보다 큰 이익이 생긴다.
건강·사고	오랜 기간 병이 있던 사람은 눈에 띄게 회복된다.
애정·결혼	의견 충돌을 자제하고 서로의 취미를 함께하며 상대를 이해하도록 노력하면 서먹해진 관계가 회복된다.
소송·다툼	소송도 발생할 염려가 없고 전부터 끌어오던 소송은 해결될 가능성이 크다.

신세대의 연운 활용

연애·사랑	적극적으로 구애하라. 지금은 자신 있게 나아가야 할 시기다. 부부끼리는 인내심이 필요하다.
시험·취직	노력보다 더 좋은 성적으로 원하는 곳에 수석합격한다. 많은 경쟁자를 물리치고 취직하고 직장인은 상사의 도움으로 승진한다.
건강·사고	매우 건강한 편이니 걱정하지 말고 원하는 만큼 활동해도 좋다.
금전·행운	재물운이 열려 수입이 좋다. 적지 않은 금전이 들어오니 기대해도 된다.
소원·성취	시작과 마무리에 많은 시간을 투자해야 소원을 이룰 수 있다.

운명을 바꾸는 연운 활용

좋은 방향	남쪽
좋은 색상	연녹색
좋은 장소	제과점
좋은 성씨	ㅁ, ㅂ, ㅍ
좋은 숫자	6, 8

숫자로 보는 연운 활용

	좋은 달	보통 달	나쁜 달
금전·투자	1, 5, 10월	6월	4월
변화·변동	7, 8, 12월	2, 6월	11월
연애·사랑	1, 3월	2, 9월	4월
건강·소송	5, 10, 12월	2, 6월	4월

362

월운

1月
길성吉星이 들어오니 수복壽福이 찾아온다.
가정의 경사는 반드시 슬하의 경사다.
모든 일이 길하니 세상일이 태평하다.

2月
임금이 밝고 신하가 어지니 임금의 은혜를 얻는다.
뜻밖에 이름을 얻으니 이름을 사방에 떨친다.
재물도 있고 권리도 있으니 사람들이 우러러본다.

3月
해와 달이 밝게 비추니 기쁜 일이 많다.
매일매일 새로우니 재물이 산처럼 쌓인다.
재물이 밖에 있으니 나가면 재물을 얻는다.

4月
좋은 일에 마가 많으니 남의 재산을 탐하지 마라.
구름을 헤치고 달이 뜨니 경치가 아름답다.
재수는 좋으나 혹 구설이 있다.

5月
옥수玉樹에 봄이 깊은데 온갖 꽃이 다투어 핀다.
만약 횡재가 아니면 반드시 경사가 있다.
재록財祿이 따라오니 세상이 태평하다.

6月
재물이 밖에 있으니 그 쪽으로 가면 재물을 얻는다.
목마른 용이 물을 얻으니 조화가 무궁하다.
만약 경사가 없으면 관록官祿이 따를 것이다.

7月
재물이 왕성하니 가정에 기쁨이 가득하다.
재물과 온갖 곡식이 곳간에 가득하니 가히 석숭石崇과 비교할 만하다.
이름을 사방에 떨치니 많은 사람들이 우러러본다.

8月
사람이 있어 많이 도와주니 집안 살림이 흥성해진다.
만약 귀인을 만나면 복록福祿이 많아진다.
물고기와 용이 물을 얻으니 하는 일마다 잘 된다.

9月
귀인은 어디 있는가. 반드시 남쪽에 있다.
우연히 도와주는 이가 있으니 뜻밖에 성공한다.
귀인이 반드시 있으니 동서 양쪽이 그 쪽이다.

10月
단비가 내리니 온갖 곡식이 풍성하다.
운수가 대길하니 반드시 재물이 왕성하다.
재물이 산처럼 쌓이니 생계가 만족스럽다.

11月
가운家運이 왕성하니 반드시 경사가 있다.
재물이 시장에 있으니 쌀과 약이 가장 좋다.
금성金姓은 불길하니 거래를 삼간다.

12月
가정에 경사가 있으니 식구가 늘어난다.
바라는 일이 이루어지니 얼굴에 화색이 가득하다.
운수가 이와 같으니 이 밖에 무엇을 구할까.

운명을 바꾸는 **월운** 활용

	1월	2월	3월	4월	5월	6월
좋은 방향	북동쪽	서쪽	남동쪽	남서쪽	북서쪽	동쪽
좋은 색상	밤색	검은색	하늘색	적갈색	베이지색	고동색
좋은 장소	전시회장	만두전문점	중식당	보쌈음식점	등산로	바닷가
좋은 성씨	ㅁ, ㅂ, ㅍ	ㄱ, ㅋ	ㄴ, ㄷ, ㅌ, ㄹ	ㅅ, ㅈ, ㅊ	ㅅ, ㅈ, ㅊ	ㅇ, ㅎ
좋은 숫자	2, 9	1, 9	2, 7	4, 5	8, 10	6, 9
좋은 날짜	7, 13, 16, 18, 22, 29일	4, 9, 15, 18, 21, 26일	5, 8, 16, 20, 22, 28일	6, 9, 15, 17, 23, 29일	2, 8, 13, 14, 22, 28일	5, 9, 12, 16, 21, 29일
안 좋은 날짜	9, 15, 17일	8, 17, 19일	4, 15, 23일	4, 7, 16일	6, 12, 23일	15, 17, 22일
재물·금전 지수	92	82	92	79	94	87
변화·변동 지수	93	85	98	70	95	80
건강·행복 지수	94	88	96	76	95	83

	7월	8월	9월	10월	11월	12월
좋은 방향	남쪽	서쪽	남쪽	북쪽	남동쪽	남서쪽
좋은 색상	다홍색	초록색	황토색	회색	자주색	보라색
좋은 장소	제과점	스카이라운지	보리밥식당	독서실	동굴	강
좋은 성씨	ㄴ, ㄷ, ㅌ, ㄹ	ㅅ, ㅈ, ㅊ	ㅁ, ㅂ, ㅍ	ㄱ, ㅋ	ㅇ, ㅎ	ㄴ, ㄷ, ㅌ, ㄹ
좋은 숫자	5, 8	6, 10	4, 11	6, 7	3, 10	7, 9
좋은 날짜	8, 13, 17, 19, 24, 28일	5, 12, 16, 20, 23, 27일	6, 12, 17, 21, 24, 28일	9, 16, 19, 22, 25, 26일	8, 15, 17, 21, 24, 28일	5, 11, 18, 20, 22, 27일
안 좋은 날짜	7, 18, 25일	6, 13, 19일	8, 9, 15일	17, 21, 28일	9, 13, 26일	7, 8, 21일
재물·금전 지수	97	92	81	93	75	94
변화·변동 지수	96	98	80	92	76	93
건강·행복 지수	96	90	88	90	75	92

363 柔順和平之意

유순화평지의

연운

虎榜雁塔 或名或字
호방안탑 혹명혹자   호랑이의 방과 기러기의 탑에서 혹 이름이나 글자를 본다.

財帛滿足 一身榮貴
재백만족 일신영귀   재물이 풍족하고 일신이 영귀하다.

名利俱吉 名振四方
명리구길 명진사방   명예와 재수가 함께 길하니 이름을 사방에 떨친다.

利在他鄉 出入得利
이재타향 출입득리   이익이 타향에 있으니 돌아다니면 재물을 얻는다.

官祿臨身 人多仰視
관록임신 인다앙시   관록이 따르니 우러러보는 사람이 많다.

西方有吉 宜向西方
서방유길 의향서방   서쪽에 길함이 있으니 마땅히 서쪽으로 향한다.

三五秋夜 明月徘徊
삼오추야 명월배회   가을 보름밤에 밝은 달이 배회한다.

莫論世事 小貪大失
막론세사 소탐대실   세상일을 말하지 마라. 작은 것을 탐하다가 큰 것을 잃는다.

莫近水邊 橫厄可慮
막근수변 횡액가려   물가에 가지 마라. 횡액이 우려된다.

성인의 연운 활용

금전 · 명예	횡재운이 있으니 금전의 여유가 넘쳐난다.
사업 · 창업	수많은 사람의 도움으로 경영하는 사업이 발전을 거듭할 것이다.
주식 · 투자	주식투자로 이익을 보고 못 보고는 노력 여하에 달려 있다.
시험 · 취직	수험생은 철저히 준비했다면 반드시 합격한다. 직장인은 승진은 어려우나 보직 변경 등은 가능하다.
당선 · 소원	운이 좋으니 국회의원 당선은 큰 어려움이 없다. 과거에 베푼 것이 많은 사람이라면 소원을 이룰 것이다.
이사 · 매매	어디로 이사하든 좋지만 확장은 아직 어렵다. 매매도 적당한 가격에 의외로 쉽게 성사된다.
건강 · 사고	새로운 질병은 발생하지 않으나 환자는 정성을 다해야 회복될 수 있다.
애정 · 결혼	다양한 형태의 만남이 있지만 연애에 집착하면 도리어 좋은 인연을 놓칠 수 있다. 새로운 인연은 어렵지만 사귀는 연인과는 결혼으로 이어질 수 있으며, 부부운은 평소와 같지만 과한 행동은 자제함이 좋다.
소송 · 다툼	현재 소송이 발생한다 해도 걱정하지 않아도 되고, 과거의 소송도 이 시기에 해결된다.

신세대의 연운 활용

연애 · 사랑	애인과의 사랑이 두터워지나 새로운 인연은 충돌수나 이별수가 있으니 주의한다. 노처녀 노총각은 좋은 배필을 만나 결혼하며, 짝사랑도 주변의 도움으로 이루어진다.
시험 · 취직	고시생도 일류대 지망생도 원하는 대로 합격한다. 직장인은 승진운이 좋으니 승진은 큰 문제가 없다.
건강 · 사고	건강은 매우 좋은 상태이다. 몸에 불편을 느끼던 사람도 빠르게 회복된다.
금전 · 행운	귀인을 만나 재수가 대길하니 재물이 들어와 가득 쌓인다.
소원 · 성취	하늘이 도와주니 원하는 소원을 이제서야 성취할 수 있다.

운명을 바꾸는 연운 활용

좋은 방향	서쪽
좋은 색상	초록색
좋은 장소	영화감상실
좋은 성씨	ㄴ, ㄷ, ㅌ, ㄹ
좋은 숫자	3, 5

숫자로 보는 연운 활용

	좋은 달	보통 달	나쁜 달
금전 · 투자	7, 8월	5, 6월	2, 3월
변화 · 변동	4, 10월	6, 9월	3, 11월
연애 · 사랑	1, 10월	5, 9월	2, 11월
건강 · 소송	1, 12월	6, 9월	2, 3월

363

월운

풀과 나무가 봄을 만나니 꽃과 잎이 무성하다.
집안이 화평하고 슬하에 영화가 있다.
집안이 왕성하니 이로움이 많다.

늙은 용이 하늘에 올라 널리 많은 비를 뿌린다.
만약 관록官祿이 아니면 도리어 흉화가 있다.
공명을 얻고 온 세상에 이름을 떨친다.

한 해 재물운은 더러는 나가고 더러는 들어온다.
다른 말을 듣지 마라. 기쁨과 근심이 함께한다.
재성財星이 따르니 뜻밖에 횡재를 만난다.

심신이 평안하니 이름이 높고 덕을 널리 베푼다.
만약 횡재가 아니면 가히 공명을 얻는다.
뜰에 난초가 향기로우니 슬하에 경사가 있다.

서쪽 사람에게는 일의 내용을 말하지 마라.
길한 사람은 무슨 성인가, 정鄭가와 김金가 두 성이다.
서쪽이 불리하니 그 쪽으로는 길을 떠나지 마라.

따뜻한 봄바람이 부니 만물이 살아난다.
목마른 용이 물을 얻었으니 조화가 무궁하다.
동쪽이 해로우니 그 쪽에는 가까이 가지 마라.

하는 일이 많으니 매우 바쁘다.
역마살이 들어오니 다른 곳에 가면 이익을 얻는다.
도처에 재물이 있으니 마음이 기쁘다.

가족들의 마음이 하나이니 소망을 이룬다.
달 밝은 밤에 미인을 마주 대한다.
식구가 늘고 토지가 느니 집안이 더욱 왕성해진다.

음양이 서로 합하니 만물이 새롭게 생긴다.
재록財祿이 따르니 얼굴에 기쁜 빛이 가득하다.
서쪽에 길함이 있으니 터를 옮기면 길하다.

길한 운수가 왕성하니 반드시 좋은 일이 있다.
귀인이 와서 도와주니 큰 재물을 얻는다.
티끌 모아 태산이 되니 오로지 노력한 대가이다.

웃고 즐기며 말하니 능히 말을 가려서 하지 못한다.
만약 과거급제하지 않으면 부모에게 해가 있다.
귀인은 어디에 있는가, 서쪽과 남쪽 양쪽이다.

구름이 가고 비가 내리니 만물이 잘 자란다.
흉한 중에 길함이 있으니 반드시 형통할 것이다.
부부가 화합하니 기쁨이 가정에 가득하다.

운명을 바꾸는 **월운** 활용

	1월	2월	3월	4월	5월	6월
좋은 방향	북서쪽	남쪽	북동쪽	서쪽	남서쪽	서쪽
좋은 색상	초록색	주황색	연두색	은색	연보라색	검은색
좋은 장소	박물관	직장	칼국수전문점	민속주점	닭갈비음식점	갈비탕음식점
좋은 성씨	ㄱ, ㅋ	ㅅ, ㅈ, ㅊ	ㄴ, ㄷ, ㅌ, ㄹ	ㄱ, ㅋ	ㅇ, ㅎ	ㅁ, ㅂ, ㅍ
좋은 숫자	3, 12	7, 12	7, 11	1, 4	1, 9	2, 3
좋은 날짜	2, 9, 13, 22, 23, 26일	1, 8, 14, 18, 22, 28일	4, 9, 15, 20, 23, 29일	5, 8, 13, 22, 24, 28일	8, 12, 13, 21, 22, 27일	7, 13, 15, 19, 21, 26일
안 좋은 날짜	1, 15, 20일	16, 21, 23일	5, 13, 18일	14, 16, 25일	9, 16, 19일	2, 9, 16일
재물·금전 지수	93	76	72	95	89	86
변화·변동 지수	96	78	73	95	85	85
건강·행복 지수	95	77	75	94	84	84

	7월	8월	9월	10월	11월	12월
좋은 방향	북쪽	북동쪽	서쪽	동쪽	남서쪽	남동쪽
좋은 색상	분홍색	적갈색	군청색	청록색	베이지색	고동색
좋은 장소	나이트클럽	토스트가게	만화방	다리	영화관	갈비음식점
좋은 성씨	ㅅ, ㅈ, ㅊ	ㄴ, ㄷ, ㅌ, ㄹ	ㅇ, ㅎ	ㄱ, ㅋ	ㄴ, ㄷ, ㅌ, ㄹ	ㅁ, ㅂ, ㅍ
좋은 숫자	4, 5	2, 8	3, 12	1, 10	5, 9	5, 11
좋은 날짜	5, 10, 13, 17, 23, 28일	2, 9, 11, 13, 21, 29일	1, 8, 12, 15, 25, 27일	4, 9, 15, 17, 24, 28일	5, 8, 12, 21, 22, 26일	8, 12, 15, 20, 23, 28일
안 좋은 날짜	4, 9, 16일	7, 12, 20일	11, 16, 26일	21, 22, 29일	13, 15, 20일	4, 10, 11일
재물·금전 지수	97	94	84	94	74	93
변화·변동 지수	93	93	83	92	78	94
건강·행복 지수	90	97	85	94	76	98

411 草木不生之意
_{초 목 불 생 지 의}

연운

落木餘魂 生死未辨
낙목여혼 생사미변   나뭇잎이 떨어지고 혼만 남았으니 살고 죽는 것을 분별하기 어렵다.

有才無功 終時不利
유재무공 종시불리   재주는 있으나 공이 없으니 결국은 불리하다.

陰陽不合 所謀不成
음양불합 소모불성   음양이 화합하지 못하니 하려는 일을 이루기 어렵다.

萬里長程 去去太山
만리장정 거거태산   만릿길을 가는데 갈수록 태산이다.

分外之事 愼勿行之
분외지사 신물행지   분수에 맞지 않는 일은 삼가고 행하지 마라.

今年之數 疾病愼之
금년지수 질병신지   금년 운수는 질병을 조심해야 한다.

朝不見光 夜不見明
조불견광 야불견명   아침에는 햇빛이 없고 밤에는 달빛이 없다.

三戰三北 君臣自羞
삼전삼배 군신자수   세 번 싸워 세 번 패하니 임금과 신하 모두 부끄러워한다.

道傍花竹 誰是主人
도방화죽 수시주인   길가의 꽃과 대나무는 누구의 것인가.

성인의 연운 활용

금전·명예	수입은 어느 정도 들어오지만 다시 나가는 것이 더 많다.
사업·창업	도움을 준 사람마저 모르는 척하니 진행하던 일들이 꼬여만 간다. 일을 축소하는 것이 현명하다.
주식·투자	투자하는 것을 다음으로 미루어야 한다.
시험·취직	너무 쉽게 생각하지 마라. 노력해야 하위직에 합격할 수 있다. 승진은 굉장히 어려우니 다음으로 미룬다.
당선·소원	컨디션도 좋고 지지율도 높아 당선은 어렵지 않다. 욕심이 과도하면 소원 성취도 어렵고 망신만 당한다.
이사·매매	약간의 어려움 속에 이사하는 기쁨이 있다. 매매는 시기가 적절하니 큰 손해 없이 계약이 이루어진다.
건강·사고	몸이 피로하니 당분간은 휴식을 취하면서 재충전하는 것이 좋다.
애정·결혼	상대방이 많이 힘들어하거나 이성에게 접근하는 데 장애가 많은 운이니 때를 기다려라. 부부는 삼각관계에 빠진다. 사귀면 안 될 사람을 사귀어 구설수에 휘말리니 함부로 감정을 내보이지 않는다.
소송·다툼	사주팔자가 좋지 않으니 소송이 발생하면 어렵게 꼬여서 승소하기 어렵다.

신세대의 연운 활용

연애·사랑	이성과의 만남을 다음으로 미루는 것이 좋다. 좋은 감정이 있지만 연인으로 발전하기는 어렵기 때문이다. 그러나 새로운 만남은 길하다. 평범한 운이니 특별한 변화가 있지는 않다.
시험·취직	시험운이 저조하여 노력한 성과가 없다. 주변 사람과 다투고 직장을 그만둘 수 있으니 조심한다.
건강·사고	급격한 변화로 건강 악화와 구설수가 따른다. 자신을 너무 혹사시키지 않는다.
금전·행운	남의 재물을 탐내지 마라. 남의 것을 바라다가는 손해가 막심하다.
소원·성취	이루고자 하는 소원들 중 어느 것 하나 순조롭게 성취되는 것이 없다.

운명을 바꾸는 연운 활용

좋은 방향	동쪽
좋은 색상	하늘색
좋은 장소	토스트가게
좋은 성씨	ㄴ, ㄷ, ㅌ, ㄹ
좋은 숫자	1, 6

숫자로 보는 연운 활용

	좋은 달	보통 달	나쁜 달
금전·투자	3, 7월	4, 9월	2, 6월
변화·변동	7, 11월	4, 9월	1, 5월
연애·사랑	3, 11월	9, 10월	6, 12월
건강·소송	3, 7월	9, 10월	8, 12월

1月 고목은 서리를 만나고 가을 국화는 눈을 만난다.
꽃이 져도 열매가 없으니 의지할 곳이 없다.
가정이 불안하니 질병이 생길까 두렵다.

2月 멀리 있는 것을 구하다 가까이 있는 것을 잃으니 허욕을 탐하지 마라.
시비를 가까이하지 마라. 송사와 구설이 있다.
다른 일을 하지 마라. 재물을 잃을 운수다.

3月 삼월 봄바람에 온갖 꽃이 다투어 핀다.
재물이 서쪽에 있으니 나가면 얻을 수 있다.
북쪽이 불리하니 길함이 변하여 흉하게 된다.

4月 본래 바라는 바가 없으니 몸을 다칠까 두렵다.
일신이 피곤하니 마음에 번민이 많다.
힘든 것을 한탄하지 마라. 마침내 재물과 이익을 얻는다.

5月 일에 순서가 없으니 소망을 이루기 어렵다.
집에 근심이 있으니 자손의 근심이다.
만약 그렇지 않으면 문상할 일이 생긴다.

6月 칠년 큰 가뭄에 초목이 자라지 못한다.
물귀신이 몸을 엿보니 배 타기를 조심한다.
장張가나 이李가는 남녀를 불문하고 해로울 것이다.

7月 다른 사람의 재물이 우연히 집에 들어온다.
다른 사람과 함께 일하니 이로움이 그 가운데 있다.
미리 가신家神에게 기도하면 심신이 편안하다.

8月 물가에 가지 마라. 물귀신이 또 침범한다.
까닭 없이 구설이 따른다.
다른 곳에 가지 마라. 손해만 있고 이익은 없다.

9月 초목이 가을을 만나니 한 번 슬프고 한 번 근심한다.
시비를 가까이하지 마라. 구설이 따르고 재물을 잃는다.
정鄭가와 김金가 두 성은 마침내 길하게 된다.

10月 여자를 가까이하지 마라. 일에 실패가 있다.
만약 여색을 가까이하면 반드시 재화災禍가 있다.
다른 일을 꾀하지 마라. 재물을 많이 잃는다.

11月 재성財星이 문을 비추니 몸도 재물도 왕성하다.
목성木姓이 도와주니 생색生色이 다섯 배나 된다.
재수가 왕성하니 이 때를 잃지 마라.

12月 명색은 거창하나 실상이 없으니 하는 일이 허황하다.
마음이 어지러우니 뜻하지 않은 액을 당한다.
번민하지 마라. 흉한 중에 길함이 있다.

운명을 바꾸는 월운 활용

	1월	2월	3월	4월	5월	6월
좋은 방향	남쪽	북동쪽	서쪽	남서쪽	북쪽	남동쪽
좋은 색상	노란색	노란색	하얀색	옥색	회색	하늘색
좋은 장소	국수전문점	김밥전문점	공연장	카페	생선구이식당	우동전문점
좋은 성씨	ㄴ, ㄷ, ㅌ, ㄹ	ㅇ, ㅎ	ㅁ, ㅂ, ㅍ	ㅅ, ㅈ, ㅊ	ㄱ, ㅋ	ㄴ, ㄷ, ㅌ, ㄹ
좋은 숫자	3, 4	2, 5	3, 8	1, 12	3, 6	1, 7
좋은 날짜	9, 12, 15, 18, 22, 27일	3, 10, 15, 19, 24, 28일	2, 9, 13, 20, 25, 27일	5, 12, 14, 15, 20, 28일	8, 13, 15, 19, 21, 29일	7, 13, 15, 19, 25, 28일
안 좋은 날짜	8, 13, 16일	8, 11, 18일	1, 12, 21일	8, 13, 19일	7, 16, 20일	1, 3, 4일
재물·금전 지수	79	71	91	84	73	75
변화·변동 지수	74	73	90	83	74	78
건강·행복 지수	75	75	95	84	70	79

	7월	8월	9월	10월	11월	12월
좋은 방향	북서쪽	북서쪽	북동쪽	서쪽	서쪽	동쪽
좋은 색상	자주색	베이지색	금색	밤색	연보라색	연두색
좋은 장소	콩국수전문점	운동장	퓨전음식점	단란주점	떡전문점	한식당
좋은 성씨	ㅅ, ㅈ, ㅊ	ㄱ, ㅋ	ㅇ, ㅎ	ㅁ, ㅂ, ㅍ	ㄴ, ㄷ, ㅌ, ㄹ	ㅁ, ㅂ, ㅍ
좋은 숫자	1, 6	3, 7	5, 6	2, 3	1, 12	5, 6
좋은 날짜	4, 13, 16, 22, 24, 27일	5, 9, 15, 21, 23, 28일	2, 12, 13, 20, 22, 26일	1, 7, 10, 13, 21, 28일	4, 6, 11, 12, 23, 29일	7, 13, 16, 21, 22, 28일
안 좋은 날짜	3, 11, 18일	10, 16, 19일	3, 10, 21일	4, 6, 25일	13, 25, 28일	6, 15, 18일
재물·금전 지수	92	74	81	82	97	76
변화·변동 지수	91	74	87	81	94	74
건강·행복 지수	90	74	86	80	96	76

一身榮貴之意
일 신 영 귀 지 의

연운

馳馬長安 得意春風
치 마 장 안 득 의 춘 풍
말을 타고 장안을 달리니 봄바람에 뜻을 이룬다.

春風和暢 桃李滿開
춘 풍 화 창 도 리 만 개
봄바람이 화창하니 복숭아꽃 자두꽃이 활짝 피었다.

水滿淸江 山影倒江
수 만 청 강 산 영 도 강
강에 맑은 물이 가득하니 산그림자가 강물에 비친다.

明月高樓 一身自安
명 월 고 루 일 신 자 안
밝은 달빛 아래 높은 누각에 오르니 일신이 편안하다.

家有慶事 或有一爭
가 유 경 사 혹 유 일 쟁
집안에 경사가 있으나 혹 한 차례 다툴 일이 있다.

運數大吉 心神有苦
운 수 대 길 심 신 유 고
운수가 대길하나 마음에 괴로움이 있다.

風吹雲散 明月滿天
풍 취 운 산 명 월 만 천
바람에 구름이 흩어지니 밝은 달빛이 하늘에 가득하다.

甘雨膏露 霑潤草木
감 우 고 로 점 윤 초 목
단비와 기름진 이슬이 초목을 촉촉하게 적신다.

至誠感天 所願必成
지 성 감 천 소 원 필 성
지성이면 감천이다. 반드시 소원을 이룬다.

성인의 연운 활용

금전 · 명예	현 상태를 유지하며 꾸준히 노력하면 목표를 어느 정도 이룬다.
사업 · 창업	비로소 운이 들어오니 갑자기 사업이 잘 풀리면서 과거에 잃었던 것까지 회복한다.
주식 · 투자	사방에서 귀인이 도우니 주식투자로 상당한 이익을 얻는다.
시험 · 취직	실력을 쌓은 고시생은 수석합격한다. 실업자는 취직하고, 직장인은 승진하거나 상사의 총애를 받는다.
당선 · 소원	국회의원 선거에서 사람들의 호응을 얻고 당선된다. 그 동안 노력한 결과 바라던 소원을 이룬다.
이사 · 매매	지금과 같거나 약간 확장해서 이사해도 괜찮다. 적당한 가격에 의외로 쉽게 매매가 성사된다.
건강 · 사고	건강은 무리하지만 않으면 별 탈 없으니 평소에 조심한다.
애정 · 결혼	완급 조절이 필요한 시기다. 현재의 감정상태가 서로에게 부담이 되거나 진전이 없지만 곧 좋아지니 참고 기다려라. 부부는 원만한 관계가 지속된다.
소송 · 다툼	소송은 발생할 일이 없다. 만약 발생하더라도 쉽게 해결되니 걱정할 것이 없다.

신세대의 연운 활용

연애 · 사랑	당장 좋은 결과가 나오지는 않지만 애정운은 점점 좋아진다. 줄곧 혼자이던 사람은 새로운 만남을 기대해도 좋다. 미혼남녀는 화촉을 밝히고 결혼한 사람은 새롭게 부부애가 싹튼다.
시험 · 취직	합격운이 왕성하니 이제야 원하던 학교에 합격한다. 직장인은 다음 기회에나 승진을 기대할 수 있다.
건강 · 사고	오랜 지병을 앓던 사람은 반드시 병을 고치고 원기를 회복한다.
금전 · 행운	원하는 대로 재물을 얻을 수 있는 운이다.
소원 · 성취	노력 여하에 따라 소원이 이루어질 수도 있고 그렇지 않을 수도 있다.

운명을 바꾸는 연운 활용

좋은 방향	남쪽
좋은 색상	초록색
좋은 장소	놀이터
좋은 성씨	ㅁ, ㅂ, ㅍ
좋은 숫자	4, 7

숫자로 보는 연운 활용

	좋은 달	보통 달	나쁜 달
금전 · 투자	8, 11월	5, 12월	9, 10월
변화 · 변동	6, 8월	2, 5월	9, 10월
연애 · 사랑	6, 7월	2, 5월	4, 10월
건강 · 소송	1, 3월	2, 12월	4, 9월

월운

 뜻밖에 공명을 얻으니 이름을 널리 떨친다.
심신이 즐거우니 가정에 기쁨이 가득하다.
도처에 재물이 있으니 남아가 뜻을 얻는다.

 여인을 믿지 마라. 반드시 재물을 잃는다.
가족끼리 마음을 합하니 살림이 왕성해진다.
경사가 문으로 들어오니 재물이 산처럼 모인다.

 봄동산의 복숭아와 자두나무가 때를 만나 꽃을 피운다.
동쪽 뜰에 꽃이 피니 벌과 나비가 향기를 탐한다.
재록財祿이 따르니 황금 골짜기에 들어온 듯 부유해진다.

 물귀신이 문에 비치니 물가에 가지 마라.
아침 까치가 남쪽에서 우니 반드시 영귀해진다.
집에 경사가 있고 자손에게 영화가 찾아온다.

 다른 사람과 다투지 마라. 재물과 명예를 잃게 된다.
집안이 안락하니 세상일이 태평하다.
경사스러운 조짐이 있으니 자손이 귀하게 된다.

 만리 사방에 달이 밝은데 고인故人이 와서 도와준다.
재앙이 사라지고 복이 오니 집안이 화평하다.
위아래가 화목하니 집안 살림이 저절로 왕성해진다.

 만일 횡재가 아니면 반드시 아들을 얻는다.
뜰 앞에 난초가 홀로 봄빛을 띤다.
재성財星이 들어오니 하루에 천금을 얻는다.

 동과 북 양쪽에서 귀인이 와서 도와준다.
구름 밖 만리에서 소식이 날아온다.
만약 장가를 들지 않으면 반드시 재물을 얻는다.

 멀리 떠나지 마라. 손해를 볼까 두렵다.
나가면 해로우니 집을 지키는 것이 상책이다.
북쪽에 가까이 가지 마라. 해로움만 있고 이익은 없다.

 가신家神이 도와주니 바라는 일이 이루어진다.
길한 가운데 흉이 있으니 군자는 조심해야 한다.
집에 있으면 근심하고 밖에 나가면 손해를 본다.

 불전에 기도하면 흉이 길로 변한다.
재물과 이익이 다 길하니 살림살이가 늘어난다.
들어오면 심란하나 멀리 길을 떠나면 길하다.

 몸이 저절로 편안해지니 이 밖에 또 무엇을 구할까.
분수를 지키고 편안히 살면 반드시 대길하다.
목성木姓이 해롭다. 가까이하면 해를 입는다.

운명을 바꾸는 월운 활용

	1월	2월	3월	4월	5월	6월
좋은 방향	남서쪽	북쪽	남쪽	남쪽	북동쪽	동쪽
좋은 색상	파란색	회색	검은색	고동색	남청색	적갈색
좋은 장소	매점	볼링장	PC방	민속촌	호수	순두부식당
좋은 성씨	ㅁ, ㅂ, ㅍ	ㅅ, ㅈ, ㅊ	ㄱ, ㅋ	ㄱ, ㅋ	ㅇ, ㅎ	ㄴ, ㄷ, ㅌ, ㄹ
좋은 숫자	1, 2	2, 9	3, 9	8, 11	1, 7	1, 12
좋은 날짜	8, 14, 17, 21, 23, 27일	5, 15, 17, 20, 21, 28일	9, 12, 18, 19, 22, 29일	6, 13, 15, 18, 23, 28일	3, 9, 14, 17, 20, 26일	2, 10, 12, 15, 22, 28일
안 좋은 날짜	5, 13, 19일	6, 18, 26일	16, 24, 26일	17, 19, 24일	15, 16, 24일	9, 16, 18일
재물·금전 지수	98	81	93	74	83	90
변화·변동 지수	91	84	95	73	85	92
건강·행복 지수	94	87	95	78	85	92

	7월	8월	9월	10월	11월	12월
좋은 방향	남서쪽	북동쪽	남동쪽	북쪽	북서쪽	서쪽
좋은 색상	베이지색	분홍색	보라색	다홍색	녹색	파란색
좋은 장소	해장국식당	목장	산	족발음식점	채식전문점	냉면음식점
좋은 성씨	ㄱ, ㅋ	ㅇ, ㅎ	ㅁ, ㅂ, ㅍ	ㄴ, ㄷ, ㅌ, ㄹ	ㅅ, ㅈ, ㅊ	ㅁ, ㅂ, ㅍ
좋은 숫자	4, 5	6, 8	1, 4	3, 5	3, 9	7, 8
좋은 날짜	5, 8, 11, 14, 21, 27일	7, 12, 15, 20, 23, 28일	5, 11, 14, 21, 22, 29일	4, 14, 17, 22, 23, 26일	8, 13, 15, 18, 22, 28일	5, 12, 15, 19, 23, 27일
안 좋은 날짜	7, 16, 22일	8, 13, 16일	7, 13, 20일	3, 13, 18일	12, 16, 21일	16, 21, 26일
재물·금전 지수	98	94	72	78	92	84
변화·변동 지수	94	93	75	76	94	85
건강·행복 지수	90	95	76	74	95	86

413 有救生之意
유구생지의

연운

渴龍得水 濟濟蒼生
갈용득수 제제창생   목마른 용이 물을 얻으니 모든 사람을 구제한다.

吉星到門 必有慶事
길성도문 필유경사   길성이 문을 비추니 반드시 경사가 있다.

別無世業 自手成家
별무세업 자수성가   가업이 없어도 자수성가한다.

若非損財 妻憂何免
약비손재 처우하면   만일 재물을 잃지 않으면 아내의 우환을 어찌 면할까.

小人得財 賤者得權
소인득재 천자득권   소인은 재물을 얻고 천한 자는 권세를 얻는다.

欲知前程 因人成事
욕지전정 인인성사   앞길을 알고자 하니 남의 도움을 받아 일을 성취한다.

團團秋月 小人爭光
단단추월 소인쟁광   둥근 가을달 아래 소인이 빛을 다툰다.

高而不危 我行其野
고이불위 아행기야   높이도 위태롭지 않으니 평평한 들판을 거니는 듯하다.

必逢貴人 問之西方
필봉귀인 문지서방   반드시 귀인을 만나리니 서쪽에 가서 물어본다.

성인의 연운 활용

금전 · 명예	지나친 욕심을 부리지 않으면 어느 정도의 돈은 들어올 것이다.
사업 · 창업	노력하는데다 옆에서 도와주는 사람까지 나타나니 사업이 순조롭다.
주식 · 투자	주식투자 때문에 어려움이 닥칠 때 주위에서 도와주니 안 되던 일이 해결된다.
시험 · 취직	열심히 노력하면 합격과 취직이 가능하다. 하는 일마다 잘 되니 상사에게 인정받고 승진한다.
당선 · 소원	실력도 있고 하늘도 도와주니 당선된다. 오랜 시간 기다리며 노력해왔던 소원이 이제야 이루어진다.
이사 · 매매	지금 살고 있는 집에서 이사하면 이익이 있다. 과도한 욕심만 버린다면 이사나 매매가 쉽게 성사된다.
건강 · 사고	그 동안 좋지 않았던 건강이 회복되어 새롭게 출발하는 기회를 가진다.
애정 · 결혼	연애도 책임감이 필요하다. 말과 행동이 일치해야 상대가 신뢰할 수 있다. 한 쌍의 봉황새가 봄을 맞이한 격이니 짝이 없는 사람은 새로운 연인이 생기고 부부 금실도 싹튼다.
소송 · 다툼	소송이 있다고 해도 곧 해결되니 걱정하지 않아도 된다.

신세대의 연운 활용

연애 · 사랑	색다른 이벤트를 벌이거나 새로운 장소에서 데이트하면 애정이 더욱 두터워진다. 오랜 연인과 결혼이 성사되고, 부부는 작지만 기쁜 일이 있다.
시험 · 취직	학생이나 직장인이나 평소 열심히 실력을 쌓았다면 반드시 이름을 알리고 원하는 자리로 승진할 것이다.
건강 · 사고	새로운 질병은 발생하지 않겠으며 오랜 기간 투병중인 환자도 회복이 빠르다.
금전 · 행운	큰 재물이나 금전은 들어오지 않아도 정기적인 수입이 꾸준히 들어온다.
소원 · 성취	소송은 별다른 이상은 발생하지 않을 것이니 걱정하지 않아도 된다.

운명을 바꾸는 연운 활용

좋은 방향	서쪽
좋은 색상	노란색
좋은 장소	카페
좋은 성씨	ㅅ, ㅈ, ㅊ
좋은 숫자	6, 9

숫자로 보는 연운 활용

	좋은 달	보통 달	나쁜 달
금전 · 투자	3, 9, 12월	2, 4월	7월
변화 · 변동	3, 6, 8월	4, 10월	7월
연애 · 사랑	1, 5월	2, 4월	11월
건강 · 소송	5, 9월	4, 10월	7, 11월

413 월운

① 좋은 일이 생기니 아름다운 가정을 이룬다.
관록官祿이 따르니 가히 남아라 할 만하다.
만일 이와 같지 않으면 반드시 귀한 자녀를 얻는다.

② 재록財祿이 산처럼 쌓이니 편한 곳에서 태평하게 지낸다.
사방으로 출입하니 이르는 곳마다 재물이 있다.
운수는 북쪽에서 왕성하고 재물은 물과 금에 있다.

③ 재성財星이 따르니 뜻밖에 재물을 얻는다.
집안이 화평하니 소망이 반드시 이루어진다.
북쪽이 길하니 마땅히 그 쪽으로 간다.

④ 일신이 영귀하게 되니 이름을 사방에 떨친다.
재물도 있고 권리도 있으니 곳곳에 봄바람이 분다.
남이나 북으로 가라. 이로움이 그 가운데 있다.

⑤ 가정이 좋은 운을 만나니 기쁜 일이 많다.
뜰 안의 매화가 하루 아침에 활짝 피었다.
이익은 무슨 물건에 있는가. 반드시 물과 금에 있다.

⑥ 본래 마음이 바르니 수복壽福을 누린다.
손해는 어느 물건에 있는가. 쌀과 과실에 있다.
집안이 안락하니 모든 일이 편안하다.

⑦ 소나무를 심어 숲을 이루니 백조가 와서 기뻐한다.
집에 있으면 길하고 길을 떠나면 불리하다.
다른 사람을 사귀지 마라. 손해가 적지 않다.

⑧ 가정이 화평하니 웃음이 가득하다.
집안 살림이 점점 왕성해지니 매사가 뜻대로 된다.
다행히 귀인을 만나니 생활이 태평하다.

⑨ 명예와 이익이 모두 길하니 구하지 않아도 저절로 풍족해진다.
도가 높고 명예와 이익 또한 높으니 그 명성을 사방에 떨친다.
녹祿이 많고 권력도 있으니 남아가 그 뜻을 얻는다.

⑩ 길성吉星이 따르니 반드시 남은 경사가 있다.
소망이 뜻대로 이루어지니 기쁜 일이 많다.
재물복이 많으니 날로 천금을 더한다.

⑪ 운수가 길하니 가히 공명을 얻을 것이다.
집안에 좋은 일이 있으니 슬하에 경사가 생긴다.
화성火姓이 불리하니 사귀어 놀지 마라.

⑫ 위아래 밭에 온갖 곡식이 풍성하다.
다른 사람과 마음을 같이하니 재산이 천금이나 된다.
만약 서쪽에 가면 횡재를 만날 운수다.

운명을 바꾸는 월운 활용

	1월	2월	3월	4월	5월	6월
좋은 방향	북동쪽	북쪽	북쪽	동쪽	남서쪽	북쪽
좋은 색상	자주색	회색	연보라색	금색	파란색	주황색
좋은 장소	야구장	소주방	레스토랑	치킨전문점	청국장식당	백화점
좋은 성씨	ㄴ, ㄷ, ㅌ, ㄹ	ㅇ, ㅎ	ㄴ, ㄷ, ㅌ, ㄹ	ㅅ, ㅈ, ㅊ	ㅇ, ㅎ	ㅁ, ㅂ, ㅍ
좋은 숫자	5, 12	1, 8	1, 12	4, 7	5, 6	6, 9
좋은 날짜	6, 10, 14, 20, 24, 28일	9, 16, 18, 21, 22, 29일	5, 12, 14, 20, 21, 26일	8, 14, 17, 19, 24, 28일	4, 10, 12, 15, 21, 27일	5, 10, 13, 17, 24, 28일
안 좋은 날짜	7, 11, 19일	10, 19, 23일	6, 13, 24일	9, 16, 21일	11, 19, 22일	8, 12, 16일
재물·금전 지수	92	82	94	86	98	96
변화·변동 지수	95	82	95	84	95	98
건강·행복 지수	94	80	97	83	92	93

	7월	8월	9월	10월	11월	12월
좋은 방향	남동쪽	동쪽	북서쪽	서쪽	남쪽	서쪽
좋은 색상	초록색	주황색	노란색	귤색	고동색	하늘색
좋은 장소	쇼핑몰	감자탕음식점	시냇가	나이트클럽	당구장	기차역
좋은 성씨	ㄴ, ㄷ, ㅌ, ㄹ	ㄱ, ㅋ	ㅁ, ㅂ, ㅍ	ㄱ, ㅋ	ㄱ, ㅋ	ㅅ, ㅈ, ㅊ
좋은 숫자	2, 5	3, 11	2, 6	5, 9	9, 10	2, 4
좋은 날짜	6, 12, 14, 15, 21, 29일	2, 9, 15, 17, 22, 26일	3, 12, 14, 21, 25, 28일	5, 10, 11, 20, 22, 27일	6, 12, 14, 20, 21, 28일	9, 12, 13, 21, 23, 29일
안 좋은 날짜	7, 13, 19일	8, 14, 19일	4, 13, 15일	13, 21, 23일	7, 13, 19일	8, 15, 24일
재물·금전 지수	74	94	94	83	73	98
변화·변동 지수	75	95	93	84	78	90
건강·행복 지수	78	90	92	85	79	91

421 後必有災之意
후 필 유 재 지 의

연운

僅避狐狸 更踏虎尾
근 피 호 리 갱 답 호 미
겨우 여우와 삵을 피했는데 다시 호랑이 꼬리를 밟았다.

廣大天地 一身無依
광 대 천 지 일 신 무 의
넓은 천지에 몸을 의지할 곳이 없다.

勞有無益 恨嘆不己
노 유 무 익 한 탄 불 기
노력해도 이익이 없으니 한탄만 한다.

財數不利 虛送歲月
재 수 불 리 허 송 세 월
재수가 없으니 허송세월을 하게 된다.

雖有生財 少得多失
수 유 생 재 소 득 다 실
비록 재물이 생겨도 적게 얻고 많이 잃는다.

在家心亂 出他無益
재 가 심 란 출 타 무 익
집에 있어도 마음이 어지럽고 밖으로 나가도 이익이 없다.

煙起夕陽 蟋蟀紛紛
연 기 석 양 실 솔 분 분
석양에 연기는 피어오르는데 귀뚜라미가 시끄럽게 울어댄다.

推車上山 力倍無功
수 서 상 산 역 배 무 공
수레를 밀며 산에 오르니 힘은 들고 공이 없다.

岩頭走馬 山路崎嶇
암 두 주 마 산 로 기 구
말을 타고 바위머리를 달리니 산이 가파르고 험하다.

성인의 연운 활용

금전·명예	일은 바쁘고 부산하게 움직이는데 그 만큼의 실속이 없다.
사업·창업	이 일 저 일에 가진 것을 모두 소비해버린다. 시기가 별로 좋지 않으니 되도록 투자를 삼간다.
주식·투자	생각 없이 남들 따라 움직이지 말고 자신의 생각과 의지대로 정보를 찾고 신중하게 주식에 투자해야 한다.
시험·취직	열심히 노력하면 작은 시험은 가능하지만 운은 좋지 않다. 승진은 어렵고, 취직은 더욱 노력해야 한다.
당선·소원	당선은 도와주는 사람이 있으니 더욱 노력하면 가능하다. 단, 손재수나 구설수를 주의하라.
이사·매매	이사는 움직여도 큰 문제는 없지만 되도록 자제한다. 문서로 큰 금전 손실이 생기니 매매시 잘 살펴라.
건강·사고	건강하다고 해도 무리하면 좋지 않다. 호전되고 있다고 해서 과로해선 안 된다.
애정·결혼	연애운은 좋지 않다. 차분하게 상대와 정신적 교감을 나누도록 노력한다. 사귀면 안 될 사람을 만나기 쉬우며 사기결혼에 휘말릴 수 있으니 신중하게 대처해야 한다.
소송·다툼	큰 소송은 일어나지 않지만 매사에 조심하지 않으면 어려움에 처하게 된다.

신세대의 연운 활용

연애·사랑	서로 이상이 달라서 갈등하기 쉽다. 막 시작한 관계라면 신중하게 판단해야 한다. 오랜 기간 결혼을 못하고 있던 남녀는 새 가정을 꾸린다.
시험·취직	시험운이 매우 나쁘니 시간 여유가 있다면 다음 기회를 노려라. 직장인은 승진보다 현재에 만족하라.
건강·사고	사주팔자가 나쁜 사람은 건강이 위험할 수 있으니 조심한다.
금전·행운	들어오는 것보다 나가는 것이 더 많으니 계획을 세워 생활해야 한다.
소원·성취	욕심이 너무 큰 소원이므로 이루어지는 데 시간이 많이 걸릴 것이다.

운명을 바꾸는 연운 활용

좋은 방향	서쪽
좋은 색상	빨간색
좋은 장소	동물원
좋은 성씨	ㄱ, ㅋ
좋은 숫자	2, 11

숫자로 보는 연운 활용

	좋은 달	보통 달	나쁜 달
금전·투자	10, 12월	6월	3, 9월
변화·변동	4, 12월	5, 6월	1, 8월
연애·사랑	4, 10월	6, 7월	2, 11월
건강·소송	10, 12월	6월	2, 9월

421

월운

 강산을 가는 사람이 우연히 험한 길을 만난다.
재물을 구하지 마라. 일이 허망할 것이다.
바다에서 토끼를 구하니 노력해도 얻을 수 없다.

 마음이 피곤하니 세상일이 뜬구름 같다.
집에 어려움이 있으니 마음이 어지럽다.
실패하는 운수니 친한 친구를 믿지 마라.

 운수가 불리하니 마침내 원수를 만난다.
시비를 가까이하지 마라. 횡액을 면하지 못한다.
호랑이가 함정에 빠졌으니 마음은 있으나 계책이 없다.

 때 맞춰 화합하고 풍년이 드니 모든 사람이 편안해진다.
재성財星이 몸을 비추니 재물이 풍성해진다.
만약 시비를 가까이하면 구설이 따른다.

 아랫사람이 윗사람을 거스르니 집안에 불평이 있다.
일이 뜻대로 되지 않으니 해만 있고 이로움이 없다.
일을 급하게 하지 마라. 천천히 가면 더 좋다.

 마음은 있으나 꾀가 없으니 일을 끝맺지 못한다.
운수가 돌아오니 마침내 활력을 얻는다.
재성財星이 공허로우니 헛걸음만 하게 된다.

 하는 일이 마음에 맞지 않으니 번민이 떠나지 않는다.
비록 노력은 하지만 공을 세우지 못한다.
질병의 고통이 끊이지 않으니 근심이 많다.

 시비를 가까이하지 마라. 관재官災가 있을까 두렵다.
만일 이와 같지 않으면 반드시 상을 당하게 된다.
만일 재물을 잃지 않으면 자손에게 액이 있을 것이다.

 관귀官鬼가 들어오니 집안이 불안하다.
집을 지키는 것이 상책이고 밖에 나가면 불리하다.
재물을 잃을 수 있으니 토성土姓을 멀리한다.

 가문 하늘에 단비가 내리니 마른 싹이 다시 살아난다.
도처에 재물이 있으니 식록食祿이 저절로 풍족하다.
만일 그렇지 않으면 가정이 불안하다.

 구설수가 있으니 도처에서 말을 듣는다.
집에 불평 불만이 있으니 풍파가 그치지 않는다.
운수가 불리하니 재물을 잃고 구설에 시달린다.

남의 재물을 탐하지 마라. 도무지 이익이 없다.
성심껏 노력하면 작은 이익은 얻는다.
만약 이사를 가면 이 운수를 거의 면한다.

운명을 바꾸는 **월운** 활용

	1월	2월	3월	4월	5월	6월
좋은 방향	북동쪽	동쪽	남서쪽	북쪽	남동쪽	서쪽
좋은 색상	청록색	노란색	군청색	검은색	하얀색	연두색
좋은 장소	기념관	항구	삼겹살식당	레스토랑	편의점	수목원
좋은 성씨	ㅁ, ㅂ, ㅍ	ㄴ, ㄷ, ㅌ, ㄹ	ㅁ, ㅂ, ㅍ	ㅅ, ㅈ, ㅊ	ㄱ, ㅋ	ㄴ, ㄷ, ㅌ, ㄹ
좋은 숫자	4, 8	2, 7	1, 10	3, 5	5, 9	8, 9
좋은 날짜	8, 12, 16, 22, 24, 26일	5, 11, 15, 18, 22, 28일	4, 9, 13, 17, 21, 27일	7, 8, 12, 21, 22, 28일	8, 9, 15, 20, 23, 26일	5, 8, 12, 23, 24, 29일
안 좋은 날짜	9, 13, 17일	6, 13, 19일	8, 12, 16일	11, 13, 20일	14, 19, 21일	7, 16, 25일
재물·금전 지수	79	70	73	92	84	83
변화·변동 지수	75	76	74	94	82	84
건강·행복 지수	78	72	75	95	86	85

	7월	8월	9월	10월	11월	12월
좋은 방향	북서쪽	서쪽	남서쪽	남쪽	북동쪽	동쪽
좋은 색상	밤색	회색	연보라색	분홍색	적갈색	파란색
좋은 장소	포장마차	동물원	오리음식점	팬시용품점	상가	한식당
좋은 성씨	ㄱ, ㅋ	ㅇ, ㅎ	ㅅ, ㅈ, ㅊ	ㅁ, ㅂ, ㅍ	ㅇ, ㅎ	ㅇ, ㅎ
좋은 숫자	2, 12	1, 4	2, 8	2, 11	5, 8	6, 11
좋은 날짜	2, 9, 11, 13, 21, 28일	1, 8, 12, 15, 22, 27일	4, 9, 13, 16, 25, 28일	5, 8, 15, 21, 22, 26일	6, 9, 13, 20, 22, 29일	9, 18, 19, 22, 23, 28일
안 좋은 날짜	10, 12, 22일	7, 13, 21일	14, 17, 27일	9, 14, 23일	4, 10, 18일	20, 24, 27일
재물·금전 지수	82	76	73	93	76	94
변화·변동 지수	85	78	74	94	74	95
건강·행복 지수	82	75	75	92	73	97

422 妄動有害之意
망 동 유 해 지 의

연운

兄耶弟耶 庚人之害
형 야 제 야 경 인 지 해 　형이나 동생이냐, 동갑에게 해를 입는다.

運數不利 吉事隨魔
운 수 불 리 길 사 수 마 　운수가 불리하니 좋은 일에 마가 따른다.

有志未就 身數奈何
유 지 미 취 신 수 내 하 　뜻은 있어도 이루지 못하니 이 운수를 어찌할까.

日暮西山 進退不知
일 모 서 산 진 퇴 부 지 　서산에 해가 지는데 나아가고 물러남을 알지 못한다.

財在路上 求而可得
재 재 노 상 구 이 가 득 　재물이 길거리에 있으니 구하면 얻는다.

頭小身弱 事不能當
두 소 신 약 사 불 능 당 　생각이 없고 몸도 약하니 일을 감당하지 못한다.

挾山渡海 反爲虛言
협 산 도 해 반 위 허 언 　산을 끼고 바다를 건넌다 하지만 도리어 헛된 말이다.

運阻命蹇 財多耗散
운 조 명 건 재 다 모 산 　운명이 막혔으니 많은 재물이 흩어진다.

遠行不利 不如安分
원 행 불 리 불 여 안 분 　먼 길을 가면 불리하니 집에 편히 있는 것만 못하다.

성인의 연운 활용

금전 · 명예	한동안 심각한 자금난에 허덕이다가 우연한 기회에 융통되면서 수입이 서서히 늘고 안정을 찾게 된다.
사업 · 창업	친한 사람조차 내 것을 빼앗아가는 상황이니 함부로 움직이지 말고 때를 기다려야 한다.
주식 · 투자	주식투자는 큰 이익을 기대하지 않는 것이 좋다. 현재 상황에 만족하라.
시험 · 취직	하위직 공무원이나 일반회사는 가능하나 고시 등은 어렵다. 승진은 원하는 부서는 어려우니 현재에 만족하라.
당선 · 소원	당선은 노력한 성과가 없으니 다음을 기약하라. 욕심이 지나치면 소원도 이루지 못하고 망신만 당한다.
이사 · 매매	되도록 지금의 위치에서 움직이지 않는 것이 화를 면하는 길이다. 매매는 작은 계약이라도 어긋나기 쉽다.
건강 · 사고	한번 발병하면 오랜 기간 치료해야 하니 약간의 이상만 있어도 병원을 찾아야 한다.
애정 · 결혼	성격과 주위 상황이 엇갈리고 있다. 이성관계에 나쁜 운이 들어오므로 만남을 자제하는 것이 좋다. 결혼상대로 훌륭한 짝을 만나고 부부는 새로운 식구가 생긴다.
소송 · 다툼	부주의한 한 마디 말실수로 인해 작은 시비에 휘말릴 수 있으니 조심한다.

신세대의 연운 활용

연애 · 사랑	자존심을 내세우기 쉽지만 때로는 이것이 사랑을 자극할 수도 있다. 새로운 배필을 만나지만 너무 서두르면 구설수만 따른다. 조급하게 생각하지 말고 순리에 따라 행동한다.
시험 · 취직	어떠한 시험이라도 노력하지 않으면 떨어진다. 직장인은 업무 실수로 상사에게 질책당한다.
건강 · 사고	욕심이 많은 사람은 그 욕심으로 인해 건강이 나빠질 것이다.
금전 · 행운	들어오는 것은 적은데 나가는 것이 더 많겠으니 조심한다.
소원 · 성취	아직 큰 소원을 이루기에는 시기가 좋지 않지만 작은 소원은 이룰 수 있다.

운명을 바꾸는 연운 활용

좋은 방향	남동쪽
좋은 색상	연보라
좋은 장소	퓨전음식점
좋은 성씨	ㄱ, ㅋ
좋은 숫자	7, 8

숫자로 보는 연운 활용

	좋은 달	보통 달	나쁜 달
금전 · 투자	2, 10월	9, 11월	1, 8월
변화 · 변동	4, 10월	11, 12월	3, 7월
연애 · 사랑	2, 10월	9, 12월	1, 8월
건강 · 소송	2, 4월	9, 11월	5, 6월

422

월운

 머나먼 곳에서 아주 외로운 몸이다.
가신家神이 발동하니 가정이 불안하다.
가운家運이 기우니 근심이 떠나지 않는다.

 매화가 활짝 피니 그 향기가 아주 새롭다.
이익은 어느 곳에 있는가. 반드시 서쪽에 있다.
여자를 가까이하지 마라. 해롭고 구설이 생긴다.

 재성財星이 때를 못 만나니 재물을 구해도 얻지 못한다.
집에 병고가 있으니 마음이 불안하다.
비록 길함이 있으나 얻는 것은 별로 없다.

 뜻밖에 명예를 얻으니 많은 사람들이 우러러본다.
재물을 잃을 수 있으니 금성金姓을 가까이하지 마라.
녹禄이 사방에 있으니 태평하게 지낸다.

 이상한 곳에 가지 마라. 횡액이 두렵다.
인정을 생각하지 마라. 도리어 해를 당한다.
일이 뜻대로 되지 않으니 이것을 어찌할까.

 물을 조심하라. 횡액이 염려된다.
시비가 벌어질 수 있으니 남과 다투지 마라.
만약 이와 같지 않으면 구설을 면하기 어렵다.

 동북 양쪽에 헛된 이름이 있다.
사방에 아는 사람이 없으니 어느 곳에 의탁할까.
화류계를 가까이하지 마라. 가까운 사람과 헤어진다.

 문을 나서지 마라. 뜻하지 않은 액이 있다.
재물을 잃을 수 있으니 매사에 조심한다.
금성金姓과 목성木姓 두 성과는 함께 일하지 마라.

 망녕되이 움직이지 마라. 횡액이 염려된다.
운수가 불리하니 거듭 남에게 해를 당한다.
한 번은 슬프고 한 번은 근심하니 길흉이 반반이다.

 마음에 노고가 많으니 참고 견디면 마침내 길하게 된다.
동쪽에서 온 사람은 반드시 원수가 된다.
모르는 곳이나 이상한 곳을 가까이하지 마라. 재물을 잃는다.

 음양이 화합하지 못하니 부부가 불화한다.
작은 재물이 있으니 구하면 손에 들어온다.
금년의 운수는 처음에는 흉하고 뒤에는 길하다.

비록 재물이 있으나 얻는 것이 도리어 흉하다.
만약 화성火姓을 가까이하면 손해를 면하기 어렵다.
일에 순서가 없으니 세상일이 뜬구름 같다.

운명을 바꾸는 월운 활용

	1월	2월	3월	4월	5월	6월
좋은 방향	남서쪽	서쪽	북쪽	남동쪽	북서쪽	서쪽
좋은 색상	베이지색	자주색	회색	옥색	은색	고동색
좋은 장소	철판요리집	아이스크림가게	쌈밥식당	오락실	미술관	장어음식점
좋은 성씨	ㅅ, ㅈ, ㅊ	ㅅ, ㅈ, ㅊ	ㅁ, ㅂ, ㅍ	ㅇ, ㅎ	ㄱ, ㅋ	ㄴ, ㄷ, ㅌ, ㄹ
좋은 숫자	1, 5	2, 6	3, 11	3, 10	4, 7	9, 11
좋은 날짜	8, 14, 17, 18, 22, 27일	7, 14, 16, 17, 23, 28일	4, 14, 18, 19, 22, 26일	5, 12, 19, 20, 21, 29일	6, 14, 18, 19, 23, 28일	2, 13, 16, 19, 21, 27일
안 좋은 날짜	19, 23, 26일	18, 20, 21일	13, 17, 20일	11, 18, 22일	5, 15, 16일	8, 15, 18일
재물·금전 지수	74	92	76	93	73	73
변화·변동 지수	73	94	74	94	75	70
건강·행복 지수	72	95	78	95	77	79

	7월	8월	9월	10월	11월	12월
좋은 방향	남쪽	동남쪽	동쪽	남쪽	북동쪽	남서쪽
좋은 색상	보라색	연보라색	검은색	다홍색	연분홍색	노란색
좋은 장소	시골길	놀이공원	연주회장	기차역	피자집	뷔페식당
좋은 성씨	ㅁ, ㅂ, ㅍ	ㄱ, ㅋ	ㅇ, ㅎ	ㄴ, ㄷ, ㅌ, ㄹ	ㄴ, ㄷ, ㅌ, ㄹ	ㄱ, ㅋ
좋은 숫자	7, 11	1, 2	7, 9	1, 8	1, 5	1, 6
좋은 날짜	3, 12, 15, 21, 25, 28일	3, 7, 12, 18, 24, 29일	2, 5, 10, 13, 23, 27일	7, 10, 18, 21, 24, 28일	6, 11, 15, 20, 21, 26일	2, 7, 19, 21, 25, 26일
안 좋은 날짜	7, 16, 24일	8, 17, 23일	8, 14, 22일	15, 20, 23일	7, 13, 19일	6, 17, 20일
재물·금전 지수	72	73	82	92	82	84
변화·변동 지수	75	75	80	90	85	83
건강·행복 지수	74	76	82	98	86	85

423 必有亨通之意
필유형통지의

연운

花笑園中 蜂蝶來戲
화 소 원 중 봉 접 래 희   뜰에 꽃이 활짝 피니 벌과 나비가 날아와 춤춘다.

年運旺盛 必有慶事
연 운 왕 성 필 유 경 사   한 해 운수가 왕성하니 반드시 경사가 있다.

若非慶事 開業之數
약 비 경 사 개 업 지 수   만일 경사가 없으면 직업을 바꿀 운수다.

寅卯之月 別無所望
인 묘 지 월 별 무 소 망   정월과 이월에는 소망을 별로 이루지 못한다.

勿爲妄動 謀事難成
물 위 망 동 모 사 난 성   망녕되이 움직이지 마라. 꾀하는 일을 이루기 어렵다.

若非移徙 親憂可慮
약 비 이 사 친 우 가 려   만일 이사하지 않으면 부모에게 우환이 있을까 걱정된다.

積小大成 漸漸亨通
적 소 대 성 점 점 형 통   작은 것을 쌓아 큰 것을 이루니 점점 형통하게 된다.

二人同心 其利斷金
이 인 동 심 기 리 단 금   두 사람이 마음을 합하니 그 이익으로 금을 나눈다.

山澤通氣 至誠感天
산 택 통 기 지 성 감 천   산과 연못이 서로 기를 통하니 지성이면 하늘도 감동한다.

성인의 연운 활용

금전 · 명예	하루가 다르게 재물이 늘어난다. 횡재운까지 있으니 큰돈이 들어올 수도 있다.
사업 · 창업	사업이 순조롭게 발전하니 재물을 구하는 대로 얻을 수 있다.
주식 · 투자	주식투자는 큰 이익은 불가능해도 작은 이익은 거둘 수 있다.
시험 · 취직	실력이 있다면 취직은 반드시 이루어지고 직장인은 원하는 부서로 승진한다.
당선 · 소원	꾸준히 실력을 쌓으면 당선의 기쁨이 있다. 계획이 순조롭게 이루어지고 소원을 성취한다.
이사 · 매매	같은 크기나 줄여서 이사하면 좋다. 매매는 토지나 가옥 매입에 절호의 기회다.
건강 · 사고	건강은 걱정할 것이 없다. 몸과 마음 모두 하늘을 찌를 듯 상쾌하다.
애정 · 결혼	세심한 배려가 상대방에게 부담으로 느껴질 수 있으니 적극적으로 표현하라. 윗사람의 소개로 새로운 애인이나 배우자가 될 사람을 만난다. 여성은 혼전임신의 가능성이 있으니 주의해야 한다.
소송 · 다툼	소송은 생각했던 것보다 쉽게 해결되니 안심해도 좋다.

신세대의 연운 활용

연애 · 사랑	애정은 작은 부분에서 싸트니 항상 상대를 배려하라. 부부간의 애정이 두터워지고, 미혼남녀는 결혼한다.
시험 · 취직	고시는 어렵지만 다른 시험은 노력만 하면 가능하다. 직장인은 승진의 기쁨이 있다.
건강 · 사고	건강은 걱정할 것이 없다. 마음이 편안하고 몸이 날아갈 듯 가볍다.
금전 · 행운	전혀 생각지 못한 곳에서 재물이 들어오고 수입도 수월하여 금전의 어려움은 전혀 없다.
소원 · 성취	욕심을 버리고 진실로 바란다면 작은 소원 정도는 이루어진다.

운명을 바꾸는 연운 활용

좋은 방향	북동쪽
좋은 색상	고동색
좋은 장소	백화점
좋은 성씨	ㅇ, ㅎ
좋은 숫자	4, 7

숫자로 보는 연운 활용

	좋은 달	보통 달	나쁜 달
금전 · 투자	1, 5월	9, 11월	8, 10월
변화 · 변동	3, 5월	6, 9월	12월
연애 · 사랑	2, 7월	6, 9월	12월
건강 · 소송	4, 7월	6, 11월	8, 12월

423 월운

 위아래가 화목하니 집안이 화목하고 즐겁다.
황룡이 구슬을 가지고 노니 반드시 혼인할 운수다.
만약 이와 같지 않으면 아들을 얻을 운수다.

 재앙이 사라지고 복이 오니 만사가 태평하다.
분수를 지키고 편히 있으면 복록福祿이 저절로 들어온다.
소망이 뜻대로 이루어지니 큰 재물을 얻는다.

 만일 횡재를 하지 않으면 장가를 들 운수다.
재성財星이 찾아오니 날로 큰 재물을 얻는다.
사람과 술을 대하니 그 가운데서 살아나갈 방법을 얻는다.

 작은 것이 가고 큰 것이 오니 흙을 쌓아 산을 이룬다.
맨손으로 집안을 일으키니 재물을 돌탑처럼 쌓는다.
재성財星이 문에 들어오니 횡재할 운수다.

 구름이 흩어지고 달이 뜨니 천지가 밝다.
다행히 귀인을 만나면 생색生色이 다섯 배나 된다.
집안이 화평하니 마음이 편안하다.

 만일 과거급제가 아니면 슬하에 경사가 있다.
어둠 속을 걷는 사람이 우연히 촛불을 얻는다.
도처에 재물이 있고 모든 일이 길하다.

 녹祿이 많고 권력도 있으니 모든 사람이 우러러본다.
길성吉星이 문을 비추니 가정에 경사가 있다.
만약 횡재를 하지 않으면 자손이 영귀해진다.

 생각하는 일을 빨리 하라. 늦게 하면 불리하다.
해로움은 어느 성에 있는가, 필시 금성金姓이다.
음양이 화합하니 반드시 경사가 있다.

 하늘이 그 복을 주니 여러 가지 일을 반드시 이룬다.
이익이 목성木姓에 있으니 그 사람을 사귀면 횡재를 한다.
소망이 뜻대로 이루어지니 세상일이 태평하다.

 마음을 바로하고 덕을 닦으니 복록福祿이 저절로 들어온다.
남과 화목하게 지내니 재물을 구하면 뜻대로 얻는다.
이 달의 운수는 구설을 조심해야 한다.

 동쪽 뜰의 복숭아와 자두나무가 때를 만나 활짝 꽃 피었다.
재록財祿이 따르니 뜻밖에 횡재를 한다.
슬하에 경사가 있으니 집안이 화목하다.

 서북 방향이 길하니 그 쪽으로 가면 반드시 재물을 얻는다.
마음이 안락하니 모든 일이 순조롭게 이루어진다.
다른 사람의 말을 듣지 마라. 소득이 별로 없다.

운명을 바꾸는 **월운** 활용

	1월	2월	3월	4월	5월	6월
좋은 방향	북쪽	남동쪽	남쪽	북동쪽	북서쪽	서쪽
좋은 색상	밤색	적갈색	주황색	베이지색	남청색	파란색
좋은 장소	독서실	순대음식점	추어탕식당	꽃집	도서관	전통찻집
좋은 성씨	ㄱ, ㅋ	ㅇ, ㅎ	ㅅ, ㅈ, ㅊ	ㅁ, ㅂ, ㅍ	ㅇ, ㅎ	ㄱ, ㅋ
좋은 숫자	9, 10	2, 11	1, 9	3, 6	1, 10	3, 8
좋은 날짜	5, 8, 15, 21, 22, 26일	1, 8, 12, 15, 25, 27일	2, 10, 12, 13, 22, 26일	1, 8, 15, 19, 22, 28일	6, 9, 12, 22, 23, 27일	3, 8, 13, 16, 24, 27일
안 좋은 날짜	7, 16, 23일	9, 16, 24일	9, 14, 16일	7, 18, 23일	10, 13, 14일	6, 11, 14일
재물·금전 지수	92	93	94	94	94	82
변화·변동 지수	95	98	92	98	93	84
건강·행복 지수	95	97	90	92	92	85

	7월	8월	9월	10월	11월	12월
좋은 방향	동쪽	서쪽	남서쪽	북동쪽	북쪽	북서쪽
좋은 색상	고동색	하늘색	회색	분홍색	황갈색	감색
좋은 장소	낙지음식점	닭발음식점	서점	수영장	생과일전문점	시장
좋은 성씨	ㄴ, ㄷ, ㅌ, ㄹ	ㄴ, ㄷ, ㅌ, ㄹ	ㅁ, ㅂ, ㅍ	ㅅ, ㅈ, ㅊ	ㄴ, ㄷ, ㅌ, ㄹ	ㄱ, ㅋ
좋은 숫자	4, 5	5, 8	8, 10	6, 10	6, 7	6, 11
좋은 날짜	2, 11, 15, 21, 22, 28일	7, 10, 14, 17, 23, 27일	5, 11, 12, 17, 25, 28일	1, 6, 15, 18, 23, 26일	4, 5, 14, 21, 22, 26일	5, 9, 15, 21, 25, 27일
안 좋은 날짜	13, 16, 20일	4, 11, 22일	6, 14, 16일	5, 19, 24일	6, 13, 25일	13, 16, 24일
재물·금전 지수	90	72	83	74	84	73
변화·변동 지수	95	73	85	76	82	74
건강·행복 지수	91	75	86	79	86	72

431 無吉有凶之意
무 길 유 흉 지 의

연운

天崩地陷 事事倒懸
천 붕 지 함 사 사 도 현
하늘이 무너지고 땅이 꺼지니 하는 일마다 거꾸로 매단 것 같다.

運數不利 有災有憂
운 수 불 리 유 재 유 우
운수가 불리하니 재앙과 우환이 있다.

無端之事 一次虛驚
무 단 지 사 일 차 허 경
이유 없이 한번 헛된 것에 놀란다.

掘地得金 終見亨通
굴 지 득 금 종 견 형 통
땅을 파서 금을 얻으니 마침내 형통하다.

若無家慶 反有家憂
약 무 가 경 반 유 가 우
만일 경사가 없으면 도리어 집에 우환이 있다.

燈油不足 燈火不明
등 유 부 족 등 화 불 명
등잔에 기름이 부족하니 등불이 밝지 않다.

老人對局 勝敗不知
노 인 대 국 승 패 부 지
노인이 바둑판을 대하니 승패를 알지 못한다.

謙謙君子 終成利器
겸 겸 군 자 종 성 이 기
겸손한 군자라면 마침내 훌륭한 그릇이 된다.

飛鳥遺音 上順下逆
비 조 유 음 상 순 하 역
날던 새가 소리를 남기니 윗사람은 순종하고 아랫사람은 거역한다.

성인의 연운 활용

금전·명예	친한 사람이나 가까운 사람에게 배반당할 수 있으니 유혹에 넘어가지 않게 주의한다.
사업·창업	무리한 사업 확장으로 자금난에 처할 수 있다. 조금씩 늘려가는 것이 어려움을 피하는 방법이다.
주식·투자	주식투자로 인해 얻는 것보다 잃는 것이 더 많으니 삼간다.
시험·취직	시험은 오랫동안 노력해온 사람만 가능하다. 직장인은 외근직은 승진이 유리하지만 내근직은 힘들다.
당선·소원	실력이 부족하고 경쟁자들의 실력이 뛰어나니 국회의원 선거는 불리하다. 소원 역시 이루기 어렵다.
이사·매매	지금보다 확장하여 이사해도 괜찮다. 매매는 서류로 인한 작은 손실이 발생할 수 있으니 매사에 주의한다.
건강·사고	건강은 더 이상 악화되지도 호전되지도 않는 상태를 유지한다.
애정·결혼	서로에게 걸림돌이 많은 운이다. 특히 환경의 제약이 크다. 새로운 만남은 길하고, 화촉을 밝히는 경사가 있다. 연인이 없었던 사람도 쉽게 짝을 만난다.
소송·다툼	소송이 매우 불리한 쪽으로 전개될 것이니 소송이 발생하면 합의하는 것이 현명하다.

신세대의 연운 활용

연애·사랑	사랑을 얻기 어렵고 사소한 오해가 많아지는 운이니 때를 기다려라. 혼기가 된 남녀는 반드시 결혼한다.
시험·취직	낮추어 응시하면 합격 가능하지만 노력이 필요하다. 승진은 어려우며, 좋은 직장에 취직하기 어렵다.
건강·사고	건강은 크게 문제될 것이 없지만 과로하면 병원을 찾게 될 수 있으니 조심한다.
금전·행운	최대한 지출을 줄여야 적은 돈이라도 모을 수 있다. 큰 재물에는 인연이 없다.
소원·성취	큰 소원은 이번에는 이루기 힘들다. 다음 기회로 미루는 것이 좋다.

운명을 바꾸는 연운 활용

좋은 방향	동쪽
좋은 색상	상아색
좋은 장소	기차역
좋은 성씨	ㅇ, ㅎ
좋은 숫자	1, 5

숫자로 보는 연운 활용

	좋은 달	보통 달	나쁜 달
금전·투자	9, 10월	4, 11월	2, 3월
변화·변동	6, 9월	4, 5월	7, 12월
연애·사랑	9, 10월	4, 5월	1, 8월
건강·소송	6, 9월	4, 11월	1, 7월

431 월운

집안에 근심이 있으니 소복을 입을까 두렵다.
만약 이와 같지 않으면 부모의 우환을 어찌할까.
재물이 입과 붓에 있으나 농사를 지으면 손해를 본다.

멀리 가면 불리하다. 나가면 마음이 상한다.
재물을 잃을 수 있으니 도둑을 조심한다.
운수는 길하나 재수는 불리하다.

마귀가 다투어 달라붙으니 집안에서 슬픔이 떠나지 않는다.
남쪽에 있는 친한 사람이 우연히 해를 끼친다.
머리는 있고 꼬리가 없는 격이니 꾀하는 일을 이루지 못한다.

가족이 화합하지 않으니 마음이 심란하다.
서북 양쪽에 반드시 손해가 있다.
미리 액을 막으면 이 운수를 면할 수 있다.

천지 동남天地東南에 비로소 평안함을 얻는다.
먼저는 흉하고 나중은 길하니 반은 흉하고 반은 길하다.
서쪽에 해가 있으니 목성木姓을 가까이하지 마라.

유월의 운수는 밤꿈이 어지럽다.
미리 액을 막으면 이 액을 거의 면할 수 있다.
비록 분한 마음이 들더라도 참고 다투지 마라.

재물을 논하자면 구해도 얻지 못한다.
좋은 일에 마가 많으니 꾀하는 일이 불리하다.
용이 강물을 잃었으니 조화를 부리지 못한다.

달이 구름 사이로 들어가니 동서를 분간하지 못한다.
재물을 많이 잃으니 마음이 불안하다.
집안이 불안하니 가족이 각자 집을 떠난다.

화가 가고 복이 오니 일신이 안락하다.
남쪽에 재물이 있으니 그 쪽으로 가면 얻는다.
만약 금성木姓을 만나면 의외의 재물을 얻는다.

재물이 동쪽에 있으니 때를 만나면 스스로 얻는다.
운수가 태평하니 집안에 화목한 기운이 감돈다.
해가 서산에 저무니 배를 타면 불길하다.

재성財星이 때를 만나지 못하니 재물을 많이 잃는다.
집에 병고가 있으니 산신에게 기도한다.
분수 밖의 것을 탐하지 마라. 도리어 손해를 본다.

남의 재산을 탐하지 마라. 재물 때문에 마음을 상한다.
만약 이와 같지 않으면 구설이 분분하다.
가정의 일을 남에게 말하지 마라.

운명을 바꾸는 **월운** 활용

	1월	2월	3월	4월	5월	6월
좋은 방향	남동쪽	북서쪽	동쪽	동쪽	남쪽	동쪽
좋은 색상	주황색	연두색	자주색	연보라색	베이지색	하얀색
좋은 장소	목욕탕	휴양림	주택가	모래사장	매운탕음식점	샌드위치가게
좋은 성씨	ㅁ, ㅂ, ㅍ	ㄴ, ㄷ, ㅌ, ㄹ	ㄴ, ㄷ, ㅌ, ㄹ	ㅇ, ㅎ	ㄱ, ㅋ	ㄴ, ㄷ, ㅌ, ㄹ
좋은 숫자	3, 10	3, 12	5, 11	5, 9	1, 7	9, 10
좋은 날짜	5, 7, 15, 18, 21, 25일	4, 6, 12, 15, 23, 27일	4, 7, 14, 17, 23, 29일	1, 5, 9, 14, 18, 23일	3, 7, 10, 17, 23, 26일	3, 12, 14, 21, 25, 28일
안 좋은 날짜	8, 9, 13일	3, 11, 14일	6, 8, 15일	6, 10, 15일	8, 11, 19일	13, 16, 23일
재물·금전 지수	75	74	76	84	82	94
변화·변동 지수	74	73	72	86	89	95
건강·행복 지수	78	70	75	81	88	92

	7월	8월	9월	10월	11월	12월
좋은 방향	남쪽	북동쪽	남쪽	동쪽	남서쪽	북쪽
좋은 색상	귤색	청록색	적갈색	빨간색	황갈색	다홍색
좋은 장소	체육관	산	한적한 시외	산책로	저수지	정류장
좋은 성씨	ㄱ, ㅋ	ㅇ, ㅎ	ㅁ, ㅂ, ㅍ	ㅅ, ㅈ, ㅊ	ㄱ, ㅋ	ㅅ, ㅈ, ㅊ
좋은 숫자	8, 9	1, 9	1, 3	2, 12	1, 10	3, 7
좋은 날짜	5, 12, 14, 15, 20, 28일	7, 10, 12, 17, 23, 28일	6, 11, 13, 20, 22, 29일	5, 13, 17, 18, 26, 29일	2, 9, 13, 18, 22, 27일	8, 14, 16, 23, 24, 27일
안 좋은 날짜	13, 16, 23일	8, 16, 19일	1, 3, 19일	7, 16, 25일	6, 12, 17일	9, 15, 22일
재물·금전 지수	73	74	93	97	82	76
변화·변동 지수	74	71	95	92	85	78
건강·행복 지수	78	72	95	93	84	75

432 心仁有德有信用之意
심인유덕유신용지의

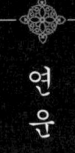
연운

交趾越裳 遠獻白雉
교지월상 원헌백치 　교지월상이 멀리서 흰 꿩을 바치니 뜻밖에 기쁜 일이 있다.

有財有權 人多欽仰
유재유권 인다흠앙 　재물도 있고 권세도 있으니 많은 사람이 우러러본다.

沼魚出海 意氣洋洋
소어출해 의기양양 　못 속의 물고기가 바다로 나가니 넓은 곳에서 마음껏 헤엄친다.

貴人恒助 出入得利
귀인항조 출입득리 　귀인이 항상 도와주니 돌아다니면 이익을 얻는다.

一身榮貴 財物豊足
일신영귀 재물풍족 　일신이 영귀하니 재물이 풍족하다.

鳳棲麟閣 其心和悅
봉서린각 기심화열 　봉황이 전각에 머무르니 마음이 평화롭고 기쁘다.

白鷄聲裡 何人周旋
백계성리 하인주선 　흰 닭이 우는데 돌아다니는 사람은 누구인가.

東北兩方 財神助我
동북양방 재신조아 　동쪽과 북쪽에서 재물신이 도와준다.

多黍多稻 秋收冬藏
다서다도 추수동장 　벼도 많고 기장도 많으니 추수하여 겨울을 위해 저장한다.

성인의 연운 활용

금전 · 명예	재물이 산처럼 쌓이고 문서상 좋은 일이 있으니 토지나 가옥 등을 매입하거나 확장한다.
사업 · 창업	매우 좋은 운세가 들어오니 마음놓고 사업을 경영하고 확장해 나가도 좋다.
주식 · 투자	주식투자는 크게 손대지 말고 작게 투자하면 생각하는 만큼 이익이 있다.
시험 · 취직	노력의 대가가 따르니 합격과 취직이 가능하다. 많은 경쟁자들 가운데 무난한 성적으로 승진한다.
당선 · 소원	욕심을 버려야 국회의원에 당선된다. 진실로 남을 위하는 소원은 모두 이루어진다.
이사 · 매매	이사는 원하는 곳으로 가게 된다. 모든 매매가 순조롭게 진행되어 이익이 생긴다.
건강 · 사고	원기왕성하고 최상의 컨디션이니 건강 또한 좋다.
애정 · 결혼	상대방이 내 마음을 몰라주는 것 같지만 실망하지 마라. 새로운 이성을 만나거나 그 사람과 가까워질 계기가 생길 것이다. 부부는 원만한 관계가 지속된다.
소송 · 다툼	소송이 발생하더라도 유리한 쪽으로 진행되어 승소할 것이다.

신세대의 연운 활용

연애 · 사랑	좋은 애인이 생기고 오랜 연인과는 행복한 결혼을 한다. 노총각 노처녀는 신혼의 즐거움이 있다.
시험 · 취직	수험생은 원하는 곳에 좋은 성적으로 합격한다. 연줄이 있는 사람은 승진하거나 원하는 부서에 배치된다.
건강 · 사고	원기왕성하고 매우 건강하다. 과음만 하지 않으면 문제가 없다.
금전 · 행운	금전운이 매우 좋아 생활의 여유가 있다.
소원 · 성취	소송이 발생하기는 하지만 귀인의 도움으로 해결된다.

운명을 바꾸는 연운 활용

좋은 방향	남쪽
좋은 색상	파란색
좋은 장소	공공도서관
좋은 성씨	ㅁ, ㅂ, ㅍ
좋은 숫자	2, 8

숫자로 보는 연운 활용

	좋은 달	보통 달	나쁜 달
금전 · 투자	3, 8월	4, 10월	6, 7월
변화 · 변동	11, 12월	4, 10월	2, 6월
연애 · 사랑	1, 9월	5, 10월	2, 6월
건강 · 소송	1, 11월	4, 5월	6, 7월

월운

1월
물고기와 용이 물을 얻으니 의기양양하다.
일신이 안락하니 나날이 천금을 얻는다.
재물이 가득하니 집안이 평화롭다.

2월
순풍에 배를 타니 천리를 간다.
친한 사람이 해를 끼치니 함께 일하지 마라.
만일 아들을 얻지 않으면 관록官祿이 따른다.

3월
만약 귀인을 만나면 반드시 성공한다.
명예를 얻고 이름을 사방에 떨친다.
집안에 경사가 있으니 기쁨이 가정에 가득하다.

4월
온 들판에 풍년이 드니 모든 사람들이 즐거워한다.
재수가 대길하니 구하지 않아도 저절로 들어온다.
동쪽으로 출입할 때는 관재官災를 조심한다.

5월
재물과 곡식이 곳간에 가득하니 편안하고 태평하다.
목마른 용이 물을 얻으니 식록食祿이 풍족하다.
다른 사람을 믿지 마라. 혹 실패할까 두렵다.

6월
어린 새가 날개가 있지만 날고 싶어도 날지 못한다.
비록 질병이 있지만 여자로 인해 재물이 생긴다.
다투지 마라. 구설이 뒤따른다.

7월
일신이 힘드니 운수인 것을 어찌할까.
재물을 논하자면 구해도 얻지 못한다.
먼저는 길하고 나중에는 흉하니 길흉이 서로 반대이다.

8월
꽃 피는 아침과 달 밝은 저녁에 꽃 속에서 논다.
다행히 귀인을 만나서 생활이 평안하다.
관록官祿이 따르니 이름을 널리 떨친다.

9월
어둠 속을 가는 사람이 우연히 밝은 촛불을 얻는다.
흉한 것 중에 길함이 있으니 마침내 좋은 것을 얻는다.
재물이 동쪽에 있으니 우연히 저절로 들어온다.

10월
봄바람과 가랑비에 풀빛이 푸르다.
재물을 구하면 뜻대로 얻지만 구설이 따를 수 있다.
복록福祿이 따르니 생활이 만족스럽다.

11월
길성吉星이 들어오니 가정이 화목하다.
뜻밖에 공명을 얻으니 사람마다 우러러본다.
이름이 높고 녹祿이 많으니 복록福祿이 산처럼 쌓인다.

12월
가족들이 마음을 같이하니 이로움이 그 가운데 있다.
명산에 기도하면 근심이 없어지고 기쁨이 온다.
복록福祿이 풍성하고 일신이 영귀하다.

운명을 바꾸는 **월운** 활용

	1월	2월	3월	4월	5월	6월
좋은 방향	북동쪽	남동쪽	동쪽	북쪽	북서쪽	서쪽
좋은 색상	밤색	군청색	회색	노란색	자주색	노란색
좋은 장소	바닷가	보리밥식당	유원지	보쌈음식점	빈대떡음식점	공공도서관
좋은 성씨	ㅅ, ㅈ, ㅊ	ㅁ, ㅂ, ㅍ	ㄱ, ㅋ	ㅇ, ㅎ	ㄱ, ㅋ	ㅅ, ㅈ, ㅊ
좋은 숫자	3, 4	3, 6	3, 8	3, 8	4, 9	3, 4
좋은 날짜	5, 9, 17, 21, 22, 28일	9, 15, 17, 20, 22, 29일	6, 10, 18, 20, 24, 26일	2, 9, 11, 17, 23, 29일	3, 8, 11, 15, 23, 29일	6, 9, 12, 14, 22, 26일
안 좋은 날짜	8, 16, 23일	16, 18, 23일	9, 17, 19일	10, 16, 18일	9, 10, 24일	16, 21, 27일
재물·금전 지수	92	74	90	81	84	73
건강·행복 지수	93	73	98	82	85	74
건강·행복 지수	91	70	94	80	80	75

	7월	8월	9월	10월	11월	12월
좋은 방향	남쪽	북동쪽	남쪽	남서쪽	동쪽	북쪽
좋은 색상	고동색	연보라색	하얀색	주황색	적갈색	베이지색
좋은 장소	야구장	산장	제과점	카페	공원	장어음식점
좋은 성씨	ㅁ, ㅂ, ㅍ	ㄴ, ㄷ, ㅌ, ㄹ	ㄱ, ㅋ	ㄱ, ㅋ	ㅇ, ㅎ	ㅅ, ㅈ, ㅊ
좋은 숫자	1, 7	3, 8	5, 12	7, 8	3, 11	4, 7
좋은 날짜	1, 8, 10, 14, 19, 21일	4, 8, 14, 19, 24, 27일	6, 10, 15, 18, 24, 29일	7, 9, 18, 20, 27, 29일	7, 9, 13, 16, 22, 27일	1, 7, 11, 18, 21, 25일
안 좋은 날짜	16, 24, 28일	6, 7, 16일	7, 8, 19일	11, 21, 24일	8, 10, 15일	3, 5, 24일
재물·금전 지수	76	92	94	83	94	92
변화·변동 지수	74	98	93	89	93	94
건강·행복 지수	71	99	92	84	97	90

433 若心不正必有不安不成功
약 심 부 정 필 유 불 안 불 성 공

연운

伏於橋下 陰事誰知
복어교하 음사수지 — 다리 밑에 엎드려 몰래 나쁜 일을 꾸미고 있으니 누가 알겠는가.

雖有小吉 有名無實
수유소길 유명무실 — 비록 길함이 조금 있으나 이름만 있고 실속은 없다.

財在南方 强求少得
재재남방 강구소득 — 재물이 남쪽에 있으니 애써 구하면 조금은 얻는다.

魚失池水 活氣全無
어실지수 활기전무 — 물고기가 물을 잃으니 활기가 전혀 없다.

時違活動 別無所得
시위활동 별무소득 — 때를 어겨 활동하니 소득이 별로 없다.

今年之運 橫厄愼之
금년지운 횡액신지 — 금년 운수는 횡액을 조심한다.

鳳宿梧桐 堂上有憂
봉숙오동 당상유우 — 봉황이 오동나무에서 잠드니 부모에게 우환이 있다.

病苦之憂 家不安靜
병고지우 가불안정 — 질병이 있어 근심하니 집안이 편안하지 않다.

海月其名 半泄事機
해월기명 반설사기 — 해월이란 이름이 일의 기밀을 반이나 누설한다.

성인의 연운 활용

금전·명예	금전을 자랑하다가 타인에게 속임수를 당할 수 있다. 금전운이 있을 때 꾸준히 저축하라.
사업·창업	현재의 사업을 지키고 분위기에 휩쓸리지 마라. 그렇지 않으면 자금난이 닥치게 된다.
주식·투자	주식투자는 이익도 없고 손해도 없이 현상유지를 한다.
시험·취직	시험은 한 단계 낮추어서 응시하고, 취직도 만족할 만한 곳은 어렵다. 직장인은 승진운이 있다.
당선·소원	당선운은 저조하다. 소원은 가장 가까운 사람에게 조언을 구하면 이룰 수 있다.
이사·매매	이사는 현재보다 줄여서 가는 것이 유리하다. 매매는 당분간 어려움을 겪게 되니 시기를 늦춘다.
건강·사고	건강은 다른 걱정 없이 합병증을 조심하면 된다.
애정·결혼	감정을 조절해야 한다. 상대에게 지나치게 빠져들거나 의지하기 쉬운 운이다. 과거의 일들이 발각되어 다투거나 삼각관계로 사랑이 흔들리니 사소한 말이라도 함부로 하지 마라. 사소한 실수가 큰 화를 부른다.
소송·다툼	소송은 운이 좋지 않아서 전보다 크게 악화되니 철저하게 준비해야 한다.

신세대의 연운 활용

연애·사랑	주변 사건이나 구설로 사이가 나빠지거나 오해를 사지만 덤덤하게 받아들이고 대처하면 오해가 풀린다. 시간을 끌다가 거북한 일에 휘말리기 쉬우니 약혼한 사람은 결혼을 서두른다.
시험·취직	작은 시험은 가능하나 목표가 높은 무리한 시험은 반드시 낙방한다. 직장인은 작은 변동이 있다.
건강·사고	중환자는 병세에 차도가 있다. 그러나 사건 사고를 특히 조심해야 한다.
금전·행운	새로운 업종을 시작하거나 확장하면 반드시 금전 손실이 따르니 자제해야 한다.
소원·성취	소원은 어느 것 하나 이루기 힘드니 기대하지 않는 것이 좋다.

운명을 바꾸는 연운 활용

좋은 방향	남쪽
좋은 색상	카키색
좋은 장소	백화점
좋은 성씨	ㄴ, ㄷ, ㅌ, ㄹ
좋은 숫자	4, 7

숫자로 보는 연운 활용

	좋은 달	보통 달	나쁜 달
금전·투자	8, 9월	10월	2, 6월
변화·변동	8, 9월	12월	3, 5월
연애·사랑	8, 9월	10, 12월	1, 7월
건강·소송	4, 8월	12월	7, 11월

433

월운

이치에 맞지 않으니 꾀하는 일이 불리하다.
봄이 지나간 뒤에 꽃을 찾으니 노력은 하나 공이 없다.
이르는 곳마다 실패하니 가정이 불안하다.

비밀스런 일은 이루기 어렵다. 타인에게 베풀지 마라.
재물과 명예에 손해가 있으니 금성金姓을 가까이하지 마라.
운수가 불리하니 모든 일을 조심한다.

남과 다투지 마라. 송사가 두렵다.
만일 관록官祿이 찾아오지 않으면 구설이 따른다.
호랑이 두 마리가 서로 다투니 이기고 지는 것을 알지 못한다.

남쪽에 길함이 있으니 그 쪽으로 가면 얻을 수 있다.
좋은 운수가 때를 만나니 복록福祿이 끊이지 않는다.
재성財星이 문으로 들어오니 재물을 얻을 수 있다.

본래 재산이 없으니 구하는 바를 이루지 못한다.
여러 가지로 이익이 없으니 구해도 얻지 못한다.
여인이 사내를 부르니 그 비밀스러운 일을 알 수 있다.

비바람이 거세게 부니 초목이 자라지 못한다.
매사가 반드시 허망하다.
만일 질병이 찾아오지 않으면 구설을 면하기 어렵다.

운이 때를 만나지 못하니 매사를 이루지 못한다.
매매를 하면 손해를 볼 것이며 문서에도 해가 있다.
비록 노력은 하나 수고한 공이 없다.

집에 불평이 있으니 반드시 위험과 액이 따른다.
만일 병고가 없으면 구설로 서로 다툰다.
송사에 참여하지 마라. 처음에는 흉하고 나중에는 길하다.

작은 것을 구하려다 큰 것을 얻으니 반드시 흥왕해진다.
소망이 이루어지니 심신이 평화롭다.
재물운이 왕성하니 반드시 횡재할 것이다.

가을에 꽃이 피니 열매를 맺기 어렵다.
남과 함께 일하면 반드시 실패한다.
만일 이와 같지 않으면 까닭 없이 구설이 따른다.

문을 닫고 나가지 마라. 문 밖에 액운이 기다리고 있다.
다른 곳에 가지 마라 길에 나가면 해롭다
재물을 잃을 수 있으니 도둑을 조심한다.

남과 더불어 일을 성사시키니 재물과 이익을 얻을 것이다.
북쪽에서 오는 손님이 반드시 해를 끼친다.
수성水姓이 해로우니 올해에는 가까이하지 마라.

운명을 바꾸는 **월운** 활용

	1월	2월	3월	4월	5월	6월
좋은 방향	북서쪽	남서쪽	북동쪽	남쪽	남쪽	남동쪽
좋은 색상	옥색	초록색	보라색	파란색	분홍색	연두색
좋은 장소	축구장	한식당	계곡	일식당	주택가	야외음식점
좋은 성씨	ㄴ, ㄷ, ㅌ, ㄹ	ㄱ, ㅋ	ㅅ, ㅈ, ㅊ	ㄱ, ㅋ	ㄴ, ㄷ, ㅌ, ㄹ	ㅁ, ㅂ, ㅍ
좋은 숫자	6, 12	2, 7	3, 8	4, 9	6, 7	3, 6
좋은 날짜	6, 9, 11, 15, 25, 29일	5, 8, 11, 15, 25, 29일	4, 11, 15, 19, 27, 29일	5, 7, 14, 18, 23, 28일	3, 8, 13, 14, 25, 27일	9, 13, 15, 21, 23, 28일
안 좋은 날짜	10, 14, 28일	7, 16, 21일	13, 16, 20일	15, 16, 17일	9, 11, 16일	3, 4, 8일
재물·금전 지수	73	76	74	92	72	75
변화·변동 지수	74	71	75	92	74	76
건강·행복 지수	77	70	77	95	79	71

	7월	8월	9월	10월	11월	12월
좋은 방향	동쪽	남서쪽	북쪽	북서쪽	서쪽	남쪽
좋은 색상	검은색	회색	은색	자주색	연보라색	고동색
좋은 장소	버섯음식점	순대국식당	야구장	영화감상실	놀이터	영화관
좋은 성씨	ㅇ, ㅎ	ㄱ, ㅋ	ㅇ, ㅎ	ㅁ, ㅂ, ㅍ	ㄴ, ㄷ, ㅌ, ㄹ	ㅅ, ㅈ, ㅊ
좋은 숫자	1, 11	4, 12	5, 10	2, 6	4, 10	2, 12
좋은 날짜	2, 7, 17, 21, 22, 28일	5, 9, 14, 21, 24, 28일	8, 11, 13, 21, 22, 28일	4, 10, 13, 15, 24, 27일	5, 9, 15, 20, 22, 29일	3, 10, 17, 19, 22, 28일
안 좋은 날짜	4, 8, 13일	20, 23, 25일	7, 16, 20일	6, 12, 14일	4, 8, 14일	7, 9, 18일
재물·금전 지수	73	97	94	86	74	82
변화·변동 지수	78	95	93	84	76	83
건강·행복 지수	74	96	90	82	72	80

441 心無所主無益之象
심무소주무익지상

연운

群雉陣飛 胡鷹放翼
군치진비 호응방익   꿩들이 떼지어 날아가니 큰 매가 날개를 펴고 날아오른다.

失時而動 事有虛荒
실시이동 사유허황   때를 잃은 뒤에 움직이니 허황되다.

若而妄動 喜散憂生
약이망동 희산우생   만일 함부로 움직이면 기쁨이 흩어지고 근심이 생긴다.

莫恨辛苦 初困後吉
막한신고 초곤후길   고생을 한탄하지 마라. 처음에는 힘들지만 뒤에는 길하다.

時違勞力 必有不利
시위노력 필유불리   때를 어겨 노력하니 반드시 불리하다.

莫信他人 外親內疏
막신타인 외친내소   남을 믿지 마라. 겉으로는 친해도 속은 멀다.

東西兩頭 日月不轉
동서양두 일월부전   동서 양쪽에 해와 달이 돌지 않는다.

月下春臺 靑鳥報喜
월하춘대 청조보희   달 밝은 봄 누각에 파랑새가 와서 기쁜 소식을 알린다.

轉憂成喜 意思自若
전우성희 의사자약   근심이 기쁨으로 바뀌니 생각대로 된다.

성인의 연운 활용

금전 · 명예	노력하는 만큼 수입이 꾸준하게 들어오니 경제적 어려움이 없다.
사업 · 창업	심사숙고하여 목표를 정하고 그 목표를 향해 하나하나 실천해 나가면 작은 이익이라도 들어온다.
주식 · 투자	주식투자는 이변이 없는 한 큰 이득을 볼 수 있다.
시험 · 취직	평소 꾸준히 실력을 쌓은 사람만이 시험에 합격하고 취직할 수 있을 것이다.
당선 · 소원	노력 여하에 따라 낙선과 당선이 결정된다. 과거에 덕을 베풀었다면 소원이 반드시 이루어진다.
이사 · 매매	어느 곳으로 이사해도 좋으니 안심하고 이사하라. 계획했던 매매가 모두 쉽게 이루어지고 이익이 생긴다.
건강 · 사고	가족 모두 건강하지만 한번쯤 진단해볼 필요가 있다.
애정 · 결혼	감성이 풍부해지고 위로와 감동이 필요한 시기다. 연인과 함께 영화를 보면 좋을 것이다. 오래 사귄 미혼남녀는 결혼하여 신혼의 기쁨을 누린다. 처녀 총각에게는 좋은 짝을 만나는 기쁨이 있다.
소송 · 다툼	그 동안 덕을 베풀어서 소송이 쉽게 해결되니 걱정할 것이 없다.

신세대의 연운 활용

연애 · 사랑	서로를 이해하기에 더 없이 좋은 때로 고민을 털어놓으면 상대가 모두 이해하고 받아들이다. 부부간의 사소한 다툼이 심각한 사태로 악화될 수 있으니 매사에 신중해야 한다.
시험 · 취직	시험과 취직 모두 노력한 사람은 노력의 결실을 본다. 정당하고 욕심 없는 소원은 이루어진다.
건강 · 사고	건강상태가 좋으니 과로만 하지 않으면 큰 문제는 없다.
금전 · 행운	크지는 않지만 가끔씩 재물이 들어오니 생활에 전혀 어려움이 없다.
소원 · 성취	소원 중에서 큰 것은 이루기 어렵지만 작은 소원은 가능하다.

운명을 바꾸는 연운 활용

좋은 방향	북쪽
좋은 색상	옥색
좋은 장소	공단
좋은 성씨	ㄴ, ㄷ, ㅌ, ㄹ
좋은 숫자	6, 9

숫자로 보는 연운 활용

	좋은 달	보통 달	나쁜 달
금전 · 투자	4, 7월	9월	1, 5월
변화 · 변동	7, 11월	6, 10월	2, 5월
연애 · 사랑	4, 12월	6, 9월	3, 8월
건강 · 소송	11, 12월	6, 10월	1, 3월

산에 들어가 물고기를 구하니 일이 허황하다.
마음에 정한 곳이 없으니 동분서주한다.
시작은 잘하나 마무리를 못 하니 매사를 이루지 못한다.

말라 죽어가는 나무가 가을을 만나니 흉만 있고 길은 없다.
가정이 불안하고 질병이 따르는 것을 어찌할까.
일신이 괴롭기만 하니 이것도 운수다.

뜻을 이루지 못하니 일을 꾀하지만 성사시키지 못한다.
허욕을 탐하지 마라. 도리어 손해를 볼 것이다.
비리를 탐하지 마라. 반드시 허황함이 있다.

만일 다투지 않으면 소복을 입을 운수다.
재물과 이익이 마음에 맞으니 사방에 이로움이 있다.
서북 양쪽에 도와주는 사람이 있다.

밝은 달이 공중에 가득한데 뜻밖에 구름이 그 빛을 가린다.
비리로 생기는 재물은 조심하고 탐내지 마라.
꾀하는 일은 반드시 허망해진다.

만약 기도하지 않으면 집안에 병고가 생긴다.
목성木姓과 친하게 지내면 반드시 재물을 얻는다.
관귀官鬼가 발동하니 밖으로 나가면 재물을 잃는다.

힘없는 꽃이 서리를 만나니 몸과 마음이 고달프다.
꽃이 떨어져도 열매가 없으니 기쁜 일이 하나도 없다.
멀리 길을 떠나면 불리하니 분수를 지키는 것이 길하다.

일에 순서가 없으니 일을 구하나 이루지 못한다.
재물에 손해가 생기니 일을 꾀하지 마라.
머리는 있고 꼬리는 없는 격이니 일이 잘 되지 않는다.

호랑이를 그리려다 개를 그린다.
북쪽에서 오는 사람이 우연히 해를 끼친다.
재물이 동쪽에 있으니 나가면 얻을 수 있다.

해가 서산에 저무는데 나그네는 길을 잃었다.
꾀하는 일은 하나도 이루어지지 않는다.
만일 재물을 잃지 않으면 상복을 입을 운수다.

길한 운이 이미 돌아왔으니 반드시 재물복이 있다.
음양이 서로 조화를 이루니 어려운 일도 속히 이루게 된다.
재물이 왕성하니 횡재할 운수다.

남을 믿지 마라. 도리어 해를 당한다.
모든 일에 마가 따르니 노력은 하지만 공이 없다.
집에 있으면 길하고 잘못 움직이면 해롭다.

운명을 바꾸는 **월운** 활용

	1월	2월	3월	4월	5월	6월
좋은 방향	북동쪽	남서쪽	남동쪽	북서쪽	동쪽	북쪽
좋은 색상	노란색	하늘색	주황색	밤색	적갈색	베이지색
좋은 장소	묵요리집	청국장식당	찜질방	감자탕음식점	도서관	칼국수전문점
좋은 성씨	ㄴ, ㄷ, ㅌ, ㄹ	ㄱ, ㅋ	ㅇ, ㅎ	ㅁ, ㅂ, ㅍ	ㅅ, ㅈ, ㅊ	ㅇ, ㅎ
좋은 숫자	6, 8	9, 12	2, 4	3, 10	5, 8	7, 9
좋은 날짜	5, 10, 16, 18, 20, 28일	5, 11, 18, 20, 22, 27일	4, 14, 18, 19, 22, 26일	4, 9, 13, 17, 21, 27일	5, 12, 15, 19, 23, 27일	8, 14, 17, 21, 23, 27일
안 좋은 날짜	15, 17, 29일	4, 13, 24일	13, 16, 21일	7, 15, 26일	3, 11, 14일	4, 7, 18일
재물·금전 지수	79	73	73	93	74	89
변화·변동 지수	70	74	70	97	76	87
건강·행복 지수	75	75	72	95	73	85

	7월	8월	9월	10월	11월	12월
좋은 방향	북서쪽	남쪽	서쪽	남서쪽	북동쪽	남동쪽
좋은 색상	검은색	다홍색	회색	연분홍색	자주색	하얀색
좋은 장소	파전음식점	추어탕식당	체육관	만화방	은행	기념관
좋은 성씨	ㄱ, ㅋ	ㅅ, ㅈ, ㅊ	ㅁ, ㅂ, ㅍ	ㄱ, ㅋ	ㄴ, ㄷ, ㅌ, ㄹ	ㅁ, ㅂ, ㅍ
좋은 숫자	1, 6	8, 12	3, 5	6, 8	5, 7	2, 8
좋은 날짜	6, 9, 15, 17, 23, 29일	9, 13, 15, 18, 21, 28일	3, 9, 14, 18, 22, 27일	6, 9, 12, 18, 21, 29일	5, 14, 17, 18, 21, 27일	5, 9, 13, 14, 23, 28일
안 좋은 날짜	8, 14, 18일	10, 16, 17일	2, 8, 16일	5, 11, 17일	13, 16, 24일	6, 12, 18일
재물·금전 지수	96	77	83	84	92	92
변화·변동 지수	92	76	85	83	93	95
건강·행복 지수	93	74	82	82	94	96

442 망동유위지의 (妄動有危之意)

연운

茫茫大海 遇風孤棹
망망대해 우풍고도   망망대해에 풍랑을 만난 외로운 돛대다.

不當之事 勿爲行之
부당지사 물위행지   부당한 일은 행하지 마라.

寂寞天地 無依無托
적막천지 무의무탁   적막한 천지에 의탁할 사람이 없다.

財在東方 木姓有吉
재재동방 목성유길   재물은 동쪽에 있고, 목성인 사람이 길하다.

若近酒色 必有後悔
약근주색 필유후회   만일 주색을 가까이하면 반드시 후회하게 된다.

今年之數 成功可難
금년지수 성공가난   금년 운수는 성공하기 어렵다.

彷徨之狗 逐鷄望籬
방황지구 축계망리   닭 쫓던 개가 울타리를 쳐다보는 격이다.

病殺侵身 疾病可慮
병살침신 질병가려   병살이 침입하니 질병이 들까 두렵다.

愼之北方 利反爲害
신지북방 이반위해   북쪽을 조심하라. 이익이 도리어 해가 된다.

성인의 연운 활용

금전·명예	손재수와 구설수로 어려움이 커진다. 금전이 원활하게 들어오지 않으니 생활이 다소 어렵다.
사업·창업	새로운 변화는 삼가는 것이 유리하다. 현재의 사업을 유지하고 발전시키는 데 힘써라.
주식·투자	주식투자는 과도한 욕심을 부리다가는 실망만 하게 될 것이다.
시험·취직	실력대로 하면 가능하지만 욕심을 부리면 어렵다. 직장인은 직장동료나 주변의 비방으로 승진이 어렵다.
당선·소원	지금은 때가 아니니 좀더 노력한 후 다음을 기약한다. 지금은 소원을 이룰 수 없지만 시간이 지나면 가능하다.
이사·매매	분위기에 들떠서 함부로 움직이지 말고 현실을 직시하고 정확하게 판단하라. 지금은 시기가 좋지 않다.
건강·사고	질병이나 사고에 유의한다. 쉽게 병을 얻게 되니 주의하는 것이 좋다.
애정·결혼	새로운 인연이 나타날 가능성이 크기 때문에 미적지근한 만남은 정리하는 것이 낫다. 결혼상대자와 다투기 쉬우니 조심하고 삼각관계에 휘말리거나 오해가 생기지 않도록 주의한다.
소송·다툼	소송이 발생하더라도 확대시키지 말아야 한다. 괜히 손해만 볼 것이다.

신세대의 연운 활용

연애·사랑	쓸데없는 자존심 때문에 다툼이 많아지니 서로 양보하고 배려하도록 노력하라. 새로운 사람을 만나는 것은 아주 좋다. 배필을 만날 수 있는 좋은 운이다.
시험·취직	수험생은 노력의 대가가 따르지 않지만 새롭게 다시 시작한다. 승진을 기대하지 말고 현재에 만족한다.
건강·사고	중환자나 노인은 특히 건강을 주의한다. 운이 나쁜 사람은 불의의 사고나 질병을 주의한다.
금전·행운	금전운이 매우 불리하니 손해가 나지 않는 것만으로도 다행이다.
소원·성취	작고 소박한 소원은 이루어질 가능성이 크지만 그 밖의 소원은 이루기 어렵다.

운명을 바꾸는 연운 활용

좋은 방향	남동쪽
좋은 색상	베이지색
좋은 장소	시장
좋은 성씨	ㅅ, ㅈ, ㅊ
좋은 숫자	3, 8

숫자로 보는 연운 활용

	좋은 달	보통 달	나쁜 달
금전·투자	10, 11월	4, 7월	1, 5월
변화·변동	9, 10월	4, 12월	6, 8월
연애·사랑	10, 11월	7, 12월	2, 5월
건강·소송	9, 10월	7, 12월	3, 6월

 운수가 곤란하여 힘드니 다른 곳에 가면 불리하다.
친한 사람이 시기하여 꾀하는 일에 해를 끼친다.
만일 집에 근심이 생기지 않으면 부모에게 액운이 닥친다.

 입을 옷과 음식이 부족하니 추위와 굶주림을 어찌 면할까.
매사를 이루지 못하니 신세를 한탄한다.
다른 사람으로 인해 실패하게 되니 남과 함께 일하지 마라.

 근심이 끊이지 않으니 밤잠을 이루지 못한다.
집에 질병과 어려움이 있으니 마음이 편하지 않다.
집에 있으면 마음이 어지럽고 주택가 밖으로 나가도 이익이 없다.

 동쪽에서 재물이 우연히 집에 들어온다.
수재水財를 구하려 하지 마라. 이익은 육지에 있다.
재물이 있어도 모으기 어려우니 이를 어찌할까.

 흉을 피하여 동쪽으로 가지만 다시 집에 근심이 생긴다.
크게 주고 적게 얻으니 재물과 이익을 탐내지 마라.
재물이 구름처럼 흩어지니 후회한들 소용 없다.

 달이 구름 사이로 들어가니 그 빛을 잃는다.
다른 이의 말을 믿지 마라. 재물 때문에 마음을 상한다.
여인을 가까이하지 마라. 질병이 생길까 두렵다.

 말을 함부로 하지 마라. 구설을 면하기 어렵다.
주색을 가까이하지 마라. 재물을 잃고 후회하게 된다.
남과 다투지 마라. 송사를 면하기 어렵다.

 다른 사람과 화합하지 못하니 구해도 얻기 어렵다.
목성木姓이 해로우니 가까이하지 마라.
아내에게 근심이 생기니 미리 불전에 기도한다.

 남북이 불리하니 그 쪽으로 가면 이익이 없다.
서쪽에 재물이 있으니 나가면 조금 얻을 것이다.
가신家神이 발동하니 미리 기도한다.

 세상일이 허황하니 마음만 힘들다.
만일 재물을 잃지 않으면 아내의 근심을 어찌 면할까.
고생 끝에 즐거움이 찾아오니 참고 기다리면 마침내 형통하게 된다.

 흉한 귀신이 발동하니 물과 불을 조심한다.
남북 양쪽에는 소득이 별로 없다.
옛 것을 지키고 힘써 일하면 재물을 조금 얻는다.

흰 눈이 펄펄 내리니 풀과 나무가 살기 어렵다.
멀리 길을 떠나지 마라. 횡액이 있을까 두렵다.
소망을 이루기 어려우니 마음이 어지럽다.

운명을 바꾸는 월운 활용

	1월	2월	3월	4월	5월	6월
좋은 방향	서쪽	북쪽	동쪽	북서쪽	북동쪽	남서쪽
좋은 색상	남청색	청록색	분홍색	연두색	군청색	파란색
좋은 장소	만두전문점	레스토랑	정류장	생선구이식당	산	강
좋은 성씨	ㅅ, ㅈ, ㅊ	ㄱ, ㅋ	ㅇ, ㅎ	ㅅ, ㅈ, ㅊ	ㅁ, ㅂ, ㅍ	ㄴ, ㄷ, ㅌ, ㄹ
좋은 숫자	3, 7	1, 3	1, 2	3, 4	4, 8	6, 9
좋은 날짜	2, 11, 12, 21, 25, 28일	4, 8, 13, 16, 22, 26일	8, 14, 16, 18, 25, 27일	5, 8, 12, 21, 24, 29일	8, 11, 12, 20, 23, 29일	4, 9, 12, 20, 23, 29일
안 좋은 날짜	3, 10, 24일	7, 14, 21일	7, 17, 21일	6, 7, 18일	13, 21, 22일	1, 3, 19일
재물·금전 지수	74	73	74	84	74	75
변화·변동 지수	75	78	76	85	79	74
건강·행복 지수	71	77	75	84	70	73

	7월	8월	9월	10월	11월	12월
좋은 방향	남동쪽	서쪽	서쪽	북서쪽	서쪽	동쪽
좋은 색상	연보라색	귤색	고동색	주황색	회색	노란색
좋은 장소	극장	민속촌	시골길	갈비탕음식점	놀이공원	버스
좋은 성씨	ㄱ, ㅋ	ㅇ, ㅎ	ㅁ, ㅂ, ㅍ	ㅅ, ㅈ, ㅊ	ㄱ, ㅋ	ㄴ, ㄷ, ㅌ, ㄹ
좋은 숫자	4, 9	1, 8	2, 9	1, 9	6, 7	5, 7
좋은 날짜	2, 5, 9, 12, 22, 27일	3, 8, 15, 17, 23, 25일	2, 7, 12, 22, 24, 27일	3, 9, 11, 14, 23, 27일	5, 9, 13, 15, 20, 27일	7, 9, 14, 18, 23, 25일
안 좋은 날짜	18, 20, 26일	4, 7, 16일	4, 18, 23일	7, 10, 17일	16, 19, 23일	8, 15, 17일
재물·금전 지수	86	73	97	93	90	87
변화·변동 지수	84	74	95	98	94	86
건강·행복 지수	83	76	95	95	92	85

無事無憂之意
무 사 무 우 지 의

六月炎天 閑臥高亭
유월염천 한와고정   유월 한더위에 한가로이 높은 정자에 누워 있다.

雲散月出 豈非光明
운산월출 기비광명   구름이 흩어져 달이 나오니 어찌 광명이 아닌가.

東園桃李 逢時開花
동원도리 봉시개화   동쪽 뜰에 복숭아와 자두나무가 때를 만나 꽃 피었다.

意外成功 名振四方
의외성공 명진사방   의외로 성공하여 이름을 사방에 떨친다.

若非官祿 口舌有服
약비관록 구설유복   만일 벼슬을 얻지 못하면 구설이 따르고 상복을 입는다.

今年之數 一身自安
금년지수 일신자안   금년 운수는 일신이 편안하다.

長安街頭 春意淡蕩
장안가두 춘의담탕   장안 길거리에 봄이 화창하다.

玉枝丹桂 窈窕之色
옥지단계 요조지색   옥가지와 붉은 계수나무가 요조숙녀 같다.

魚覆春萍 活氣洋洋
어복춘평 활기양양   물고기가 물풀을 헤치고 다니니 활기가 넘친다.

성인의 연운 활용

금전 · 명예	가만히 있는데도 사람들이 도와주니 재물이 적지 않게 들어온다.
사업 · 창업	재물을 적절한 곳에 투자하면 사업이 발전하고 번창할 것이다.
주식 · 투자	주식이 상승세이니 어찌 들어오는 이익이 없겠는가. 투자하는 만큼 쉽게 이익을 얻을 것이다.
시험 · 취직	응시하는 곳에 모두 합격하는 운이다. 직장인은 승진으로 명예를 드높이고 더불어 영전의 기쁨이 있다.
당선 · 소원	당선운이 있으니 한번 도전해보는 것이 좋다. 욕심 없는 소원은 노력대로 어떤 것이든 이루어진다.
이사 · 매매	이사하기에 적합한 시기이니 이사해도 좋다. 매매는 성사될 확률이 높고 이익도 생길 것이다.
건강 · 사고	새로운 질병은 발생하지 않으며 그 동안 좋지 않았던 건강도 회복된다.
애정 · 결혼	순간적인 감정이나 향락에 빠지기 쉽다. 감언이설에 속지 말라. 새로운 인연은 만나기 어렵다. 오래 짝사랑해온 사람과 맺어지는 기쁨이 있으며, 노처녀 노총각은 결혼이 성사된다.
소송 · 다툼	소송이 발생해도 쉽게 해결될 것이니 너무 걱정하지 않아도 된다.

신세대의 연운 활용

연애 · 사랑	연인끼리는 대화로써 서로 마음을 공유하라. 자존심을 버리고 양보해야 한다. 짝 없는 사람은 상사의 소개로 짝을 만나고, 사귀던 애인과는 결혼한다. 부부의 금실도 두터워진다.
시험 · 취직	자신 있게 밀고 나가면 고시 등의 어려운 시험을 제외하고는 모두 가능하다. 직장인은 승진 기회가 온다.
건강 · 사고	피곤하기는 하지만 건강에 큰 이상이 있거나 병원에 갈 일은 없다.
금전 · 행운	금전운이 매우 좋으니 움직이는 곳마다 재물이 뒤따를 것이다.
소원 · 성취	원하는 소원이 이루어지는 운이지만 노력 없이는 불가능하다.

운명을 바꾸는 연운 활용

좋은 방향	서쪽
좋은 색상	다홍색
좋은 장소	스카이라운지
좋은 성씨	ㄴ, ㄷ, ㅌ, ㄹ
좋은 숫자	5, 10

숫자로 보는 연운 활용

	좋은 달	보통 달	나쁜 달
금전 · 투자	9, 10월	4, 7월	5, 8월
변화 · 변동	2, 9월	1, 4월	6, 8월
연애 · 사랑	10, 12월	7, 11월	5, 8월
건강 · 소송	9, 12월	1, 3월	5, 6월

443 월운

❶月
도를 닦고 악을 멀리하니 마침내 길하게 된다.
몸에 질병이 있으니 거처가 불안하다.
여인의 말을 듣지 마라. 별로 소득이 없다.

❷月
분수를 지키고 살면 하늘이 복을 내려준다.
집안이 불안하니 터를 옮기면 길하다.
만일 자녀를 얻지 않으면 관록官祿이 따를 것이다.

❸月
다른 사람의 말을 듣지 마라. 그 해가 적지 않다.
뜻밖에 공을 세우니 이름을 사방에 떨친다.
비록 재물은 있으나 간혹 구설이 뒤따른다.

❹月
비와 바람이 알맞으니 만물이 스스로 즐긴다.
가정에 경사가 있으니 슬하의 경사다.
만일 여인을 가까이하면 명예를 잃는다.

❺月
집에 있으면 불안하니 잠시 멀리 떠나야 한다.
내외가 화합하지 못하니 한번은 다투게 된다.
횡액이 있을 수 있으니 매사에 조심한다.

❻月
이익은 토성土姓에 있고 해로움은 목성木姓에 있다.
재물을 잃을 수 있으니 미리 기도한다.
만일 이와 같지 않으면 형제간에 이별할 수 있다.

❼月
나아가고 물러남을 잘 아니 반드시 성공한다.
복록福祿이 집에 가득하니 근심은 없어지고 기쁨이 넘친다.
화성火姓을 가까이하지 마라. 반드시 손해를 본다.

❽月
비록 재물은 생기지만 얻어도 반은 잃는다.
남의 말을 듣지 마라. 불리한 운수다.
목성木姓의 말에는 반드시 허망함이 있다.

❾月
길성吉星이 문을 비추니 반드시 경사가 있다.
재물운이 돌아왔으니 귀인이 와서 도와준다.
재물이 서북에 있으니 나가면 많이 얻을 수 있다.

❿月
가운家運이 왕성하니 생활이 풍족해진다.
사람들이 왕성하니 뜻밖의 재물을 얻게 된다.
이익이 문서에 있으니 귀인이 도와준다.

⓫月
가족끼리 마음을 같이하니 하늘에서 재물이 내려온다.
먼 길을 떠남에 신중하라. 구설이 또 뒤따른다.
동짓달의 운수는 길흉이 서로 뒤섞인다.

⓬月
모든 일이 뜻대로 이루어지니 이 밖에 또 무엇을 바랄까.
귀인이 와서 도와주니 소망을 성취한다.
상업에 종사하면 많은 재물을 얻을 수 있다.

운명을 바꾸는 월운 활용

	1월	2월	3월	4월	5월	6월
좋은 방향	북동쪽	북쪽	남서쪽	남쪽	남동쪽	북서쪽
좋은 색상	보라색	적갈색	검은색	베이지색	연보라색	초록색
좋은 장소	독서실	미술관	칵테일바	저수지	계곡	퓨전음식점
좋은 성씨	ㄱ, ㅋ	ㅇ, ㅎ	ㅅ, ㅈ, ㅊ	ㄴ, ㄷ, ㅌ, ㄹ	ㅁ, ㅂ, ㅍ	ㅁ, ㅂ, ㅍ
좋은 숫자	4, 11	3, 12	2, 4	6, 7	5, 11	4, 6
좋은 날짜	3, 9, 15, 19, 24, 27일	4, 8, 15, 18, 26, 29일	3, 8, 11, 19, 22, 24일	2, 8, 10, 17, 21, 25일	8, 11, 15, 18, 20, 27일	1, 5, 8, 12, 15, 26일
안 좋은 날짜	18, 20, 26일	7, 14, 19일	12, 18, 23일	7, 11, 23일	14, 17, 25일	2, 13, 16일
재물·금전 지수	81	94	84	87	98	94
변화·변동 지수	86	93	85	86	97	92
건강·행복 지수	85	95	85	81	95	90

	7월	8월	9월	10월	11월	12월
좋은 방향	북서쪽	북동쪽	북서쪽	북쪽	서쪽	남동쪽
좋은 색상	은색	옥색	고동색	노란색	연분홍색	다홍색
좋은 장소	한적한 시외	저수지	샌드위치가게	체육관	꽃집	도서관
좋은 성씨	ㄴ, ㄷ, ㅌ, ㄹ	ㄴ, ㄷ, ㅌ, ㄹ	ㄱ, ㅋ	ㅇ, ㅎ	ㅅ, ㅈ, ㅊ	ㄱ, ㅋ
좋은 숫자	3, 9	1, 3	7, 12	6, 10	7, 10	2, 5
좋은 날짜	1, 9, 10, 18, 23, 25일	6, 8, 13, 17, 20, 24일	3, 5, 9, 14, 18, 19일	7, 9, 14, 17, 23, 28일	6, 9, 14, 17, 24, 28일	3, 8, 11, 15, 24, 28일
안 좋은 날짜	13, 17, 22일	5, 14, 23일	15, 21, 28일	18, 27, 29일	18, 19, 21일	7, 12, 16일
재물·금전 지수	82	95	94	93	84	91
변화·변동 지수	82	96	98	98	83	92
건강·행복 지수	83	93	97	90	82	93

451 身上有困奔走之象

신 상 유 곤 분 주 지 상

연운

青山歸客 日暮忙步
청 산 귀 객 일 모 망 보   청산에 돌아가던 나그네 발걸음이 해 저무니 바빠진다.

求兎于海 兎不可得
구 토 우 해 토 불 가 득   바다에서 토끼를 구하니 어찌 구할 수 있겠는가.

有人來助 終見喜事
유 인 래 조 종 견 희 사   사람이 와서 도와주니 마침내 기쁜 일을 본다.

小川歸海 積小成大
소 천 귀 해 적 소 성 대   냇물이 바다로 흘러드니 작은 것을 쌓아 큰 것을 이룬다.

一身自安 世事太平
일 신 자 안 세 사 태 평   일신이 편안하니 세상일이 태평하다.

莫與人爭 損財損名
막 흥 인 쟁 손 재 손 명   남과 다투지 마라. 재물도 잃고 명예도 잃는다.

收拾行裝 早歸鄕里
수 습 행 장 조 귀 향 리   하던 일을 수습하여 일찍 고향으로 돌아간다.

秋風一聲 江山日暮
추 풍 일 성 강 산 일 모   가을 바람소리에 강산에 해가 저문다.

黃鷄時鳴 日掛扶桑
황 계 시 명 일 괘 부 상   누런 닭이 때때로 우니 해가 뽕나무 가지에 걸렸다.

성인의 연운 활용

금전·명예	하는 것이 없어도 현재의 것을 지키면 손해를 보지 않는다. 금전의 흐름이 원활하니 걱정하지 않아도 된다.
사업·창업	재물운이 열려 있고 귀인이 도우니 완벽한 계획에 따라 행동하면 큰돈을 번다.
주식·투자	주식이 갑자기 상승세를 달리지 않는 한 작은 이익을 볼 수 있다.
시험·취직	고시는 불가능하지만 공무원이나 일반직 시험은 가능하다. 직장인은 자리를 옮기거나 승진한다.
당선·소원	당선운이 있으니 당선 가능하다. 소원은 바라던 것 이상으로 쉽게 이루어지니 기대해도 좋다.
이사·매매	이사는 어느 곳으로 움직여도 이익이 있다. 남자는 계약하는 것 모두 이익이 있으니 매매도 좋다.
건강·사고	건강은 과로로 병원 신세를 지지 않는다면 걱정할 것이 없다.
애정·결혼	애정운은 여자는 매우 좋지만 남자는 별로이니 자신을 낮추고 상대를 존중하라. 남녀 모두 좋은 결혼 상대를 만나거나 새로운 식구가 늘어나 가운이 왕성해진다. 새로운 인연이 생기니 즐겁다.
소송·다툼	소송이 발생하더라도 준비만 완벽하다면 빠른 시일 내에 반드시 해결된다.

신세대의 연운 활용

연애·사랑	임자 있는 사람을 만나거나 이루어지기 힘든 사랑을 하기 쉬우니 주의하라. 많은 경쟁자를 물리치고 이제야 제 짝을 만난다. 연인으로 인해 즐거움이 넘치니 모든 사람이 부러워한다.
시험·취직	운이 그리 나쁘지 않으니 실력대로 하면 하위직은 무난히 합격한다. 승진도 노력에 달려 있다.
건강·사고	건강한 사람은 건강할 때 더욱 주의하고 환자는 회복된 뒤에 건강관리에 더욱 힘쓴다.
금전·행운	주변에서 도와주니 이익이 될 만한 일을 시작하면 어느 정도 수입은 들어온다. 단, 지출을 줄여야 한다.
소원·성취	욕심이 크면 소원을 이루는 데 시간이 많이 걸리지만 욕심 없는 소원은 쉽게 이루어진다.

운명을 바꾸는 연운 활용

좋은 방향	남동쪽
좋은 색상	남청색
좋은 장소	전철 안
좋은 성씨	ㄴ, ㄷ, ㅌ, ㄹ
좋은 숫자	7, 9

숫자로 보는 연운 활용

	좋은 달	보통 달	나쁜 달
금전·투자	5, 12월	8, 9월	2, 7월
변화·변동	11, 12월	3, 9월	2, 6월
연애·사랑	5, 12월	1, 10월	4, 6월
건강·소송	5, 11월	1, 3월	4, 7월

451

월운

 뜻이 높고 마음이 넓으니 반드시 성공한다.
구설수가 있으니 미리 산신에게 기도한다.
관귀官鬼가 발동하니 멀리 가면 불리하다.

 여인을 가까이하지 마라. 불리한 운수다.
만일 이와 같지 않으면 아내에게 근심이 생긴다.
초상집에 가지 마라. 질병이 두렵다.

 하는 일에 허황함이 많으니 함부로 행동하지 마라.
동쪽으로 이사하면 반드시 형통하게 된다.
남의 말을 믿지 마라. 허황할 것이다.

 집에 있으면 길하고 움직이면 불리하다.
깊은 밤에 비바람이 부니 동서를 분별하기 어렵다.
집이 불안하니 마음이 갖가지 생각으로 어지럽다.

 오월의 운수는 말재주로 재물을 얻을 운수다.
가정에 액이 있으니 미리 남쪽에 기도한다.
만일 소복을 입게 되면 이 운수를 거의 면한다.

 수성水姓과 화성火姓 두 성은 같이 일하면 불리하다.
멀리 나가면 불리하니 길을 떠나지 마라.
남과 다투지 마라. 일을 끝맺지 못한다.

 해 저무는 차가운 하늘에 기러기는 어디로 향하는가.
재물을 구하려 해도 수고만 하고 공은 얻지 못한다.
요사스런 기운이 기웃거리니 편안하게 집에 있어야 한다.

 시비를 가까이하지 마라. 송사를 하면 해결이 안 된다.
하룻밤 광풍에 꽃이 눈처럼 떨어진다.
재물을 잃을 수 있으니 모든 일에 조심한다.

 천리타향에 혈혈단신 외롭다.
어느 성이 해로운가, 반드시 화성火姓이다.
구월과 시월에는 토지에 이익이 있다.

 장사를 하면 이익이 있으니 반드시 재물을 얻는다.
남쪽이 불길하니 그 쪽에는 가지 마라.
만일 재물을 잃지 않으면 횡액으로 한번 놀라게 된다.

 발로 호랑이 꼬리를 밟으니 근심 가운데 기쁨이 생긴다.
이익은 어디에 있는가, 반드시 서북쪽이다.
운수는 어떠한가. 처음에는 힘들지만 나중에는 길하다.

 온갖 일이 잘 되니 이익이 그 가운데 있다.
일에 분망하니 분주한 상이다.
횡액이 우려되니 모든 일에 조심한다.

운명을 바꾸는 월운 활용

	1월	2월	3월	4월	5월	6월
좋은 방향	남서쪽	북서쪽	동쪽	북동쪽	남쪽	북쪽
좋은 색상	밤색	회색	연두색	연보라색	자주색	고동색
좋은 장소	순두부식당	박물관	연주회장	채식전문점	추어탕식당	시골길
좋은 성씨	ㅇ, ㅎ	ㅅ, ㅈ, ㅊ	ㄱ, ㅋ	ㄴ, ㄷ, ㅌ, ㄹ	ㅇ, ㅎ	ㄱ, ㅋ
좋은 숫자	2, 4	8, 12	2, 8	8, 11	3, 4	2, 9
좋은 날짜	6, 9, 13, 18, 23, 28일	2, 5, 9, 15, 18, 22일	5, 8, 13, 21, 23, 28일	1, 5, 9, 16, 26, 28일	7, 10, 13, 17, 21, 27일	6, 10, 14, 17, 22, 29일
안 좋은 날짜	7, 8, 19일	21, 23, 27일	7, 9, 16일	7, 10, 18일	8, 15, 22일	11, 19, 20일
재물·금전 지수	84	73	85	77	94	72
변화·변동 지수	83	75	84	72	93	73
건강·행복 지수	82	78	82	74	91	74

	7월	8월	9월	10월	11월	12월
좋은 방향	남쪽	남동쪽	북서쪽	동쪽	북서쪽	동쪽
좋은 색상	하얀색	파란색	검은색	분홍색	베이지색	적갈색
좋은 장소	기차역	생맥주집	놀이공원	오락실	낙지음식점	장어음식점
좋은 성씨	ㅁ, ㅂ, ㅍ	ㄴ, ㄷ, ㅌ, ㄹ	ㅅ, ㅈ, ㅊ	ㅁ, ㅂ, ㅍ	ㄱ, ㅋ	ㄴ, ㄷ, ㅌ, ㄹ
좋은 숫자	1, 11	2, 7	4, 6	2, 10	6, 9	7, 10
좋은 날짜	5, 7, 13, 18, 22, 26일	2, 7, 13, 15, 21, 25일	2, 5, 15, 18, 26, 29일	5, 9, 13, 16, 25, 27일	3, 6, 15, 17, 23, 26일	5, 8, 11, 17, 24, 28일
안 좋은 날짜	1, 2, 9일	3, 11, 20일	4, 14, 16일	4, 8, 24일	7, 16, 22일	7, 10, 18일
재물·금전 지수	95	87	86	82	97	92
변화·변동 지수	95	86	84	83	96	93
건강·행복 지수	94	85	83	84	95	92

452 眞假不識之意
진가불식지의

연운

夢得良弼 眞僞可知
몽득량필 진위가지   꿈에 어진 배필감을 만났으니 참인지 거짓인지 알 수 있다.

桃李爭春 到處春風
도리쟁춘 도처춘풍   복숭아꽃 자두꽃이 봄을 다투어 피니 도처에 봄바람이 분다.

若無産慶 家憂難免
약무산경 가우난면   만일 출산의 경사가 없으면 가정의 우환을 면하기 어렵다.

盜賊愼之 失物可畏
도적신지 실물가외   도둑을 조심하라. 물건을 잃어버릴까 두렵다.

幸逢貴人 別無過失
행봉귀인 별무과실   다행히 귀인을 만나니 과실이 별로 없다.

今年之數 吉多凶少
금년지수 길다흉소   금년 운수는 길한 일은 많고 흉한 일은 적다.

天際孤雁 鳴將驚人
천제고안 명장경인   하늘가에 외로운 기러기가 울고 가니 사람들이 놀란다.

芳草逢雨 其色萋萋
방초봉우 기색처처   꽃다운 풀이 비를 만나니 그 빛이 더욱 푸르다.

衣食豊足 壽福無窮
의식풍족 수복무궁   의식이 풍족하니 수복이 무궁하다.

성인의 연운 활용

금전·명예	수입보다 지출이 많지만 투기나 유흥이 아닌 순수한 인정 때문에 나간 돈은 더 많은 소득으로 돌아온다.
사업·창업	처음에는 전혀 진전이 없다가 차츰 풀리면서 경영이 순조로워진다. 귀인의 도움으로 뜻밖에 성공한다.
주식·투자	주식은 분산투자를 하면 사방에서 재물이 들어오니 과감하게 투자하라.
시험·취직	그 동안 노력하여 원하는 시험에 모두 합격한다. 직장에서는 갈등이나 명예퇴직을 조심한다.
당선·소원	다소 어려움이 있지만 노력하면 당선도 가능하다. 귀인이 나타나 소원을 이룰 수 있게 도와준다.
이사·매매	이사나 확장 등의 큰 변동은 자제하라. 전부터 치밀하게 계획한 경우에만 개업, 이사, 매매가 가능하다.
건강·사고	건강은 그리 나쁘지도 좋지도 않다. 현재 병을 앓는 사람은 호전되는 기미가 보인다.
애정·결혼	따뜻한 마음을 통해서 당신의 강점이 표현되거나 상대방의 진심을 알게 된다. 어려워 말고 상대방에게 기댈 수 있는 계기를 만들어보라. 부부는 금실이 좋아진다.
소송·다툼	소송은 마음을 놓아도 될 운이다.

신세대의 연운 활용

연애·사랑	자신의 감정을 강요하지 말고 애인과 취미생활을 함께하며 서로를 이해하도록 노력하라. 부부는 금실이 두터워진다.
시험·취직	실력 발휘를 하여 시험에 합격하고 취직한다. 직장인도 승진한다.
건강·사고	장기간 치료가 필요한 환자도 크게 회복된다.
금전·행운	계획을 세워 꾸준히 준비해온 사람은 뜻밖에 큰 이익이 따른다.
소원·성취	원하는 소원이 정당하고 욕심이 없으면 이루어진다.

운명을 바꾸는 연운 활용

좋은 방향	북동쪽
좋은 색상	노란색
좋은 장소	공원
좋은 성씨	ㅅ, ㅈ, ㅊ
좋은 숫자	4, 8

숫자로 보는 연운 활용

	좋은 달	보통 달	나쁜 달
금전·투자	5, 11월	2, 4월	1, 10월
변화·변동	3, 6월	2, 12월	9월
연애·사랑	3, 5월	7, 8월	1, 9월
건강·소송	6, 11월	7, 12월	1, 10월

452 월운

❶ 맑은 바람과 밝은 달 아래 한가로이 높은 누각에 오른다.
슬하에 액이 있으니 서쪽을 조심한다.
만일 이와 같지 않으면 구설이 따를까 두렵다.

❷ 보석에 티끌이 묻었으니 누가 있어 알겠는가.
집안이 불안하니 재앙이 끊이지 않는다.
만일 남의 도움을 받지 않으면 뜻밖에 성공을 거둔다.

❸ 구름이 걷히고 하늘이 푸르니 밝은 달이 새롭다.
길함만 있고 흉함이 없으니 몸과 재물이 왕성하다.
귀성貴星이 문을 비추니 사람으로 인해 성공한다.

❹ 동쪽 뜰에 매화가 때를 만나 활짝 꽃 피었다.
다투지 마라. 시비할 수가 있다.
만일 이와 같지 않으면 구설이 분분하다.

❺ 오월과 유월에는 남의 도움으로 재물을 얻는다.
이익이 약과 토지에 있으니 마땅히 시장으로 향한다.
재물운이 왕성하니 반드시 성공한다.

❻ 만일 여자를 만나면 이로울 것이다.
다른 사람과 함께 남쪽으로 가니 매사에 길하다.
작은 것을 쌓아 큰 것을 이루니 재록財祿이 끊이지 않는다.

❼ 두 사람이 같이 일하니 재물을 얻는다.
식구를 더할 운수니 아들을 얻을 경사다.
물가에 가지 마라. 횡액이 두렵다.

❽ 길흉이 서로 반대이니 은혜가 도리어 원수가 된다.
여색을 가까이하지 마라. 재물을 잃고 구설에 시달린다.
이로움이 남쪽에 있으니 그 쪽으로 가면 얻는다.

❾ 구월과 시월에는 물과 불을 조심한다. 한번 놀랄 일이 있다.
재물을 잃을 수 있으니 가까운 사람을 조심한다.
처음은 길하지만 뒤에는 재앙을 부른다.

❿ 꽃이 떨어지고 잎이 푸르니 꾀꼬리가 날아온다.
가정에 불평이 있으니 마음이 불안하다.
만일 이와 같지 않으면 형제에게 근심이 있다.

⓫ 용이 천문天門을 얻으니 조화가 무궁하다.
동짓달과 섣달에는 반드시 경사가 있다
바라는 일이 이루어지니 매일 천금을 얻는다.

⓬ 길성吉星이 몸을 비추니 이름을 얻는다.
귀인이 와서 도와주니 때를 만나 성공한다.
양楊가와 이李가 두 성과 함께 일을 꾀하면 불리하다.

운명을 바꾸는 월운 활용

	1월	2월	3월	4월	5월	6월
좋은 방향	북동쪽	남서쪽	남쪽	북쪽	남동쪽	서쪽
좋은 색상	주황색	고동색	하늘색	황갈색	다홍색	보라색
좋은 장소	항구	토스트가게	해장국식당	삼겹살식당	나이트클럽	상가
좋은 성씨	ㅇ, ㅎ	ㄴ, ㄷ, ㅌ, ㄹ	ㅁ, ㅂ, ㅍ	ㅅ, ㅈ, ㅊ	ㄴ, ㄷ, ㅌ, ㄹ	ㅇ, ㅎ
좋은 숫자	4, 11	4, 9	7, 9	4, 8	5, 10	5, 7
좋은 날짜	3, 8, 12, 17, 23, 26일	4, 7, 15, 18, 21, 25일	4, 8, 14, 17, 23, 28일	2, 7, 14, 18, 21, 24일	3, 7, 12, 15, 27, 29일	2, 7, 15, 19, 24, 29일
안 좋은 날짜	13, 18, 24일	8, 16, 19일	13, 18, 24일	15, 19, 22일	10, 11, 16일	10, 17, 25일
재물·금전 지수	74	84	92	84	93	96
변화·변동 지수	75	82	91	89	94	98
건강·행복 지수	73	87	95	85	95	94

	7월	8월	9월	10월	11월	12월
좋은 방향	남서쪽	남쪽	남쪽	동쪽	북서쪽	북동쪽
좋은 색상	금색	주황색	빨간색	연두색	연보라색	회색
좋은 장소	감자탕음식점	한식당	시냇가	치킨전문점	백화점	곱창음식점
좋은 성씨	ㅁ, ㅂ, ㅍ	ㄱ, ㅋ	ㅅ, ㅈ, ㅊ	ㄴ, ㄷ, ㅌ, ㄹ	ㄱ, ㅋ	ㄱ, ㅋ
좋은 숫자	8, 11	7, 12	1, 4	7, 11	1, 5	2, 3
좋은 날짜	2, 11, 17, 23, 27, 29일	3, 10, 15, 19, 22, 27일	2, 7, 14, 19, 23, 28일	2, 7, 15, 17, 21, 27일	3, 8, 13, 16, 21, 27일	3, 8, 15, 21, 25, 27일
안 좋은 날짜	3, 10, 21일	11, 16, 18일	8, 16, 20일	1, 6, 14일	7, 17, 23일	6, 17, 28일
재물·금전 지수	85	84	73	78	92	87
변화·변동 지수	83	80	74	76	98	85
건강·행복 지수	85	86	78	74	94	86

453 有圓滿之意

유 원 만 지 의

― 연운 ―

望月玉兎 淸光滿腹
망 월 옥 토 청 광 만 복
달을 바라보는 옥토끼의 배에 맑은 빛이 가득하다.

守分安居 必有因緣
수 분 안 거 필 유 인 연
분수를 지키고 편안히 지내면 반드시 인연이 생긴다.

春園松柏 喜含淸露
춘 원 송 백 희 함 청 로
봄동산의 소나무와 잣나무가 기쁘게 맑은 이슬을 머금었다.

若非移徙 人口增進
약 비 이 사 인 구 증 진
만일 이사를 하지 않으면 식구가 늘어난다.

愼之盜賊 失物可畏
신 지 도 적 실 물 가 외
도둑을 조심하라. 물건을 잃어버릴까 두렵다.

若非改業 生男之數
약 비 개 업 생 남 지 수
만일 직업을 바꾸지 않으면 아들을 얻을 운수다.

大明中天 金玉滿堂
대 명 중 천 금 옥 만 당
밝은 달이 중천에 뜨니 금과 옥이 집안에 가득하다.

紫陌紅塵 花柳同榮
자 맥 홍 진 화 류 동 영
길 위에 먼지가 뿌연데 꽃과 버들이 활짝 피어 있다.

名利必振 冠盖天上
명 리 필 진 관 개 천 상
반드시 이름을 떨쳐 머리에 감투를 높이 쓴다.

성인의 연운 활용

금전·명예	적게 주고 많은 재물을 얻는 운세이니 재물이 가득할 것이다.
사업·창업	사업을 하는 사람은 크게 번창하여 뜻밖의 큰 재물을 얻을 것이다.
주식·투자	주식투자는 상승세를 달리고 있으니 원하지 않아도 재물이 들어온다.
시험·취직	노력한 대가가 있으니 시험에 합격한다. 취직운도 좋고 승진운도 좋다.
당선·소원	그 동안 노력했던 결실을 얻으니 당선된다. 소원 또한 이제서야 성취되니 평소 세운 뜻이 이루어진다.
이사·매매	어느 곳으로 움직여도 이사는 순조롭다. 생각만큼 큰 이익은 없어도 매매로 작은 이익을 얻는다.
건강·사고	건강은 양호한 편이니 걱정하지 않아도 된다. 움직이고 싶은 만큼 움직여도 좋다.
애정·결혼	애정운이 강해지고 있다. 과소비의 조짐이 있으므로 알뜰한 연애를 하거나 외식 등 지출을 줄여라. 상대가 문을 열어놓고 기다리고 있으니 용기를 내어 마음을 전하라. 청춘남녀는 결혼에 이르는 경사가 있다.
소송·다툼	오랜 시간 끌어왔던 소송이 지금 해결된다.

신세대의 연운 활용

연애·사랑	정신적으로 교감하지만 감정을 조절하지 못해 행동이나 표현이 거칠어질 수 있다. 좋은 만남을 만들고 싶다면 천천히 진행하라. 시간을 끌던 관계가 결혼으로 이어진다. 부부는 서로 조심해야 한다.
시험·취직	고시생은 수석합격하고 구직자는 좋은 직장을 구한다. 직장인은 실력을 인정받아 승진한다.
건강·사고	건강은 매우 양호하며 활기가 넘치니 원하는 대로 활동해도 좋다.
금전·행운	경영하고 계획하는 모든 일이 순조로우니 수입이 늘어나고 재물이 들어온다.
소원·성취	욕심을 버리면 이루고자 노력하는 바가 대부분 이루어진다.

운명을 바꾸는 연운 활용

좋은 방향	서쪽
좋은 색상	주황색
좋은 장소	야구장
좋은 성씨	ㅅ, ㅈ, ㅊ
좋은 숫자	2, 9

숫자로 보는 연운 활용

	좋은 달	보통 달	나쁜 달
금전·투자	1, 4월	2, 6월	8, 10월
변화·변동	9, 11월	2, 6월	7, 8월
연애·사랑	3, 11월	2, 5월	8월
건강·소송	3, 12월	5, 6월	10월

453 월운

1월
비록 재물을 얻었으나 기쁨을 숨기는 것은 어인 일인가.
명성과 이익이 마음과 같으니 반드시 기쁜 일이 있다.
집안에 재물이 풍족하니 가족 모두가 기뻐한다.

2월
배 안에 재물이 있으니 재산을 많이 얻는다.
재물운이 들어오니 이 때를 놓치지 마라.
이 달의 운수는 처음에는 흉하나 나중에는 길하다.

3월
삼월과 사월에는 귀인이 식구를 더한다.
황룡이 구슬을 얻으니 반드시 아들을 얻는다.
일마다 뜻대로 이루어지니 반드시 기쁜 일이 있다.

4월
가는 곳마다 재물이 있으니 이름을 널리 떨친다.
가을쥐는 곳간을 만나고 봄새는 꽃밭에서 즐긴다.
깊은 산 그윽한 골짜기에 새가 잠을 자러 수풀에 들어간다.

5월
명예와 이익이 같이 길하니 가는 곳마다 영귀하다.
식구가 늘고 토지도 늘어나니 집안이 화목하다.
집안일이 잘 되어가니 이 밖에 무엇을 바랄까.

6월
덕을 쌓은 집에는 반드시 경사가 찾아든다.
서쪽에 길함이 있으니 반드시 논밭을 장만한다.
집에 경사스런 일이 있으니 슬하의 영화다.

7월
장사를 하면 재물을 얻으니 마땅히 시장으로 간다.
처자에게 근심이 따를 것이니 미리 기도한다.
좋은 일에 마가 생기니 모든 일을 조심한다.

8월
남과 다투지 마라. 송사를 하면 불리하다.
다른 일을 꾀하지 마라. 바라는 일이 이루어지지 않는다.
만일 횡재가 아니면 관록官祿이 따른다.

9월
재물이 풍성하니 세상일이 태평하다.
모든 일이 순조롭게 이루어지니 많은 사람들이 우러러본다.
운수가 대길하니 소망을 이룬다.

10월
복숭아꽃이 이미 떨어졌으니 그 열매를 얻는다.
토성土姓이 불리하니 가까이하면 해롭다.
목성木姓이 해로우니 거래를 하지 마라.

11월
분수를 지키고 편안히 살면 마침내 재물을 얻는다.
마음을 정하고 안정을 취하면 기쁜 일이 스스로 찾아온다.
깊은 산 달 밝은 창가에 귀인이 와서 도와준다.

12월
서쪽과 남쪽 양방향에 반드시 재물이 왕성하다.
운수가 대길하니 편안히 지낸다.
두 곳에서 마음이 같으니 꾀하는 일을 이룬다.

운명을 바꾸는 **월운** 활용

	1월	2월	3월	4월	5월	6월
좋은 방향	남동쪽	남서쪽	남쪽	북쪽	서쪽	서쪽
좋은 색상	귤색	군청색	노란색	고동색	초록색	자주색
좋은 장소	당구장	아이스크림가게	쇼핑몰	갈비음식점	모래사장	레스토랑
좋은 성씨	ㅁ, ㅂ, ㅍ	ㅅ, ㅈ, ㅊ	ㅇ, ㅎ	ㅅ, ㅈ, ㅊ	ㄱ, ㅋ	ㅁ, ㅂ, ㅍ
좋은 숫자	4, 5	2, 8	3, 12	2, 11	5, 8	1, 12
좋은 날짜	2, 7, 11, 18, 23, 27일	3, 9, 12, 19, 21, 26일	4, 11, 16, 21, 23, 26일	7, 17, 20, 21, 26, 29일	8, 12, 14, 19, 23, 29일	4, 7, 15, 16, 21, 23일
안 좋은 날짜	5, 14, 22일	6, 15, 24일	18, 20, 22일	18, 21, 25일	20, 21, 27일	6, 13, 22일
재물·금전 지수	91	82	98	98	87	84
변화·변동 지수	92	84	91	97	85	82
건강·행복 지수	93	86	93	95	83	89

	7월	8월	9월	10월	11월	12월
좋은 방향	북서쪽	동쪽	북동쪽	남동쪽	남쪽	남서쪽
좋은 색상	청록색	적갈색	베이지색	은색	파란색	검은색
좋은 장소	냉면전문점	호수	오리음식점	산	PC방	단란주점
좋은 성씨	ㅇ, ㅎ	ㅅ, ㅈ, ㅊ	ㄱ, ㅋ	ㄱ, ㅋ	ㄴ, ㄷ, ㅌ, ㄹ	ㄴ, ㄷ, ㅌ, ㄹ
좋은 숫자	2, 5	1, 6	5, 12	2, 3	4, 7	1, 2
좋은 날짜	5, 11, 16, 21, 24, 27일	4, 8, 16, 18, 22, 29일	1, 9, 12, 21, 22, 28일	2, 8, 11, 18, 21, 27일	5, 15, 17, 21, 25, 26일	4, 8, 16, 21, 23, 29일
안 좋은 날짜	6, 7, 17일	7, 19, 23일	10, 13, 23일	7, 10, 19일	14, 16, 22일	15, 17, 22일
재물·금전 지수	71	74	96	78	92	97
변화·변동 지수	72	75	94	77	98	93
건강·행복 지수	75	76	93	75	94	90

461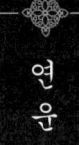

避凶更有禍之意
피 흉 갱 유 화 지 의

연운

避嫌出谷 仇者懷劍
피혐출곡 구자회검 　혐의를 피하여 골짜기에 들어가니 원수가 칼을 품고 있다.

出門失路 納履何向
출문실로 납리하향 　문을 나서자 길을 잃으니 신을 신고 어디로 향할까.

以此論之 背恩忘德
이차론지 배은망덕 　이것을 논하건데 배은망덕이라 한다.

在家無益 出門不利
재가무익 출문불리 　집에 있어도 이익이 없고 문을 나서도 이롭지 못하다.

若非失物 口舌可畏
약비실물 구설가외 　만일 재물을 잃지 않으면 구설이 두렵다.

妄動不利 守分則吉
망동불리 수분즉길 　함부로 움직이면 불리하고 분수를 지키면 길하다.

所營之事 雪上加霜
소영지사 설상가상 　하는 일에 연달아 어려움이 따른다.

莫爲急圖 晩則爲吉
막위급도 만즉위길 　일을 급히 도모하지 마라. 늦을수록 길하다.

家有疾苦 憂亦不少
가유질고 우역불소 　집안에 병고가 있고 근심 또한 적지 않다.

성인의 연운 활용

금전 · 명예	금전이 다소 들어오나 또 다시 나갈 운이니 돈거래나 보증은 절대로 하면 안 된다.
사업 · 창업	노력하면 현상유지는 가능하나 일확천금의 꿈은 헛된 것이다. 욕심을 버리면 오히려 편안해진다.
주식 · 투자	주식운이 별로 좋지 않으니 신중하게 생각하고 투자해야 한다.
시험 · 취직	노력에 비해 결과가 나쁘다. 취직은 한 단계 낮추어 응시해야 한다. 승진은 강력한 경쟁자가 있으니 어렵다.
당선 · 소원	당선은 조금 어려울 것 같으니 다음으로 미룬다. 오랫동안 기다리던 소원이 이제서야 이루어진다.
이사 · 매매	이사는 서두르지 말고 천천히 진행하라. 매매 역시 서두르면 계약했던 것도 망칠 수 있다.
건강 · 사고	다른 일은 걱정되지 않지만 남이 모르는 질병이 발병할 수 있으니 주의한다.
애정 · 결혼	불륜이나 시간 낭비인 만남이 되기 쉽다. 짝이 있는 사람은 서로 얼굴 볼 틈 없이 바빠질 운세이다. 순리에 따라 사람을 대하다 보면 쉽게 배필을 만날 수 있다. 단, 비난 받을 이성관계는 조심한다.
소송 · 다툼	소송은 계속 진행하면 불리하니 먼저 화해를 청하라. 당신의 잘못으로 벌어진 소송 역시 불리하다.

신세대의 연운 활용

연애 · 사랑	사랑싸움을 하기에는 너무 지쳐 있다. 다툼이나 충돌이 잦아지니 먼저 양보하고 상대를 배려한다. 결혼은 반드시 성사되고, 부부운은 매우 좋지만 배우자 외에 다른 이성을 만나면 망신과 구설수가 따른다.
시험 · 취직	수험생은 낮추어 응시하거나 다음 기회를 기다려라. 직장인은 현재의 위치를 지키는 것이 길하다.
건강 · 사고	큰 질병이나 병원을 갈 일은 없지만 심신이 모두 피곤하니 휴식을 취하는 것이 좋다.
금전 · 행운	요행은 절대로 기대하지 마라. 분수 밖의 금전이 들어와도 곧 사라진다.
소원 · 성취	뜻하는 일이나 소원을 당장은 이루기 어려울 것이다.

운명을 바꾸는 연운 활용

좋은 방향	동쪽
좋은 색상	파란색
좋은 장소	영화관
좋은 성씨	ㅇ, ㅎ
좋은 숫자	3, 10

숫자로 보는 연운 활용

	좋은 달	보통 달	나쁜 달
금전 · 투자	5, 8월	7, 12월	1, 10월
변화 · 변동	5, 9월	7, 12월	4, 11월
연애 · 사랑	8, 9월	7, 12월	3, 4월
건강 · 소송	5, 9월	7, 12월	2, 6월

월운

 비록 재물은 생기지만 얻으면 반은 잃는다.
진술辰戌 방위에 재물이 왕성하지만 어중간한 중간 방위라 얻어도 모으기 어렵다.
먼 길을 나서지 마라. 움직이면 해롭다.

 꾀하는 일은 이루는 것 같다가도 끝을 맺지 못한다.
요귀가 해를 끼치니 꾀하는 일을 이루지 못한다.
말을 타고 산에 오르니 길이 매우 험하다.

 어찌 날이 밝지 않은가. 구름이 그 빛을 가렸다.
횡액이 우려되니 매사를 조심한다.
시비를 가까이하지 마라. 구설이 따른다.

 관귀官鬼가 발동하니 규방 처녀가 사내를 부른다.
이것으로 보건대 배은망덕이다.
남쪽에 해가 있으니 그 쪽으로 가지 마라.

 식구가 늘고 토지가 느니 집안에 기쁨이 가득하다.
몸과 재물이 왕성하니 마음이 편안하다.
남의 말을 듣지 마라. 일이 허황하다.

 오월과 유월에는 일은 많고 이루는 것은 없다.
행인은 길을 잃고 군인은 칼을 잃는 격이다.
꾀하는 일을 이루지 못하니 세상일이 꿈만 같다.

 돌을 맞부딪쳐 불을 일으키니 이는 먼 옛사람의 공이다.
소망을 다 이루니 반드시 재물이 왕성해진다.
문서를 조심하라. 마침내 구설이 들려온다.

 나쁜 일 가운데 좋은 일이 있으니 처음에는 힘들지만 뒤에는 좋다.
남과 다투지 마라. 반드시 낭패를 당한다.
청산에 해는 지는데 나그네가 길을 잃었다.

 구월과 시월에는 기도하면 길하다.
아내나 아들에게 질병이 침범한다.
동쪽으로 멀리 가면 금성金姓이 도와준다.

 남의 말을 믿지 마라. 일이 잘못되어 돌아온다.
머리도 없고 꼬리도 없으니 일을 이루기 어렵다.
일에는 정해진 이치가 있으니 잘못 행동하면 해롭다.

 동짓달과 섣달에는 먼 길을 떠나면 해롭다.
도둑을 조심하라. 재물을 잃을까 두렵다.
분수를 지켜라. 나가면 길에서 원수를 만난다.

비바람이 심하니 세상이 시끄럽다.
재물을 구해도 이루지 못하니 구설이 따른다.
남쪽이 길하니 마땅히 그 쪽으로 간다.

운명을 바꾸는 월운 활용

	1월	2월	3월	4월	5월	6월
좋은 방향	북동쪽	남서쪽	북쪽	북서쪽	남동쪽	남쪽
좋은 색상	옥색	노란색	하얀색	분홍색	연두색	연보라색
좋은 장소	바닷가	운동장	떡전문점	공연장	콩국수전문점	국수전문점
좋은 성씨	ㄱ, ㅋ	ㅇ, ㅎ	ㅅ, ㅈ, ㅊ	ㅁ, ㅂ, ㅍ	ㄱ, ㅋ	ㅅ, ㅈ, ㅊ
좋은 숫자	3, 8	8, 11	3, 6	4, 5	5, 10	3, 5
좋은 날짜	5, 9, 14, 17, 22, 26일	6, 8, 16, 23, 26, 28일	6, 7, 14, 16, 23, 27일	5, 10, 14, 21, 23, 27일	1, 9, 13, 20, 21, 28일	2, 8, 15, 20, 23, 28일
안 좋은 날짜	10, 16, 24일	3, 13, 27일	5, 13, 20일	12, 16, 22일	8, 14, 23일	6, 14, 21일
재물·금전 지수	78	73	74	78	98	78
변화·변동 지수	74	74	76	79	95	75
건강·행복 지수	75	76	75	75	94	76

	7월	8월	9월	10월	11월	12월
좋은 방향	동쪽	북동쪽	동쪽	남서쪽	북쪽	남쪽
좋은 색상	보라색	고동색	베이지색	남청색	자주색	녹색
좋은 장소	우동전문점	김밥전문점	다리	피자집	족발음식점	영화관
좋은 성씨	ㅁ, ㅂ, ㅍ	ㅇ, ㅎ	ㅅ, ㅈ, ㅊ	ㄴ, ㄷ, ㅌ, ㄹ	ㄴ, ㄷ, ㅌ, ㄹ	ㄴ, ㄷ, ㅌ, ㄹ
좋은 숫자	2, 12	5, 12	2, 4	4, 7	7, 9	2, 5
좋은 날짜	3, 13, 15, 21, 22, 28일	5, 7, 14, 22, 23, 27일	6, 9, 13, 22, 26, 28일	8, 12, 15, 19, 24, 26일	2, 8, 12, 20, 22, 29일	2, 9, 12, 16, 22, 27일
안 좋은 날짜	14, 23, 26일	8, 15, 21일	7, 11, 12일	11, 20, 23일	21, 23, 24일	7, 11, 15일
재물·금전 지수	82	94	98	74	76	84
변화·변동 지수	86	95	91	78	73	82
건강·행복 지수	87	95	97	72	71	83

462 去惡取善之意

연운

萬里無雲 海天一碧
만 리 무 운 해 천 일 벽
만리에 이르도록 구름이 없으니 바다와 하늘이 푸르다.

一身安逸 樂在山水
일 신 안 일 낙 재 산 수
일신이 편안하니 산수를 가까이하며 즐긴다.

魚龍得水 衣食自足
어 룡 득 수 의 식 자 족
물고기와 용이 물을 얻은 격이니 의식이 저절로 족하다.

順風加帆 和歌一聲
순 풍 가 범 화 가 일 성
순풍에 돛을 올리니 평화로운 노래가 절로 나온다.

險路順行 神靈助我
험 로 순 행 신 령 조 아
험한 길도 순조롭게 가는 것은 신령이 돕기 때문이다.

莫近女色 反見損財
막 근 여 색 반 견 손 재
여색을 가까이하지 마라. 도리어 재물을 잃는다.

君子進德 小人漸退
군 자 진 덕 소 인 점 퇴
군자는 덕을 좇고 소인은 덕 앞에서 물러난다.

群芳出長 春意淡蕩
군 방 출 장 춘 의 담 탕
풀과 꽃이 자라니 봄기운이 짙다.

是非一場 或恐口舌
시 비 일 장 혹 공 구 설
남과 시비를 가리다가 혹여 구설을 듣기 쉽다.

성인의 연운 활용

금전 · 명예	처음에는 일이 꼬이다가 뒤늦게 운이 들어와 재물이 점점 불어난다.
사업 · 창업	사업의 변화를 모색하면 이익이 생기니 새로운 사업을 구상하는 주위 사람과 함께 일을 시작하라.
주식 · 투자	기대한 만큼 이익이 발생한다.
시험 · 취직	입학, 고시, 취직시험 모두 합격한다. 직장인은 특진이나 영전의 기쁨이 있다.
당선 · 소원	욕심이 지나치면 당선은 어렵고 그만큼 실망도 크다. 돕는 사람이 있어 소원을 이룬다.
이사 · 매매	어느 곳으로 옮겨도 큰 어려움은 없다. 서류로 금전 손실이 생길 수 있으니 매매는 각별히 신경 쓴다.
건강 · 사고	건강은 크게 걱정할 것이 없으니 원하는 일을 하거나 마음껏 여행을 즐겨도 좋다.
애정 · 결혼	서둘지 마라. 혼기를 놓친 사람이나 기회를 놓친 사람에게 더 없이 좋은 기회가 곧 찾아온다. 잠시 냉전기간이 있지만 그로 인해 새로운 애정이 싹터 상대를 이해하는 폭이 넓어질 것이다.
소송 · 다툼	오랜 기간 끌어오던 소송이 말끔히 해결되니 걱정하지 않는다.

신세대의 연운 활용

연애 · 사랑	서로 진실을 왜곡하기 쉬우니 잠시 냉각기를 가져라. 나이 차이가 많은 연인은 서로 애정이 두터워진다. 여행이나 의외의 장소에서 새로운 애인을 만난다. 결혼까지 이를 수 있는 대길한 운이다.
시험 · 취직	하위직이나 전문대는 가능하지만 무리한 시험은 실패한다. 직장인은 상사에게 인정받고 승진한다.
건강 · 사고	몸이 날아갈 듯 원기왕성하다. 오래 앓던 병도 많이 회복되니 기쁨이 크다.
금전 · 행운	어느 곳을 가도 이익이 생기니 마음놓고 활동하라.
소원 · 성취	능력 있는 사람에게 도움을 청하라. 소원이 반드시 이루어진다.

운명을 바꾸는 연운 활용

좋은 방향	동쪽
좋은 색상	남색
좋은 장소	강가
좋은 성씨	ㅁ, ㅂ, ㅍ
좋은 숫자	4, 8

숫자로 보는 연운 활용

	좋은 달	보통 달	나쁜 달
금전 · 투자	6, 8월	4, 5월	10, 11월
변화 · 변동	2, 7월	3, 9월	11, 12월
연애 · 사랑	1, 6월	3, 4월	10, 11월
건강 · 소송	7, 8월	4, 9월	11, 12월

월운

 정월과 이월에는 비로소 재물복이 들어온다.
근심이 물러가고 기쁜 일이 생기니 편안히 잘 지낸다.
물고기와 용이 물을 얻으니 그 즐거움이 아주 크다.

 삼월 동풍에 제비가 집을 찾는다.
재물이 들어오니 부유하기가 황금 골짜기와 같다.
재물복이 이와 같으니 근심이 없고 기쁨만 있다.

 봄바람과 가랑비에 버드나무가 푸른빛을 더한다.
뜻밖의 재물이 날마다 집안에 들어온다.
운수가 대길하니 도처에서 재물을 얻는다.

 여자를 가까이하지 마라. 구설이 따른다.
음양이 화합하니 만물이 살아난다.
타인의 재물이 우연히 집안으로 들어온다.

 물을 거슬러 배를 저어 가다 심한 풍파를 만난다.
신상에 근심이 없으니 재물과 이익을 얻는다.
좋은 일이 많이 있으니 가는 곳마다 재물이 따른다.

 공명을 얻으니 어진 소리가 널리 퍼진다.
소망을 뜻대로 이루니 남아가 그 뜻을 얻는다.
집에 경사가 있으니 어진 소리가 절로 들려온다.

 물고기와 용이 물을 얻으니 그 활기가 새롭다.
운수가 대길하니 도처에서 재물을 얻는다.
길한 곳은 어디인가. 필시 동쪽과 서쪽이다.

 군자는 벼슬을 얻고 소인은 재물을 얻는다.
귀인이 도와주니 반드시 이루어지는 것이 있다.
뜻밖에 성공하니 재물도 얻고 권리도 얻는다.

 이익이 사방에 있으니 가는 곳마다 봄바람이 분다.
남쪽에 가서 놀면 모든 일이 대길하다.
만약 여자를 가까이하면 자칫 구설이 따른다.

 이로움이 밖에 있으니 멀리 길을 떠나면 얻는다.
동쪽과 남쪽 양쪽에서 귀인이 와서 도와준다.
바깥에서 놀면 복록福祿을 얻고 권세를 누린다.

 동짓달과 섣달에는 반드시 경사가 있다.
만일 관록官祿이 아니면 아내에게 근심이 생긴다.
명예를 다 얻으니 도처에서 이익을 얻는다.

 우물 안 물고기가 바다로 나가니 꼬리를 힘차게 움직인다.
재물을 구하면 뜻대로 이루고 꾀하는 일도 잘 된다.
천지사방에서 만인이 축하해준다.

운명을 바꾸는 월운 활용

	1월	2월	3월	4월	5월	6월
좋은 방향	남동쪽	남쪽	동쪽	북동쪽	북서쪽	남서쪽
좋은 색상	하늘색	하얀색	밤색	적갈색	회색	주황색
좋은 장소	주차장	닭갈비음식점	청국장식당	생과일전문점	만화방	등산로
좋은 성씨	ㅅ, ㅈ, ㅊ	ㄴ, ㄷ, ㅌ, ㄹ	ㄱ, ㅋ	ㄱ, ㅋ	ㅅ, ㅈ, ㅊ	ㅇ, ㅎ
좋은 숫자	3, 5	5, 9	2, 8	4, 8	1, 2	3, 5
좋은 날짜	3, 8, 15, 21, 25, 26일	4, 9, 15, 18, 21, 28일	4, 9, 14, 16, 22, 28일	5, 8, 15, 16, 24, 29일	2, 9, 16, 17, 24, 28일	5, 9, 14, 16, 25, 29일
안 좋은 날짜	7, 16, 24일	5, 14, 17일	11, 13, 23일	7, 13, 19일	6, 18, 22일	11, 18, 24일
재물·금전 지수	95	92	86	84	87	94
변화·변동 지수	90	93	89	85	88	95
건강·행복 지수	95	94	82	86	83	97

	7월	8월	9월	10월	11월	12월
좋은 방향	서쪽	북쪽	남쪽	남동쪽	남쪽	남동쪽
좋은 색상	고동색	파란색	감색	다홍색	베이지색	연보라색
좋은 장소	볼링장	주택가	직장	기념관	중식당	미술관
좋은 성씨	ㄴ, ㄷ, ㅌ, ㄹ	ㅇ, ㅎ	ㅁ, ㅂ, ㅍ	ㄴ, ㄷ, ㅌ, ㄹ	ㅁ, ㅂ, ㅍ	ㄱ, ㅋ
좋은 숫자	6, 9	2, 12	2, 9	2, 11	5, 7	3, 12
좋은 날짜	2, 9, 11, 22, 23, 28일	9, 17, 18, 19, 22, 28일	2, 9, 14, 20, 23, 29일	5, 9, 15, 18, 20, 26일	2, 9, 13, 20, 21, 27일	3, 9, 12, 15, 25, 29일
안 좋은 날짜	4, 10, 21일	3, 14, 15일	1, 8, 13일	3, 4, 17일	10, 14, 19일	7, 11, 19일
재물·금전 지수	92	92	82	71	74	75
변화·변동 지수	96	93	81	75	78	76
건강·행복 지수	97	94	85	70	73	75

연운

先嚬後挽之意
선 빈 후 만 지 의

玉兎東昇 淸光可吸
옥 토 동 승 청 광 가 흡   옥토끼가 동쪽에 올라 맑은 빛을 마신다.

西方有吉 必有喜信
서 방 유 길 필 유 희 신   서쪽이 길하니 반드시 반가운 소식이 있다.

貴人助我 百事順成
귀 인 조 아 백 사 순 성   귀인이 도우니 모든 일을 순조롭게 이룬다.

君臣際會 必有喜事
군 신 제 회 필 유 희 사   임금과 신하가 모이니 반드시 기쁜 일이 있다.

諸事如意 去去多福
제 사 여 의 거 거 다 복   모든 일이 뜻대로 되니 갈수록 복이 늘어난다.

利在南北 得而多損
이 재 남 북 득 이 다 손   이익이 남과 북에 있으나 얻어도 많이 잃는다.

渭水之磯 文王再臨
위 수 지 기 문 왕 재 임   위수의 낚시터에 문왕이 다시 찾아온다.

四月南風 大麥鋪黃
사 월 남 풍 대 맥 포 황   사월 남풍에 보리가 누렇게 익어간다.

每事如意 千金可聚
매 사 여 의 천 금 가 취   매사가 뜻대로 이루어지니 가히 천금을 모은다.

성인의 연운 활용

금전·명예	금전운이 좋으니 재물이 줄어들지 않고 쌓여간다.
사업·창업	한 가지 일에 집중하고 투기에 손대지 않으면 반드시 이익이 있다.
주식·투자	주식은 신중하게 주위 상황을 보아가며 투자해야 한다.
시험·취직	꾸준히 노력하라. 적당히 해서는 절대로 합격을 기대할 수 없다. 승진 역시 많은 노력이 필요하다.
당선·소원	당선은 아직 시기가 아니므로 때를 기다려라. 바라던 소원은 남에게 선한 일을 하면 이루어진다.
이사·매매	이사는 이익이 매우 크니 움직일수록 좋다. 오랜 기간 말썽을 피우던 매매가 의외로 손쉽게 성사된다.
건강·사고	원기왕성하니 건강은 크게 걱정하지 않아도 된다.
애정·결혼	주는 마음으로 보살피면 상대가 감동할 것이다. 그러나 순간의 목적을 위해서라면 마음이 돌아설 것이다. 사랑은 그 무엇으로도 바꿀 수 없으니 사랑으로 모든 일을 풀어 나가야 한다.
소송·다툼	소송이 벌어지지만 별 문제 없이 곧 해결된다.

신세대의 연운 활용

연애·사랑	여기저기 한눈팔지말고 확실한 한 명에게 전념하라. 짝이 없는 사람은 새로운 연분을 만날 운이다. 부부간에 사소한 일로 다툴 수 있으니 조심해야 한다.
시험·취직	수험생은 목표를 높여도 좋다. 고시생은 절호의 기회다. 직장인은 상사에게 발탁되어 승진한다.
건강·사고	일을 해도 피곤함을 느끼지 못할 정도로 매우 건강하다. 안심해도 좋다.
금전·행운	재물운이 왕성하니 금은보석이 넘쳐난다. 금전도 풍족하게 들어올 것이다.
소원·성취	하는 일마다 척척 이루어지니 소원은 원하는 대로 실현 가능하다.

운명을 바꾸는 연운 활용

좋은 방향	서쪽
좋은 색상	황토색
좋은 장소	바닷가
좋은 성씨	ㅇ, ㅎ
좋은 숫자	1, 7

숫자로 보는 연운 활용

	좋은 달	보통 달	나쁜 달
금전·투자	10, 11월	8, 9월	5, 6월
변화·변동	2, 4월	1, 12월	3, 5월
연애·사랑	2, 10월	7, 8월	3, 5월
건강·소송	4, 11월	9, 12월	5, 6월

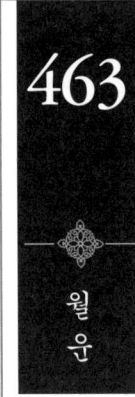

463 월운

 달 밝은 밤 동쪽 창에서 아름다운 여인이 구슬을 가지고 논다.
재성財星이 몸을 비추니 나날이 천금을 얻는다.
재물이 산처럼 쌓이니 의기양양하다.

 밝은 밤 높은 누각에 오르니 풍류 소리가 좋다.
재물운이 왕성하니 이익이 논밭에 있다.
만일 이와 같지 않으면 자손에게 경사가 있다.

 삼월과 사월에는 먼 길을 가지 마라.
집에 있으면 길하고 멀리 길을 떠나면 해롭다.
남쪽이 불리하니 그 쪽으로는 가지 마라.

 꾀꼬리가 버들가지에 오르니 조각조각 황금이다.
동쪽 뜰의 복숭아꽃이 떨어지고 열매가 맺혔다.
재물이 풍성하니 생활이 태평하다.

 티끌을 모아 산을 이루니 집안이 흥한다.
만일 구설이 없으면 혹 관재官災가 따른다.
만일 수성水姓을 가까이 하면 반드시 일을 그르치게 된다.

 유월 운수는 별로 이익이 없다.
물에 가까이 가지 마라. 친한 사람이 도리어 해롭다.
만일 서로 다투지 않으면 반드시 송사가 있다.

 이익이 사방에 있으니 도처에서 재물을 얻는다.
단비가 내리니 모든 곡식이 풍성하다.
비록 재물은 생기나 질병이 있을까 두렵다.

 쉬지 않고 부지런히 일하면 재물이 들어온다.
동서 양쪽에 반드시 길한 일이 있다.
분수 밖의 것을 탐내지 마라. 일을 잘 찾아서 해야 한다.

 길에 나가지 마라. 재물을 많이 잃는다.
형산荊山의 백옥도 반드시 주인이 있다.
이후부터는 반드시 왕성해진다.

 뜰 앞의 매화가 홀로 봄빛을 밝힌다.
일에도 때가 있으니 서둘러 하면 이룰 것이다
재물이 서쪽에 있으니 나가면 얻을 수 있다.

 목마른 용이 물을 얻고 배고픈 자가 풍년을 만난다.
심신이 평안하니 모든 일이 형통할 것이다.
동짓달과 섣달에 반드시 아들을 얻는다.

 흉이 변해 복이 되니 가정에 기쁨이 가득하다.
만일 횡재가 아니면 논밭에 길함이 있다.
만일 자녀를 얻지 않으면 도리어 상을 당한다.

운명을 바꾸는 월운 활용

	1월	2월	3월	4월	5월	6월
좋은 방향	동쪽	북동쪽	동쪽	남서쪽	북쪽	남쪽
좋은 색상	연두색	초록색	자주색	노란색	검은색	주황색
좋은 장소	스카이라운지	서점	보쌈음식점	와인전문점	휴양림	축구장
좋은 성씨	ㄴ, ㄷ, ㅌ, ㄹ	ㅇ, ㅎ	ㅅ, ㅈ, ㅊ	ㅇ, ㅎ	ㄱ, ㅋ	ㅅ, ㅈ, ㅊ
좋은 숫자	2, 6	4, 6	4, 7	7, 12	1, 2	2, 5
좋은 날짜	2, 9, 14, 19, 22, 29일	2, 8, 13, 14, 22, 28일	2, 9, 13, 22, 23, 26일	4, 9, 15, 17, 24, 28일	8, 13, 15, 19, 21, 29일	5, 15, 17, 20, 21, 28일
안 좋은 날짜	5, 13, 20일	6, 9, 15일	7, 12, 21일	10, 16, 27일	9, 14, 26일	8, 16, 22일
재물·금전 지수	85	94	75	93	79	76
변화·변동 지수	84	92	72	97	74	75
건강·행복 지수	82	90	73	95	71	73

	7월	8월	9월	10월	11월	12월
좋은 방향	북서쪽	동쪽	남동쪽	서쪽	북동쪽	북동쪽
좋은 색상	고동색	빨간색	적갈색	베이지색	하얀색	보라색
좋은 장소	스파게티전문점	전시회	철판요리집	카페	뷔페식당	산책로
좋은 성씨	ㄴ, ㄷ, ㅌ, ㄹ	ㅁ, ㅂ, ㅍ	ㅁ, ㅂ, ㅍ	ㄱ, ㅋ	ㄴ, ㄷ, ㅌ, ㄹ	ㄱ, ㅋ
좋은 숫자	1, 5	2, 8	2, 11	2, 9	1, 10	4, 6
좋은 날짜	6, 10, 14, 20, 24, 28일	5, 10, 11, 20, 22, 27일	7, 8, 12, 21, 22, 28일	6, 9, 13, 20, 22, 29일	5, 12, 19, 20, 21, 29일	6, 14, 18, 19, 23, 28일
안 좋은 날짜	9, 13, 27일	7, 13, 19일	13, 19, 20일	7, 18, 25일	1, 16, 22일	5, 13, 26일
재물·금전 지수	84	83	83	92	98	83
변화·변동 지수	87	86	87	94	92	85
건강·행복 지수	85	85	88	93	90	86

511 有雲不雨之意
유 운 불 우 지 의

연운

梧竹相爭 身入麻田
오 죽 상 쟁 신 입 마 전
오동나무와 대나무가 서로 다투니 몸이 삼밭에 든다(몸이 힘들다).

一身困苦 何時亨通
일 신 곤 고 하 시 형 통
일신이 피곤하고 어려우니 어느 때나 형통할까.

凶化爲福 終見吉利
흉 화 위 복 종 견 길 리
흉이 복으로 변하니 마침내 길함이 있다.

若非服制 口舌可畏
약 비 복 제 구 설 가 외
만일 상복을 입지 않으면 구설이 따를까 두렵다.

勞後有功 待時而動
노 후 유 공 대 시 이 동
노력한 뒤에 보람이 있으니 때를 기다려 움직인다.

今年之數 凶化爲吉
금 년 지 수 흉 화 위 길
금년 운수는 흉한 일이 길하게 변한다.

眞假莫測 狐疑難定
진 가 막 측 호 의 난 정
참과 거짓을 알기 어려우니 의심하다 결정하지 못한다.

勿爲輕動 喜怒一場
물 위 경 동 희 노 일 장
가벼이 움직이지 마라. 기쁨과 성냄이 같이 있다.

欲知前程 問之木人
욕 지 전 정 문 지 목 인
앞으로 나갈 길을 목성인 사람에게 묻는다.

성인의 연운 활용

금전·명예	과도하게 일을 벌이면 사람으로 인해 반드시 재물에 손해가 생긴다.
사업·창업	사업은 현재의 것을 지켜라. 새로운 것을 추구하다가 현재의 사업까지 위험해질 수 있다.
주식·투자	운이 좋지 않으니 주식에 투자하면 손해를 보게 된다. 지금 투자한 것은 매각하는 것이 좋다.
시험·취직	일단 실력을 쌓는 것이 우선이다. 합격은 2배의 노력이 필요하다. 승진은 매우 어려우니 다음으로 미룬다.
당선·소원	당선은 다음 기회를 바라는 것이 현명하다. 소원은 지나친 욕심이 아니라면 이룰 수 있다.
이사·매매	집을 확장하거나 이사를 할 때에는 매사에 신중하라. 매매는 서둘러 진행하면 오히려 일을 망칠 수 있다.
건강·사고	건강이 약간 걱정되는 시기다. 무리하게 움직이면 몸과 마음에 상처를 입게 된다.
애정·결혼	상대에게 감정을 솔직하게 표현하는 것이 효과적이다. 그러나 새로운 만남은 연기되거나 잘 이루어지지 않는다. 옛 애인을 다시 만나 오랜 기간 진행해오던 결혼이 어려워질 수 있으니 주변의 유혹을 피한다.
소송·다툼	큰 소송은 아니지만 작은 소송이 벌어질 수 있으니 매사에 언행을 조심한다.

신세대의 연운 활용

연애·사랑	지키지 못할 약속은 아예 하지 마라. 서로가 어려운 시기이니 배려하라. 부부는 사랑이 두터워진다.
시험·취직	남보다 더 노력해야만 하위직이라도 합격 가능하다. 직장인은 기회를 놓쳐 승진이 어렵다.
건강·사고	보통 사람은 걱정하지 않아도 되지만 사주팔자가 나쁜 사람은 치명적인 아픔이 있다.
금전·행운	재물이 있다고 엉뚱한 일에 과도한 욕심을 부리면 재물이 도로 사라진다. 욕심은 금물이다.
소원·성취	소원은 성취하기에 적합한 시기가 아니니 기다리는 것이 현명하다.

운명을 바꾸는 연운 활용

좋은 방향	북쪽
좋은 색상	검은색
좋은 장소	수영장
좋은 성씨	ㄴ, ㄷ, ㅌ, ㄹ
좋은 숫자	2, 10

숫자로 보는 연운 활용

	좋은 달	보통 달	나쁜 달
금전·투자	5, 8월	2, 11월	1, 6월
변화·변동	4, 8월	3, 12월	1, 9월
연애·사랑	4, 5월	2, 3월	7, 9월
건강·소송	4, 5월	10, 11월	6, 7월

511

월운

1월 정월과 이월에는 부모에게 해가 미친다.
미리 안택(安宅)하면 이 운수를 거의 면한다.
집에 질병이 있으니 하는 일마다 실패한다.

2월 어린 새가 날고자 하나 날개가 약하니 어찌 날까.
움직이면 후회하니 분수를 지키는 것이 좋다.
남과 같이 일하면 이익이 생긴다.

3월 뜻이 높고 덕이 쌓이니 복록(福祿)이 찾아온다.
비록 재물은 왕성하나 혹 질병이 생긴다.
남과 다투지 마라. 구설이 따를까 두렵다.

4월 사월에는 몸과 마음이 편안해진다.
가족들이 불화하니 근심이 떠나지 않는다.
말을 조심하면 집안이 편안하다.

5월 오월과 유월에는 재앙이 사라지고 복이 온다.
만일 재물을 잃지 않으면 자손에게 근심이 생긴다.
만일 이와 같지 않으면 반드시 혼인한다.

6월 온 산에 눈이 쌓였으니 멀리 길을 떠나지 못한다.
재물을 잃을 수 있으니 화성(火姓)을 멀리한다.
남의 재물을 탐하지 마라. 도리어 재물을 잃게 된다.

7월 비록 노력은 하지만 고생만 하고 공은 없다.
달을 등지고 어둠을 향하니 밝은 달을 보지 못한다.
만일 질병이 없으면 구설이 따른다.

8월 집에 있으면 심란하고 밖으로 나가면 마음이 한가롭다.
흉함이 도리어 길하게 되니 모든 일이 순탄하다.
집안 운세가 이와 같으니 반드시 형통하게 된다.

9월 바위 위의 외로운 소나무요 푸른 바다 위의 한 조각 배다.
혈혈단신이 어느 곳에 의탁할까.
밤꿈이 어지러워 마음이 맑지 않다.

10월 하는 일마다 되는 것이 없으니 이는 또 무슨 운인가.
미리 안택(安宅)하면 매사가 뜻대로 된다.
위아래가 서로 다투니 어찌 일이 이루어지기를 바랄까.

11월 운수가 비로소 돌아오니 이익이 그 가운데 있다.
만일 횡재하지 않으면 도리어 재앙이 따른다.
재물운이 왕성하니 반드시 새물을 얻는다.

12월 일신이 안락하니 세상일이 태평하다.
초상집에 가지 마라. 불리한 일이 생긴다.
동쪽이 해로우니 그 쪽으로 가지 마라.

운명을 바꾸는 월운 활용

	1월	2월	3월	4월	5월	6월
좋은 방향	동쪽	남쪽	남서쪽	북쪽	남동쪽	북서쪽
좋은 색상	은색	군청색	분홍색	연보라색	회색	고동색
좋은 장소	민속주점	목욕탕	매운탕음식점	생선구이식당	수목원	순대음식점
좋은 성씨	ㅁ, ㅂ, ㅍ	ㅇ, ㅎ	ㄴ, ㄷ, ㅌ, ㄹ	ㄱ, ㅋ	ㅅ, ㅈ, ㅊ	ㄴ, ㄷ, ㅌ, ㄹ
좋은 숫자	5, 8	7, 10	6, 7	7, 9	3, 12	5, 7
좋은 날짜	9, 18, 19, 22, 23, 28일	8, 9, 15, 20, 23, 26일	6, 12, 14, 20, 21, 28일	9, 16, 18, 21, 22, 29일	9, 12, 18, 19, 22, 29일	7, 13, 15, 19, 25, 28일
안 좋은 날짜	12, 20, 26일	21, 22, 25일	5, 13, 18일	17, 19, 20일	7, 11, 16일	11, 12, 17일
재물·금전 지수	78	82	84	92	93	74
변화·변동 지수	79	80	85	94	92	75
건강·행복 지수	74	85	86	95	94	76

	7월	8월	9월	10월	11월	12월
좋은 방향	동쪽	서쪽	북동쪽	서쪽	남쪽	북쪽
좋은 색상	다홍색	자주색	빨간색	밤색	적갈색	파란색
좋은 장소	포장마차	아구찜음식점	해변	낙지음식점	카페	유원지
좋은 성씨	ㅁ, ㅂ, ㅍ	ㄱ, ㅋ	ㄱ, ㅋ	ㄴ, ㄷ, ㅌ, ㄹ	ㅇ, ㅎ	ㅅ, ㅈ, ㅊ
좋은 숫자	1, 7	1, 4	1, 9	2, 3	1, 10	3, 12
좋은 날짜	5, 8, 12, 21, 22, 26일	1, 8, 14, 18, 22, 28일	5, 9, 12, 16, 21, 29일	3, 10, 13, 20, 22, 26일	5, 9, 13, 16, 24, 28일	5, 8, 12, 16, 22, 29일
안 좋은 날짜	6, 17, 23일	4, 9, 21일	3, 8, 14일	2, 14, 23일	8, 18, 19일	2, 18, 27일
재물·금전 지수	72	98	74	86	84	87
변화·변동 지수	78	96	75	85	85	85
건강·행복 지수	70	92	76	82	83	84

512 不達之意
부 달 지 의

연운

池中之魚 終無活計
지 중 지 어 종 무 활 계 — 물고기가 연못에 있으니 살아갈 계책이 없다.

莫近是非 勝負未決
막 근 시 비 승 부 미 결 — 시비를 가까이하지 마라. 승부가 가려지지 않는다.

暗夜行路 不辨東西
암 야 행 로 불 변 동 서 — 어두운 밤에 길을 가니 동서를 분별하지 못한다.

一身孤單 世事浮雲
일 신 고 단 세 사 부 운 — 일신이 고단하니 세상일이 뜬구름 같다.

家神發動 是非有訟
가 신 발 동 시 비 유 송 — 가신이 발동하니 시비와 소송이 일어난다.

東奔西走 別無神奇
동 분 서 주 별 무 신 기 — 동서로 바쁘게 움직이나 신기한 일이 별로 없다.

事不如意 空然恨嘆
사 불 여 의 공 연 한 탄 — 일이 뜻과 같지 않으니 공연히 한탄만 한다.

雖曰運好 終無所得
수 왈 운 호 종 무 소 득 — 비록 운이 좋다 하나 끝내 얻는 것이 없다.

生三後三 甲人來侵
생 삼 후 삼 갑 인 래 침 — 삼일 전이나 뒤에 동갑내기가 와서 해를 입힌다.

성인의 연운 활용

금전·명예	사람을 잘못 사귀어 부당한 방법으로 이익을 얻으려고 하면 오히려 화를 당할 것이다.
사업·창업	사업을 확장하느라 겁 없이 타인의 돈을 끌어다 쓰면 심각한 어려움이 닥칠 수 있다.
주식·투자	경제 흐름을 예측하기 어려우니 크게 투자하지 않는 것이 손실을 줄이는 길이다.
시험·취직	하위직 공무원이나 작은 회사는 합격 가능하다. 어려운 시험이나 직장인의 승진은 다음 기회로 미룬다.
당선·소원	실력 있는 경쟁자가 많아 당선은 어렵다. 타인에게 사심 없이 선행을 베풀면 소원이 이루어진다.
이사·매매	이사로 손해가 많으니 되도록 자제한다. 매매는 뜻밖에 손해를 보니 매매 시일을 늦추는 것이 좋다.
건강·사고	건강은 이상이 없지만 일단 질병에 걸리면 합병증으로 발전할 수 있으니 조심한다.
애정·결혼	마음 속 사랑을 편지 등으로 표현하면 효과적이다. 짝사랑은 이루지 못한다. 새로 애인을 만나기도 어렵다. 그러나 결혼을 약속한 사람은 반드시 성사된다.
소송·다툼	소송은 당신의 잘못이 아님에도 불구하고 매우 불리하게 진행되니 미리 대비한다.

신세대의 연운 활용

연애·사랑	의욕이 넘쳐 연애에 지나치게 몰입하기 쉽지만 잠시 휴식의 시간을 가지는 것이 좋다. 부부나 연인은 사소한 갈등이 심각한 다툼으로 이어질 수 있으니 대인관계에 주의한다.
시험·취직	시험은 더 많이 노력해야 합격 가능하다. 직장인은 새로운 자리로 옮기기는 하지만 승진은 어렵다.
건강·사고	부모의 상을 당할 수 있으니 각별히 주의하라. 과로나 사고가 생길 수 있으니 몸가짐을 조심한다.
금전·행운	처음은 길하여 큰 재물이 들어오지만 나중에는 재물을 지키는 데 약간의 어려움이 생긴다.
소원·성취	노력한 사람은 기대해도 좋지만, 노력하지 않은 사람은 기대하지 말아야 실망도 없다.

운명을 바꾸는 연운 활용

좋은 방향	북서쪽
좋은 색상	갈색
좋은 장소	쇼핑몰
좋은 성씨	ㅇ, ㅎ
좋은 숫자	6, 7

숫자로 보는 연운 활용

	좋은 달	보통 달	나쁜 달
금전·투자	8, 10월	7, 9월	1, 2월
변화·변동	4, 8월	9, 12월	3, 11월
연애·사랑	4, 10월	7, 9월	3, 6월
건강·소송	8, 10월	5, 12월	2, 3월

512

월운

1월
운수가 불리하니 해를 끼치는 자가 많다.
시비를 가까이하지 마라. 송사를 하면 불리하다.
만일 이와 같지 않으면 구설을 면하기 어렵다.

2월
바다에서 금을 구하니 어찌 얻을 수 있을까.
일에 거스름이 많으니 움직이면 해롭다.
몸에 질병이 있으니 마음이 괴롭다.

3월
만일 소복을 입지 않으면 슬하에 근심이 생긴다.
금성金姓이 불리하니 사귀거나 놀지 마라.
모든 일에 주의한다. 횡액이 따를까 두렵다.

4월
북쪽에 가서 놀면 귀인이 도와준다.
서쪽이 불길하니 그 쪽으로 가면 해를 당한다.
동북 양쪽에서 귀인이 도와준다.

5월
길 가는 나그네가 길을 잃어 나아가지도 돌아가지도 못한다.
일을 꾀하나 재물을 얻지 못한다.
터전이 생길 운수니 이사하면 길하다.

6월
만일 아내에게 우환이 생기지 않으면 부부간에 다툰다.
일에 순서가 없으니 하는 일마다 이루지 못한다.
비록 수고하나 이익을 얻지 못한다.

7월
뜻하는 바는 크나 이루지 못하니 분수를 지키는 것이 상책이다.
만일 귀인을 만나면 늦게나마 빛을 본다.
얻으면 잃어버리니 이 운수를 어찌할까.

8월
동풍이 불고 가랑비가 내리니 버드나무가 푸르다.
좋은 운수를 만나니 모든 일이 순탄하다.
달 밝은 밤 창문에서 꽃에 취한다.

9월
일의 승패가 순식간에 결정되니 서둘러 일하면 길하다.
만일 질병이 아니면 슬하에 근심이 생긴다.
집에 있으면 길하고 다른 곳으로 가면 불리하다.

10월
강기슭의 푸른 복숭아가 비로소 열매를 맺는다.
작은 것으로 큰 것을 얻으니 모든 일을 반드시 성사시킨다.
몸과 재물이 왕성하니 생활이 풍족하다.

11월
처음은 잃고 나중에 얻으니 처음에는 힘들고 뒤에는 좋다.
해로움은 어디에 있는가. 남북에 해가 있다.
남북에서 온 사람이 우연히 해를 끼친다.

12월
때를 기다려 활동하면 작은 재물은 얻을 수 있다.
청산에 흐르는 물이 쉬지 않고 바다로 흘러간다.
집을 지키고 있으면 길하나 움직이면 불리하다.

운명을 바꾸는 **월운** 활용

	1월	2월	3월	4월	5월	6월
좋은 방향	동쪽	남서쪽	북쪽	북쪽	남쪽	남동쪽
좋은 색상	청록색	귤색	노란색	연두색	노란색	검은색
좋은 장소	레스토랑	보리밥식당	매점	제과점	정류장	순대국식당
좋은 성씨	ㄴ, ㄷ, ㅌ, ㄹ	ㅁ, ㅂ, ㅍ	ㄱ, ㅋ	ㄴ, ㄷ, ㅌ, ㄹ	ㄱ, ㅋ	ㅅ, ㅈ, ㅊ
좋은 숫자	3, 6	1, 12	1, 7	3, 8	5, 6	3, 11
좋은 날짜	8, 14, 17, 20, 22, 27일	5, 9, 15, 21, 22, 27일	6, 13, 15, 21, 23, 28일	5, 8, 13, 18, 22, 29일	4, 8, 11, 21, 25, 28일	5, 7, 12, 19, 22, 28일
안 좋은 날짜	13, 15, 24일	1, 4, 14일	4, 5, 20일	6, 14, 23일	5, 10, 13일	6, 11, 20일
재물·금전 지수	79	75	71	93	85	78
변화·변동 지수	72	74	73	95	85	77
건강·행복 지수	75	73	72	95	80	74

	7월	8월	9월	10월	11월	12월
좋은 방향	북동쪽	동쪽	북서쪽	남서쪽	서쪽	남쪽
좋은 색상	하늘색	고동색	연보라색	초록색	옥색	하얀색
좋은 장소	수영장	항구	기차역	노래방	산장	나이트클럽
좋은 성씨	ㅇ, ㅎ	ㅅ, ㅈ, ㅊ	ㅇ, ㅎ	ㄱ, ㅋ	ㅁ, ㅂ, ㅍ	ㄴ, ㄷ, ㅌ, ㄹ
좋은 숫자	5, 6	2, 7	3, 9	6, 7	1, 12	4, 12
좋은 날짜	8, 12, 14, 19, 25, 29일	9, 17, 18, 20, 23, 28일	5, 8, 14, 17, 23, 28일	2, 9, 13, 18, 20, 29일	5, 7, 13, 15, 24, 28일	3, 9, 13, 22, 23, 26일
안 좋은 날짜	7, 13, 18일	8, 19, 25일	6, 15, 26일	5, 12, 19일	6, 14, 25일	4, 15, 24일
재물·금전 지수	89	92	83	92	74	84
변화·변동 지수	80	98	85	93	76	83
건강·행복 지수	85	91	85	94	78	85

513 有信亨通之意
유신형통지의

연운

沼魚出海 意氣洋洋
소어출해 의기양양 　연못의 물고기가 넓은 바다로 나가니 앞날이 발전한다.

擇地移居 壽福陳陳
택지이거 수복진진 　땅을 가려 이사하면 수복을 누린다.

旱時草木 逢雨之格
한시초목 봉우지격 　가뭄에 시달리던 초목이 비를 만나 살아난다.

秋鼠得庫 食祿陳陳
추서득고 식록진진 　가을 쥐가 창고를 얻은 격이니 식록이 풍부하다.

逢時積德 餘慶彬彬
봉시적덕 여경빈빈 　좋은 기회가 오면 덕을 쌓는다. 남은 경사가 계속된다.

家道興旺 一家和平
일도흥왕 일가화평 　집안이 흥왕하니 가족이 모두 태평하다.

財源汪汪 手弄千金
재원왕왕 수롱천금 　재물이 여기저기서 모이니 손으로 천금을 만진다.

官高祿多 壽福無窮
관고록다 수복무궁 　직위가 높고 녹봉이 많으니 수복이 무궁하다.

天下太平 名振四海
천하태평 명진사해 　천하가 태평하니 이름을 널리 떨친다.

성인의 연운 활용

금전 · 명예	재물이 가득 쌓여가는 운세다. 금전적으로도 여유로우니 걱정이 없다.
사업 · 창업	주변 사람들과 상의하고 일을 함께 도모하면 사업에 큰 이익이 있다.
주식 · 투자	주식투자는 갑자기 주식이 폭락하지 않는 한 생각한 만큼 큰 이익을 볼 것이다.
시험 · 취직	고시에 합격하고 원하는 학교에 수석합격한다. 직장인은 능력을 인정받아 승진한다.
당선 · 소원	당선의 기회가 왔으니 노력하여 기회를 잡아라. 타인에게 덕을 쌓으면 작은 소원은 이루어진다.
이사 · 매매	이사의 시기가 다가왔으니 어느 곳으로 움직여도 순조롭다. 매매는 매우 큰 이익을 얻고 쉽게 성사된다.
건강 · 사고	건강은 매우 좋으며 오랜 질병에 시달리던 사람도 빠르게 회복된다.
애정 · 결혼	분위기에 약해 상대에게 감성적으로 대하기 쉽고 속마음이 쉽게 드러난다. 여행중에 인연을 만나거나 오랜 연인과 화촉을 밝히는 경사가 있으며, 부부는 식구가 늘어나는 기쁨이 있다.
소송 · 다툼	소송은 발생하지 않고 과거에 있었던 소송도 반드시 해결된다.

신세대의 연운 활용

연애 · 사랑	매우 안정된 연애운이지만 미혼 남녀는 새로운 만남이 불가능하거나 이별의 조짐이 있다. 첫 만남이라면 장기적인 좋은 만남이 될 것이다. 부부관계는 조심해야 한다.
시험 · 취직	노력한 대가가 따르는 보통운이니 최선을 다하라. 직장인은 기대만큼은 아니지만 승진의 희망이 있다.
건강 · 사고	건강에는 전혀 이상이 없으니 마음놓고 움직여도 된다.
금전 · 행운	재물이 저절로 들어오니 모든 어려움이 해결된다.
소원 · 성취	무리한 소원만 아니라면 원하는 소원은 이루어진다.

운명을 바꾸는 연운 활용

좋은 방향	남동쪽
좋은 색상	녹색
좋은 장소	대학 캠퍼스
좋은 성씨	ㅅ, ㅈ, ㅊ
좋은 숫자	3, 12

숫자로 보는 연운 활용

	좋은 달	보통 달	나쁜 달
금전 · 투자	1, 3, 4월	5, 10월	7월
변화 · 변동	3, 6, 12월	2, 5월	8월
연애 · 사랑	1, 11월	5, 10월	8월
건강 · 소송	6, 9, 12월	2, 5월	8월

513

월운

 화가 변하여 복이 되니 얼굴에 기쁜 빛이 가득하다.
재물을 산처럼 쌓으니 부유하기가 석숭石崇과 같다.
터를 옮기고 직업을 바꾸면 횡재할 운수다.

 삼산三山으로 가 신선을 만나게 된다.
우연히 재물을 얻으니 생계가 저절로 풍족해진다.
만일 부모의 근심이 아니면 자녀에게 액이 있다.

 도처에 재물이 있으니 멀리 나가면 재물을 얻는다.
가을쥐가 곳간을 얻으니 식록食祿이 풍부하다.
이름과 이익을 마음대로 얻으니 사람마다 우러러본다.

 꾀하는 일은 반드시 성공한다.
마음을 바로하고 덕을 닦으니 복록福祿이 저절로 들어온다.
밝은 달 맑은 바람에 귀인이 와서 도와준다.

 오월과 유월에는 조용하게 지내야 대길하다.
일신이 편안하니 온 집안이 화목하다.
조용히 지내면 길하고 함부로 움직이면 해롭다.

 재물이 산처럼 쌓이니 골짜기에 금이 가득하다.
이익은 어느 성에 있는가. 화성火姓과 금성金姓 두 성이다.
낙양성동洛陽城東의 물이 동해로 흐른다.

 칠월과 팔월에는 혹 구설이 들려온다.
경영하는 일의 내용을 말하지 마라.
만일 친구를 가까이하면 재물을 잃고 마음이 어지럽다.

 우물 안 개구리가 밖으로 나오려고 하지만 나오지 못한다.
다른 일을 꾀하지 마라. 반드시 손해가 있다.
동남쪽과 북동쪽 양쪽에 횡재가 많다.

 구월과 시월에는 태성胎姓이 문을 비춘다.
봄바람이 부는 곳에 온갖 꽃이 활짝 피어난다.
동쪽에서 온 나그네가 반드시 도와준다.

 가신家神이 발동하니 이사할 운수다.
길신吉神이 도와주니 하는 일마다 모두 이룬다.
만일 관록官祿이 아니면 자손에게 경사가 있다.

 꾀꼬리가 버들가지에 앉으니 조각조각 황금이다.
재성財星이 몸을 비추니 논밭에서 이익을 얻는다.
만일 벼슬이 아니면 횡재를 만날 운수다.

 불전에 기도하면 뜻밖에 성공한다.
이 뒤부터는 하는 일마다 형통할 것이다.
입신양명하여 이름을 사방에 떨친다.

운명을 바꾸는 **월운** 활용

	1월	2월	3월	4월	5월	6월
좋은 방향	북쪽	남동쪽	서쪽	북서쪽	북쪽	남쪽
좋은 색상	주황색	자주색	분홍색	적갈색	남청색	회색
좋은 장소	독서실	전통찻집	바닷가	찜질방	영화감상실	쌈밥식당
좋은 성씨	ㄴ, ㄷ, ㅌ, ㄹ	ㅁ, ㅂ, ㅍ	ㄱ, ㅋ	ㄴ, ㄷ, ㅌ, ㄹ	ㅅ, ㅈ, ㅊ	ㅁ, ㅂ, ㅍ
좋은 숫자	1, 4	4, 10	7, 8	9, 12	1, 12	5, 8
좋은 날짜	2, 8, 15, 16, 21, 26일	9, 13, 15, 18, 23, 28일	6, 7, 12, 24, 25, 27일	5, 10, 15, 16, 23, 29일	3, 9, 14, 16, 22, 28일	5, 8, 12, 15, 23, 28일
안 좋은 날짜	6, 14, 17일	10, 12, 16일	5, 11, 23일	7, 11, 18일	7, 15, 23일	13, 19, 20일
재물·금전 지수	92	82	98	93	84	92
변화·변동 지수	92	80	92	94	82	94
건강·행복 지수	90	81	95	96	87	95

	7월	8월	9월	10월	11월	12월
좋은 방향	북동쪽	남서쪽	동쪽	북쪽	남동쪽	북동쪽
좋은 색상	연보라색	황토색	베이지색	보라색	다홍색	고동색
좋은 장소	조개구이식당	강	동물원	편의점	횟집	산
좋은 성씨	ㅅ, ㅈ, ㅊ	ㅇ, ㅎ	ㄱ, ㅋ	ㄴ, ㄷ, ㅌ, ㄹ	ㄱ, ㅋ	ㅇ, ㅎ
좋은 숫자	6, 9	8, 12	2, 6	5, 7	2, 4	1, 3
좋은 날짜	9, 17, 19, 20, 24, 26일	5, 8, 15, 19, 22, 27일	3, 9, 17, 23, 26, 28일	6, 9, 12, 13, 23, 26일	7, 9, 17, 21, 22, 29일	9, 16, 17, 20, 22, 26일
안 좋은 날짜	8, 10, 16일	4, 16, 21일	1, 18, 27일	5, 24, 29일	4, 23, 24일	10, 18, 21일
재물·금전 지수	78	75	96	83	91	94
변화·변동 지수	75	76	95	85	93	94
건강·행복 지수	74	75	92	86	90	95

521 有不平和之意
유 불 평 화 지 의

연운

敗軍之將 無面渡江
패 군 지 장 무 면 도 강 싸움에 패한 장수가 강을 건널 면목이 없다.

家有不安 家人不和
가 유 불 안 가 인 불 화 집안이 불안하니 가족들이 화합하지 못한다.

橫厄有數 凡事愼之
횡 액 유 수 범 사 신 지 횡액이 있을 운수이니 매사에 조심한다.

官居則吉 農則有損
관 거 즉 길 농 즉 유 손 벼슬에 있는 이는 좋으나 농사꾼은 손해가 있다.

若非添口 文筆生財
약 비 첨 구 문 필 생 재 가족이 늘지 않으면 글과 붓으로 돈을 번다.

今年之數 盜賊愼之
금 년 지 수 도 적 신 지 금년 운수는 도둑을 조심한다.

洛陽嫁女 善逐人走
낙 양 가 녀 선 축 인 주 낙양으로 시집 간 여자가 사람을 따라 달아난다.

寒木生花 木末俱弱
한 목 생 화 목 말 구 약 겨울나무에 꽃이 피니 처음부터 끝까지 약하다.

龍失其珠 不能變化
용 실 기 주 불 능 변 화 용이 여의주를 잃으니 조화를 부리지 못한다.

성인의 연운 활용

금전·명예	금전운이 좋지 않으니 일확천금을 꿈꾸지 마라. 작은 이익이라도 꾸준히 모아 나가는 것이 최선이다.
사업·창업	사업을 확장하는 것보다 현상유지를 하는 것이 더욱 중요하다.
주식·투자	주식이 폭락하여 많은 금전 손실이 따르고, 하는 일마다 어려움이 생긴다.
시험·취직	남보다 더 노력해야 합격할 수 있다. 직장인은 실수 때문에 승진에 어려움이 있으니 매사에 주의한다.
당선·소원	당선은 때를 기다리면서 실력을 더 쌓아라. 소원은 이루기 어려우니 현재 상태를 지키기 위해 노력한다.
이사·매매	집을 옮기는 과정에서 문서를 소홀하게 다루어 손실이 생긴다. 매매는 문서에 하자가 있는지를 잘 살핀다.
건강·사고	무위도식하는 사람은 반드시 건강에 이상이 생긴다. 몸을 움직이도록 노력해야 한다.
애정·결혼	연인이 필요할 때 외롭게 혼자 있을 가능성이 많다. 함께할 시간을 많이 가져라. 새로운 사람에게 한눈팔다가는 실연을 당할 수 있다. 현재의 연인이 배필이 될 가능성이 크니 함부로 변화를 꿈꾸지 마라.
소송·다툼	그 동안 진행되던 소송을 해결하고 나니 또 다른 소송이 발생한다.

신세대의 연운 활용

연애·사랑	심신이 지쳐 마음과 행동이 따로이기 쉽다. 연애에 열중하기보다는 서로의 의미를 생각하는 기회로 여겨라. 부부애는 돈독해진다.
시험·취직	노력과 실력이 있다면 작은 시험은 합격 가능하다. 직장인은 보직 변동은 가능하나 승진은 어렵다.
건강·사고	건강은 평범한 상태이나 무리하면 나빠질 수 있으니 조심한다.
금전·행운	시간이 갈수록 점점 재물이 줄어드니 타인과 다투거나 남의 시비에 끼어들지 않는다.
소원·성취	금년의 소원은 이루기 쉽지 않으니 시간과 노력이 많이 필요하다.

운명을 바꾸는 연운 활용

좋은 방향	서쪽
좋은 색상	분홍색
좋은 장소	산
좋은 성씨	ㅅ, ㅈ, ㅊ
좋은 숫자	4, 11

숫자로 보는 연운 활용

	좋은 달	보통 달	나쁜 달
금전·투자	8, 9월	5, 7월	3, 10월
변화·변동	8, 9월	4, 7월	1, 11월
연애·사랑	6, 9월	4, 5월	1, 2월
건강·소송	6, 8월	5, 12월	2, 10월

521 월운

일이 뜻대로 되지 않으니 공연히 마음만 허비한다.
일에 처음과 끝이 없으니 마음이 어지럽다.
한없이 넓은 바다에서 조각배가 풍파를 만난다.

친한 사람이 도리어 원수가 되니 친구를 조심한다.
근심과 괴로움이 아직 다하지 않았는데 또 무슨 구설인가.
운수가 불리하니 횡액을 조심한다.

비구름이 가득하니 해와 달을 보지 못한다.
동서로 분주하나 소득은 별로 없다.
만일 상을 당하지 않으면 질병에 걸릴까 두렵다.

가을이 되어 풀이 서리를 맞으니 근심이 떠나지 않는다.
문상을 가지 마라. 조문객이 문에 이른다.
아내에게 근심이 있으니 미리 조왕竈王에게 기도한다.

일이 제대로 되지 않으니 후회한들 무슨 소용인가.
동쪽이 불리하니 재물을 잃지 않게 조심한다.
친구를 믿지 마라. 길함이 변하여 흉하게 된다.

꽃이 다 떨어진 곳에 초목이 무성하다.
재물과 이익이 다 길하니 사람이 모두 우러러본다.
달이 기울면 다시 차니 마침내 형통하게 된다.

칠월과 팔월에는 질병이 두렵다.
비록 노력하지 않아도 작은 이익은 얻는다.
일이 허황하니 다른 것을 꾀하지 마라.

좋은 것을 좇고 나쁜 것을 멀리하니 길한 일이 있다.
비록 분한 마음이 들더라도 참는 것이 상책이다.
바라는 일이 없으니 꾀하는 일을 이루지 못한다.

꾀하는 일은 반드시 이루지만 성공해도 덕이 없다.
동분서주東奔西走하며 바쁘게 움직인다.
재물을 잃어버릴 수 있고 가족과 서로 헤어진다.

해로운 자가 도리어 이익을 가져오니 헛된 가운데 실상이 있다.
넓고 넓은 천지에 이 한 몸 어느 곳에 의탁할까.
주변에 사람이 없어지니 신세를 한탄한다.

역마살이 끼었으니 한번은 멀리 떠나게 된다.
일을 쉽게 이루지 못하고 오래 끌며 재물을 잃게 된다.
하는 일이 도무지 마음에 맞지 않는다.

성공과 실패가 많으니 이 운수를 어찌할까.
재물을 잃을 수 있으니 남을 믿지 마라.
분수 밖의 것을 탐내지 마라. 공연히 마음만 상한다.

운명을 바꾸는 월운 활용

	1월	2월	3월	4월	5월	6월
좋은 방향	동쪽	남서쪽	남쪽	북서쪽	남서쪽	북동쪽
좋은 색상	군청색	검은색	연두색	감색	카키색	파란색
좋은 장소	정류장	묵요리집	양고기전문점	놀이터	퓨전음식점	생맥주집
좋은 성씨	ㅅ, ㅈ, ㅊ	ㅅ, ㅈ, ㅊ	ㄱ, ㅋ	ㄴ, ㄷ, ㅌ, ㄹ	ㄱ, ㅋ	ㅇ, ㅎ
좋은 숫자	1, 10	4, 8	8, 9	1, 8	2, 8	6, 7
좋은 날짜	3, 7, 13, 19, 23, 29일	4, 15, 18, 21, 25, 27일	6, 9, 12, 14, 24, 27일	6, 14, 18, 19, 23, 29일	4, 7, 12, 22, 25, 28일	5, 8, 15, 18, 24, 28일
안 좋은 날짜	2, 11, 14일	19, 20, 24일	13, 15, 23일	7, 11, 13일	13, 14, 26일	3, 7, 11일
재물·금전 지수	75	73	74	82	83	92
변화·변동 지수	75	76	78	80	82	96
건강·행복 지수	74	72	76	82	84	95

	7월	8월	9월	10월	11월	12월
좋은 방향	북쪽	남동쪽	남서쪽	서쪽	동쪽	북동쪽
좋은 색상	파란색	노란색	밤색	자주색	적갈색	회색
좋은 장소	기차역	만두전문점	버스	섬	극장	칵테일바
좋은 성씨	ㅁ, ㅂ, ㅍ	ㅅ, ㅈ, ㅊ	ㅇ, ㅎ	ㅁ, ㅂ, ㅍ	ㄱ, ㅋ	ㅇ, ㅎ
좋은 숫자	4, 11	1, 5	5, 11	3, 10	1, 3	7, 11
좋은 날짜	1, 9, 11, 20, 21, 27일	2, 6, 15, 23, 24, 26일	1, 7, 12, 16, 25, 28일	1, 9, 14, 20, 22, 28일	3, 8, 14, 17, 22, 27일	3, 5, 9, 12, 15, 22일
안 좋은 날짜	8, 13, 19일	8, 13, 27일	15, 18, 24일	16, 18, 24일	9, 10, 21일	20, 23, 24일
재물·금전 지수	82	92	94	76	74	81
변화·변동 지수	84	90	96	77	78	80
건강·행복 지수	85	98	90	75	77	85

有發達之意
유 발 달 지 의

연운

二月桃李 逢時爛漫
이 월 도 리 봉 시 난 만 이월의 복숭아꽃 자두꽃이 때를 만나 활짝 피었다.

今年之數 食祿陳陳
금 년 지 수 식 록 진 진 금년 운수는 먹을 복이 끊이지 않는다.

雲山月出 晚時生光
운 산 월 출 만 시 생 광 구름이 걷히고 달이 나오는 격이니 늦게야 빛을 본다.

缺月復圓 必有喜事
결 월 복 원 필 유 희 사 초승달이 지고 보름달이 뜨니 반드시 기쁜 일이 있다.

災消福來 身上無憂
재 소 복 래 신 상 무 우 재앙이 사라지고 복이 오니 일신에 근심이 없다.

年運最吉 安樂之數
연 운 최 길 안 락 지 수 일년 운수가 가장 길하니 평안하고 즐거운 운수다.

天地四方 百發百中
천 지 사 방 백 발 백 중 온 천지에서 하는 일마다 모두 이루어진다.

東園春暮 蜂蝶彷徨
동 원 춘 모 봉 접 방 황 봄동산에 꽃이 지니 벌과 나비가 방황한다.

求之東方 財祿可期
구 지 동 방 재 록 가 기 동쪽에서 구하면 재물과 녹을 얻는다.

성인의 연운 활용

금전 · 명예	맡은 일에 최선을 다하면 조금이나마 들어오는 재물을 지킬 수 있다.
사업 · 창업	처음에는 무슨 일이나 막힘이 많지만 차츰 재물운이 들어오면서 사업이 순조롭게 풀려 나간다.
주식 · 투자	주식은 과감하게 투자하는 것이 이익을 얻는 길이다.
시험 · 취직	시험운이 좋으니 노력하라. 직장인은 뜻밖에 승진이나 전직하는 경사가 있다.
당선 · 소원	당선은 크게 기대하지 않는 것이 좋다. 허황된 소원이 아니라면 어떠한 소원이라도 이루어진다.
이사 · 매매	이사는 어느 곳으로 이동해도 좋고 마음놓고 확장해도 된다. 모든 매매가 순조롭게 성사되고 이익이 있다.
건강 · 사고	건강은 보통이지만 언제 질병이 발생할지 모르니 스스로 건강을 돌보아야 한다.
애정 · 결혼	좋은 인연을 만난다. 연인이 있는 사람도 애정운이 순탄하지만 한눈팔다가는 구설수에 시달리게 된다. 부부 금실도 좋아진다.
소송 · 다툼	소송은 큰 탈 없을 것이니 안심하고 활동해도 좋다.

신세대의 연운 활용

연애 · 사랑	육감적인 이성을 만나거나 사랑이 더욱 두터워진다. 결혼운이 있으니 새 출발이 기대된다.
시험 · 취직	시험운이 매우 좋으니 한 단계 높여 응시해도 합격 가능하다. 원하는 직장을 얻고 승진하는 기쁨이 있다.
건강 · 사고	오랜 지병을 앓던 환자는 훌륭한 의사를 만나 병이 낫고, 보통 사람은 걱정할 것이 없다.
금전 · 행운	뜻밖의 재물이 들어오고 모든 일들이 성사된다. 경제적으로 여유로우니 생활에 어려움이 없다.
소원 · 성취	평소에 인정을 베푼 사람은 원하는 소원이 이루어진다.

운명을 바꾸는 연운 활용

좋은 방향	동쪽
좋은 색상	다홍색
좋은 장소	미술관
좋은 성씨	ㄴ, ㄷ, ㅌ, ㄹ
좋은 숫자	6, 8

숫자로 보는 연운 활용

	좋은 달	보통 달	나쁜 달
금전 · 투자	8, 9월	4, 12월	5, 7월
변화 · 변동	3, 9월	2, 4월	7, 10월
연애 · 사랑	1, 11월	2, 4월	5, 7월
건강 · 소송	3, 6, 8월	2, 12월	7, 10월

522

월운

1月 정월과 이월에 소원을 성취한다.
하는 일마다 형통하니 의기양양하다.
남쪽에 길함이 있으니 멀리 길을 떠나 이익을 얻는다.

2月 동쪽과 남쪽에서 귀인이 와서 도와준다.
만일 횡재가 아니면 관록官祿이 따른다.
재물이 들어오니 반드시 성공한다.

3月 고국에 봄이 돌아오니 만물이 되살아난다.
구름이 걷히고 달이 나오니 경치가 아름답다.
몸과 재물이 왕성하니 집안이 편안하다.

4月 집에 경사가 있으니 많은 재물을 얻는다.
만일 관록官祿이 아니면 횡재할 운수다.
식구가 늘어나며 많은 녹祿을 얻고 이름을 얻는다.

5月 오월과 유월에는 재물을 잃지 않게 조심한다.
서쪽에서 오는 사람에게 반드시 재물을 잃게 된다.
미리 예방하면 이 운수를 면할 수 있다.

6月 뜻밖에 이름을 얻으니 이름을 사방에 떨친다.
가문 하늘에 비가 내리니 만물이 다시 살아난다.
만일 과거급제가 아니면 아들을 얻을 운수다.

7月 봄풀이 비를 만나니 그 빛이 더욱 푸르다.
관록官祿이 따르니 재물복이 가득하다.
재물을 잃을 수 있으니 토성土姓을 멀리한다.

8月 다른 사람과 함께 일을 꾀하면 반드시 재물을 얻는다.
재앙이 가고 복이 오니 천신天神이 도와준다.
길성吉星이 문을 비추니 모든 일이 대길하다.

9月 달 밝은 높은 누각에서 기쁜 노래가 크게 들린다.
구월과 시월에 재물이 저절로 불어난다.
꾀하는 일을 반드시 이룬다.

10月 이지러진 달이 다시 둥글게 차오르니 반드시 기쁜 일이 있다.
천지가 서로 응하니 소원을 뜻대로 이룬다.
비록 재물을 얻어도 구설이 따를까 두렵다.

11月 따뜻한 봄이 오니 초목이 푸르다.
만일 횡재를 하지 않으면 아들을 얻는다.
비록 재물은 들어오지만 꾀하는 일은 이루지 못한다.

12月 쥐가 쌀 곳간에 들어가니 먹을 복이 풍족하다.
동쪽과 서쪽 양쪽에서 반드시 재물이 불어난다.
수성水姓이 불리하니 더불어 주거나 받지 마라.

운명을 바꾸는 월운 활용

	1월	2월	3월	4월	5월	6월
좋은 방향	남쪽	남동쪽	북쪽	남쪽	서쪽	북동쪽
좋은 색상	주황색	초록색	하늘색	은색	청록색	연보라색
좋은 장소	닭발음식점	생맥주집	해장국식당	패스트푸드점	계곡	공원
좋은 성씨	ㅇ, ㅎ	ㄱ, ㅋ	ㅅ, ㅈ, ㅊ	ㅁ, ㅂ, ㅍ	ㄴ, ㄷ, ㅌ, ㄹ	ㅇ, ㅎ
좋은 숫자	7, 10	1, 8	8, 12	9, 10	3, 4	3, 6
좋은 날짜	3, 7, 15, 22, 24, 27일	3, 6, 13, 18, 22, 27일	1, 5, 11, 17, 21, 23일	5, 7, 13, 15, 25, 29일	6, 8, 13, 16, 23, 25일	6, 8, 13, 16, 22, 28일
안 좋은 날짜	14, 20, 26일	7, 20, 26일	13, 18, 20일	8, 14, 18일	4, 5, 18일	9, 15, 23일
재물·금전 지수	93	82	92	84	78	97
변화·변동 지수	91	80	95	86	74	98
건강·행복 지수	95	88	93	86	75	95

	7월	8월	9월	10월	11월	12월
좋은 방향	남서쪽	남동쪽	동쪽	북서쪽	북쪽	동쪽
좋은 색상	고동색	황갈색	분홍색	베이지색	상아색	하얀색
좋은 장소	일식당	동굴	갈비탕식당	돈까스전문점	야외음식점	분식점
좋은 성씨	ㄱ, ㅋ	ㅁ, ㅂ, ㅍ	ㄴ, ㄷ, ㅌ, ㄹ	ㅅ, ㅈ, ㅊ	ㄴ, ㄷ, ㅌ, ㄹ	ㄱ, ㅋ
좋은 숫자	2, 7	4, 5	6, 9	6, 10	4, 9	3, 10일
좋은 날짜	2, 6, 12, 17, 23, 28일	7, 9, 11, 15, 24, 29일	3, 6, 12, 17, 23, 27일	3, 5, 15, 17, 21, 29일	2, 6, 15, 19, 21, 25일	7, 11, 16, 19, 23, 24일
안 좋은 날짜	4, 7, 13일	10, 19, 22일	1, 7, 16일	4, 10, 18일	16, 17, 18일	4, 17, 22
재물·금전 지수	78	99	91	75	94	87
변화·변동 지수	76	90	92	77	96	85
건강·행복 지수	75	96	93	76	95	82

523 欲行不達之意
욕 행 부 달 지 의

연운

兩虎相鬪 望者失色
양 호 상 투 망 자 실 색
두 호랑이가 서로 싸우니 보는 사람이 두려워 놀란다.

日暮靑山 歸客忙忙
일 모 청 산 귀 객 망 망
청산에 날이 저무니 돌아가는 나그네의 발걸음이 바쁘다.

一時榮華 終見困苦
일 시 영 화 종 견 곤 고
한때는 영화를 누리지만 결국에는 어려워진다.

臨江無船 何而渡江
임 강 무 선 하 이 도 강
강가에 이르렀으나 배가 없으니 어떻게 강을 건널까.

若非妻病 口舌可畏
약 비 처 병 구 설 가 외
만일 아내의 질병이 아니면 구설이 따를까 두렵다.

今年之數 失物愼之
금 년 지 수 실 물 신 지
금년 운수는 물건을 잃을 운수니 조심한다.

如狂如醉 似人非人
여 광 여 취 사 인 비 인
미친 것도 같고 취한 것도 같으니 사람 같지 않다.

金木兩姓 不請自來
금 목 양 성 불 청 자 래
금성과 목성인 사람이 청하지 않아도 스스로 온다.

事無頭緖 安分待時
사 무 두 서 안 분 대 시
일을 두서없이 하니 편안히 분수를 지키고 때를 기다린다.

성인의 연운 활용

금전 · 명예	큰 재물도 없고 작은 재물도 없는 운세이니 현상유지에 힘쓴다.
사업 · 창업	현재 가진 것이 있다고 흥청망청 쓰지 말고 계획적으로 생활해야 한다.
주식 · 투자	주식투자는 본전을 잃지 않는 현상유지 수준이 될 것이다.
시험 · 취직	일반직과 전문대는 가능하나 그 이상은 어렵다. 직장인은 바른 말을 하다 상사에게 질책을 당한다.
당선 · 소원	당선은 아무리 노력해도 어려우니 다음 기회를 기다려라. 평소 선행을 베푼 사람만이 작은 소원을 이룬다.
이사 · 매매	지금은 시기가 좋지 않으니 자제하는 것이 현명하다. 매매는 신중하게 계약하면 큰 문제는 없다.
건강 · 사고	크게 나쁜 곳은 없지만 작은 사고가 예상되니 주의한다.
애정 · 결혼	불안한 마음 때문에 사랑을 잃을 가능성이 크다. 아직은 시기가 아니므로 결정적인 행동은 자제하고 때를 기다려라. 선남선녀는 짝을 만나고, 나이가 찬 청춘남녀는 일찍 결혼한다.
소송 · 다툼	부주의한 행동으로 관재수나 구설수가 발생할 수 있다. 관재수는 확대될 가능성이 많으니 주의한다.

신세대의 연운 활용

연애 · 사랑	짝이 없는 사람은 의외의 만남이 좋은 인연으로 이어지지만 연인끼리는 충돌수가 있으니 말실수를 조심한다. 결혼은 상대가 망설이니 조급하게 생각하지 말고 여유를 가져라.
시험 · 취직	운이 전혀 도와주지 않으니 노력한 보람이 없다. 직장인은 상사에게 질책을 당하니 현명하게 대처한다.
건강 · 사고	사주팔자가 나쁜 사람은 건강에 심각한 문제가 발생하지만 보통 사람은 문제 없다.
금전 · 행운	이익도 손해도 많지 않지만 낭비는 곧 경제적 어려움으로 이어진다. 자신을 낮추고 근신한다.
소원 · 성취	소원은 지금 시기에 이루기 힘드니 다음을 기약하는 것이 낫다.

운명을 바꾸는 연운 활용

좋은 방향	북동쪽
좋은 색상	빨간색
좋은 장소	주택가
좋은 성씨	ㄱ, ㅋ
좋은 숫자	1, 4

숫자로 보는 연운 활용

	좋은 달	보통 달	나쁜 달
금전 · 투자	6, 8월	4, 12월	7, 9월
변화 · 변동	6, 8월	12월	1, 2, 3월
연애 · 사랑	6, 10월	4월	3, 5월
건강 · 소송	8, 10월	4, 12월	7, 11월

523 월운

❶ 月
비구름이 몰려와도 비는 내리지 않는다.
험한 길을 쉽게 가지만 헛되기만 하고 실상이 없다.
만일 여색을 가까이하면 재물을 잃는다.

❷ 月
석양에 돌아가는 나그네 발걸음이 매우 바쁘다.
잘못 움직이면 해로우니 때를 기다려 움직인다.
재물운을 말하자면 얻어도 반은 잃는다.

❸ 月
시비를 가까이하지 마라. 구설이 두렵다.
매사가 불리하니 마음이 어지럽다.
만일 이와 같지 않으면 반드시 손해를 본다.

❹ 月
음양이 고르지 못하니 꾀하는 일을 이루지 못한다.
운수에 액이 있으니 미리 막아야 한다.
남과 다투지 마라. 다시 구설이 뒤따를까 두렵다.

❺ 月
물건 때문에 서로 다투니 도무지 소득이 없다.
시비를 하지 마라. 송사를 할 운수다.
만일 이와 같지 않으면 질병이 두렵다.

❻ 月
함부로 움직이지 마라. 재물을 잃게 된다.
집에 질병이 있으니 요괴를 물리쳐야 한다.
먼저 흉하고 나중에 길한 운수다.

❼ 月
주색을 가까이하지 마라. 반드시 실패한다.
재물을 잃을 수 있으니 남쪽의 산에 치성을 드린다.
바깥의 재물을 탐내지 마라. 고생만 하고 공은 얻지 못한다.

❽ 月
외로운 보름달이 공연히 사방을 비춘다.
일이 실패하는데 또 무슨 구설인가.
일에 허황함이 많으니 칠성七星에게 기도한다.

❾ 月
하늘이 기이한 복을 내려주니 식록食祿이 끊이지 않는다.
목성木姓을 가까이하지 마라. 일에 불리하다.
비록 재물운은 좋으나 운수는 불리하다.

❿ 月
도처에 재물이 있으니 이름을 사방에 드높인다.
만일 관록官祿이 아니면 아들을 얻을 운수다.
몸이 외지에서 노니 재물이 왕성해진다.

⓫ 月
질병에 걸릴 염려가 있으니 미리 액을 막는다.
옛 것을 지키면 재앙이 없는데 어찌 다른 업業을 바라는가.
노력해도 되는 일이 없으니 세상일이 뜬구름 같다.

⓬ 月
우레는 있고 비는 내리지 않으니 하늘의 일은 헤아리기 어렵다.
구하여도 얻지 못하니 이 운수를 어찌할까.
만일 화성火姓을 가까이하면 많은 재물을 잃는다.

운명을 바꾸는 **월운** 활용

	1월	2월	3월	4월	5월	6월
좋은 방향	북동쪽	남동쪽	남쪽	남서쪽	북쪽	북서쪽
좋은 색상	주황색	귤색	파란색	연두색	다홍색	검은색
좋은 장소	시내	주택가	레스토랑	아이스크림가게	시장	갈비음식점
좋은 성씨	ㅁ, ㅂ, ㅍ	ㅅ, ㅈ, ㅊ	ㄴ, ㄷ, ㅌ, ㄹ	ㅇ, ㅎ	ㅇ, ㅎ	ㄴ, ㄷ, ㅌ, ㄹ
좋은 숫자	5, 10	5, 9	7, 12	8, 9	1, 5	2, 12
좋은 날짜	3, 7, 11, 17, 22, 26일	5, 8, 12, 14, 17, 29일	3, 6, 11, 15, 18, 29일	6, 10, 17, 19, 21, 25일	4, 8, 11, 17, 21, 24일	9, 11, 15, 18, 22, 25일
안 좋은 날짜	4, 8, 18일	7, 13, 15일	7, 12, 17일	18, 20, 29일	3, 7, 13일	5, 12, 16일
재물·금전 지수	73	78	72	81	74	92
변화·변동 지수	72	74	75	82	73	93
건강·행복 지수	70	75	74	80	75	98

	7월	8월	9월	10월	11월	12월
좋은 방향	동쪽	서쪽	북동쪽	서쪽	남동쪽	남쪽
좋은 색상	고동색	연보라색	회색	보라색	노란색	적갈색
좋은 장소	한식당	순두부식당	모래사장	오락실	장어음식점	삼겹살식당
좋은 성씨	ㅁ, ㅂ, ㅍ	ㄱ, ㅋ	ㅅ, ㅈ, ㅊ	ㄱ, ㅋ	ㅁ, ㅂ, ㅍ	ㄴ, ㄷ, ㅌ, ㄹ
좋은 숫자	2, 8	3, 4	5, 8	3, 4	3, 7	7, 8
좋은 날짜	2, 7, 15, 18, 22, 27일	5, 7, 16, 18, 21, 25일	2, 7, 14, 16, 18, 26일	4, 9, 19, 20, 23, 27일	1, 9, 19, 21, 24, 29일	5, 7, 15, 17, 23, 28일
안 좋은 날짜	11, 17, 21일	15, 19, 23일	5, 6, 17일	13, 18, 22일	8, 17, 20일	6, 13, 16일
재물·금전 지수	75	94	72	90	75	75
변화·변동 지수	77	92	78	95	75	80
건강·행복 지수	72	97	79	95	75	85

531 有進就之象
유 진 취 지 상

연운

龍生頭角 然後登天
용 생 두 각 연 후 등 천   용 머리에 뿔이 나니 그 후에는 하늘에 오른다.

堀土得金 終見亨通
굴 토 득 금 종 견 형 통   땅을 파서 금을 얻으니 마침내는 형통하게 된다.

吉星隨身 男兒得意
길 성 수 신 남 아 득 의   길성이 몸을 비추니 남아가 가히 뜻을 얻는다.

初困後泰 喜滿家庭
초 곤 후 태 희 만 가 정   처음에는 힘들어도 나중에는 태평하니 가정에 기쁨이 가득하다.

意外成功 官祿隨身
의 외 성 공 관 록 수 신   뜻밖에 성공하며 관록이 따른다.

今年之數 成功最吉
금 년 지 수 성 공 최 길   금년 운수는 성공하기에 가장 좋다.

陰陽和合 萬物化生
음 양 화 합 만 물 화 생   음양이 화합하니 만물이 살아난다.

身運通泰 所爲皆吉
신 운 통 태 소 위 개 길   운수가 크게 길하니 하는 일마다 길하다.

月明南陽 三顧草廬
월 명 남 양 삼 고 초 려   남양 땅에 달이 밝으니 세 차례 초막집을 찾아간다.

성인의 연운 활용

금전·명예	횡재수가 있으니 뭉칫돈을 만지는 기쁨이 있고 적은 재물이라도 들어온다.
사업·창업	지금 하고 있는 사업은 조금 욕심을 부려서 확장해도 전혀 문제가 없다.
주식·투자	모든 일이 잘 풀려간다고 주식도 좋을 것이라는 기대는 하지 마라. 주식투자는 신중하게 결정한다.
시험·취직	웬만한 시험에는 합격한다. 직장인은 능력을 인정받아 상사의 도움으로 승진할 수 있으니 최선을 다하라.
당선·소원	당선운이 매우 좋으니 이 기회를 놓치지 마라. 오랜 소원이 대부분 이루어지는 기쁨이 있다.
이사·매매	원하던 집을 장만하니 가정이 화목하다. 매매 또한 순조롭게 성사되고 이익이 들어온다.
건강·사고	건강 또한 이상이 없지만 평소 신경 쓰는 것이 좋다.
애정·결혼	좋은 인연을 만나고 애인과의 사랑이 더욱 돈독해질 운세이다. 다만, 권태기를 조심하라. 연인이나 부부 사이에 다툼이나 오해가 생기나 가까운 사람에게 부탁하면 쉽게 해결되니 빨리 해결한다.
소송·다툼	운이 매우 좋으니 어떤 일이 발생하더라도 걱정할 필요 없이 해결된다.

신세대의 연운 활용

연애·사랑	상대를 배려하고 상대가 마음에 없는 소리를 하더라도 상처받지 마라. 곧 이성운이 좋아지니 좋은 짝을 만난다. 오래 사귄 사람은 화촉을 밝히는 기쁨이 있다.
시험·취직	원하는 학교나 기대하던 시험에 합격한다. 직장인은 구설수로 승진은 불가능하니 조심한다.
건강·사고	다른 건강은 전혀 걱정할 것이 없지만 술담배로 인한 건강문제는 신경 쓴다.
금전·행운	한 차례 손재수가 있으나 걱정하지 마라. 재물운이 왕성하여 큰돈이 생기니 오랜만에 기쁨이 가득하다.
소원·성취	분수에 맞는 소원이라면 이루어진다.

운명을 바꾸는 연운 활용

좋은 방향	남쪽
좋은 색상	파란색
좋은 장소	주말농장
좋은 성씨	ㄱ, ㅋ
좋은 숫자	2, 6

숫자로 보는 연운 활용

	좋은 달	보통 달	나쁜 달
금전·투자	5, 7월	6, 10월	12월
변화·변동	4, 8월	6, 11월	1, 2월
연애·사랑	8, 9월	10, 11월	2, 3월
건강·소송	4, 8월	6, 10월	1, 3월

531

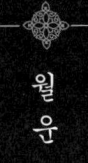

월운

① 집에 있어도 근심이 많고 문을 나가도 괴롭다.
목이 말라 샘을 파니 힘만 들고 공이 없다.
마음을 정직하게 먹으면 끊임없이 복을 얻는다.

② 일이 마음대로 안 되니 심신이 어지럽다.
돌 위에 나무를 심으니 쉽게 뿌리를 내리지 못한다.
비록 귀인이 찾아와도 도와주지는 못한다.

③ 대인은 길하나 소인은 흉하다.
토성土姓이 불리하니 사귀거나 놀지 마라.
겉은 부유하나 속은 가난하니 이름만 있고 실속이 없다.

④ 구름 걷힌 푸른 하늘에 해와 달이 다시 밝다.
소망이 뜻대로 이루어지니 하는 일마다 잘 된다.
꽃을 찾다가 열매를 맺으니 어찌 아름답지 않은가.

⑤ 귀인이 도와주니 반드시 성공한다.
금과 옥이 가득하니 석숭石崇처럼 부유하다.
먼저 힘들고 나중에 길하니 근심이 사라지고 기쁨이 온다.

⑥ 비록 분한 마음이 있더라도 참으면 덕이 된다.
토성土姓이 불길하니 시비를 조심한다.
만일 다투지 않으면 구설이 있다.

⑦ 선을 취하고 악을 멀리하니 복록福祿이 저절로 들어온다.
가문 하늘에 비가 내리니 만물이 살아난다.
동쪽의 귀인이 뜻밖에 도와준다.

⑧ 산과 계곡이 봄이 돌아오니 온갖 꽃이 다투어 핀다.
봄숲에 꽃이 피니 경치가 무척 아름답다.
운수가 평길하고 재수가 흥왕하다.

⑨ 구월과 시월에는 헛된 중에 실속이 있다.
창 밖의 노란 국화가 때를 만나 활짝 피어난다.
재물이 산처럼 쌓이니 얼굴에 기쁜 일이 가득하다.

⑩ 청룡이 물을 얻으니 조화가 무궁하다.
여색을 가까이하지 마라. 재물을 잃는다.
경영하는 일은 반드시 성공한다.

⑪ 매사에 마가 끼니 함부로 움직이면 해롭다.
송사에 참여하지 마라. 불리한 운수다.
강을 미처 다 건너지 못했는데 풍파가 다시 일어난다.

⑫ 동쪽에서 오는 나그네가 우연히 해를 끼친다.
남의 말을 듣지 마라. 말은 달지만 일을 그르친다.
이 달의 수는 별로 이익이 없다.

운명을 바꾸는 월운 활용

	1월	2월	3월	4월	5월	6월
좋은 방향	동쪽	남서쪽	북쪽	서쪽	북서쪽	북동쪽
좋은 색상	초록색	하늘색	남청색	자주색	베이지색	분홍색
좋은 장소	족발음식점	기념관	청국장식당	시냇가	호수	팬시용품점
좋은 성씨	ㄱ, ㅋ	ㅅ, ㅈ, ㅊ	ㅇ, ㅎ	ㄱ, ㅋ	ㅁ, ㅂ, ㅍ	ㅁ, ㅂ, ㅍ
좋은 숫자	1, 12	6, 12	2, 9	4, 9	1, 7	1, 11
좋은 날짜	5, 6, 12, 18, 21, 23일	2, 4, 10, 13, 18, 27일	5, 9, 14, 17, 19, 29일	3, 7, 14, 17, 27, 29일	7, 9, 13, 17, 19, 22일	8, 10, 13, 17, 21, 28일
안 좋은 날짜	3, 13, 28일	7, 9, 17일	13, 15, 18일	6, 15, 23일	14, 16, 27일	1, 11, 22일
재물·금전 지수	74	73	72	92	94	86
변화·변동 지수	75	75	75	99	97	85
건강·행복 지수	78	76	74	92	93	86

	7월	8월	9월	10월	11월	12월
좋은 방향	동쪽	남동쪽	동쪽	서쪽	남쪽	남쪽
좋은 색상	파란색	연분홍색	파란색	밤색	감색	노란색
좋은 장소	미술관	직장	닭갈비음식점	놀이공원	오리음식점	횟집
좋은 성씨	ㅅ, ㅈ, ㅊ	ㄱ, ㅋ	ㄴ, ㄷ, ㅌ, ㄹ	ㄴ, ㄷ, ㅌ, ㄹ	ㅁ, ㅂ, ㅍ	ㅇ, ㅎ
좋은 숫자	6, 8	2, 6	3, 9	6, 8	1, 8	3, 10
좋은 날짜	5, 8, 19, 21, 26, 28일	1, 4, 8, 11, 22, 24일	8, 10, 13, 17, 22, 23일	3, 7, 13, 18, 20, 28일	2, 5, 16, 19, 21, 24일	3, 5, 17, 18, 22, 25일
안 좋은 날짜	14, 17, 20일	6, 18, 19일	2, 14, 16일	8, 17, 27일	8, 9, 18일	6, 14, 19일
재물·금전 지수	92	95	98	89	83	72
변화·변동 지수	96	92	94	85	84	76
건강·행복 지수	95	96	93	84	85	75

532  연운

象凶無碍有吉之象
상 흉 무 애 유 길 지 상

見而不食 畫中之餅
견 이 불 식 화 중 지 병   보고도 먹지 못하니 그림 속의 떡이다.

勿爲妄動 勞而無功
물 위 망 동 노 이 무 공   함부로 움직이지 마라. 고생만 하고 공이 없다.

浪裡乘丹 不知安危
낭 리 승 단 부 지 안 위   파도 위에 배를 띄우니 안전과 위험을 알 수 없다.

雖有生財 得而難聚
수 유 생 재 득 이 난 취   비록 재물은 생기지만 모으기는 어렵다.

久旱不雨 草木不長
구 한 불 우 초 목 부 장   오랜 가뭄에도 비가 오지 않으니 초목이 자라지 못한다.

每事難成 徒費心力
매 사 난 성 도 비 심 력   매사를 이루기 어려우니 마음과 힘만 허비한다.

入海求金 反爲虛妄
입 해 구 금 반 위 허 망   바다에 들어가 금을 구하니 도리어 허망하다.

有頭無尾 事事不成
유 두 무 미 사 사 불 성   머리는 있으나 꼬리가 없으니 하는 일마다 이루지 못한다.

求仙蓬萊 人不識仙
구 선 봉 래 인 불 식 선   봉래산에서 신선을 찾지만 신선이 어떻게 생겼는지도 모른다.

성인의 연운 활용

금전 · 명예	노력 여하에 따라 이익이 생기니 적극적으로 밀고 나간다.
사업 · 창업	과감하게 사업을 진행하기보다는 현상유지에 힘쓰는 것이 좋다.
주식 · 투자	주식은 먼저 경제의 흐름을 주목하라. 생각 없이 투자하면 잃는 것이 더 많다.
시험 · 취직	노력해도 결과는 좋지 않다. 하위직은 합격 가능하나 고위직은 오랜 기간 노력해야 한다.
당선 · 소원	당선은 너무 크게 바라지 않아야 실망도 하지 않는다. 소원은 성심껏 계획을 실천해 나갈 때 이룰 수 있다.
이사 · 매매	이사는 집을 확장하여 이사하면 길하다. 모든 매매가 쉽게 이루어지니 마음놓고 매매해도 좋다.
건강 · 사고	위장이나 간장 이상이 발생할 수 있으니 건강에 항상 유의한다.
애정 · 결혼	바람기가 동하지만 참을 수 있을 것이다. 확신 없는 행동을 하기보다 감정이나 의사표현을 자제하는 것이 바람직하다. 부부간에 심각한 상황을 만나 이별할 수 있으니 참고 인내하라.
소송 · 다툼	쉽게 생각하면 자칫 일이 꼬이게 된다는 것을 명심하고 신중하게 행동해야 한다.

신세대의 연운 활용

연애 · 사랑	외로움이 깊어 상대에게 힘든 상황을 털어놓고 싶지만 곧 괜찮아진다. 사소한 일로 의가 상할 수 있으니 자제한다.
시험 · 취직	시험은 노력만큼 결과가 있으니 원하는 시험에 응시해도 좋다. 승진과 취직도 가능하니 과감하게 도전하라.
건강 · 사고	건강 악화가 우려되므로 미리 건강진단을 받아보는 것이 좋다.
금전 · 행운	과도한 욕심만 버리면 재물 손실 없이 현상유지는 가능하다.
소원 · 성취	큰 소원을 이루기에는 어려움이 있지만 작은 소원은 이루어진다.

운명을 바꾸는 연운 활용

좋은 방향	북서쪽
좋은 색상	연두색
좋은 장소	오리음식점
좋은 성씨	ㅇ, ㅎ
좋은 숫자	5, 7

숫자로 보는 연운 활용

	좋은 달	보통 달	나쁜 달
금전 · 투자	8, 10월	11, 12월	1, 2월
변화 · 변동	7, 8월	3, 11월	4, 5월
연애 · 사랑	7, 8월	3, 11월	5, 9월
건강 · 소송	7, 10월	3, 12월	2, 6월

532 월운

달을 등지고 어둠을 향하니 밝은 달을 보지 못한다.
이유도 없이 구설이 따른다.
먼저는 얻고 뒤에 잃으니 마음만 상한다.

가을을 되어 잎이 떨어지니 어느 때에나 번창할까.
남의 말을 듣지 마라. 반드시 그 해가 있다.
일에 마가 많으니 이를 또 어찌할까.

집에 있으면 마음이 어지럽고 밖에 나가면 편안하다.
재물을 말하자면 얻어도 다 써버린다.
하는 일마다 되지 않으니 이 운수를 어찌할까.

뜨거운 하늘에 구름만 끼고 비는 오지 않는다.
가뭄에 비를 기다리나 맑은 바람이 비를 쫓는다.
일이 뜻대로 되지 않으니 가는 곳마다 실패한다.

오월과 유월에는 횡액을 조심한다.
지성으로 기도하면 나쁜 일을 거의 면한다.
처음에는 길하고 나중에는 흉하니 재물이 있어도 모으지 못한다.

집에 있으면 길하고 나가면 해롭다.
금성金姓을 가까이하지 마라. 도리어 그 해를 당한다.
실패가 많으니 목성木姓을 조심한다.

작은 것이 가고 큰 것이 오니 재물이 집안에 가득하다.
만일 화성火姓을 만나면 큰 재물이 들어온다.
만약 구설이 아니면 슬하에 근심이 있다.

해 저무는 강에서 배를 타는 것이 불길하다.
물가에 가지 마라. 반드시 해가 있다.
동쪽은 불리하고 서쪽은 길하다.

구월과 시월에는 멀리 가면 불리하다.
마음에 정한 곳이 없으니 공연히 심란하다.
신수가 이와 같으니 세상일이 뜬구름 같다.

오래된 친구는 이별하기 어렵고 새로 만난 친구는 얻기 어렵다.
동쪽 봉우리에 달이 뜨니 그 빛이 다시 새롭다.
매사가 순조롭게 이루어지니 근심 가운데 기쁨이 있다.

일이 많고 분주하니 이것 역시 운이다.
해가 서산에 떨어지니 돌아가는 나그네가 바쁘다.
산길에 말을 달리니 길이 험하여 나아가지 못한다.

산길과 물길에 갈 길이 천리다.
돌 위에 나무를 심으니 수고만 있고 공은 없다.
이 달의 운수는 횡액을 조심한다.

운명을 바꾸는 월운 활용

	1월	2월	3월	4월	5월	6월
좋은 방향	남서쪽	북쪽	북동쪽	북서쪽	남동쪽	서쪽
좋은 색상	검은색	연보라색	주황색	하얀색	군청색	연두색
좋은 장소	낙지음식점	공공도서관	공원	시골길	김밥전문점	단란주점
좋은 성씨	ㅇ, ㅎ	ㅅ, ㅈ, ㅊ	ㅇ, ㅎ	ㅁ, ㅂ, ㅍ	ㄱ, ㅋ	ㅅ, ㅈ, ㅊ
좋은 숫자	5, 6	1, 6	3, 11	6, 8	9, 10	3, 7
좋은 날짜	8, 10, 17, 20, 26, 29일	3, 7, 14, 17, 20, 25일	3, 5, 11, 13, 23, 27일	6, 9, 16, 19, 25, 28일	1, 7, 15, 19, 21, 28일	6, 8, 15, 17, 21, 24일
안 좋은 날짜	7, 18, 23일	2, 13, 19일	7, 12, 22일	10, 21, 23일	6, 20, 27일	9, 18, 20일
재물·금전 지수	73	72	82	73	77	74
변화·변동 지수	73	75	82	76	78	76
건강·행복 지수	75	74	82	75	75	75

	7월	8월	9월	10월	11월	12월
좋은 방향	남쪽	서쪽	북서쪽	북쪽	서쪽	남동쪽
좋은 색상	고동색	회색	적갈색	베이지색	다홍색	옥색
좋은 장소	냉면전문점	민속촌	야구장	파전음식점	생과일전문점	추어탕식당
좋은 성씨	ㄴ, ㄷ, ㅌ, ㄹ	ㅇ, ㅎ	ㅅ, ㅈ, ㅊ	ㅁ, ㅂ, ㅍ	ㄱ, ㅋ	ㄴ, ㄷ, ㅌ, ㄹ
좋은 숫자	2, 7	3, 4	5, 9	4, 9	1, 4	1, 9
좋은 날짜	7, 9, 13, 18, 22, 26일	5, 8, 16, 19, 21, 28일	3, 7, 11, 13, 25, 28일	3, 6, 14, 18, 25, 27일	4, 6, 11, 13, 21, 27일	2, 6, 12, 18, 22, 24일
안 좋은 날짜	14, 19, 24일	18, 24, 27일	1, 10, 12일	8, 19, 24일	5, 14, 23일	7, 13, 17일
재물·금전 지수	92	93	76	98	86	85
변화·변동 지수	95	92	72	96	85	83
건강·행복 지수	91	92	73	90	84	80

533  有事不中無益之象
유사부중무익지상

雙手提弓 射而不中
쌍수제궁 사이부중   두 손으로 활을 당기나 쏘아도 맞지 않는다.

雖有謀計 成事可難
수유모계 성사가난   비록 계획은 있으나 성공하기는 어렵다.

貴者反賤 或損名譽
귀자반천 혹손명예   귀한 사람이 도리어 천하게 되니 혹 명예를 손상당한다.

驛馬到門 一次遠行
역마도문 일차원행   역마살이 들어오니 한 차례 먼 길을 떠난다.

若非移居 必是改業
약비이거 필시개업   만일 이사를 하지 않으면 직업을 바꾼다.

今年之數 水火愼之
금년지수 수화신지   금년 운수는 물과 불을 조심한다.

大明中天 浮雲掩蔽
대명중천 부운엄폐   밝은 대낮에 구름이 가득하다.

自東來人 自然不利
자동내인 자연불리   동쪽에서 온 사람은 이롭지 못하다.

寒江孤舟 漁翁獨釣
한강고주 어옹독조   차가운 강물에 외로운 배를 띄우고 늙은 어부가 홀로 낚시를 한다.

성인의 연운 활용

금전 · 명예	들어오는 재물이 많지만 잘 관리하지 않으면 어디로 새는지 모르게 된다.
사업 · 창업	사업 확장보다는 현재 상황에서 성실히 일하면 큰 소득은 없어도 현상유지는 가능하다.
주식 · 투자	아무리 인생은 도박이라는 말이 있지만 무리한 주식투자가 일생을 망칠 수도 있다.
시험 · 취직	원하는 시험은 합격이 어렵고 취직은 기대한 곳은 아닌데 합격한다. 승진은 때가 아니니 다음을 기약하라.
당선 · 소원	지금은 시기가 좋지 않으므로 국회의원 당선은 어렵다. 소원은 모두 이루어질 것이다.
이사 · 매매	이사는 확장은 불가능하지만 비슷한 수준으로 옮기는 것은 괜찮다. 매매는 아직 때가 아니라 쉽지 않다.
건강 · 사고	운수가 불리하니 질병을 조심하고 건강에 유의한다.
애정 · 결혼	충돌하거나 이별할 수 있으니 감정 표현을 자제하고 매사에 조심하라. 짝사랑을 이루고 미혼남녀는 뒤늦게 좋은 인연을 만난다. 단, 욕심이 지나치면 뜻밖의 방해에 부딪힌다.
소송 · 다툼	소송은 되도록 확대시키지 마라. 처음에는 이길 것 같지만 뒤늦게 어려워지니 화해하도록 힘쓴다.

신세대의 연운 활용

연애 · 사랑	의견 대립이 있으니 상대의 의사를 존중하라. 혼자인 사람은 새로운 만남이 기다린다. 윗사람이나 가까운 사람에게 좋은 상대를 소개받지만 욕심이 과해 관심이 가지 않는다. 연인이나 부부간에 다툼이 잦아진다.
시험 · 취직	노력에 비해 결과가 좋지 않으니 분수에 맞는 학교나 직장을 선택하고, 승진보다 현상유지에 힘쓴다.
건강 · 사고	보통 사람은 건강하지만 그 동안 병을 앓고 있던 사람은 악화될 수 있으니 주의한다.
금전 · 행운	금전운이 매우 저조하니 저축으로 미래를 대비하라. 여기저기서 돈을 빌리지 않는 것만도 다행이다.
소원 · 성취	험한 일이 계속 생기니 소원을 이루기 위해서 많은 시간과 노력이 필요하다.

운명을 바꾸는 연운 활용

좋은 방향	북서쪽
좋은 색상	회색
좋은 장소	산책로
좋은 성씨	ㅅ, ㅈ, ㅊ
좋은 숫자	4, 8

숫자로 보는 연운 활용

	좋은 달	보통 달	나쁜 달
금전 · 투자	5, 7월	3, 9월	4, 11월
변화 · 변동	5, 8월	9, 12월	2, 11월
연애 · 사랑	5, 7월	3, 12월	2, 10월
건강 · 소송	7, 8월	6, 9월	1, 4월

533 월운

① 어린 새가 높이 나니 비록 날아도 멀리 가지 못한다.
동북 양쪽에서 재물을 잃을까 두렵다.
바다에서 금을 구하니 수고만 하고 공은 없다.

② 해와 달이 밝지 못하니 앞길이 험난하다.
해가 서산에 저무는데 작은 새가 집을 잃었다.
위아래가 화합하지 못하니 집에 불평이 있다.

③ 불행한 때를 만나니 기쁨과 슬픔이 서로 반반이다.
다투지 마라. 송사가 끊이지 않는다.
장삿길에 재물이 있으니 천금을 얻는다.

④ 날려고 하나 날지 못하니 일마다 불리하다.
다른 일을 꾀하지 마라. 재물을 잃게 된다.
동북이 불리하니 길함이 변하여 흉하게 된다.

⑤ 늙은 용이 구슬을 얻지만 어느 때에나 성공할까.
뜻이 있어도 이루지 못하니 이 운수를 어찌할까.
만일 재물이 생기지 않으면 아들을 얻는 경사가 있다.

⑥ 옛 것을 지키며 편안하게 지내니 일에 허실이 없다.
재물이 남쪽에 있으니 알면 많이 얻는다.
유월의 운수는 공사公事가 불리하다.

⑦ 재물이 바깥에 있으니 나가면 얻는다.
새싹에 비가 내리니 근심이 흩어지고 기쁨이 온다.
가신家神에게 기도하면 수복壽福이 저절로 들어온다.

⑧ 인정을 베풀지 않으면 소망이 이루어지지 않는다.
마음을 바로하고 덕을 쌓으면 재물과 이익을 얻는다.
만일 횡재를 하지 않으면 이사할 운수다.

⑨ 강가의 풀빛이 푸르고 단비가 때 맞춰 내린다.
물귀신이 문을 엿보니 물가에 가까이 가지 마라.
만일 멀리 나가지 않으면 재물을 잃을 운수다.

⑩ 깊은 달밤에 배를 타면 불리하다.
액이 보이니 마땅히 동쪽으로 간다.
나루에 왔는데 배가 없으니 이를 어찌할까.

⑪ 산 위에서 물고기를 잡으려 하니 끝내 얻지 못한다.
사람의 마음을 헤아리지 못하니 친한 사람이 도리어 해를 끼친다.
매사에 꾀가 없으니 뜻밖에 화를 낳는다.

⑫ 마음을 바꾸고 가정을 잘 가꾸면 흉이 길로 변한다.
쓴 것이 다하고 단 것이 오니 하늘이 정한 운수다.
옛 정은 이별하기 어려운데 새 정은 어디에 있는가.

운명을 바꾸는 월운 활용

	1월	2월	3월	4월	5월	6월
좋은 방향	남쪽	동쪽	북동쪽	남서쪽	남서쪽	남쪽
좋은 색상	귤색	자주색	연보라색	금색	카키색	황갈색
좋은 장소	도서관	상가	은행	산책로	콩국수전문점	극장
좋은 성씨	ㅇ, ㅎ	ㄴ, ㄷ, ㅌ, ㄹ	ㅅ, ㅈ, ㅊ	ㅁ, ㅂ, ㅍ	ㄱ, ㅋ	ㄴ, ㄷ, ㅌ, ㄹ
좋은 숫자	5, 8	6, 11	2, 4	3, 11	3, 9	9, 11
좋은 날짜	1, 5, 12, 20, 25, 29일	4, 15, 18, 22, 26, 29일	4, 8, 12, 18, 22, 29일	1, 7, 15, 20, 22, 27일	2, 8, 12, 21, 23, 29일	2, 15, 17, 21, 22, 29일
안 좋은 날짜	11, 23, 28일	8, 21, 23일	3, 14, 16일	6, 8, 24일	3, 7, 19일	14, 18, 23일
재물·금전 지수	78	74	82	74	93	82
변화·변동 지수	77	76	82	78	84	83
건강·행복 지수	70	77	82	75	86	88

	7월	8월	9월	10월	11월	12월
좋은 방향	동쪽	북동쪽	남쪽	동쪽	북쪽	남동쪽
좋은 색상	감색	청록색	고동색	초록색	하얀색	주황색
좋은 장소	생맥주집	바닷가	패스트푸드점	한식당	산	백화점
좋은 성씨	ㅇ, ㅎ	ㄱ, ㅋ	ㅁ, ㅂ, ㅍ	ㅅ, ㅈ, ㅊ	ㄱ, ㅋ	ㅅ, ㅈ, ㅊ
좋은 숫자	6, 10	7, 9	2, 4	1, 6	8, 11	1, 9
좋은 날짜	1, 15, 17, 20, 21, 28일	3, 8, 15, 19, 25, 28일	5, 7, 14, 17, 23, 28일	4, 11, 18, 22, 26, 28일	5, 9, 16, 18, 23, 28일	5, 10, 15, 17, 23, 28일
안 좋은 날짜	14, 24, 29일	16, 18, 20일	1, 4, 18일	10, 13, 21일	4, 20, 22일	16, 18, 24일
재물·금전 지수	93	94	83	78	72	82
변화·변동 지수	96	98	85	77	73	84
건강·행복 지수	95	96	85	76	75	85

有禍無益之象
유화무익지상

三十六計 走行第一
삼십육계 주행제일 — 삼십육계 중에 달아나는 것이 제일이다.

運數不吉 謹愼免厄
운수불길 근신면액 — 운수가 불길하니 조심하면 액을 면한다.

勿無强求 事有虛妄
물무강구 사유허망 — 억지로 구하려 하지 마라. 하는 일이 허망하다.

入則傷心 動則滿利
입즉상심 동즉만리 — 집에 있으면 마음이 상하지만 나가서 활동하면 이익을 얻는다.

若無素服 反有口舌
약무소복 반유구설 — 만일 상을 당하지 않으면 도리어 구설이 따른다.

五六月令 口舌多端
오륙월령 구설다단 — 오월과 유월에는 구설이 끊임없이 이어진다.

萬里行雲 暮入瀟湘
만리행운 모입소상 — 만리를 가던 구름이 저물 무렵 소상강에 이른다.

早天望雨 杲杲出日
조천망우 고고출일 — 가뭄에 비를 기다리는데 해만 쨍쨍하다.

鼓下有角 崩如鼓角
고하유각 붕여고각 — 북 밑에 뿔이 있으니 그 뿔에 찢기기 쉽다.

성인의 연운 활용

금전 · 명예	금전운이 꼬이기 시작하여 재물이 들어왔다 나가는 일이 반복된다. 재물에 연연하지 않는 것이 좋다.
사업 · 창업	사업운이 아직 저조하니 다른 사업은 생각하지 말고 현재 사업에 힘써라.
주식 · 투자	주식투자는 더 이상 이익을 기대하지 말고 현재에 만족한다.
시험 · 취직	지금보다 더 많은 노력이 필요하다. 승진은 많은 어려움 뒤에 우여곡절 끝에 이루어진다.
당선 · 소원	지금 출마하면 망신만 당하니 다음을 기약하라. 작은 소원은 이루어지지만 너무 큰 소원은 어렵다.
이사 · 매매	섣불리 이사했다가는 오랜 기간 고생한다. 어떠한 매매든 손해가 생길 수 있으니 조심한다.
건강 · 사고	건강하다고 마음놓지 마라. 시기를 놓쳐 후회할 것이다. 사주팔자가 나쁜 사람은 건강 악화가 예상된다.
애정 · 결혼	여색이나 남색을 주의하라. 상대에게 숨기는 일이나 다른 사람이 생긴다. 아니면 자신이 다른 이성을 마음에 둔다. 좋은 결과를 보기 어려운 운으로 지나친 구속과 참견이 엄청난 결과를 가져올 수 있다.
소송 · 다툼	타인과 다투면 구설수에 오르내리거나 심한 경우 몸을 상한다. 모든 것이 막히니 돈과 시간만 허비한다.

신세대의 연운 활용

연애 · 사랑	지나친 관계나 일시적인 만남이 우려되니 이성과의 만남을 자제한다. 부부는 심각한 다툼이 예상된다.
시험 · 취직	최대한 노력해도 실력을 발휘하기 힘드니 한 단계 낮추어서 응시하는 것이 좋다. 승진은 매우 어렵지만 좌천되었던 사람은 원래대로 복직된다.
건강 · 사고	몸에 병이 생기거나 다칠 우려가 있으니 주의한다.
금전 · 행운	돈거래로 재물 손실이 예상되니 주의한다. 이것만 조심하면 적당한 재물은 들어온다.
소원 · 성취	소원이 너무 큰 것이라 이루어지기 힘들다. 욕심을 버려라.

운명을 바꾸는 연운 활용

좋은 방향	남서쪽
좋은 색상	자주색
좋은 장소	학교
좋은 성씨	ㄱ, ㅋ
좋은 숫자	3, 11

숫자로 보는 연운 활용

	좋은 달	보통 달	나쁜 달
금전 · 투자	7, 10월	5, 6월	8, 9월
변화 · 변동	7, 11월	5, 6월	1, 2월
연애 · 사랑	10, 11월	6, 12월	2, 4월
건강 · 소송	10, 11월	5, 6월	3, 8월

541 월운

하늘이 복을 주지 않으면 억지로 구해도 얻지 못한다.
남의 말을 믿지 마라. 달콤한 말이지만 일은 어긋난다.
갑자기 액을 당할 수 있으니 매사에 조심한다.

먹구름이 가득하니 달빛을 보지 못한다.
기지基地가 발동하니 머무르면 도리어 형벌이 내린다.
집에 있으면 심란하니 마땅히 외지로 나간다.

험한 길을 이미 지났는데 태산이 다시 가로막는다.
재물을 잃을까 염려되니 도둑을 조심한다.
밖으로 나가면 좋으나 집에 있으면 마음이 심란하다.

산이 깊은 사월에 벌과 나비는 어디로 향하는가.
북쪽이 불리하니 가까이 가면 해롭다.
조문하지 마라. 불리한 운수다.

꿈에 얻은 재물은 오래가지 못한다.
헛된 욕망을 탐하지 마라. 도리어 손해를 본다.
재성財星이 몸을 비추니 반드시 횡재한다.

만일 상을 당하지 않으면 식구가 늘어날 운수다.
주린 자가 밥을 얻지만 젓가락이 없으니 어찌할까.
가만히 있으면 괴롭고 움직이면 이익을 얻는다.

위아래가 화목하니 가정에 기쁨이 가득하다.
만일 자식을 얻지 않으면 횡재할 운수다.
집에 있으면 이익이 없다. 타향에 가야 이익이 있다.

마음은 크고 의지가 약하니 속히 이루지 못한다.
서쪽이 불길하니 멀리 길을 떠나지 마라.
비록 재물은 얻지만 소득은 별로 없다.

운수는 길하나 재물을 잃으니 이를 어찌할까.
만일 이와 같지 않으면 가정이 불안하다.
남과 다투지 마라. 구설이 있을까 두렵다.

재물이 따르니 처음에는 손해를 보고 나중에는 얻는다.
들어오면 마음이 어지러우나 문을 나서면 성공한다.
횡액이 우려되니 친구 사귀기를 조심한다.

때가 좋은 운을 만나니 천금이 들어온다.
만약 관록官祿이 아니면 슬하에 경사가 생긴다.
소를 팔아서 밭을 사니 집안 살림이 점점 융성해진다.

푸른 산그림자 속에서 뭇새들이 서로 즐거워한다.
동쪽이 불리하니 그 쪽으로 가면 해롭다.
마음을 잡고 굳게 참으면서 매사에 조심한다.

운명을 바꾸는 월운 활용

	1월	2월	3월	4월	5월	6월
좋은 방향	북서쪽	북동쪽	서쪽	서쪽	남쪽	남서쪽
좋은 색상	하늘색	노란색	연두색	회색	분홍색	파란색
좋은 장소	레스토랑	체육관	한적한 시외	해변	우동전문점	순대국식당
좋은 성씨	ㄱ, ㅋ	ㄴ, ㄷ, ㅌ, ㄹ	ㅁ, ㅂ, ㅍ	ㄱ, ㅋ	ㅇ, ㅎ	ㄴ, ㄷ, ㅌ, ㄹ
좋은 숫자	1, 11	3, 8	2, 10	8, 10	4, 11	6, 11
좋은 날짜	2, 8, 15, 18, 21, 27일	2, 7, 15, 20, 22, 29일	3, 9, 15, 18, 22, 27일	5, 9, 13, 14, 25, 26일	5, 10, 13, 22, 23, 29일	2, 9, 14, 18, 22, 26일
안 좋은 날짜	19, 20, 23일	6, 18, 21일	16, 20, 21일	3, 8, 12일	2, 11, 12일	8, 19, 23일
재물·금전 지수	78	72	76	73	82	85
변화·변동 지수	74	76	75	75	82	86
건강·행복 지수	71	75	77	78	80	88

	7월	8월	9월	10월	11월	12월
좋은 방향	북쪽	남동쪽	동쪽	북동쪽	남동쪽	남쪽
좋은 색상	적갈색	자주색	연보라색	남청색	검은색	다홍색
좋은 장소	등산로	패스트푸드점	국수전문점	일식당	채식전문점	놀이공원
좋은 성씨	ㄱ, ㅋ	ㄴ, ㄷ, ㅌ, ㄹ	ㅇ, ㅎ	ㅅ, ㅈ, ㅊ	ㅅ, ㅈ, ㅊ	ㅁ, ㅂ, ㅍ
좋은 숫자	4, 8	5, 11	8, 11	9, 10	7, 11	1, 3
좋은 날짜	5, 7, 15, 22, 23, 27일	8, 14, 18, 24, 26, 28일	5, 14, 16, 19, 20, 26일	3, 9, 13, 16, 22, 28일	5, 8, 15, 20, 23, 27일	8, 11, 13, 17, 22, 28일
안 좋은 날짜	4, 26, 28일	7, 9, 19일	8, 9, 17일	6, 8, 12일	14, 16, 28일	18, 23, 27일
재물·금전 지수	92	78	73	94	96	84
변화·변동 지수	93	75	74	95	95	87
건강·행복 지수	95	72	76	90	92	85

有行害人之意

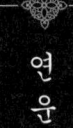

一把刀刃 害人何事
일 파 도 인 해 인 하 사   칼을 들고 사람을 해치니 무슨 일인가.

流離南北 別無所得
유 리 남 북 별 무 소 득   남과 북으로 왕래하나 소득이 별로 없다.

若非妻憂 損財之數
약 비 처 우 손 재 지 수   만일 아내에게 우환이 없으면 재물을 잃는다.

若非如此 口舌難免
약 비 여 차 구 설 난 면   만일 이와 같이 않으면 구설을 면하기 어렵다.

予予單身 依託何處
혈 혈 단 신 의 탁 하 처   의지할 곳 없는 외로운 이가 어느 곳에 의탁할까.

寂寞旅窓 客心悽凉
적 막 여 창 객 심 처 량   홀로 적막한 여관 창가에서 나그네 마음이 서글프다.

荒山落月 陰魂秋秋
황 산 락 월 음 혼 추 추   거친 산에 달은 떨어졌는데 혼령들이 으스스하다.

若無身病 必有口舌
약 무 신 병 필 유 구 설   만일 신병이 없으면 반드시 구설이 있다.

守之則吉 改之則凶
수 지 즉 길 개 지 즉 흉   하던 일을 계속하면 길하고 고치면 흉하다.

성인의 연운 활용

금전 · 명예	한 군데를 막으면 또 다른 곳에서 일이 터져 수입이 들어와도 다시 나간다. 욕심을 버려라.
사업 · 창업	돈벌기가 어렵지 않으나 과도한 욕심이 뜻밖의 화를 부를 수 있으니 경계한다.
주식 · 투자	지금 가진 것에 만족하라. 지나친 욕심은 오히려 손해를 부른다.
시험 · 취직	남보다 2배 노력해야 시험에 합격할 수 있다. 승진은 큰 어려움이 있지만 전직이나 부서 이동은 가능하다.
당선 · 소원	경쟁자들의 지지율이 더 높으니 당선은 어렵다. 욕심이나 큰 소원은 어려워도 작은 소원은 이루어진다.
이사 · 매매	현재의 장소가 새로운 곳보다 좋다. 매매는 서류로 인해 재물 손실이 있으니 신중해야 한다.
건강 · 사고	건강은 나쁘지도 않고 좋지도 않은 무난한 운세이다.
애정 · 결혼	남의 애정사에 간섭하면 원망을 몰아서 받으니 주의하라. 구애도 되도록 자제하는 것이 이롭다. 결혼을 앞두고 옛 애인이 찾아오거나 양가 부모의 반대로 어려움이 커진다. 부부는 관계가 악화되니 주의한다.
소송 · 다툼	타인과 다투다가 소송에 휩싸일 수 있으니 순리에 따르는 것이 현명하다.

신세대의 연운 활용

연애 · 사랑	애정운이 원만하기는 하지만 당장 좋은 결실을 얻기는 힘들다. 오해 살 일을 피한다.
시험 · 취직	어렵게 한 군데 정도에 합격한다. 직장인은 일로 상사나 동료와 다투어 승진이 어려워진다.
건강 · 사고	자신이 아프거나 집안에 변고가 생길지 모르니 매사에 조심한다.
금전 · 행운	열심히 노력하면 수입은 꾸준히 보장된다. 헛된 욕망에 사로잡혀 과소비를 하면 뒤늦게 어려운 일이 닥친다.
소원 · 성취	정당하고 욕심 없는 소원은 이루어지지만 욕심 있는 소원은 이루기 어렵다.

운명을 바꾸는 연운 활용

좋은 방향	북동쪽
좋은 색상	하얀색
좋은 장소	쌈밥식당
좋은 성씨	ㄱ, ㅋ
좋은 숫자	8, 9

숫자로 보는 연운 활용

	좋은 달	보통 달	나쁜 달
금전 · 투자	4, 5월	2, 8월	1, 6월
변화 · 변동	4, 12월	2, 8월	6, 10월
연애 · 사랑	5, 12월	8, 9월	3, 11월
건강 · 소송	4, 12월	2, 9월	7, 10월

542

월운

 1월
집에 불평이 있으니 부부가 서로 다툰다.
만일 신병이 없으면 부모에게 근심이 생긴다.
매사에 조심하지 않으면 뜻밖의 해를 당한다.

 2월
망녕되이 움직이면 해롭고 분수를 지키면 길하다.
토성土姓을 가까이하지 마라. 재물을 많이 잃는다.
만일 주색을 가까이하면 재물이 많이 나간다.

 3월
도둑을 조심하라. 횡액이 있을까 두렵다.
먹구름이 가득하니 해와 달을 보지 못한다.
눈 위에 나무를 심으니 뿌리를 내리지 못한다.

 4월
산기슭에 집을 지으니 편안해진다.
여색을 조심하면 모든 일을 이룰 수 있다.
서쪽이 해로우니 그 쪽으로 가지 마라.

 5월
오월과 유월에는 뜻밖에 남에게 해를 끼친다.
적은 것을 구하다 큰 것을 얻으니 재물운이 점점 돌아온다.
만일 재물을 잃지 않으면 반드시 아내에게 병이 생긴다.

 6월
도처에서 실패하니 이 운수를 어찌할까.
매사를 이루지 못하니 심신이 불안하다.
시비를 가까이하지 마라. 불리한 일이 생긴다.

 7월
집에 쌀과 곡식이 없으니 앞으로 무엇을 먹고 살까.
다리를 저는 말이 길로 나가고자 하나 걷지 못한다.
수성水姓이 불리하니 거래하지 마라.

 8월
오월에 서리가 내리니 초목이 어찌 견딜까.
비록 적은 재물은 있으나 구설을 면하지 못한다.
서쪽 사람과 친하게 지내지 마라. 반드시 실패한다.

 9월
길성吉星이 도와주니 반드시 재물복이 따른다.
먼저는 흉하고 뒤에 길하니 모든 일이 뜻대로 된다.
주색을 가까이하지 마라. 해롭기만 하고 이익은 없다.

 10월
재물운은 비록 길하지만 운수는 불리하다.
일에 두서가 없고 몸이 병든다.
멀리 나가면 불리하다. 차라리 집에 있느니만 못하다.

 11월
매사에 계획이 없으니 반드시 실패한다.
만일 질병이 없으면 슬하에 근심이 생긴다.
마음은 같으나 꾀하는 일이 다르니 겉과 속이 다르다.

12월
부부가 서로 싸우니 집안이 불안하다.
늦게 좋은 운을 얻으니 재물복이 따른다.
만일 물가에 나가면 반드시 재물이 생긴다.

운명을 바꾸는 **월운** 활용

	1월	2월	3월	4월	5월	6월
좋은 방향	남서쪽	북쪽	남쪽	북쪽	동쪽	북동쪽
좋은 색상	보라색	회색	베이지색	고동색	금색	하얀색
좋은 장소	포장마차	매운탕음식점	항구	쇼핑몰	저수지	스카이라운지
좋은 성씨	ㄴ, ㄷ, ㅌ, ㄹ	ㅅ, ㅈ, ㅊ	ㅁ, ㅂ, ㅍ	ㅅ, ㅈ, ㅊ	ㅇ, ㅎ	ㅁ, ㅂ, ㅍ
좋은 숫자	4, 5	3, 7	2, 11	3, 8	2, 5	5, 12
좋은 날짜	2, 7, 14, 17, 22, 26일	5, 10, 13, 16, 22, 27일	9, 11, 12, 17, 23, 26일	3, 9, 12, 15, 22, 28일	5, 8, 15, 21, 22, 29일	6, 9, 15, 18, 25, 28일
안 좋은 날짜	4, 6, 15일	12, 15, 18일	8, 16, 19일	1, 14, 16일	18, 23, 28일	16, 26, 27일
재물·금전 지수	75	83	76	93	92	75
변화·변동 지수	74	82	72	92	90	75
건강·행복 지수	75	85	73	95	94	73

	7월	8월	9월	10월	11월	12월
좋은 방향	남동쪽	북쪽	북서쪽	서쪽	남서쪽	서쪽
좋은 색상	빨간색	은색	감색	연보라색	자주색	밤색
좋은 장소	꽃집	떡전문점	조개구이식당	토스트가게	피자집	곱창음식점
좋은 성씨	ㄴ, ㄷ, ㅌ, ㄹ	ㄱ, ㅋ	ㄱ, ㅋ	ㅇ, ㅎ	ㄱ, ㅋ	ㄴ, ㄷ, ㅌ, ㄹ
좋은 숫자	3, 11	6, 12	3, 8	6, 7	1, 11	5, 10
좋은 날짜	5, 12, 14, 19, 22, 29일	9, 15, 16, 20, 25, 27일	8, 11, 13, 20, 21, 29일	2, 9, 10, 22, 25, 28일	7, 12, 15, 18, 24, 29일	5, 9, 11, 14, 20, 29일
안 좋은 날짜	17, 20, 24일	10, 11, 18일	6, 10, 14일	8, 13, 14일	11, 21, 22일	10, 13, 15일
재물·금전 지수	73	86	89	74	79	94
변화·변동 지수	74	82	80	76	75	96
건강·행복 지수	76	88	82	77	76	96

543 家有凶禍之意
가 유 흉 화 지 의

연운

先人丘墓 都在大梁
선 인 구 묘 도 재 대 량   선인의 무덤이 모두 대량 땅에 있다.

身數不利 疾病愼之
신 수 불 리 질 병 신 지   신수가 불리하니 질병을 조심한다.

前程有險 善取遠惡
전 정 유 험 선 취 원 악   앞길이 험난하니 선을 취하고 악은 멀리한다.

先得後失 徒傷心情
선 득 후 실 도 상 심 정   처음에는 얻으나 나중에는 잃으니 공연히 마음만 아프다.

身上有困 別無凶事
신 상 유 곤 별 무 흉 사   몸이 어렵고 힘들지만 흉은 없다.

勿貪新物 守舊則吉
물 탐 신 물 수 구 즉 길   새 물건을 탐하지 마라. 옛 것을 지키면 길하다.

淸江雨裡 漁翁吹笛
청 강 우 리 어 옹 취 적   맑은 강 빗속에서 늙은 어부가 피리를 분다.

事在頃刻 何慮長久
사 재 경 각 하 려 장 구   일이 매우 급한데 어찌하여 망설이는가.

老樹春盡 難結其子
노 수 춘 진 난 결 기 자   봄이 다 지나가니 늙은 나무가 열매를 맺기 어렵다.

성인의 연운 활용

금전·명예	욕심만 부리지 않으면 현상유지는 가능하다. 일은 쌓이는데 이익은 별로 없으니 마음이 급해진다.
사업·창업	무리한 일에 손대지 마라. 수습하기 힘든 어려움에 처한다.
주식·투자	투자운이 들어와 있지 않으니 지금 투자하면 잃게 된다.
시험·취직	자신감을 잃고 실력 발휘를 못 한다. 마음을 안정시켜라. 직장인은 좌천될 수 있으니 현재에 만족하라.
당선·소원	당선은 때를 기다리면 좋은 소식이 있다. 소원은 현실적으로 불가능하니 이루기 어렵다.
이사·매매	현재와 비슷한 조건이라면 이사해도 괜찮다. 매매는 무난한 가격으로 작은 이익을 보고 성사된다.
건강·사고	사고나 질병에 시달리기 쉬우니 미리 예방한다.
애정·결혼	순간적인 감정에 치우쳐 나중에 후회할 일이 생기니 넓게 생각하고 사랑을 나눌 필요가 있다. 양쪽 집안의 반대가 심해 결혼이 어려우니 서로 힘을 합쳐야 한다. 상대를 배려하고 정성을 다하라.
소송·다툼	소송에 매우 불리한 운이니 평소 소송이 발생하지 않게 주의한다.

신세대의 연운 활용

연애·사랑	육체적인 향락이나 소비에 치우치기 쉬우니 절제와 근검절약이 필요하다. 새로운 만남은 자제한다. 주변의 질투나 방해로 연인이나 부부 사이에 오해가 생길 수 있다. 주변의 말에 현혹되지 마라.
시험·취직	시험은 노력한 결실을 얻지 못하니 더욱 노력한다. 직장인은 명예퇴직이나 휴직이 우려되니 조심한다.
건강·사고	무리하면 건강이 갑자기 나빠질 수 있으니 주의한다.
금전·행운	독단적으로 진행하는 일은 손실이 매우 크지만 가족과 함께하는 일은 안정적인 수입이 꾸준히 들어온다.
소원·성취	소원이 쉽게 이루어지지 않으니 다음 기회를 기대함이 유리하다.

운명을 바꾸는 연운 활용

좋은 방향	남동쪽
좋은 색상	남청색
좋은 장소	갈비탕음식점
좋은 성씨	ㅁ, ㅂ, ㅍ
좋은 숫자	8, 11

숫자로 보는 연운 활용

	좋은 달	보통 달	나쁜 달
금전·투자	9, 12월	5, 6월	7, 11월
변화·변동	8, 12월	1, 6월	2, 7월
연애·사랑	8, 9월	1, 4월	7, 10월
건강·소송	8, 9월	5, 6월	3, 11월

543

월운

1月 정월과 이월에는 직업을 바꿀 운수다.
역마살이 들어오니 바쁘게 다닌다.
재물이 먼 곳에 있으니 그리로 가면 얻는다.

2月 티끌 모아 태산을 이루니 절대적으로 노력 덕분이다.
하河씨가 불리하니 우연히 해를 당한다.
만일 주색을 가까이하면 재물을 잃고 구설이 따른다.

3月 매사에 불리하니 모든 일을 주의한다.
이유 없는 일로 구설을 면하기 어렵다.
친구 사이가 재물 때문에 금간다.

4月 대대로 내려온 일이 꿈같이 허망하니 빈 손으로 성공한다.
집에 있으면 심란하고 멀리 나가면 길하다.
만일 재물을 잃지 않으면 질병이 따를까 두렵다.

5月 꾀꼬리가 버들가지에 올라가니 일신이 편안하다.
집을 지키면 길하고 밖으로 나가면 해롭다.
남의 재물을 탐내지 마라. 적게 얻고 크게 잃는다.

6月 구설수가 있으니 관재官災가 두렵다.
앞길이 험하니 수신제가修身齊家한다.
재물이 서쪽에 있으니 반드시 큰 재물을 얻는다.

7月 가을이 되어 낙엽이 떨어지니 슬픔과 근심이 생긴다.
분수 밖의 것을 것을 탐내지 마라. 도리어 실패한다.
재물이 들어오지 않으니 구해도 얻지 못한다.

8月 팔월의 운수는 남에게 은혜를 입는다.
몸과 재물이 왕성하니 천금을 얻는다.
금성金姓은 불리하고 목성木姓은 길하다.

9月 가을산에 오르니 소나무와 대나무가 푸르다.
북쪽으로 가지 마라. 재물에 불리하다.
수성水姓이 불리하니 항상 밀리한다.

10月 푸른 파도에 낚시를 드리우니 돌 사이로 고기가 들어간다.
주색을 가까이하지 마라. 재물을 잃을 운수다.
강을 건너지 마라. 장삿길에 재물을 잃는다.

11月 만일 사람 때문에 해를 당하지 않으면 구설수가 있다.
먼 길을 나서지 마라. 많은 재물을 잃는다.
비리를 탐내지 마라. 도리어 허황하다.

12月 바야흐로 봄풀이 자라나니 일취월장日就月將한다.
깊은 산골짜기에서 새가 잠을 자려 수풀을 찾는다.
가정을 잘 다스리면 뜻밖에 성공한다.

운명을 바꾸는 **월운** 활용

	1월	2월	3월	4월	5월	6월
좋은 방향	남쪽	동쪽	북동쪽	남서쪽	남동쪽	서쪽
좋은 색상	군청색	연두색	주황색	회색	녹색	파란색
좋은 장소	독서실	제과점	소주방	볼링장	라면전문점	카페
좋은 성씨	ㅅ, ㅈ, ㅊ	ㅁ, ㅂ, ㅍ	ㅇ, ㅎ	ㄱ, ㅋ	ㄴ, ㄷ, ㅌ, ㄹ	ㅅ, ㅈ, ㅊ
좋은 숫자	4, 10	6, 8	2, 4	5, 8	1, 6	3, 5
좋은 날짜	8, 14, 16, 21, 22, 28일	4, 10, 14, 21, 23, 28일	9, 16, 17, 19, 23, 25일	2, 8, 12, 19, 25, 26일	6, 13, 16, 21, 23, 28일	8, 13, 17, 19, 24, 28일
안 좋은 날짜	1, 13, 25일	6, 7, 18일	8, 18, 22일	7, 16, 24일	15, 17, 22일	7, 16, 18일
재물·금전 지수	85	77	76	86	88	81
변화·변동 지수	82	75	73	82	80	82
건강·행복 지수	84	77	72	84	83	80

	7월	8월	9월	10월	11월	12월
좋은 방향	북쪽	동쪽	남서쪽	남서쪽	남쪽	북서쪽
좋은 색상	노란색	검은색	연보라색	초록색	분홍색	고동색
좋은 장소	빈대떡음식점	순대음식점	노래방	나이트클럽	오락실	철판요리집
좋은 성씨	ㅁ, ㅂ, ㅍ	ㄱ, ㅋ	ㅇ, ㅎ	ㅇ, ㅎ	ㄱ, ㅋ	ㄴ, ㄷ, ㅌ, ㄹ
좋은 숫자	5, 7	3, 7	1, 2	4, 8	4, 9	2, 9
좋은 날짜	4, 9, 15, 20, 23, 29일	8, 12, 15, 20, 23, 28일	4, 13, 16, 22, 24, 27일	6, 13, 15, 18, 23, 28일	5, 12, 14, 20, 21, 26일	9, 12, 13, 21, 23, 29일
안 좋은 날짜	10, 11, 18일	7, 9, 16일	5, 7, 9일	1, 17, 29일	6, 13, 22일	10, 16, 18일
재물·금전 지수	73	93	92	72	75	93
변화·변동 지수	72	94	96	78	75	91
건강·행복 지수	75	95	97	75	72	95

551 知進不能之意

연운

妖魔入庭 作蘖芝蘭
요마입정 작얼지란 — 요사스러운 마귀가 뜰 안으로 들어와 자녀에게 해를 입힌다.

妖鬼發動 疾病可畏
요귀발동 질병가외 — 요귀가 발동하니 질병이 생길까 두렵다.

雖有得財 少得多用
수유득재 소득다용 — 비록 재물은 얻지만 얻는 것보다 쓰는 것이 많다.

貴人何在 必是北方
귀인하재 필시북방 — 귀인은 어디 있는가. 반드시 북쪽에 있다.

若非損財 膝下之憂
약비손재 슬하지우 — 만일 재물을 잃지 않으면 슬하에 근심이 있다.

家有不安 禱厄則吉
가유불안 도액즉길 — 집안이 불안하니 액을 예방하여 빌면 길하다.

淸風明月 元無主人
청풍명월 원무주인 — 맑은 바람과 밝은 달은 원래 주인이 없다.

分限己定 妄生虛心
분한기정 망생허심 — 자신의 한계가 정해져 있는데 망녕되이 허망한 마음이 생긴다.

財爻帶殺 妻宮有憂
재효대살 처궁유우 — 재물에 살이 끼었고 처궁에 우환이 있다.

성인의 연운 활용

금전·명예	들어오는 돈이 없으니 지출을 줄이고 계획적으로 관리해야 한다.
사업·창업	도와줄 사람이 전혀 없고 앞뒤가 꽉 막혀 있다. 사업이 자금난으로 어려워진다.
주식·투자	경기의 흐름을 예측하기 어려우니 주식투자는 신중하게 판단해야 한다.
시험·취직	입시는 실력보다 약간 낮추어 지원하라. 취직은 어렵게 이루어진다. 직장인의 승진은 아직 때가 아니다.
당선·소원	당선은 아직 어려우니 실력을 쌓아 다음 기회에 도전하라. 욕심을 버리지 않으면 소원을 이루기 힘들다.
이사·매매	이사하고 싶겠지만 지금의 집에서 옮기지 마라. 이변이 없는 한 매매는 순조롭고 작은 성과를 볼 수 있다.
건강·사고	심한 병고에 오래 시달려온 사람이나 나이 많은 노인은 위험할 수 있으니 미리 대비한다.
애정·결혼	기분이 침체되기 쉽다. 새로운 만남은 미루는 것이 좋고 연인의 잘못이 전혀 없는데 단점만 보이고 싫어지니 잠시 시간을 갖는 것이 좋다. 다툼으로 인해 관계가 악화될 수 있는 시기다.
소송·다툼	친구나 선후배로 인해 유흥이나 오락에 빠져 관재수나 구설수에 오르내리니 올바르게 처신한다.

신세대의 연운 활용

연애·사랑	들뜬 마음에 순간적인 감정에 휩쓸리면 결과가 나쁘다. 처음에는 사이가 매우 좋지만 시간이 갈수록 사소한 말다툼이 큰 갈등으로 확대되기 쉽다. 상대를 배려하도록 노력한다.
시험·취직	시험은 아직 때가 아니니 한 단계 낮추어 응시한다. 직장인은 승진은 어렵고 다른 부서로 이동은 가능하다.
건강·사고	술로 병원신세를 지게 되니 지나친 음주를 자제한다.
금전·행운	재산이 늘어나도 잠시뿐 식구가 늘어 지출이 만만치 않다. 현실에 만족하고 남의 재물은 욕심내지 마라.
소원·성취	이루자고 하는 의지가 강하지만 소원을 성취할 수는 없다.

운명을 바꾸는 연운 활용

좋은 방향	북쪽
좋은 색상	금색
좋은 장소	은행
좋은 성씨	ㅇ, ㅎ
좋은 숫자	4, 9

숫자로 보는 연운 활용

	좋은 달	보통 달	나쁜 달
금전·투자	2, 10월	3, 7월	1, 11월
변화·변동	6, 10월	8, 9월	11, 12월
연애·사랑	2, 6월	7, 8월	1, 4월
건강·소송	6, 10월	3, 9월	4, 5월

551

 1월
오랫동안 가물고 비가 오지 않으니 초목이 자라지 못한다.
만일 재물을 잃지 않으면 슬하에 근심이 있다.
하룻밤 광풍에 꽃잎이 모두 떨어진다.

 2월
작은 것으로 큰 것을 얻으니 재물운이 형통하다.
재성財星이 문으로 들어오니 우연히 재물을 얻는다.
만일 치성을 드리지 않으면 식구가 불리하다.

 3월
친한 사람에게 해를 당하니 길함이 변하여 흉해진다.
서남 양쪽에 반드시 귀인이 있다.
꾀하는 일이 불리하니 안정하면 길하다.

 4월
북쪽에서 오는 음식을 먹으면 병이 생긴다.
만일 서북으로 가면 질병이 침입한다.
재물이 돌아오니 애써 구하면 조금 얻는다.

 5월
몸이 고단함을 한탄하지 마라. 처음은 힘들지만 뒤에 통한다.
횡액이 우려되니 동쪽에는 가지 마라.
만일 질병이 없으면 슬하에 근심이 있다.

 6월
가운家運이 불리하니 집에 근심이 있다.
운수가 이와 같으니 액을 막으면 길하다.
도를 닦고 악을 멀리하면 하는 일마다 잘 이루어진다.

 7월
만일 관액官厄이 아니면 구설을 어찌 면할까.
동쪽의 귀인이 반드시 도와준다.
집에 우환이 있으니 상제上帝에게 치성을 드린다.

 8월
꾀하는 일이 위험하니 매사를 조심한다.
분수를 지키고 편안히 있으면 흉함이 길하게 변한다.
북쪽 사람은 사귀지 말고 멀리하라.

 9월
눈 속을 날던 새가 석양에 집을 잃는다.
불전에 치성을 드리면 가히 재물을 얻는다.
만일 영귀해지지 않으면 구설이 분분하다.

 10월
액운이 사라지니 소망이 이루어진다.
구월과 시월에는 반드시 재물이 왕성하다.
운수가 이와 같으니 꾀하는 일을 가히 이룬다.

 11월
눈이 가득 쌓인 창 앞에 매화가 홀로 서 있다.
재물을 잃을 수 있으니 수성水姓을 멀리한다.
큰 재물은 얻기 어려우나 작은 재물은 얻는다.

 12월
때를 기다려 움직이면 후회가 별로 없다.
재물을 잃을까 두려우니 미리 기도한다.
금년의 운은 별로 신기함이 없다.

운명을 바꾸는 월운 활용

	1월	2월	3월	4월	5월	6월
좋은 방향	북동쪽	북쪽	남서쪽	동쪽	북서쪽	동쪽
좋은 색상	적갈색	자주색	회색	다홍색	노란색	초록색
좋은 장소	버섯전문점	박물관	레스토랑	한적한 시외	칼국수전문점	등산로
좋은 성씨	ㄱ, ㅋ	ㄴ, ㄷ, ㅌ, ㄹ	ㅇ, ㅎ	ㅅ, ㅈ, ㅊ	ㄴ, ㄷ, ㅌ, ㄹ	ㅁ, ㅂ, ㅍ
좋은 숫자	6, 7	6, 11	2, 6	3, 10	9, 11	1, 2
좋은 날짜	5, 8, 12, 23, 24, 29일	8, 14, 17, 18, 22, 27일	2, 13, 16, 19, 21, 27일	7, 14, 16, 17, 23, 28일	3, 12, 15, 21, 25, 28일	8, 12, 16, 22, 24, 26일
안 좋은 날짜	13, 15, 22일	6, 13, 20일	12, 18, 26일	8, 13, 19일	5, 11, 27일	6, 15, 17일
재물·금전 지수	79	94	86	72	72	98
변화·변동 지수	75	93	85	76	70	95
건강·행복 지수	76	95	82	75	73	95

	7월	8월	9월	10월	11월	12월
좋은 방향	동쪽	남서쪽	북쪽	남동쪽	남쪽	북동쪽
좋은 색상	연보라색	청록색	보라색	귤색	하얀색	빨간색
좋은 장소	주택가	영화감상실	시내	버스	아구찜음식점	감자탕음식점
좋은 성씨	ㄱ, ㅋ	ㅅ, ㅈ, ㅊ	ㅇ, ㅎ	ㄴ, ㄷ, ㅌ, ㄹ	ㅁ, ㅂ, ㅍ	ㄱ, ㅋ
좋은 숫자	1, 8	1, 6	2, 11	3, 6	3, 8	5, 8
좋은 날짜	2, 9, 11, 13, 21, 28일	8, 14, 17, 19, 24, 28일	3, 9, 14, 17, 20, 26일	5, 9, 15, 21, 23, 28일	9, 12, 15, 18, 22, 27일	5, 8, 13, 22, 24, 28일
안 좋은 날짜	3, 14, 22일	12, 15, 23일	2, 8, 16일	4, 13, 16일	8, 16, 17일	4, 6, 23일
재물·금전 지수	81	82	83	91	73	78
변화·변동 지수	82	80	83	93	75	74
건강·행복 지수	83	85	85	95	76	70

552

無險有順必有安逸
무 험 유 순 필 유 안 일

四皓圍棋 消遣世慮
사 호 위 기 소 견 세 려   네 신선이 바둑판에 둘러앉아서 세상 근심을 잊는다.

桃李滿開 蜂蝶來喜
도 리 만 개 봉 접 내 희   복숭아꽃 자두꽃이 활짝 피니 벌 나비가 찾아와 기뻐한다.

身遊外方 必有榮華
신 유 외 방 필 유 영 화   몸이 바깥에서 노니 반드시 영화가 있다.

吉運漸回 晚時有吉
길 운 점 회 만 시 유 길   길운이 점차 돌아오니 늦게 길함이 있다.

垂釣滄波 終得巨鱗
수 조 창 파 종 득 거 린   푸른 물결에 낚시를 드리우니 마침내 큰 잉어를 잡는다.

意外橫財 生活泰平
의 외 횡 재 생 활 태 평   의외로 횡재하니 생활이 태평하다.

魚遊春水 洋洋自得
어 유 춘 수 양 양 자 득   물고기가 봄물에서 노니 의기양양하다.

淸風明月 自有主人
청 풍 명 월 자 유 주 인   맑은 바람과 밝은 달에는 스스로 주인이 있다.

隨人出脚 事無不利
수 인 출 각 사 무 불 리   사람을 따라서 활동하니 불리한 일이 거의 없다.

성인의 연운 활용

금전 · 명예	금전운이 최상이다. 얻고자 하면 얻고 구하고자 하면 재물을 구한다.
사업 · 창업	작은 것으로 큰 것을 바꾸니 노력한 것보다 더 큰 이익을 얻는다.
주식 · 투자	이보다 더 좋은 때가 없을 만큼 투자한 대로 이익이 있을 것이다.
시험 · 취직	장원급제의 운이니 노력하면 고시 합격도 가능하다. 직장인은 좋은 자리에 발탁되는 절호의 기회가 온다.
당선 · 소원	그 동안 노력한 보람이 있으니 반드시 당선될 것이다. 열심히 노력하면 소원을 반드시 이룰 수 있다.
이사 · 매매	지금보다 큰 집으로 이사하는 기쁨이 있다. 좋은 가격으로 매매가 쉽게 이루어지고 그 이득 또한 크다.
건강 · 사고	건강은 건강할 때 지켜야 한다. 건강을 과신하지 말고 평소 관리해야 한다.
애정 · 결혼	어려운 고비를 넘기지만 연인과 아직 결혼할 시기는 아니다. 좋은 이성을 소개받고 미혼남녀는 많은 사람들의 축하 속에 결혼한다. 결혼 상대가 못마땅해도 새로 만나는 사람이 이전의 연인보다 못하니 신중하라.
소송 · 다툼	우연히 도와주는 사람이 있어 유리한 쪽으로 소송이 진행될 것이다.

신세대의 연운 활용

연애 · 사랑	색다른 장소나 상대가 좋아하는 장소에서 데이트하면 좋다. 오랫동안 짝이 없던 사람은 좋은 짝을 만난다.
시험 · 취직	노력하면 원하는 시험에 무난하게 합격한다. 직장인은 승진하거나 추천으로 좋은 자리로 이동한다.
건강 · 사고	그 동안 쌓인 피로가 말끔히 사라지고 좋은 컨디션을 유지한다.
금전 · 행운	귀인에게 많은 도움을 받으니 들어오는 재물에 여유가 생긴다.
소원 · 성취	노력 없이 이룰 수 있는 일은 없다. 노력하며 소원을 빈다면 이룰 수 있다.

운명을 바꾸는 연운 활용

좋은 방향	서쪽
좋은 색상	청록색
좋은 장소	유원지
좋은 성씨	ㅅ, ㅈ, ㅊ
좋은 숫자	2, 4

숫자로 보는 연운 활용

	좋은 달	보통 달	나쁜 달
금전 · 투자	3, 6월	4, 10월	5, 7월
변화 · 변동	2, 12월	4, 9월	7, 11월
연애 · 사랑	1, 3, 6월	4, 8월	7, 11월
건강 · 소송	2, 12월	8, 9월	5, 7월

552 월운

봄바람과 가랑비에 복숭아꽃이 피어난다.
꽃 피는 숲 속에서 술을 마시며 스스로 즐긴다.
세상일이 뜬구름 같으니 신상이 안락하다.

봄이 깊은 산창山窓에서 사람과 더불어 담소한다.
집안 운수가 대통하니 모든 일이 뜻대로 된다.
몸이 타향에서 노니 사람마다 공경한다.

꽃 속에서 술잔을 드니 봄새가 지저귄다.
물고기와 용이 물을 얻어 활기차게 헤엄친다.
만일 관록官祿이 아니면 아들을 얻는다.

비록 재물은 있으나 혹 작은 근심이 따른다.
귀인이 도와주니 반드시 성공한다.
성심으로 일을 구하면 성공할 운수다.

집에 우환이 있으니 택일하여 예방한다.
만일 이와 같지 않으면 재물을 잃는다.
집이 불안하니 가족과 이별하게 된다.

좋은 경치를 찾아 산에 오르니 꽃 피고 나비가 춤춘다.
산은 높고 골은 깊은데 꽃이 봄산에 가득하다.
재물과 복이 따르니 금옥이 집안에 가득하다.

만일 횡재가 아니면 반드시 조문弔問을 받는다.
옛 것을 지키고 편히 있으면 이익이 그 가운데 있다.
도둑을 조심하라. 재물을 잃을까 두렵다.

구름 밖 만리에서 의기양양하게 고향으로 돌아온다.
근심이 흩어지고 기쁨이 생기니 집안이 태평하다.
칠월과 팔월에는 길한 가운데 근심이 있다.

편안하게 분수를 지키며 도를 즐기니 봄바람이 집에 가득하다.
성품이 정직하니 반드시 길한 징조가 있다.
편안한 가운데 위태로움이 있으니 관재官災를 조심한다.

푸른 강가에서 두 마리 소가 서로 다툰다.
만일 기도하지 않으면 슬하에 액이 있다.
이제야 좋은 운을 만나니 모든 일을 뜻대로 이룬다.

눈이 빈 산에 가득하니 뭇새는 어디에 사는가.
일신이 저절로 편안해지니 많은 사람들이 우러러본다.
깊은 골짜기에 봄이 돌아오니 무슨 일인들 이루지 못하겠는가.

단비가 때 맞춰 내리니 온갖 곡식이 풍성하다.
운수가 태평하니 날로 천금을 얻는다.
길을 떠나 이익을 얻으니 어찌 아름답지 않은가.

운명을 바꾸는 월운 활용

	1월	2월	3월	4월	5월	6월
좋은 방향	동쪽	북서쪽	남서쪽	북쪽	남쪽	남동쪽
좋은 색상	하늘색	노란색	적갈색	고동색	주황색	자주색
좋은 장소	기념관	강	수목원	유원지	운동장	오락실
좋은 성씨	ㅇ, ㅎ	ㅅ, ㅈ, ㅊ	ㄱ, ㅋ	ㄴ, ㄷ, ㅌ, ㄹ	ㄱ, ㅋ	ㄴ, ㄷ, ㅌ, ㄹ
좋은 숫자	6, 10	6, 11	3, 12	5, 9	9, 10	1, 9
좋은 날짜	5, 12, 16, 20, 23, 27일	9, 15, 17, 21, 22, 27일	5, 9, 13, 20, 24, 29일	5, 10, 13, 18, 22, 27일	6, 13, 18, 21, 22, 29일	4, 9, 12, 22, 23, 27일
안 좋은 날짜	17, 18, 19일	8, 16, 23일	7, 14, 15일	14, 19, 23일	7, 19, 20일	1, 16, 18일
재물·금전 지수	92	94	97	82	76	96
변화·변동 지수	93	96	90	83	74	92
건강·행복 지수	96	98	95	83	72	94

	7월	8월	9월	10월	11월	12월
좋은 방향	서쪽	북쪽	동쪽	서쪽	북동쪽	남서쪽
좋은 색상	분홍색	옥색	연보라색	남청색	연두색	밤색
좋은 장소	축구장	둔치	당구장	휴양림	보리밥식당	생선구이식당
좋은 성씨	ㅁ, ㅂ, ㅍ	ㄴ, ㄷ, ㅌ, ㄹ	ㅅ, ㅈ, ㅊ	ㄱ, ㅋ	ㅁ, ㅂ, ㅍ	ㅇ, ㅎ
좋은 숫자	2, 12	3, 7	3, 6	3, 4	1, 6	5, 6
좋은 날짜	8, 16, 18, 19, 20, 29일	4, 8, 16, 21, 22, 26일	1, 8, 12, 15, 22, 29일	5, 8, 15, 17, 20, 29일	5, 7, 14, 21, 22, 28일	6, 12, 14, 21, 28, 29일
안 좋은 날짜	7, 17, 28일	9, 20, 25일	11, 16, 21일	7, 9, 16일	4, 8, 12일	19, 23, 25일
재물·금전 지수	72	82	86	80	72	98
변화·변동 지수	78	84	82	83	78	90
건강·행복 지수	77	83	82	85	76	90

553 有順光明之意
유순광명지의

연운

清風明月 對酌美人
청풍명월 대작미인   맑은 바람 밝은 달에 미인과 마주 앉아 술잔을 기울인다.

年運大吉 必有榮華
연운대길 필유영화   연운이 대길하니 반드시 영화가 있다.

春光再到 桃李欲笑
춘광재도 도리욕소   봄빛이 따사로우니 복숭아꽃 자두꽃이 피어난다.

家有吉慶 人人仰視
가유길경 인인앙시   집안에 경사가 있으니 사람마다 우러러본다.

夫婦和合 子孫昌盛
부부화합 자손창성   부부가 화합하니 자손이 번창한다.

身上榮貴 到處春風
신상영귀 도처춘풍   일신이 영귀하니 이르는 곳마다 기쁨이 있다.

東風和暢 楊柳依依
동풍화창 양유의의   화창한 봄바람이 부니 버드나무가 푸르다.

事有定期 喜怒一時
사유정기 희로일시   일에는 정해진 때가 있으니 기쁨도 한때요 슬픔도 한때다.

長安道上 男兒得意
장안도상 남아득의   장안 길거리에서 남아가 뜻을 얻는다.

성인의 연운 활용

금전 · 명예	돈거래와 보증을 조심하면 마음의 여유와 금전의 여유가 생긴다.
사업 · 창업	사업가는 운수가 대통하니 경영하는 일이 잘 되어 많은 이익이 생긴다.
주식 · 투자	지금 투자하지 말고 때를 기다려라. 때를 기다려 투자하면 많은 이익을 볼 것이다.
시험 · 취직	국가고시나 일류대, 그 밖에 원하는 시험에 합격한다. 직장인은 승진은 물론 특진까지 하는 운이다.
당선 · 소원	드디어 당선되어 이름을 드높이게 된다. 거의 모든 소원을 이룰 수 있을 것이다.
이사 · 매매	이사는 무리하게 진행하면 손해를 본다. 마음보다는 순리대로 진행해야 순조롭다.
건강 · 사고	건강은 양호한 편이나 노인은 건강이 악화될 수도 있다.
애정 · 결혼	사랑과 관련된 모든 운이 상승세이므로 구애하면 사랑을 얻을 것이다. 원하는 상대와 사랑이 이루어지며 많은 축하 속에 화촉을 밝힌다.
소송 · 다툼	오랫동안 끌어오던 소송이 이제서야 쉽게 해결된다.

신세대의 연운 활용

연애 · 사랑	오랫동안 혼자였던 사람은 새로운 만남을 기대해도 좋다. 연인들은 특별한 이벤트를 준비해보자. 진실한 만남이라면 연인과 결혼에 이른다.
시험 · 취직	일반직이나 보통 시험은 합격하지만 상위직은 어렵다. 직장인은 전직이나 보직 변경은 가능하지만 승진은 다음 기회가 유리하다.
건강 · 사고	원기왕성하니 일하는 데 전혀 지장이 없다. 마음을 놓아도 된다.
금전 · 행운	사업을 활동적으로 운영하고 큰 이익을 본다.
소원 · 성취	예전에 바라던 소원이 이제서야 이루어진다.

운명을 바꾸는 연운 활용

좋은 방향	남쪽
좋은 색상	주황색
좋은 장소	서점
좋은 성씨	ㅅ, ㅈ, ㅊ
좋은 숫자	1, 8

숫자로 보는 연운 활용

	좋은 달	보통 달	나쁜 달
금전 · 투자	8, 9월	10, 11월	3, 12월
변화 · 변동	1, 5월	7, 10월	3, 6월
연애 · 사랑	2, 8월	7, 11월	12월
건강 · 소송	4, 9월	10, 11월	3, 6월

553

월운

가족들의 마음이 같으니 모든 일이 형통하다.
재앙이 사라지고 복이 오니 뜻밖에 재물을 얻는다.
토성土姓은 해로우나 수성水姓은 도움을 준다.

재물이 남쪽에 있으니 그 쪽으로 가면 얻는다.
만일 이와 같지 않으면 반드시 혼인한다.
만일 혼인이 없으면 아들을 얻을 운수다.

여러 사람이 도와주니 복록福祿이 쌓인다.
해와 달이 밝으니 반드시 경사가 있다.
달 밝은 높은 누각에 올라 피리를 불며 논다.

안과 밖이 화합하니 모든 일이 뜻대로 된다.
흉함이 변하여 길하게 되니 관사官事도 없다.
식구가 늘어나고 밭에서 이익을 얻는다.

꽃이 활짝 핀 곳에서 잔치를 열고 사람들이 함께 즐긴다.
술 마시며 크게 노래하니 취흥이 도도하다.
재물이 서쪽에 있으니 그 쪽으로 가면 얻는다.

길한 중에 흉함이 있으니 한번은 다툰다.
요귀가 발동하니 혹 질병과 액이 따를까 두렵다.
목성木姓을 조심하라. 구설을 면하지 못한다.

창 앞의 노란 국화가 이슬을 머금고 피어 있다.
봉황이 길한 조짐을 전하니 자손이 영귀해진다.
가운家運이 이와 같으니 기쁨이 집안에 가득하다.

귀인이 와서 도우니 꾀하는 일을 속히 이룬다.
해로운 성은 무슨 성인가. 반드시 화성火姓이다.
목성木姓과 친하면 뜻밖에 성공한다.

꽃피고 수풀 우거진 곳에 거문고 소리가 더욱 아름답다.
만일 관록官祿이 아니면 횡재할 운수다.
명예와 이익이 흥하니 모든 일이 형통하다.

만일 자녀를 얻지 않으면 멀리 길을 떠날 운수다.
담소하며 웃고 즐기니 세상 모든 일이 태평하다.
뜻밖에 귀인이 우연히 와서 도와준다.

대나무 숲 속에서 어느 누가 피리를 부는가.
운수가 태평하니 도처에 봄바람이 분다.
크게 이름을 얻으니 많은 사람이 공경한다.

비온 뒤에 달이 뜨니 경치가 다시 새롭다.
재물운이 왕성하니 날로 천금을 더한다.
김金가 이李가 두 성과는 친하게 지내지 말고 멀리하라.

운명을 바꾸는 **월운** 활용

	1월	2월	3월	4월	5월	6월
좋은 방향	북쪽	남쪽	북동쪽	동쪽	서쪽	남쪽
좋은 색상	파란색	베이지색	회색	다홍색	검은색	적갈색
좋은 장소	낙지음식점	민속주점	생맥주집	뷔페식당	산	놀이터
좋은 성씨	ㅁ, ㅂ, ㅍ	ㄴ, ㄷ, ㅌ, ㄹ	ㅅ, ㅈ, ㅊ	ㅅ, ㅈ, ㅊ	ㄱ, ㅋ	ㄴ, ㄷ, ㅌ, ㄹ
좋은 숫자	1, 12	1, 2	3, 9	1, 7	4, 5	1, 4
좋은 날짜	2, 8, 14, 17, 22, 27일	8, 15, 18, 22, 23, 28일	5, 8, 11, 17, 23, 29일	2, 8, 15, 16, 20, 26일	5, 10, 13, 16, 22, 26일	2, 10, 12, 14, 21, 26일
안 좋은 날짜	6, 9, 20일	4, 12, 14일	9, 14, 16일	14, 18, 19일	14, 19, 25일	3, 7, 15일
재물·금전 지수	98	90	76	91	93	72
변화·변동 지수	95	92	75	94	95	78
건강·행복 지수	92	97	72	97	92	79

	7월	8월	9월	10월	11월	12월
좋은 방향	남동쪽	북서쪽	북동쪽	남서쪽	서쪽	동쪽
좋은 색상	카키색	금색	보라색	연보라색	감색	연분홍색
좋은 장소	해장국식당	동물원	퓨전음식점	상가	기차역	찜질방
좋은 성씨	ㅁ, ㅂ, ㅍ	ㅁ, ㅂ, ㅍ	ㅇ, ㅎ	ㄴ, ㄷ, ㅌ, ㄹ	ㅇ, ㅎ	ㅅ, ㅈ, ㅊ
좋은 숫자	3, 9	5, 12	1, 12	5, 6	2, 5	2, 6
좋은 날짜	5, 7, 12, 15, 23, 26일	2, 9, 14, 17, 23, 27일	6, 9, 16, 19, 20, 27일	5, 9, 12, 14, 24, 28일	6, 8, 19, 23, 24, 27일	4, 14, 15, 21, 22, 28일
안 좋은 날짜	1, 11, 25일	1, 13, 19일	18, 21, 28일	3, 15, 27일	7, 15, 20일	16, 18, 24일
재물·금전 지수	86	95	91	83	81	78
변화·변동 지수	88	92	93	85	86	73
건강·행복 지수	85	90	95	82	85	72

561 有離散之意
유 리 산 지 의

연운

風起西北 帽落何處
풍 기 서 북 모 락 하 처   바람이 서북쪽에서 일어나니 모자가 어디로 떨어지는가.

雖有能力 不能奈何
수 유 능 력 불 능 내 하   비록 능력은 있으나 해내지 못하니 어찌할까.

事與心違 虛度光陰
사 여 심 위 허 도 광 음   하는 일이 마음과 다르니 세월만 헛되이 보낸다.

家運不利 愁心難解
가 운 불 리 수 심 난 해   가운이 불리하니 근심이 사라지지 않는다.

勿爲妄動 損財可畏
물 위 망 동 손 재 가 외   망녕되이 움직이지 마라. 재물을 잃을까 두렵다.

今年之數 失物愼之
금 년 지 수 실 물 신 지   금년 운수는 재물을 잃지 않게 조심한다.

十年磨劍 霜刃未試
십 년 마 검 상 인 미 시   십년간 칼을 갈았으나 그 칼을 써보지도 못한다.

勿聽人見 空費歲月
물 청 인 견 공 비 세 월   남의 말을 듣지 마라. 공연히 세월만 낭비한다.

山深四月 不知春色
산 심 사 월 부 지 춘 색   깊은 산에 사월이 왔는데 봄빛을 알지 못한다.

성인의 연운 활용

금전 · 명예	수입은 적은데 지출은 많으니 자금난이 심하다. 절약이 최선의 길이니 조금씩이라도 저축한다.
사업 · 창업	상당한 어려움이 닥치지만 기적 같은 일이 생겨 도리어 돈이 생길 수도 있다.
주식 · 투자	투자로 인해 재물의 절반이 나갈 수도 있으니 손대지 않는 것이 좋다. 현재에 만족한다.
시험 · 취직	더 노력해야 일반직이나 일반대학에 합격할 수 있다. 직장인은 좌천될 수 있으니 현재에 만족한다.
당선 · 소원	지금은 때가 아니니 다음 기회를 기다려라. 운세가 좋지 않아 어떤 소원도 이루기 힘들다.
이사 · 매매	이사나 변동의 시기가 아니니 생각이 있어도 잠시 미룬다. 매매는 문서로 인해 손실이 있으니 조심한다.
건강 · 사고	다른 사람은 큰 걱정이 없지만 운세가 급격히 하락한 사람은 생명까지 위험할 수 있다.
애정 · 결혼	상대방에 대한 믿음이 깨지고 있다. 기대한 사람이 자신에게 맞지 않을 가능성이 크지만 실망하지 마라. 연애를 방해하거나 부부 사이를 이간질하는 사람이 나타나니 주의한다.
소송 · 다툼	대인관계에 주의하라. 사람으로 인한 소송이 발생할 수 있다.

신세대의 연운 활용

연애 · 사랑	상대가 마음을 몰라주지만 실망하지 마라. 새로운 이성을 만나거나 그 사람과 가까워진다. 연인과 다툼을 조심하고 결혼은 다음 기회로 미룬다.
시험 · 취직	자신감만 있으면 노력한 대가가 있다. 기대만큼은 아니지만 직장에서 작은 변동이나 이동이 가능하다.
건강 · 사고	질병이나 사고를 주의한다. 자칫 갑작스런 사고로 위험할 수 있다.
금전 · 행운	현재 운세는 매우 좋지만 노력만이 재물을 얻을 수 있는 길이다.
소원 · 성취	작은 소원 정도는 이루어지지만 지나치게 큰 소원은 성취하기 힘들다.

운명을 바꾸는 연운 활용

좋은 방향	동쪽
좋은 색상	보라색
좋은 장소	라면전문점
좋은 성씨	ㄱ, ㅋ
좋은 숫자	1, 2

숫자로 보는 연운 활용

	좋은 달	보통 달	나쁜 달
금전 · 투자	11, 12월	9월	5, 8월
변화 · 변동	10, 12월	6, 9월	3, 7월
연애 · 사랑	10, 11월	6월	1, 7월
건강 · 소송	10, 11월	6, 9월	2, 4월

561

월운

 1월
봄에 눈이 많이 내리니 풀과 나무가 자라지 못한다.
헛되이 세월을 보내니 세상일이 허망하다.
일에 두서가 없으니 소망을 이루지 못한다.

 2월
삼월 끝자락에 꽃을 탐하는 것은 의미가 없다.
일마다 많이 거슬리니 수심이 떠나지 않는다.
먼저는 작은 이익을 얻지만 마침내는 재물을 잃게 된다.

 3월
두 마음이 같지 않으니 반드시 서로 이별한다.
사소한 일로 구설이 또 들려온다.
물가에 가지 마라. 한번 놀라게 된다.

 4월
비록 꾀하는 일은 있으나 반드시 허황할 것이다.
일을 끝내지도 않았는데 근심이 생기니 이를 어찌할까.
처궁妻宮에 근심이 있으니 미리 액을 막는다.

 5월
운수가 불길한데 또 무슨 구설인가.
횡액이 우려되니 망녕되이 움직이지 마라.
남과 함께 일하면 반드시 실패한다.

 6월
칠년 큰 가뭄에 풀들이 자라지 못한다.
재물이 궁함을 한탄하지 마라. 처음은 어려우나 나중에 형통하다.
비록 재물은 있으나 쓸 곳이 많다.

 7월
비록 묘한 계교는 있으나 맞지 않으니 어찌할까.
수성水姓은 해로우니 멀리한다.
미리 치성을 드려라. 부모에게 근심이 있다.

 8월
여자를 가까이하지 마라. 음모를 꾸며 간사한 청을 한다.
만일 여자를 가까이하면 뜻하지 않은 변고가 생긴다.
심신이 불편하니 멀리 길을 떠날 운수다.

 9월
혹 신액身厄이 따를 수 있으니 모든 일에 조심한다.
만일 이와 같지 않으면 가정에 풍파가 있다.
미리 액을 예방하면 가히 이 운수를 면한다.

 10월
비가 그치고 달이 뜨니 온 세상이 밝다.
가운家運이 이미 돌아왔으니 이익이 논밭에 있다.
미리 안택安宅하면 재물복이 풍성하다.

 11월
창 앞의 푸른 복숭아나무가 홀로 봄빛을 띤다.
만일 재물이 생기지 않으면 슬하에 경사가 있다.
재물을 잃을 수 있으니 친한 사람을 조심한다.

 **12월**
함부로 행동하지 마라. 안정하면 길하다.
재산에 손실이 있으니 남과 거래하지 마라.
길을 떠나면 불리하다. 특히 동남쪽에 가지 마라.

운명을 바꾸는 **월운** 활용

	1월	2월	3월	4월	5월	6월
좋은 방향	북쪽	서쪽	남쪽	북서쪽	북동쪽	서쪽
좋은 색상	초록색	자주색	고동색	베이지색	하늘색	주황색
좋은 장소	둔치	청국장식당	바닷가	카페	묵요리집	미술관
좋은 성씨	ㄴ,ㄷ,ㅌ,ㄹ	ㄱ,ㅋ	ㅇ,ㅎ	ㄴ,ㄷ,ㅌ,ㄹ	ㅅ,ㅈ,ㅊ	ㅁ,ㅂ,ㅍ
좋은 숫자	9, 10	4, 8	5, 9	2, 12	2, 8	5, 8
좋은 날짜	5, 15, 17, 24, 25, 28일	1, 8, 14, 20, 23, 27일	1, 9, 12, 15, 22, 27일	8, 15, 17, 19, 25, 29일	6, 11, 14, 19, 21, 27일	5, 8, 13, 22, 23, 27일
안 좋은 날짜	14, 18, 21일	7, 9, 18일	3, 18, 26일	16, 18, 26일	10, 22, 25일	2, 12, 20일
재물·금전 지수	77	76	72	76	72	87
변화·변동 지수	76	71	70	74	76	82
건강·행복 지수	72	78	75	73	75	83

	7월	8월	9월	10월	11월	12월
좋은 방향	남동쪽	남서쪽	동쪽	서쪽	남쪽	북쪽
좋은 색상	분홍색	회색	금색	하얀색	연보라색	연두색
좋은 장소	서점	수영장	PC방	레스토랑	만화방	중식당
좋은 성씨	ㅇ,ㅎ	ㄴ,ㄷ,ㅌ,ㄹ	ㄱ,ㅋ	ㅅ,ㅈ,ㅊ	ㅁ,ㅂ,ㅍ	ㄱ,ㅋ
좋은 숫자	3, 12	5, 11	3, 9	7, 12	7, 10	2, 4
좋은 날짜	4, 11, 12, 15, 21, 28일	7, 9, 12, 16, 25, 27일	4, 13, 16, 21, 22, 28일	4, 10, 12, 22, 23, 28일	9, 15, 16, 21, 26, 28일	6, 9, 15, 19, 21, 29일
안 좋은 날짜	5, 18, 19일	6, 11, 18일	14, 15, 26일	3, 11, 24일	7, 17, 20일	1, 8, 14일
재물·금전 지수	73	74	82	92	98	97
변화·변동 지수	73	75	83	96	92	96
건강·행복 지수	72	71	84	95	92	95

必有滿足之意
필유만족지의

寶鼎煮丹 仙人之藥
보정자단 선인지약 보배로운 솥에 단약을 달이니 신선의 약이다.

金星隨身 財帛綿綿
금성수신 재백면면 금성이 따르니 재물이 계속 모여든다.

身數大吉 威振四方
신수대길 위진사방 신수가 대길하니 위엄을 사방에 떨친다.

財星臨身 橫財之數
재성임신 횡재지수 재성이 따르니 횡재할 운수다.

今年之數 移舍得利
금년지수 이사득리 금년 운수는 이사를 하면 유리하다.

財穀豊滿 此外何望
재곡풍만 차외하망 재물과 곡식이 풍부한데 이 밖에 또 무엇을 바라겠는가.

花含玉露 蜂蝶來喜
화함옥로 봉접내희 꽃이 옥이슬을 머금으니 벌과 나비가 찾아와 춤춘다.

先困後泰 害變爲吉
선곤후태 해변위길 처음에는 어렵다가 뒤에 태평하니 해로움이 길하게 변한다.

雲興天上 奇峰如山
운흥천상 기봉여산 구름이 가득한 하늘에 기이한 봉우리가 산처럼 솟아 있다.

성인의 연운 활용

금전 · 명예	주변 사람들과 화합하고 횡재수가 있으니 큰돈을 만지는 기쁨이 있을 것이다.
사업 · 창업	사업가는 경영이 순조롭고 나날이 발전하며 수입이 늘어난다.
주식 · 투자	주식투자로 인해 어느 정도의 이익과 재물을 볼 수 있다.
시험 · 취직	실력을 쌓았다면 반드시 합격한다. 직장인은 현재보다 조금 올라가는 발전이 있다.
당선 · 소원	당선은 지금이 바로 적기다. 소원은 인기나 명예를 원한다면 이루어지나 금전을 원한다면 이루기 어렵다.
이사 · 매매	이사는 변동과 확장의 기운이 왕성하니 서둘러도 좋다. 매매 역시 거래로 이익을 얻는다.
건강 · 사고	몸과 마음이 피곤하지만 건강에는 큰 해가 없으니 안심해도 좋다.
애정 · 결혼	매우 정열적이지만 쉽게 달아오른 감정이 쉽게 식는 법이니 감정 조절이 필요하다. 부부관계는 사소한 일로 서로 오해할 일이 있으니 마음을 열고 대화한다.
소송 · 다툼	소송은 발생하기는 하지만 당신의 잘못이 아니므로 무난하게 해결될 것이다.

신세대의 연운 활용

연애 · 사랑	의외의 만남이 좋은 인연으로 이어진다. 연인끼리는 갈등이 예상되니 조심하라. 상대에게 진심으로 대해야 상대가 마음을 열고 사랑도 깊어진다.
시험 · 취직	준비한 사람만이 원하는 시험에 합격한다. 승진은 어렵지만 보직 변경이나 부서 이동은 가능하다.
건강 · 사고	건강에는 전혀 이상이 없으니 활발히 움직여도 좋다.
금전 · 행운	재물운이 왕성하니 수입이 꾸준히 들어온다.
소원 · 성취	향락을 바라면 소원은 절대 이룰 수 없다. 욕심이 없는 소원은 이루어진다.

운명을 바꾸는 연운 활용

좋은 방향	남서쪽
좋은 색상	금색
좋은 장소	박물관
좋은 성씨	ㄴ, ㄷ, ㅌ, ㄹ
좋은 숫자	4, 6

숫자로 보는 연운 활용

	좋은 달	보통 달	나쁜 달
금전 · 투자	1, 4월	7, 10월	5, 9월
변화 · 변동	6, 11월	3, 7월	5, 12월
연애 · 사랑	4, 8월	7, 10월	5, 9월
건강 · 소송	2, 6월	3, 7월	9, 12월

562

월운

녹음綠陰 짙은 숲 속에 꾀꼬리 소리가 아름답다.
재물이 따르니 남아가 뜻을 얻는다.
마음을 바로하고 선을 쌓으면 재물복이 넘쳐난다.

이제 길한 운을 만나니 소원을 성취한다.
재록財祿이 풍부하니 가족들이 기뻐한다.
집에 경사가 있으니 슬하의 영화다.

임금이 잘하고 신하가 어지니 가히 태평성대를 기약한다.
재물이 서쪽에 있으니 그 쪽으로 가면 얻는다.
하순에는 서쪽에 가지 마라. 공연히 재물만 잃게 된다.

본래 재산이 없지만 횡재하여 풍족해진다.
서쪽에서 재물이 우연히 집에 들어온다.
명성과 이익이 함께하니 편안한 곳에서 태평하게 지낸다.

재물이 쌓이니 이 밖에 무엇을 바랄까.
재앙이 가고 복이 오니 질병이 침입하지 않는다.
만일 화성火姓을 가까이하면 재물을 많이 잃는다.

만일 재물이 생기지 않으면 새로 결혼할 운수다.
재물운이 들어오니 가는 곳마다 재물이 있다.
운수가 대통하니 이름과 이익이 함께한다.

산이 깊고 숲이 무성하니 온갖 새들이 번성한다.
남쪽은 불리하니 그 곳으로는 가지 마라.
가운이 흥왕하니 복록福祿이 끊이지 않는다.

산이 비록 높으나 오르면 가히 이른다.
소망이 뜻대로 되니 금과 옥이 집에 가득하다.
가운家運이 대길하니 우연히 재물을 얻는다.

만일 횡재하지 않으면 자손의 영화가 있다.
만일 관록官祿이 아니면 장삿길에서 재물을 얻는다.
남쪽이 불리하다. 구설수가 따를 수 있다.

단비가 내리니 초목이 무성해진다.
만일 귀인을 만나면 관록官祿이 따른다.
만일 화성火姓을 가까이하면 실패를 면하지 못한다.

만일 질병이 있으면 약을 쓴다. 그러면 곧 낫는다.
메마른 풀이 비를 만나니 그 빛이 다시 푸르다.
뜻밖에 성공하니 의기양양하다.

뜰 앞의 매화가 이슬을 머금고 활짝 웃는다.
만일 재물이 생기지 않으면 슬하에 경사가 있다.
농사꾼은 이익을 얻고 선비는 녹祿을 얻는다.

운명을 바꾸는 **월운** 활용

	1월	2월	3월	4월	5월	6월
좋은 방향	북쪽	북동쪽	서쪽	남쪽	남동쪽	동쪽
좋은 색상	노란색	군청색	적갈색	파란색	베이지색	다홍색
좋은 장소	목욕탕	버스정류장	쌈밥식당	갈비음식점	갈비탕음식점	등산로
좋은 성씨	ㅅ, ㅈ, ㅊ	ㅇ, ㅎ	ㄱ, ㅋ	ㄴ, ㄷ, ㅌ, ㄹ	ㅁ, ㅂ, ㅍ	ㄴ, ㄷ, ㅌ, ㄹ
좋은 숫자	2, 8	3, 4	1, 11	4, 6	6, 9	4, 11
좋은 날짜	2, 6, 10, 22, 24, 29일	3, 13, 18, 19, 22, 27일	4, 8, 12, 21, 24, 28일	5, 12, 17, 18, 22, 28일	6, 12, 15, 18, 22, 27일	2, 9, 15, 19, 25, 28일
안 좋은 날짜	5, 13, 19일	4, 14, 20일	5, 9, 18일	4, 16, 19일	9, 17, 23일	5, 10, 18일
재물·금전 지수	94	96	80	95	72	92
변화·변동 지수	93	95	84	94	76	95
건강·행복 지수	92	95	83	95	74	94

	7월	8월	9월	10월	11월	12월
좋은 방향	북쪽	북동쪽	서쪽	남쪽	남서쪽	남동쪽
좋은 색상	검은색	감색	연보라색	회색	자주색	노란색
좋은 장소	오리음식점	시냇가	저수지	체육관	도서관	추어탕음식점
좋은 성씨	ㅇ, ㅎ	ㅅ, ㅈ, ㅊ	ㄱ, ㅋ	ㅁ, ㅂ, ㅍ	ㄴ, ㄷ, ㅌ, ㄹ	ㄱ, ㅋ
좋은 숫자	7, 9	5, 10	8, 11	1, 5	4, 5	3, 12
좋은 날짜	1, 6, 14, 22, 24, 28일	5, 10, 15, 20, 25, 29일	3, 7, 13, 19, 23, 25일	5, 8, 13, 17, 23, 28일	2, 7, 12, 19, 24, 27일	5, 8, 16, 19, 22, 26일
안 좋은 날짜	7, 15, 23일	4, 13, 23일	2, 14, 22일	7, 14, 26일	6, 14, 26일	9, 20, 23일
재물·금전 지수	87	96	73	89	92	72
변화·변동 지수	84	98	78	82	93	74
건강·행복 지수	86	97	76	83	94	75

563 有盜有損之意
유 도 유 손 지 의

연운

深入青山 先建茅屋
심입청산 선건모옥　청산에 깊이 들어가 먼저 띳집을 짓는다.

飛鳥羽傷 欲飛不能
비조우상 욕비불능　새가 날개를 다쳤으니 날고 싶어도 날지 못한다.

財星逢空 何望得財
재성봉공 하망득재　재성이 공허함을 만났으니 어찌 재물을 얻기 바랄까.

或有家憂 心身難定
혹유가우 심신난정　집안에 우환이 있으니 마음 붙일 곳이 없다.

莫近女人 必有不利
막근여인 필유불리　여인을 가까이하지 마라. 반드시 불리하다.

今年之數 疾病愼之
금년지수 질병신지　금년 운수는 질병을 주의한다.

霜落秋江 魚龍失所
상락추강 어룡실소　서리가 가을 강에 내리니 물고기와 용이 살 곳이 없다.

此長彼短 勿與人爭
차장피단 물여인쟁　길으니 짧으니 남과 밀다툼을 하지 마라.

妄爲尊大 眼下無人
망위존대 안하무인　망녕되이 잘난 체하니 눈 아래에 사람이 없다.

성인의 연운 활용

금전·명예	이익이 전혀 없으니 생활에 어려움이 많다.
사업·창업	현재 하고 있는 사업이 계획과 다르게 진행된다.
주식·투자	주식투자는 지나치게 욕심을 부리다 손해를 볼 수 있으니 주의한다.
시험·취직	과도한 욕심만 버리면 고시나 일류대 말고는 합격 가능하다. 직장인은 보직 변경이나 승진의 영광이 있다.
당선·소원	당선운이 없어 낙선하게 되니 다음을 기약하라. 소원은 욕심이 없는 것만 이룰 수 있다.
이사·매매	지금 사는 집이 유익하니 이사는 되도록 삼간다. 매매는 어떤 것이든 계약하지 않는 것이 좋다.
건강·사고	과음이나 과로로 건강 악화가 예상되니 휴식을 취한다.
애정·결혼	애정운은 평범하나 심리적으로 불안하다. 변했다고 상대가 오해할 수 있으니 안 하던 행동은 하지 마라. 상대가 마음을 전혀 알아주지 않는다. 약혼자가 아니면 결혼이 성사되기 어려우니 다음 기회를 기다린다.
소송·다툼	소송은 심각한 상황까지 발전하니 미리 대비하는 것이 좋다.

신세대의 연운 활용

연애·사랑	자존심을 세우거나 상대에게 투정을 부리기 쉽지만 마음이 통하면 이것이 오히려 서로의 사랑을 자극할 수도 있다. 오랜 다툼에 지친 부부는 이별할 수 있으며, 연인들은 고집을 부리다 갈등이 심해진다.
시험·취직	운이 매우 좋아 기대 밖의 좋은 성적이 나온다. 직장인은 승진이나 보직 변동, 부서 이동 등이 있다.
건강·사고	여러 가지 일이 꼬여 건강 악화가 우려된다. 상황이 어려워도 건강에 관심을 가져야 한다.
금전·행운	이익도 없고 손해도 없으니 지출을 줄이고 절약하면 다음 기회에 일어날 토대가 된다.
소원·성취	정당하고 욕심 없는 소원은 이루어지지만 그 밖의 소원은 이루어지기 어렵다.

운명을 바꾸는 연운 활용

좋은 방향	남동쪽
좋은 색상	밤색
좋은 장소	한적한 시외
좋은 성씨	ㄱ, ㅋ
좋은 숫자	7, 11

숫자로 보는 연운 활용

	좋은 달	보통 달	나쁜 달
금전·투자	4, 11월	9, 10월	3, 5월
변화·변동	4, 11월	6, 9월	2, 7월
연애·사랑	11, 12월	6, 9월	1, 8월
건강·소송	4, 12월	6, 10월	2, 7월

563

월운

늙은 용이 꾀가 없으니 어찌 하늘에 오를까.
비록 재물은 있으나 얻어도 모으기 어렵다.
보고도 먹지 못하니 재물이 있어도 무익하다.

봄눈이 산에 가득 쌓이니 초목이 살지 못한다.
만일 여색을 가까이하면 명예와 재물이 손상당한다.
재물운이 공허하니 재물을 구하지만 불리하다.

삼월 깊은 산 속에서 봄빛을 보지 못한다.
비록 노력은 하지만 도무지 공이 없다.
구해도 얻지 못하니 이 운수를 어찌할까.

슬하에 근심이 있으니 약을 써도 낫지 않는다.
가는 곳마다 해로우니 몸과 마음이 불안하다.
재물이 남쪽에 있으니 나가면 얻는다.

적막한 산 속에서 나그네 마음이 처량하다.
부인의 병이 불리하니 심신이 불안하다.
집에 있으면 마음이 아프니 멀리 길을 떠날 운수다.

만리나 떨어진 먼 길에서 괴로움을 견디기 어렵다.
매사에 조심하라. 횡액이 두렵다.
천리타향에서 멀리 두고 온 집을 그리워한다.

만일 남과 다툼이 없으면 아내를 잃을 운수다.
청산靑山 위에 갈건葛巾을 쓴 상을 당한 사람이다.
남의 말을 듣지 마라. 반드시 허황하다.

바깥의 재물을 탐내지 마라. 도리어 재물을 잃을 운수다.
관계 없는 일로 구설이 분분하다.
이 달의 운수는 손해만 있고 이익이 없다.

매우 바쁘게 다니지만 소득이 별로 없다.
신상이 고단하니 한탄한들 소용 없다.
재물을 구하나 불리하니 분수를 지키고 집에 있는 것이 낫다.

발로 호랑이 꼬리를 밟으니 신상이 위태롭다.
요귀가 다시 움직이니 질병을 조심한다.
미리 액을 예방하면 이 운수를 면한다.

친구를 믿지 마라. 관계 없는 일로 재물에 손해가 생긴다.
산신에게 기도하면 액이 사라지고 복이 온다.
동남 양쪽으로 길을 떠나면 불리하다.

하룻밤 광풍에 꽃이 눈처럼 떨어진다.
다른 일을 꾀하지 마라. 반드시 낭패를 당한다.
금년의 운수는 움직이면 재물을 잃는다.

운명을 바꾸는 **월운** 활용

	1월	2월	3월	4월	5월	6월
좋은 방향	북쪽	남쪽	동쪽	남쪽	북동쪽	남서쪽
좋은 색상	주황색	옥색	남청색	초록색	주황색	청록색
좋은 장소	와인전문점	모래사장	야외음식점	놀이공원	매점	장어음식점
좋은 성씨	ㅁ, ㅂ, ㅍ	ㅅ, ㅈ, ㅊ	ㅁ, ㅂ, ㅍ	ㄱ, ㅋ	ㅇ, ㅎ	ㅅ, ㅈ, ㅊ
좋은 숫자	5, 8	2, 5	3, 8	7, 8	4, 7	2, 7
좋은 날짜	5, 7, 11, 15, 21, 26일	3, 8, 15, 19, 23, 29일	3, 6, 13, 16, 23, 26일	7, 9, 11, 13, 16, 19일	7, 9, 16, 19, 25, 27일	4, 8, 12, 16, 19, 22일
안 좋은 날짜	9, 16, 20일	7, 18, 20일	7, 14, 18일	10, 12, 29일	21, 24, 26일	18, 20, 21일
재물·금전 지수	71	78	73	92	78	82
변화·변동 지수	72	74	74	95	71	85
건강·행복 지수	75	73	75	93	72	84

	7월	8월	9월	10월	11월	12월
좋은 방향	북서쪽	남쪽	남쪽	북쪽	북쪽	남서쪽
좋은 색상	연보라색	보라색	고동색	귤색	적갈색	베이지색
좋은 장소	상가	주택가	시냇가	백화점	산책로	레스토랑
좋은 성씨	ㄱ, ㅋ	ㄴ, ㄷ, ㅌ, ㄹ	ㄴ, ㄷ, ㅌ, ㄹ	ㅇ, ㅎ	ㄴ, ㄷ, ㅌ, ㄹ	ㅅ, ㅈ, ㅊ
좋은 숫자	4, 9	3, 6	4, 12	2, 6	2, 12	9, 12
좋은 날짜	2, 6, 13, 16, 26, 28일	6, 9, 13, 17, 23, 26일	4, 8, 12, 14, 20, 27일	5, 9, 16, 19, 24, 29일	1, 3, 8, 11, 18, 20일	2, 8, 10, 15, 18, 22일
안 좋은 날짜	8, 12, 18일	12, 16, 27일	9, 15, 19일	4, 15, 18일	2, 17, 26일	11, 16, 19일
재물·금전 지수	72	77	86	89	93	99
변화·변동 지수	73	76	84	81	96	94
건강·행복 지수	74	72	88	82	95	95

611 有不安靜之意
유불안정지의

연운

平地風波 束手無策
평지풍파 속수무책   평지에 풍파가 일어나니 어찌할 방법이 없다.

行路逢險 失路彷徨
행로봉험 실로방황   가는 길이 험난하니 길을 잃고 방황한다.

有始無終 行事浮雲
유시무종 행사부운   시작만 있고 끝이 없으니 일이 뜬구름같이 허무하다.

官鬼發動 官災可畏
관귀발동 관재가외   관귀가 발동하니 관재가 따를까 두렵다.

意外有災 此數奈何
의외유재 차수내하   뜻밖의 재난이 있으니 이 수를 어찌 면할까.

今年之數 口舌愼之
금년지수 구설신지   금년 운수는 구설을 주의한다.

劍光如電 魂不付身
검광여전 혼불부신   칼빛이 번개와 같으니 혼이 몸에 붙지 않는다.

日落瀟湘 雁影蕭蕭
일락소상 안영소소   소상강에 해가 저무니 기러기 그림자가 쓸쓸하다.

事不如心 心神散亂
사불여심 심신산란   일이 마음대로 되지 않으니 심신이 산란하다.

성인의 연운 활용

금전 · 명예	들어오는 돈은 없는데 나가는 돈은 많으니 꾸준한 저축이 최선의 방법이다.
사업 · 창업	성실하게 꾸준히 일해도 큰 이익이 없다. 운을 바꿀 수는 없으니 다음 기회를 기다려라.
주식 · 투자	생각만으로 무리하게 투자하면 재물에 손실이 있을 것이다.
시험 · 취직	노력만큼 성과는 없지만 응시하는 곳마다 합격한다. 직장인은 변동운이 있지만 승진은 다소 어렵다.
당선 · 소원	지금은 당선이 어려우니 다음을 기약하고 열심히 노력하는 것이 낫다. 소원은 너무 커서 이루기 어렵다.
이사 · 매매	이사는 먼 곳보다는 가까운 곳이 좋다. 매매는 쉽게 성사되지만 큰 이익을 보기는 어렵다.
건강 · 사고	여유를 부리다 합병증이 생길 수 있으니 건강관리에 신경 쓴다.
애정 · 결혼	감정이 격해지거나 사소한 오해가 큰 충돌로 악화되기 쉬우니 감정을 차분하게 가라앉혀라.
소송 · 다툼	작은 실수 하나가 소송으로 이어지고, 결국 시비를 가려야 할 지경에 이른다.

신세대의 연운 활용

연애 · 사랑	성격과 환경이 어긋나고 애정운이 저조하니 기다리는 것이 최선이다. 관계가 나빠졌을 때 가까운 사람에게 도움을 청하면 쉽게 화해하고 더욱 친밀해질 것이다.
시험 · 취직	대학입시는 어렵지만 일반시험은 노력하면 가능하다. 직장인은 승진은 어렵지만 작은 변동이 있다.
건강 · 사고	사주팔자가 나쁜 사람은 매우 위험한 때이니 각별히 조심한다.
금전 · 행운	노력한 만큼 이익이 있지만 요행이나 행운을 기대하면 안 된다.
소원 · 성취	현재의 소원은 이루기 어렵지만 과거에 간절하게 바라던 소원은 이루어진다.

운명을 바꾸는 연운 활용

좋은 방향	동쪽
좋은 색상	검은색
좋은 장소	샌드위치가게
좋은 성씨	ㅁ, ㅂ, ㅍ
좋은 숫자	2, 5

숫자로 보는 연운 활용

	좋은 달	보통 달	나쁜 달
금전 · 투자	7, 12월	4, 8월	1, 2월
변화 · 변동	7, 11월	3, 9월	1, 6월
연애 · 사랑	11, 12월	3, 4월	5, 10월
건강 · 소송	7, 11월	4, 9월	2, 10월

611

월운

❶ 강산에 눈이 가득 쌓이니 지나가는 사람을 볼 수 없다.
세상일에 거슬림이 많으니 가는 곳마다 마음을 상한다.
말을 타고 험한 길을 달리니 험난하여 나아가지 못한다.

❷ 험한 길을 이미 지났는데 다시 태산을 만난다.
먼 길을 나서니 갈수록 길이 험하다.
분수를 지키면 길하고 함부로 움직이면 흉하다.

❸ 나그네가 고요하고 쓸쓸한 창에서 한탄한다.
우연한 일로 구설을 면하기 어렵다.
명산에서 기도하면 이 운수를 면한다.

❹ 뜻밖에 재물을 허비하니 마음에 다치지 않은 곳이 없다.
이사하지 말고 옛 것을 지키면서 안정한다.
만일 구설이 아니면 몸이 병들까 두렵다.

❺ 남과 함께 일하면 낭패를 당할 운수다.
망녕되이 움직이지 마라. 형벌이 있을까 두렵다.
재물운을 말하자면 얻어도 다시 잃게 될 운수다.

❻ 하루아침 비바람에 떨어진 꽃이 어지럽게 흩어진다.
일이 뜻대로 되지 않으니 이 운수를 어찌할까.
만일 남의 여자를 가까이하면 뜻밖에 변을 당한다.

❼ 뜻밖의 재물이 집으로 들어온다.
만일 관록官祿이 아니면 횡재할 운수다.
도둑을 조심하라. 재물을 잃게 될까 두렵다.

❽ 집안에 경사가 있으니 슬하의 경사다.
만일 이와 같지 않으면 우환이 그치지 않는다.
먼저는 얻고 나중에 잃으니 득실이 서로 반대이다.

❾ 구월과 시월에는 반드시 성취하는 것이 있다.
재물이 북쪽에 있으니 수산물이 가장 좋다.
만일 목성木姓을 가까이하면 반드시 재물을 잃는다.

❿ 흉을 피하여 남으로 가지만 다시 흉악한 재난을 당한다.
분수 밖의 것을 탐내지 마라. 도리어 재물을 잃는다.
두 사람이 서로 다투니 승부를 판단하기 어렵다.

⓫ 달이 동쪽 봉우리에 떠오르니 사방이 환하다.
먼저는 흉하고 나중에는 길하니 길흉이 서로 반대이다.
재물운이 바야흐로 왕성해지니 반드시 재물이 생긴다.

⓬ 맑은 강이 달을 머금으니 경치가 한결같이 새롭다.
큰 재물은 얻지 못하나 작은 재물은 얻는다.
만일 주색을 가까이하면 재물을 잃고 구설이 따른다.

운명을 바꾸는 월운 활용

	1월	2월	3월	4월	5월	6월
좋은 방향	동쪽	남동쪽	남쪽	북동쪽	북쪽	남서쪽
좋은 색상	하얀색	연두색	은색	밤색	파란색	회색
좋은 장소	삼겹살식당	기차역	산	섬	냉면전문점	호수
좋은 성씨	ㄴ,ㄷ,ㅌ,ㄹ	ㄴ,ㄷ,ㅌ,ㄹ	ㅅ,ㅈ,ㅊ	ㅇ,ㅎ	ㅁ,ㅂ,ㅍ	ㄱ,ㅋ
좋은 숫자	3, 10	7, 9	8, 12	6, 8	2, 8	1, 3
좋은 날짜	3, 5, 9, 12, 22, 25일	1, 4, 9, 14, 18, 22일	3, 6, 11, 15, 22, 27일	2, 5, 18, 20, 24, 28일	7, 9, 11, 18, 19, 23일	1, 3, 13, 17, 22, 29일
안 좋은 날짜	4, 10, 21일	3, 11, 25일	1, 9, 29일	7, 15, 23일	6, 10, 25일	11, 23, 27일
재물·금전 지수	76	78	83	82	72	74
변화·변동 지수	75	77	84	85	75	75
건강·행복 지수	73	74	82	85	73	70

	7월	8월	9월	10월	11월	12월
좋은 방향	서쪽	북서쪽	북쪽	북동쪽	동쪽	남동쪽
좋은 색상	하늘색	다홍색	자주색	고동색	연보라색	황토색
좋은 장소	PC방	떡전문점	콩국수전문점	나이트클럽	김밥전문점	독서실
좋은 성씨	ㅁ,ㅂ,ㅍ	ㄱ,ㅋ	ㄴ,ㄷ,ㅌ,ㄹ	ㅁ,ㅂ,ㅍ	ㅅ,ㅈ,ㅊ	ㅇ,ㅎ
좋은 숫자	1, 10	3, 4	6, 9	1, 8	1, 9	5, 7
좋은 날짜	8, 10, 13, 15, 25, 27일	8, 10, 13, 15, 25, 27일	3, 5, 11, 13, 18, 24일	4, 6, 12, 16, 20, 23일	9, 11, 17, 21, 25, 29일	4, 8, 16, 19, 26, 28일
안 좋은 날짜	5, 11, 22일	7, 18, 20일	2, 15, 17일	7, 18, 21일	9, 13, 24일	3, 15, 24일
재물·금전 지수	93	87	82	72	98	93
변화·변동 지수	92	86	85	73	95	95
건강·행복 지수	92	85	85	75	94	92

有吉和合之意
유 길 화 합 지 의

연운

植蘭靑山 更無移意
식 란 청 산 갱 무 이 의   청산에 난초를 심으니 다시 옮겨심을 뜻이 없다.

花笑園中 蝶蜂探香
화 소 원 중 접 봉 탐 향   뜰에 꽃이 활짝 피니 벌과 나비가 향기를 맡는다.

身遊都會 可得功名
신 유 도 회 가 득 공 명   몸이 도시에서 노니 공을 세워 이름을 얻는다.

利在田庄 一家富饒
이 재 전 장 일 가 부 요   이익이 토지에 있으니 집안이 부유해진다.

擇地移居 福祿無窮
택 지 이 거 복 록 무 궁   땅을 가려 이사하면 복록이 무궁하다.

今年之數 百事如意
금 년 지 수 백 사 여 의   금년 운수는 모든 일이 뜻대로 이루어진다.

春回陰谷 百花爭發
춘 회 음 곡 백 화 쟁 발   산골짜기에 봄이 오니 온갖 꽃들이 다투어 핀다.

東西奔走 有名有財
동 서 분 주 유 명 유 재   동서로 바쁘게 움직이니 이름도 얻고 재물도 얻는다.

手把金針 釣得銀魚
수 파 금 침 조 득 은 어   손으로 금바늘을 잡고 은어를 낚는다.

성인의 연운 활용

금전 · 명예	자신있게 밀고 나가면 재물이 늘어날 것이다. 금전도 여유 있게 들어온다.
사업 · 창업	매우 좋다. 마음껏 경영하라. 목마른 용이 이제야 물을 만났으니 기다리던 일이 성취된다.
주식 · 투자	불확실한 곳은 삼가고 확실한 곳에 투자하면 큰 이익이 생긴다.
시험 · 취직	시험은 실력대로 된다. 원하는 대로 이루어지니 승진을 원하면 승진을 하고 취직을 원하면 취직을 하게 된다.
당선 · 소원	당선은 지금은 어려우니 다음을 준비하라. 가까운 친척이나 친구에게 도움을 청하면 소원이 이루어진다.
이사 · 매매	확장하고 옮겨가는 즐거움이 있으니 가족 모두 즐거워한다. 매매도 쉽게 성사되고 큰 이익을 볼 수 있다.
건강 · 사고	하고자 하는 것을 모두 할 수 있을 정도로 건강은 매우 좋은 편이다.
애정 · 결혼	장애가 많을 운이니 손해를 보더라도 양보하라. 참고 인내해야만 사랑을 얻을 수 있다. 정성을 모아 성실하게 구애하면 상대가 감동하여 사랑이 이루어진다. 부부 금실은 다시 좋아진다.
소송 · 다툼	대인관계가 원만한 사람이라면 조력자를 만나 소송문제가 쉽게 해결된다.

신세대의 연운 활용

연애 · 사랑	마음보다 몸이 앞서니 음주를 자제하고 마음의 여유를 찾는다. 부부 금실이 두터워진다.
시험 · 취직	뜻밖에 성공하여 큰 명예를 얻는다. 노력한 결과를 얻으니 열심히 노력하라. 취직과 승진 모두 매우 유리하다.
건강 · 사고	건강에는 큰 이상이 없지만 잔병치레가 있다. 잘 아는 병원을 찾는 것이 유리하다.
금전 · 행운	재물이 끊이지 않고 들어온다. 그러나 운이 좋다고 허욕을 부려서는 안 된다.
소원 · 성취	하던 일은 결과가 좋고 새로운 일도 시작이 좋으니 희망차게 밀고 나간다.

운명을 바꾸는 연운 활용

좋은 방향	북동쪽
좋은 색상	연두색
좋은 장소	꽃집
좋은 성씨	ㅇ, ㅎ
좋은 숫자	3, 7

숫자로 보는 연운 활용

	좋은 달	보통 달	나쁜 달
금전 · 투자	2, 5월	6, 11월	4, 7월
변화 · 변동	8, 10월	11, 12월	4, 7월
연애 · 사랑	2, 8월	3, 11월	7, 9월
건강 · 소송	1, 8월	3, 6월	4, 9월

612 월운

1月 풀과 나무가 때를 만나니 꽃과 잎이 무성해진다.
동남 양쪽에서 귀인이 와서 도와준다.
동쪽에 재물이 왕성하니 나날이 천금을 얻는다.

2月 운수가 대통하니 생활이 저절로 족하다.
운수가 대길하고 집안 살림이 흥왕하다.
심신이 화평하니 모든 일이 길하다.

3月 가신家神이 발동하니 집안에 불평이 많다.
한번 슬프고 한번 근심하나 근심이 흩어지고 기쁨이 살아난다.
슬하에 근심이 있으니 미리 예방한다.

4月 요귀가 길을 지키고 있으니 길을 나서면 해롭다.
바위 위의 외로운 소나무요 울타리 아래 노란 국화다.
미리 방비하라. 아내에게 액이 있을까 두렵다.

5月 뒤뜰의 복숭아나무가 봄을 맞아 저절로 활짝 꽃 피었다.
재물복이 들어오니 금과 옥이 집안에 가득하다.
성심으로 구하면 작은 이익은 얻을 수 있다.

6月 본성이 온후하니 사방에서 재물을 얻는다.
길성吉星이 도와주니 수복壽福이 끊이지 않는다.
남과 다투지 마라. 송사가 두렵다.

7月 고독한 몸이 혼자서 외로우니 의지할 곳이 없다.
만일 이와 같지 않으면 슬하에 작은 근심이 있다.
봉황새가 대나무숲을 잃었으니 어느 곳에 의지할까.

8月 재물운이 길하니 작은 것으로 큰 것을 이룬다.
재수가 흥왕하니 맨손으로 집안 살림을 이룬다.
횡재수가 있으니 손으로 천금을 만진다.

9月 처음에는 힘들지만 나중에는 왕성하니 때를 기다리며 편안히 지낸다.
미리 액을 예방하라. 집에 질병이 들어온다.
운수가 불리하니 밤꿈이 어지럽다.

10月 정원에 난초가 피어나니 꽃빛이 참 아름답다.
하늘에서 단비가 내리고 땅에서는 샘물이 솟아오른다.
재성財星이 문으로 들어오니 날로 천금을 얻는다.

11月 비리를 탐내지 마라. 도리어 허황하게 된다.
문을 나서면 괴롭고 집에 있으면 길하다.
친구를 믿지 마라. 재물을 잃고 불리해진다.

12月 성안에 꽃이 활짝 피니 벌과 나비가 와서 기뻐한다.
귀성貴星이 문을 비추니 귀인이 와서 도와준다.
만일 관록官祿을 얻지 못하면 도리어 재물을 잃는다.

운명을 바꾸는 월운 활용

	1월	2월	3월	4월	5월	6월
좋은 방향	동쪽	남서쪽	남쪽	북동쪽	서쪽	북쪽
좋은 색상	회색	상아색	적갈색	베이지색	감색	황갈색
좋은 장소	생과일전문점	영화관	만화방	직장	족발음식점	팬시용품점
좋은 성씨	ㄱ, ㅋ	ㄱ, ㅋ	ㅅ, ㅈ, ㅊ	ㅇ, ㅎ	ㄴ, ㄷ, ㅌ, ㄹ	ㄴ, ㄷ, ㅌ, ㄹ
좋은 숫자	1, 5	3, 11	4, 7	7, 11	7, 9	1, 5
좋은 날짜	3, 8, 15, 21, 25, 28일	8, 10, 14, 17, 19, 23일	7, 9, 14, 18, 25, 27일	3, 8, 11, 14, 18, 22일	1, 5, 8, 14, 19, 26일	8, 10, 15, 21, 27, 29일
안 좋은 날짜	5, 9, 13일	7, 13, 21일	10, 22, 28일	7, 9, 15일	13, 17, 22일	4, 14, 23일
재물·금전 지수	94	93	80	74	92	84
변화·변동 지수	95	91	85	71	93	82
건강·행복 지수	95	95	83	70	92	85

	7월	8월	9월	10월	11월	12월
좋은 방향	북서쪽	남쪽	동쪽	남동쪽	남서쪽	서쪽
좋은 색상	노란색	분홍색	빨간색	파란색	고동색	연보라색
좋은 장소	보쌈음식점	전시회	만두전문점	해변	한식당	순대국식당
좋은 성씨	ㅁ, ㅂ, ㅍ	ㄱ, ㅋ	ㄴ, ㄷ, ㅌ, ㄹ	ㅅ, ㅈ, ㅊ	ㅁ, ㅂ, ㅍ	ㅇ, ㅎ
좋은 숫자	9, 10	1, 9	1, 10	4, 5	8, 10	6, 7
좋은 날짜	2, 4, 10, 13, 16, 20일	1, 7, 12, 18, 21, 23일	9, 13, 15, 20, 23, 27일	5, 8, 13, 18, 23, 28일	4, 8, 13, 18, 23, 26일	6, 10, 11, 16, 21, 25일
안 좋은 날짜	5, 9, 18일	6, 13, 28일	7, 19, 28일	7, 17, 22일	3, 21, 24일	9, 15, 26일
재물·금전 지수	72	92	79	93	83	84
변화·변동 지수	73	90	72	91	86	85
건강·행복 지수	76	91	76	92	85	86

逢時成就之意
봉 시 성 취 지 의

연운

若有緣人 丹桂可折
약 유 연 인 단 계 가 절
만일 인연이 있는 사람이면 붉은 계수나무를 꺾는다.

若偶人功 官祿臨身
약 우 인 공 관 록 림 신
만일 남의 도움을 받으면 벼슬을 하게 된다.

君子得祿 小人有咎
군 자 득 록 소 인 유 구
군자는 녹봉을 얻지만 소인은 허물이 있다.

如干財數 少得多用
여 간 재 수 소 득 다 용
재물운을 말하면 얻는 것은 적고 쓰는 것은 많다.

家人和合 泰平之數
가 인 화 합 태 평 지 수
가족이 화합하니 태평한 운수다.

今年之數 登科之數
금 년 지 수 등 과 지 수
금년 운수는 과거에 급제한다.

清灘白石 有女漂衣
청 탄 백 석 유 여 표 의
맑은 냇물 흰 돌 위에서 빨래하는 여인이 있다.

遠近出行 事事如意
원 근 출 행 사 사 여 의
멀고 가까운 곳을 돌아다니니 하는 일마다 뜻대로 이루어진다.

乘舟待風 遠出西南
승 주 대 풍 원 출 서 남
배를 타고 바람을 기다리니 멀리 서남쪽으로 나간다.

성인의 연운 활용

금전 · 명예	방심하지 말고 수입이 원활할 때 미리 저축하는 것이 현명하다.
사업 · 창업	지금 경영하는 사업이 번창하여 많은 이익을 얻는다.
주식 · 투자	주식과 투자는 큰 이익을 남기지 못해도 작은 이익은 볼 수 있다.
시험 · 취직	컨디션이 좋고 운마저 도와주니 고시 같은 큰 시험에도 합격할 수 있다. 직장인은 승진이 어렵지만 보직 이동은 가능하다. 노력만 하면 높은 자리까지 오르게 된다.
당선 · 소원	오래토록 기다려온 당선의 기쁨을 누리게 된다. 소원은 가까운 사람과 상의하면 쉽게 이루어진다.
이사 · 매매	미루어온 이사는 큰 걱정 없이 하게 된다. 매매가 순조롭게 진행되니 자연히 이익도 생긴다.
건강 · 사고	몸과 마음 모두 걱정할 것 없이 원기왕성하니 안심해도 좋다.
애정 · 결혼	안 이루어질 듯하면서 어렵게 이루어진다. 육체관계는 좋은 운이지만 마음이 중요하니 신중하게 판단한다. 미혼남녀는 반드시 인연을 만나고 결혼을 약속한 사람은 결혼식을 올린다.
소송 · 다툼	소송은 발생하지 않을 것이다. 발생하더라도 쉽게 해결되니 걱정하지 마라.

신세대의 연운 활용

연애 · 사랑	관계가 진전될 운이니 과감한 애정표현을 시도하라. 연인 사이에는 매우 좋은 감정이 유지되고 혼자인 사람은 좋은 만남의 기회가 있다. 오래 사귄 연인과 결혼에 이를 수 있다.
시험 · 취직	모든 시험에 유리하니 자신 있게 도전하라. 오랫동안 바라던 승진이 확정되고 원하는 자리로 진급한다.
건강 · 사고	건강은 그리 나쁘지 않지만 꾸준히 신경 써야 악화되지 않는다.
금전 · 행운	서서히 운이 들어오기 시작한다. 생각보다 더 큰 실속이 있으니 많은 사람들이 부러워한다.
소원 · 성취	현재 원하는 소원은 시일이 걸려야만 성취할 수 있다.

운명을 바꾸는 연운 활용

좋은 방향	남쪽
좋은 색상	상아색
좋은 장소	연주회장
좋은 성씨	ㅁ, ㅂ, ㅍ
좋은 숫자	1, 6

숫자로 보는 연운 활용

	좋은 달	보통 달	나쁜 달
금전 · 투자	1, 5월	7, 9월	3, 4월
변화 · 변동	2, 8월	7월	3, 10월
연애 · 사랑	1, 12월	7, 9월	6, 11월
건강 · 소송	5, 8월	7, 9월	4, 10월

613 월운

1월
거북과 용이 상서로운 조짐을 드러내니 복록(福祿)이 끊이지 않는다.
덕을 쌓으니 재산이 풍족해진다.
서쪽에 있는 재물이 우연히 집으로 들어온다.

2월
귀인이 와서 도와주니 뜻밖에 성공한다.
만일 횡재가 아니면 자손에게 경사가 있다.
집에 경사가 있으니 모든 사람들이 치하한다.

3월
때때로 단비가 내리니 온갖 풀들이 무성하다.
작은 것으로 큰 것을 얻으니 어찌 눈부시지 않겠는가.
남과 다투지 말고 시비를 조심하라.

4월
용을 타고 하늘에 오르니 구름이 흩어지고 비가 내린다.
식구가 늘고 재록(財祿)이 왕성해진다.
봄동산에 복숭아꽃과 자두꽃이 피니 벌과 나비가 향기를 탐한다.

5월
가정에 질병과 어려움이 없으니 심신이 절로 편안하다.
재물이 산처럼 쌓이니 이 밖에 또 무엇을 바랄까.
운수가 대길하니 도처에 봄바람이 분다.

6월
깊은 산에 사월이 찾아오니 녹음이 무성해진다.
재물이 몸을 따르니 도처에서 재물을 얻는다.
이 달의 운수는 구설을 조심한다.

7월
자줏빛 저잣거리에 붉은 먼지가 일어나니 꽃과 버들이 함께 즐긴다.
귀인은 어디 있는가. 동쪽인 줄 안다.
남아가 뜻을 얻으니 이르는 곳마다 봄바람이 분다.

8월
뜻밖에 성공하여 이름을 온 세상에 떨친다.
만일 관록(官祿)이 아니면 슬하에 경사가 있다.
재록(財祿)이 다 길하니 많은 사람이 우러러본다.

9월
많은 물건이 두루 흥하니 백성들이 모두 소생한다.
재성(財星)이 몸을 비추니 횡재할 것이다.
금성(金姓)에게 이익이 있으니 우연히 와서 도와준다.

10월
용을 타고 하늘에 오르니 구름이 흩어져 비가 내린다.
모든 일이 뜻대로 되니 이익이 그 가운데 있다.
만일 재물이 생기지 않으면 아들을 얻는다.

11월
가족이 합심하니 반드시 하늘의 복을 받는다.
가정이 화평하니 기쁜 일이 많다.
밖에 있는 재물이 우연히 집으로 들어온다.

12월
작은 것을 잃고 큰 것을 얻으니 반드시 재물이 왕성해진다.
용이 밝은 구슬을 얻으니 조화가 무궁하다.
일신이 영귀하니 사람마다 우러러본다.

운명을 바꾸는 월운 활용

	1월	2월	3월	4월	5월	6월
좋은 방향	서쪽	북동쪽	북서쪽	동쪽	남동쪽	남쪽
좋은 색상	군청색	초록색	연두색	노란색	하얀색	적갈색
좋은 장소	산장	전통찻집	아이스크림가게	횟집	극장	스카이라운지
좋은 성씨	ㅅ, ㅈ, ㅊ	ㅁ, ㅂ, ㅍ	ㄱ, ㅋ	ㄴ, ㄷ, ㅌ, ㄹ	ㄱ, ㅋ	ㅅ, ㅈ, ㅊ
좋은 숫자	3, 10	5, 11	1, 7	1, 4	8, 9	1, 3
좋은 날짜	4, 8, 15, 17, 22, 27일	4, 7, 14, 18, 26, 29일	5, 7, 13, 16, 22, 28일	3, 6, 15, 17, 26, 29일	3, 8, 12, 17, 23, 25일	3, 6, 15, 19, 26, 29일
안 좋은 날짜	3, 14, 19일	1, 9, 21일	6, 14, 21일	1, 10, 14일	2, 13, 18일	5, 14, 22일
재물·금전 지수	92	96	76	72	93	70
변화·변동 지수	90	99	78	73	94	73
건강·행복 지수	95	92	75	75	96	72

	7월	8월	9월	10월	11월	12월
좋은 방향	동쪽	북동쪽	남서쪽	동쪽	남쪽	북쪽
좋은 색상	회색	옥색	자주색	주황색	청록색	남청색
좋은 장소	생맥주집	계곡	일식당	분식점	주택가	시내
좋은 성씨	ㅇ, ㅎ	ㄴ, ㄷ, ㅌ, ㄹ	ㅁ, ㅂ, ㅍ	ㄱ, ㅋ	ㄴ, ㄷ, ㅌ, ㄹ	ㅇ, ㅎ
좋은 숫자	1, 10	3, 4	3, 8	3, 7	2, 3	5, 6
좋은 날짜	3, 5, 11, 18, 24, 27일	2, 4, 10, 15, 20, 29일	4, 8, 14, 20, 24, 26일	2, 4, 9, 17, 24, 28일	6, 12, 15, 19, 25, 27일	2, 13, 16, 19, 24, 29일
안 좋은 날짜	4, 17, 25일	3, 9, 21일	5, 13, 25일	1, 10, 29일	3, 14, 28일	10, 21, 25일
재물·금전 지수	89	97	84	71	73	92
변화·변동 지수	88	95	85	75	75	93
건강·행복 지수	80	96	83	79	77	99

有險孤獨之意
유 험 고 독 지 의

三顧未着 吾情怠慢
삼 고 미 착 오 정 태 만
세 번을 돌아봐도 만나지 못하니 나의 정이 태만한 탓이다.

在家傷心 出則無益
재 가 상 심 출 즉 무 익
집에 있으면 마음이 상하고 문 밖을 나서도 이익이 없다.

似成難成 此亦奈何
사 성 난 성 차 역 내 하
될 듯하면서도 이루어지지 않으니 이를 어찌할까.

北方有害 南方有吉
북 방 유 해 남 방 유 길
북쪽은 해롭고 남쪽은 길하다.

三春之數 謀事不成
삼 춘 지 수 모 사 불 성
봄날의 운수는 꾀하는 일을 이루지 못한다.

今年之數 遠行不利
금 년 지 수 원 행 불 리
금년 운수는 먼 길을 떠나면 불리하다.

其雨其雨 杲杲出日
기 우 기 우 고 고 출 일
비가 올 듯 올 듯하다가 햇볕만 쨍쨍하다.

梁山風雨 竹林先鳴
양 산 풍 우 죽 림 선 명
양산에 비바람이 부니 대숲이 먼저 운다.

險中順行 因虛得實
험 중 순 행 인 허 득 실
험한 중에도 쉽게 나아가니 허한 것으로 실한 것을 얻는다.

성인의 연운 활용

금전·명예	헛된 욕심을 부리다가는 큰 화를 면하기 어렵다. 작은 수입에도 만족할 줄 알아야 한다.
사업·창업	일을 치밀하고 계획적으로 처리하지 않으면 큰 어려움을 겪는다. 최선을 다해 일을 진행한다.
주식·투자	주식투자는 신중해야 한다. 지금은 투자 시기가 좋지 않다.
시험·취직	하위직과 일반직은 열심히 노력하면 합격 가능하다. 직장인은 승진이 어렵고 취업도 매우 어려운 운이다.
당선·소원	당선은 다음 기회로 미루는 것이 좋다. 지금 움직이면 구설수에 오른다. 작은 소원도 이루기 어렵다.
이사·매매	줄여서 이사해야 손해가 없고 가정의 화목에도 좋다. 매매는 약간의 손해를 보고 성사된다.
건강·사고	건강은 조금 과로한 정도로 크게 걱정하지 않아도 된다. 단, 나빠지면 병원 신세를 지게 된다.
애정·결혼	기분이 침체되기 쉽다. 새로운 만남은 다음으로 미루는 것이 좋고, 결혼은 다음 기회로 연기하라. 부부는 사소한 문제가 크게 악화됨을 주의한다. 애인 사이에도 사랑싸움을 경계해야 한다.
소송·다툼	소송은 유리한 상황이 실수로 매우 불리하게 전개되어 패소한다.

신세대의 연운 활용

연애·사랑	주변의 오해와 반목으로 마음고생이 심하다. 애정보다 현실을 돌봐야 할 시기다. 결혼은 될 듯 말 듯 꼬이고 부부간의 다툼도 심각하다.
시험·취직	하위직이나 일반직은 가능하나 상위직은 어렵다. 직장인은 주변의 방해로 어렵게 승진한다.
건강·사고	건강하지만 일단 병에 걸리면 예상 외로 고생하니 주의한다.
금전·행운	금전운은 불리한 것이 더 많으니 들어오는 돈에 연연하지 말고 지출을 줄이기 위해 힘쓴다.
소원·성취	지금 당장은 소원이 이루어지기 어렵다. 나중을 생각하는 것이 이롭다.

운명을 바꾸는 연운 활용

좋은 방향	남쪽
좋은 색상	옥색
좋은 장소	시골길
좋은 성씨	ㅅ, ㅈ, ㅊ
좋은 숫자	1, 8

숫자로 보는 연운 활용

	좋은 달	보통 달	나쁜 달
금전·투자	9, 11월	7, 12월	3, 4, 5월
변화·변동	9, 11월	12월	2, 6월
연애·사랑	9, 11월	12월	1, 10월
건강·소송	9, 11월	7월	6, 8, 10월

621

월운

바다에 들어가 금을 구하니 꾀하는 일을 이루지 못한다.
비리로 생기는 재물은 탐내지 마라.
집에 있으면 몸이 괴롭고 밖에 나가면 슬픔이 있다.

긴 가뭄에도 비가 오지 않으니 초목이 자라지 못한다.
험한 길을 다 지났으니 앞길이 평탄하다.
남과 함께 일하면 이익이 별로 없다.

악귀가 암암리에 움직이니 특히 질병을 조심한다.
현무玄武가 발동하니 먼 길을 떠나면 불리하다.
가족들의 마음이 서로 맞지 않으니 꾀하는 일이 불리하다.

얕은 물에 배를 띄우니 배가 나아가지 못한다.
동쪽에 가지 마라. 반드시 재물을 잃는다.
재물이 뜬구름과 같으니 얻어도 모으기 어렵다.

형제지간에 송사가 끊이지 않는다.
일을 끝맺지 못하니 반드시 실패한다.
산에 들어가 물고기를 구하니 수고만 하고 공은 없다.

처음만 있고 끝이 없으니 일이 허황하다.
꾀하는 일이 불리하니 분수를 알고 편히 지내는 것이 상책이다.
허황한 일은 삼간다.

여자를 가까이하지 마라. 나쁜 일이 끊이지 않는다.
비바람이 거세게 몰아쳐 길이 막혔다.
집에 있으면 편안하고 밖으로 나가면 해롭다.

목성木姓이 불리하니 그 사람 말은 듣지도 말고 믿지도 마라.
목성木姓을 따르면 재물을 잃고 명예가 훼손된다.
칠월과 팔월 두 달은 흉함은 많고 길함은 적다.

하늘이 비를 내리니 만물이 새롭게 빛난다.
재물운이 왕성하니 하루에 천금을 얻는다.
길한 운이 다시 돌아오니 재물이 풍족해진다.

가족들이 화합하지 못하니 집에 불평이 끊이지 않는다.
친한 사람을 가까이하지 마라. 재물을 잃고 불길하다.
조용하게 있으면 길하고 움직이면 재물을 잃는다.

작은 것을 쌓아 큰 것을 이루니 점점 형통하게 된다.
처음에는 힘들고 나중에는 편안하니 처음은 흉하고 나중은 길하다.
남과 다투지 마라. 구설로 힘들어진다.

믿는 사람이 해를 끼치니 사람을 쓸 때 조심한다.
여색을 가까이하지 마라. 뜻하지 않은 액이 생긴다.
도둑이 길 위에 있으니 재물을 잃지 않게 조심한다.

운명을 바꾸는 **월운** 활용

	1월	2월	3월	4월	5월	6월
좋은 방향	북동쪽	남동쪽	북서쪽	북서쪽	동쪽	서쪽
좋은 색상	보라색	밤색	연보라색	고동색	베이지색	회색
좋은 장소	순두부식당	공원	기념관	동굴	패스트푸드점	칵테일바
좋은 성씨	ㄱ, ㅋ	ㅅ, ㅈ, ㅊ	ㅇ, ㅎ	ㅁ, ㅂ, ㅍ	ㅁ, ㅂ, ㅍ	ㄴ, ㄷ, ㅌ, ㄹ
좋은 숫자	2, 9	8, 11	1, 12	6, 8	3, 5	7, 8
좋은 날짜	2, 13, 16, 19, 22, 27일	2, 7, 13, 22, 26, 28일	4, 15, 19, 24, 25, 27일	4, 9, 12, 22, 23, 29일	6, 8, 13, 21, 24, 28일	6, 8, 13, 23, 24, 29일
안 좋은 날짜	9, 21, 25일	5, 11, 24일	3, 13, 20일	10, 15, 28일	7, 12, 22일	5, 9, 10일
재물·금전 지수	72	75	72	74	77	78
변화·변동 지수	76	75	70	72	75	74
건강·행복 지수	74	76	78	79	77	76

	7월	8월	9월	10월	11월	12월
좋은 방향	북쪽	동쪽	남쪽	서쪽	북동쪽	남서쪽
좋은 색상	다홍색	주황색	검은색	파란색	초록색	하얀색
좋은 장소	파전음식점	버스	조개구이식당	노래방	정류장	쇼핑몰
좋은 성씨	ㄱ, ㅋ	ㄴ, ㄷ, ㅌ, ㄹ	ㅅ, ㅈ, ㅊ	ㅇ, ㅎ	ㄱ, ㅋ	ㄴ, ㄷ, ㅌ, ㄹ
좋은 숫자	1, 8	4, 7	6, 9	3, 11	5, 9	2, 4
좋은 날짜	3, 8, 13, 21, 24, 27일	3, 12, 14, 20, 21, 27일	5, 8, 13, 17, 22, 27일	6, 12, 13, 15, 23, 27일	7, 9, 12, 21, 24, 27일	5, 10, 12, 15, 21, 27일
안 좋은 날짜	2, 10, 19일	4, 11, 25일	4, 11, 16일	5, 14, 21일	1, 14, 20일	4, 9, 18일
재물·금전 지수	81	73	98	76	93	83
변화·변동 지수	82	74	95	72	93	85
건강·행복 지수	80	75	90	73	92	82

622 有險有憂之意
유 험 유 우 지 의

연운

僅避釣鉤 張綱何免
근 피 조 구 장 강 하 면
간신히 낚싯바늘을 피했으나 쳐놓은 그물은 어떻게 피할까.

積雪不消 不見青草
적 설 부 소 불 견 청 초
쌓인 눈이 다 녹지 않아 푸른 풀을 볼 수 없다.

愼之親人 笑中有刀
신 지 친 인 소 중 유 도
친절한 사람을 조심하라. 웃으면서 칼을 품고 있다.

財數不利 事有多魔
재 수 불 리 사 유 다 마
재수가 불리하니 일에 마가 많다.

身數不利 何望榮貴
신 수 불 리 하 망 영 귀
신수가 불리하니 어찌 영귀하기를 바라는가.

莫貪浮財 必有虛荒
막 탐 부 재 필 유 허 황
남의 재물을 탐하지 마라. 반드시 허황하다.

綠陰芳草 飛霜何事
녹 음 방 초 비 상 하 사
초목이 푸르게 우거졌는데 서리가 내리는 것은 무슨 일인가.

謀事不愼 被害難免
모 사 불 신 피 해 난 면
꾀하는 일을 조심하지 않으면 큰 손해를 면하기 어렵다.

持身不愼 罪及念外
지 신 불 신 죄 급 념 외
몸가짐을 조심하지 않으면 뜻밖의 죄를 뒤집어쓰기 쉽다.

성인의 연운 활용

금전·명예	겁 없이 남의 돈을 끌어다 쓰면 심각한 금전난에 빠지게 된다. 지출을 줄여야 한다.
사업·창업	무리한 확장은 금물이다. 지금도 발전하고 있는데 과욕을 부리다가 오히려 퇴보할 수 있다.
주식·투자	지금 투자를 한다고 나서다가는 재물 손실만 보게 된다. 투자를 삼가라.
시험·취직	더욱 노력해야 시험에 합격할 수 있다. 직장인은 승진은커녕 해고될 위험이 있으니 매사에 조심한다.
당선·소원	당선운이 없으니 다음 기회로 미루는 것이 유리하다. 욕심이 없는 소원은 이룰 수 있을 것이다.
이사·매매	이사는 서두르면 마음에 들지 않는 곳으로 옮기거나 손해가 크다. 시일이 늦춰질수록 이익이 발생한다.
건강·사고	과로할 수 있으니 휴식이 필요하다. 또한 질병과 부상의 염려도 있으니 주의한다.
애정·결혼	들뜬 마음에 실수하기 쉽다. 이성관계를 너무 쉽게 생각하거나 순간적인 감정에 치우치면 결과가 나쁘다. 상대방이 결혼을 미루는 상황이다.
소송·다툼	향락으로 인해 소송이 생길 수 있으니 술과 여자를 조심한다.

신세대의 연운 활용

연애·사랑	상대와 충돌할 수 있다. 정신적 교감은 이루어지지만 행동이나 표현이 거칠어질 수 있으니 좋은 만남을 원한다면 잠시 미룬다. 결혼은 될 듯하면서 꼬이니 적극적으로 나서야 한다.
시험·취직	지금보다 더 노력해야 원하는 대학에 들어갈 수 있다. 승진은 어려우니 실력을 쌓아 다음 기회를 생각한다.
건강·사고	종합검진을 해야 할 시기다. 속병이나 심장병에 시달리게 되고 심하면 위험하다.
금전·행운	한때 심한 금전난이 있으니 저축하여 미리 대비한다. 한 푼 두 푼 모아두는 것이 미래를 대비하는 자세이다.
소원·성취	사주팔자가 나쁜 사람은 작은 소원도 이루기 힘들다.

운명을 바꾸는 연운 활용

좋은 방향	동쪽
좋은 색상	녹색
좋은 장소	오락실
좋은 성씨	ㅁ, ㅂ, ㅍ
좋은 숫자	3, 12

숫자로 보는 연운 활용

	좋은 달	보통 달	나쁜 달
금전·투자	10, 12월	3, 9월	2, 7월
변화·변동	10, 11월	3, 9월	7, 8월
연애·사랑	11, 12월	9월	4, 5월
건강·소송	10, 11월	9월	1, 6월

622

월운

사방에 길이 없으니 오도 가도 못 한다.
매사가 불리하니 흉화(凶禍)를 측량할 수 없다.
동서 양쪽으로 길을 떠나면 불리하다.

정월과 이월에는 생활이 단순하다.
맑은 하늘에 달이 없으니 도리어 재미가 없다.
비리를 탐하지 마라. 하늘이 복을 내리지 않는다.

밤에 빗길을 걸으니 몸이 고단하다.
분수 밖의 것을 탐내지 마라. 편안히 있으면 길하다.
삼월과 사월에는 공적인 일에 참여하지 마라.

사방에 있는 사람이 모두 흉한 사람이다.
물가에 가까이 가지 마라. 횡액이 두렵다.
박(朴)가 이(李)가 두 성은 가까이하면 해롭다.

하는 일이 되지 않아 재물을 많이 잃는다.
친한 친구를 가까이하지 마라. 공연히 손해만 본다.
문을 닫고 밖으로 나가지 마라. 길에 나가면 해를 당한다.

길함이 변하여 흉하게 되니 편한 가운데 위태롭다.
사람과 화합하지 못하니 구하는 일이 잘 안 된다.
친구를 믿지 마라. 피해가 적지 않다.

칠월과 팔월에는 질병을 조심한다.
미리 액을 막으면 흉한 액을 면한다.
남과 다투지 마라. 구설이 있을 것이다.

호랑이가 청산에 들어가니 토끼와 살쾡이가 서로 침범한다.
집에 있으면 길하고 다른 곳에 가면 불리하다.
하고 싶은 일을 이루기 어려워 재물을 얻지 못한다.

일에 두서가 없으니 마침내 실패한다.
이익이 남쪽에 있으니 작은 재물을 얻는다.
모든 일을 조심하라. 혹 손해가 있을까 두렵다.

시비를 가까이하지 마라. 마침내 송사로 시달리게 된다.
비록 재물은 생기지만 적게 얻고 크게 잃는다.
몸이 피곤한 것을 한탄하지 마라. 쓴 것이 다하면 단 것이 온다.

비가 순하게 내리고 바람이 고르니 만물이 잘 자란다.
쥐가 쌀 곳간에 들어가니 식록(食祿)이 풍족하다.
달 밝은 높은 누각에서 술 마시며 스스로 즐긴다.

큰 길에서 말을 달리니 앞에 해로운 것이 없다.
일신이 영화로우니 사람마다 우러러본다.
친구 사이라도 꾀하는 일을 말하지 마라.

운명을 바꾸는 **월운** 활용

	1월	2월	3월	4월	5월	6월
좋은 방향	남쪽	동쪽	북쪽	남쪽	남동쪽	북서쪽
좋은 색상	귤색	연보라색	자주색	적갈색	황토색	연두색
좋은 장소	라면전문점	아구찜음식점	스파게티전문점	중식당	편의점	카페
좋은 성씨	ㅅ,ㅈ,ㅊ	ㅅ,ㅈ,ㅊ	ㅇ,ㅎ	ㅇ,ㅎ	ㅁ,ㅂ,ㅍ	ㄴ,ㄷ,ㅌ,ㄹ
좋은 숫자	2, 7	3, 5	8, 9	1, 4	2, 11	4, 11
좋은 날짜	5, 14, 16, 20, 24, 29일	2, 9, 14, 17, 22, 27일	5, 9, 15, 17, 21, 27일	2, 6, 12, 22, 25, 28일	5, 12, 16, 22, 23, 27일	6, 9, 13, 16, 22, 28일
안 좋은 날짜	6, 10, 18일	1, 10, 23일	6, 11, 20일	4, 11, 18일	6, 19, 24일	7, 10, 21일
재물·금전 지수	74	78	84	74	75	79
변화·변동 지수	76	72	85	73	76	73
건강·행복 지수	75	79	86	76	75	72

	7월	8월	9월	10월	11월	12월
좋은 방향	서쪽	남동쪽	남쪽	동쪽	남쪽	서쪽
좋은 색상	은색	고동색	금색	베이지색	분홍색	회색
좋은 장소	낙지음식점	시장	양고기전문점	주차장	박물관	항구
좋은 성씨	ㄱ,ㅋ	ㄱ,ㅋ	ㅇ,ㅎ	ㅁ,ㅂ,ㅍ	ㄱ,ㅋ	ㄴ,ㄷ,ㅌ,ㄹ
좋은 숫자	2, 4	4, 6	1, 3	6, 10	2, 5	8, 12
좋은 날짜	9, 12, 15, 19, 21, 27일	1, 8, 15, 16, 22, 26일	8, 14, 17, 20, 22, 28일	8, 13, 17, 20, 23, 28일	1, 8, 12, 14, 24, 28일	1, 9, 14, 19, 21, 26일
안 좋은 날짜	11, 20, 28일	2, 13, 21일	7, 18, 21일	6, 18, 21일	10, 21, 26일	5, 10, 22일
재물·금전 지수	74	78	83	94	98	92
변화·변동 지수	72	74	85	92	97	95
건강·행복 지수	75	73	86	96	96	95

623 待時有吉之意
대 시 유 길 지 의

연운

投入于秦 相印纏身
투 입 우 진 상 인 전 신   진나라에 들어가 몸에 정승의 도장을 찬다.

在家則吉 出行得利
재 가 즉 길 출 행 득 리   집에 있으면 길하고 밖으로 나가면 이익을 얻는다.

勿謀分外 反有失敗
물 모 분 외 반 유 실 패   분수를 지켜라. 그렇지 않으면 도리어 실패한다.

莫與人爭 家有不安
막 여 인 쟁 가 유 불 안   남과 다투지 마라. 가정이 불안하다.

龍得明珠 必有喜事
용 득 명 주 필 유 희 사   용이 여의주를 얻으니 반드시 기쁜 일이 있다.

今年之數 可得功名
금 년 지 수 가 득 공 명   금년 운수는 벼슬을 얻거나 명예를 얻는다.

東風和暢 百花爭春
동 풍 화 창 백 화 쟁 춘   동풍이 화창하게 부니 온갖 꽃이 활짝 핀다.

出門東行 自有貴人
출 문 동 행 자 유 귀 인   문을 나서서 동쪽으로 가니 저절로 귀인을 만나게 된다.

紅塵多夢 不如閑居
홍 진 다 몽 불 여 한 거   세상사에 꿈이 많으나 한가롭게 사는 것만 못하다.

성인의 연운 활용

금전·명예	나가서 구하면 창고에 재물을 가득 채울 수 있는 운이다. 재물이 끊임없이 늘어난다.
사업·창업	횡재운이 있고 귀인의 도움으로 경영하는 일이 날마다 발전한다.
주식·투자	주식에 투자하여 큰 이익을 보게 된다.
시험·취직	원하는 시험이나 학교에 무난하게 합격한다. 변화의 욕구가 왕성하니 새 출발을 하기 좋은 시기다.
당선·소원	지금보다 더 노력하면 당선된다. 도와주는 사람들에게 부탁하면 소원이 이루어진다.
이사·매매	이사는 조급하게 생각하지 마라. 때가 되면 이사할 것이다. 매매는 사방에서 도와주니 순조롭게 성사된다.
건강·사고	건강은 보통 정도이니 무리만 하지 않으면 병원에 갈 일은 없을 것이다.
애정·결혼	있는 그대로 표현하지 말고 감정을 잘 다스려야 한다. 어려운 시기에는 만남을 자제하라. 장래를 약속할 만한 괜찮은 인연을 만난다. 나이가 찬 남녀는 주변의 축하 속에 결혼한다.
소송·다툼	소송이 발생하더라도 시비나 구설수는 자연스럽게 해결되니 염려하지 마라.

신세대의 연운 활용

연애·사랑	만족할 만한 관계로 발전할 운이 아니다. 혼자인 사람은 곧 좋은 상대가 나타난다. 뜻하지 않은 경쟁자가 나타나 삼각관계를 이룰 수 있으니 주의한다. 결혼은 상대가 미루는 상황이다.
시험·취직	노력한 대로 나타나니 요행을 바라지 마라. 직장인은 당장 승진은 어려워도 지위 변동 정도는 있다.
건강·사고	건강이 나쁜 사람도 건강해지고 활발히 활동하게 되니 걱정이 없다.
금전·행운	처음에는 얻는 것보다 잃는 것이 많지만 차차 회복할 수 있으니 실망하거나 포기하지 마라.
소원·성취	바라던 소원이 이루어지는 즐거움이 있다.

운명을 바꾸는 연운 활용

좋은 방향	동쪽
좋은 색상	다홍색
좋은 장소	시장
좋은 성씨	ㅇ, ㅎ
좋은 숫자	6, 10

숫자로 보는 연운 활용

	좋은 달	보통 달	나쁜 달
금전·투자	4, 8월	9월	6월
변화·변동	1, 8월	5월	10월
연애·사랑	3, 11월	7, 9월	2, 6월
건강·소송	3, 12월	9월	10월

 마음이 어질고 덕을 쌓으니 복록福祿이 저절로 온다.
귀인이 도와주니 반드시 재록財祿을 얻는다.
재성財星이 문에 들어오니 횡재할 운수다.

 바깥의 재물을 탐내지 마라. 얻어도 별로 소득이 없다.
이월의 운수는 밖으로 나가면 불리하다.
만일 관록官祿이 아니면 천금을 얻는다.

 서남 양쪽에서 반드시 재물이 왕성할 것이다.
식구가 왕성하고 재록財祿이 산처럼 쌓인다.
사람들과 같이 누각에 오르니 술과 안주가 풍족하다.

 삼월과 사월에는 생활이 풍족해진다.
한번 문 밖에 나가면 소망이 이루어진다.
이익은 어느 곳에 있는가. 동남 양쪽이다.

 명성과 이익이 다 길하니 수복壽福이 계속 이어진다.
도처에 재물이 있으니 남아가 그 뜻을 얻는다.
남과 함께 일을 꾀하면 많은 이익을 얻는다.

 남의 재물을 탐내지 마라. 도리어 손해를 본다.
만일 이와 같지 않으면 명예를 손상당한다.
금성金姓과 친하게 지내지 마라. 재물을 잃는다.

 시냇물이 바다가 되듯이 작은 것을 쌓아 큰 것을 이룬다.
때때로 단비가 내리니 온갖 곡식이 풍성하다.
이익이 사방에 있으니 도처에서 봄바람이 분다.

 만일 관록官祿이 따르지 않으면 반드시 득남한다.
집안 운세가 대통하니 만사가 뜻대로 이루어진다.
먼저 힘들고 뒤에 편안하니 이익이 그 가운데 있다.

 지혜도 있고 재주도 있으니 뜻밖에 성공한다.
재물이 하늘에서 내려오니 바라는 바를 능히 이룬다.
가족들이 화합하니 모든 일이 순조롭게 이루어진다.

 시월의 운수는 질병을 조심한다.
화성火姓을 가까이하지 마라. 겉으로는 웃지만 안으로는 칼을 겨눈다.
천리타향의 나그네 마음이 처량하다.

 한 사람의 영화가 만인에게 미친다.
식구를 더하고 식록食祿이 풍성해진다.
자손이 흥왕하니 집안이 태평하다.

 뿌리가 깊고 잎이 성하니 봄빛이 길게 뻗어 있다.
분수를 지키고 편안히 지내면 복이 저절로 들어온다.
금년의 운수는 벼슬을 구하는 것이 가장 좋다.

운명을 바꾸는 월운 활용

	1월	2월	3월	4월	5월	6월
좋은 방향	북서쪽	북동쪽	남서쪽	남동쪽	동쪽	남서쪽
좋은 색상	노란색	노란색	밤색	주황색	초록색	하늘색
좋은 장소	생맥주집	포장마차	등산로	닭갈비음식점	오리음식점	다리
좋은 성씨	ㄴ,ㄷ,ㅌ,ㄹ	ㄱ,ㅋ	ㅅ,ㅈ,ㅊ	ㄴ,ㄷ,ㅌ,ㄹ	ㅁ,ㅂ,ㅍ	ㅅ,ㅈ,ㅊ
좋은 숫자	8, 11	2, 9	2, 7	2, 10	7, 10	4, 9
좋은 날짜	8, 14, 17, 20, 22, 29일	4, 9, 13, 17, 22, 28일	8, 12, 13, 19, 22, 27일	2, 12, 13, 15, 20, 28일	4, 8, 12, 20, 21, 27일	6, 11, 12, 17, 22, 27일
안 좋은 날짜	10, 18, 23일	2, 11, 24일	1, 6, 14일	5, 11, 22일	3, 11, 22일	9, 15, 28일
재물·금전 지수	95	73	93	91	84	79
변화·변동 지수	92	75	96	92	82	74
건강·행복 지수	90	72	98	93	85	73

	7월	8월	9월	10월	11월	12월
좋은 방향	북쪽	남쪽	북동쪽	서쪽	남동쪽	북서쪽
좋은 색상	보라색	하얀색	남청색	옥색	자주색	회색
좋은 장소	순대음식점	청국장식당	국수전문점	공연장	바닷가	해장국식당
좋은 성씨	ㄱ,ㅋ	ㅇ,ㅎ	ㅁ,ㅂ,ㅍ	ㅅ,ㅈ,ㅊ	ㅇ,ㅎ	ㄴ,ㄷ,ㅌ,ㄹ
좋은 숫자	4, 8	5, 7	7, 12	7, 11	2, 3	2, 8
좋은 날짜	5, 9, 11, 20, 21, 28일	8, 12, 13, 22, 24, 28일	5, 10, 12, 20, 22, 28일	5, 10, 18, 20, 23, 26일	6, 12, 15, 17, 23, 28일	8, 12, 15, 21, 22, 27일
안 좋은 날짜	1, 7, 19일	4, 15, 21일	6, 13, 29일	6, 15, 22일	2, 10, 21일	7, 13, 20일
재물·금전 지수	89	96	80	75	98	93
변화·변동 지수	84	95	85	72	96	91
건강·행복 지수	80	95	87	73	95	95

更有好時之意
갱유호시지의

연운

桂花開落 更待明春
계화개락 갱대명춘
계수나무꽃이 피었다 졌으니 다시 내년 봄을 기다린다.

若非慶事 移徙有數
약비경사 이사유수
집안에 경사가 있지 않으면 새 집으로 이사한다.

若非家憂 妻憂可慮
약비가우 처우가려
만일 가정에 근심이 없으면 아내에게 근심이 따른다.

守分則吉 忘動有損
수분즉길 망동유손
분수를 지키면 길하고 함부로 움직이면 손해가 있다.

三春之數 別無損益
삼춘지수 별무손익
봄 석 달의 운수는 별로 이익이 없다.

今年之數 待時而動
금년지수 대시이동
금년 운수는 때를 기다려 움직인다.

四方無人 鶯歌太平
사방무인 앵가태평
사방에 사람이 없으니 꾀꼬리 노래가 평화롭다.

與人同心 其利必倍
여인동심 기리필배
남과 너불어 마음을 같이하니 이익이 배가 된다.

執心正直 事事如意
집심정직 사사여의
마음을 정직하게 가지니 하는 일마다 뜻대로 된다.

성인의 연운 활용

금전·명예	작은 이익이 들어오다가 기적 같은 일이 생겨 큰돈을 만지게 된다.
사업·창업	누구와 어떤 일을 계획해도 이익이 크다. 재앙이 물러가고 복이 다가올 운이다. 일마다 좋은 결과를 본다.
주식·투자	주식투자로 적지 않은 재물이 들어올 것이다.
시험·취직	노력하면 중위권 시험은 가능하다. 직장인은 승진은 아니지만 원하는 자리로 이동한다.
당선·소원	당선의 기운이 넘쳐나니 당선될 것이다. 욕심 없는 순수한 마음이라면 반드시 소원을 이룰 수 있다.
이사·매매	이사하고 싶지만 변동을 삼가는 것이 좋다. 매매는 운이 왕성하여 생각보다 쉽게 성사되고 이익이 있다.
건강·사고	오래 앓아오던 병에서 빠르게 회복된다.
애정·결혼	가까운 곳에서 인연을 만날 가능성이 있다. 연인끼리는 사랑이 더 깊어진다. 새로운 이성교제는 쉽지 않다. 좋은 연인 배우자를 놓친 아쉬움이 있지만 안타까워하지 마라. 다시 좋은 인연을 만난다.
소송·다툼	예전부터 끌어오던 소송이 이제야 해결된다.

신세대의 연운 활용

연애·사랑	새로운 인연을 만나 사랑을 이룬다. 연인에게 청혼하기 좋고 부부는 금실이 두터워진다.
시험·취직	일류대는 어렵지만 일반대학은 가능하다. 승진운은 무난하니 직장인은 순리에 맞게 행동한다.
건강·사고	컨디션이 좋으니 건강에는 이상이 전혀 없고 활기가 넘쳐 흐른다.
금전·행운	수입이 원활하여 금전적인 여유가 넘친다. 함부로 사용하지 말고 의미 있는 일에 쓰는 것이 좋다.
소원·성취	운이 좋아서 원하는 소원이 뜻밖에 쉽게 이루어진다.

운명을 바꾸는 연운 활용

좋은 방향	남쪽
좋은 색상	연보라색
좋은 장소	감자탕음식점
좋은 성씨	ㅅ, ㅈ, ㅊ
좋은 숫자	7, 9

숫자로 보는 연운 활용

	좋은 달	보통 달	나쁜 달
금전·투자	7, 8월	4, 6월	1, 5월
변화·변동	8, 11월	4, 6월	2, 3월
연애·사랑	7, 8월	6, 9월	1, 10월
건강·소송	7, 11월	4, 9월	2, 12월

631 월운

1월
길함이 변하여 흉해지니 처음에는 길하고 뒤에는 흉하다.
이 달의 운수는 흉함은 많고 길함은 적다.
매사에 거슬림이 많으니 마음이 어지럽다.

2월
구름과 안개가 공중에 가득하니 해와 달을 볼 수 없다.
꾀하는 일을 아직 이루지 못했는데 또 무슨 구설인가.
하는 일이 시각에 달려 있으니 일을 서둘러 도모한다.

3월
삼월과 사월에는 손실도 이익도 별로 없다.
여색을 가까이하지 마라. 몸에 불리하다.
세월이 흐르는 물 같으니 이미 봄이 다 지나갔다.

4월
뒷뜰의 푸른 복숭아나무가 활짝 꽃 피었다.
산에 가서 물고기를 구하니 결국은 얻지 못한다.
강산에 해는 저무는데 돌아가는 나그네가 길을 잃었다.

5월
오월과 유월에는 하늘이 복을 내려주지 않는다.
만약 부모에게 근심이 생기지 않으면 자손에게 액이 따른다.
도둑을 조심하라. 재물을 잃을까 두렵다.

6월
밖으로 나가면 불리하고 집에 있으면 길하다.
유월의 운수는 배를 타지 마라.
멀리 나가면 불리하다. 재물만 잃고 이익은 없다.

7월
칠년 가뭄에 기쁘게 단비를 만난다.
비록 재수는 있지만 작은 근심이 두렵다.
시비를 가까이하지 마라. 구설을 면하기 어렵다.

8월
가족들이 화목하니 평화로운 기운이 가득하다.
남쪽으로 가면 재물을 얻을 것이다. 기회를 놓치지 마라.
만일 남을 속이면 도리어 화를 당한다.

9월
바깥의 재물을 탐하지 마라. 재물을 잃을까 두렵다.
화성火姓을 가까이하지 마라. 구설을 면하지 못한다.
처음은 힘들지만 나중에는 길하니 마침내 형통할 것이다.

10월
만일 부모에게 근심이 생기지 않으면 슬하에 근심이 있다.
세월이 흐르는 물 같으니 시간만 헛되이 보낸다.
이 달의 운수는 흉함은 많고 길함은 적다.

11월
비가 촉촉하게 곡식을 적시니 봄꽃이 화창하게 핀다.
국대민안國泰民安하니 집이 넉넉하여 사람이 풍족하다.
집안 살림도 흥왕하고 식구도 늘어난다.

12월
청산에 외로운 소나무요 푸른 바다에 조각배다.
기쁨과 근심이 서로 반대이니 먼저 길하고 뒤에 흉하다.
양梁가 박朴가 권權가 이李가가 공연히 해를 끼친다.

운명을 바꾸는 **월운** 활용

	1월	2월	3월	4월	5월	6월
좋은 방향	동쪽	남쪽	북쪽	북동쪽	남서쪽	남쪽
좋은 색상	파란색	귤색	주황색	검은색	연보라색	적갈색
좋은 장소	우동전문점	토스트가게	철판요리집	단란주점	한식당	민속촌
좋은 성씨	ㄱ, ㅋ	ㅁ, ㅂ, ㅍ	ㄴ, ㄷ, ㅌ, ㄹ	ㄱ, ㅋ	ㄴ, ㄷ, ㅌ, ㄹ	ㄱ, ㅋ
좋은 숫자	2, 11	1, 12	1, 7	5, 6	4, 7	2, 9
좋은 날짜	4, 10, 14, 20, 21, 28일	8, 12, 16, 20, 23, 28일	6, 12, 17, 21, 24, 28일	8, 12, 13, 21, 22, 27일	6, 10, 12, 15, 23, 29일	2, 12, 13, 20, 22, 26일
안 좋은 날짜	6, 11, 24일	13, 15, 22일	5, 11, 25일	6, 11, 24일	9, 13, 14일	1, 10, 27일
재물·금전 지수	71	73	74	84	78	85
변화·변동 지수	75	78	75	84	77	86
건강·행복 지수	72	77	75	87	76	82

	7월	8월	9월	10월	11월	12월
좋은 방향	북서쪽	남쪽	서쪽	남서쪽	북쪽	남동쪽
좋은 색상	고동색	베이지색	군청색	회색	다홍색	연두색
좋은 장소	레스토랑	목장	야구장	산	기차역	치킨전문점
좋은 성씨	ㅇ, ㅎ	ㄴ, ㄷ, ㅌ, ㄹ	ㅇ, ㅎ	ㅅ, ㅈ, ㅊ	ㅁ, ㅂ, ㅍ	ㅅ, ㅈ, ㅊ
좋은 숫자	6, 7	4, 5	2, 6	7, 8	2, 4	5, 6
좋은 날짜	2, 10, 12, 15, 22, 28일	4, 10, 12, 15, 21, 27일	5, 11, 15, 18, 22, 28일	1, 8, 12, 15, 22, 27일	3, 7, 12, 18, 24, 29일	4, 9, 13, 16, 25, 28일
안 좋은 날짜	8, 13, 21일	5, 9, 20일	1, 13, 21일	4, 18, 29일	1, 10, 25일	10, 21, 24일
재물·금전 지수	92	93	83	74	96	73
변화·변동 지수	92	95	82	72	95	71
건강·행복 지수	92	96	83	73	90	72

有吉有傷之意

怒奔燕軍 無處不傷
노분연군 무처불상   노하여 달아나는 연나라 군사는 다치지 않은 곳이 없다.

守分則吉 忘動有害
수분즉길 망동유해   분수를 지키면 길하고 함부로 움직이면 해롭다.

若非身病 官災可畏
약비신병 관재가외   신병이 아니면 관재가 있을까 두렵다.

莫近是非 事有未決
막근시비 사유미결   남과 시비하지 마라. 일을 끝맺지 못한다.

久旱無雨 草木有傷
구한무우 초목유상   오랜 가뭄에도 비가 없으니 초목이 자라지 못한다.

今年之數 移基有害
금년지수 이기유해   금년 운수는 집터를 옮기면 해롭다.

吾鼻三尺 何暇嘲人
오비삼척 하가조인   내 코가 석 자이니 어느 틈에 남을 흉보겠는가.

一合一散 意不如初
일합일산 의불여초   한 번 모으고 한 번 흩어지니 결국은 처음보다 못하다.

本是同根 相煎何急
본시동근 상전하급   본래 뿌리가 같거늘 어찌 급하게 서로 애태우는가.

성인의 연운 활용

금전·명예	재물운이 신통치 않으니 큰 이익은 바라기 어렵다.
사업·창업	능력을 과대평가하지 말고 겸손하게 계획대로 일을 진행하면 사업을 확장하는 즐거움이 있다.
주식·투자	아무리 고르고 골라서 투자해도 이익이 없을 것이다.
시험·취직	실력 없이 응시하면 망신만 당한다. 직장인은 승진은커녕 구설수나 망신수가 있으니 주의한다.
당선·소원	당선은 어려우니 다음 기회를 노려라. 그 동안 덕을 베푼 것이 이제 소원을 이룰 수 있게 도와준다.
이사·매매	때가 좋지 않으니 이사는 다음으로 미룬다. 매매를 서두르면 일이 꼬이니 순리대로 진행한다.
건강·사고	과로로 교통사고를 내거나 음주운전으로 사고를 낼 수 있다. 이로 인해 재물과 건강의 손해가 우려된다.
애정·결혼	애정운이 원만하긴 해도 당장 결혼할 수 있는 것은 아니다. 부부간이라도 과거의 비밀을 말하지 마라. 오해가 생겨 어려움이 따른다. 진실된 마음만 있으면 사랑이 무르익을 것이다.
소송·다툼	소송은 완벽한 승리를 꿈꾸다 시비가 더욱 악화되므로 순리를 따르는 것이 현명하다.

신세대의 연운 활용

연애·사랑	상대에 대한 믿음을 잃거나 기대한 사람이 이상형이 아닐 가능성이 크다. 주변에 방해하는 사람이 많아 이성문제가 생기거나 오해가 생겨 다툴 수 있으니 조심한다.
시험·취직	수많은 경쟁자가 몰려드니 지금 실력으로는 역부족이다. 직장인은 승진은 불가능하고 부서 이동은 가능하다.
건강·사고	다른 질병은 발생하지 않지만 부상의 위험이 있으니 매사에 조심한다.
금전·행운	뜻밖의 일로 큰돈이 나가거나 재물을 잃을 운이다. 금전은 많이 나가고 적게 들어온다.
소원·성취	소원은 이루기 어려우니 다음을 기다리는 것이 현명하다.

운명을 바꾸는 연운 활용

좋은 방향	남서쪽
좋은 색상	군청색
좋은 장소	치킨전문점
좋은 성씨	ㄱ, ㅋ
좋은 숫자	4, 5

숫자로 보는 연운 활용

	좋은 달	보통 달	나쁜 달
금전·투자	9, 11월	8, 10월	6, 12월
변화·변동	7, 9월	4, 8월	2, 6월
연애·사랑	7, 11월	8, 10월	3, 5월
건강·소송	7, 11월	4, 8월	1, 5월

632 월운

1月
호랑이 꼬리를 밟으니 울부짖는 소리가 빈 골짜기에 울려 퍼진다.
질병이 있을까 두려우니 미리 액을 막는다.
바깥의 재물을 탐하지 마라. 도리어 손해를 본다.

2月
친한 사람과 가까이 지내지 마라. 배은망덕하다.
인정을 생각하지 않으면 모든 일이 뜻대로 이루어진다.
망녕되이 움직이지 마라. 도리어 실패한다.

3月
요귀가 문을 엿보니 질병이 침범한다.
만일 이와 같지 않으면 약독藥毒을 면하기 어렵다.
다른 사람의 말을 듣지 마라. 혹 관액官厄이 따를까 두렵다.

4月
모든 일에 조심하라. 큰 화가 닥친다.
길에 나가지 마라. 횡액이 따른다.
몸이 고단함을 한탄하지 마라. 좋은 운이 돌아올 것이다.

5月
비록 꾀하는 일은 있지만 뜻대로 되지 않으니 이를 어찌할까.
일에 거슬림이 많으니 하는 일마다 이루지 못한다.
미리 기도하라. 아내에게 액이 있다.

6月
주색을 가까이하지 마라. 재물을 잃는다.
만일 목성木姓을 가까이하면 반드시 해를 당한다.
남의 말을 듣지 마라. 횡액이 있을까 두렵다.

7月
멀리 나가지 마라. 별로 소득이 없다.
적게 얻고 큰 것을 잃으니 무슨 소득이 있는가.
재물운이 형통하니 구하면 얻는다.

8月
얕은 물에 배를 띄우니 노력은 하지만 공이 없다.
만일 혼인이 아니면 반드시 아들을 얻는다.
술이든 여자든 가까이하면 재물을 잃는다.

9月
매사를 이루지 못하는데 또 무슨 질병인가.
몸에 곤액困厄이 있으니 미리 기도한다.
조왕竈王에게 치성을 드리면 신액身厄을 면한다.

10月
부부가 화합하지 못하니 가정이 불안하다.
바다에 들어가 금과 토끼를 구한다.
동쪽의 목성木姓이 우연히 해를 끼친다.

11月
수고는 하나 그에 따른 공은 없다.
동으로 서로 뛰어다니지만 손해만 있고 이익은 없다.
운수가 이와 같으니 분수를 지키면 길하다.

12月
머리를 어느 곳에 둘까. 도무지 의지할 곳이 없다.
목성木姓에게 해가 있으니 가까이하면 손해를 본다.
심沈가에게 해를 당하니 동업하지 마라.

운명을 바꾸는 월운 활용

	1월	2월	3월	4월	5월	6월
좋은 방향	동쪽	북동쪽	남서쪽	북서쪽	동쪽	서쪽
좋은 색상	녹색	자주색	파란색	하늘색	밤색	분홍색
좋은 장소	찜질방	강	수목원	유원지	제과점	감자탕음식점
좋은 성씨	ㄱ, ㅋ	ㅇ, ㅎ	ㅁ, ㅂ, ㅍ	ㅅ, ㅈ, ㅊ	ㄴ, ㄷ, ㅌ, ㄹ	ㅇ, ㅎ
좋은 숫자	8, 12	5, 9	3, 7	1, 10	6, 9	1, 4
좋은 날짜	2, 5, 10, 13, 23, 27일	5, 10, 13, 17, 24, 28일	5, 8, 11, 14, 21, 27일	1, 7, 10, 13, 21, 28일	3, 10, 15, 19, 24, 28일	7, 13, 15, 19, 21, 26일
안 좋은 날짜	4, 9, 15일	6, 18, 21일	3, 20, 29일	5, 18, 22일	4, 18, 23일	14, 17, 25일
재물·금전 지수	73	79	78	82	76	72
변화·변동 지수	74	76	72	85	75	77
건강·행복 지수	75	75	73	86	75	75

	7월	8월	9월	10월	11월	12월
좋은 방향	북쪽	서쪽	남쪽	남쪽	북동쪽	동쪽
좋은 색상	연보라색	회색	적갈색	청록색	옥색	하얀색
좋은 장소	나이트클럽	공공도서관	오락실	시골길	꽃집	샌드위치가게
좋은 성씨	ㄱ, ㅋ	ㄴ, ㄷ, ㅌ, ㄹ	ㅅ, ㅈ, ㅊ	ㅁ, ㅂ, ㅍ	ㄴ, ㄷ, ㅌ, ㄹ	ㄱ, ㅋ
좋은 숫자	6, 7	3, 12	3, 11	1, 3	1, 2	2, 4
좋은 날짜	9, 16, 19, 22, 25, 26일	7, 13, 16, 18, 22, 29일	2, 9, 12, 21, 23, 29일	9, 13, 15, 18, 23, 26일	2, 8, 10, 15, 21, 26일	2, 8, 14, 22, 23, 27일
안 좋은 날짜	10, 11, 27일	5, 19, 21일	4, 18, 27일	7, 14, 25일	9, 13, 25일	6, 10, 21일
재물·금전 지수	94	84	91	86	95	73
변화·변동 지수	96	85	90	83	93	75
건강·행복 지수	96	82	95	82	93	76

633 不正之事必傷其心
부정지사필상기심

연운

骨肉相爭 手足絕脈
골육상쟁 수족절맥   혈육끼리 서로 다투니 손발의 맥이 끊어진다.

雖有勞力 反無成功
수유노력 반무성공   노력해도 성공하기 어렵다.

財星逢空 求財不得
재성봉공 구재부득   재성이 들어오지 않으니 재물을 구해도 얻지 못한다.

勿貪分外 反有損財
물탐분외 반유손재   분수 밖의 것을 탐하지 마라. 도리어 재물을 잃는다.

欲進不能 徒傷中心
욕진불능 도상중심   나아가려는데 되는 일이 없으니 마음만 상한다.

今年之數 是非愼之
금년지수 시비신지   금년 운수는 시비를 조심한다.

秋風野花 其色可憐
추풍야화 기색가련   가을바람에 들꽃이 흔들리니 그 모습이 가련하다.

洛陽城裏 秋風忽起
낙양성리 추풍홀기   낙양성 안에서 쌀쌀한 가을바람이 홀연히 일어난다.

物各有主 非理愼之
물각유주 비리신지   물건마다 각각 그 주인이 있는 법이다.

성인의 연운 활용

금전·명예	남의 재물에 자꾸 욕심이 난다. 그러나 헛된 욕심을 버려야 한다. 욕심이 재물의 어려움을 부른다.
사업·창업	되는 것은 없고 잃기만 하니 한숨만 나온다. 성실하게 노력하면 현상유지는 할 수 있다.
주식·투자	현상유지에 만족하라. 욕심부려 투자하다 오히려 손해를 본다.
시험·취직	중위직 이상은 합격이 어렵고 다른 시험은 노력에 따라 달라진다. 직장인은 실력이 모자라 승진이 어렵다.
당선·소원	지금은 당선이 어려우니 기대하지 마라. 사회에 덕을 쌓은 사람은 작은 소원 정도는 무난하게 이룰 수 있다.
이사·매매	현재와 비슷한 수준은 괜찮지만 확장은 무리다. 매매는 쉽게 성사되고 작은 이익을 본다.
건강·사고	사고를 조심해야 한다. 매사에 조심해야 사고를 피할 수 있다.
애정·결혼	매순간 감정에 휘말리는 것은 좋지 않다. 자칫 임자 있는 사람과 이루어지기 힘든 사랑을 할 수 있으니 주의한다. 약혼한 사람도 오해로 헤어지기 쉽다. 과음 등으로 실수하지 말고 다른 이성에게 한눈팔지 마라.
소송·다툼	사소한 일로 싸우고 관재수까지 발생하고 소송으로 이어지니 타협하는 것이 유리하다.

신세대의 연운 활용

연애·사랑	낭비가 심해지거나 마음이 들떠 상대의 감정을 오해하기 쉽다. 감언이설에 속아서 사람을 잘못 만나 뒤늦게 후회할 일이 생긴다. 냉철하게 판단해야 좋은 배필을 만날 수 있다.
시험·취직	시험이나 취직은 한 단계 낮추어 응시한다. 직장인은 아랫사람의 모함으로 구설수에 오르리니 주의한다.
건강·사고	뼈나 관절의 질병과 사고를 조심한다. 질병이 없어도 원기가 부족하다.
금전·행운	노력에 비해 생기는 것이 적다. 금전도 가끔씩 어려움을 면할 정도만 들어온다.
소원·성취	소원은 이루어지지 않으니 바라지 않는 것이 좋다.

운명을 바꾸는 연운 활용

좋은 방향	남쪽
좋은 색상	초록색
좋은 장소	야구장
좋은 성씨	ㄱ, ㅋ
좋은 숫자	2, 3

숫자로 보는 연운 활용

	좋은 달	보통 달	나쁜 달
금전·투자	11, 12월	5, 10월	1, 3월
변화·변동	4, 11월	2, 5월	7, 9월
연애·사랑	11, 12월	2, 5월	3, 8월
건강·소송	4, 12월	5, 10월	6, 7월

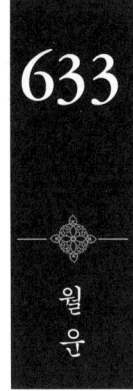

633 월운

 가을풀이 서리를 만나니 슬픈 마음을 견디기 어렵다.
친척이 냉정하니 첩도 무정하다.
해가 북쪽에 있으니 재물을 잃을 운수다.

 해는 저물고 길은 먼데 갈수록 태산이다.
초목이 서리를 만나니 일에 실패가 많다.
심신이 불안한데 또 무슨 괴로움인가.

 가을 바람에 떨어진 잎이 다시 광풍을 만난다.
남쪽에 가지 마라. 친구가 해를 끼친다.
타인의 일로 횡액이 침범한다.

 관귀官鬼가 발동하니 관액官厄이 두렵다.
말을 조심하라. 횡액이 따를 수 있다.
스스로 재물을 구하려 노력하니 남몰래 도와주는 사람이 있다.

 시비를 가까이하지 마라. 구설을 면하기 어렵다.
강산에 해가 저물 때 길을 가면 액이 있다.
칠성七星에게 치성을 드리면 이 액을 면한다.

 구름과 안개가 산에 가득하니 방향을 알 수 없다.
모든 일이 막히니 헛되이 심력心力만 허비한다.
심신이 불안하니 세상일이 뜬구름 같다.

 가신家神이 발동하니 예방하면 액이 없다.
만일 액을 막지 않으면 재물을 잃을 수 있다.
시비를 가까이하지 마라. 소송이 따를 수 있다.

 꾀하는 일이 불리하니 근심과 괴로움이 끊이지 않는다.
천리타향에 뿌리를 내리기 힘들다.
몸이 밖에서 노니 돌아갈 때를 기약할 수 없다.

 비록 분한 마음이 들어도 참는 것이 상책이다.
재물운은 처음엔 있지만 나중엔 도로 잃는다.
나그네가 적막한 창가에서 공연히 탄식한다.

 여자가 말이 많으면 집안이 망할 징조다.
허욕을 탐하지 마라. 낭패를 당할 운수다.
만일 관록官祿이 아니면 아들을 얻을 운수다.

 뜻밖에 성공하니 하는 일이 왕성해진다.
가족이 서로 화합하니 살림이 왕성하다.
지금에야 길한 운을 만나니 태평할 것이다.

 흉함이 변하여 길하게 되니 먼저는 흉하고 뒤에는 좋다.
금년의 운수는 분수를 지키면 길하다.
망녕되이 행동하면 해롭고 편안하게 지내면 길하다.

운명을 바꾸는 월운 활용

	1월	2월	3월	4월	5월	6월
좋은 방향	남쪽	남쪽	동쪽	남서쪽	북쪽	남동쪽
좋은 색상	노란색	보라색	노란색	남청색	주황색	검은색
좋은 장소	피자집	당구장	매운탕음식점	버섯음식점	영화감상실	칼국수전문점
좋은 성씨	ㄴ, ㄷ, ㅌ, ㄹ	ㅁ, ㅂ, ㅍ	ㅅ, ㅈ, ㅊ	ㅇ, ㅎ	ㄱ, ㅋ	ㅅ, ㅈ, ㅊ
좋은 숫자	9, 10	2, 9	3, 8	6, 9	6, 7	4, 8
좋은 날짜	2, 7, 11, 22, 23, 27일	5, 13, 17, 18, 22, 27일	9, 16, 18, 21, 23, 28일	5, 10, 14, 21, 22, 29일	4, 8, 13, 16, 25, 26일	5, 9, 13, 15, 25, 28일
안 좋은 날짜	4, 20, 25일	3, 21, 25일	1, 10, 24일	3, 9, 17일	2, 10, 20일	11, 24, 29일
재물·금전 지수	72	82	78	91	85	73
변화·변동 지수	74	84	77	97	87	74
건강·행복 지수	75	85	75	96	82	75

	7월	8월	9월	10월	11월	12월
좋은 방향	동쪽	남쪽	북동쪽	남서쪽	북서쪽	서쪽
좋은 색상	자주색	고동색	연보라색	초록색	파란색	베이지색
좋은 장소	수영장	레스토랑	퓨전음식점	독서실	미술관	놀이공원
좋은 성씨	ㅁ, ㅂ, ㅍ	ㅇ, ㅎ	ㄴ, ㄷ, ㅌ, ㄹ	ㄴ, ㄷ, ㅌ, ㄹ	ㄱ, ㅋ	ㄴ, ㄷ, ㅌ, ㄹ
좋은 숫자	5, 9	1, 4	1, 3	2, 8	3, 6	2, 5
좋은 날짜	5, 12, 15, 17, 22, 29일	2, 9, 12, 18, 23, 26일	5, 11, 15, 21, 23, 27일	5, 9, 12, 18, 23, 29일	6, 13, 15, 16, 20, 27일	1, 4, 13, 21, 25, 28일
안 좋은 날짜	8, 14, 23일	7, 15, 27일	4, 9, 20일	6, 13, 21일	1, 17, 22일	6, 9, 24일
재물·금전 지수	72	79	73	81	98	93
변화·변동 지수	75	77	75	85	92	95
건강·행복 지수	76	76	72	86	95	94

641 有德有信終得吉利
유덕유신종득길리

연운

心小膽大 居常安靜
심소담대 거상안정 — 마음은 작고 담은 크니 떳떳하게 살면 안정을 누린다.

上下有憂 家宅不寧
상하유우 가택불녕 — 위아래 모두 근심이 있으니 집안이 편치 못하다.

若無官災 口舌紛紛
약무관재 구설분분 — 만일 관재가 없으면 구설이 분분할 것이다.

在家心亂 出則無益
재가심란 출즉무익 — 집에 있으면 마음이 어지럽고 밖에서도 이익이 없다.

草木逢春 次次成長
초목봉춘 차차성장 — 초목이 봄을 만났으니 차차 성장할 것이다.

今年之數 凡事愼之
금년지수 범사신지 — 금년 운수는 모든 일을 조심한다.

積雪未消 花信杳然
적설미소 화신묘연 — 쌓인 눈이 다 녹지 않았으니 꽃 소식이 아직 멀다.

親友愼之 恩反爲仇
친우신지 은반위구 — 친한 벗을 조심하라. 은혜가 도리어 원수로 변한다.

西南得朋 東北喪朋
서남득붕 동북상붕 — 서쪽과 남쪽에서는 벗을 얻고 동과 북쪽에서는 벗을 잃는다.

성인의 연운 활용

금전·명예	수입이 적어도 꾸준히 노력하면 금전의 여유가 생긴다. 과소비만 자제하면 희망찬 미래를 기대할 수 있다.
사업·창업	현재의 일에 충실하고 모든 정열을 쏟을 때 이익이 있다. 현재 상태를 유지하는 것이 좋다.
주식·투자	주식투자로 큰 이익을 보니 오랜만에 웃을 일이 생긴다.
시험·취직	시험은 반드시 노력한 대가가 있지만 고시는 다음 기회가 유리하다. 직장인은 승진하고 실업자는 취직한다.
당선·소원	당선은 아직 때가 이르니 다음 기회를 기다려라. 소원은 그동안 이루고 싶던 것을 이제야 이룬다.
이사·매매	이사는 지금보다 줄여서 가는 것이 유리하다. 매매는 어떻게 처리하는가에 따라 이익과 손해가 결정된다.
건강·사고	활동하고 싶은 만큼 움직여도 좋다. 건강에는 크게 문제될 것이 없다.
애정·결혼	성급하게 생각하지 말고 편안하게 만나라. 아직 결론을 내기에는 이르다. 윗사람이나 친구들로부터 소개받아 새롭게 인연을 맺고 오랜 연인과 결혼하는 기쁨이 있다.
소송·다툼	소송은 혼자서 해결하려 하지 말고 도움을 청하면 쉽게 해결된다.

신세대의 연운 활용

연애·사랑	저돌적인 사랑 표현보다는 분위기를 살려 간접적으로 표현하는 것이 좋다. 상대를 배려하면 마음을 받아줄 것이다. 우여곡절 끝에 오래 끌어오던 사랑에 성공한다. 미혼남녀는 천생연분을 만나 결혼한다.
시험·취직	지나친 욕심을 부리지 않으면 합격한다. 직장인은 상사에게 인정받고 발탁되거나 승진한다.
건강·사고	건강은 걱정하지 않아도 될 만큼 매우 좋다. 하고 싶은 일을 해도 괜찮다.
금전·행운	꾸준한 수입이 있으니 어려움이 없고 생활도 여유롭다.
소원·성취	뚜렷한 목표를 갖고 밀고 나가면 이루고자 하는 소원을 성취한다.

운명을 바꾸는 연운 활용

좋은 방향	남동쪽
좋은 색상	주황색
좋은 장소	목장
좋은 성씨	ㄴ, ㄷ, ㅌ, ㄹ
좋은 숫자	7, 11

숫자로 보는 연운 활용

	좋은 달	보통 달	나쁜 달
금전·투자	4, 11월	5, 7월	3, 8월
변화·변동	6, 11월	2, 9월	8월
연애·사랑	4, 6월	1, 7월	10월
건강·소송	4, 6월	5, 12월	8월

641 월운

① 月
집에 있으면 이익이 없고 길을 나서면 어디로 갈지 모른다.
허황한 일을 밤낮으로 생각한다.
수복壽福이 끊이지 않으니 태평하게 지낸다.

② 月
부부가 마음을 합하니 집안 살림이 점점 흥왕해진다.
귀인이 서로 도와주니 모든 일이 이루어진다.
분수를 지켜 편안히 지내라. 움직이면 해롭다.

③ 月
일에 두서가 없으니 꾀하는 일을 이루지 못한다.
운수가 불리하니 뜻밖에 액이 있다.
숨어 있는 원수를 누가 알까. 뜻밖에 가까운 곳에 있다.

④ 月
넓고 푸른 바다에 배를 띄우니 순풍이 불어온다.
재물복이 산과 같으니 가족들이 한바탕 즐거워한다.
이익은 어디에 있는가. 동쪽과 남쪽 양쪽이다.

⑤ 月
다른 일을 꾀하지 마라. 도리어 재물을 잃는다.
도둑을 조심하라. 재물을 잃을까 두렵다.
높은 집에 앉아 한가로이 지내니 몸과 마음과 편안하다.

⑥ 月
몸가짐을 조심하고 집을 잘 다스리면 만사태평할 것이다.
봄바람이 온화하니 만물이 스스로 자란다.
만일 횡재가 아니면 슬하에 영화가 있다.

⑦ 月
집을 나가면 후회하고 집에 들어오면 마음이 편하다.
바깥에 나가면 무익하니 문을 닫고 나가지 마라.
명산에 기도하면 신액身厄이 별로 없다.

⑧ 月
먹구름이 공중에 가득하니 별을 볼 수 없다.
시비를 가까이하지 마라. 관재官災를 면하기 어렵다.
화성火姓과 친하게 지내지 마라. 재물을 많이 잃는다.

⑨ 月
목마른 용이 물을 얻고 배고픈 호랑이가 먹이를 얻는다.
운수가 형통하니 구하지 않아도 스스로 얻는다.
구설을 조심하라. 혹 송사에 시달릴 수 있다.

⑩ 月
도둑을 조심하라. 재물을 잃을 수 있다.
동서 양쪽에서는 꾀하는 일마다 불리하다.
마른 나무가 봄을 만나니 그 빛이 천리까지 이른다.

⑪ 月
물고기와 용이 물을 얻으니 조화가 무궁하다.
재성財星이 문을 비추니 금과 옥이 집안에 가득하다.
물고기가 봄물에서 노니 의기양양하다.

⑫ 月
동짓달과 섣달에 반드시 경사가 있다.
재록財祿이 왕성하니 사람으로 인하여 성공한다.
금년 운수는 편안하게 지내는 것이 제일이다.

운명을 바꾸는 월운 활용

	1월	2월	3월	4월	5월	6월
좋은 방향	동쪽	남쪽	북쪽	남동쪽	서쪽	북서쪽
좋은 색상	은색	회색	연두색	분홍색	빨간색	밤색
좋은 장소	보리밥식당	버스	동물원	산책로	서점	섬
좋은 성씨	ㅅ, ㅈ, ㅊ	ㅁ, ㅂ, ㅍ	ㄴ, ㄷ, ㅌ, ㄹ	ㄱ, ㅋ	ㄱ, ㅋ	ㅇ, ㅎ
좋은 숫자	1, 7	1, 6	7, 8	5, 6	3, 8	1, 7
좋은 날짜	2, 7, 14, 16, 22, 27일	5, 8, 13, 20, 23, 27일	6, 16, 17, 21, 23, 28일	4, 10, 13, 17, 22, 27일	8, 9, 13, 21, 22, 27일	5, 9, 12, 15, 22, 28일
안 좋은 날짜	3, 21, 25일	4, 21, 28일	4, 19, 22일	1, 12, 24일	10, 14, 25일	8, 11, 20일
재물·금전 지수	83	85	73	96	84	98
변화·변동 지수	86	86	72	92	82	97
건강·행복 지수	82	85	75	95	83	94

	7월	8월	9월	10월	11월	12월
좋은 방향	남서쪽	북동쪽	동쪽	북쪽	남쪽	남동쪽
좋은 색상	적갈색	귤색	파란색	주황색	연보라색	하늘색
좋은 장소	기념관	분식점	극장	보쌈음식점	삼겹살식당	묵요리집
좋은 성씨	ㅇ, ㅎ	ㅅ, ㅈ, ㅊ	ㅁ, ㅂ, ㅍ	ㄴ, ㄷ, ㅌ, ㄹ	ㄴ, ㄷ, ㅌ, ㄹ	ㅇ, ㅎ
좋은 숫자	4, 12	3, 5	6, 8	1, 12	7, 9	3, 11
좋은 날짜	8, 11, 12, 13, 25, 28일	2, 11, 14, 16, 23, 28일	4, 9, 13, 21, 24, 29일	3, 7, 12, 22, 23, 27일	3, 8, 10, 20, 22, 27일	3, 8, 14, 17, 22, 28일
안 좋은 날짜	1, 27, 29일	9, 21, 24일	5, 11, 26일	1, 10, 25일	6, 19, 23일	4, 15, 21일
재물·금전 지수	87	75	82	78	93	83
변화·변동 지수	86	74	82	72	95	84
건강·행복 지수	85	73	80	73	96	85

求之不得之意
구지부득지의

연운

捕兎于海 求魚于山
포토우해 구어우산 — 바다에서 토끼를 잡고 산에서 물고기를 구한다.

莫信人言 事多隨魔
막신인언 사다수마 — 남의 말을 믿지 마라. 일에 마가 많이 따른다.

南北不利 勿爲出行
남북불리 물위출행 — 남쪽과 북쪽은 불리하니 밖으로 나가지 마라.

害在何姓 必在朴宋
해재하성 필재박송 — 어느 성씨가 해로운가, 박씨 송씨다.

狂風吹園 落花紛紛
광풍취원 낙화분분 — 뜰에 거센 바람이 부니 꽃잎이 어지럽게 떨어진다.

今年之數 勿貪虛慾
금년지수 물탐허욕 — 금년 운수는 허욕을 탐하지 마라.

山崩谷堙 所望者絶
산붕곡인 소망자절 — 산이 무너져 골짜기를 메우니 바라는 일이 절망적이다.

瞻前顧後 絶無親人
첨전고후 절무친인 — 앞을 보고 뒤를 보아도 친한 사람이 없다.

僅避嫌人 更逢仇者
근피혐인 경봉구자 — 사이가 나쁜 사람을 겨우 피했는데 다시 원수를 만난다.

성인의 연운 활용

금전 · 명예	오랫동안 금전적 어려움에서 벗어나기 어려우니 조금만 여유가 생겨도 아껴야 한다.
사업 · 창업	흥함도 실패도 없이 현상유지를 하는 운이니 너무 조급하게 생각하지 않는다.
주식 · 투자	주식 시세가 아직 저조하니 투자를 한다고 해도 큰 이익을 얻기 힘들다.
시험 · 취직	노력 없이 요행을 바라지 마라. 절대로 불가능하다. 직장인은 승진이 어렵고 곤란한 처지에 놓일 수 있다.
당선 · 소원	당선운이 없으니 당선을 바라기 어렵다. 소원은 이루기 힘드니 다음을 생각하는 것이 좋다.
이사 · 매매	이사를 진행하며 잠시 어려움을 겪지만 곧 좋아진다. 서류상 문제가 우려되니 계약서를 꼼꼼하게 살핀다.
건강 · 사고	일이 바쁘다고 해서 몸을 돌보지 않으면 위험한 상황까지 갈 수 있으니 항상 조심한다.
애정 · 결혼	성격과 주변환경이 엇나간다. 애정관계에 문제가 생길 수 있으니 주의한다. 주변에 질투하거나 방해하는 사람이 많아 연인이나 부부사이에 오해가 생길 수 있다.
소송 · 다툼	말실수로 인해 잘 되어가던 소송에 약간의 어려움이 따른다.

신세대의 연운 활용

연애 · 사랑	싸움이 잦아진다. 사소한 충돌이 큰 오해로 이어지기 쉬우니 자제한다. 부부는 서로 조심해야 한다.
시험 · 취직	능력대로 응시해야 취직이나 시험 합격이 가능하다. 직장인은 실력이 조금 떨어지니 승진이 어렵다.
건강 · 사고	건강은 다른 질병은 발생하지 않지만 갑작스런 사고를 조심해야 한다.
금전 · 행운	욕심을 부리면 큰 손해를 본다. 들어오는 것이 있을 때 그것에 만족하는 것이 현명하다.
소원 · 성취	재난이 닥치니 뜻이 있어도 기력이 없어서 일을 꾀하지 못한다.

운명을 바꾸는 연운 활용

좋은 방향	북동쪽
좋은 색상	보라색
좋은 장소	민속촌
좋은 성씨	ㅇ, ㅎ
좋은 숫자	5, 11

숫자로 보는 연운 활용

	좋은 달	보통 달	나쁜 달
금전 · 투자	7, 8월	6, 9월	1, 2월
변화 · 변동	7, 12월	6, 11월	1, 3월
연애 · 사랑	7, 12월	9, 11월	4, 5월
건강 · 소송	7, 8월	6, 11월	3, 10월

642 월운

 허욕을 부리지 마라. 도리어 허황하다.
재수가 없으니 얻어도 도리어 잃는다.
일에 처음과 끝이 없으니 노력은 하지만 도무지 공이 없다.

 남과 다투지 마라. 재물 때문에 마음이 상한다.
밖의 재물을 탐하지 마라. 도리어 재물을 잃는다.
만일 재물을 잃지 않으면 문을 나서서 실패한다.

 주색을 조심하라. 신상에 근심이 생긴다.
일이 뜻대로 안 되니 재물을 얻지 못한다.
운수가 불리하니 근심을 면하지 못한다.

 길에 나가지 마라. 낭패만 당하고 돌아온다.
도둑이 길 위에 있으니 재물을 잃을까 두렵다.
금성金姓을 가까이하지 마라. 이익 때문에 다투고 마음만 상한다.

 하늘이 복을 주지 않으니 생계가 곤궁하다.
미리 액을 막아라. 슬하에 근심이 있다.
행하고자 하나 이루지 못하니 한탄할 따름이다.

 움직이면 반드시 후회하니 집에 있어야 편안하다.
허욕을 부리지 마라. 불리한 운수다.
구설수가 있으니 목성木姓을 멀리한다.

 뜻밖에 귀인이 우연히 찾아와서 도와준다.
몸이 힘든 것을 한탄하지 마라. 쓴 것이 다하면 단 것이 온다.
다른 일을 꾀하지 마라. 마음만 아프다.

 남의 말을 듣지 마라. 우연히 재물을 잃는다.
시냇물이 바다에 흘러들어가니 티끌 모아 태산이다.
토성土姓이 도우니 그 빛이 다섯 배나 밝다.

 집안 운수가 불길하니 질병을 특히 조심한다.
병든 사람을 가까이 하지 마라. 병에 걸릴까 두렵다.
명산에 기도하면 질병을 면할 수 있다.

 밖의 재물을 탐내지 마라. 얻어도 도리어 잃는다.
꽃이 떨어지고 봄이 가니 벌과 나비가 오지 않는다.
동쪽에 가까이 가지 마라. 재물을 잃을까 두렵다.

 일이 복잡하기만 하니 도무지 이익이 없다.
모든 일이 머리만 있고 꼬리는 없다.
모든 일이 허황하니 심력心力만 허비한다.

 미리 예방하라. 병살病殺이 침범한다.
뜻밖에 금성金姓이 와서 도와준다.
분수를 지키고 집에 있으면 곤액困厄을 면한다.

운명을 바꾸는 월운 활용

	1월	2월	3월	4월	5월	6월
좋은 방향	북동쪽	북쪽	동쪽	남서쪽	북서쪽	서쪽
좋은 색상	옥색	노란색	주황색	자주색	회색	베이지색
좋은 장소	민속주점	휴양림	볼링장	콩국수전문점	축구장	시냇가
좋은 성씨	ㅅ, ㅈ, ㅊ	ㅁ, ㅂ, ㅍ	ㅇ, ㅎ	ㄱ, ㅋ	ㄴ, ㄷ, ㅌ, ㄹ	ㄱ, ㅋ
좋은 숫자	5, 7	4, 8	3, 4	8, 9	2, 9	5, 8
좋은 날짜	1, 9, 11, 18, 22, 29일	6, 14, 17, 23, 25, 28일	2, 12, 15, 16, 25, 28일	1, 7, 11, 17, 24, 27일	4, 9, 19, 21, 24, 28일	6, 12, 18, 21, 23, 28일
안 좋은 날짜	8, 13, 21일	13, 24, 29일	5, 8, 13일	19, 22, 25일	6, 7, 25일	9, 14, 22일
재물·금전 지수	74	72	79	73	74	82
변화·변동 지수	78	73	74	75	72	83
건강·행복 지수	73	75	76	78	75	84

	7월	8월	9월	10월	11월	12월
좋은 방향	서쪽	남쪽	북동쪽	남쪽	동쪽	남동쪽
좋은 색상	고동색	하얀색	다홍색	검은색	연보라색	적갈색
좋은 장소	놀이터	운동장	갈비탕음식점	호수	낙지음식점	매점
좋은 성씨	ㄴ, ㄷ, ㅌ, ㄹ	ㄱ, ㅋ	ㅅ, ㅈ, ㅊ	ㅇ, ㅎ	ㅁ, ㅂ, ㅍ	ㄴ, ㄷ, ㅌ, ㄹ
좋은 숫자	1, 5	4, 6	9, 11	7, 10	1, 5	8, 11
좋은 날짜	2, 7, 15, 18, 26, 28일	5, 7, 13, 18, 21, 27일	5, 7, 11, 16, 25, 28일	5, 8, 16, 19, 22, 28일	4, 8, 11, 17, 25, 29일	2, 8, 12, 16, 21, 23일
안 좋은 날짜	9, 13, 27일	4, 8, 22일	9, 13, 24일	6, 13, 21일	9, 18, 28일	3, 19, 24일
재물·금전 지수	90	94	89	73	84	95
변화·변동 지수	92	91	88	74	83	95
건강·행복 지수	95	93	86	72	82	92

有光明之意
유 광 명 지 의

暗中行人 偶得明燭
암 중 행 인 우 득 명 촉   어두운 길을 가는 사람이 우연히 촛불을 얻는다.

若非慶事 反有不利
약 비 경 사 반 유 불 리   만일 경사가 있지 않으면 도리어 불리하다.

橫財千金 致産更期
횡 재 천 금 치 산 갱 기   천금을 횡재하니 가업이 다시 일어난다.

財自天來 一身自安
재 자 천 래 일 신 자 안   재물이 하늘로부터 오니 일신이 저절로 편안하다.

利在南方 偶然到家
이 재 남 방 우 연 도 가   이익이 남쪽에 있어 우연히 집에 들어온다.

今年之數 財數大吉
금 년 지 수 재 수 대 길   금년의 운수는 재물운이 대길하다.

愼之親友 以利傷義
신 지 친 우 이 리 상 의   친한 벗을 주의한다. 이익 때문에 의가 상한다.

瑤池仙子 來獻蟠桃
요 지 선 자 내 헌 반 도   요지의 신선이 찾아와 하늘의 복숭아를 건넨다.

於公於財 所望如意
어 공 어 재 소 망 여 의   공적으로나 재물로나 바라는 바를 뜻하는 대로 이룬다.

성인의 연운 활용

금전 · 명예	움직일 때마다 재물이 쌓이고 횡재운까지 있어 재물이 끊이지 않고 들어온다.
사업 · 창업	지나치게 무리하지 않는다면 희망이 있다. 새로 계획하는 일이 아니라면 나쁜 일은 당하지 않는다.
주식 · 투자	주식투자는 신중하게 한다. 신중한 투자로 작으나마 이익을 얻는다.
시험 · 취직	입시와 취직 시험에 합격하는 절호의 기회다. 직장인은 몇 단계 승진할 수 있으니 열심히 노력한다.
당선 · 소원	뜻밖의 당선으로 이름을 드높인다. 그동안 남몰래 진행해오던 소원이 이제야 이루어진다.
이사 · 매매	어느 곳으로든 원하는 대로 움직여도 좋다. 매매는 성사되더라도 큰 이득은 없다.
건강 · 사고	과거부터 병을 앓던 사람은 위험하지만 그렇지 않은 경우는 모두 건강하다.
애정 · 결혼	연인관계가 점점 발전하지만, 감정을 앞세우다 혼전임신의 가능성이 있으니 주의한다. 수많은 경쟁자들을 물리치고 연인을 차지하고 많은 사람들의 축복 속에 결혼한다.
소송 · 다툼	오래 끌어오던 다툼이 귀인의 도움으로 해결된다.

신세대의 연운 활용

연애 · 사랑	기분전환으로 간 장소에서 인연을 만날 수 있다. 연애운이 들어오니 혼자인 사람은 짝을 만나고 미혼남녀는 평생의 배필과 화촉을 밝힌다.
시험 · 취직	실력을 쌓은 수험생은 수석합격한다. 직장인은 승진이나 특채의 명예가 있다.
건강 · 사고	건강하고 기력이 왕성하니 활동하는 데 지장이 없다.
금전 · 행운	오랫동안 금전난을 겪던 사람은 서서히 이익이 생긴다. 밖으로 나가 움직이면 이익이 매우 크다.
소원 · 성취	욕심이 있는 큰 소원이 아니라 아주 작은 소원이라면 이루어질 것이다.

운명을 바꾸는 연운 활용

좋은 방향	북쪽
좋은 색상	귤색
좋은 장소	한식당
좋은 성씨	ㅅ, ㅈ, ㅊ
좋은 숫자	6, 7

숫자로 보는 연운 활용

	좋은 달	보통 달	나쁜 달
금전 · 투자	2, 6월	4, 7월	5, 12월
변화 · 변동	1, 6, 8월	4, 7월	11, 12월
연애 · 사랑	2, 9월	3, 4월	5, 12월
건강 · 소송	9, 10월	3, 7월	5, 11월

643

월운

1月 봄동산의 복숭아꽃 자두꽃이 지고 열매가 맺힌다.
만일 횡재가 아니면 귀한 자녀를 낳는다.
정월과 이월에는 가까운 사람이 도와줄 것이다.

2月 초목이 이슬을 머금으니 그 빛이 푸르다.
길성吉星이 문을 비추니 귀인이 와서 도와준다.
서쪽의 재물이 우연히 집으로 들어온다.

3月 봄바람에 눈이 사라지니 초목이 무성해진다.
재물이 바깥에 있으니 길을 떠나면 얻을 수 있다.
만일 관록官祿이 아니면 슬하에 영화가 있다.

4月 사월 남풍에 몸이 외지에 가서 논다.
신상에 근심이 없으니 무사태평하다.
복록福祿이 끊이지 않으니 금과 옥이 집안에 가득하다.

5月 뜻밖에 영귀해지니 사람들이 우러러본다.
미리 액을 막아라. 슬하에 근심이 있다.
하늘이 도와주니 모든 일이 성공한다.

6月 금이 불 속에 들어가니 마침내 큰 그릇이 된다.
재물운이 돌아오니 자수성가한다.
재수가 크게 길하니 큰 재물을 얻는다.

7月 문서로 인해 기쁨이 있으니 관록官祿이 따른다.
이익이 사방에 있으니 일마다 형통하다.
하늘이 스스로 도우니 모든 일이 잘 된다.

8月 봄이 되어 때를 만나니 동산에 복숭아꽃이 피었다.
만일 혼인을 하지 않으면 아들을 낳을 경사다.
식구도 더하고 토지도 더하니 집안이 흥왕하다.

9月 뜻밖에 공을 세워 명성을 얻으니 이름을 사방에 떨친다.
재물운이 들어오니 천금을 얻는다.
모든 일이 이루어지니 세상일이 태평하다.

10月 비록 분한 마음이 들어도 참는 것이 덕이다.
두 사람의 마음이 같으니 반드시 기쁜 일이 생긴다.
마음이 어질고 덕을 쌓으니 모든 사람들이 칭찬한다.

11月 빈 골짜기에 봄이 돌아오니 곳곳에 꽃이 만발한다.
여색을 가까이하지 마라. 횡액이 있을까 두렵다.
동풍이 불고 가랑비 내리니 풀빛이 푸르다.

12月 몸과 재물이 왕성하니 반드시 경사가 있다.
도처에 재물이 널려 있으니 밖으로 나가면 능히 얻는다.
남과 다투지 마라. 혹 관액官厄이 따를 수 있다.

운명을 바꾸는 **월운** 활용

	1월	2월	3월	4월	5월	6월
좋은 방향	남쪽	북쪽	북서쪽	남서쪽	북동쪽	동쪽
좋은 색상	초록색	노란색	보라색	빨간색	파란색	카키색
좋은 장소	곱창음식점	주택가	목장	나이트클럽	오락실	카페
좋은 성씨	ㄴ, ㄷ, ㅌ, ㄹ	ㄴ, ㄷ, ㅌ, ㄹ	ㄱ, ㅋ	ㅅ, ㅈ, ㅊ	ㅁ, ㅂ, ㅍ	ㅇ, ㅎ
좋은 숫자	3, 6	4, 6	8, 10	4, 9	3, 12	8, 11
좋은 날짜	3, 6, 13, 18, 24, 27일	2, 7, 16, 18, 23, 27일	2, 6, 11, 16, 21, 29일	2, 5, 10, 17, 21, 28일	2, 7, 10, 18, 21, 24일	7, 10, 13, 17, 21, 24일
안 좋은 날짜	4, 12, 28일	6, 14, 21일	9, 13, 25일	6, 14, 25일	5, 19, 23일	8, 12, 25일
재물·금전 지수	93	91	84	87	73	94
변화·변동 지수	94	90	83	85	72	96
건강·행복 지수	96	95	88	82	76	99

	7월	8월	9월	10월	11월	12월
좋은 방향	서쪽	남쪽	남서쪽	서쪽	북쪽	북서쪽
좋은 색상	상아색	연두색	자주색	남청색	연분홍색	초록색
좋은 장소	갈비음식점	시냇가	빈대떡음식점	장어음식점	아구찜음식점	칵테일바
좋은 성씨	ㄴ, ㄷ, ㅌ, ㄹ	ㅁ, ㅂ, ㅍ	ㄱ, ㅋ	ㅅ, ㅈ, ㅊ	ㅇ, ㅎ	ㄱ, ㅋ
좋은 숫자	8, 9	2, 3	3, 7	5, 8	3, 8	2, 3
좋은 날짜	7, 9, 16, 19, 25, 29일	6, 9, 11, 16, 22, 26일	5, 8, 11, 13, 18, 24일	2, 4, 8, 15, 19, 22일	6, 9, 12, 17, 26, 29일	1, 3, 8, 15, 18, 24일
안 좋은 날짜	1, 13, 22일	7, 14, 28일	3, 15, 21일	5, 9, 21일	7, 10, 21일	9, 20, 25일
재물·금전 지수	83	90	98	93	79	76
변화·변동 지수	83	98	92	96	72	71
건강·행복 지수	86	96	93	95	78	72

651 安靜待時出世之象

연운

籠中囚鳥 放出飛天
농 중 수 조 방 출 비 천   새장에 갇혔던 새가 풀려나 하늘로 날아간다.

雲散月明 別有天地
운 산 월 명 별 유 천 지   구름이 흩어지고 달이 밝으니 별천지인 듯하다.

南北兩方 必有喜事
남 북 양 방 필 유 희 사   남쪽과 북쪽 두 곳에 반드시 기쁜 일이 있다.

先困後泰 運數奈何
선 곤 후 태 운 수 내 하   처음에는 괴롭고 나중에는 태평하니 이 운수를 어찌할까.

若非服制 或有家憂
약 비 복 제 혹 유 가 우   만일 상복을 입지 않으면 혹 집안에 우환이 있다.

春光再到 萬物始生
춘 광 재 도 만 물 시 생   봄빛이 따뜻하니 만물이 살아나기 시작한다.

百穀豊登 含飽叩腹
백 곡 풍 등 함 포 고 복   여러 곡식이 풍성하니 배불리 먹고 배를 두드린다.

四時順節 民安其所
사 시 순 절 민 안 기 소   사계절이 모두 잘 돌아가니 백성들이 편안하게 지낸다.

身旺財豊 喜事重重
신 왕 재 풍 희 사 중 중   몸이 왕성하고 재물이 풍족하니 기쁜 일이 많고 많다.

성인의 연운 활용

금전 · 명예	금전적인 어려움이 없을 만큼 꾸준한 수입이 있지만 나중에는 어려워지니 미리 저축한다.
사업 · 창업	사업은 무리하게 확장하지 말고 현상유지에 힘쓴다.
주식 · 투자	주식투자로 뜻하지 않은 이익이 생긴다.
시험 · 취직	출세운이 있어 시험마다 합격하고 수석합격의 명예가 있다. 직장에서 다툼이 생길 수 있으니 주의한다.
당선 · 소원	당선은 노력 여하에 달려 있다. 이루는 것도 이루지 못하는 것도 없이 큰 변화가 없는 운이다.
이사 · 매매	조금 넓혀서 이사하면 더 좋은 운이 들어온다. 매매는 의외로 쉽게 성사된다.
건강 · 사고	건강 또한 매우 좋아 걱정 없이 하고 싶은 일을 할 수 있다.
애정 · 결혼	연인은 서로 애정이 깊어지고, 나이가 찬 남녀는 좋은 짝을 만나 많은 축복 속에서 화촉을 밝힌다.
소송 · 다툼	관재나 손재수가 있던 사람도 모두 해결되고, 바라던 일들이 뜻대로 되고 경사도 거듭 생긴다.

신세대의 연운 활용

연애 · 사랑	원하는 것을 얻을 수 있는 운으로 좋아하는 사람과 가까워진다. 부부의 애정도 두터워진다.
시험 · 취직	모든 시험에 합격한다. 직장인도 노력한 만큼 승진한다.
건강 · 사고	건강하고 원기왕성하니 활발히 움직여도 걱정 없다.
금전 · 행운	활동하면 이익이 따르는 운이다. 노력하면 저절로 재물이 들어오니 기회를 놓치지 마라.
소원 · 성취	그 동안 이웃에게 덕을 베풀었다면 소원은 이루어진다.

운명을 바꾸는 연운 활용

좋은 방향	북쪽
좋은 색상	은색
좋은 장소	단란주점
좋은 성씨	ㅇ, ㅎ
좋은 숫자	1, 9

숫자로 보는 연운 활용

	좋은 달	보통 달	나쁜 달
금전 · 투자	1, 7월	9, 11월	8, 12월
변화 · 변동	6, 7월	5, 9월	4, 8월
연애 · 사랑	3, 10월	2, 11월	4, 12월
건강 · 소송	6, 10월	2, 5월	8, 12월

651

월운

비 온 뒤에 달이 나오니 밝은 빛이 한결 새롭다.
만약 관록官祿이 아니면 반드시 재물을 얻는다.
만일 토성土姓을 만나면 반드시 큰 재물을 얻는다.

귀인이 도와주니 처음에는 힘들어도 뒤에 태평하다.
천신이 도우니 반드시 경사가 있다.
여색을 가까이하지 마라. 반드시 재앙이 따른다.

운수가 태평하니 사람마다 우러러본다.
헛된 일이 실상이 되어 뜻밖에 재물을 얻는다.
재물이 서쪽에 있으니 귀인이 와서 도와준다.

부부가 화합하니 가정이 화목하다.
재수는 평탄하나 혹 구설이 따를 수 있다.
미리 조왕竈王에게 기도하라. 혹 질병이 있을까 두렵다.

가족이 화합하니 나날이 천금을 얻는다.
소망이 이루어지니 모든 일이 뜻대로 이루어진다.
여색을 가까이하면 신상에 해롭다.

어진 덕으로 즐겁게 지내니 날로 복이 늘어난다.
모아놓은 재물이 어느 새 천금이 된다.
초목이 푸른 여름에 누각에 올라 즐겁게 논다.

구름이 흩어지고 달이 나오니 천지가 다시 밝다.
뜻밖에 성공하니 기쁨이 가정에 가득하다.
쌓은 덕이 바다와 같으니 반드시 남은 경사가 있다.

식구가 늘고 금과 옥이 집안에 가득하다.
하늘이 기이한 복을 내려주니 식록食祿이 계속 들어온다.
모든 일이 잘 풀리니 집안 살림이 흥왕하다.

운수가 대길하니 모든 일이 뜻대로 이루어진다.
소망이 이루어지니 근심이 흩어지고 기쁨이 넘친다.
서쪽에 가지 마라. 친구가 해를 끼친다.

뜰 앞의 매화가 때를 만나 꽃을 피운다.
천신이 도와주니 구하지 않아도 저절로 얻는다.
부부가 화합하니 집안이 화목하다.

봄빛이 다시 이르니 경사가 끊이지 않고 이어진다.
만일 횡재가 아니면 관록官祿이 따른다.
미리 치성을 드려라. 혹 아내에게 액이 있을 수 있다.

재물운이 왕성하니 큰 재물이 들어온다.
만일 수성水姓을 가까이하면 우연한 실수로 실패한다.
박朴가 오吳가 권權가는 가까이 지내면 해롭다.

운명을 바꾸는 **월운** 활용

	1월	2월	3월	4월	5월	6월
좋은 방향	동쪽	북동쪽	서쪽	남쪽	남서쪽	북쪽
좋은 색상	주황색	은색	군청색	노란색	회색	밤색
좋은 장소	전통찻집	정류장	한식당	생선구이식당	와인전문점	야외음식점
좋은 성씨	ㄱ, ㅋ	ㅇ, ㅎ	ㅅ, ㅈ, ㅊ	ㅁ, ㅂ, ㅍ	ㅅ, ㅈ, ㅊ	ㄴ, ㄷ, ㅌ, ㄹ
좋은 숫자	6, 12	3, 9	3, 6	6, 8	4, 10	5, 12
좋은 날짜	5, 8, 13, 17, 19, 22일	4, 6, 14, 19, 24, 27일	6, 8, 13, 17, 20, 21일	3, 9, 15, 17, 25, 29일	6, 9, 16, 19, 26, 28일	4, 7, 14, 16, 22, 28일
안 좋은 날짜	6, 15, 28일	1, 10, 21일	10, 25, 28일	1, 18, 24일	1, 10, 22일	6, 15, 21일
재물·금전 지수	92	85	91	75	86	98
변화·변동 지수	95	89	93	76	83	92
건강·행복 지수	95	88	94	77	84	90

	7월	8월	9월	10월	11월	12월
좋은 방향	남동쪽	북서쪽	남쪽	서쪽	동쪽	남서쪽
좋은 색상	연보라색	고동색	적갈색	하늘색	베이지색	다홍색
좋은 장소	돈까스전문점	주택가	모래사장	산	만두전문점	시내
좋은 성씨	ㄱ, ㅋ	ㄴ, ㄷ, ㅌ, ㄹ	ㅇ, ㅎ	ㅅ, ㅈ, ㅊ	ㅁ, ㅂ, ㅍ	ㅁ, ㅂ, ㅍ
좋은 숫자	3, 10	6, 9	3, 5	9, 10	1, 3	3, 5
좋은 날짜	2, 5, 14, 18, 23, 26일	1, 3, 8, 13, 19, 25일	5, 8, 14, 16, 25, 27일	9, 11, 16, 22, 25, 28일	2, 6, 13, 16, 21, 25일	5, 9, 11, 17, 21, 25일
안 좋은 날짜	4, 9, 28일	2, 10, 22일	9, 17, 21일	5, 14, 24일	9, 14, 24일	4, 13, 24일
재물·금전 지수	91	74	83	97	83	72
변화·변동 지수	90	73	84	94	84	75
건강·행복 지수	92	79	85	95	85	73

單獨孤獨之意
단 독 고 독 지 의

652

연운

雪裏梅花 獨帶春光
설 리 매 화 독 대 춘 광   눈 속의 매화가 홀로 봄빛을 띠고 있다.

旱苗逢雨 其色更新
한 묘 봉 우 기 색 갱 신   메마른 싹이 비를 만나니 그 빛이 다시 새롭다.

雖有危難 不傷心情
수 유 위 난 불 상 심 정   비록 위험에 처해도 마음이 흔들리지 않고 의연하다.

若逢貴人 功名之數
약 봉 귀 인 공 명 지 수   만일 귀인을 만나면 공명을 얻는 운이다.

凶化爲福 豈不美哉
흉 화 위 복 기 불 미 재   흉한 일이 복으로 변하니 어찌 아름답지 않은가.

高朋滿座 酒肴陳陳
고 붕 만 좌 주 효 진 진   고귀한 벗이 자리를 채우니 술과 안주가 끊이지 않는다.

秉杖登高 朗吟新詩
병 장 등 고 낭 음 신 시   지팡이를 짚고 높은 곳에 올라서 새 글을 읊는다.

事有前定 勿爲悲嘆
사 유 전 정 물 위 비 탄   갈 길이 정해져 있으니 슬퍼하거나 탄식하지 마라.

蹇裳涉水 水深濕衣
건 상 섭 수 수 심 습 의   옷을 걷고 물을 건너니 물이 깊어 옷이 젖는다.

성인의 연운 활용

금전 · 명예	수입이 꾸준하지만 큰돈을 벌기는 어렵다. 자신을 낮추지 않고 헛된 욕심을 부리면 돈과 노력만 낭비한다.
사업 · 창업	처음에는 힘들지만 나중에는 여러 곳에서 재물이 들어올 것이다.
주식 · 투자	기대만큼 큰 이익은 볼 수 없지만 작은 이익 정도는 볼 수 있다.
시험 · 취직	실력보다 낮추어 경쟁이 낮은 곳을 선택해야 합격 가능하다. 승진은 어렵지만 보직 변경은 가능하다.
당선 · 소원	당선은 노력에 따라 결과가 달라진다. 큰 소원은 이루기 어렵고 작은 소원은 이루어진다.
이사 · 매매	이사는 다음 기회로 미루어야 손해가 없다. 매매는 신중하게 계약서를 살피면 큰 손실은 없다.
건강 · 사고	건강에 신경 쓰지 않으면 몸에 이상이 온다. 열심히 일하며 활동할 때 건강을 지킬 수 있다.
애정 · 결혼	바람기를 참아야 한다. 확신 없이 행동하지 말고 기본을 지켜라. 부부간에 다툼이 잦은 운이다.
소송 · 다툼	소송은 상대방에게 끌려가거나 상대방을 동정해서는 승산이 없다. 냉정하게 처리해야 한다.

신세대의 연운 활용

연애 · 사랑	서로 뜻이 맞지 않거나 주위의 반대가 거세다. 말이나 분위기에 유혹당하기 쉬우니 조심한다.
시험 · 취직	타향에서 시험을 치르거나 해외로 나가는 것도 운을 바꾸는 방법이다. 직장인은 승진이 어렵고 한직으로 나갈 운이 있으니 몸조심한다.
건강 · 사고	큰 이상이 없다고 신경 쓰지 않으면 나중에 문제가 생길 수 있으니 평소 건강에 주의한다.
금전 · 행운	좀처럼 일이 풀리지 않는다. 돈에 쪼들리지는 않지만 여유가 있는 것도 아니다.
소원 · 성취	작은 소원이라도 많은 노력과 시간이 있어야만 이룰 수 있다.

운명을 바꾸는 연운 활용

좋은 방향	동쪽
좋은 색상	노란색
좋은 장소	공연장
좋은 성씨	ㅅ, ㅈ, ㅊ
좋은 숫자	2, 7

숫자로 보는 연운 활용

	좋은 달	보통 달	나쁜 달
금전 · 투자	2, 10월	9월	6, 7월
변화 · 변동	2, 11월	3, 5월	4월
연애 · 사랑	1, 8, 12월	5, 9월	4, 7월
건강 · 소송	1, 12월	3, 9월	6, 7월

652 월운

❶
봄빛이 따뜻하니 온갖 꽃이 활짝 피었다.
길성吉星이 문을 비추니 바야흐로 재물이 생긴다.
가족이 화합하니 화목한 기운이 문에 이른다.

❷
해가 동쪽 하늘에서 나오니 세상이 밝고 명랑하다.
귀인이 와서 도우니 반드시 성공한다.
마음이 어질고 말이 곧으니 하늘이 복을 내린다.

❸
정신을 한곳에 집중하면 무슨 일이든 이루지 못하겠는가.
도처에 권리가 널려 있으니 귀인이 스스로 와서 도와준다.
만일 재물이 생기지 않으면 자손에게 영화가 있다.

❹
달 밝은 높은 누각에서 아름다운 여자를 만난다.
목성木姓을 가까이하지 마라. 횡액이 침범한다.
만일 금성金姓을 가까이하면 재물을 잃고 구설이 따른다.

❺
하늘에서는 단비가 내리고 땅에서는 샘물이 솟는다.
운수가 태평하고 재물이 산같이 쌓인다.
이익이 타향에 있으니 길을 떠나 이익을 얻는다.

❻
나루에 도착하니 배가 있어 순풍에 돛을 단다.
집에 있는 것이 길하니 밖에 나가지 마라.
물가에 가지 마라. 한번 물에 놀란다.

❼
재물운이 왕성하니 재록財祿이 따른다.
꾀하는 일이 반드시 성공한다.
목성木姓을 가까이하지 마라. 반드시 재물을 잃게 된다.

❽
가을 하늘에 구름이 흩어지니 해와 달이 같이 밝다.
높은 집에 웃음소리 들리니 가정에 기쁨이 가득하다.
뜰 앞의 붉은 복숭아꽃이 떨어져 열매를 맺는다.

❾
푸른 물결에 낚시를 드리우니 마침내 많은 고기를 얻는다.
이익이 외부에 있으니 나가서 구하면 많이 얻는다.
문서에 재물이 있고 문필文筆로 빛을 본다.

❿
한가로이 고당高堂에 앉으니 신상에 근심이 없다.
일신이 영귀하니 사람마다 우러러본다.
재록財祿이 왕성하고 꾀하는 일이 순조롭게 이루어진다.

⓫
모래에서 금을 얻으니 온갖 계책이 나온다.
분수를 지켜 집에 있어라. 복록福祿이 저절로 온다.
허욕을 부리지 않으면 일신이 편안하다.

⓬
하늘에서 비가 내리니 만물이 새로워진다.
남과 일을 함께하면 가히 천금을 얻는다.
재물과 몸이 왕성하니 집안이 화평하다.

운명을 바꾸는 월운 활용

	1월	2월	3월	4월	5월	6월
좋은 방향	북동쪽	남쪽	북쪽	남동쪽	북서쪽	서쪽
좋은 색상	파란색	자주색	옥색	분홍색	회색	연보라색
좋은 장소	민속촌	나이트클럽	감자탕음식점	목욕탕	추어탕식당	패스트푸드점
좋은 성씨	ㅇ, ㅎ	ㅅ, ㅈ, ㅊ	ㅁ, ㅂ, ㅍ	ㄴ, ㄷ, ㅌ, ㄹ	ㅅ, ㅈ, ㅊ	ㅇ, ㅎ
좋은 숫자	4, 9	5, 7	2, 4	3, 10	7, 12	7, 9
좋은 날짜	4, 7, 11, 17, 21, 27일	3, 8, 14, 16, 22, 25일	9, 11, 18, 21, 25, 29일	5, 9, 13, 20, 23, 25일	1, 3, 7, 13, 16, 20일	1, 7, 13, 20, 24, 29일
안 좋은 날짜	9, 13, 25일	9, 15, 24일	10, 22, 27일	8, 11, 22일	2, 14, 21일	6, 18, 25일
재물·금전 지수	95	92	87	78	83	73
변화·변동 지수	96	93	82	79	85	74
건강·행복 지수	95	95	85	75	86	75

	7월	8월	9월	10월	11월	12월
좋은 방향	남서쪽	동쪽	남쪽	서쪽	북동쪽	북쪽
좋은 색상	황갈색	검은색	고동색	청록색	보라색	하얀색
좋은 장소	오리음식점	야구장	콩국수전문점	바닷가	생맥주집	아이스크림가게
좋은 성씨	ㄱ, ㅋ	ㄱ, ㅋ	ㄴ, ㄷ, ㅌ, ㄹ	ㅅ, ㅈ, ㅊ	ㅁ, ㅂ, ㅍ	ㄴ, ㄷ, ㅌ, ㄹ
좋은 숫자	2, 11	1, 11	4, 5	7, 10	6, 11	5, 10
좋은 날짜	4, 8, 13, 18, 24, 27일	3, 9, 12, 15, 25, 27일	6, 9, 11, 15, 22, 25일	5, 9, 11, 15, 23, 27일	6, 8, 13, 15, 21, 24일	6, 9, 13, 18, 25, 29일
안 좋은 날짜	5, 21, 22일	6, 19, 21일	7, 18, 24일	4, 13, 28일	5, 11, 25일	7, 16, 28일
재물·금전 지수	76	94	84	92	98	95
변화·변동 지수	75	95	82	93	94	92
건강·행복 지수	72	96	81	96	93	95

出入有險不安之象
출 입 유 험 불 안 지 상

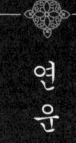 연운

成功者去 前功可惜
성 공 자 거 전 공 가 석 — 성공한 사람이 물러나게 되니 앞에 세운 공이 애석하다.

雖有吉事 有名無實
수 유 길 사 유 명 무 실 — 비록 좋은 일이 있으나 이름만 있고 실속이 없다.

移居東方 功名之數
이 거 동 방 공 명 지 수 — 동쪽으로 이사하면 벼슬과 명예를 얻는다.

莫近是非 口舌有數
막 근 시 비 구 설 유 수 — 시비를 가까이 마라. 구설수가 있다.

吉運己過 諸事虛妄
길 운 기 과 제 사 허 망 — 길운이 이미 지났으니 모든 일이 허망하다.

今年之數 心神難定
금 년 지 수 심 신 난 정 — 금년 운수는 마음을 안정하기 어렵다.

老狗戴冠 觀者失色
노 구 대 관 관 자 실 색 — 늙은 개가 갓을 쓰니 보는 이가 놀라 얼굴빛이 변한다.

旅舘寒灯 客心悽然
여 관 한 정 객 심 처 연 — 여관방에 등불이 차가우니 나그네 마음이 처량하다.

財物濫用 終見空手
재 물 남 용 종 견 공 수 — 재물을 헤프게 쓰니 나중에는 빈손이 된다.

성인의 연운 활용

금전·명예	수입이 꾸준하지만 큰돈을 벌기는 어렵다. 지금 가진 것에 만족한다.
사업·창업	한번 흥하면 한번 쇠하는 음양의 이치처럼 지금 당장은 어렵지만 나중에는 나날이 번창할 것이다.
주식·투자	아직은 시기가 좋지 않으니 주식투자는 삼가는 것이 좋다.
시험·취직	원하는 곳에 합격하려면 더 노력하라. 직장인은 한직으로 물러날 수 있고 구설수를 조심한다.
당선·소원	당선운이 없으니 아직은 당선을 바라지 마라. 작은 소원은 이루어지지만 큰 소원은 시간이 많이 걸린다.
이사·매매	이사로 손해를 볼 수 있으니 각별히 신경 쓴다. 매매는 문서를 철저히 확인하고 계약해야 손해가 없다.
건강·사고	건강에 이상이 오고 컨디션이 나빠지니 주의한다.
애정·결혼	오로지 즐기다 끝나는 운이다. 서로를 구속하거나 지나친 참견하다가는 엄청난 결과를 가져올 수 있다. 부부는 갈등이 심해지니 자신을 낮추고 인내한다.
소송·다툼	소송이 발생할 일은 없지만 잦은 구설수가 있다. 말실수하지 않게 조심한다.

신세대의 연운 활용

연애·사랑	결혼을 앞두고 옛 애인이 찾아오거나 양가부모의 반대로 어려움이 커진다. 부부금실은 매우 좋다.
시험·취직	하위직이나 일반직은 노력에 따라 가능하나 공사직과 고위직은 불가능하다. 직장인은 동료의 모함 때문에 승진이 어려워질 수 있다.
건강·사고	심신의 피로가 쌓여 심하면 병원신세를 질 수 있으니 조심한다.
금전·행운	뜻밖의 일로 큰돈이 나가거나 재물을 잃을 수 있다. 재물이 많이 나가고 적게 들어온다.
소원·성취	남의 말에 넘어가면 소원을 이루기 어려우니 소신껏 행동한다.

운명을 바꾸는 연운 활용

좋은 방향	북쪽
좋은 색상	황토색
좋은 장소	국수전문점
좋은 성씨	ㅇ, ㅎ
좋은 숫자	6, 8

숫자로 보는 연운 활용

	좋은 달	보통 달	나쁜 달
금전·투자	5, 8월	6, 11월	4, 7월
변화·변동	5, 9월	11, 12월	1, 3월
연애·사랑	8, 9월	6, 10월	2, 4월
건강·소송	5, 8월	10, 11월	1, 7월

653

월운

❶월
동북 양쪽에 반드시 길함이 있다.
친구를 믿지 마라. 길한 가운데 흉함이 있다.
시비를 가까이하지 마라. 구설이 두렵다.

❷월
해 저문 강산에 나그네가 길을 잃는다.
만일 관재官災가 있지 않으면 구설을 면하기 어렵다.
동쪽에 가까이 가지 마라. 하는 일이 허황하다.

❸월
먹구름이 하늘에 가득하니 해와 달을 볼 수 없다.
몸이 강 가운데 있어서 다시 나오기 어렵다.
구설이 잇따르니 일이 마음대로 되지 않는다.

❹월
오랜 가뭄에 비가 내리지 않으니 초목이 자라지 못한다.
처궁妻宮이 불리하고 슬하에 근심이 있다.
주작朱雀이 발동하니 구설을 조심한다.

❺월
하늘의 이치를 따르니 새로운 일을 이룬다.
화성火姓과 친하게 지내면 일이 쉽게 풀릴 것이다.
불귀신이 문을 엿보니 화재를 조심한다.

❻월
길성吉星이 문을 비추니 집안에 복이 가득하다.
퇴직하지 마라. 도리어 그 해가 있다.
목성木姓과 친하게 지내지 마라. 까닭 없이 구설이 따른다.

❼월
늙은 용이 힘이 없으니 하늘에 올라도 이익이 없다.
진퇴양난이니 이를 또 어찌할까.
만일 질병이 생기지 않으면 슬하에 액이 있다.

❽월
하는 일이 실패하니 몸과 마음이 불안하다.
흉이 변하여 길하게 되니 행운이 돌아온다.
만일 북쪽에 가면 정鄭가와 김金가가 유리하다.

❾월
집에 있으면 길하고 우연히 재물을 얻는다.
재물을 모은 것이 산 같으니 부유함이 무궁하다.
해와 달이 서로 그리워하니 그 빛이 아주 밝다.

❿월
분수를 지키고 편히 있으면 일신을 보전한다.
토성土姓이 불리하니 길함이 변하여 흉하게 된다.
가족이 화합하지 못하니 각자 동서로 갈라진다.

⓫월
가정에 근심이 있으니 슬하의 작은 근심이다.
천신에게 기도하면 어려움을 면한다.
화성火姓을 가까이하지 마라. 구설이 분분하다.

⓬월
혹 질병이 생길 수 있으니 명산에 기도한다.
옛 것을 지키고 안정을 취하라. 함부로 움직이면 액이 따른다.
좋은 때를 만나니 질병이 스스로 물러간다.

운명을 바꾸는 **월운** 활용

	1월	2월	3월	4월	5월	6월
좋은 방향	북쪽	남서쪽	동쪽	남쪽	남서쪽	북서쪽
좋은 색상	적갈색	베이지색	굴색	밤색	주황색	회색
좋은 장소	도서관	정류장	만화방	족발음식점	산장	극장
좋은 성씨	ㄱ, ㅋ	ㄴ, ㄷ, ㅌ, ㄹ	ㄴ, ㄷ, ㅌ, ㄹ	ㅅ, ㅈ, ㅊ	ㅇ, ㅎ	ㅁ, ㅂ, ㅍ
좋은 숫자	1, 7	7, 11	3, 12	2, 12	3, 8	3, 7
좋은 날짜	3, 8, 11, 13, 20, 21일	3, 6, 11, 16, 25, 27일	3, 8, 13, 17, 21, 26일	4, 13, 15, 22, 24, 28일	3, 4, 9, 15, 17, 26일	3, 9, 16, 17, 23, 27일
안 좋은 날짜	4, 9, 23일	1, 10, 29일	9, 11, 24일	5, 21, 29일	1, 10, 22일	10, 21, 25일
재물·금전 지수	72	76	74	73	96	85
변화·변동 지수	75	76	74	75	93	83
건강·행복 지수	74	75	78	72	94	85

	7월	8월	9월	10월	11월	12월
좋은 방향	북동쪽	북쪽	북쪽	남동쪽	동쪽	서쪽
좋은 색상	파란색	초록색	연보라색	주황색	연두색	노란색
좋은 장소	치킨전문점	철판요리집	시장	시골길	떡전문점	은행
좋은 성씨	ㅇ, ㅎ	ㄴ, ㄷ, ㅌ, ㄹ	ㄱ, ㅋ	ㄱ, ㅋ	ㅅ, ㅈ, ㅊ	ㅁ, ㅂ, ㅍ
좋은 숫자	3, 11	1, 2	4, 9	1, 12	5, 10	3, 9
좋은 날짜	2, 9, 16, 21, 22, 26일	5, 14, 16, 19, 22, 28일	2, 12, 13, 15, 20, 29일	2, 7, 13, 15, 24, 26일	4, 9, 15, 20, 24, 28일	7, 8, 16, 22, 23, 27일
안 좋은 날짜	3, 14, 25일	9, 13, 21일	5, 14, 28일	4, 18, 25일	7, 18, 22일	5, 14, 28일
재물·금전 지수	71	90	93	89	84	86
변화·변동 지수	72	90	94	81	83	85
건강·행복 지수	74	95	96	82	85	85

661 有榮貴之象

유 영 귀 지 상

연운

九重丹桂 我先折揷
구 중 단 계 아 선 절 삽   구중궁궐의 붉은 계수나무를 먼저 꺾어 꽂는다.

春回故國 萬物始生
춘 회 고 국 만 물 시 생   고국에 봄이 돌아오니 만물이 비로소 살아난다.

若逢貴人 可得功名
약 봉 귀 인 가 득 공 명   만일 귀인을 만나면 벼슬과 이름을 얻는다.

有財有權 食祿陳陳
유 재 유 권 식 록 진 진   재물과 권세가 있으니 식록이 끊이지 않는다.

勿爲人爭 或有訟事
물 위 인 쟁 혹 유 송 사   남과 다투지 마라. 소송이 일어날 수 있다.

官祿隨身 生男之數
관 록 수 신 생 남 지 수   관록이 따르고 득남할 운수다.

春風三月 萬和方暢
춘 풍 삼 월 만 화 방 창   봄바람 부는 삼월에 온 세상이 평화롭다.

錦衣玉食 和氣滿堂
금 의 옥 식 화 기 만 당   비단옷에 좋은 음식을 먹으니 집안에 화목한 기운이 가득하다.

宴開高樓 鼓瑟吹笙
연 개 고 루 고 슬 취 생   높은 누각에서 잔치를 열고 풍악을 울리며 즐긴다.

성인의 연운 활용

금전 · 명예	횡재수가 있으니 널리 소문이 퍼질 정도로 큰돈이 들어온다.
사업 · 창업	생각대로 수입이 생기니 일한 보람을 느낄 수 있다.
주식 · 투자	지금 투자하면 나중에 투자한 가치를 알게 된다.
시험 · 취직	시험운이 좋아 고시나 일류대를 제외하고 모두 합격한다. 상사의 도움으로 승진하고 실업자는 취직한다.
당선 · 소원	당선의 기운이 있으니 기회가 온다면 한번 도전해도 좋다. 평소의 소원을 이루고 원하는 것을 얻을 수 있다.
이사 · 매매	이사는 지금보다 넓혀서 가는 기쁨이 있다. 매매는 뜻밖에 이루어져 큰 이익을 본다.
건강 · 사고	약간 피곤하지만 걱정할 정도는 아니니 안심해도 된다.
애정 · 결혼	그 동안 공들였던 상대에게 연락하면 상대가 그 동안의 노력에 감동받아 부드럽게 대할 것이다. 사정상 구애를 미뤄왔다면 이제 밀어붙여보라. 부부 금실은 다시 좋아진다.
소송 · 다툼	오래 끌어오던 소송이 시간이 조금 걸리기는 하지만 해결될 것이다.

신세대의 연운 활용

연애 · 사랑	연인과 즐거운 시간을 보내고 혼자인 사람은 타인의 소개로 먼 곳에서 쉽게 짝을 만난다.
시험 · 취직	국가직은 불리하지만 지방직이나 일반직은 합격 가능하다. 직장인은 승진이나 부서 이동이 있다.
건강 · 사고	기도하는 마음으로 살면 건강이 악화되지 않고 호전될 수 있다.
금전 · 행운	날마다 많은 수입을 올리지만 나가는 재물이 많으니 계획에 따라 소비해야 한다.
소원 · 성취	뚜렷한 목표를 가지고 치밀한 계획을 세워서 진행하면 소원이 이루어진다.

운명을 바꾸는 연운 활용

좋은 방향	남동쪽
좋은 색상	금색
좋은 장소	다리
좋은 성씨	ㅁ, ㅂ, ㅍ
좋은 숫자	8, 11

숫자로 보는 연운 활용

	좋은 달	보통 달	나쁜 달
금전 · 투자	10, 12월	2, 7월	8월
변화 · 변동	10, 12월	7, 11월	4월
연애 · 사랑	1, 10월	3, 5월	9월
건강 · 소송	1, 12월	6, 7월	4, 9월

 용이 밝은 구슬을 얻었으니 반드시 공명을 얻을 것이다.
만일 벼슬이 아니면 슬하에 경사가 있다.
재록財祿이 따르니 사람마다 우러러본다.

 군자는 덕이 적고 녹祿을 먹는 사람은 불리하다.
도처에 재물이 있으니 남아가 뜻을 얻는다.
재물도 있고 권리도 있으니 무슨 일인들 못 하겠는가.

 마음이 어질어 덕을 쌓으니 반드시 경사가 있다.
남쪽이 길하니 길을 떠나면 재물을 얻는다.
재물과 이익이 다 길하니 얼굴에 온화한 빛이 가득하다.

 서로 다투지 마라. 손해만 있고 불리하다.
쉬운 듯하나 어려움이 있으니 도중에 실패한다.
만일 목성木姓을 가까이하면 혹 액이 따를까 두렵다.

 인심이 한결같지 않으니 가는 곳마다 풍속이 다르다.
수성水姓을 가까이하지 마라. 공연히 해롭다.
황금 골짜기에 들어가 재물과 보물을 얻는다.

 귀인이 항상 도우니 이익이 그 가운데 있다.
다른 말을 믿지 마라. 재물을 잃고 명예를 손상당한다.
운수가 길하니 재록財祿이 끊이지 않는다.

 재수가 대길하니 우연히 재물을 얻는다.
재록財祿은 풍성하나 혹 작은 근심이 있다.
슬하에 근심이 있으나 이사하면 매우 길하다.

 집에 있으면 길하고 문을 나가면 해를 당한다.
서쪽과 북쪽 양쪽으로 길을 떠나면 불리하다.
모든 일을 조심하라. 좋은 일에 마가 있다.

 일에 두서가 없으니 서둘러도 되지 않는다.
물가에 가지 마라. 수액水厄이 두렵다.
이 달의 운수는 별로 길함이 없다.

 목성木姓과 친하면 반드시 재물이 왕성하다.
귀인이 항상 도우니 큰 재물을 얻는다.
명성과 재물이 같이 들어오니 모든 사람들이 우러러본다.

 허욕을 부리지 마라. 일에 이익이 없다.
뜻밖에 공명을 얻으니 재록財祿이 끊이지 않는다.
북쪽에 가지 마라. 고생만 하고 공은 없다.

 섣달에는 반드시 경사를 더하게 된다.
험한 가운데 쉽게 행하니 반드시 재물이 왕성해진다.
만일 금성金姓을 만나면 뜻밖에 재물이 생긴다.

운명을 바꾸는 **월운** 활용

	1월	2월	3월	4월	5월	6월
좋은 방향	남쪽	남서쪽	남쪽	북동쪽	북쪽	남쪽
좋은 색상	하늘색	노란색	자주색	연보라색	하얀색	고동색
좋은 장소	호수	팬시용품점	스카이라운지	시내	돈까스전문점	공원
좋은 성씨	ㅁ, ㅂ, ㅍ	ㄱ, ㅋ	ㄴ, ㄷ, ㅌ, ㄹ	ㅁ, ㅂ, ㅍ	ㄱ, ㅋ	ㅅ, ㅈ, ㅊ
좋은 숫자	9, 12	4, 7	1, 6	2, 6	2, 8	4, 8
좋은 날짜	9, 10, 15, 21, 23, 26일	3, 12, 16, 18, 22, 27일	6, 13, 15, 17, 25, 28일	8, 14, 16, 19, 25, 28일	6, 8, 12, 20, 23, 27일	2, 9, 14, 16, 23, 26일
안 좋은 날짜	1, 9, 20일	2, 10, 29일	3, 18, 22일	1, 20, 24일	4, 24, 29일	7, 18, 22일
재물·금전 지수	93	83	87	78	88	83
변화·변동 지수	95	84	85	75	84	84
건강·행복 지수	96	82	83	75	82	87

	7월	8월	9월	10월	11월	12월
좋은 방향	북서쪽	동쪽	서쪽	동쪽	남쪽	남쪽
좋은 색상	남청색	베이지색	다홍색	보라색	회색	빨간색
좋은 장소	기차역	생맥주집	패스트푸드점	레스토랑	포장마차	청국장식당
좋은 성씨	ㅇ, ㅎ	ㄱ, ㅋ	ㅇ, ㅎ	ㅅ, ㅈ, ㅊ	ㄴ, ㄷ, ㅌ, ㄹ	ㄴ, ㄷ, ㅌ, ㄹ
좋은 숫자	2, 7	2, 12	2, 8	1, 9	4, 11	2, 6
좋은 날짜	2, 15, 18, 22, 23, 28일	8, 9, 12, 20, 24, 27일	3, 8, 13, 16, 23, 26일	5, 13, 15, 20, 22, 28일	3, 9, 13, 17, 23, 28일	2, 12, 14, 16, 24, 27일
안 좋은 날짜	11, 25, 27일	7, 21, 25일	9, 21, 28일	4, 18, 29일	5, 21, 25일	3, 18, 29일
재물·금전 지수	82	74	79	94	82	93
변화·변동 지수	86	72	79	97	83	94
건강·행복 지수	88	73	75	96	84	95

662 有吉有榮之意
유길유영지의

- 연운

六里青山 眼前別界
육리청산 안전별계 / 육리나 되는 청산을 보니 눈앞에 별천지가 펼쳐진다.

夫婦和合 家道旺盛
부부화합 가도왕성 / 부부가 화합하니 집안 살림이 왕성하다.

若非官祿 意外得財
약비관록 의외득재 / 만일 관록이 아니면 의외의 재물을 얻는다.

到處有財 財帛陳陳
도처유재 재백진진 / 도처에 재물이 있으니 재백이 계속 들어온다.

三春之數 所望如意
삼춘지수 소망여의 / 봄 석 달의 운수는 바라는 대로 이루어진다.

今年之數 名利俱興
금년지수 명리구여 / 금년 운수는 이름을 얻고 이익을 얻는다.

晨鵲報喜 利在西方
신작보희 이재서방 / 새벽 까치가 기쁜 소식을 전하니 이익이 서쪽에 있다.

七月螢火 光照十里
칠월형화 광조십리 / 칠월 반딧불이 십리까지 빛난다.

吉人天祐 自無疾苦
길인천우 자무질고 / 길인은 하늘이 도우니 자연 질병과 고통이 사라진다.

성인의 연운 활용

금전 · 명예	구하려고 노력하기만 한다면 필요한 만큼의 재물은 들어올 것이다.
사업 · 창업	생각했던 일이 뜻대로 되며 어디를 가더라도 좋은 일만 생긴다. 사업도 순조롭고 금전의 여유도 많다.
주식 · 투자	연구하는 만큼 주식투자로 꾸준한 이익이 들어온다.
시험 · 취직	시험은 노력한 대로 결과가 나온다. 승진은 쉽지는 않지만 노력하면 약간이나마 가능하다.
당선 · 소원	아직은 실력이 모자라니 국회의원 당선을 위해서는 더 많이 노력한다. 소원은 대부분 뜻대로 이루어진다.
이사 · 매매	이사는 새로운 곳으로 옮기고 확장하는 기쁨이 있다. 매매는 많은 이익을 남기고 거래가 성사된다.
건강 · 사고	근심걱정이 전혀 없고 건강도 문제될 것이 없다. 활발히 활동해도 좋다.
애정 · 결혼	청혼하기 좋은 운이니 이 기회를 놓치지 마라. 혼자인 사람은 반드시 좋은 인연을 만난다. 좋은 연인을 소개받고 짝사랑이 이루어지며 많은 사람의 축하 속에 훌륭한 배필을 맞이한다.
소송 · 다툼	소송은 완벽하게 이기려고 하지 말고 적당한 선에서 타협하는 것이 좋다.

신세대의 연운 활용

연애 · 사랑	좋아하는 사람의 외로움과 고민거리를 함께 나누도록 노력한다. 혼자인 사람은 좋은 인연을 만날 수 있다. 연인과 의견 충돌이 생기기 쉽다. 결혼은 다음 기회로 넘기고 부부는 관계 악화를 조심한다.
시험 · 취직	지나친 목표가 아니면 주위의 도움으로 합격할 수 있다. 승진과 취직도 가능하니 평소 대인관계에 힘쓴다.
건강 · 사고	피곤함도 없고 몸이 날아갈 듯이 가벼우니 걱정하는 일은 생기지 않을 것이다.
금전 · 행운	재물운이 매우 왕성하다. 생각보다 좀더 많은 재물이 들어온다.
소원 · 성취	노력하지 않는 사람은 소원을 이루기 어렵지만 큰 뜻을 품은 사람은 소원이 이루어진다.

운명을 바꾸는 연운 활용

좋은 방향	동쪽
좋은 색상	녹색
좋은 장소	닭갈비음식점
좋은 성씨	ㄱ, ㅋ
좋은 숫자	3, 7

숫자로 보는 연운 활용

	좋은 달	보통 달	나쁜 달
금전 · 투자	6, 10월	4, 5월	7, 8월
변화 · 변동	3, 6월	2, 4월	9, 12월
연애 · 사랑	1, 10월	5, 11월	7, 12월
건강 · 소송	1, 3월	4, 11월	8, 9월

662

월운

1월
길성吉星이 문을 비추니 모든 일이 쉽게 이루어진다.
집안이 화평하니 자손이 영귀해진다.
재성財星이 몸을 비추니 가는 곳마다 재물이 있다.

2월
재물이 풍족하니 생활이 절로 만족스럽다.
이익이 사방에 있으니 문을 나가면 이득이 있다.
만일 관록官祿이 아니면 도리어 몸에 근심이 생긴다.

3월
소망이 뜻대로 이루어지니 꾀하는 일을 쉽게 이룬다.
봄동산의 복숭아꽃 자두꽃에 벌과 나비가 찾아와서 기뻐한다.
고기가 봄물에서 노니 식록食祿이 끊이지 않는다.

4월
목마른 용이 물을 얻었으니 빈 손으로 성공한다.
가도家道를 잘 지키면 뜻밖에 집안을 일으킬 것이다.
정성이 지극하니 나쁜 운이 점점 사라진다.

5월
돌 사이 쇠잔한 물이 가늘게 흘러 바다로 간다.
작은 것이 가고 큰 것이 오니 천금을 이룬다.
한가롭게 높은 누각에 앉아 있으니 근심이 없다.

6월
창 앞에 노란 국화가 때를 만나 활짝 피었다.
겉으로는 부유하나 속으로는 가난하니 한때는 곤란해진다.
비록 지모智謀는 있으나 때를 기다려 행동해야 한다.

7월
달이 구름 사이로 들어가니 밤꿈이 어지럽다.
만일 질병이 아니면 슬하에 근심이 있다.
길한 사람을 가려서 미리 정성을 다한다.

8월
크기가 자만 한 달이 몸을 비추니 상복을 입을까 두렵다.
미리 불전에 기도하면 이 운수를 면한다.
만일 관록官祿을 얻지 못하면 도리어 재앙과 화가 있다.

9월
허황한 일은 삼가고 행하지 마라.
흉한 중에 길함이 있으니 사지에서도 살아날 수 있다.
신상이 위태로우니 모든 일을 조심한다.

10월
해가 동쪽 하늘에 떠오르니 천문天門이 같이 열린다.
가뭄에 비가 내리니 만물이 다시 살아난다.
나쁜 일이 가고 좋은 일이 오니 마침내 형통하게 된다.

11월
발로 호랑이 꼬리를 밟지만 위태로운 중에도 편안하다.
남과 다투지 마라. 구설이 두렵다.
비리를 탐하지 마라. 공연히 재물을 잃는다.

12월
오랫동안 가물고 비가 오지 않으니 초목이 점점 말라간다.
분수를 지키는 것이 상책이고 함부로 움직이면 불리하다.
금년의 운은 길은 많고 흉은 적다.

운명을 바꾸는 **월운** 활용

	1월	2월	3월	4월	5월	6월
좋은 방향	남서쪽	북동쪽	북쪽	남동쪽	북서쪽	남쪽
좋은 색상	감색	적갈색	파란색	밤색	군청색	분홍색
좋은 장소	찜질방	순두부식당	쇼핑몰	칵테일바	주택가	분식점
좋은 성씨	ㅅ, ㅈ, ㅊ	ㅁ, ㅂ, ㅍ	ㄴ, ㄷ, ㅌ, ㄹ	ㄱ, ㅋ	ㅇ, ㅎ	ㅅ, ㅈ, ㅊ
좋은 숫자	7, 11	3, 9	2, 5	8, 12	1, 6	3, 4
좋은 날짜	8, 12, 14, 18, 21, 27일	8, 10, 15, 20, 24, 27일	5, 8, 14, 18, 21, 28일	4, 9, 13, 20, 21, 28일	4, 10, 13, 17, 23, 29일	6, 8, 12, 13, 22, 28일
안 좋은 날짜	9, 17, 28일	9, 14, 21일	4, 27, 29일	5, 12, 22일	7, 14, 27일	9, 10, 18일
재물·금전 지수	92	86	96	82	85	93
변화·변동 지수	93	84	91	83	82	95
건강·행복 지수	95	82	92	86	83	95

	7월	8월	9월	10월	11월	12월
좋은 방향	동쪽	서쪽	북쪽	북쪽	남동쪽	남서쪽
좋은 색상	검은색	회색	초록색	주황색	초록색	자주색
좋은 장소	토스트가게	일식당	산	기념관	소주방	생과일전문점
좋은 성씨	ㅁ, ㅂ, ㅍ	ㄱ, ㅋ	ㄴ, ㄷ, ㅌ, ㄹ	ㄴ, ㄷ, ㅌ, ㄹ	ㄱ, ㅋ	ㅇ, ㅎ
좋은 숫자	1, 10	2, 10	6, 10	7, 9	5, 11	7, 12
좋은 날짜	5, 9, 15, 17, 25, 26일	1, 9, 13, 23, 25, 28일	5, 12, 14, 20, 21, 28일	8, 15, 17, 19, 20, 29일	1, 8, 12, 16, 20, 27일	3, 9, 12, 21, 24, 28일
안 좋은 날짜	10, 21, 28일	7, 10, 22일	10, 24, 27일	9, 14, 27일	10, 21, 29일	7, 14, 25일
재물·금전 지수	73	72	79	94	84	72
변화·변동 지수	76	73	74	96	86	71
건강·행복 지수	75	75	72	95	88	75

663 安靜有福之意
안 정 유 복 지 의

연운

九月丹楓 勝於牡丹
구 월 단 풍 승 어 목 단 　 구월 단풍이 모란보다 좋다.

年運最吉 生活泰平
연 운 최 길 생 활 태 평 　 연운이 가장 길하니 생활이 태평하다.

若非移居 一次遠行
약 비 이 거 일 차 원 행 　 만일 이사를 하지 않으면 한 차례 먼 여행을 떠난다.

身數大吉 必有喜事
신 수 대 길 필 유 희 사 　 신수가 대길하니 반드시 기쁜 일이 있다.

勿爲急圖 晩得成就
물 위 급 도 만 득 성 취 　 일을 급하게 하지 마라. 늦게 하면 성취한다.

財數如意 事不順成
재 수 여 의 사 불 순 성 　 재수는 있으나 일은 순조롭지 않다.

瑤池王母 生不知老
요 지 왕 모 생 불 지 로 　 요지의 왕모는 늙는 것을 모른다.

財自外來 最利此年
재 자 외 래 최 리 차 년 　 재물이 밖에서 스스로 들어오니 이 해가 가장 이롭다.

臨深不溺 登高不墜
임 심 불 익 등 고 불 추 　 깊은 물에 들어가도 빠지지 않고 높은 데 올라가도 떨어지지 않는다.

성인의 연운 활용

금전 · 명예	풍요로운 가을과 같이 재물이 들어오고 금전운이 좋아 여유롭게 생활한다.
사업 · 창업	이전에는 사업상 어려움이 있었지만 이제부터는 좋은 일이 있을 것이다.
주식 · 투자	무리하게 투자하지 말고 기회를 보아 적기에 투자하면 이익을 볼 수 있다.
시험 · 취직	실력을 쌓았다면 합격도 되고 취직도 될 것이다. 승진도 가능하다. 그러나 운이나 요행은 불가능하다.
당선 · 소원	국회의원 당선도 가능하니 영전의 영광이 따른다. 뜻하는 소원을 이 시기에 모두 이룰 수 있다.
이사 · 매매	토지나 가옥을 넓히니 살림이 넉넉해진다. 매매는 큰 문제는 없지만 급히 서두르면 손해를 보니 주의한다.
건강 · 사고	건강은 걱정이 전혀 없을 정도로 원기왕성하다.
애정 · 결혼	좋은 인연을 만나고 오랜 연인과 결혼한다. 부부 금실도 좋고 나이가 찬 남녀는 주변의 축하 속에 결혼한다.
소송 · 다툼	마침내 승소하고 반드시 기쁜 일이 생긴다.

신세대의 연운 활용

연애 · 사랑	연인에게 과도하게 요구하지 마라. 짝 없는 사람은 새로운 연인을 만나며 짝사랑도 이루어진다.
시험 · 취직	학생은 좋은 학교에 합격하고 고시생도 합격한다. 실업자는 취직하며 직장인은 승진의 기회가 온다.
건강 · 사고	과음만 자제하면 건강에는 이상이 생기지 않는다. 술을 줄이도록 노력한다.
금전 · 행운	큰 재물은 생기지 않아도 생활할 만큼의 수입은 보장된다. 처음은 나쁘지만 나중에는 일이 잘 풀린다.
소원 · 성취	욕심이 없는 간절한 소원이라면 이루어진다.

운명을 바꾸는 연운 활용

좋은 방향	북동쪽
좋은 색상	파란색
좋은 장소	등산로
좋은 성씨	ㄴ, ㄷ, ㅌ, ㄹ
좋은 숫자	1, 4

숫자로 보는 연운 활용

	좋은 달	보통 달	나쁜 달
금전 · 투자	5, 7월	2, 6월	12월
변화 · 변동	3, 10월	1, 2월	9월
연애 · 사랑	3, 7월	1, 2월	4, 9월
건강 · 소송	5, 11월	6, 8월	12월

663 월운

① 처음에는 힘들지만 나중에는 태평하니 일신이 편안하다.
이익은 어느 곳에 있는가. 반드시 남쪽이다.
만일 아내의 근심이 아니면 부부 사이가 멀어진다.

② 만일 재물이 생기지 않으면 반드시 사람의 꾀가 있을 것이다.
남의 여자를 가까이하지 마라. 길함이 변하여 흉해진다.
가신家神이 도와주니 온갖 일이 순조롭다.

③ 굶주린 자가 풍년을 만났으니 식록食祿이 풍족하다.
만일 귀인을 만나면 가히 천금을 얻는다.
이익이 논밭에 있으니 매매를 하면 이익을 얻는다.

④ 꽃이 떨어지고 잎이 무성해지니 반드시 아들을 얻는다.
만일 신병이 아니면 아내의 병을 면할 수 없다.
운수는 불리하나 재수는 흥왕하다.

⑤ 때를 만나 움직이니 가장 빨리 성공한다.
이름과 이익을 얻으니 도처에 봄바람이 분다.
본성이 충직하니 부귀를 함께 누린다.

⑥ 운수가 대길하니 많은 일이 쉽게 이루어진다.
봄동산의 복숭아꽃이요 가을산의 송백松栢이다.
미리 치성을 드려라. 혹 아내에게 근심이 있을까 두렵다.

⑦ 한가로이 높은 집에 누웠으니 심신이 절로 편안하다.
구름이 흩어지고 달이 나오니 푸른 하늘이 고고하다.
가운家運이 왕성하니 가히 천금을 얻는다.

⑧ 하늘이 맑고 달이 밝으니 바다와 하늘이 모두 한빛이다.
금성金姓을 가까이하지 마라. 은인이 도리어 원수가 된다.
만일 관록官祿이 아니면 슬하에 영화가 있다.

⑨ 모든 일을 쉽게 이루니 이익이 그 가운데 있다.
허황된 재물을 탐내지 마라. 도리어 재물을 잃는다.
허황한 일은 삼가고 행하지 마라.

⑩ 만일 재물이 생기지 않으면 새로 혼인할 운수다.
이익이 남쪽에 있으니 애써 구하면 얻는다.
해로움은 어느 성에 있는가. 반드시 수성水姓이다.

⑪ 귀인이 와서 도와주니 반드시 재물이 왕성해진다.
작은 것으로 큰 것을 바꾸니 천금을 얻는다.
꾀하는 일이 많으니 분주한 기상이다.

⑫ 역마살이 들어오니 한번은 멀리 나갈 운수다.
매사를 급하게 하지 마라. 속히 도모하면 후회하게 된다.
처음에는 힘들지만 뒤에 왕성하니 어찌 아름답지 않은가.

운명을 바꾸는 **월운** 활용

	1월	2월	3월	4월	5월	6월
좋은 방향	남쪽	남쪽	동쪽	북동쪽	북쪽	남동쪽
좋은 색상	연두색	옥색	연보라색	고동색	하얀색	베이지색
좋은 장소	채식전문점	계곡	생맥주집	버스	조개구이식당	노래방
좋은 성씨	ㄴ, ㄷ, ㅌ, ㄹ	ㄴ, ㄷ, ㅌ, ㄹ	ㄴ, ㄷ, ㅌ, ㄹ	ㅁ, ㅂ, ㅍ	ㅅ, ㅈ, ㅊ	ㅇ, ㅎ
좋은 숫자	1, 9	4, 5	3, 4	1, 12	5, 12	1, 12
좋은 날짜	5, 9, 11, 18, 22, 26일	5, 11, 13, 15, 22, 27일	5, 8, 11, 21, 22, 26일	4, 9, 15, 18, 21, 26일	8, 15, 17, 21, 24, 28일	5, 8, 16, 20, 22, 28일
안 좋은 날짜	4, 13, 21일	3, 19, 23일	9, 14, 28일	3, 14, 22일	7, 14, 27일	3, 9, 29일
재물·금전 지수	87	83	93	79	94	85
변화·변동 지수	82	85	92	72	93	84
건강·행복 지수	85	82	95	73	92	85

	7월	8월	9월	10월	11월	12월
좋은 방향	북서쪽	남쪽	서쪽	남쪽	동쪽	남서쪽
좋은 색상	은색	적갈색	파란색	다홍색	빨간색	보라색
좋은 장소	정류장	아구찜음식점	스파게티전문점	극장	횟집	독서실
좋은 성씨	ㅁ, ㅂ, ㅍ	ㄱ, ㅋ	ㅅ, ㅈ, ㅊ	ㅇ, ㅎ	ㄱ, ㅋ	ㄱ, ㅋ
좋은 숫자	2, 7	8, 11	1, 11	1, 4	2, 12	1, 8
좋은 날짜	5, 10, 13, 17, 23, 28일	2, 9, 13, 20, 25, 27일	4, 6, 11, 12, 23, 29일	7, 12, 15, 20, 23, 28일	6, 12, 14, 15, 21, 29일	7, 10, 18, 21, 24, 28일
안 좋은 날짜	1, 9, 29일	11, 18, 21일	7, 18, 22일	9, 18, 21일	13, 20, 28일	9, 13, 22일
재물·금전 지수	95	83	74	96	90	78
변화·변동 지수	95	88	72	92	91	77
건강·행복 지수	98	86	73	91	95	75

711

猶如草木開花之意
유 여 초 목 개 화 지 의

연운

尋芳春日 却見花開
심 방 춘 일 각 견 화 개   화창한 봄나들이를 하다 꽃이 핀 것을 본다.

一身安逸 此外何望
일 신 안 일 차 외 하 망   일신이 편안하니 이 밖에 무엇을 바라겠는가.

順風加帆 事多順成
순 풍 가 범 사 다 순 성   순풍에 돛을 올리니 하는 일마다 순조롭게 이루어진다.

有財有權 上下無憂
유 재 유 권 상 하 무 우   재물도 있고 권세도 있으니 위아래 모두 근심이 없다.

乘馬出門 日行千里
승 마 출 문 일 행 천 리   말을 타고 문을 나서 하루에 천리를 간다.

閑座高樓 其樂滔滔
한 좌 고 루 기 락 도 도   한가롭게 높은 누각에 앉아 있으니 즐거움이 비할 데 없다.

燕語東風 其子和之
연 어 동 풍 기 자 화 지   제비가 동풍에 지저귀니 새끼가 이에 화답한다.

貴人來助 財祿可得
귀 인 래 조 재 록 가 득   귀인이 와서 도와주니 재록을 얻는다.

高朋滿座 有酒盈樽
고 붕 만 좌 유 주 영 준   벼슬이 높은 벗이 많고 술잔에 술이 가득하다.

성인의 연운 활용

금전·명예	금전적으로 전혀 궁색하지 않다. 꾸준히 수입이 보장되며 때때로 큰 재물이 생기니 끈기 있게 노력한다.
사업·창업	도와주는 사람이 있지만, 헛된 욕심을 버리고 꾸준히 노력할 때 사업이 순조롭다.
주식·투자	주식투자로 이익을 볼 때 주식을 팔면 손해는 없을 것이다.
시험·취직	시험은 대학입시를 제외하면 매우 유리하다. 직장인은 상사의 도움으로 승진하고 실업자는 취직한다.
당선·소원	당선운이 반반이니 노력에 따라 결정된다. 관련 분야의 소원은 이루어지나 허황된 꿈은 이루기 어렵다.
이사·매매	가족과 합의한다면 어느 곳으로 이사해도 좋다. 매매는 약간의 어려움이 따르지만 결국에는 성사된다.
건강·사고	건강이 가장 소중하니 건강진단을 해보는 것이 좋다.
애정·결혼	미혼남녀는 조만간 결혼하니 기대해도 좋다. 노처녀 노총각은 천생 배필을 만날 것이다.
소송·다툼	소송에서 이기고 지는 것은 얼마나 노력하느냐에 따라 달라진다.

신세대의 연운 활용

연애·사랑	새로운 인연이 생긴다. 부부는 금실이 두터워진다.
시험·취직	시험이나 취직은 차근차근 준비해야 합격할 수 있다. 직장인은 상사의 신임이 두터워 영전한다.
건강·사고	기력이 왕성해지고 하는 일에 자신감이 넘친다.
금전·행운	횡재운이 들어왔으니 노력만 한다면 큰 재물을 얻을 수 있다.
소원·성취	노력만 있다면 소원을 성취할 수 있다.

운명을 바꾸는 연운 활용

좋은 방향	남서쪽
좋은 색상	초록색
좋은 장소	중식당
좋은 성씨	ㄴ, ㄷ, ㅌ, ㄹ
좋은 숫자	1, 3

숫자로 보는 연운 활용

	좋은 달	보통 달	나쁜 달
금전·투자	2, 7월	6, 9월	8, 10월
변화·변동	1, 11월	5, 6월	4, 8월
연애·사랑	2, 3, 12월	5, 9월	8, 10월
건강·소송	11, 12월	5, 6월	4, 8월

711 월운

 1월
가뭄에 단비가 내리니 초목이 기뻐한다.
재물이 흥왕하고 슬하에 영화가 있다.
천신이 도우니 반드시 형통할 것이다.

 2월
토끼를 구하려다 사슴을 얻으니 구하는 바가 넘친다.
경영하는 일은 일마다 뜻대로 이루어진다.
때를 만나 덕을 쌓으니 경사가 끊이지 않는다.

 3월
메마른 싹이 비를 만나니 그 빛깔이 다시 새롭다.
이익은 어디에 있는가. 반드시 논밭에 있다.
하는 일은 반드시 성공할 것이다.

 4월
재물도 몸도 왕성하니 집안이 화평하다.
문서에 길함이 있으니 많은 부를 쌓는다.
만일 병이 생기지 않으면 슬하에 액이 생길 것이다.

 5월
귀인이 와서 도우니 반드시 기쁜 일이 있다.
밖에 나가면 이익이 있으니 반드시 횡재한다.
만일 이와 같지 않으면 아내에게 근심이 생긴다.

 6월
꽃이 떨어지고 열매를 맺으니 자손이 영귀해진다.
만일 과거에 급제하지 않으면 반드시 재물을 얻는다.
항상 덕을 쌓으니 재난을 당하지 않는다.

 7월
길성吉星이 문을 비추니 반드시 태기胎氣가 있을 것이다.
부부가 화목하니 가정에 기쁨이 가득하다.
다행히 귀인을 만나니 꾀하는 일이 이루어진다.

 8월
심신이 편안하니 귀인을 만나게 된다.
재물을 잃을 수 있으니 친구를 믿지 마라.
삼월 봄바람에 온갖 꽃들이 다투어 핀다.

 9월
운수가 형통하니 하는 일마다 뜻대로 이루어진다.
만일 재물이 아니면 아름다운 여인을 만나는 기쁨이 있다.
혹 질병이 있거든 목성木姓을 가진 의사의 약을 쓴다.

 10월
명산에 들어가니 눈 앞의 세계가 딴 세계다.
구설수가 있으니 수성水姓을 사귀지 마라.
집에 있으면 마음이 심란하니 마땅히 남쪽으로 간다.

 11월
순풍에 돛을 다니 매사를 쉽게 이룬다.
집안 살림이 흥왕하니 태평하게 편히 지낸다
작은 것을 구하다 큰 것을 얻으니 어찌 아름답지 않은가.

 12월
유월 찌는 듯한 더위에 단비를 만나니 얼마나 기쁜 일인가.
만일 관록官祿이 아니면 뜻밖에 횡재를 만난다.
식록食祿이 풍성하니 이 밖에 또 무엇을 구할까.

운명을 바꾸는 월운 활용

	1월	2월	3월	4월	5월	6월
좋은 방향	북동쪽	남쪽	남동쪽	북쪽	북서쪽	서쪽
좋은 색상	자주색	귤색	노란색	회색	연보라색	밤색
좋은 장소	미술관	닭발음식점	산장	낙지음식점	삼겹살식당	박물관
좋은 성씨	ㅇ, ㅎ	ㅅ, ㅈ, ㅊ	ㅁ, ㅂ, ㅍ	ㄱ, ㅋ	ㄴ, ㄷ, ㅌ, ㄹ	ㄱ, ㅋ
좋은 숫자	5, 8	2, 5	6, 8	2, 4	1, 2	5, 9
좋은 날짜	6, 11, 15, 20, 21, 26일	2, 9, 15, 17, 22, 26일	2, 7, 19, 21, 25, 26일	5, 11, 14, 21, 22, 29일	7, 13, 16, 21, 22, 28일	2, 9, 11, 13, 21, 29일
안 좋은 날짜	19, 25, 29일	3, 14, 21일	5, 20, 29일	3, 16, 24일	9, 14, 23일	10, 20, 27일
재물·금전 지수	93	93	92	73	84	83
변화·변동 지수	96	94	98	76	85	82
건강·행복 지수	95	95	96	74	89	84

	7월	8월	9월	10월	11월	12월
좋은 방향	북서쪽	동쪽	북동쪽	남쪽	남쪽	남서쪽
좋은 색상	주황색	금색	감색	검은색	카키색	청록색
좋은 장소	수영장	산책로	순대국식당	제과점	해변	전시회장
좋은 성씨	ㅇ, ㅎ	ㅅ, ㅈ, ㅊ	ㄴ, ㄷ, ㅌ, ㄹ	ㅇ, ㅎ	ㅁ, ㅂ, ㅍ	ㄱ, ㅋ
좋은 숫자	1, 8	2, 11	6, 11	5, 11	4, 7	6, 10
좋은 날짜	1, 10, 17, 18, 22, 28일	6, 11, 13, 15, 21, 27일	5, 9, 11, 14, 22, 28일	4, 9, 10, 15, 22, 27일	6, 10, 15, 19, 22, 27일	1, 7, 14, 23, 24, 26일
안 좋은 날짜	9, 14, 21일	5, 9, 14일	6, 13, 21일	1, 14, 28일	5, 17, 21일	6, 21, 28일
재물·금전 지수	93	71	86	76	92	93
변화·변동 지수	95	72	84	72	93	94
건강·행복 지수	99	78	88	73	94	96

不達不成之意
부달불성지의

712

연운

銀麟萬點 金角未成
은린만점 금각미성　가득한 은비늘은 눈부신데 중요한 금뿔은 미처 생기지 않았다.

雖有難事 事有成就
수유난사 사유성취　비록 어려운 일이 있으나 도움을 받아 성취한다.

馳馬花衢 意氣洋洋
치마화구 의기양양　꽃이 핀 거리에서 말을 달리니 의기양양하다.

幸逢貴人 名振四方
행봉귀인 명진사방　다행히 귀인을 만나면 이름을 사방에 떨친다.

運數亨通 必是成功
운수형통 필시성공　운수가 형통하니 반드시 성공한다.

若非榮貴 官訟口舌
약비영귀 관송구설　만일 귀하게 되지 않으면 관재와 송사 그리고 구설이 있다.

月姥佳緣 天老地荒
월모가연 천로지황　월모가 아름다운 인연을 맺어주니 하늘은 늙고 땅은 거칠다.

細流漫漫 必達于海
세류만만 필달우해　시냇물이 끊임없이 흐르니 반드시 바다까지 이른다.

才藝出衆 功及隣里
재예출중 공급인리　재주가 출중하니 그 공이 이웃까지 미친다.

성인의 연운 활용

금전·명예	소득이 꾸준히 들어오니 경제적 어려움이 사라지고 생활에 여유가 생긴다.
사업·창업	사업은 규모를 조금씩 확장해 나가면 순조로울 것이다.
주식·투자	주식투자를 해도 괜찮지만 쉽게 번 돈은 쉽게 나간다는 것을 항상 명심한다.
시험·취직	노력하면 원하는 학교에 합격한다. 취직은 일반직, 하위공무원, 공사직이 유리하고, 직장인은 상사에게 인정받고 발탁되거나 승진하며, 실업자는 윗사람의 도움으로 취직한다.
당선·소원	당선은 아직 어렵지만 좀더 노력하면 성과가 있을 것이다. 선행을 베풀었으니 작은 소원은 이루어진다.
이사·매매	마음에 둔 집에 복이 가득하니 지금 이사하면 매우 좋다. 매매도 순조롭게 진행되고 이익을 본다.
건강·사고	큰 질병이나 사고는 발생하지 않지만 몸이 피로해지니 쉬면서 재충전한다.
애정·결혼	짝사랑을 이루고 천생 배필을 만난다. 애인이나 배우자는 믿을 만한 사람에게 소개받는 것이 좋다.
소송·다툼	소송은 자신의 잘못이 아니므로 근심걱정 없이 쉽게 해결된다.

신세대의 연운 활용

연애·사랑	짝이 있는 이성에게 마음 두지 말고 가까이 있는 사람에게 자신 있게 표현한다. 혼인은 이루어지되 남자는 결혼이 늦어진다. 애인과 사이가 좋아지니 다시 시작하는 느낌이다.
시험·취직	좋은 성적으로 원하는 시험에 합격한다. 직장인은 특채와 영전이 기다리고 승진도 가능하다.
건강·사고	건강은 전혀 걱정할 것이 없을 정도로 좋으니 안심해도 된다.
금전·행운	생활에 어려움이 없을 정도의 수입이 원만하게 들어온다.
소원·성취	능력 있는 사람에게 도움을 청하면 소원을 반드시 들어줄 것이다.

운명을 바꾸는 연운 활용

좋은 방향	서쪽
좋은 색상	빨간색
좋은 장소	스파게티전문점
좋은 성씨	ㅁ, ㅂ, ㅍ
좋은 숫자	7, 9

숫자로 보는 연운 활용

	좋은 달	보통 달	나쁜 달
금전·투자	8, 10월	2, 7월	1, 9월
변화·변동	4, 8월	7, 12월	5, 6월
연애·사랑	4, 10월	3, 7월	5, 9월
건강·소송	4, 10월	2, 12월	6, 11월

712 월운

 1월
- 봄빛이 밝지 않으니 초목이 자라지 못한다.
- 동쪽에 해로움이 있으니 그 쪽으로 가지 마라.
- 남의 말을 믿지 마라. 말은 달지만 약속한 일을 지키지 않는다.

 2월
- 어린 새가 날고자 하나 마음만 있을 뿐 날개가 약해 날지 못한다.
- 금을 난로에 넣으니 마침내 큰 그릇이 된다.
- 정성을 다해 노력하면 반드시 소득이 있다.

 3월
- 기지基地가 발동하니 이사하면 길하다.
- 배를 타지 마라. 한번 물에 놀라게 된다.
- 목성木姓을 가까이하지 마라. 반드시 그 화를 당한다.

 4월
- 하는 일이 처음에는 될 것 같지만 끝내는 못 이룬다.
- 천 번이든 만 번이든 참는 것이 덕이 된다.
- 항상 덕을 쌓으니 나쁜 운이 스스로 물러간다.

 5월
- 사람을 해롭게 하고 이익을 취하면 도리어 그 화를 당한다.
- 횡액이 우려되니 여색을 탐하지 마라.
- 달이 구름 사이로 들어가니 그 빛을 볼 수 없다.

 6월
- 목성木姓이 불리하니 가까이하면 해롭다.
- 심신이 불안하니 세상일이 뜬구름 같다.
- 이李가 김金가 두 성은 함께 일하면 불리하다.

 7월
- 재물운이 없으니 재물을 얻기 힘들다.
- 집에 있으면 심란하고 밖에 나가면 마음이 한가하다.
- 시운時運이 불길하니 해를 끼치는 사람이 떠나지 않는다.

 8월
- 푸른 새가 소식을 전하니 반드시 기쁜 일이 있다.
- 만일 횡재가 아니면 반드시 새로 혼인할 것이다.
- 재록財祿이 흥왕하니 집안이 태평하다.

 9월
- 가족끼리 서로 다투니 심신이 불편하다.
- 비록 재물은 생기나 도리어 더 많이 잃는다.
- 동서로 분주하게 다니다 고생만 하고 공은 없다.

 10월
- 남으로 인하여 성공하니 반드시 명성과 이익을 얻는다.
- 달 밝은 사창紗窓에 기대 한가롭게 자연을 즐긴다.
- 만일 화성火姓을 가까이하면 공연히 재물을 잃는다.

 11월
- 모든 일에 꾀가 없으니 뜻을 이루지 못한다.
- 집에 작은 근심이 있으니 생활이 항상 불안하다.
- 나가고 들어옴을 알지 못하니 마음이 심란하고 일은 어긋난다.

 12월
- 밖에 나가면 불리하니 옛 것을 지키고 안정한다.
- 시비를 가까이하지 마라. 구설과 송사가 따른다.
- 이후부터는 반드시 경사가 뒤따른다.

운명을 바꾸는 **월운** 활용

	1월	2월	3월	4월	5월	6월
좋은 방향	서쪽	남동쪽	북동쪽	동쪽	북쪽	북서쪽
좋은 색상	남청색	초록색	분홍색	하늘색	회색	자주색
좋은 장소	수목원	중식당	해장국식당	야외음식점	볼링장	동굴
좋은 성씨	ㄴ,ㄷ,ㅌ,ㄹ	ㅇ,ㅎ	ㄱ,ㅋ	ㄴ,ㄷ,ㅌ,ㄹ	ㅁ,ㅂ,ㅍ	ㅅ,ㅈ,ㅊ
좋은 숫자	2, 8	2, 8	1, 9	1, 8	2, 7	5, 8
좋은 날짜	6, 8, 14, 19, 22, 26일	7, 12, 17, 20, 22, 29일	5, 8, 12, 16, 25, 28일	4, 9, 15, 24, 25, 28일	5, 8, 15, 21, 25, 27일	3, 11, 13, 15, 22, 27일
안 좋은 날짜	5, 18, 29일	8, 13, 27일	6, 14, 19일	3, 21, 29일	7, 14, 28일	9, 12, 21일
재물·금전 지수	76	83	82	93	73	74
변화·변동 지수	78	88	85	94	74	75
건강·행복 지수	72	87	84	95	75	78

	7월	8월	9월	10월	11월	12월
좋은 방향	남동쪽	서쪽	남동쪽	남쪽	북동쪽	남서쪽
좋은 색상	노란색	하얀색	연보라색	연두색	적갈색	주황색
좋은 장소	쌈밥식당	강	유원지	서점	섬	등산로
좋은 성씨	ㄱ,ㅋ	ㄴ,ㄷ,ㅌ,ㄹ	ㅇ,ㅎ	ㄴ,ㄷ,ㅌ,ㄹ	ㅅ,ㅈ,ㅊ	ㅁ,ㅂ,ㅍ
좋은 숫자	4, 11	3, 10	5, 7	9, 10	1, 5	1, 10
좋은 날짜	6, 8, 12, 15, 22, 28일	5, 7, 14, 17, 24, 26일	4, 8, 16, 21, 25, 28일	3, 9, 12, 21, 22, 28일	5, 11, 14, 17, 22, 28일	5, 7, 11, 23, 24, 28일
안 좋은 날짜	5, 19, 27일	6, 18, 23일	9, 10, 22일	6, 13, 27일	1, 10, 21일	4, 10, 25일
재물·금전 지수	83	93	73	92	76	83
변화·변동 지수	87	92	76	91	77	82
건강·행복 지수	82	95	75	95	78	85

進行求得之意
진행구득지의

연운

龍蟠虎踞 風雲際會
용반호거 풍운제회 　용이 서리고 범이 웅크리니 바람과 구름이 모여든다.

千里他鄕 喜逢親友
천리타향 희봉친우 　천리타향에서 친한 벗을 만나니 기쁘다.

金星隨身 求財如意
금성수신 구재여의 　금성이 몸을 비추니 구하는 재물을 손쉽게 얻는다.

經營之事 必有成事
경영지사 필유성사 　경영하는 일은 반드시 성공한다.

今年之數 外貧內富
금년지수 외빈내부 　금년 운수는 밖은 가난해도 안은 부유하다.

家人和睦 一家泰平
가인화목 일가태평 　가족이 화목하니 집안이 태평하다.

東風淡蕩 柳含生意
동풍담탕 유함생의 　동쪽에서 맑은 바람이 불어오니 버들가지에 싹이 돋아난다.

步步行進 漸入佳境
보보행진 점입가경 　걸음을 걸을수록 점점 아름다운 경치가 펼쳐진다.

因人成事 千金自來
인인성사 천금자래 　사람으로 인해 일이 성취되니 천금이 저절로 들어온다.

성인의 연운 활용

금전 · 명예	재물운이 들어오니 이익이 날로 늘어나고 생활이 풍요로워진다.
사업 · 창업	사업 발전이나 확장으로 재물이 풍족해질 것이다.
주식 · 투자	주식투자는 큰 이익은 없지만 작은 이익은 볼 수 있다.
시험 · 취직	시험은 일반직이 매우 유리하며 실업자는 취직한다. 도와주는 사람이 많으니 좋은 자리에 발탁된다.
당선 · 소원	당선은 때가 아니니 다음 기회를 기다린다. 큰 소원은 어렵지만 작은 소원은 거의 이루어진다.
이사 · 매매	이사는 전보다 확장하여 순조롭게 이사한다. 매매는 임자가 금방 나타나고 큰 이익을 얻는다.
건강 · 사고	건강에 전혀 이상이 없으며 고질병이 있던 사람도 감쪽같이 회복된다.
애정 · 결혼	이상형을 만나 즐거운 시간을 보낸다. 헤어졌던 연인과 다시 합치고 노력하면 이상형의 배필과 결혼한다. 짝사랑하는 사람에게 고백하면 반드시 성사된다.
소송 · 다툼	그 동안 끌어오던 소송들이 원만하게 해결된다.

신세대의 연운 활용

연애 · 사랑	혼자이던 청춘남녀에게 애인이 생긴다. 오래 전부터 알고 지내던 사람과 인연이 맺어지고 결혼에 이른다.
시험 · 취직	꾸준히 노력하면 일반직, 공사직, 하위직 공무원 시험에 합격할 수 있다.
건강 · 사고	건강은 매우 좋고 왕성하다. 예전의 병도 말끔하게 완쾌된다.
금전 · 행운	처음은 어렵지만 뒤늦게 꾸준한 수입이 생긴다. 인내심 있게 저축하면 생활이 향상된다.
소원 · 성취	치밀한 계획을 세우고 실천해 나간다면 지금은 이루지 못하더라도 나중에는 소원이 이루어질 것이다.

운명을 바꾸는 연운 활용

좋은 방향	북서쪽
좋은 색상	빨간색
좋은 장소	서점
좋은 성씨	ㅅ, ㅈ, ㅊ
좋은 숫자	2, 5

숫자로 보는 연운 활용

	좋은 달	보통 달	나쁜 달
금전 · 투자	1, 5, 6월	4, 9월	7, 8월
변화 · 변동	3, 11월	2, 4월	8, 10월
연애 · 사랑	6, 11월	2, 4월	7, 10월
건강 · 소송	1, 11월	2, 9월	7, 8월

713

월운

1월
우물을 파서 물을 얻고 흙을 쌓아 산을 이룬다.
정성이 지극하면 모든 일을 이룰 수 있다.
창문 앞 매화가 때를 만나 활짝 피었다.

2월
꾀하는 일이 뜻대로 되니 도처에 재물이 있다.
만일 재물을 얻지 못하면 반드시 혼인하게 된다.
만일 이와 같지 않으면 슬하에 경사가 있다.

3월
공을 세우고 명성을 얻거나 큰 재물을 얻는다.
길한 사람은 하늘이 도우니 횡재를 만날 운수다.
명령에 권위가 있으니 도처에서 봄바람이 분다.

4월
음양이 화합하니 만물이 빛난다.
가운家運이 왕성하니 액운이 스스로 물러간다.
항상 그 덕이 있으니 재앙이 스스로 물러간다.

5월
오월과 유월에는 모든 일이 뜻대로 이루어진다.
봄동산의 복숭아꽃에 벌과 나비가 찾아와 향기를 탐한다.
뜻밖에 성공하니 공을 세우고 명성을 얻는다.

6월
가정이 화평하니 복록福祿이 저절로 들어온다.
동쪽에 재물이 왕성하니 우연히 재물을 얻는다.
서남 양쪽 논밭에 이익이 있다.

7월
서쪽에서 온 사람으로 인해 재물을 잃는다.
금성金姓과 가까이하지 마라. 재물을 잃게 될 것이다.
눈 속에서 죽순을 구하니 하늘이 낸 효자다.

8월
재수는 비록 길하나 신상에 근심이 있다.
봉황이 상서로운 조짐을 보이니 뒤늦게 빛을 본다.
만일 관록官祿이 아니면 슬하에 영화가 있다.

9월
동쪽의 귀인이 우연히 와서 도와준다.
사방 중에서 남쪽에 길함이 있다.
처음에는 큰 재물을 얻지만 다시 잃게 된다.

10월
지금에야 길한 운을 만나니 반드시 경사가 있을 것이다.
멀리 나가면 길하고 사방 모두에 해가 없다.
시비를 가까이하지 마라. 구설이 뒤따른다.

11월
동짓달과 섣달에는 반드시 경사가 있다.
만일 해상海商을 만나면 우연히 재물을 얻는다.
정성껏 노력하면 결국에는 길하다.

12월
소가 풀을 만난 격이니 식록食祿이 끊이지 않는다.
봄바람 부는 삼월에 푸른 풀이 아름답다.
모든 일이 이루어지니 이 밖에 무엇을 바라겠는가.

운명을 바꾸는 월운 활용

	1월	2월	3월	4월	5월	6월
좋은 방향	동쪽	서쪽	북쪽	남동쪽	남쪽	동쪽
좋은 색상	적갈색	은색	고동색	베이지색	다홍색	보라색
좋은 장소	항구	닭갈비음식점	피자집	다리	전통찻집	공공도서관
좋은 성씨	ㅅ, ㅈ, ㅊ	ㅁ, ㅂ, ㅍ	ㅇ, ㅎ	ㅇ, ㅎ	ㄴ, ㄷ, ㅌ, ㄹ	ㄱ, ㅋ
좋은 숫자	2, 11	3, 4	1, 6	3, 8	3, 7	5, 12
좋은 날짜	4, 15, 17, 23, 25, 29일	3, 7, 14, 17, 20, 29일	4, 15, 17, 24, 25, 29일	4, 12, 17, 20, 25, 29일	5, 9, 12, 15, 23, 28일	2, 5, 9, 14, 22, 29일
안 좋은 날짜	7, 18, 24일	6, 18, 27일	7, 13, 26일	10, 21, 28일	7, 11, 24일	6, 10, 21일
재물·금전 지수	92	89	96	83	93	98
변화·변동 지수	93	84	92	81	94	94
건강·행복 지수	95	82	95	80	95	95

	7월	8월	9월	10월	11월	12월
좋은 방향	북동쪽	서쪽	남쪽	동쪽	남서쪽	북쪽
좋은 색상	노란색	연분홍색	자주색	파란색	황토색	연보라색
좋은 장소	영화감상실	기차역	동물원	카페	국수전문점	공연장
좋은 성씨	ㄴ, ㄷ, ㅌ, ㄹ	ㅁ, ㅂ, ㅍ	ㄴ, ㄷ, ㅌ, ㄹ	ㄱ, ㅋ	ㅅ, ㅈ, ㅊ	ㅁ, ㅂ, ㅍ
좋은 숫자	5, 6	7, 8	2, 3	3, 11	1, 12	4, 7
좋은 날짜	3, 6, 13, 16, 17, 27일	5, 11, 14, 23, 25, 28일	6, 9, 15, 18, 22, 28일	6, 9, 15, 17, 21, 23일	3, 5, 11, 16, 25, 28일	4, 7, 13, 18, 21, 28일
안 좋은 날짜	9, 21, 28일	6, 18, 29일	7, 21, 27일	5, 18, 29일	10, 24, 27일	9, 24, 25일
재물·금전 지수	71	79	87	73	93	92
변화·변동 지수	70	74	88	74	92	93
건강·행복 지수	75	72	82	79	91	92

721 急速而行則有利益之象
급속이행즉유리익지상

연운

陰陽和合 萬物化生
음양화합 만물화생 음양이 화합하니 만물이 생성된다.

名高有權 漸漸亨通
명고유권 점점형통 이름이 높고 권세가 있으니 점차 형통하게 된다.

恩人恒助 廣置田庄
은인항조 광치전장 은인이 언제나 도와주니 논밭을 널리 마련한다.

驛馬到門 出他成功
역마도문 출타성공 역마가 문에 이르니 밖으로 나가 성공한다.

事事如意 安樂之數
사사여의 안락지수 하는 일마다 뜻대로 되니 안락한 운수다.

常時施德 福祿自來
상시시덕 복록자래 항상 덕을 베푸니 복록이 저절로 들어온다.

太昊時節 結繩爲政
태호시절 결승위정 복희씨 시절에는 노를 맺어 정사를 보았다.

鶴鳴九皐 聲聞于天
학명구고 성문우천 학이 깊은 못에서 우니 그 소리가 하늘까지 들린다.

飢者得食 枯木逢春
기자득식 고목봉춘 주린 자는 먹을 것을 얻고 마른 나무는 봄을 만난다.

성인의 연운 활용

금전·명예	다른 곳에서 재물을 구하지 마라. 자신의 일을 다하는 것만이 재물을 얻는 길이다. 횡재의 꿈을 버려라.
사업·창업	그 동안 덕을 쌓았다면 사업이 나날이 번창하고 많은 재물이 들어올 것이다.
주식·투자	신중하게 판단해서 투자하면 이익을 볼 수 있다.
시험·취직	운이 좋아도 노력이 없다면 합격은 불가능하다. 직장인도 실력을 쌓았다면 반드시 승진할 것이다.
당선·소원	당선은 노력 여하에 따라 결과가 달라진다. 소원은 현재의 소원이 아니라 과거에 바라던 소원이 이루어진다.
이사·매매	원하는 곳으로 순조롭게 이사하니 가정이 화목하다. 매매는 큰 이익을 보고 성사된다.
건강·사고	건강하고 원기왕성하니 걱정하지 말고 원하는 일들을 추진해도 좋다.
애정·결혼	현재 사귀는 사람을 놓치지 마라. 부부는 대화가 필요하니 고집과 자존심을 버리고 마음을 털어놓는다.
소송·다툼	힘들게 진행되던 소송이 당신이 덕을 베푼 사람의 도움으로 어렵게 해결된다.

신세대의 연운 활용

연애·사랑	갑자기 인연이 생기거나 뜻하지 않은 일로 서로간의 애정이 더욱 두터워진다. 청혼에 성공하고 결혼까지 이른다.
시험·취직	노력하면 원하는 시험에 합격하지만 무리하면 불가능하다. 직장인은 승진이 어려우니 다음을 기약한다.
건강·사고	건강에는 큰 문제가 생기지 않으니 걱정하지 않아도 된다.
금전·행운	스스로를 낮추고 도리를 지키면 실패가 없고 어느 정도의 금전은 들어온다.
소원·성취	소원은 별다른 어려움 없이 이룰 수 있다.

운명을 바꾸는 연운 활용

좋은 방향	동쪽
좋은 색상	카키색
좋은 장소	정류장
좋은 성씨	ㅁ, ㅂ, ㅍ
좋은 숫자	1, 12

숫자로 보는 연운 활용

	좋은 달	보통 달	나쁜 달
금전·투자	4, 7월	6, 10월	3, 8월
변화·변동	2, 7월	9, 10월	11월
연애·사랑	1, 2월	5, 6월	3, 11월
건강·소송	2, 4월	6, 12월	8, 11월

721

월운

산 그림자가 강에 기우니 물고기가 산에서 노는 것 같다.
음양이 화합하니 모든 일이 뜻대로 이루어진다.
꾀하는 일을 쉽게 이루니 의기양양하다.

벼슬로 인해 재물을 얻으니 집안이 화목하다.
만일 재물을 얻지 않으면 반드시 아들을 얻는다.
힘든 일을 참고 기다리니 점점 더 좋아질 것이다.

남과 함께하면 도리어 허황하게 된다.
바라는 일이 필시 낭패를 보게 된다.
재성財星이 공허하니 재물을 잃어버릴 운수다.

길성吉星이 문을 비추니 반드시 성공할 것이다.
작은 것으로 큰 것을 얻으니 반드시 재물이 풍성해진다.
티끌을 모아 태산을 이루니 재물이 풍족하다.

순풍에 돛을 다니 빠르기가 날아가는 새 같다.
모든 일을 속히 도모해야 한다. 늦을수록 불리하다.
녹음이 짙은 가지 위에서 꾀꼬리가 노래한다.

밖에 나가지 마라. 질병이 따를까 두렵다.
온 들에 풍년이 드니 곡식이 풍성하다.
재물이 따르니 인구가 늘어난다.

운수가 매우 길하니 하늘이 내려준 복이다.
가정이 안락하니 만사가 태평하다.
재성財星이 도우니 구하면 반드시 얻는다.

재물운이 왕성하니 우연히 재물을 얻는다.
서쪽에서 오는 사람이 우연히 해를 끼친다.
매화 가지 하나가 홀로 봄빛을 띤다.

빈 골짜기에 봄이 돌아오니 어려운 중에 살 길이 생긴다.
만일 목성木姓을 만나면 생색生色이 다섯 배나 된다.
동쪽에 가지 마라. 반드시 곤욕을 치른다.

높은 산의 송백松栢이여, 그 빛이 푸르다.
유월 뜨거운 하늘에 기쁘게 단비가 내린다.
처자에게 근심이 있으니 마음을 상하지 않게 한다.

해가 중천에 떠오르니 천지가 환하다.
식구도 늘고 토지도 느니 가도家道가 중흥할 것이다.
재물을 잃을 수 있으니 도둑을 조심한다.

신상에 근심이 없으니 가히 신선이라 할 만하다.
비록 재물은 생기나 다시 많이 나간다.
매사에 꾀를 내니 하는 일마다 뜻대로 이루어진다.

운명을 바꾸는 **월운** 활용

	1월	2월	3월	4월	5월	6월
좋은 방향	남쪽	북서쪽	남동쪽	동쪽	북동쪽	서쪽
좋은 색상	주황색	밤색	옥색	회색	귤색	하얀색
좋은 장소	보리밥식당	나이트클럽	우동전문점	보쌈음식점	직장	한식당
좋은 성씨	ㅁ, ㅂ, ㅍ	ㄱ, ㅋ	ㅅ, ㅈ, ㅊ	ㄱ, ㅋ	ㅇ, ㅎ	ㅁ, ㅂ, ㅍ
좋은 숫자	5, 6	6, 12	1, 2	2, 7	2, 9	3, 8
좋은 날짜	5, 8, 15, 18, 24, 28일	5, 8, 17, 19, 22, 29일	1, 7, 12, 16, 21, 25일	6, 9, 11, 18, 23, 27일	8, 10, 14, 17, 21, 28일	4, 7, 11, 15, 20, 24일
안 좋은 날짜	1, 14, 21일	2, 14, 20일	11, 20, 28일	1, 14, 21일	9, 11, 27일	3, 21, 25일
재물·금전 지수	94	93	74	98	83	84
변화·변동 지수	96	92	76	94	82	85
건강·행복 지수	92	90	75	93	80	86

	7월	8월	9월	10월	11월	12월
좋은 방향	남쪽	북쪽	북서쪽	북서쪽	동쪽	남서쪽
좋은 색상	연두색	상아색	고동색	하늘색	적갈색	검은색
좋은 장소	편의점	만화방	뷔페식당	영화관	김밥전문점	콩국수전문점
좋은 성씨	ㄱ, ㅋ	ㄴ, ㄷ, ㅌ, ㄹ	ㅅ, ㅈ, ㅊ	ㅇ, ㅎ	ㅇ, ㅎ	ㄴ, ㄷ, ㅌ, ㄹ
좋은 숫자	3, 9	4, 9	8, 11	6, 7	1, 7	3, 6
좋은 날짜	2, 5, 9, 13, 19, 23일	2, 7, 15, 18, 24, 26일	5, 9, 17, 19, 22, 25일	6, 9, 16, 18, 22, 25일	3, 5, 14, 18, 21, 29일	7, 9, 17, 20, 21, 23일
안 좋은 날짜	6, 21, 28일	9, 13, 25일	10, 21, 28일	13, 23, 28일	9, 10, 28일	1, 11, 24일
재물·금전 지수	95	74	87	83	73	89
변화·변동 지수	96	75	81	84	79	88
건강·행복 지수	90	76	82	89	75	85

722 事有未決之意
사 유 미 결 지 의

연운

日中不決 好事多魔
일 중 불 결 호 사 다 마   하루가 가도록 결정을 못 하니 좋은 일에 마가 많다.

年運不利 吉中有凶
연 운 불 리 길 중 유 흉   한 해 운수가 불리하니 길한 가운데 흉한 일이 있다.

如干財數 少得多失
여 간 재 수 소 득 다 실   재수는 적게 얻고 많이 잃는다.

其心正直 助我者少
기 심 정 직 조 아 자 소   그 마음은 정직하나 나를 돕는 이가 적다.

家有憂患 心神難定
가 유 우 환 심 신 난 정   집에 우환이 있으니 마음을 정하기 어렵다.

今年之數 勿謀他營
금 년 지 수 물 모 타 영   금년 운수는 다른 일을 도모하면 안 된다.

染園雖好 不可久留
염 원 수 호 불 가 구 유   꽃이 만발한 동산이 비록 좋으나 오래 머무를 수는 없다.

四時之序 成功者去
사 시 지 서 성 공 자 거   사계절에 순서가 있듯 성공한 자는 물러나야 한다.

旅館燈寒 客子彷徨
여 관 등 한 객 자 방 황   여관방에 등불이 차니 나그네 마음이 방황한다.

성인의 연운 활용

금전 · 명예	재물운이 좋지 않지만 노력하면 생활의 어려움은 없을 것이다.
사업 · 창업	아직은 때가 이르니 현재를 중시하고 기다리면 많은 재물이 들어오고 사업 확장의 기회가 올 것이다.
주식 · 투자	부정한 방법으로 투자하니 들어오려고 했던 이익도 나간다.
시험 · 취직	실력 발휘를 못 하니 한 단계 낮추어 응시한다. 직장인은 능력 부족으로 승진이 어렵다.
당선 · 소원	당선은 쉽지 않으니 다음을 기약한다. 소원은 모두 이루기 어렵다. 나중을 위해서 더 많이 노력한다.
이사 · 매매	현재의 자리에서 이사하지 않는 것이 유리하다. 매매는 무리하게 진행하면 손해만 보니 다음으로 미룬다.
건강 · 사고	별다른 질병은 없지만 음주나 과로로 인한 건강 이상을 조심해야 한다.
애정 · 결혼	감언이설에 유혹당하거나 농락당하기 쉽다. 오해나 충돌이 많은 운이니 주의한다. 양가 부모의 반대가 있지만 두 사람의 사랑만 있다면 슬기롭게 극복할 수 있다.
소송 · 다툼	소송은 일단 발생하면 크게 확대되는 것을 막아야 한다.

신세대의 연운 활용

연애 · 사랑	상대에게 감정을 강요하지 말고 서로 취미생활을 함께하며 이해의 폭을 넓혀야 한다. 새로운 만남은 이롭지 못하니 함부로 이성을 만나지 않는다.
시험 · 취직	시험 합격은 노력만이 방법이다. 원하는 곳은 아니지만 취직하고, 직장인은 외직으로 좌천될 수 있다.
건강 · 사고	운세가 나쁜 사람은 치명적인 건강 악화가 예상되니 주의한다.
금전 · 행운	작은 재물은 가끔씩 들어오지만 금전운이 전혀 없으니 자금난이 오래 지속된다.
소원 · 성취	소원은 이루기 힘들다. 시일이 급한 소원이 아니라면 시간이 지난 뒤 이루게 된다.

운명을 바꾸는 연운 활용

좋은 방향	북동쪽
좋은 색상	상아색
좋은 장소	노래방
좋은 성씨	ㅅ, ㅈ, ㅊ
좋은 숫자	6, 7

숫자로 보는 연운 활용

	좋은 달	보통 달	나쁜 달
금전 · 투자	6, 12월	2, 9월	1, 4월
변화 · 변동	3, 6월	8, 9월	5, 7월
연애 · 사랑	3, 6월	2, 9월	7, 10월
건강 · 소송	3, 12월	2, 8월	10, 11월

722 월운

1月
하고자 해도 이루지 못하고 노력해도 도무지 공이 없다.
일이 뜻대로 되지 않으니 하나도 성공하지 못한다.
친구를 믿지 마라. 재물을 잃을 수 있다.

2月
한가한 곳을 찾아가 살면 바람과 먼지가 침범하지 않는다.
지성으로 하늘에 기도하면 반드시 성공한다.
만일 직업을 바꾸지 않으면 한번은 멀리 나갈 것이다.

3月
사슴을 피하려다 호랑이를 만나니 도리어 흉하게 된다.
친구를 믿지 마라. 웃음 속에 칼이 있다.
만일 수성水姓을 만나면 반드시 해가 없을 것이다.

4月
분주하여 쉴 틈이 없으니 한가로이 지낼 줄 모른다.
작은 것을 구하려다 큰 것을 잃으니 어이가 없어 큰 소리로 껄껄 웃는다.
초상집에 가까이 가지 마라. 질병이 따를까 두렵다.

5月
사람마다 마음이 각각하니 일과 마음이 같지 않다.
북쪽에 해가 있으니 그 쪽으로 출입하지 않는다.
액이 가고 병이 사라지지만 꾀하는 일을 이루지 못한다.

6月
한 번 기쁘고 한 번 슬프니 기쁨과 근심이 서로 교차한다.
만일 횡재가 없으면 반드시 득남할 것이다.
만일 목성木姓을 가까이하면 재물을 잃고 구설이 따른다.

7月
술집에 가지 마라. 반드시 재물을 잃는다.
매사에 실패하니 도처에서 손해를 본다.
서쪽 사람을 가까이하지 마라. 말은 그럴 듯하나 일은 어긴다.

8月
우연한 재물이 집으로 들어온다.
동으로 달리고 서로 달리니 반드시 바쁠 운수다.
시비를 가까이하지 마라. 구설을 면하지 못한다.

9月
작은 풀은 봄을 만나고 연꽃은 가을을 만난다.
만일 경사가 아니면 천금을 얻는다.
일을 끝맺지 못했으니 고단함을 어찌할까.

10月
산새가 집을 잃고 공연히 중천을 날아다닌다.
가정이 불안한데 다시 풍파가 몰아친다.
만일 목성木姓을 가까이하면 재물을 잃고 구설이 따른다.

11月
문을 나서면 불리하니 차라리 집에 있느니만 못하다.
송사에 참여하지 마라 손해만 있고 이익은 없다
만일 질병이 아니면 재물을 잃을까 두렵다.

12月
옛 것을 버리고 새 것을 좇으니 반드시 길한 일이 있다.
가만히 있으면 불리하고 움직이면 이익을 얻는다.
큰 재물은 바라기 어려우나 작은 재물은 얻는다.

운명을 바꾸는 월운 활용

	1월	2월	3월	4월	5월	6월
좋은 방향	북동쪽	남쪽	동쪽	남동쪽	서쪽	북쪽
좋은 색상	초록색	자주색	베이지색	빨간색	분홍색	다홍색
좋은 장소	바닷가	묵요리집	모래사장	단란주점	휴양림	빈대떡음식점
좋은 성씨	ㅁ, ㅂ, ㅍ	ㄱ, ㅋ	ㅅ, ㅈ, ㅊ	ㅇ, ㅎ	ㄴ, ㄷ, ㅌ, ㄹ	ㅅ, ㅈ, ㅊ
좋은 숫자	1, 12	1, 11	4, 5	4, 12	6, 8	4, 8
좋은 날짜	4, 8, 17, 19, 23, 25일	5, 7, 12, 16, 19, 24일	2, 5, 13, 18, 26, 29일	7, 9, 14, 17, 23, 29일	6, 8, 17, 19, 22, 25일	3, 5, 10, 14, 16, 21일
안 좋은 날짜	6, 13, 28일	1, 11, 28일	4, 17, 21일	10, 21, 28일	2, 10, 23일	1, 9, 24일
재물·금전 지수	79	82	93	71	71	96
변화·변동 지수	74	83	95	73	72	98
건강·행복 지수	72	85	95	75	73	95

	7월	8월	9월	10월	11월	12월
좋은 방향	남서쪽	북서쪽	동쪽	서쪽	남쪽	서쪽
좋은 색상	연보라색	초록색	빨간색	군청색	주황색	파란색
좋은 장소	한식당	퓨전음식점	민속촌	목장	야구장	치킨전문점
좋은 성씨	ㄱ, ㅋ	ㄱ, ㅋ	ㅅ, ㅈ, ㅊ	ㅇ, ㅎ	ㅁ, ㅂ, ㅍ	ㄴ, ㄷ, ㅌ, ㄹ
좋은 숫자	5, 9	6, 9	8, 9	4, 9	2, 12	1, 8
좋은 날짜	3, 6, 13, 16, 23, 28일	3, 6, 15, 18, 24, 28일	4, 7, 13, 22, 25, 28일	2, 4, 13, 15, 21, 25일	2, 8, 13, 16, 21, 27일	5, 9, 13, 18, 25, 29일
안 좋은 날짜	4, 10, 22일	7, 19, 27일	6, 18, 29일	5, 12, 24일	1, 22, 29일	7, 21, 28일
재물·금전 지수	73	84	88	75	71	97
변화·변동 지수	74	82	85	75	72	92
건강·행복 지수	78	87	86	80	73	95

避險更逢小險之意
피험갱봉소험지의

723

연운

一渡滄波 後津何濟
일 도 창 파 후 진 하 제 　한번 푸른 파도를 건넜으나 뒤에 있는 나루는 어떻게 건널까.

生活之道 去去益甚
생 활 지 도 거 거 익 심 　살아갈 길이 갈수록 어려워진다.

事多未決 必多煩憫
사 다 미 결 필 다 번 민 　일을 끝맺지 못한 것이 많으니 반드시 번민이 많아진다.

家有良妻 大禍不侵
가 유 양 처 대 화 불 침 　집에 어진 아내가 있으면 큰 재앙이 없다.

一身困苦 貴人扶助
일 신 곤 고 귀 인 부 조 　일신이 힘드나 귀인이 도와준다.

雖有辛苦 晩得良人
수 유 신 고 만 득 양 인 　비록 고생은 하나 늦게 어진 사람을 만난다.

露濕荷葉 圓轉可愛
노 습 하 엽 원 전 가 애 　연잎에 둥글게 맺힌 이슬이 사랑스럽다.

東阡西陌 芳草如姻
동 천 서 맥 방 초 여 인 　동서 양쪽 언덕에 꽃들이 연기처럼 피어난다.

事與心違 財福不遂
사 여 심 위 재 복 불 수 　하는 일이 마음대로 안 되니 재물복이 따르지 않는다.

성인의 연운 활용

금전·명예	꼭 필요한 돈조차 회전되지 않아 사방이 벽으로 막혀 있는 기분이다.
사업·창업	계획한 일이 틀어지고 원하는 바를 이루지 못한다. 현상유지만 해도 다행인 운이다.
주식·투자	아직은 주식운이 좋지 않다. 이런 시기에 주식에 손대면 패가망신한다.
시험·취직	수험생은 한 단계 낮추어 응시해야 합격한다. 실업자는 취직이 매우 힘들고 직장인은 자리보전이 먼저다.
당선·소원	당선은 시기가 좋지 않으니 다음으로 미룬다. 소원을 이루려면 운도 따라야 하지만 노력이 우선이다.
이사·매매	남의 눈을 신경 쓰다 엉뚱한 곳으로 이사할 수 있으니 주의한다. 매매는 모두 성사되어 이익을 본다.
건강·사고	향락에 빠져들면 건강에 치명적이니 절대로 유혹에 넘어가면 안 된다.
애정·결혼	의사소통에 문제가 있다. 애인이나 배우자가 있는데도 다른 사람을 만날 조짐이 있다. 또한 사소한 일로 자주 갈등이 생길 수 있고 심하면 이별할 수 있으니 사소한 실수는 눈감아주는 이해와 배려가 필요하다.
소송·다툼	소송으로 금전적 어려움이 생긴다. 소송이 발생하면 타협하는 것이 손해를 막는 길이다.

신세대의 연운 활용

연애·사랑	욕심 때문에 진실을 왜곡하기 쉬우니 잠시 냉각기를 가진다. 나이차가 많은 연인은 애정이 더욱 두터워진다. 지금 연인이 미래의 배필이 될 가능성이 크니 한눈팔지 말고 성실해야 한다.
시험·취직	시험이나 취직은 남보다 더욱 노력해야 가능하다. 구설수에 휘말릴 수 있어 승진은 불가능하다.
건강·사고	이상한 병에 걸리거나 장기간 치료가 불가피할 수 있으니 주의한다.
금전·행운	작은 금전이라도 감사하게 생각해야 한다. 무리한 욕심이 화를 부른다.
소원·성취	아주 작은 소원은 이루어지지만 너무 욕심을 부리면 어려움이 닥친다.

운명을 바꾸는 연운 활용

좋은 방향	남동쪽
좋은 색상	다홍색
좋은 장소	산
좋은 성씨	ㅇ, ㅎ
좋은 숫자	8, 12

숫자로 보는 연운 활용

	좋은 달	보통 달	나쁜 달
금전·투자	1, 8월	7, 10월	6, 9월
변화·변동	1, 11월	4, 10월	9, 12월
연애·사랑	8, 11월	4, 5월	3, 12월
건강·소송	1, 11월	2, 7월	3, 6월

723

월운

몸은 동쪽에서 왕성하고 재물은 남쪽에서 왕성하다.
귀인이 도우니 반드시 재물을 얻는다.
흉한 중에 길함이 있으니 손해를 본 자가 도리어 유익하다.

돌을 쪼아 옥을 보고 우물을 파서 물을 얻는다.
만일 성공하지 않으면 도리어 재물을 잃는다.
때를 잃으면 한탄하게 된다.

삼월과 사월에는 기쁨과 근심이 서로 뒤섞인다.
만일 우환이 없으면 다른 사람의 도움으로 재물을 얻는다.
시비를 가까이하지 마라. 관액官厄이 두렵다.

기쁜 중에 근심이 있으니 한번은 눈물을 흘린다.
인연이 길하여 꽃 같은 여인을 만난다.
서로 다투지 마라. 시비와 구설이 따른다.

서쪽 사람을 가까이하지 마라. 재물 때문에 마음이 상한다.
만일 이와 같지 않으면 반드시 구설이 있다.
동쪽의 귀인이 뜻밖에 도와준다.

한 번 기쁘고 한 번 슬프니 기쁨과 근심이 서로 교차한다.
화성火姓을 가까이하지 마라. 까닭 없이 비방을 듣는다.
남쪽에 가지 마라. 횡액이 있을까 두렵다.

만일 귀인을 만나면 뜻밖에 성공한다.
토성土姓이 해로우니 해롭기만 하고 이익은 없다.
만일 재물을 잃지 않으면 해가 있을 것이다.

뜰 앞에 핀 난초여, 그 향기가 무척 아름답다.
재물과 이익이 항상 있으니 이름을 사방에 떨친다.
재물이 넉넉하고 몸이 편하니 이 밖에 또 무엇을 바랄까.

귀인을 만나지 못하니 일을 끝맺지 못한다.
서쪽에 가까이 가지 마라. 재물을 잃고 불리하다.
결정하려다 결정하지 못하고 마음만 상한다.

혹 아내에게 근심이 생길 수 있으나 몸에는 해가 없다.
집에 경사가 있으니 곧 자손을 볼 경사다.
주색을 가까이하지 마라. 혹 횡액이 따를까 두렵다.

청산의 송백松栢은 항상 그 절개를 지킨다.
정성으로 노력하니 반드시 성공한다.
미리 기도하라. 혹 질병이 생길 수 있다.

바위 위 푸른 소나무가 울창하고 청청하다.
운수가 형통하니 좋은 사람을 만나게 된다.
금년의 운수는 상업이 불리하다.

운명을 바꾸는 **월운** 활용

	1월	2월	3월	4월	5월	6월
좋은 방향	동쪽	북동쪽	동쪽	남서쪽	동쪽	북동쪽
좋은 색상	노란색	남청색	회색	연두색	보라색	자주색
좋은 장소	떡전문점	기념관	PC방	갈비음식점	호수	파전음식점
좋은 성씨	ㄱ, ㅋ	ㅅ, ㅈ, ㅊ	ㅇ, ㅎ	ㅁ, ㅂ, ㅍ	ㄴ, ㄷ, ㅌ, ㄹ	ㄴ, ㄷ, ㅌ, ㄹ
좋은 숫자	1, 4	2, 9	2, 8	1, 9	2, 11	6, 7
좋은 날짜	3, 15, 17, 24, 26, 28일	4, 6, 12, 15, 18, 25일	2, 8, 13, 20, 23, 29일	5, 7, 18, 21, 22, 28일	3, 12, 17, 24, 26, 29일	4, 9, 12, 15, 22, 29일
안 좋은 날짜	4, 21, 27일	5, 13, 21일	3, 9, 24일	8, 20, 29일	4, 13, 22일	5, 14, 21일
재물·금전 지수	92	81	73	84	86	79
변화·변동 지수	94	82	76	82	81	74
건강·행복 지수	95	83	75	83	88	75

	7월	8월	9월	10월	11월	12월
좋은 방향	북쪽	남쪽	남동쪽	동쪽	북서쪽	서쪽
좋은 색상	적갈색	연보라색	고동색	베이지색	하얀색	금색
좋은 장소	축구장	냉면전문점	민속주점	레스토랑	아이스크림가게	매점
좋은 성씨	ㄴ, ㄷ, ㅌ, ㄹ	ㅅ, ㅈ, ㅊ	ㄱ, ㅋ	ㅇ, ㅎ	ㅁ, ㅂ, ㅍ	ㄱ, ㅋ
좋은 숫자	5, 8	5, 7	4, 11	6, 11	3, 12	1, 5
좋은 날짜	7, 11, 18, 22, 23, 29일	4, 9, 13, 15, 23, 28일	3, 8, 15, 17, 22, 28일	5, 10, 13, 15, 23, 27일	7, 9, 15, 18, 25, 26일	2, 12, 16, 23, 24, 27일
안 좋은 날짜	9, 13, 28일	8, 10, 22일	7, 13, 18일	9, 11, 24일	14, 17, 24일	3, 6, 22일
재물·금전 지수	87	93	74	84	97	71
변화·변동 지수	84	94	75	85	96	74
건강·행복 지수	83	92	73	83	95	73

731 有通達之意
유 통 달 지 의

연운

編踏帝城 千門共開
편답제성 천문공개 임금이 있는 성을 두루 다니니 천 개의 문이 다 열렸다.

吉星隨身 必是登科
길성수신 필시등과 길성이 따르니 반드시 과거에 급제한다.

意外成功 人多稱讚
의외성공 인다칭찬 뜻밖에 성공하니 많은 사람들이 칭찬한다.

今年之數 官祿重重
금년지수 관록중중 금년 운수는 관록이 많이 쌓인다.

春風和暢 萬花弄春
춘풍화창 만화롱춘 봄바람이 화창하니 온갖 꽃들이 봄을 즐긴다.

運數亨通 百事如意
운수형통 백사여의 운수가 형통하니 모든 일이 뜻대로 된다.

長安三月 春色如錦
장안삼월 춘색여금 장안 삼월에 봄빛이 비단 같다.

以羊易牛 得失可知
이양역우 득실가지 양을 주고 소를 바꾸니 가히 그 득실을 알 수 있다.

偶然西去 意外橫財
우연서거 의외횡재 우연히 서쪽으로 가서 뜻밖에 횡재한다.

성인의 연운 활용

금전 · 명예	재물이 풍족하게 쌓여간다. 금전도 원하는 만큼 들어오니 생활에 여유가 있다.
사업 · 창업	경영하는 일은 귀인이 도와주니 걱정하지 않고 추진한다.
주식 · 투자	주식투자는 그 동안 잃었던 것을 한꺼번에 회복하는 기회가 생긴다.
시험 · 취직	뜻밖의 합격 소식을 듣고 이름을 알린다. 직장인은 상사에게 실력을 인정받고 승진이나 특진을 하게 된다.
당선 · 소원	선거에 당선되어 세상에 이름을 떨친다. 어떤 소원이든 평소에 바라던 소원을 이룬다.
이사 · 매매	이사운이 좋으니 이전의 집보다 확장해서 이사한다. 매매는 의외로 쉽게 성사되니 걱정할 것이 없다.
건강 · 사고	심신은 피곤하지만 건강에는 이상이 없다. 피로만 풀면 걱정할 것이 없다.
애정 · 결혼	지금 애인보다 더 마음에 드는 이성이 나타나지만 딴 마음을 두면 모두 잃을 수 있으니 현명하게 처신한다. 정직하고 성실하게 대하면 사랑을 이룰 수 있다. 당신의 정성이 상대를 감동시켜 결혼에 이른다.
소송 · 다툼	소송이 발생하면 주위에 도움을 청하라. 그러면 쉽게 해결된다.

신세대의 연운 활용

연애 · 사랑	처음에는 좋지만 만날수록 싫증난다. 상대의 겉모습에 치중하면 진정한 사랑을 이루기 어렵다. 여자는 수많은 구애자 중에서 좋아하는 사람과 약혼이나 결혼을 한다. 단, 삼각관계를 주의한다.
시험 · 취직	공부가 부족하니 서둘지 마라. 큰 시험은 어렵고 일반직은 가능하다. 직장인은 그 동안의 노력으로 승진한다.
건강 · 사고	크게 걱정할 것은 없지만 미리 신경 써야 위험한 상황이 발생하지 않는다.
금전 · 행운	하늘에서 부귀가 쏟아지는 형상이다. 가는 곳마다 재물이 쌓인다.
소원 · 성취	소원을 이루기 위해 도와주는 사람들이 많으니 잘 상의한다.

운명을 바꾸는 연운 활용

좋은 방향	서쪽
좋은 색상	베이지색
좋은 장소	버스
좋은 성씨	ㅇ, ㅎ
좋은 숫자	7, 10

숫자로 보는 연운 활용

	좋은 달	보통 달	나쁜 달
금전 · 투자	2, 3월	6, 9월	8, 12월
변화 · 변동	2, 11월	9, 10월	4, 7월
연애 · 사랑	2, 11월	5, 6월	7, 8월
건강 · 소송	1, 11월	5, 9월	4, 7월

731 월운

고국에 봄이 돌아오니 온갖 꽃이 활짝 피었다.
재록財祿이 풍부하니 모든 일을 쉽게 이룬다.
집안에 경사가 생기고 소망이 뜻대로 이루어진다.

길성吉星이 도우니 가히 공명을 얻을 것이다.
동남 양쪽에서 귀인이 와서 돕는다.
하늘이 돕고 귀신이 도우니 반드시 기쁜 일이 있다.

만일 관록官祿이 아니면 장삿길에서 재물을 얻는다.
재수가 형통하니 나날이 천금을 얻는다.
하루 아침에 공을 세우니 금과 옥이 집에 가득하다.

성심으로 정성을 드리고 움직이면 허물이 없다.
만일 재물을 얻지 않으면 도리어 화를 당한다.
금성金姓이 해를 끼치니 많은 재물을 잃는다.

집을 지키면 길하고 멀리 나가면 불리하다.
동남 양쪽으로 길을 떠나면 불리하다.
만일 귀인을 만나면 임금의 은혜를 얻는다.

모든 시냇물이 바다로 흘러드니 작은 것을 쌓아 큰 것을 이룬다.
뜻밖에 귀인이 우연히 와서 도와준다.
만일 직업을 바꾸지 않으면 한때 곤란을 당한다.

보고도 먹지 못하니 좋은 일에 마가 많다.
새 두 마리가 집을 다투니 누가 승부를 알겠는가.
비밀스러운 일을 그 누가 알겠는가.

만일 여자를 가까이하면 구설을 면하지 못한다.
만일 관록官祿이 아니면 아들을 얻을 경사다.
화성火姓을 가까이하지 마라. 반드시 그 해를 당한다.

꽃이 지고 봄이 가니 벌과 나비가 오지 않는다.
구해도 얻지 못하니 분수를 지키는 것이 가장 길하다.
만일 함부로 행동하면 후회만 하고 유익함이 없다.

꽃이 져도 열매가 없으니 형상만 있고 그림자가 없는 격이다.
처음에는 흉하고 뒤에는 길하니 복록福祿이 저절로 온다.
만일 이사를 하지 않으면 한번은 멀리 나간다.

뜻밖의 재물이 집으로 들어온다.
농사나 장사가 길하니 우연히 재물을 얻는다.
만일 구설이 아니면 혹 관재官災가 있다.

모든 일을 조심하라. 신상이 위태롭다.
친한 사람을 믿지 마라. 은혜가 도리어 원수가 된다.
서쪽에 가지 마라. 우연히 원수를 만난다.

운명을 바꾸는 월운 활용

	1월	2월	3월	4월	5월	6월
좋은 방향	북동쪽	남동쪽	남서쪽	북쪽	서쪽	동쪽
좋은 색상	은색	다홍색	노란색	녹색	밤색	감색
좋은 장소	당구장	백화점	만두전문점	감자탕음식점	칼국수전문점	나이트클럽
좋은 성씨	ㅇ, ㅎ	ㄴ, ㄷ, ㅌ, ㄹ	ㅅ, ㅈ, ㅊ	ㄱ, ㅋ	ㄴ, ㄷ, ㅌ, ㄹ	ㅅ, ㅈ, ㅊ
좋은 숫자	2, 4	2, 6	5, 11	3, 11	4, 6	3, 10
좋은 날짜	2, 10, 12, 18, 20, 27일	4, 9, 14, 22, 26, 27일	2, 9, 11, 14, 20, 27일	5, 11, 14, 21, 24, 28일	9, 13, 15, 19, 23, 26일	5, 8, 15, 21, 22, 26일
안 좋은 날짜	8, 13, 17일	8, 13, 15일	10, 12, 23일	7, 9, 16일	7, 18, 27일	18, 19, 24일
재물·금전 지수	93	94	92	73	83	84
변화·변동 지수	92	96	93	75	82	89
건강·행복 지수	91	90	95	76	80	86

	7월	8월	9월	10월	11월	12월
좋은 방향	남쪽	남동쪽	북서쪽	북쪽	북동쪽	북쪽
좋은 색상	빨간색	검은색	초록색	청록색	회색	연보라색
좋은 장소	오락실	청국장식당	순대음식점	시골길	주택가	와인전문점
좋은 성씨	ㅇ, ㅎ	ㅁ, ㅂ, ㅍ	ㅁ, ㅂ, ㅍ	ㄴ, ㄷ, ㅌ, ㄹ	ㄱ, ㅋ	ㄱ, ㅋ
좋은 숫자	3, 9	4, 7	1, 3	9, 11	7, 12	7, 11
좋은 날짜	2, 9, 12, 18, 25, 27일	5, 8, 13, 17, 23, 29일	4, 9, 12, 17, 20, 27일	4, 14, 17, 22, 23, 26일	2, 8, 12, 16, 23, 27일	8, 13, 15, 18, 22, 28일
안 좋은 날짜	14, 19, 26일	16, 18, 24일	3, 8, 18일	7, 16, 24일	7, 13, 19일	14, 16, 25일
재물·금전 지수	71	72	84	81	92	71
변화·변동 지수	75	73	83	85	95	72
건강·행복 지수	74	72	85	83	94	70

732 有權威之象
유권위지상

연운

雷門一聲 萬人驚倒
뇌문일성 만인경도 — 우렛소리 한번 크게 울리니 만인이 놀라 넘어진다.

立身揚名 道德文章
입신양명 도덕문장 — 출세하여 이름을 세상에 떨치니 도덕과 문장을 갖추었다.

財星助我 財帛津津
재성조아 재백진진 — 재물운이 들어와 나를 도우니 재백이 끊이지 않는다.

智謀兼全 意氣男兒
지모겸전 의기남아 — 지혜와 꾀를 겸하였으니 뜻을 펴는 남자다.

子孫榮華 福祿綿綿
자손영화 복록면면 — 자손이 영화로우니 복록이 끊이지 않는다.

君之八字 可得功名
군지팔자 가득공명 — 그대의 팔자는 공을 세워 이름을 얻을 운수다.

射虎南山 連貫五中
사호남산 연관오중 — 남산의 호랑이에게 화살을 쏘아 모두 다섯 대를 명중시켰다.

水中之玉 意得出世
수중지옥 의득출세 — 물 속에 잠겼던 옥이 세상 밖으로 나와 빛을 발한다.

良工琢玉 終成美器
양공탁옥 종성미기 — 훌륭한 공인이 옥을 다듬으니 마침내 아름다운 그릇이 된다.

성인의 연운 활용

금전 · 명예	귀인의 도움으로 재물이 풍족해지고 생활에도 여유가 생기고 명예를 얻는다.
사업 · 창업	작은 것을 주고 큰 것을 얻으니 이익이 2배로 남는다.
주식 · 투자	큰 이익은 없지만 작은 이익은 얻는다. 그러나 주식투자는 신중해야 한다.
시험 · 취직	작은 시험은 가능하나 고시나 일류대는 어렵다. 언제나 실력을 쌓는 일을 게을리하지 않는다.
당선 · 소원	당선은 시기도 좋지 않고 기회도 오지 않았으니 때를 기다린다. 소원은 노력만큼 이룰 수 있다.
이사 · 매매	본인이나 가족이 바라는 곳이면 옮겨도 상관 없다. 매매는 별 탈도 없고 이익도 없이 순조롭게 이루어진다.
건강 · 사고	건강의 우려가 전혀 없다. 질병이 있더라도 조기에 발견하여 순조롭게 치료한다.
애정 · 결혼	오랜 짝사랑이 이루어지며 여행에서나 친구의 소개로 좋은 사람을 만날 수 있다. 뜻밖에 먼 곳에서 연인을 만나 주변의 도움으로 혼인까지 이어진다. 부부는 화기애애하다.
소송 · 다툼	그 동안 끌어오던 소송이 무난하게 해결되거나 타협하게 된다.

신세대의 연운 활용

연애 · 사랑	사소한 일이 심각해지는 불길한 운으로 오랜 연인과 다투다 헤어질 수 있으니 자제하고 상대를 배려한다. 결혼상대는 자세히 살펴봐야 한다.
시험 · 취직	열심히 노력하면 하위직이나 일반직은 무난히 합격한다. 직장인은 승진은 어려우나 보직 이동은 가능하다.
건강 · 사고	위험한 곳에만 가지 않으면 건강은 문제될 것이 없다.
금전 · 행운	쥐가 가을걷이가 끝난 창고에 들어간 격이다. 재물이 넘치고 이득이 왕성하니 만사가 두루 평안하다.
소원 · 성취	오랫동안 바라고 기다리던 소원이 이루어진다.

운명을 바꾸는 연운 활용

좋은 방향	남쪽
좋은 색상	적갈색
좋은 장소	시냇가
좋은 성씨	ㅁ, ㅂ, ㅍ
좋은 숫자	6, 8

숫자로 보는 연운 활용

	좋은 달	보통 달	나쁜 달
금전 · 투자	2, 9월	4, 7월	3, 5월
변화 · 변동	1, 2월	7, 12월	3, 6월
연애 · 사랑	2, 9월	4, 7월	5, 8월
건강 · 소송	1, 10월	4, 12월	8, 11월

732

월운

1月 화가 가고 복이 오니 마침내 만사가 형통하게 된다.
미리 정성을 다하면 흉화凶禍가 저절로 사라진다.
남쪽에서 사람이 와서 우연히 도와준다.

2月 만일 이사를 하면 반드시 길한 일이 있다.
비리를 탐하지 마라. 반드시 큰 재물을 얻는다.
만일 재물을 얻지 않으면 반드시 아름다운 사람을 만난다.

3月 다른 사람과 함께하는 일은 반드시 불리하다.
위아래가 서로 부딪치니 악한 사람을 조심한다.
재물이 서쪽에 있으니 애써 구하면 조금은 얻는다.

4月 경솔한 말을 하지 마라. 좋은 일에 해가 있다.
재물을 잃을 수 있으니 북쪽에 가지 마라.
만일 재물을 얻지 않으면 반드시 혼인을 할 운수다.

5月 만일 잘 다스려 막지 않으면 집안에 큰 액이 들어온다.
악귀가 해를 끼치니 송사와 구설이 따른다.
친한 사람을 가까이하지 마라. 길한 속에 흉함이 있다.

6月 금성金姓이 해로우니 가까이하지 않고 멀리한다.
함부로 행동하지 마라. 꾀하는 일이 불리하다.
빨리 하려고 하나 하지 못하니 이를 어찌할까.

7月 흉한 것이 가고 복이 오니 집안이 화평하다.
소망이 이루어지니 반드시 집안을 일으킨다.
집에 있으면 이익이 없으니 문을 나서서 구한다.

8月 화성火姓이 불리하니 상종하지 마라.
횡액이 우려되지만 기도하면 면할 수 있다.
이 달의 운수는 흉은 많고 길은 적다.

9月 오랜 가뭄에 초목이 단비를 만나니 기쁘다.
다행히 길한 운을 만나니 명성과 이익을 얻는다.
작은 것을 구하다 큰 것을 얻으니 기쁨이 가정에 가득하다.

10月 다행히 귀인을 만나서 반드시 공명을 얻는다.
만일 과거에 급제하지 않으면 반드시 큰 재물을 얻는다.
재물이 길 위에 있으니 길을 떠나면 얻을 수 있다.

11月 옛 것을 지키고 안정하라. 함부로 움직이면 패한다.
만일 구설이 없으면 관재官災가 두렵다.
처음에는 잃고 뒤에 얻으니 일이 안전하다.

12月 모든 일이 뜻대로 되니 힘든 일은 다 지나가고 즐거운 일이 생긴다.
친한 사람을 가까이하지 마라. 은혜가 도리어 원수가 되어 돌아온다.
만일 여색을 가까이하면 반드시 재물을 잃는다.

운명을 바꾸는 월운 활용

	1월	2월	3월	4월	5월	6월
좋은 방향	남쪽	동쪽	서쪽	남서쪽	남쪽	남서쪽
좋은 색상	주황색	옥색	노란색	하얀색	주황색	연두색
좋은 장소	갈비탕음식점	주차장	라면전문점	꽃집	찜질방	샌드위치가게
좋은 성씨	ㅅ, ㅈ, ㅊ	ㄱ, ㅋ	ㅇ, ㅎ	ㅁ, ㅂ, ㅍ	ㄴ, ㄷ, ㅌ, ㄹ	ㄴ, ㄷ, ㅌ, ㄹ
좋은 숫자	6, 10	1, 2	7, 10	7, 9	2, 5	1, 8
좋은 날짜	4, 7, 14, 18, 21, 28일	2, 9, 12, 17, 24, 28일	8, 15, 16, 25, 27, 28일	8, 10, 16, 20, 22, 27일	6, 10, 12, 24, 25, 27일	2, 8, 15, 22, 25, 28일
안 좋은 날짜	3, 17, 24일	8, 13, 18일	3, 14, 18일	7, 14, 15일	19, 20, 23일	14, 16, 18일
재물·금전 지수	97	96	76	84	73	78
변화·변동 지수	95	92	74	82	73	74
건강·행복 지수	93	90	76	83	77	73

	7월	8월	9월	10월	11월	12월
좋은 방향	북쪽	남동쪽	북서쪽	동쪽	북동쪽	남쪽
좋은 색상	자주색	파란색	적갈색	고동색	연보라색	귤색
좋은 장소	레스토랑	한적한 시외	시냇가	놀이터	상가	장어음식점
좋은 성씨	ㅅ, ㅈ, ㅊ	ㅇ, ㅎ	ㅁ, ㅂ, ㅍ	ㄱ, ㅋ	ㄴ, ㄷ, ㅌ, ㄹ	ㄱ, ㅋ
좋은 숫자	2, 4	1, 5	8, 12	1, 6	2, 8	9, 10
좋은 날짜	5, 9, 17, 22, 23, 28일	8, 14, 20, 22, 25, 27일	1, 10, 14, 15, 23, 28일	8, 14, 16, 23, 24, 29일	3, 12, 16, 22, 23, 28일	3, 6, 12, 21, 24, 27일
안 좋은 날짜	3, 16, 20일	6, 7, 26일	11, 13, 18일	7, 13, 19일	2, 5, 13일	1, 19, 29일
재물·금전 지수	85	73	98	92	78	80
변화·변동 지수	85	75	91	95	77	85
건강·행복 지수	85	76	93	98	75	86

연운

有變化之象
유 변 화 지 상

魚變成龍 造化不測
어 변 성 룡 조 화 불 측　물고기가 변하여 용이 되니 조화를 알 수 없다.

水滿淸江 魚遊深水
수 만 청 강 어 유 심 수　강에 맑은 물이 가득하니 물고기가 깊은 물에서 논다.

三春之數 必有喜事
삼 춘 지 수 필 유 희 사　봄 석 달의 운수는 반드시 기쁜 일이 있다.

三夏之數 所望如意
삼 하 지 수 소 망 여 의　여름 석 달의 운수는 바라는 일이 뜻대로 된다.

三秋之數 食祿陳陳
삼 추 지 수 식 록 진 진　가을 석 달의 운수는 식록이 끊이지 않는다.

與人同事 事多心違
여 인 동 사 사 다 심 위　남과 더불어 함께 일하면 어긋나는 일이 많다.

雲龍風虎 名從其類
운 룡 풍 호 명 종 기 류　구름은 용을 좇고 바람은 호랑이를 좇으니 각자의 무리를 따른다.

三月城頭 花發弄春
삼 월 성 두 화 발 롱 춘　삼월이 되니 성 머리에 꽃이 피어 봄을 즐긴다.

兩兩白鷗 自去自來
양 양 백 구 자 거 자 래　쌍쌍의 흰 갈매기가 자유롭게 오간다.

성인의 연운 활용

금전 · 명예	오랜만에 재물운이 왕성하다. 금전적 여유가 생기니 생활에 걱정이 없다.
사업 · 창업	반드시 경사가 있다. 사업운도 왕성하여 나날이 발전하고 번창한다.
주식 · 투자	신중하게 투자하면 이익을 볼 수 있다.
시험 · 취직	시험운이 매우 좋으니 한 단계 높여서 응시해도 합격 가능하다. 원하는 직장을 얻고 직장인은 승진한다.
당선 · 소원	당선은 지금보다 더 노력해야 가능하다. 정성에 감동하여 운이 돌아오니 작은 소원은 이룰 수 있다.
이사 · 매매	이사운은 어느 곳으로 움직여도 괜찮다. 매매는 성사되더라도 약간의 손해가 따르니 다음으로 미룬다.
건강 · 사고	건강도 걱정할 것이 없다. 하고자 하는 의욕이 넘친다.
애정 · 결혼	상대가 문을 열고 기다리니 용기를 내라. 새로운 연인과 즐거운 시간을 보내고 결혼까지 이른다.
소송 · 다툼	별다른 문제 없이 소송이 해결된다.

신세대의 연운 활용

연애 · 사랑	일신이 편안하니 가정이 화목하고 부부 금실이 좋아진다. 연인과의 사랑도 더욱 두터워진다.
시험 · 취직	노력하면 큰 시험을 제외하고는 모두 합격 가능하다. 직장인은 승진하고 구직자는 취직한다.
건강 · 사고	피곤을 느끼지만 무리하지만 않으면 건강은 걱정하지 않아도 된다.
금전 · 행운	꾸준한 수입이 보장되고 적지 않은 재물이 들어온다. 귀인을 만나면 횡재도 가능하다.
소원 · 성취	원하던 소원이 대부분 이루어지니 기대해도 좋다.

운명을 바꾸는 연운 활용

좋은 방향	북동쪽
좋은 색상	고동색
좋은 장소	강가
좋은 성씨	ㅇ, ㅎ
좋은 숫자	2, 5

숫자로 보는 연운 활용

	좋은 달	보통 달	나쁜 달
금전 · 투자	3, 10월	8, 11월	4, 7월
변화 · 변동	5, 10월	2, 8월	7, 9월
연애 · 사랑	1, 12월	2, 11월	4, 7월
건강 · 소송	6, 12월	2, 8월	4, 9월

월운

청룡이 구슬을 얻었으니 반드시 경사가 있다.
명령에 권위가 있으니 필시 높은 관리다.
머리에 계수나무꽃을 꽂고 관문에 출입한다.

운수가 대길하고 재수가 흥왕하다.
꽃이 지고 열매를 맺으니 반드시 득남한다.
귀인이 항상 도우니 재물이 산처럼 쌓인다.

뜻밖에 성공하니 가도家道가 흥왕해진다.
만일 영귀하지 않으면 가히 천금을 얻는다.
도가 높고 이름이 이로우니 그 명성을 사방에 떨친다.

도처에 권리가 있으니 어진 소리가 멀리 퍼진다.
타인과 다투지 마라. 구설로 불리하다.
토성土姓이 불리하니 가까이하지 마라.

동쪽 뜰의 복숭아나무가 봄을 만나 꽃 피었다.
오곡이 곳간에 가득하니 식록食祿이 끊이지 않는다.
재성財星이 몸을 비추니 하는 일이 뜻대로 이루어진다.

물고기와 용이 물을 얻었으니 반드시 경사가 있다.
가족이 화목하니 소원을 성취한다.
운수가 형통하니 모든 일이 순조롭다.

천신天神이 도우니 수복壽福이 끊이지 않는다.
재물은 남쪽에서 왕성하고 이익은 논밭에 있다.
동서 양쪽에 반드시 기쁜 일이 있다.

재물도 있고 권리도 있으니 곳곳마다 봄바람이 분다.
우물의 물고기가 바다에 나가니 의기양양하다.
운수는 대길하나 혹 아내에게 근심이 생길 수 있다.

만일 과거에 급제하지 않으면 슬하에 영화가 있다.
귀인이 와서 도우니 공을 세우고 이름을 얻는다.
만일 이와 같지 않으면 상복을 입는 것을 면하기 어렵다.

논밭의 온갖 곡식이 열매를 맺는다.
입신양명하니 하는 일마다 뜻대로 이루어진다.
가도家道가 왕성하니 명성을 세상에 떨친다.

수산물로 반드시 큰 재물을 얻는다.
때를 잃으면 도리어 손해를 본다.
재물운이 들어오니 가히 천금을 얻는다.

창 밖의 붉은 복숭아가 때를 만나니 그 빛이 새롭다.
십년 동안 열심히 노력한 것은 하루의 영화를 위해서이다.
재록財祿이 왕성하고 자손에게 영화가 있다.

운명을 바꾸는 월운 활용

	1월	2월	3월	4월	5월	6월
좋은 방향	북쪽	서쪽	남서쪽	북서쪽	남동쪽	서쪽
좋은 색상	다홍색	군청색	감색	베이지색	검은색	하늘색
좋은 장소	버섯음식점	목욕탕	산	낙지음식점	은행	놀이공원
좋은 성씨	ㄱ, ㅋ	ㅅ, ㅈ, ㅊ	ㅁ, ㅂ, ㅍ	ㄱ, ㅋ	ㄱ, ㅋ	ㅅ, ㅈ, ㅊ
좋은 숫자	8, 11	2, 11	3, 4	1, 9	2, 9	3, 6
좋은 날짜	5, 8, 12, 15, 21, 25일	3, 12, 17, 22, 25, 29일	4, 8, 14, 19, 24, 27일	5, 8, 13, 19, 21, 25일	2, 4, 8, 12, 17, 23일	8, 9, 15, 19, 22, 27일
안 좋은 날짜	6, 13, 18일	4, 16, 26일	3, 15, 16일	7, 14, 15일	10, 18, 22일	12, 16, 21일
재물·금전 지수	96	83	95	73	93	98
변화·변동 지수	94	86	90	70	94	92
건강·행복 지수	98	89	92	75	95	97

	7월	8월	9월	10월	11월	12월
좋은 방향	남쪽	동쪽	남쪽	북쪽	북동쪽	북서쪽
좋은 색상	주황색	황갈색	하얀색	적갈색	회색	연분홍색
좋은 장소	포장마차	추어탕식당	쇼핑몰	도서관	체육관	야외음식점
좋은 성씨	ㄱ, ㅋ	ㄴ, ㄷ, ㅌ, ㄹ	ㅅ, ㅈ, ㅊ	ㅁ, ㅂ, ㅍ	ㄴ, ㄷ, ㅌ, ㄹ	ㄴ, ㄷ, ㅌ, ㄹ
좋은 숫자	1, 11	1, 10	2, 7	3, 8	4, 6	7, 11
좋은 날짜	9, 11, 15, 19, 21, 23일	2, 5, 9, 14, 17, 22일	7, 9, 11, 15, 24, 26일	2, 8, 15, 20, 22, 28일	5, 13, 14, 21, 25, 28일	4, 8, 13, 14, 21, 27일
안 좋은 날짜	14, 16, 18일	3, 8, 15일	18, 23, 25일	6, 7, 21일	7, 16, 23일	7, 24, 26일
재물·금전 지수	71	86	79	93	85	95
변화·변동 지수	73	84	75	91	83	92
건강·행복 지수	75	85	76	92	82	93

741 他處有功之象
타 처 유 공 지 상

연운

六馬交馳 男兒得意
육 마 교 치 남 아 득 의
말 여섯 마리가 번갈아 달리니 사내가 가히 그 뜻을 얻는다.

勤苦之德 必得功名
근 고 지 덕 필 득 공 명
부지런히 고생한 덕에 반드시 공명을 얻는다.

一次有慶 一次有憂
일 차 유 경 일 차 유 우
한 차례 경사가 있고 한 차례 근심이 있다.

在家心亂 出他心違
재 가 심 란 출 타 심 위
집에 있으면 마음이 어지럽고 밖에 나가도 거슬리는 일이 많다.

草綠江邊 牛逢盛草
초 록 강 변 우 봉 성 초
초록 강변에서 소가 우거진 풀을 만난다.

春風來到 百花滿發
춘 풍 래 도 백 화 만 발
봄바람이 와서 머무르니 온갖 꽃이 활짝 핀다.

金冠玉帶 趨拜鳳闕
금 관 옥 대 추 배 봉 궐
금관에 옥대를 두르고 대궐을 향해 절한다.

玉樹芝蘭 共生一處
옥 수 지 란 공 생 일 처
옥나무와 지초 난초가 한곳에서 같이 자란다.

日中則昃 月滿則虧
일 중 즉 측 월 만 즉 휴
해가 중천에 있으면 곧 기울고 달도 차면 스러진다.

성인의 연운 활용

금전·명예	꾸준한 수입이 보장되고 뜻밖의 횡재수가 있으니 기대해보는 것도 좋다.
사업·창업	현재 상태를 지키면 사업은 현상유지가 가능하고 간간이 이익도 생긴다.
주식·투자	그 동안 투자해서 잃었던 재물을 한꺼번에 회복할 수 있는 기회가 온다.
시험·취직	일반직이나 일반대학 시험은 무난히 합격한다. 직장인은 한 부서를 관장하게 되며 특히 교육직이 유리하다.
당선·소원	당선운이 왔으니 출마하면 당선된다. 작은 소원과 큰 소원 모두 귀인의 도움으로 이루어진다.
이사·매매	이사는 매우 순조롭게 진행되고 가옥이나 토지를 늘리게 된다. 매매는 작은 이득을 보고 성사된다.
건강·사고	건강이 양호하니 걱정하지 말고 활동하고 싶은 만큼 움직여도 좋다.
애정·결혼	귀인의 도움으로 서먹했던 연인과 새출발한다. 상대의 마음이 아닌 겉모습만 보면 뒤늦게 후회한다.
소송·다툼	당신의 잘못이 아니므로 소송이 발생하더라도 유리하게 해결된다.

신세대의 연운 활용

연애·사랑	욕심 없이 진실하게 사랑한다. 부부가 서로 한마음이니 가정이 화목하다. 연인과의 관계도 매우 좋아진다.
시험·취직	시험은 실력대로 응시하면 합격하고, 원하는 곳은 아니지만 취직도 가능하다. 직장인은 대변인이나 중간자 역할을 담당하게 된다.
건강·사고	건강은 걱정할 것이 없다. 약간의 피곤함이 있지만 곧 사라진다.
금전·행운	수입과 지출이 원활하게 순환하니 허황된 욕심을 부리거나 과소비만 하지 않으면 금전 걱정이 없다.
소원·성취	과거에 베푼 것이 많은 사람은 소원을 이룰 수 있다.

운명을 바꾸는 연운 활용

좋은 방향	서쪽
좋은 색상	연보라색
좋은 장소	공원
좋은 성씨	ㅅ, ㅈ, ㅊ
좋은 숫자	1, 8

숫자로 보는 연운 활용

	좋은 달	보통 달	나쁜 달
금전·투자	4, 5월	10, 12월	7, 8월
변화·변동	3, 9월	11, 12월	7, 8월
연애·사랑	3, 4월	10, 11월	6, 8월
건강·소송	1, 2, 5월	10, 11월	6, 7월

741

월운

 ❶ 동풍이 불고 가랑비 내리니 복숭아꽃이 핀다.
봄이 화창하고 날이 따뜻하니 만물이 비로소 살아난다.
다행히 은인을 만나면 재록財祿이 곳간에 가득할 것이다.

 ❷ 봄이 되어 꽃이 피니 가히 공명을 세우고 이름을 얻는다.
만일 과거에 급제하지 않으면 슬하에 경사가 있다.
기쁜 소식이 오니 반드시 인연을 만난다.

 ❸ 때 맞춰 비가 내리니 초목이 무성하다.
열심히 일한 덕으로 우연히 성공한다.
재물이 서쪽에 있으니 구하면 얻는다.

 ❹ 목마른 용이 물을 마시니 기쁜 일이 많다.
가정이 안락하니 집안 살림이 흥왕하다.
집안에 경사가 있으니 반드시 아들을 얻는다.

 ❺ 신령이 도우니 관록官祿이 따른다.
가운家運이 크게 통하니 하는 일마다 형통하다.
모든 일을 잘 행하면 반드시 성공한다.

 ❻ 하늘이 돕고 신이 도우니 하는 일이 잘 된다.
파도가 잠잠하고 순풍이 불어오니 배가 잘 간다.
매사를 빨리 진행한다. 더디면 불리하다.

 ❼ 봉황이 새끼를 데리고 가니 그 소리가 즐겁다.
만일 관록官祿을 얻지 않으면 자손이 영귀해진다.
구름이 하늘 위에 있으니 계수나무꽃이 피려고 한다.

 ❽ 산처럼 덕을 쌓으니 큰 복이 저절로 들어온다.
부귀를 누리니 이름을 온 세상에 떨친다.
재록財祿이 끊이지 않으니 기쁜 일이 많다.

 ❾ 문을 열고 복을 들이니 좋은 일이 더 있다.
이익이 논밭에 있으니 동남 양쪽이다.
착한 것을 갖고 악한 것을 피하니 복록福祿이 항상 왕성하다.

 ❿ 황제의 은혜를 입어 금관과 옥대를 저절로 얻는다.
도처에 재물이 있으니 도가 높고 이름이 이롭다.
운수가 대길하니 공을 세우고 이름을 널리 알린다.

 ⓫ 동짓달과 섣달에는 은인이 와서 서로 돕는다.
하는 일은 사람에게 달려 있으니 늦게나마 성사시킨다.
봄이 꽃 사이에 있으니 나비가 향기를 탐하며 노는 것 같다.

 ⓬ 단비가 때를 알아 내리니 온갖 곡식이 풍성하다.
한 번은 상복을 입고 한 번은 경사가 있다.
남의 도움으로 일이 성사되니 반드시 집안을 일으킨다.

운명을 바꾸는 월운 활용

	1월	2월	3월	4월	5월	6월
좋은 방향	동쪽	남서쪽	서쪽	북쪽	남쪽	남동쪽
좋은 색상	보라색	초록색	남청색	밤색	노란색	분홍색
좋은 장소	저수지	생선구이식당	카페	한식당	조개구이식당	일식당
좋은 성씨	ㅁ, ㅂ, ㅍ	ㄱ, ㅋ	ㅅ, ㅈ, ㅊ	ㅇ, ㅎ	ㄴ, ㄷ, ㅌ, ㄹ	ㄱ, ㅋ
좋은 숫자	1, 9	1, 5	1, 3	2, 3	2, 12	4, 5
좋은 날짜	3, 12, 17, 20, 22, 26일	5, 9, 15, 17, 21, 28일	3, 8, 13, 17, 23, 28일	3, 8, 11, 19, 22, 24일	2, 7, 14, 16, 18, 26일	4, 7, 11, 17, 21, 27일
안 좋은 날짜	13, 16, 19일	4, 13, 22일	1, 2, 18일	13, 14, 23일	6, 12, 17일	6, 13, 18일
재물·금전 지수	98	90	95	90	99	79
변화·변동 지수	94	93	94	91	95	74
건강·행복 지수	92	95	93	98	98	73

	7월	8월	9월	10월	11월	12월
좋은 방향	북동쪽	동쪽	남동쪽	북쪽	북서쪽	서쪽
좋은 색상	자주색	초록색	연두색	고동색	옥색	파란색
좋은 장소	매운탕음식점	정류장	공연장	산장	목장	생맥주집
좋은 성씨	ㄴ, ㄷ, ㅌ, ㄹ	ㅁ, ㅂ, ㅍ	ㄱ, ㅋ	ㅅ, ㅈ, ㅊ	ㅇ, ㅎ	ㅁ, ㅂ, ㅍ
좋은 숫자	1, 10	2, 8	3, 7	3, 12	3, 4	2, 11
좋은 날짜	7, 11, 16, 19, 23, 24일	7, 9, 11, 15, 24, 29일	3, 6, 11, 16, 25, 27일	3, 10, 15, 19, 22, 27일	3, 8, 15, 21, 25, 27일	8, 12, 14, 19, 23, 29일
안 좋은 날짜	6, 15, 28일	14, 25, 28일	5, 10, 15일	2, 14, 18일	7, 16, 22일	16, 20, 25일
재물·금전 지수	74	73	93	84	87	83
변화·변동 지수	72	74	94	85	84	86
건강·행복 지수	73	72	92	83	82	82

有吉有益之象
742  연운

前程早辨 榮貴有時
전 정 조 변 영 귀 유 시   앞길을 미리 분별해보건대 영귀함도 때가 있다.

臨江求魚 綠時多魚
임 강 구 어 녹 시 다 어   강에서 물고기를 구하니 마침내 많은 고기를 얻는다.

堀地得金 先困後泰
굴 지 득 금 선 곤 후 태   땅을 파서 금을 얻으니 처음에는 힘들고 나중에는 태평하다.

春日桃花 九月黃菊
춘 일 도 화 구 월 황 국   봄을 만난 복숭아꽃이요 구월에 피는 국화다.

榮貴有時 得時而動
영 귀 유 시 득 시 이 동   영귀함이 때가 있으니 그 때를 기다려 움직인다.

今年之數 自然成福
금 년 지 수 자 연 성 복   금년 운수는 자연히 복을 받는다.

清風明月 我是主人
청 풍 명 월 아 시 주 인   맑은 바람 밝은 달은 내가 바로 주인이다.

兄弟和樂 子孫振振
형 제 화 락 자 손 진 진   형제가 화락하고 자손이 끊어지지 않는다.

東園桃李 一場春夢
동 원 도 리 일 장 춘 몽   동쪽 뜰의 복숭아꽃 자두꽃이 한바탕 봄꿈과 같다.

성인의 연운 활용

금전·명예	많지는 않지만 작은 이익이 있다. 들어오는 것이 있을 때 절약한다.
사업·창업	사업 확장이나 변화를 꾀하기에 가장 좋은 시기다. 계획이 있다면 추진해도 좋다.
주식·투자	꼼꼼하게 살펴보고 투자한다면 적지 않은 이익을 남길 수 있다.
시험·취직	고시나 일류대학은 어려워도 실력에 맞는 곳은 합격 가능하다. 승진은 어려우니 다음 기회를 기다린다.
당선·소원	국회위원 선거에 여유롭게 당선된다. 자신도 모르는 사이에 소원이 이루어진다.
이사·매매	변화와 확장의 기운이 넘쳐나니 이사해도 좋다. 매매도 뜻밖에 쉽게 성사되니 걱정할 것 없다.
건강·사고	오랜 기간 무리하지만 않으면 건강에는 아무 문제가 없을 것이다.
애정·결혼	여행이나 장기간 원행에서 새로운 짝을 만난다. 짝이 없다면 찾아나서라. 부부 금실은 다시 좋아진다.
소송·다툼	오랫동안 힘들게 끌어오던 소송이 이제야 해결된다.

신세대의 연운 활용

연애·사랑	적극적인 모습을 보고 상대가 마음을 연다. 생각보다 큰 사랑을 받고 연인과 결혼까지 이른다.
시험·취직	무리하게 높여 응시하지 않으면 쉽게 합격한다. 직장인은 오랫동안 기다려온 승진 소식을 듣는다.
건강·사고	가족 모두 건강하지만 다들 건강진단을 받아볼 필요가 있다.
금전·행운	안일하게 집에만 있으면 이익이 없지만 활동하고 움직이면 그 만큼 소득이 들어온다.
소원·성취	가장 친한 사람에게 도움을 구하면 소원을 이룰 수 있다.

운명을 바꾸는 연운 활용

좋은 방향	북동쪽
좋은 색상	자주색
좋은 장소	시내 중앙로
좋은 성씨	ㅇ, ㅎ
좋은 숫자	3, 10

숫자로 보는 연운 활용

	좋은 달	보통 달	나쁜 달
금전·투자	1, 7월	3, 4월	6, 10월
변화·변동	5, 8월	3, 4월	6, 12월
연애·사랑	2, 9월	4, 11월	10, 12월
건강·소송	2, 7월	3, 11월	6, 10월

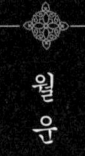

742 월운

① 길성吉星이 몸을 따르니 귀인이 와서 도와준다.
운수가 대길하니 재록財祿이 왕성하다.
서남 양쪽에서 반드시 재물이 왕성하다.

② 봄바람과 밝은 달빛이 이르는 곳마다 꽃들이 만발한다.
이익이 관록官祿에 있으며 작은 것으로 큰 것을 이룬다.
재물과 곡식이 곳간에 가득하니 태평하게 잘 지낸다.

③ 천신天神이 돌보니 일신이 영귀해진다.
동산에 꽃이 피니 벌과 나비가 날아와서 기뻐한다.
친한 사람을 가까이하지 마라. 혹 구설이 있을까 두렵다.

④ 재성財星이 도우니 반드시 큰 재물을 얻는다.
미리 예방하라. 혹 구설이 따를까 두렵다.
금풍金風이 불어오니 금빛 국화가 가득 피어난다.

⑤ 일신이 고명高名하니 영화가 가득하다.
남쪽으로 가면 마땅히 큰 재물을 얻을 수 있다.
밝은 대낮에 금과 옥이 집안에 가득하다.

⑥ 미리 예방하라. 질병이 생길까 두렵다.
주색을 가까이하지 마라. 재물을 잃고 명예를 훼손당한다.
목성木姓을 가까이하지 마라. 재물을 잃고 놀란다.

⑦ 귀인이 서로 도우니 나날이 천금을 더한다.
모든 일이 뜻대로 이루어지니 재백財帛이 풍성하다.
덕을 쌓은 집에는 반드시 좋은 일이 생긴다.

⑧ 청룡이 하늘에 오르니 조화가 무궁하다.
일마다 형통하니 이 밖에 또 무엇을 바라겠는가.
복록福祿이 따르니 세상일이 태평하다.

⑨ 도덕을 갖추니 반드시 행복을 얻는다.
논밭에 재물이 논밭에 왕성하니 서쪽에 가서 구한다.
녹음방초綠陰芳草가 활짝 핀 꽃보다 낫다.

⑩ 용이 밝은 구슬을 얻으니 하는 일마다 뜻대로 된다.
목성木姓을 조심하라. 손해만 있고 이익은 없다.
남의 말을 믿지 마라. 말만 하고 일은 어긴다.

⑪ 만일 혼인이 아니면 반드시 귀한 자녀를 얻는다.
밖에서 재물을 탐하지 마라. 반드시 허황하다.
도둑을 조심하라. 재물을 잃을까 두렵다.

⑫ 사람의 도움으로 일을 이루니 재물과 이익을 얻는다.
만일 직업을 바꾸면 새 직업을 얻기 어렵다.
목성木姓과 친하게 지내지 마라. 반드시 실패한다.

운명을 바꾸는 월운 활용

	1월	2월	3월	4월	5월	6월
좋은 방향	남쪽	동쪽	남서쪽	남쪽	남쪽	북동쪽
좋은 색상	노란색	주황색	적갈색	은색	다홍색	베이지색
좋은 장소	족발음식점	놀이공원	호수	시냇가	영화감상실	체육관
좋은 성씨	ㄴ, ㄷ, ㅌ, ㄹ	ㅇ, ㅎ	ㅁ, ㅂ, ㅍ	ㅅ, ㅈ, ㅊ	ㄴ, ㄷ, ㅌ, ㄹ	ㄱ, ㅋ
좋은 숫자	3, 6	5, 8	3, 8	1, 12	3, 4	2, 5
좋은 날짜	5, 10, 12, 15, 21, 27일	8, 14, 18, 24, 26, 28일	8, 11, 13, 17, 22, 28일	5, 9, 15, 17, 25, 26일	5, 8, 13, 17, 23, 29일	6, 11, 13, 15, 21, 27일
안 좋은 날짜	4, 14, 28일	4, 21, 22일	7, 21, 24일	4, 22, 28일	6, 22, 28일	1, 10, 19일
재물·금전 지수	92	98	89	82	98	75
변화·변동 지수	98	94	84	85	94	78
건강·행복 지수	93	93	82	83	92	77

	7월	8월	9월	10월	11월	12월
좋은 방향	서쪽	남동쪽	서쪽	동쪽	북쪽	남서쪽
좋은 색상	회색	연보라색	자주색	금색	검은색	황토색
좋은 장소	보리밥식당	철판요리집	해장국식당	강	산책로	생과일전문점
좋은 성씨	ㄴ, ㄷ, ㅌ, ㄹ	ㅁ, ㅂ, ㅍ	ㄱ, ㅋ	ㅅ, ㅈ, ㅊ	ㄱ, ㅋ	ㅇ, ㅎ
좋은 숫자	1, 7	5, 10	1, 4	2, 6	3, 5	4, 10
좋은 날짜	6, 9, 15, 17, 23, 29일	7, 12, 15, 20, 23, 28일	2, 7, 19, 21, 25, 26일	5, 8, 11, 14, 21, 27일	5, 8, 16, 20, 22, 28일	5, 9, 11, 18, 22, 26일
안 좋은 날짜	8, 16, 20일	5, 10, 24일	6, 22, 24일	2, 13, 19일	7, 18, 21일	3, 13, 19일
재물·금전 지수	93	92	96	74	81	73
변화·변동 지수	98	95	95	71	83	76
건강·행복 지수	92	95	94	75	85	79

743 先吉後凶之意
선 길 후 흉 지 의

연운

早朝起程 女服何事
조 조 기 정 여 복 하 사
이른 아침에 길을 떠나는데 여자옷이 웬일인가.

若非口舌 家憂奈何
약 비 구 설 가 우 내 하
만일 구설이 아니면 집안에 우환이 있으니 어찌할까.

財星逢吉 外財入門
재 성 봉 길 외 재 입 문
재물운이 길하니 밖에 있는 재물이 들어온다.

今年之數 必有財旺
금 년 지 수 필 유 재 왕
금년 운수는 반드시 재물이 많이 들어온다.

三春之數 別無吉事
삼 춘 지 수 별 무 길 사
봄 석 달의 운은 좋은 일이 별로 없다.

若而欺人 反有其害
약 이 기 인 반 유 기 해
만약 남을 속이면 도리어 손해를 본다.

春雷行雨 草木欣欣
춘 뢰 행 우 초 목 흔 흔
봄에 천둥이 치고 비가 내리니 초목이 기뻐한다.

財數無欠 少有身厄
재 수 무 흠 소 유 신 액
재수에는 흠이 없으나 작은 신액이 있다.

枯旱三月 野無靑草
고 한 삼 월 야 무 청 초
석 달 동안 가물고 메마르니 들판에 푸른 풀이 없다.

성인의 연운 활용

금전 · 명예	열심히 노력하면 금전은 어려움 없이 들어올 것이다.
사업 · 창업	새로운 사업만 피한다면 현상유지 이상은 할 수 있으니 걱정하지 않아도 된다.
주식 · 투자	마음이 가는 곳에 투자하면 반드시 이익을 얻을 것이다.
시험 · 취직	그 동안 실력을 쌓은 사람은 시험에 합격할 수 있다. 직장인은 외근직은 유리하나 내근직은 불리하다.
당선 · 소원	당선은 다음 기회를 기다리는 것이 더 유리하다. 자신을 낮추고 타인에게 부탁하면 작은 소원은 이루어진다.
이사 · 매매	한 곳에 오래 산 사람은 이사로 변화를 꾀하는 것도 좋다. 매매는 순조롭게 진행되고 작은 이익을 본다.
건강 · 사고	잦은 질병치레를 하지만 걱정할 정도는 아니다.
애정 · 결혼	진실한 모습과 능력을 보여준다면 연인과 관계가 좋아지지만 자신을 과대포장하여 보여주면 뒤늦게 후회할 일이 생긴다. 소문에 휘말리지 않는다.
소송 · 다툼	주변 사람과의 관계가 매우 원활하여 소송이나 다툴 일이 없다.

신세대의 연운 활용

연애 · 사랑	좋은 짝과 즐거운 시간을 가진다. 사귀는 사람과 애정이 두터워지고 좋은 상대를 만나 결혼까지 이른다.
시험 · 취직	좋은 성적은 아니지만 원하는 곳에 합격한다. 직장인은 승진하고 실업자는 취직한다.
건강 · 사고	건강은 크게 문제될 것이 없으니 안심하고 활동해도 좋다.
금전 · 행운	수입과 지출이 원만하다. 허황된 욕심으로 과소비만 하지 않으면 걱정이 없다.
소원 · 성취	욕심을 버리고 간절히 원한다면 소원이 이루어진다.

운명을 바꾸는 연운 활용

좋은 방향	북서쪽
좋은 색상	회색
좋은 장소	저수지
좋은 성씨	ㅁ, ㅂ, ㅍ
좋은 숫자	6, 9

숫자로 보는 연운 활용

	좋은 달	보통 달	나쁜 달
금전 · 투자	7, 9월	2, 4월	5, 6월
변화 · 변동	7, 9, 12월	2, 11월	1, 3월
연애 · 사랑	9, 12월	4, 11월	3, 8월
건강 · 소송	7, 9월	2, 11월	6, 8월

월운

청산에 돌아가는 나그네가 길을 잃고 방황한다.
자손에게 병이 있으니 마음이 불안하다.
만일 관재官災가 아니면 구설이 있을까 두렵다.

깊은 산에 사월이 왔는데 봄빛을 보지 못한다.
운수가 불길하니 옛 것을 지키고 안정한다.
속히 하고자 하나 이루지 못하고 혹 실패가 따를 수 있다.

비밀스러운 일은 다른 사람에게 말하지 않는다.
집에 불평이 있으니 가족이 서로 떠난다.
친한 사람을 멀리하라. 도리어 허황하다.

몸이 외지에서 노니 어느 때에 고향에 돌아갈까.
몸을 조심하고 분수를 지킨다. 길한 가운데 화가 있다.
재성財星이 따르니 마침내 재물과 이익을 얻는다.

다른 사람의 말을 듣지 마라. 손해를 면하기 어렵다.
운수가 불리하니 큰 액이 두렵다.
편한 중에 액이 있으니 모든 일을 조심한다.

멀리 있는 것을 구하다 가까운 것을 잃으니 소망을 이루기 어렵다.
만일 재물을 잃지 않으면 상처喪妻를 할 운수다.
남산에 치성을 올리면 이 운수를 면할 수 있다.

서북 양쪽으로는 길을 떠나지 않는다.
산에 올라가 물고기를 구하니 노력해도 얻지 못한다.
사방 가운데 동남쪽이 길하다.

만일 상복을 입지 않으면 재물을 잃는다.
물귀신이 문을 엿보니 강물을 건너지 마라.
모든 일을 이루지 못하니 수심이 가득하다.

악귀가 해를 끼치니 꾀하는 일을 이루기 어렵다.
집안이 불안하니 슬하에 액이 있을까 두렵다.
마음이 어지러우니 세상일이 꿈만 같다.

서쪽 하늘에 해가 지니 산새가 길을 잃는다.
재물을 잃어버릴 수 있으니 도둑을 조심한다.
움직이면 해로우니 집에 있느니만 못하다.

운수가 불길하니 수고를 면하기 어렵다.
목성木姓이 불리하니 가까이하지 마라.
친한 사람을 멀리하라. 우연히 해를 끼친다.

행실을 바로하고 집안을 잘 다스리면 화가 바뀌어 복이 된다.
함부로 집을 짓지 마라. 불리할 운수다.
목성木姓을 조심하라. 뜻밖에 해를 당한다.

운명을 바꾸는 월운 활용

	1월	2월	3월	4월	5월	6월
좋은 방향	남쪽	북서쪽	서쪽	동쪽	북동쪽	북쪽
좋은 색상	청록색	적갈색	고동색	연두색	밤색	보라색
좋은 장소	섬	기념관	시장	등산로	국수전문점	운동장
좋은 성씨	ㄱ, ㅋ	ㅁ, ㅂ, ㅍ	ㅅ, ㅈ, ㅊ	ㄴ, ㄷ, ㅌ, ㄹ	ㄴ, ㄷ, ㅌ, ㄹ	ㅇ, ㅎ
좋은 숫자	3, 9	2, 12	7, 8	6, 8	5, 12	9, 12
좋은 날짜	4, 9, 10, 15, 22, 27일	4, 8, 13, 16, 25, 26일	5, 10, 15, 16, 23, 29일	5, 8, 15, 19, 22, 27일	6, 11, 14, 19, 21, 27일	5, 8, 12, 21, 24, 29일
안 좋은 날짜	6, 14, 26일	1, 17, 28일	9, 13, 26일	4, 21, 26일	9, 12, 22일	7, 13, 27일
재물·금전 지수	76	84	78	83	74	78
변화·변동 지수	74	84	77	80	71	72
건강·행복 지수	74	87	76	86	73	75

	7월	8월	9월	10월	11월	12월
좋은 방향	동쪽	남동쪽	서쪽	남쪽	남서쪽	동쪽
좋은 색상	하늘색	황갈색	베이지색	하얀색	감색	노란색
좋은 장소	토스트가게	공연장	도서관	김밥전문점	독서실	전통찻집
좋은 성씨	ㄱ, ㅋ	ㄴ, ㄷ, ㅌ, ㄹ	ㅇ, ㅎ	ㅁ, ㅂ, ㅍ	ㅅ, ㅈ, ㅊ	ㅅ, ㅈ, ㅊ
좋은 숫자	1, 8	2, 4	1, 12	3, 10	4, 7	5, 6
좋은 날짜	4, 9, 12, 20, 23, 29일	2, 5, 9, 12, 22, 27일	5, 7, 13, 18, 21, 27일	5, 9, 13, 16, 25, 27일	6, 10, 14, 17, 22, 29일	6, 9, 11, 16, 22, 26일
안 좋은 날짜	2, 11, 21일	7, 11, 20일	6, 12, 22일	7, 14, 20일	8, 13, 24일	2, 10, 27일
재물·금전 지수	98	74	95	78	86	93
변화·변동 지수	92	75	90	75	89	94
건강·행복 지수	95	73	95	72	85	95

751 奔走奔忙無所得之意
분주분망무소득지의

연운

三日之程 一日行之
삼 일 지 정 일 일 행 지　사흘 걸리는 길을 하루에 간다.

勿貪虛慾 事多心違
물 탐 허 욕 사 다 심 위　허욕을 탐하지 않는다. 마음에 어긋나는 일이 많다.

若逢貴人 謀事順成
약 봉 귀 인 모 사 순 성　만일 귀인을 만나면 꾀하는 일을 순조롭게 이룬다.

空谷回春 絶處逢生
공 곡 회 춘 절 처 봉 생　빈 골짜기에 봄이 오니 극도의 어려움 끝에 살 길이 생긴다.

初雖困苦 晩時生光
초 수 곤 고 만 시 생 광　처음에는 비록 어려우나 늦게 때를 만나 빛이 난다.

今年之數 奔走之格
금 년 지 수 분 주 지 격　금년 운수는 분주할 운수다.

火炎崑崙 玉石俱焚
화 염 곤 륜 옥 석 구 분　곤륜산에 불이 나니 옥석이 함께 타버린다.

傷弓之鳥 亦驚曲木
상 궁 지 조 역 경 곡 목　화살에 다친 새는 굽은 나무만 보아도 놀란다.

得羊失牛 何有益也
득 양 실 우 하 유 익 야　양을 얻고 소를 잃으니 어느 쪽이 유익하겠는가.

성인의 연운 활용

금전 · 명예	여유도 없는데 금전을 자랑하다 남에게 해를 당한다. 금전운이 좋지 않으니 과소비를 삼가고 저축한다.
사업 · 창업	경영하는 사업이 문서로 인해 어려워질 수 있으니 각별히 주의한다.
주식 · 투자	잘못 판단하여 주식에 투자하니 재물 손실이 발생한다.
시험 · 취직	더욱 노력하고 실력을 쌓아 다음 시험을 대비한다. 승진은 불가능하나 원하는 곳으로 보직이 변경된다.
당선 · 소원	운이 없으니 당선은 매우 힘들다. 소원 역시 이루기 어렵다. 소원을 이루는 데 많은 시간이 걸린다.
이사 · 매매	원하는 곳으로 이사해도 허망함을 느끼게 된다. 매매는 될 듯하다가 안 되니 쉽지 않다.
건강 · 사고	무리한 욕심을 부리다 건강이 매우 악화되니 욕심을 버려야 한다.
애정 · 결혼	여색이나 남색을 조심하라. 상대에게 비밀 또는 다른 사람이 생기거나 자신이 다른 이성에 한눈팔게 된다. 연인끼리 장기간 서먹한 관계가 지속된다. 부부도 사소한 일로 오해를 산다.
소송 · 다툼	가까운 사람일수록 철저하라. 자칫 사소한 시비가 소송으로 발전한다. 작은 실수 하나라도 주의하라.

신세대의 연운 활용

연애 · 사랑	일시적인 만남일 가능성이 크니 이성과의 만남을 자제한다. 이별할 수 있으니 오랜 갈등을 풀어야 한다.
시험 · 취직	시험은 노력대로 안 되니 불리하나 취직은 노력하면 가능하다. 직장인은 자리 지키기에 힘쓴다.
건강 · 사고	언제 질병에 걸릴지 모르니 지금 건강하다고 해서 방심하면 안 된다.
금전 · 행운	현재의 운세는 손해도 이익도 본인에게 달려 있다. 노력한 대로 재물이 생긴다.
소원 · 성취	소원을 이루고 싶은 마음은 크지만 쉽게 이룰 수 없다.

운명을 바꾸는 연운 활용

좋은 방향	동쪽
좋은 색상	검은색
좋은 장소	체육관
좋은 성씨	ㅇ, ㅎ
좋은 숫자	4, 8

숫자로 보는 연운 활용

	좋은 달	보통 달	나쁜 달
금전 · 투자	4, 9, 10월	11, 12월	1, 3월
변화 · 변동	7, 9월	2, 11월	6월
연애 · 사랑	5, 8월	2, 11월	3, 6월
건강 · 소송	4, 10월	2, 12월	1, 3월

751 월운

일을 서두르다 이루지 못하니 나루에 가도 배가 없는 격이다.
분수 밖의 일은 삼가고 행동하지 않는다.
일이 될 것 같다가 되지 않으니 공연히 마음만 상한다.

뜻대로 되는 일이 하나도 없으니 재물을 구한들 유익하지 않다.
동남 양쪽으로 길을 떠나면 불리하다.
만일 재물을 구하고 싶으면 마땅히 서쪽으로 가야 한다.

말을 조심하라. 함부로 말하면 해롭다.
시비를 가까이하지 마라. 관액官厄이 두렵다.
금성金姓을 가까이하지 마라. 재물을 잃게 된다.

물고기와 용이 물을 얻으니 반드시 경사가 있다.
만일 관록官祿이 아니면 횡재할 운수다.
모든 일이 뜻대로 이루어지니 서쪽에 길함이 있다.

운수가 대길하니 기쁜 일이 많고 많다.
만일 공명이 아니면 반드시 귀한 자녀를 낳는다.
분수를 지키며 한가로이 살면 도道의 맛도 점점 깊어진다.

일이 뜻대로 되지 않으니 공연히 한탄만 한다.
바쁘게 이리저리 다니지만 소득이 별로 없다.
여색을 가까이하지 마라. 일이 불리해진다.

만리 먼 길에 갈수록 태산이다.
착하게 살고 악을 멀리해도 신상에 근심이 있다.
부서진 집을 고치니 뒤늦게 빛이 난다.

주색을 가까이하지 마라. 재물에 불리하다.
세월은 기다리지 않고 흐르니 모든 일을 빨리 한다.
재물이 남쪽에 있으니 구하면 얻는다.

하는 일마다 형통하니 이익이 서쪽에 있다.
혹 아내에게 근심이 있을 것이니 미리 예방한다.
봄바람이 이르는 곳에 만물이 다시 살아난다.

만일 관록官祿이 아니면 토지를 더할 것이다.
귀인이 서로 도우니 재록財祿이 끊이지 않는다.
옛 것을 버리고 새 것을 좇으니 작은 것으로 큰 것을 이룬다.

근면하게 노력한 덕으로 뜻밖에 성공한다.
허욕을 탐하지 마라. 도리어 불리하다.
멀리 나가면 불리하고 집에 있으면 길하다.

재앙이 사라지고 복이 오니 집안이 안락하다.
주색을 가까이하지 마라. 재물을 잃을 운수다.
몸도 재물도 왕성하니 즐거움이 그 가운데 있다.

운명을 바꾸는 월운 활용

	1월	2월	3월	4월	5월	6월
좋은 방향	북동쪽	북쪽	남쪽	서쪽	동쪽	북쪽
좋은 색상	주황색	파란색	옥색	군청색	초록색	분홍색
좋은 장소	순두부식당	피자집	삼겹살식당	닭발음식점	수목원	항구
좋은 성씨	ㄴ, ㄷ, ㅌ, ㄹ	ㅇ, ㅎ	ㅁ, ㅂ, ㅍ	ㅅ, ㅈ, ㅊ	ㄱ, ㅋ	ㅁ, ㅂ, ㅍ
좋은 숫자	5, 8	7, 9	6, 9	1, 6	2, 5	8, 12
좋은 날짜	3, 5, 9, 14, 18, 19일	1, 9, 19, 21, 24, 29일	4, 8, 15, 18, 26, 29일	7, 9, 13, 17, 19, 22일	3, 8, 11, 14, 18, 22일	7, 9, 14, 18, 23, 25일
안 좋은 날짜	1, 7, 20일	3, 11, 28일	6, 24, 27일	1, 10, 14일	12, 21, 24일	5, 11, 24일
재물·금전 지수	72	85	74	96	94	76
변화·변동 지수	75	88	78	92	92	75
건강·행복 지수	73	84	77	95	93	76

	7월	8월	9월	10월	11월	12월
좋은 방향	남서쪽	남쪽	서쪽	남쪽	북동쪽	남동쪽
좋은 색상	하얀색	자주색	연보라색	적갈색	상아색	금색
좋은 장소	기차역	스카이라운지	볼링장	해변	수영장	양고기전문점
좋은 성씨	ㅅ, ㅈ, ㅊ	ㄱ, ㅋ	ㄴ, ㄷ, ㅌ, ㄹ	ㄱ, ㅋ	ㄴ, ㄷ, ㅌ, ㄹ	ㅇ, ㅎ
좋은 숫자	3, 11	3, 5	2, 6	6, 8	5, 9	5, 7
좋은 날짜	5, 9, 13, 15, 20, 27일	3, 7, 14, 17, 20, 25일	3, 9, 11, 14, 23, 27일	6, 8, 15, 17, 21, 24일	3, 6, 15, 19, 26, 29일	5, 8, 12, 15, 21, 25일
안 좋은 날짜	2, 24, 26일	5, 13, 21일	7, 18, 24일	9, 13, 23일	10, 20, 23일	19, 22, 29일
재물·금전 지수	94	90	96	94	84	89
변화·변동 지수	92	95	92	92	83	82
건강·행복 지수	90	93	93	92	86	85

有光明之意
유 광 명 지 의

752 연운

天心月光 正照萬里
천심월광 정조만리 — 하늘에 보름달이 뜨니 밝은 빛이 만리를 비춘다.

恒時積德 事多成就
항시적덕 사다성취 — 항상 덕을 쌓으면 많은 일을 이룬다.

或有膝憂 祈禱可免
혹유슬우 기도가면 — 혹 슬하의 근심이 있으나 기도하면 면할 수 있다.

若非生産 家憂間間
약비생산 가우간간 — 만일 자녀의 출산이 아니면 집안에 간간이 우환이 있다.

年運大吉 所望成就
연운대길 소망성취 — 한 해의 운수가 대길하니 소망을 성취한다.

財運旺盛 終得大財
재운왕성 종득대재 — 재물운이 왕성하므로 마침내 큰 재물을 얻는다.

先貧後富 心廣體胖
선빈후부 심광체반 — 처음에는 가난하나 나중에는 부유해지니 마음이 넓어지고 몸이 살찐다.

乘時而動 名半功倍
승시이동 명반공배 — 때를 기다려 움직이니 명성은 반이니 공은 배기 된다.

貴人來助 手弄千金
귀인래조 수롱천금 — 귀인이 와서 도와주니 손으로 천금을 만진다.

성인의 연운 활용

금전·명예	큰 재물이 생기니 집안에 기쁨이 넘친다. 금전이 원활히 들어오니 걱정할 일이 없다.
사업·창업	경제 여건이 악화되어도 사업은 날로 번창하여 금전의 융통이 원활해진다.
주식·투자	잃었던 것의 배를 얻는다. 그러나 욕심이 지나치면 들어왔던 것도 다시 잃는다.
시험·취직	시험운이 매우 좋으니 한 단계 높여 응시해도 좋다. 승진은 원만하게 이루어지고 실업자는 취직한다.
당선·소원	당선은 노력만큼의 결과를 얻는다. 소원은 성취되지만 크지 않은 평범한 소원이다.
이사·매매	그 동안의 노력으로 집을 사거나 확장하여 이사한다. 매매는 큰 이익을 보고 빨리 성사되니 사람이 나타나면 의심하지 말고 계약한다.
건강·사고	기력이 왕성하니 건강에 문제될 것이 전혀 없다. 안심하고 활동한다.
애정·결혼	갈수록 연인과의 만남이 즐거워진다. 짝이 없던 사람도 새로운 인연을 만난다. 부부 사이는 화목하다.
소송·다툼	새로운 소송이 일어나지도 않고 예전에 미루어 오던 소송 또한 쉽게 해결된다.

신세대의 연운 활용

연애·사랑	연인과 즐거운 만남을 계속한다. 미혼남녀는 윗사람이나 친구의 소개로 평생 배필을 만나는 기쁨이 있다.
시험·취직	웬만한 시험은 모두 합격 가능하니 자신 있게 응시하라. 직장인은 작지만 변동의 가능성이 있다.
건강·사고	건강하고 원기왕성하니 자신감이 넘친다.
금전·행운	재물이 창고에 가득 쌓이는 형상이다. 사업이 잘 되니 생활의 어려움이 없다.
소원·성취	얼마나 노력하느냐에 따라 소원이 이루어지는 시기가 달라진다.

운명을 바꾸는 연운 활용

좋은 방향	북서쪽
좋은 색상	연두색
좋은 장소	도서관
좋은 성씨	ㄱ, ㅋ
좋은 숫자	2, 7

숫자로 보는 연운 활용

	좋은 달	보통 달	나쁜 달
금전·투자	5, 7월	6, 12월	4, 10월
변화·변동	1, 3월	2, 6월	4, 10월
연애·사랑	8, 9월	2, 12월	11월
건강·소송	5, 8월	6, 12월	4, 11월

월운

 운수가 대길하니 모든 일이 쉽게 이루어진다.
만일 관록官祿이 아니면 반드시 귀한 자녀를 낳는다.
재성財星이 따르니 재물을 구하면 뜻대로 얻는다.

 임금과 신하가 화합하니 황제의 은혜를 얻는다.
사업을 성취하니 재백財帛이 끊이지 않고 들어온다.
비록 모든 일이 길하나 화재를 조심한다.

 가정에 근심이 있으니 슬하의 근심이다.
길한 날 좋은 때에 가신家神에게 치성을 드린다.
만일 진인眞人을 가리려면 금성金姓이 가장 길할 것이다.

 온 들에 봄이 돌아오니 초목이 다시 살아난다.
북쪽에 가지 마라. 재물을 잃게 된다.
미리 예방하라. 배우자에게 액이 생긴다.

 뜻밖에 공을 세워 명성을 얻으니 이름을 사방에 떨친다.
이익이 외부에 있으니 길을 떠나면 재물을 얻는다.
재물이 풍족하니 많은 사람이 공경한다.

 헛된 가운데 실상을 얻으니 재록財祿이 넘친다.
귀인이 와서 도우니 반드시 성공한다.
급하게 도모하지 마라. 길한 일이 도리어 해롭게 바뀐다.

 운수가 대통하니 모든 일이 뜻대로 이루어진다.
도처에 재물이 있으니 재록財祿이 끊이지 않는다.
만일 관록官祿이 아니면 자손에게 영화가 있다.

 남쪽이 길하니 하는 일을 속히 이룬다.
뜻밖에 이름을 얻으니 도처에 권리가 있다.
동쪽에 출입하면 하는 일마다 빛을 볼 수 있다.

 명령에 권위가 있으니 허리에 황금을 두를 것이다.
녹祿이 많고 이름이 높으니 의기 있는 남아다.
물고기가 푸른 바다에서 노니 의기양양하다.

 친구와 더불어 누각에 오르니 칭찬이 분분하다.
일마다 뜻대로 되고 경사가 자주 생긴다.
꽃이 피고 달이 밝으니 수복壽福이 무궁하다.

 하루 아침 광풍에 꽃잎이 어지럽게 떨어진다.
미리 기도하라. 슬하에 액이 있다.
친한 사람을 가까이하지 마라. 실패할 운수다.

 기쁜 서신이 왔으니 반드시 기쁜 일이 있다.
재물이 외지에 있으니 출입하면 얻는다.
조금 얻고 많이 쓰니 이것도 연운年運이다.

운명을 바꾸는 **월운** 활용

	1월	2월	3월	4월	5월	6월
좋은 방향	동쪽	북쪽	남서쪽	남쪽	북서쪽	남쪽
좋은 색상	주황색	베이지색	은색	남청색	고동색	보라색
좋은 장소	바닷가	쌈밥식당	미술관	한식당	서점	일식당
좋은 성씨	ㅅ, ㅈ, ㅊ	ㄴ, ㄷ, ㅌ, ㄹ	ㅁ, ㅂ, ㅍ	ㄱ, ㅋ	ㄱ, ㅋ	ㄴ, ㄷ, ㅌ, ㄹ
좋은 숫자	9, 10	2, 8	2, 4	3, 7	4, 8	1, 3
좋은 날짜	3, 8, 15, 17, 23, 25일	3, 5, 9, 12, 15, 22일	2, 8, 15, 20, 22, 28일	2, 6, 15, 23, 24, 26일	4, 9, 13, 21, 24, 29일	6, 9, 12, 14, 24, 27일
안 좋은 날짜	4, 21, 28일	1, 13, 21일	9, 13, 16일	4, 18, 21일	2, 23, 25일	7, 21, 23일
재물·금전 지수	90	83	91	74	93	87
변화·변동 지수	93	88	90	76	93	86
건강·행복 지수	95	85	92	73	92	85

	7월	8월	9월	10월	11월	12월
좋은 방향	동쪽	남쪽	북동쪽	북쪽	남동쪽	서쪽
좋은 색상	빨간색	청록색	다홍색	노란색	적갈색	밤색
좋은 장소	버스	백화점	상가	감자탕음식점	오락실	국수전문점
좋은 성씨	ㄱ, ㅋ	ㅁ, ㅂ, ㅍ	ㅅ, ㅈ, ㅊ	ㄴ, ㄷ, ㅌ, ㄹ	ㅁ, ㅂ, ㅍ	ㅇ, ㅎ
좋은 숫자	2, 7	1, 2	1, 10	3, 4	3, 5	4, 5
좋은 날짜	5, 9, 13, 14, 25, 26일	4, 10, 13, 17, 22, 27일	6, 7, 14, 16, 23, 27일	5, 15, 17, 24, 25, 28일	3, 13, 15, 21, 22, 28일	2, 9, 14, 17, 23, 27일
안 좋은 날짜	4, 18, 24일	7, 15, 24일	9, 13, 21일	7, 16, 26일	8, 18, 24일	4, 8, 19일
재물·금전 지수	96	98	92	74	72	84
변화·변동 지수	94	92	95	72	73	86
건강·행복 지수	93	92	95	78	75	89

有吉無凶處之象
유길무흉처지상

연운

一渡長江 非淺非深
일도장강 비천비심
한 차례 긴 강을 건너는데 얕지도 않고 깊지도 않다.

春和日暖 家有慶事
춘화일난 가유경사
봄 날씨가 화창하니 집안에 경사가 있다.

三春之數 口舌愼之
삼춘지수 구설신지
봄 석 달의 운수는 구설을 조심한다.

三秋之數 財旺南方
삼추지수 재왕남방
가을 석 달의 운수는 남쪽에 재물이 많다.

勿問財數 得而多損
물문재수 득이다손
재물운을 묻지 마라. 얻어도 손해가 많다.

今年之數 勿建家宅
금년지수 물건가택
금년 운수는 집을 지으면 안 된다.

物盛則衰 理所固然
물성즉쇠 이소고연
만물이 성한즉 쇠하는 것이 당연한 이치다.

飛雁含蘆 背暗向明
비안함로 배암향명
기러기가 갈대를 문 채 어둠을 등지고 밝은 곳을 향해 날아간다.

窮達由人 富貴在天
궁달유인 부귀재천
궁하고 달하는 것은 사람에게 있고 부귀는 하늘에 있다.

성인의 연운 활용

금전 · 명예	조금 들어오는 수입을 믿고 함부로 쓰면 금전적 어려움이 닥치니 주의한다.
사업 · 창업	허황된 꿈을 꾸면 오히려 큰 화를 당하니 분수를 지킨다.
주식 · 투자	경제 흐름도 좋지 않고 주식운도 최악이므로 주식투자는 금물이다.
시험 · 취직	분수에 맞게 응시하고 능력에 맞는 직장을 구한다. 요행 없이 실력대로 결과가 나오니 더욱 노력한다.
당선 · 소원	돈이 아닌 진실과 실력만이 당선되는 길이다. 지금 바라는 소원은 이루어지지 않으니 다음 기회를 기다린다.
이사 · 매매	되도록 이사하지 않는 것이 좋다. 매매는 혼자 처리하면 손해가 생기니 주위 사람들에게 조언을 구한다.
건강 · 사고	무리하지 않아야 건강이 나빠지거나 질병이 발생하지 않는다.
애정 · 결혼	이성문제로 관재와 구설수에 오르내릴 수 있으니 주의한다. 부부도 서로 조심해야 한다.
소송 · 다툼	먼저 양보하고 사소한 시비는 그냥 넘겨버리는 것이 몸을 다치지 않고 구설수에서 벗어나는 길이다.

신세대의 연운 활용

연애 · 사랑	좋은 상대를 소개받지만 오래 사귀기 어렵다. 오랜 연인과 다툼이 잦아지니 먼저 양보하는 자세가 필요하다. 부부관계는 조심해야 한다.
시험 · 취직	취직하려면 추천서가 필요하다. 노력하면 하위직은 합격 가능하다. 승진은 어려우니 현재에 만족한다.
건강 · 사고	건강이 그리 좋지 않다. 평소에 신경 써야 큰 문제가 생기지 않는다.
금전 · 행운	노력 여하에 따라 들어오는 소득이 달라진다는 것을 명심한다.
소원 · 성취	지금의 소원은 시간이 걸려야만 이루어질 수 있으니 조급하게 생각하지 마라.

운명을 바꾸는 연운 활용

좋은 방향	남쪽
좋은 색상	하늘색
좋은 장소	놀이공원
좋은 성씨	ㅇ, ㅎ
좋은 숫자	2, 11

숫자로 보는 연운 활용

	좋은 달	보통 달	나쁜 달
금전 · 투자	2, 12월	7, 9월	5, 6월
변화 · 변동	4, 12월	3, 7월	1, 8월
연애 · 사랑	2, 4월	9, 10월	1, 11월
건강 · 소송	2, 4월	3, 10월	6, 8월

753

월운

한 번 기쁘고 한 번 슬프니 길흉이 서로 반대된다.
목성木姓을 가까이하지 마라. 불리한 운수다.
말을 신중히 하라. 구설이 있을까 두렵다.

험한 길을 이미 지났으니 이제부터 앞길이 순탄할 것이다.
비록 노고가 있으나 꾀하는 일을 반드시 이룬다.
다행히 귀인을 만나 큰 재물을 얻는다.

주작朱雀이 움직이기 시작하니 반드시 구설이 따른다.
남의 말을 듣지 마라. 길함이 변하여 흉하게 된다.
모든 일이 뜻대로 되니 마음이 편안하다.

마음과 일이 잘 맞으니 모든 일을 이룬다.
재물이 남쪽에 있으니 구하면 얻는다.
동산에 꽃이 피니 벌과 나비가 향기를 탐한다.

얻고도 도리어 잃으니 공연히 마음만 상한다.
재수는 처음에는 길하고 뒤에는 흉하다.
심신이 불안한데 또 무슨 구설인가.

집에 있으면 길하고 밖으로 나가면 해롭다.
비록 재물은 생기지만 먼저 얻고 뒤에 잃는다.
동쪽이 불리하니 그 곳으로 길을 떠나지 않는다.

바깥의 재물을 탐내지 마라. 도리어 재물을 잃는다.
재물은 북쪽에서 왕성하고 일은 서쪽에 있다.
집을 짓지 마라. 불리한 운수다.

혹 질병이 있어도 즉시 물리친다.
만일 아내에게 근심이 없으면 슬하에 근심이 있다.
서쪽 사람을 삼가라. 이름만 있고 실상은 없다.

시운時運이 길하니 하는 일마다 뜻대로 이루어진다.
허욕을 탐하지 마라. 재물에 불리하다.
서쪽에 길함이 있으니 재물을 구하면 얻는다.

장삿길에 재물을 얻으니 필시 미곡米穀이다.
혹 관직에 있거든 절대로 퇴직하지 마라.
움직이지 않으면 이익이 없고 움직이면 이익이 가득하다.

길을 나서 험한 길을 가려 하나 나가지 못한다.
모든 일을 삼가라. 혹 재해災害가 따를 수 있다.
비록 재물은 얻지만 질병이 몸에 침범한다.

고목이 봄을 만나니 꽃이 피고 잎이 무성하다.
서쪽에서 오는 사람을 잘 사귀면 이롭다.
재수가 형통하니 흉한 가운데 길함이 있다.

운명을 바꾸는 월운 활용

	1월	2월	3월	4월	5월	6월
좋은 방향	북서쪽	서쪽	동쪽	남쪽	남동쪽	서쪽
좋은 색상	검은색	연두색	분홍색	노란색	파란색	하얀색
좋은 장소	산	뷔페식당	카페	동물원	다리	한적한 시외
좋은 성씨	ㄱ, ㅋ	ㄴ, ㄷ, ㅌ, ㄹ	ㄱ, ㅋ	ㅇ, ㅎ	ㄱ, ㅋ	ㅅ, ㅈ, ㅊ
좋은 숫자	2, 10	5, 8	6, 9	8, 10	7, 10	6, 10
좋은 날짜	1, 9, 14, 19, 21, 26일	6, 8, 14, 19, 22, 26일	8, 15, 17, 19, 20, 29일	2, 9, 12, 17, 24, 28일	2, 8, 10, 15, 21, 26일	3, 9, 14, 18, 22, 27일
안 좋은 날짜	8, 11, 24일	3, 18, 27일	7, 18, 26일	3, 14, 25일	6, 17, 28일	5, 13, 24일
재물·금전 지수	76	93	83	98	74	73
변화·변동 지수	74	94	84	94	73	77
건강·행복 지수	71	95	82	92	71	72

	7월	8월	9월	10월	11월	12월
좋은 방향	북쪽	남쪽	서쪽	남서쪽	북동쪽	동쪽
좋은 색상	자주색	회색	적갈색	감색	초록색	고동색
좋은 장소	유원지	오리음식점	둔치	기차역	갈비음식점	다리
좋은 성씨	ㅅ, ㅈ, ㅊ	ㄴ, ㄷ, ㅌ, ㄹ	ㅇ, ㅎ	ㅁ, ㅂ, ㅍ	ㅁ, ㅂ, ㅍ	ㅇ, ㅎ
좋은 숫자	4, 11	6, 7	4, 9	6, 11	7, 9	3, 10
좋은 날짜	4, 9, 15, 18, 21, 26일	2, 8, 13, 14, 22, 28일	2, 10, 12, 15, 22, 28일	5, 11, 14, 21, 22, 29일	6, 11, 15, 20, 21, 26일	7, 10, 18, 21, 24, 28일
안 좋은 날짜	5, 17, 19일	9, 17, 23일	7, 14, 26일	9, 13, 20일	5, 13, 24일	6, 13, 22일
재물·금전 지수	85	70	83	84	72	98
변화·변동 지수	89	75	80	86	72	92
건강·행복 지수	88	74	82	81	73	93

761 先得後失無益之象

연운

一人之害 及於百人
일인지해 급어백인　한 사람의 해가 백 사람에게 미친다.

失物有數 盜賊愼之
실물유수 도적신지　재물을 잃을 수 있으니 도둑을 조심한다.

有形無形 後悔無益
유형무형 후회무익　형체가 있는지 없는지 뚜렷하지 않으니 후회해도 소용없다.

雖有謀計 不中奈何
수유모계 부중내하　비록 계획을 세웠으나 계산에 맞지 않으니 어찌할까.

若不謹愼 災厄不免
약불근신 재액불면　만일 조심하지 않으면 나쁜 일을 면치 못한다.

若非服制 膝下有厄
약비복제 슬하유액　만일 상을 당하지 않으면 자손에게 액이 있다.

打起鷗鷺 鴛鴦分散
타기구로 원앙분산　갈매기를 소리쳐 깨우니 엉뚱하게 원앙이 흩어져 달아난다.

勿近女色 不利於身
물근여색 불리어신　여색을 가까이하지 마라. 몸에 좋지 않다.

在外無益 不如歸家
재외무익 불여귀가　밖에 있으면 무익하니 집으로 돌아가는 것만 못하다.

성인의 연운 활용

금전·명예	금전의 어려움이 있다고 헛된 욕심을 부리면 오히려 손해만 본다.
사업·창업	사업은 규모를 줄이는 것이 현명하다. 확장하면 현재 상태를 유지하기 어려울 것이다.
주식·투자	주식투자는 재물을 나가게 하는 원인이다. 운이 없으니 삼간다.
시험·취직	능력을 발휘하지 못하니 시험은 매우 불리하다. 직장인은 구설수에 오르내릴 수 있으니 조심한다.
당선·소원	아직은 시기가 이르다. 시기를 잘 잡아야 출마와 당선이 가능하다. 소원은 시기가 나빠서 이루기 어렵다.
이사·매매	현재 위치를 지켜야 손해를 줄이고 이익을 본다. 큰 매매는 다음으로 미루되 작은 매매는 해도 괜찮다.
건강·사고	갑작스런 건강 악화가 우려되니 매사에 조심한다. 건강검진을 받아보는 것이 좋다.
애정·결혼	남의 애정관계에 절대 관여하면 안 된다. 원망을 몰아서 받게 된다. 구애도 되도록 절제하고, 모르는 사람이나 비난받을 이성과 만날 운이 있으니 주의한다. 순리를 따라야 결혼까지 이어짐을 명심한다.
소송·다툼	소송은 어려움이 닥칠 수 있으니 미리 대비하고 조심한다.

신세대의 연운 활용

연애·사랑	처음에는 서로 신뢰하지만 시간이 갈수록 다툼이나 오해가 생길 수 있으니 주의한다. 결혼은 될 듯하면서 늦어지기 쉽다.
시험·취직	시험과 취직은 노력한 결과를 얻지 못할 수도 있다. 능력을 인정받지 못하니 승진은 매우 힘들게 이루어진다.
건강·사고	건강은 무리하지 않는 것이 바람직하다. 운이 좋아지고 있다고 과로하면 안 된다.
금전·행운	타인의 재물을 탐하지 않는다. 일확천금은 헛된 꿈이다. 욕심을 버리면 오히려 금전에 여유가 생긴다.
소원·성취	작은 소원은 이루어진다. 그러나 무리한 소원은 이루기 힘들다.

운명을 바꾸는 연운 활용

좋은 방향	남동쪽
좋은 색상	분홍색
좋은 장소	장어음식점
좋은 성씨	ㅅ, ㅈ, ㅊ
좋은 숫자	8, 10

숫자로 보는 연운 활용

	좋은 달	보통 달	나쁜 달
금전·투자	5, 9월	4, 6월	3, 7, 10월
변화·변동	8, 9월	4, 6월	10, 11월
연애·사랑	5, 9월	6월	3, 12월
건강·소송	8, 9월	4, 6월	1, 2, 10월

월운

뜻은 있으나 이루지 못하니 마음만 상한다.
수성水姓을 사귀지 마라. 해가 있다.
만일 상을 당하지 않으면 자손의 어려움을 면하기 어렵다.

가족끼리 불화하니 가정에 풍파가 있다.
물가에 가지 마라. 재물을 잃게 될 것이다.
비록 일을 해도 가진 것이 없으니 어찌할까.

시운時運이 불리하니 노력해도 도무지 공이 없다.
흉한 계교를 꾸미지 마라. 해가 몸에 미친다.
타인에게 해를 입을 것이니 북쪽으로 길을 떠난다.

올해 운수가 불리하니 기도하면 길하다.
경솔한 말을 하지 마라. 불리한 운수다.
비록 분한 일이 있어도 참으면 덕이 된다.

만일 이사하지 않으면 걱정과 근심을 면하기 어렵다.
좋은 땅에 옮겨 살면 복록福祿이 저절로 온다.
가신家神에게 기도하면 마침내 형통하게 된다.

일이 마음에 맞지 않으니 번민이 떠나지 않는다.
복성福星이 문을 비추니 위태로운 중에 편안하다.
먼저는 잃고 뒤에 얻으니 반드시 횡재한다.

길에 나가지 마라. 질병이 두렵다.
요귀가 발동하니 아내의 근심을 어찌 면할까.
타인을 믿지 마라. 횡액이 염려된다.

일이 두 곳에 있으니 의심이 생겨 판단하지 못한다.
근신하여 안정하면 반드시 성공한다.
마음을 급하게 먹지 마라. 더디면 오히려 길하다.

남과 함께 일하면 피해가 적지 않다.
남쪽에 길함이 있으니 그 쪽으로 가면 이익을 얻는다.
초상집 가까이 가지 마라. 질병이 생길까 두렵다.

도둑을 조심하라. 재물을 잃을까 두렵다.
친한 사람을 가까이하지 마라. 불리한 운수다.
박朴가 이李가 두 성이 우연히 해를 끼친다.

몸이 길 위에 있으니 노고를 견디기 어렵다.
친구가 불리하니 재물을 잃지 않게 조심한다.
아직 때가 이르지 않았으니 일을 꾀하면 불리하다.

주작朱雀이 움직이니 구설이 따를까 두렵다.
일이 남북에 있으며 기쁨과 근심이 서로 뒤섞인다.
재물을 잃고 사람은 떠나니 매사를 이루기 어렵다.

운명을 바꾸는 월운 활용

	1월	2월	3월	4월	5월	6월
좋은 방향	남동쪽	북쪽	북서쪽	남쪽	남서쪽	서쪽
좋은 색상	연보라색	초록색	주황색	하늘색	남청색	노란색
좋은 장소	낙지음식점	청국장식당	묵요리집	편의점	제과점	산장
좋은 성씨	ㅇ, ㅎ	ㅁ, ㅂ, ㅍ	ㅇ, ㅎ	ㄴ, ㄷ, ㅌ, ㄹ	ㅅ, ㅈ, ㅊ	ㄴ, ㄷ, ㅌ, ㄹ
좋은 숫자	4, 8	3, 12	5, 10	5, 11	5, 7	5, 9
좋은 날짜	4, 14, 17, 22, 23, 26일	3, 9, 14, 17, 20, 26일	5, 9, 12, 16, 21, 29일	7, 13, 16, 18, 22, 29일	2, 9, 14, 20, 23, 29일	8, 16, 18, 19, 20, 29일
안 좋은 날짜	1, 18, 19일	5, 13, 28일	10, 22, 27일	8, 14, 21일	1, 10, 22일	4, 17, 28일
재물·금전 지수	73	75	79	89	96	83
변화·변동 지수	76	71	72	87	90	84
건강·행복 지수	74	75	73	85	95	82

	7월	8월	9월	10월	11월	12월
좋은 방향	북동쪽	북서쪽	남쪽	동쪽	서쪽	남쪽
좋은 색상	옥색	적갈색	보라색	회색	베이지색	다홍색
좋은 장소	휴양림	기념관	아구찜음식점	시냇가	치킨전문점	갈비탕음식점
좋은 성씨	ㄱ, ㅋ	ㅁ, ㅂ, ㅍ	ㅅ, ㅈ, ㅊ	ㅅ, ㅈ, ㅊ	ㄴ, ㄷ, ㅌ, ㄹ	ㄱ, ㅋ
좋은 숫자	8, 11	1, 7	7, 12	9, 10	1, 4	8, 9
좋은 날짜	3, 8, 13, 17, 23, 28일	5, 13, 17, 18, 22, 27일	9, 13, 15, 19, 23, 26일	2, 8, 15, 16, 20, 26일	1, 8, 15, 16, 22, 26일	2, 11, 12, 21, 25, 28일
안 좋은 날짜	6, 18, 22일	1, 12, 23일	5, 17, 25일	3, 17, 23일	7, 21, 23일	3, 19, 27일
재물·금전 지수	71	93	92	76	73	78
변화·변동 지수	72	94	93	76	74	72
건강·행복 지수	75	95	96	75	77	75

762 隨時有吉之意
수시유길지의

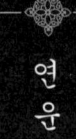
연운

隨時應物 到處有榮
수시응물 도처유영 때에 따라 잘 선택하니 가는 곳마다 영화가 있다.

若逢貴人 功名遠播
약봉귀인 공명원파 만일 귀인을 만나면 공명을 널리 떨칠 것이다.

隨人遠行 到處有吉
수인원행 도처유길 남을 따라 멀리 가면 도처에 길함이 있다.

莫近女色 疾病可畏
막근여색 질병가외 여색을 가까이 하지 않는다. 질병이 두렵다.

心無所定 或東或西
심무소정 혹동혹서 마음을 정한 곳이 없어 혹은 동으로 혹은 서로 간다.

頭帶金冠 官祿隨身
두대금관 관록수신 머리에 금관을 쓰니 관록이 따른다.

火熱鼎底 調和五味
화열정저 조화오미 솥에 불을 때니 다섯 가지 맛이 조화를 이룬다.

雨順風調 萬物蕃殖
우순풍조 만물번식 비바람이 적당하니 만물이 번식한다.

吉人天佑 終必大亨
길인천우 종필대형 덕을 쌓은 사람은 하늘이 도우니 마침내 크게 형통할 것이다.

성인의 연운 활용

금전·명예	재물운이 왕성하니 날로 재물을 얻는다. 금전이 풍족하게 들어오니 그 동안 하지 못한 일들을 할 수 있다.
사업·창업	벌이는 사업마다 큰 이익이 생기고 번창하니 지금이 시작하기에 절호의 기회다.
주식·투자	주식투자로 잔잔한 재미를 보는 운이니 투자해도 좋다.
시험·취직	고시 같은 어려운 시험에 매우 유리한 운이다. 직장인은 승진하고 영전하는 최상의 운이다.
당선·소원	원하는 바가 모두 이루어지니 당선되고 소원 또한 이루어진다.
이사·매매	현재보다 좋은 집을 얻거나 확장하여 이사한다. 뜻대로 매매가 쉽게 이루어진다.
건강·사고	일이 바빠 건강을 돌볼 여유가 없지만 잠시 자신을 돌아보는 것이 좋다. 건강이 가장 귀한 재산이다.
애정·결혼	될 듯 말 듯 시간만 끌던 관계가 가까워지고 특히 짝이 없는 사람은 좋은 사람을 만난다. 상대가 정성에 감동받아 마음을 여니 열애에 빠지고 결혼까지 이른다.
소송·다툼	당신의 실수로 다툼이 생기지만 관계 회복을 위해 노력하면 곧 화해하게 된다.

신세대의 연운 활용

연애·사랑	우연히 옛 연인을 만나거나 소식을 듣지만 즐겁지는 않다. 결혼을 약속한 사람은 화촉을 밝힌다.
시험·취직	실력을 인정받는 상승운이다. 원하는 시험의 합격 소식을 듣는다. 직장인은 현재 지위에서 한 단계 올라선다.
건강·사고	과음만 자제하면 건강에는 이상이 없을 것이다.
금전·행운	금전이 필요할 때마다 주변의 도움을 받고 여유가 생긴다.
소원·성취	소원은 이루어지지만 많은 노력이 있어야 가능하다.

운명을 바꾸는 연운 활용

좋은 방향	서쪽
좋은 색상	밤색
좋은 장소	상가
좋은 성씨	ㄴ, ㄷ, ㅌ, ㄹ
좋은 숫자	5, 9

숫자로 보는 연운 활용

	좋은 달	보통 달	나쁜 달
금전·투자	8, 9월	5, 7월	6, 12월
변화·변동	3, 8월	1, 4월	6, 12월
연애·사랑	2, 9월	4, 10월	12월
건강·소송	3, 9월	7, 11월	12월

762 월운

① 도처에 재물이 있으니 재록財祿이 따른다.
가히 공명을 얻으니 관록官祿이 따를 것이다.
재물운이 길하니 재백財帛이 끊이지 않는다.

② 명예와 이익이 다 길하니 손으로 천금을 주무른다.
다행히 현명한 임금을 만나 재산이 흥왕하다.
좋은 벗이 집에 가득하고 술과 안주가 풍족하다.

③ 손에 귀한 문서가 있으니 이로써 백성을 돌아보게 된다.
일신이 영귀하니 소망이 모두 이루어진다.
서북 양쪽에서 반드시 재물이 왕성하다.

④ 동쪽 뜰의 복숭아꽃이 지고 열매를 맺는다.
만일 자식을 낳지 않으면 식구를 더한다.
허황한 일은 행하지 마라.

⑤ 운수에 흠은 없지만 고생이 매우 심하다.
노고를 한탄하지 마라. 먼저는 고생하고 뒤에 길하다.
서쪽에서 귀인이 우연히 와서 도와준다.

⑥ 구설이 많고 관재官災가 두렵다.
여색을 가까이하지 마라. 질병이 몸에 침범한다.
사람들이 모두 칭찬하지만 이름만 있을 뿐 실상이 없다.

⑦ 재록財祿을 모두 갖추니 금과 옥이 집안에 가득하다.
먼저는 어려우나 뒤에 길하니 큰 재물을 얻는다.
만일 신병이 아니면 슬하에 액이 있다.

⑧ 연못의 물고기가 바다로 나가니 의기양양하다.
만일 과거에 급제하지 않으면 재물을 얻는다.
재백財帛이 집안에 가득하니 집안에 온화한 기운이 떠나지 않는다.

⑨ 행운이 찾아오니 도처에 재물이 있다.
재물이 풍족하니 가도家道가 중흥한다.
재성財星이 몸을 비추니 손으로 천금을 주무른다.

⑩ 신상에 근심이 없으니 편한 곳에서 태평하게 지낸다.
관귀官鬼가 암암리에 움직이니 길을 떠나면 해롭다.
술집에 가지 마라. 횡액이 침범한다.

⑪ 봄바람이 부는 곳에 만물이 되살아난다.
만일 과거에 급제하지 않으면 반드시 아들을 얻는다.
만일 이와 같지 않으면 외지로 이사한다.

⑫ 흉한 중에 길함을 얻으니 화가 변하여 복이 된다.
수성水姓을 사귀지 마라. 반드시 불리함이 있다.
남쪽이 해로우며 장張가 이李가 두 성이 해를 끼친다.

운명을 바꾸는 월운 활용

	1월	2월	3월	4월	5월	6월
좋은 방향	북동쪽	남서쪽	북쪽	북쪽	동쪽	남동쪽
좋은 색상	주황색	자주색	은색	빨간색	연두색	고동색
좋은 장소	둔치	오락실	공공도서관	해변	우동전문점	레스토랑
좋은 성씨	ㅅ, ㅈ, ㅊ	ㅇ, ㅎ	ㅁ, ㅂ, ㅍ	ㄴ, ㄷ, ㅌ, ㄹ	ㄱ, ㅋ	ㅇ, ㅎ
좋은 숫자	1, 7	2, 5	3, 4	1, 12	3, 8	5, 8
좋은 날짜	2, 6, 12, 22, 25, 28일	4, 8, 13, 16, 22, 26일	2, 9, 14, 16, 23, 26일	9, 16, 17, 20, 22, 26일	5, 10, 15, 17, 23, 28일	3, 8, 13, 21, 24, 27일
안 좋은 날짜	5, 18, 24일	5, 14, 27일	7, 13, 22일	4, 15, 29일	6, 14, 24일	4, 18, 29일
재물·금전 지수	83	91	98	80	83	74
변화·변동 지수	85	90	94	85	86	73
건강·행복 지수	84	95	92	87	84	70

	7월	8월	9월	10월	11월	12월
좋은 방향	북서쪽	북동쪽	서쪽	서쪽	남서쪽	북쪽
좋은 색상	귤색	카키색	밤색	하얀색	청록색	연분홍색
좋은 장소	샌드위치가게	나이트클럽	야구장	목장	민속촌	공연장
좋은 성씨	ㄴ, ㄷ, ㅌ, ㄹ	ㅅ, ㅈ, ㅊ	ㅁ, ㅂ, ㅍ	ㄱ, ㅋ	ㄴ, ㄷ, ㅌ, ㄹ	ㅅ, ㅈ, ㅊ
좋은 숫자	3, 6	2, 11	3, 4	3, 12	3, 7	2, 8
좋은 날짜	1, 15, 17, 20, 21, 28일	3, 12, 16, 22, 23, 28일	4, 8, 12, 18, 22, 29일	4, 6, 12, 15, 18, 25일	2, 7, 14, 18, 21, 24일	2, 7, 12, 19, 24, 27일
안 좋은 날짜	3, 24, 29일	2, 18, 20일	9, 14, 28일	3, 11, 24일	5, 13, 22일	4, 8, 14일
재물·금전 지수	89	93	93	82	84	76
변화·변동 지수	80	94	95	83	83	79
건강·행복 지수	85	92	95	81	85	77

有大利之象
유대리지상

763 연운

飛龍在天 利見大人
비 룡 재 천 이 견 대 인 · 날아가는 용이 하늘에 있으니 대인을 보아야 이롭다.

若逢貴人 一身自安
약 봉 귀 인 일 신 자 안 · 만일 귀인을 만나면 일신이 편안해진다.

七八兩月 勿失好期
칠 팔 양 월 물 실 호 기 · 칠월과 팔월 두 달에는 좋은 기회를 놓치지 않는다.

若非家慶 移徙之數
약 비 가 경 이 사 지 수 · 만일 경사가 없으면 이사할 운수다.

花林深處 佳人招配
화 림 심 처 가 인 초 배 · 꽃이 핀 숲 속에서 아름다운 여인이 부른다.

吉星助我 名播四方
길 성 조 아 명 파 사 방 · 길성이 도우니 사방에 이름을 떨친다.

枯木朽株 新葉更生
고 목 후 주 신 엽 갱 생 · 오래된 나뭇가지에 새 잎이 다시 돋아난다.

哲人知命 守分則安
철 인 지 명 수 분 즉 안 · 지혜가 밝은 사람은 명을 아니 분수를 지키고 편안하게 산다.

日麗中天 萬象成照
일 려 중 천 만 상 성 조 · 해가 중천에 뜨니 모든 사물을 다 비춘다.

성인의 연운 활용

금전 · 명예	돈걱정을 하지 않을 정도의 수입이 생긴다.
사업 · 창업	능력대로 일하면 목표보다 많은 재물이 쌓인다.
주식 · 투자	뜻밖에 큰 이익이 생기지만 쉽게 얻은 것은 그만큼 쉽게 나간다.
시험 · 취직	시험에 매우 유리한 운이니 원하는 시험에 합격할 것이다. 직장인은 승진하고 영전하는 최상의 운이다.
당선 · 소원	당선 가능성이 있으니 출마해도 좋다. 옛 소원이 모두 이루어지고 새로운 소원도 대부분 성취된다.
이사 · 매매	언제 어디로 이사해도 손해가 없다. 매매 역시 순조롭게 성사된다.
건강 · 사고	건강은 양호하니 걱정할 것이 없다.
애정 · 결혼	연인과 헤어진 사람은 새로운 인연을 만난다. 결혼은 반드시 성사된다. 부부운은 매우 좋지만 색정에 빠져 이성문제를 일으킬 수 있으니 조심한다.
소송 · 다툼	다툼이 있다 해도 주변 사람의 도움으로 곧 해결되니 걱정할 것이 없다.

신세대의 연운 활용

연애 · 사랑	지금의 애인이 좋은 사람이니 한눈팔지 마라. 욕심부리다 둘 다 놓칠 수 있다. 부부 금실은 돈독하다.
시험 · 취직	이제야 실력을 발휘하여 원하는 곳에 합격한다. 직장인은 현재 위치에서 한 단계 승진한다.
건강 · 사고	기력이 왕성하고 건강하니 자신 있게 하고자 하는 일을 진행해도 좋다.
금전 · 행운	저조했던 금전운이 상승하면서 금전난이 풀리고 재물이 서서히 들어온다.
소원 · 성취	작은 소원은 이루어지지만 지나치게 큰 소원은 이루기 어렵다.

운명을 바꾸는 연운 활용

좋은 방향	북동쪽
좋은 색상	노란색
좋은 장소	시냇가
좋은 성씨	ㄱ, ㅋ
좋은 숫자	6, 8

숫자로 보는 연운 활용

	좋은 달	보통 달	나쁜 달
금전 · 투자	5, 11월	6, 8월	7, 10월
변화 · 변동	3, 4월	8, 12월	7, 9월
연애 · 사랑	2, 5월	6, 8월	9, 10월
건강 · 소송	1, 2월	6, 12월	7, 10월

763

월운

 벼슬을 하면 재물을 얻고 장사를 하면 이익을 얻는다.
뜻하지 않은 때에 귀인이 와서 도와준다.
재물은 어디에 있는가. 반드시 서쪽에 있다.

 재물과 곡식이 풍족하니 집에 영화가 있다.
황제의 은혜를 저절로 얻으니 관록官祿이 따른다.
재백財帛이 끊이지 않으니 태평한 기상이다.

 재물운이 왕성하니 이 기회를 놓치지 않는다.
금과 옥이 집안에 가득하니 기쁨이 가정에 가득하다.
만일 횡재가 아니면 슬하에 영화가 있다.

 재물도 있고 권리도 있으니 많은 사람이 우러러본다.
재물이 남쪽에 있으니 반드시 큰 재물을 얻는다.
이익이 멀리 있으며 박朴가 김金가에게 길함이 있다.

 가운家運이 왕성하니 기쁜 일이 많다.
항상 덕을 쌓으니 반드시 남은 경사가 있다.
그 성품이 온화하니 귀인이 와서 도와준다.

 때가 되어 비가 내리니 온갖 곡식이 풍성하다.
가신家神에게 치성을 드린다. 혹 몸에 근심이 있을까 두렵다.
만일 아내에게 근심이 있지 않으면 형제에게 액이 생긴다.

 녹祿이 많고 이름이 높으니 만인이 우러러본다.
동쪽에서 온 사람이 우연히 도와준다.
집에 있으면 불안하고 다른 곳에 가면 마음이 편안하다.

 꾀하는 일이 뜻대로 되고 재물을 구하면 얻는다.
이익이 문서에 있으니 손으로 천금을 주무른다.
귀인이 와서 도우니 소망을 이룬다.

 재물은 있으나 얻기 어려우니 안정하면 길하다.
동남쪽이 불리하니 길을 떠나지 않는다.
만일 이와 같지 않으면 혹 슬하에 근심이 생긴다.

 재물운은 처음에는 얻지만 뒤에는 잃는다.
운수가 점점 돌아오니 밖으로 나가면 얻는다.
남과 함께 일하면 많은 이익을 얻는다.

 사방에 위엄을 떨치니 반드시 재물과 이익을 얻는다.
재성財星이 몸을 비추니 가히 천금을 얻는다.
불전에 기도하면 반드시 경사가 있다.

 이름이 높고 재물이 왕성하니 바로 남아의 기상이다.
일신이 영귀하니 세상일이 태평하다.
친한 사람을 조심하라. 하는 일이 불리해진다.

운명을 바꾸는 월운 활용

	1월	2월	3월	4월	5월	6월
좋은 방향	동쪽	남동쪽	북쪽	남쪽	북동쪽	북서쪽
좋은 색상	적갈색	군청색	노란색	분홍색	베이지색	연보라색
좋은 장소	민속주점	동굴	팬시용품점	모래사장	퓨전음식점	박물관
좋은 성씨	ㄱ, ㅋ	ㄴ, ㄷ, ㅌ, ㄹ	ㅅ, ㅈ, ㅊ	ㅁ, ㅂ, ㅍ	ㅇ, ㅎ	ㄴ, ㄷ, ㅌ, ㄹ
좋은 숫자	1, 10	4, 5	2, 12	2, 3	1, 3	1, 5
좋은 날짜	3, 6, 13, 16, 23, 26일	2, 4, 13, 15, 21, 25일	4, 8, 12, 16, 19, 22일	2, 4, 8, 12, 17, 23일	2, 5, 9, 15, 18, 22일	1, 3, 8, 11, 18, 20일
안 좋은 날짜	20, 25, 29일	18, 24, 26일	5, 25, 27일	13, 24, 25일	11, 25, 27일	2, 13, 21일
재물·금전 지수	93	96	93	94	93	83
변화·변동 지수	95	91	92	99	95	86
건강·행복 지수	96	92	98	98	96	85

	7월	8월	9월	10월	11월	12월
좋은 방향	동쪽	동쪽	서쪽	남쪽	남서쪽	북쪽
좋은 색상	황갈색	자주색	검은색	상아색	노란색	보라색
좋은 장소	다리	주택가	등산로	축구장	정류장	버스
좋은 성씨	ㅁ, ㅂ, ㅍ	ㅇ, ㅎ	ㄱ, ㅋ	ㄴ, ㄷ, ㅌ, ㄹ	ㅅ, ㅈ, ㅊ	ㄱ, ㅋ
좋은 숫자	7, 9	7, 10	1, 2	6, 10	7, 11	7, 12
좋은 날짜	3, 6, 11, 15, 22, 27일	2, 5, 9, 14, 17, 22일	5, 7, 15, 17, 23, 28일	2, 4, 10, 13, 18, 27일	7, 9, 11, 15, 24, 26일	4, 8, 16, 19, 26, 28일
안 좋은 날짜	5, 13, 28일	4, 18, 29일	6, 21, 27일	12, 21, 28일	6, 19, 22일	10, 21, 27일
재물·금전 지수	73	84	75	76	92	87
변화·변동 지수	72	87	79	74	93	86
건강·행복 지수	70	86	74	73	94	85

前進通達之意

연운

萬里長空 日月明朗
만리장공 일월명랑   만리나 펼쳐진 하늘에 해와 달이 밝다.

碧桃花間 蜂蝶來喜
벽도화간 봉접래희   복숭아꽃 만발한 곳에 벌과 나비가 찾아와 즐거워한다.

君臣善良 百姓自安
군신선양 백성자안   임금과 신하가 어질고 착하니 백성들이 저절로 편안하다.

若非添口 功名之數
약비첨구 공명지수   만일 식구가 늘지 않으면 벼슬에 오를 운이다.

災消福來 無雙福祿
재소복래 무쌍복록   재앙이 사라지고 복이 오니 복록이 끊이지 않는다.

今年之數 自然安樂
금년지수 자연안락   금년 운수는 자연히 안락해진다.

猛虎負岩 神劍化龍
맹호부암 신검화룡   사나운 호랑이가 바위를 누르고 신검이 용으로 변한다.

掘地見水 掬土爲山
굴지견수 국토위산   땅을 파서 물을 얻고 흙을 옮겨 산을 이룬다.

指東指西 南方最吉
지동지서 남방최길   동쪽과 서쪽을 가리키나 남쪽이 가장 길하다.

성인의 연운 활용

금전·명예	조금씩 들어오던 재물이 이제야 풍족하게 들어와 생활이 여유롭다.
사업·창업	주위의 도움으로 뜻밖의 재물이 들어오고 사업이 번창한다.
주식·투자	주식투자는 큰 이익은 없지만 작은 이익은 생길 것이다.
시험·취직	어려운 시험은 제외하고 웬만한 곳은 합격한다. 과욕을 부리지 않으면 원하는 자리로 승진할 수 있다.
당선·소원	국회의원에 당선되니 집안에 기쁨이 넘친다. 꼬여가던 일들이 풀리고 뒤늦게 소원이 이루어진다.
이사·매매	새로운 곳으로 이사하고 확장하는 기쁨이 있다. 매매 또한 생각보다 쉽게 성사되며 작은 이익을 본다.
건강·사고	원기가 넘치고 건강하다.
애정·결혼	상대와 관계는 좋아지고 사랑이 무르익어가니 애인이나 부부나 서로 떨어지기 싫은 정도이다.
소송·다툼	소송이 발생하면 시일을 끌기보다 초기에 해결하는 것이 더 유리하다.

신세대의 연운 활용

연애·사랑	정신적인 교감이 가장 필요하다. 뜻밖에 멀리서 연인이 찾아와 주위의 도움으로 결혼한다. 부부운도 좋다.
시험·취직	하위직이나 일반직은 가능하지만 상위직은 어렵다. 노력하면 원하는 자리로 승진하거나 이동한다.
건강·사고	건강은 매우 좋으니 걱정할 것이 없다.
금전·행운	뜻밖의 재물이 집안으로 들어온다. 금전도 원활하게 들어오니 걱정이 없다.
소원·성취	원하는 것을 단기간에 이루기는 어렵다. 천천히 이루어지니 조급하게 생각하지 마라.

운명을 바꾸는 연운 활용

좋은 방향	남쪽
좋은 색상	노란색
좋은 장소	백화점
좋은 성씨	ㅇ, ㅎ
좋은 숫자	5, 6

숫자로 보는 연운 활용

	좋은 달	보통 달	나쁜 달
금전·투자	4, 9월	8, 10월	5, 7월
변화·변동	6, 9월	2, 8월	7, 12월
연애·사랑	1, 3월	8, 11월	5, 7월
건강·소송	3, 6월	2, 11월	5, 12월

811 월운

1월 꾀하는 일이 뜻대로 이루어지니 반드시 재물이 왕성해진다.
복록福祿이 흥하고 자손이 영귀해진다.
재앙이 가고 복이 오니 모든 일이 뜻대로 된다.

2월 용이 밝은 구슬을 얻었으니 그 조화가 무궁하다.
운수가 대길하니 재물복이 저절로 들어온다.
시운時運이 왕성하니 반드시 성공한다.

3월 황룡이 물을 얻고 물고기가 봄물에서 논다.
뜻밖에 공을 세우고 명성을 얻으니 영화를 누릴 운수다.
동남쪽에 길함이 있으니 기쁜 일이 겹친다.

4월 일마다 뜻대로 되니 널리 논밭을 장만한다.
만일 이와 같지 않으면 식구가 늘어날 운수다.
작은 것을 구하다 큰 것을 얻으니 반드시 부귀해진다.

5월 동서에 집이 있으니 반드시 어린 첩을 얻는다.
재산이 넘쳐나니 심신이 안락하다.
목성木姓을 조심하라. 많은 해를 끼칠 것이다.

6월 운수가 왕성하니 신상에 재앙이 없다.
산에 들어가 토끼를 구하니 결국에는 얻는다.
모든 일이 이루어지니 이익이 논밭에 있다.

7월 도처에서 권리를 행사하니 꾀하는 일이 많다.
만일 이와 같지 않으면 허송세월할 것이다.
서쪽 사람과 가깝게 지내면 재물을 잃는다.

8월 만일 아들을 얻지 않으면 반드시 횡재한다.
남의 말을 믿지 마라. 재물을 잃을 운수다.
재물이 북쪽에 있으니 마땅히 그 곳으로 가라.

9월 재물이 길 위에 있으니 길을 나서면 얻는다.
초목이 비를 만나니 근심이 사라지고 기쁨을 누린다.
일마다 뜻대로 이루어지니 재물이 저절로 들어온다.

10월 동풍이 불고 가랑비 내리니 온 산에 꽃들이 활짝 핀다.
재물이 북쪽에 있으니 나가서 구하면 많이 얻는다.
초상집에 가까이 가지 마라. 상을 당할까 두렵다.

11월 우물 안 물고기가 바다에 나가니 의기양양하다.
길신吉神이 도우니 만사가 길하다.
토성土姓과 친하게 지내지 마라. 구설을 면하기 어렵다.

12월 길성吉星이 항상 비추니 반드시 경사가 있다.
만일 경사가 아니면 재물운이 왕성할 것이다.
멀리 나가지 마라. 질병이 생길까 두렵다.

운명을 바꾸는 월운 활용

	1월	2월	3월	4월	5월	6월
좋은 방향	동쪽	북동쪽	남동쪽	북서쪽	남쪽	서쪽
좋은 색상	파란색	옥색	주황색	남청색	회색	연보라색
좋은 장소	강	소주방	기념관	목욕탕	은행	노래방
좋은 성씨	ㄴ, ㄷ, ㅌ, ㄹ	ㅇ, ㅎ	ㅅ, ㅈ, ㅊ	ㄱ, ㅋ	ㅁ, ㅂ, ㅍ	ㄴ, ㄷ, ㅌ, ㄹ
좋은 숫자	9, 11	1, 3	4, 7	3, 9	3, 10	4, 6
좋은 날짜	8, 10, 13, 17, 22, 23일	6, 10, 17, 19, 21, 25일	3, 5, 10, 14, 16, 21일	9, 13, 15, 20, 23, 27일	5, 8, 15, 18, 24, 28일	4, 7, 14, 18, 26, 29일
안 좋은 날짜	9, 14, 28일	2, 5, 18일	7, 15, 28일	2, 14, 28일	9, 13, 27일	20, 23, 25일
재물·금전 지수	93	86	96	94	73	98
변화·변동 지수	95	82	92	96	76	92
건강·행복 지수	94	83	95	95	74	93

	7월	8월	9월	10월	11월	12월
좋은 방향	동쪽	북쪽	남서쪽	북쪽	남동쪽	북서쪽
좋은 색상	고동색	적갈색	다홍색	파란색	초록색	초록색
좋은 장소	둔치	공원	순대음식점	시내	저수지	체육관
좋은 성씨	ㅅ, ㅈ, ㅊ	ㅇ, ㅎ	ㅁ, ㅂ, ㅍ	ㄱ, ㅋ	ㄴ, ㄷ, ㅌ, ㄹ	ㄱ, ㅋ
좋은 숫자	3, 11	5, 11	2, 6	2, 4	1, 5	3, 12
좋은 날짜	3, 6, 14, 18, 25, 27일	5, 7, 13, 15, 25, 29일	3, 6, 13, 16, 17, 27일	2, 9, 15, 19, 25, 28일	3, 12, 17, 24, 26, 29일	3, 13, 18, 19, 22, 27일
안 좋은 날짜	9, 10, 24일	6, 18, 22일	1, 10, 24일	10, 22, 27일	13, 21, 28일	5, 17, 28일
재물·금전 지수	76	86	94	89	84	79
변화·변동 지수	74	82	92	83	84	74
건강·행복 지수	78	84	90	82	83	75

812

有順通達之意不傷其身
유 순 통 달 지 의 불 상 기 신

연운

入水不溺 入火不傷
입 수 불 익 입 화 불 상 물에 들어가도 빠지지 않고 불에 들어가도 다치지 않는다.

到處有吉 出入得財
도 처 유 길 출 입 득 재 이르는 곳마다 길하니 출입하면 재물을 얻는다.

財星隨身 橫財之數
재 성 수 신 횡 재 지 수 재물운이 따르니 횡재할 운이다.

財旺北方 海物生財
재 왕 북 방 해 물 생 재 재물은 북쪽에서 왕성하고 해산물로 재물이 생긴다.

隨時而動 必有成功
수 시 이 동 필 유 성 공 때에 따라 움직이면 반드시 성공한다.

今年之數 女色愼之
금 년 지 수 여 색 신 지 금년 운수는 여색을 삼간다.

蒼松綠竹 不變其節
창 송 녹 죽 불 변 기 절 푸른 솔과 푸른 대나무는 그 절개가 변하지 않는다.

一心不懈 必成大功
일 심 불 해 필 성 대 공 마음이 느슨해지지 않으면 반드시 큰 공을 이룬다.

竝州雖樂 不可久往
병 주 수 락 불 가 구 왕 병주 땅이 비록 즐겁다 하나 오래 머무르지 못할 곳이다.

성인의 연운 활용

금전 · 명예	재물운이 신통하지 않으니 이익이 잘 생기지 않는다. 겨우 어려움을 면하는 정도의 금전만 들어온다.
사업 · 창업	처음에는 일이 풀리지 않아 사업이 잠시 주춤거리지만 늦게나마 운이 풀리기 시작한다.
주식 · 투자	주식투자는 특별한 이득이나 손실 없이 현상유지를 하는 정도이다.
시험 · 취직	시험은 낮추어 응시하면 가능하나 취직은 만족할 만한 곳은 어렵다. 승진운이 나쁘니 현재에 만족한다.
당선 · 소원	당선운이 따르지 않으니 당선은 크게 기대하지 않는 것이 마음 편하다. 작은 소원은 이루어진다.
이사 · 매매	집이나 사무실을 확장하여 이사하지만 절대 무리하지 마라. 사거나 파는 것 모두 큰 이익이 생긴다.
건강 · 사고	심신의 피로가 쌓여 있으니 잠시 휴식을 취하는 것이 좋다.
애정 · 결혼	구애하는 사람이 많다. 타인의 말만 믿고 다투다 헤어질 수 있다. 양보가 중요하다.
소송 · 다툼	당신과 상관 없이 일어난 소송이니 문제가 심각하게 발전하지는 않는다.

신세대의 연운 활용

연애 · 사랑	모호한 감정은 분란을 만드니 태도를 분명히 한다. 남자는 매사에 의욕이 없고 여자는 남자가 귀찮아지니 같이 있어도 마음은 서로 다르다.
시험 · 취직	더 노력해야 합격하고, 취직은 가능하나 원하는 곳은 아니다. 승진은 아직 때가 아니니 현재에 만족한다.
건강 · 사고	심신의 피로가 쌓이니 휴식이 필요하다.
금전 · 행운	큰 재물을 바라지 말고 작은 재물이라도 아껴 쓰는 지혜가 필요하다.
소원 · 성취	노력만 한다면 소원을 이룰 수 있을 것이다.

운명을 바꾸는 연운 활용

좋은 방향	북쪽
좋은 색상	남청색
좋은 장소	냉면전문점
좋은 성씨	ㅅ, ㅈ, ㅊ
좋은 숫자	9, 12

숫자로 보는 연운 활용

	좋은 달	보통 달	나쁜 달
금전 · 투자	3, 9월	1, 4월	6, 10월
변화 · 변동	2, 3월	5, 7월	11월
연애 · 사랑	2, 3월	4, 8월	10, 11월
건강 · 소송	9, 12월	1, 7월	6, 11월

812

월운

1月
도처에 해가 없으니 운수가 태평하다.
흉함이 변하여 길하게 되니 먼저 흉하고 나중에는 좋다.
마음을 급하게 먹지 마라. 늦을수록 일이 이루어진다.

2月
동쪽 하늘에 달이 떠오르니 세상이 다 밝다.
동풍이 불고 비가 내리니 초목이 무성하다.
재물이 서쪽에 있으니 나가서 구하면 얻는다.

3月
돕는 사람이 많이 있으니 반드시 성공할 것이다.
모든 일이 뜻대로 되니 마침내 형통할 것이다.
중심이 단단하니 무슨 일인들 못 하겠는가.

4月
하늘이 돕고 땅이 도우니 만사가 이루어진다.
목성木姓이 불리하니 사귀지 말고 멀리하라.
뜻밖에 횡재하니 많은 사람이 우러러본다.

5月
봄이 이미 지났으니 꽃을 찾는 게 무익하다.
만일 상을 당하지 않으면 건강이 우려된다.
중심이 단단하지 못하니 매사에 막힘이 많다.

6月
하고자 하는 마음이 없으니 꾀하는 일을 이루지 못한다.
길인吉人이 도리어 해를 끼치니 좋은 일에 마가 많다.
가운家運이 불리하니 질병이 침범한다.

7月
연못이 말라 물이 없으니 물고기가 살기 어렵다.
불전에 기도하라. 질병이 두렵다.
이익은 어느 방위에 있는가. 동서에 길함이 있다.

8月
매매를 하면 이익이 있으니 장사로 재물을 얻는다.
남쪽의 귀인이 우연히 와서 도와준다.
옛 것을 고치고 새 것을 좇으니 큰 재물은 얻기 어렵다.

9月
집에 있으면 이익이 없고 다른 곳으로 나가면 길하다.
집에 경사가 있으니 반드시 아들을 낳는다.
한가한 곳에 재물이 있으니 이익이 산수山水에 있다.

10月
동서로 분주하나 얻고 잃는 것이 서로 교차한다.
요귀가 비밀리에 움직이니 질병이 떠나지 않는다.
여색을 가까이하지 마라. 꾀하는 일에 불리하다.

11月
운수가 태평하고 집안이 평안하다.
하는 일에 계교가 없으니 성공하기 어렵다.
친한 사람을 조심하라. 피해를 면하기 어렵다.

12月
근신하여 분수를 지키면 이익이 그 가운데 있다.
집안이 화평하고 자손이 영귀해진다.
큰 재물은 바라기 어려우나 작은 재물은 얻을 수 있다.

운명을 바꾸는 월운 활용

	1월	2월	3월	4월	5월	6월
좋은 방향	동쪽	서쪽	북동쪽	서쪽	남쪽	북쪽
좋은 색상	하늘색	주황색	하얀색	자주색	군청색	노란색
좋은 장소	찜질방	산	빈대떡음식점	닭발음식점	파전음식점	영화감상실
좋은 성씨	ㄱ, ㅋ	ㅇ, ㅎ	ㅅ, ㅈ, ㅊ	ㅁ, ㅂ, ㅍ	ㄱ, ㅋ	ㄴ, ㄷ, ㅌ, ㄹ
좋은 숫자	6, 11	4, 11	5, 7	5, 8	6, 7	1, 8
좋은 날짜	4, 10, 12, 22, 23, 28일	4, 13, 16, 21, 22, 28일	5, 11, 14, 17, 22, 28일	5, 15, 17, 21, 25, 26일	7, 9, 15, 18, 25, 26일	1, 4, 13, 21, 25, 28일
안 좋은 날짜	9, 14, 25일	6, 9, 27일	6, 13, 29일	8, 19, 27일	1, 19, 28일	6, 17, 24일
재물·금전 지수	82	93	98	84	85	74
변화·변동 지수	85	94	92	81	86	73
건강·행복 지수	80	96	95	83	84	76

	7월	8월	9월	10월	11월	12월
좋은 방향	남서쪽	남쪽	동쪽	북서쪽	남동쪽	서쪽
좋은 색상	검은색	베이지색	연보라색	은색	황토색	보라색
좋은 장소	도서관	바닷가	추어탕식당	동물원	놀이공원	상가
좋은 성씨	ㅁ, ㅂ, ㅍ	ㄱ, ㅋ	ㅅ, ㅈ, ㅊ	ㅇ, ㅎ	ㅅ, ㅈ, ㅊ	ㄴ, ㄷ, ㅌ, ㄹ
좋은 숫자	9, 12	5, 12	7, 8	6, 8	2, 12	3, 9
좋은 날짜	8, 10, 15, 20, 24, 27일	2, 9, 12, 18, 23, 26일	3, 9, 13, 22, 23, 26일	8, 10, 16, 20, 22, 27일	2, 12, 13, 15, 20, 28일	6, 9, 12, 18, 21, 29일
안 좋은 날짜	5, 14, 22일	13, 28, 29일	7, 18, 24일	9, 19, 24일	5, 14, 22일	13, 26, 28일
재물·금전 지수	86	87	93	77	72	90
변화·변동 지수	84	88	94	78	73	95
건강·행복 지수	83	82	91	74	75	96

有吉通達之意必有亨通
유 길 통 달 지 의 필 유 형 통

연운

凶方宜避 吉方宜隨
흉 방 의 피 길 방 의 수
흉한 방향은 마땅히 피하고 길한 방향은 마땅히 따른다.

種竹成籬 生活泰平
종 죽 성 리 생 활 태 평
대나무를 심어 울타리를 이루니 생활이 태평하다.

財穀滿庫 衣食豊足
재 곡 만 고 의 식 풍 족
재물과 곡식이 창고에 가득하니 의식이 풍족하다.

四野回春 桃李爭春
사 야 회 춘 도 리 쟁 춘
온 누리에 봄이 돌아오니 복숭아꽃 자두꽃이 봄을 다툰다.

財在北方 出則入手
재 재 북 방 출 즉 입 수
재물이 북방에 있으니 그 쪽으로 가면 얻을 수 있다.

今年之數 移徙有吉
금 년 지 수 이 사 유 길
금년 운수는 이사하면 길하다.

幸逢貴人 趨拜丹闕
행 봉 귀 인 추 배 단 궐
다행히 귀인을 만나면 대궐에 나아가 절하게 된다.

福祿千鍾 萬事如意
복 록 천 종 만 사 여 의
복록이 많이 쌓이니 모든 일을 뜻대로 이룬다.

若不動力 善福何期
약 불 동 력 선 복 하 기
만일 부지런히 노력하지 않으면 좋은 복을 어찌 기약하겠는가.

성인의 연운 활용

금전·명예	재물운이 있어서 가는 곳마다 재물을 얻는다.
사업·창업	평상심으로 모든 일에 대처한다. 새로운 일이나 수입이 만족스럽지는 않지만 순조롭게 풀려나갈 것이다.
주식·투자	무리하지 않고 적당히 투자하면 어느 정도의 이익을 볼 수 있다.
시험·취직	철저히 준비하면 웬만한 시험은 합격한다. 승진은 어렵지만 보직 이동은 가능하다.
당선·소원	당선은 기다리는 것이 현명하다. 소원은 원하는 대로 이루어지니 걱정 없다.
이사·매매	현재와 비슷한 수준이면 괜찮지만 무리한 확장은 화를 부른다. 매매는 생각보다 잘 돼 뜻밖의 이익을 본다.
건강·사고	건강이 나빴던 사람도 곧 회복된다.
애정·결혼	취미 등 서로의 공통분모를 찾도록 노력한다. 짝이 없는 사람은 새로운 배필을 만난다. 연애와 결혼 모두 훌륭한 짝을 만난다. 배우자를 맞이하거나 새로운 식구가 생기니 기운이 왕성해진다.
소송·다툼	모든 일을 신중하게 처리하고 주의하면 소송할 일이 없다. 항상 가볍게 생각하다 말썽이 생긴다.

신세대의 연운 활용

연애·사랑	청춘남녀는 좋은 인연을 만나는 운이다. 이미 짝이 있는 사람은 애인과 가벼운 다툼이 생길 수 있으니 애인이 좋아할 만한 선물을 준비한다. 오랫동안 결혼을 못한 남녀는 새 가정을 꾸밀 기회가 온다.
시험·취직	시험은 모두 합격한다. 많은 경쟁자를 물리치고 취직하며 직장인은 원하던 대로 승진한다.
건강·사고	건강에는 아무런 문제가 없다.
금전·행운	금전이 들어오니 먹고 쓰는 데 어려움이 없고 생활에 여유가 생긴다.
소원·성취	남에게 베푼 사람은 그로 인해 기회를 얻고 더불어 소원을 이루게 된다.

운명을 바꾸는 연운 활용

좋은 방향	북동쪽
좋은 색상	은색
좋은 장소	호수
좋은 성씨	ㅅ, ㅈ, ㅊ
좋은 숫자	1, 9

숫자로 보는 연운 활용

	좋은 달	보통 달	나쁜 달
금전·투자	6, 7월	3, 4, 12월	5, 8월
변화·변동	6, 7월	1, 2, 10월	11월
연애·사랑	6, 9월	3, 10월	8, 11월
건강·소송	7, 9월	2, 4월	5, 8월

 선을 취하고 악을 멀리하나 흉한 사람이 가까이 있다.
나아가고 물러남을 아니 이 운수를 거의 면하리라.
때를 기다려 움직이면 마침내 좋은 일을 볼 것이다.

 길함은 어디에 있는가. 필시 서쪽에 있다.
화성火姓과 잘 사귀면 하는 일이 길하다.
허욕을 부리지 마라. 도리어 재물을 잃는다.

 재물이 동쪽에 있으니 나가서 구하면 많이 얻는다.
비록 재물은 얻지만 구설이 조금 따른다.
투기장에 가지 마라. 성공과 실패가 많이 되풀이된다.

 청룡이 하늘로 올라가니 그 조화가 무궁하다.
만일 부지런히 힘쓰지 않으면 성공하지 못한다.
다른 일을 꾀하지 마라. 반드시 실패할 것이다.

 직업을 바꾸지 마라. 반드시 허황할 것이다.
매사에 조심하라. 재물을 많이 잃는다.
만일 주색을 가까이하면 반드시 큰 해가 있다.

 지혜와 꾀가 있으니 반드시 성공할 것이다.
재물과 권리가 있으니 이웃에까지 어진 소리가 들린다.
때를 기다려 움직이면 길하고 이롭다.

 좋은 땅으로 이사하면 반드시 이익을 얻는다.
가정이 화평하니 일마다 형통하다.
동쪽에 길함이 있으니 구하면 얻을 수 있다.

 만일 이사하지 않으면 아내의 근심을 어찌할까.
남쪽이 해로우니 그 쪽으로 가면 불리하다.
칠월과 팔월은 처음에는 힘들고 나중에는 길하다.

 귀인이 와서 도와주니 재물복이 저절로 들어온다.
목성木姓은 불리하고 화성火姓은 길하다.
경영을 잘 하니 재물이 산처럼 쌓인다.

 동남 양쪽에서는 이익을 꾀하지 마라.
재물과 이익이 따르니 심신이 편안하다.
몸도 왕성하고 재물도 왕성하니 태평할 운수다.

 나루에 도착했는데 배가 없으니 어찌 강을 건널까.
술집에 가지 마라. 손실만 있고 이익은 없다.
밝은 달빛 아래 사창紗窓에서 좋은 벗을 만난다.

 녹祿을 많이 얻고 이름이 높으니 일신이 영귀해진다.
여색을 가까이하지 마라. 여인이 해를 끼친다.
귀인이 항상 도와주니 영화를 누릴 것이다.

운명을 바꾸는 월운 활용

	1월	2월	3월	4월	5월	6월
좋은 방향	남쪽	서쪽	동쪽	동쪽	서쪽	북쪽
좋은 색상	분홍색	회색	카키색	파란색	밤색	남청색
좋은 장소	당구장	매운탕음식점	수목원	포장마차	산책로	시냇가
좋은 성씨	ㅅ, ㅈ, ㅊ	ㅅ, ㅈ, ㅊ	ㄱ, ㅋ	ㄴ, ㄷ, ㅌ, ㄹ	ㅇ, ㅎ	ㅇ, ㅎ
좋은 숫자	4, 10	3, 5	2, 6	1, 4	5, 10	6, 8
좋은 날짜	5, 9, 11, 14, 20, 29일	5, 9, 15, 21, 22, 27일	8, 12, 16, 20, 23, 28일	8, 13, 17, 19, 24, 28일	6, 13, 15, 18, 23, 28일	8, 13, 15, 18, 22, 28일
안 좋은 날짜	19, 22, 24일	6, 18, 24일	9, 13, 21일	1, 14, 26일	5, 17, 26일	9, 17, 25일
재물·금전 지수	82	84	82	84	79	92
변화·변동 지수	83	85	86	88	74	93
건강·행복 지수	83	84	85	85	71	95

	7월	8월	9월	10월	11월	12월
좋은 방향	동쪽	서쪽	남쪽	북쪽	동쪽	남서쪽
좋은 색상	고동색	적갈색	청록색	연두색	베이지색	연보라색
좋은 장소	백화점	레스토랑	호수	PC방	영화관	만화방
좋은 성씨	ㅁ, ㅂ, ㅍ	ㄱ, ㅋ	ㄴ, ㄷ, ㅌ, ㄹ	ㄴ, ㄷ, ㅌ, ㄹ	ㅁ, ㅂ, ㅍ	ㄴ, ㄷ, ㅌ, ㄹ
좋은 숫자	4, 12	4, 5	1, 11	1, 12	3, 6	1, 7
좋은 날짜	2, 5, 10, 13, 23, 27일	3, 7, 12, 18, 24, 29일	5, 12, 15, 19, 23, 27일	9, 12, 18, 19, 22, 29일	5, 12, 16, 20, 23, 27일	9, 15, 17, 21, 22, 27일
안 좋은 날짜	11, 19, 21일	1, 5, 14일	9, 17, 28일	13, 23, 28일	4, 11, 24일	8, 16, 24일
재물·금전 지수	94	73	99	89	78	83
변화·변동 지수	92	76	94	84	74	82
건강·행복 지수	98	74	95	82	75	84

心高有通達之意
심 고 유 통 달 지 의

연운

乘龍乘虎 變化無雙
승 룡 승 호 변 화 무 쌍   용을 타고 호랑이를 타니 변화무쌍하다.

堀井見水 勞後有得
굴 정 견 수 노 후 유 득   우물을 파서 물을 얻으니 열심히 노력하면 얻는 것이 있다.

種竹待林 何時來吉
종 죽 대 림 하 시 래 길   대나무를 심어 수풀을 기다리니 어느 때나 좋은 일이 있을까.

莫與人爭 恐或官訟
막 여 인 쟁 공 혹 관 송   남과 다투지 않는다. 관재와 송사가 있을까 두렵다.

三春之數 財數大吉
삼 춘 지 수 재 수 대 길   봄 석 달의 운은 재수가 대길하다.

枯木逢春 千里有光
고 목 봉 춘 천 리 유 광   고목이 봄을 만나니 그 빛이 천리까지 이른다.

金玉滿堂 玉樹鱗鱗
금 옥 만 당 옥 수 린 린   금과 옥이 집안에 가득하며 귀한 나무가 빽빽하게 들어찬다.

紅杏花下 偶逢佳人
홍 행 화 하 우 봉 가 인   붉은 살구꽃 아래에서 우연히 미인을 만난다.

金冠玉帶 趨拜鳳闕
금 관 옥 대 추 배 봉 궐   금관에 옥띠를 두르고 대궐 앞에 나아가 절한다.

성인의 연운 활용

금전·명예	금전이 적지 않게 생기고 재물이 차곡차곡 쌓이니 목표 이상의 돈을 모은다.
사업·창업	재물운이 있고 귀인이 도우니 완벽한 계획과 행동으로 경영하면 큰돈을 벌 수 있다.
주식·투자	신중하게 생각하고 투자하면 반드시 이익이 있다.
시험·취직	응시하는 시험에 큰 어려움 없이 합격한다. 취직도 되고 몇 단계 승진하거나 상사의 총애를 받는다.
당선·소원	당선은 다음 기회가 더 유리하니 기다린다. 그 동안 베풀었던 것이 결실로 돌아오니 소원을 이루게 된다.
이사·매매	이사든 확장이든 원하는 대로 된다. 매매 또한 순조롭게 이루어지니 근심이 사라진다.
건강·사고	건강해져서 세상에 걱정할 일이 전혀 없다.
애정·결혼	자존심을 내세우거나 상대에게 투정부리기 쉽지만 이것이 오히려 서로의 사랑을 자극할 수도 있다. 오랜 애인과 행복한 결혼을 하며 애인 없는 사람은 좋은 짝을 만난다. 노총각 노처녀는 결혼하는 경사가 있다.
소송·다툼	수많은 사람들의 도움으로 오랫동안 끌어오던 소송이 해결된다.

신세대의 연운 활용

연애·사랑	오랜 연인과 더욱 가까워진다. 부부간의 정도 더욱 두터워진다.
시험·취직	노력한 대가가 따르니 시험에 합격한다. 직장인은 승진하고 구직자는 취직한다.
건강·사고	심신이 피곤하지만 건강에는 아무런 이상이 없으니 걱정하지 않아도 된다.
금전·행운	남이 보기에는 벌어들이는 것이 작은 것 같지만 의외로 많은 재물을 모은다.
소원·성취	어려움이 있을 때 혼자서 처리하려고 하지 말고 사람들에게 도움을 청하면 해결된다.

운명을 바꾸는 연운 활용

좋은 방향	남동쪽
좋은 색상	귤색
좋은 장소	영화관
좋은 성씨	ㅁ, ㅂ, ㅍ
좋은 숫자	2, 5

숫자로 보는 연운 활용

	좋은 달	보통 달	나쁜 달
금전·투자	3, 6월	9, 12월	7, 8월
변화·변동	10, 11월	4, 12월	5, 8월
연애·사랑	1, 3월	4, 9월	5, 7월
건강·소송	2, 3, 6월	9, 12월	5, 8월

월운

① 月
온갖 곡식이 풍성하니 사람마다 절로 즐겁다.
가족이 화합하니 복록福祿이 저절로 들어온다.
귀인이 도와주니 재물과 이익을 얻는다.

② 月
우연히 복이 집안으로 들어온다.
도처에 재물이 있으니 큰 재물을 손에 넣는다.
봄바람이 온화하니 주위가 모두 꽃이다.

③ 月
십년을 근면하게 노력하니 마침내 영화를 본다.
일신이 영귀해지니 재록財祿이 흥왕하다.
황제의 은혜를 받으니 반드시 관록官祿이다.

④ 月
운수가 흥왕하니 음모에도 길함이 있다.
뜬 재물을 탐내지 마라. 작은 것을 구하려다 큰 것을 잃는다.
이 달의 운수는 관사官事에 무익하다.

⑤ 月
집에 있으니 불리하여 문 밖으로 나왔으나 어디로 갈지 모른다.
타인을 가까이하지 마라. 손해를 면하기 어렵다.
운수가 불리하니 일이 지체된다.

⑥ 月
길한 운이 점점 돌아오니 일마다 성취한다.
만일 관록官祿이 아니면 슬하에 영화가 있을 것이다.
물고기가 푸른 바다에서 노니 의기양양하다.

⑦ 月
나루에 도착했으나 배가 없어 공연히 한탄한다.
금성金姓을 조심하라. 우연히 구설이 따른다.
만일 이사가 아니면 길을 나서는 것이 길하다.

⑧ 月
형제지간에 불화가 생긴다.
만일 이와 같지 않으면 어머니에게 근심이 생긴다.
이 달의 운수는 상을 당할까 두렵다.

⑨ 月
운수가 형통하니 집안이 편안하다.
식구가 늘고 널리 논밭을 마련한다.
금성金姓과 친하게 지내면 꾀하는 일을 쉽게 이룬다.

⑩ 月
경영하는 일은 반드시 성사된다.
재물이 밖에 있으니 길을 나서면 얻을 수 있다.
만일 동쪽으로 가면 모든 일이 뜻대로 이루어진다.

⑪ 月
만일 직업을 바꾸면 재물복이 풍족해진다.
용이 하늘에 오르니 구름이 움직이고 비가 온다.
길성吉星이 몸을 비추니 관록官祿이 따른다.

⑫ 月
집을 지키면 무익하고 밖으로 나가면 유익하다.
주색을 가까이하지 않으면 모든 일을 이룰 것이다.
마음을 굳게 먹고 덕을 쌓으면 내내 허물이 없을 것이다.

운명을 바꾸는 **월운** 활용

	1월	2월	3월	4월	5월	6월
좋은 방향	북쪽	북동쪽	북서쪽	남동쪽	남쪽	동쪽
좋은 색상	주황색	다홍색	검은색	하얀색	옥색	빨간색
좋은 장소	나이트클럽	삼겹살식당	한식당	곱창음식점	낙지음식점	섬
좋은 성씨	ㄴ, ㄷ, ㅌ, ㄹ	ㅇ, ㅎ	ㅅ, ㅈ, ㅊ	ㄱ, ㅋ	ㄴ, ㄷ, ㅌ, ㄹ	ㅁ, ㅂ, ㅍ
좋은 숫자	6, 7	8, 11	4, 9	3, 9	3, 8	2, 9
좋은 날짜	8, 14, 16, 21, 22, 28일	6, 13, 15, 21, 23, 28일	5, 8, 15, 16, 24, 29일	6, 12, 14, 21, 28, 29일	5, 9, 15, 17, 21, 28일	2, 8, 12, 20, 22, 29일
안 좋은 날짜	6, 19, 26일	9, 10, 20일	6, 17, 26일	2, 24, 26일	14, 27, 29일	5, 18, 21일
재물·금전 지수	93	94	98	82	74	94
변화·변동 지수	92	98	95	83	73	94
건강·행복 지수	90	96	95	84	72	93

	7월	8월	9월	10월	11월	12월
좋은 방향	서쪽	북서쪽	북쪽	동쪽	북동쪽	남동쪽
좋은 색상	회색	노란색	자주색	감색	적갈색	고동색
좋은 장소	카페	매점	야외음식점	칼국수전문점	만두전문점	정류장
좋은 성씨	ㅇ, ㅎ	ㅇ, ㅎ	ㅁ, ㅂ, ㅍ	ㅅ, ㅈ, ㅊ	ㄱ, ㅋ	ㄴ, ㄷ, ㅌ, ㄹ
좋은 숫자	2, 7	1, 2	6, 12	8, 10	6, 9	5, 8
좋은 날짜	5, 8, 14, 18, 21, 28일	5, 11, 15, 21, 23, 27일	5, 13, 15, 20, 22, 28일	5, 7, 14, 17, 24, 26일	3, 8, 15, 17, 22, 28일	8, 14, 16, 18, 25, 27일
안 좋은 날짜	10, 15, 20일	6, 9, 18일	4, 16, 24일	9, 18, 24일	10, 21, 25일	11, 23, 24일
재물·금전 지수	74	79	85	98	93	83
변화·변동 지수	73	72	85	92	91	82
건강·행복 지수	75	73	84	90	94	87

822 有吉必有光明之意

유 길 필 유 광 명 지 의

연운

三陽漸生 萬物生榮
삼 양 점 생 만 물 생 영 삼양이 점점 생겨나니 만물이 영화롭다.

雲歸月出 終見喜事
운 귀 월 출 종 견 희 사 구름이 걷히고 달이 나오니 마침내 기쁜 일을 볼 것이다.

小往大來 積小成大
소 왕 대 래 적 소 성 대 작은 것이 가고 큰 것이 오니 작은 것을 쌓아 큰 것을 이룬다.

雖有財旺 用處多端
수 유 재 왕 용 처 다 단 비록 재물은 왕성하지만 쓸 곳이 많이 생긴다.

三春之數 吉多凶小
삼 춘 지 수 길 다 흉 소 봄 석 달의 운수는 길한 일은 많고 흉한 일은 적다.

今年之數 必有財旺
금 년 지 수 필 유 재 왕 금년 운수는 재물이 많이 생긴다.

五穀豊登 穰穰滿家
오 곡 풍 등 양 양 만 가 오곡이 풍작이니 곡식이 집안 곳곳에 가득하다.

財爻逢旺 財如邱山
재 효 봉 왕 재 여 구 산 재물운이 왕성하니 재물이 산처럼 쌓인다.

水陸經營 手弄千金
수 륙 경 영 수 롱 천 금 물과 육지를 왕래하며 경영하니 손으로 천금을 만진다.

성인의 연운 활용

금전 · 명예	들어오는 재물이 매우 크다. 금전운도 매우 왕성하니 걱정할 것이 전혀 없다.
사업 · 창업	사업이 크게 번창하지는 않지만 조금씩 발전을 거듭할 것이다.
주식 · 투자	그 동안 잃었던 것을 주식투자로 한번에 만회한다.
시험 · 취직	고향보다는 객지로 지원하는 시험이 유리하다. 직장인은 본부나 내근직으로 옮기거나 승진한다.
당선 · 소원	선거에 당선되어 이름을 드높인다. 운이 좋으니 원하는 소원이 있다면 노력한다.
이사 · 매매	이사는 신중하게 진행하면 전혀 문제 없다. 매매는 혼자 처리하면 망신수가 있으니 배우자와 상의한다.
건강 · 사고	원기왕성하니 건강은 전혀 걱정할 것이 없다.
애정 · 결혼	삼각관계가 우려되니 적극적으로 표현한다. 사소한 말 한마디로 인해 자칫 이별할 수 있으니 주의한다.
소송 · 다툼	소송할 일이 발생하면 가까운 사람의 조언을 구한다.

신세대의 연운 활용

연애 · 사랑	가까운 사람이 애인을 가로챈다. 작은 실수로 이별할 수 있으니 오해가 생기지 않게 주의한다.
시험 · 취직	시험은 노력한 결과가 있다. 공사직과 일반직에 합격한다. 직장인은 능력을 인정받아 승진에 큰 도움이 된다.
건강 · 사고	오랜 질병에 시달리던 사람도 서서히 호전되니 걱정이 없다.
금전 · 행운	귀인을 만나면 천금도 쉽게 얻을 운세이다. 용이 여의주를 얻으니 재물이 풍족한 운세이다.
소원 · 성취	소송은 전혀 문제될 것이 없을 정도로 유리하게 진행된다.

운명을 바꾸는 연운 활용

좋은 방향	서쪽
좋은 색상	초록색
좋은 장소	만화방
좋은 성씨	ㄱ, ㅋ
좋은 숫자	7, 8

숫자로 보는 연운 활용

	좋은 달	보통 달	나쁜 달
금전 · 투자	3, 5월	9, 11월	10월
변화 · 변동	2, 6월	9, 11월	7, 10월
연애 · 사랑	1, 6월	4, 11월	8, 10월
건강 · 소송	3, 12월	4, 9월	7, 8월

822

월운

위아래가 화합하니 태평한 운수다.
만일 재물을 얻지 않으면 일신이 영귀해진다.
운수가 대길하니 만사가 뜻대로 된다.

성심으로 일을 꾀하면 반드시 성사된다.
적게 구하려다 크게 얻으니 반드시 형통할 것이다.
식구가 늘어나고 모든 일을 이룬다.

다행히 귀인을 만나면 녹祿이 쌓이고 이름이 높아진다.
목성木姓과 친하게 지내면 반드시 큰 재물을 얻는다.
슬하에 영화가 있으니 재물이 흥왕하다.

가운이 대길하니 모든 일이 이루어진다.
봄바람이 온화하니 도처에 꽃이 핀다.
재물이 서남에 있으니 그 쪽으로 가면 재물을 얻는다.

눈 속에서 죽순을 얻으니 하늘이 낸 효자다.
논밭에 이익이 많고 집안 살림이 흥왕하다.
신령이 도와주니 복록福祿이 왕성하다.

가을 국화와 복숭아가 각각 때를 만난다.
만일 관록官祿이 아니면 자손에 영화가 있다.
만일 이와 같지 않으면 상업으로 이익을 얻을 것이다.

이름이 크고 몸이 왕성하니 한가로운 곳에서 재물을 구한다.
운수가 불리하니 횡액을 조심한다.
음양이 화합하니 온 들판에 봄이 돌아온다.

모래를 일어 금을 취하니 작은 것으로 큰 것을 바꾼다.
만일 경사가 아니면 혹 구설이 있다.
일마다 뜻대로 이루어지니 가정에 기쁨이 가득하다.

위아래가 서로 친하니 집안 살림이 다시 흥할 것이다.
재물이 하늘에서 내려오니 살림이 넉넉하고 사람이 만족한다.
수성水姓을 조심하라. 공연히 재물을 잃는다.

운수가 태평하니 재물이 저절로 들어온다.
작은 것으로 큰 것을 바꾸니 모든 일을 이룬다.
남의 말을 믿지 마라. 재물을 잃을까 두렵다.

해가 강산에 저무는데 저녁 새가 수풀에 든다.
모든 일을 쉽게 이루니 집안이 화목하다.
고목이 봄을 만나고 메마른 싹이 비를 만난다.

재앙이 가고 복이 오니 화가 바뀌어 복이 된다.
하늘로부터 복을 받으니 재물을 모은 것이 매우 많다.
이익은 서쪽 사람에게 있고 해로움은 동쪽에 있다.

운명을 바꾸는 월운 활용

	1월	2월	3월	4월	5월	6월
좋은 방향	동쪽	남쪽	북서쪽	남서쪽	서쪽	남서쪽
좋은 색상	보라색	군청색	연보라색	베이지색	파란색	노란색
좋은 장소	생맥주집	휴양림	전통찻집	편의점	피자집	생선구이식당
좋은 성씨	ㄱ, ㅋ	ㅁ, ㅂ, ㅍ	ㅇ, ㅎ	ㅅ, ㅈ, ㅊ	ㅅ, ㅈ, ㅊ	ㅁ, ㅂ, ㅍ
좋은 숫자	2, 10	4, 5	4, 6	3, 8	2, 7	1, 10
좋은 날짜	3, 12, 14, 20, 21, 27일	5, 9, 16, 18, 23, 28일	4, 15, 19, 24, 25, 27일	4, 15, 17, 24, 25, 27일	6, 12, 15, 19, 25, 27일	3, 4, 9, 15, 17, 26일
안 좋은 날짜	1, 13, 25일	14, 21, 25일	9, 17, 29일	13, 23, 29일	4, 11, 26일	5, 18, 24일
재물·금전 지수	93	92	96	84	91	91
변화·변동 지수	92	91	92	89	92	95
건강·행복 지수	95	95	95	87	93	93

	7월	8월	9월	10월	11월	12월
좋은 방향	남동쪽	북쪽	동쪽	서쪽	북서쪽	서쪽
좋은 색상	금색	주황색	분홍색	회색	적갈색	남청색
좋은 장소	아이스크림가게	토스트가게	서점	쇼핑몰	라면전문점	보리밥식당
좋은 성씨	ㄱ, ㅋ	ㄴ, ㄷ, ㅌ, ㄹ	ㄴ, ㄷ, ㅌ, ㄹ	ㄱ, ㅋ	ㅅ, ㅈ, ㅊ	ㅇ, ㅎ
좋은 숫자	1, 11	3, 6	2, 9	1, 9	3, 4	2, 11
좋은 날짜	4, 6, 11, 13, 21, 27일	6, 8, 13, 16, 23, 25일	2, 8, 12, 16, 21, 23일	6, 9, 11, 15, 22, 25일	2, 5, 10, 17, 21, 28일	8, 10, 14, 17, 21, 28일
안 좋은 날짜	2, 14, 24일	9, 15, 26일	6, 13, 28일	2, 18, 29일	15, 22, 27일	3, 25, 27일
재물·금전 지수	72	71	88	76	84	98
변화·변동 지수	78	73	83	75	81	92
건강·행복 지수	79	75	88	72	80	95

823

大通之意往來之象
대 통 지 의 왕 래 지 상

연운

九秋霜降 落葉歸根
구 추 상 강 낙 엽 귀 근
구월에 서리가 내리니 낙엽이 뿌리에 떨어진다.

離鄕貴客 錦衣還鄕
이 향 귀 객 금 의 환 향
고향을 떠났던 귀한 손님이 비단옷을 입고 고향에 돌아온다.

意外得財 富貴兼全
의 외 득 재 부 귀 겸 전
뜻밖의 재물을 얻어 부귀를 누린다.

吉變爲凶 妄動不利
길 변 위 흉 망 동 불 리
길한 것이 흉한 것으로 변하니 함부로 움직이면 불리하다.

初困後吉 晩時有光
초 곤 후 길 만 시 유 광
처음은 곤란하고 뒤에 길하니 늦게 광명이 있다.

今年之數 安靜則吉
금 년 지 수 안 정 즉 길
금년 운수는 안정하면 길하다.

十年勤苦 榮華在今
십 년 근 고 영 화 재 금
십년을 노력하니 이제야 영화가 있다.

元氣相生 百事流通
원 기 상 생 백 사 유 통
큰 기운이 서로 도와주니 모든 일이 잘 된다.

劫殺來侵 失物愼之
겁 살 래 침 실 물 신 지
겁살이 침범하니 재물을 잃지 않게 조심한다.

성인의 연운 활용

금전·명예	한번은 심각한 금전적 어려움이 닥치니 미리 대비한다. 한 푼이라도 꾸준히 저축하는 것이 최선이다.
사업·창업	사업운이 저조하여 현상유지를 하는 것만으로도 다행이다.
주식·투자	주식투자는 손해도 없고 이익도 없으니 차라리 은행에 예금하는 것이 낫다.
시험·취직	시험운이 매우 저조하니 꾸준히 노력해야만 원하는 시험에 합격할 수 있다. 직장인은 승진이 어렵고 구설수로 어려움이 닥쳐 오랜 기간 회복하지 못할 수 있다.
당선·소원	당선은 시기가 좋지 않으니 다음을 기약하라. 현재의 소원보다는 과거부터 바라던 것이 이루어진다.
이사·매매	이사와 매매는 시기가 좋지 않으니 다음을 기약하라. 손해를 감수한다면 지금 실행해도 좋다.
건강·사고	건강에 각별히 주의한다.
애정·결혼	사랑싸움을 하기에는 너무 지쳐 있다. 다툼이나 충돌이 많아질 운이므로 대비하는 것이 좋다. 상대의 의견을 존중한다. 소문에 휘말리다가는 연인과 헤어지기 쉽고 부부끼리 다툴 수 있으니 주의한다.
소송·다툼	소송은 혼자서 처리하려고 애쓰지 말고 주변 사람과 함께하면 쉽게 해결된다.

신세대의 연운 활용

연애·사랑	연애에 지나치게 신경 쓰고 과욕을 부릴 수 있으니 휴식을 취하는 것이 좋다. 연애를 방해하거나 서로를 이간질하는 사람이 나타나니 주변 사람을 너무 믿지 말고 충분히 알아본 다음에 행동한다.
시험·취직	하위직 공무원이나 일반직은 노력에 따라 달라지지만 공사직과 상위직 등은 불가능하다. 직장인은 승진이 어렵고 직장에서 어려움이 닥칠 수 있으니 조심한다.
건강·사고	별다른 질병은 생기지 않지만 사고의 우려가 있으니 조심한다.
금전·행운	수입이 다소 들어오는 운세지만 큰 재물이 들어오거나 횡재할 가능성은 없다.
소원·성취	대부분 이루어지지 않고 욕심 없는 소원만 이루어진다. 소원을 이루려면 많은 노력이 필요하다.

운명을 바꾸는 연운 활용

좋은 방향	북서쪽
좋은 색상	옥색
좋은 장소	전시회장
좋은 성씨	ㄱ, ㅋ
좋은 숫자	4, 6

숫자로 보는 연운 활용

	좋은 달	보통 달	나쁜 달
금전·투자	3, 8월	1, 4월	6, 12월
변화·변동	2, 8월	5, 11월	6, 7월
연애·사랑	8, 10월	1, 9월	6, 12월
건강·소송	2, 3월	9, 11월	7, 12월

823 월운

 1月
천신이 도와주니 기쁜 일이 끊이지 않는다.
집에 있으면 불안하고 다른 곳에 가면 길하다.
금성金姓을 가까이하지 마라. 우연히 해를 끼친다.

 2月
소나무숲이 무성하니 백조가 와서 노닌다.
귀인이 와서 도우니 이익이 그 가운데 있다.
재물과 곡식이 풍족하니 집안이 태평하다.

 3月
곡우에 비가 내리니 봄꽃이 바로 핀다.
운수가 형통하니 모든 일을 이룬다.
집안이 태평하니 모든 일이 잘 된다.

 4月
재성財星이 몸을 비추니 천금이 저절로 들어온다.
재물과 몸이 왕성하니 금의환향한다.
금성金姓을 조심하라. 손해만 있고 이익은 없다.

 5月
길성吉星이 도와주니 반드시 가정을 이룰 것이다.
우연한 가운데 횡재를 하여 풍요롭다.
길한 중에 흉이 있으니 상복을 입을까 두렵다.

 6月
친한 사람을 조심하라. 한 차례 서로 다툰다.
모든 일이 길하니 나날이 천금을 더한다.
미리 치성을 드려라. 혹 아내에게 근심이 있을까 두렵다.

 7月
가족들이 마음을 같이하니 꾀하는 일을 이룬다.
영신靈神이 도와주니 반드시 좋은 일이 있을 것이다.
목성木姓과 금성金姓이 공연히 해를 끼친다.

 8月
만일 귀인을 만나면 천금을 얻는다.
만일 횡재하지 않으면 슬하에 영화가 있다.
재물이 왕성하니 가히 부귀를 기약할 것이다.

 9月
뜻밖에 재물을 얻으니 널리 논밭을 장만한다.
만일 귀인을 만나면 관록官祿이 따를 것이다.
관귀官鬼가 길을 지키고 있으니 멀리 나가면 해롭다.

 10月
복숭아꽃이 대나무에 붙으니 남의 힘을 얻어 성공한다.
배가 잔잔한 물 위를 가니 물결과 파도가 잠잠하다.
재물이 외지에 있으니 움직이면 재물을 얻는다.

 11月
금관과 옥대로 황제의 은혜를 스스로 얻는다.
뜻밖에 성공하여 공명을 널리 떨친다.
군자는 녹祿을 얻지만 소인은 허물이 있다.

 12月
높은 언덕에 봉황이 깃드니 태평한 기상이다.
만일 재물을 얻지 않으면 아들을 얻을 운수다.
만일 부모의 근심이 없으면 자손의 액을 면하지 못한다.

운명을 바꾸는 월운 활용

	1월	2월	3월	4월	5월	6월
좋은 방향	서쪽	남쪽	남동쪽	북동쪽	동쪽	남서쪽
좋은 색상	초록색	연두색	검은색	하얀색	자주색	연보라색
좋은 장소	기념관	독서실	채식전문점	운동장	시장	민속주점
좋은 성씨	ㄱ, ㅋ	ㅅ, ㅈ, ㅊ	ㅇ, ㅎ	ㅁ, ㅂ, ㅍ	ㄱ, ㅋ	ㄴ, ㄷ, ㅌ, ㄹ
좋은 숫자	8, 11	9, 10	2, 8	1, 6	8, 12	1, 5
좋은 날짜	3, 7, 13, 18, 20, 28일	4, 8, 11, 17, 21, 24일	1, 3, 8, 15, 18, 24일	8, 9, 15, 19, 22, 27일	8, 10, 13, 15, 25, 27일	4, 6, 12, 16, 20, 23일
안 좋은 날짜	4, 21, 22일	9, 18, 25일	2, 13, 24일	1, 10, 18일	4, 16, 26일	9, 13, 21일
재물·금전 지수	83	94	93	80	83	79
변화·변동 지수	84	91	94	85	82	72
건강·행복 지수	87	92	95	86	85	73

	7월	8월	9월	10월	11월	12월
좋은 방향	북서쪽	북쪽	남동쪽	서쪽	서쪽	남쪽
좋은 색상	고동색	다홍색	베이지색	황갈색	파란색	빨간색
좋은 장소	순두부식당	직장	전시회장	둔치	기차역	생과일전문점
좋은 성씨	ㅅ, ㅈ, ㅊ	ㄱ, ㅋ	ㅇ, ㅎ	ㅁ, ㅂ, ㅍ	ㄱ, ㅋ	ㄴ, ㄷ, ㅌ, ㄹ
좋은 숫자	2, 4	1, 8	2, 5	7, 9	7, 10	1, 2
좋은 날짜	4, 8, 17, 19, 23, 25일	5, 8, 14, 16, 25, 27일	6, 9, 13, 18, 23, 28일	5, 9, 16, 19, 24, 29일	1, 3, 7, 13, 16, 20일	1, 7, 13, 20, 24, 29일
안 좋은 날짜	7, 18, 29일	6, 18, 24일	12, 24, 27일	6, 14, 17일	2, 19, 29일	5, 19, 25일
재물·금전 지수	74	96	84	98	89	73
변화·변동 지수	72	92	86	94	84	75
건강·행복 지수	73	93	86	92	85	76

831

不正之心吉變爲凶
부 정 지 심 길 변 위 흉

연운

入山修道 本性可見
입 산 수 도 본 성 가 견   산에 들어가 도를 닦으니 가히 본성을 볼 수 있다.

鳳棲梧桐 喜事重重
봉 서 오 동 희 사 중 중   봉황이 오동나무에 깃드니 기쁜 일이 넘쳐난다.

有人多助 所望如意
유 인 다 조 소 망 여 의   도와주는 사람이 많으니 소망이 뜻대로 이루어진다.

在家則吉 遠行不利
재 가 즉 길 원 행 불 리   집에 있으면 길하고 먼 길을 떠나면 불리하다.

家人和合 安過太平
가 인 화 합 안 과 태 평   가족이 화합하니 편안히 태평세월을 보낸다.

今年之數 婚姻最吉
금 년 지 수 혼 인 최 길   금년 운수는 혼인에 가장 길하다.

受天百祿 享之無窮
수 천 백 록 향 지 무 궁   하늘에서 백 가지 녹을 받고 무궁한 복을 누린다.

乘槎浮海 端風時吹
승 사 부 해 단 풍 시 취   뗏목을 타고 바다로 나가니 좋은 바람이 때때로 불어온다.

晨鵲報喜 貴客臨門
신 작 보 희 귀 객 림 문   새벽 까치가 기쁜 소식을 전하니 귀한 손님이 찾아온다.

성인의 연운 활용

금전·명예	금전이 늘어나 경제적 어려움이 사라지고 생활이 윤택해진다.
사업·창업	드디어 침체되어 있던 사업이 번창하고 발전하는 기회가 온다.
주식·투자	신중한 주식투자로 인해 큰 이익을 보게 된다.
시험·취직	큰 시험만 빼고 대부분 합격 가능하다. 직장인은 상사의 인정을 받으니 승진 가능성이 있다.
당선·소원	귀인이 도와주니 당선이 어렵지 않다. 어려움이 닥쳐도 귀인의 도움으로 쉽게 해결되고 소원도 이루어진다.
이사·매매	이사하기에 가장 적합한 시기다. 어렵게만 보이던 매매가 쉽게 성사되고 작지만 이익도 생긴다.
건강·사고	건강은 전혀 걱정할 것이 없을 정도로 원기왕성하다.
애정·결혼	오래 사귄 사람이 인연이니 한눈팔지 않는다. 실수로 오해를 사서 헤어질 수 있으니 먼저 양보해야 한다. 오랜 연인과 다투기 쉽고 부부 갈등이 발생하기 쉽다.
소송·다툼	나쁜 일이 전혀 없이 소송은 원만하게 해결될 것이다.

신세대의 연운 활용

연애·사랑	주변 일로 마음고생이 심하니 사랑보다 현실이 우선이다. 부부는 작은 일이라도 대화로 함께 풀어나간다.
시험·취직	대길한 운으로 어려운 시험에 합격하고 일류대학에 합격하며, 공로를 인정받아 조금이나마 승진한다.
건강·사고	건강에 전혀 이상이 없으며, 고질병 환자도 신기할 만큼 감쪽같이 회복된다.
금전·행운	큰돈이나 횡재가 들어오지는 않지만 생활에 지장이 없을 정도의 재물은 들어온다.
소원·성취	소원은 간절하게 바라고 원하면 크게 이루어진다.

운명을 바꾸는 연운 활용

좋은 방향	남서쪽
좋은 색상	군청색
좋은 장소	해변
좋은 성씨	ㅇ, ㅎ
좋은 숫자	2, 8

숫자로 보는 연운 활용

	좋은 달	보통 달	나쁜 달
금전·투자	6, 8월	1, 3월	11, 12월
변화·변동	2, 8월	4, 9월	11, 12월
연애·사랑	6, 10월	4, 5월	7, 11월
건강·소송	2, 10월	3, 4월	7, 12월

831 월운

길에서 수레를 얻으니 한번에 만리를 간다.
모든 일이 뜻대로 되니 마침내 큰 이익을 얻는다.
재물운은 대길하나 혹 구설이 따른다.

귀성貴星이 도와주니 재백財帛이 끊이지 않는다.
분수를 지키고 편안히 있으면 가히 편함을 얻는다.
남산의 네 노인이 꿈에 봉래산에 들어간다.

남산의 붉은 복숭아가 홀로 봄빛을 띤다.
동으로든 서로든 이사하면 길하다.
시비를 가까이하지 마라. 혹 구설이 있을까 두렵다.

재성財星이 따르니 반드시 재물을 얻는다.
한마음으로 일을 구하면 반드시 성공한다.
남과 함께하면 반드시 불리하다.

쥐가 겨울 곳간에 들어오니 생활이 풍족하다.
일신이 저절로 편하고 많은 횡재를 만난다.
한가한 곳에서 재물을 구하라. 남과 다투면 해롭다.

작게 구하다 크게 얻으니 그 이익이 열 배가 된다.
이름이 높고 권리가 많으니 사람마다 우러러본다.
일에 성취함이 있으니 날로 큰 재물을 얻는다.

재물운을 묻지 마라. 얻어도 반을 잃는다.
밝음을 등지고 어둠으로 향하니 그로 인해 반드시 재물을 잃는다.
만일 이와 같지 않으면 화재가 두렵다.

구름이 흩어지고 달이 나오니 사방이 밝아진다.
동산에 꽃이 활짝 피니 벌과 나비가 스스로 온다.
남의 돈을 탐내지 마라. 도리어 재물을 잃는다.

날아가는 새가 길을 잃으니 공연히 하늘을 날아다닌다.
재물을 잃고 사람이 떠나니 심신이 불안하다.
고단함을 한탄하지 마라. 마침내 길한 운을 얻는다.

귀인이 도와주니 생활이 태평하다.
재물이 풍족하니 일마다 뜻대로 된다.
물고기와 용이 물을 얻으니 의기양양하다.

길을 떠나면 불리하니 옛 것을 지키고 안정한다.
만일 이와 같지 않으면 횡액을 면하기 어렵다.
물과 불을 조심한다. 뜻밖에 한번 놀랄 것이다.

만일 귀인을 만나면 가히 태평하게 지낼 것이다.
길한 사람은 무슨 성인가. 이李가와 박朴가 두 성이다.
운수는 좋으나 혹 구설이 따른다.

운명을 바꾸는 월운 활용

	1월	2월	3월	4월	5월	6월
좋은 방향	동쪽	북동쪽	남동쪽	남서쪽	북쪽	북서쪽
좋은 색상	분홍색	하늘색	은색	밤색	노란색	자주색
좋은 장소	레스토랑	해장국식당	볼링장	해변	족발음식점	버섯음식점
좋은 성씨	ㄴ, ㄷ, ㅌ, ㄹ	ㄱ, ㅋ	ㄴ, ㄷ, ㅌ, ㄹ	ㅁ, ㅂ, ㅍ	ㅅ, ㅈ, ㅊ	ㅇ, ㅎ
좋은 숫자	6, 10	7, 11	7, 12	9, 11	1, 3	4, 7
좋은 날짜	3, 6, 13, 18, 24, 27일	5, 9, 11, 15, 23, 27일	4, 8, 14, 17, 23, 28일	5, 8, 13, 17, 23, 28일	4, 9, 19, 21, 24, 28일	1, 7, 11, 17, 24, 27일
안 좋은 날짜	4, 17, 25일	8, 17, 26일	10, 22, 25일	9, 18, 22일	17, 22, 26일	12, 19, 23일
재물·금전 지수	82	93	85	82	83	96
변화·변동 지수	83	91	86	84	82	95
건강·행복 지수	83	92	84	85	84	94

	7월	8월	9월	10월	11월	12월
좋은 방향	서쪽	북서쪽	동쪽	서쪽	남쪽	북동쪽
좋은 색상	회색	보라색	귤색	고동색	하얀색	연두색
좋은 장소	산장	와인전문점	극장	생맥주집	오리음식점	계곡
좋은 성씨	ㄱ, ㅋ	ㄴ, ㄷ, ㅌ, ㄹ	ㄱ, ㅋ	ㅅ, ㅈ, ㅊ	ㅇ, ㅎ	ㅁ, ㅂ, ㅍ
좋은 숫자	3, 9	3, 10	4, 6	3, 11	5, 11	2, 6
좋은 날짜	5, 14, 16, 19, 22, 28일	3, 8, 14, 17, 22, 28일	6, 14, 18, 19, 23, 29일	2, 11, 14, 16, 23, 28일	4, 9, 13, 15, 23, 28일	1, 10, 14, 15, 23, 28일
안 좋은 날짜	3, 21, 27일	4, 21, 27일	5, 13, 21일	13, 24, 26일	1, 10, 21일	2, 18, 24일
재물·금전 지수	74	90	87	94	79	76
변화·변동 지수	76	92	85	91	74	74
건강·행복 지수	75	93	83	92	75	76

有事必中之意
유 사 필 중 지 의

往釣于淵 金麟自至
왕 조 우 연 금 린 자 지   연못에서 낚시질을 하니 금비늘이 스스로 온다.

枯木逢春 終見開花
고 목 봉 춘 종 견 개 화   봄이 오니 고목에서 마침내 꽃이 피는 것을 본다.

三春之數 生男之數
삼 춘 지 수 생 남 지 수   봄 석 달의 운수는 아들을 낳는 운수다.

意外得財 生活泰平
의 외 득 재 생 활 태 평   의외의 재물을 얻으니 생활이 태평하다.

南方有吉 北方有害
남 방 유 길 북 방 유 해   남쪽은 길하고 북쪽은 해롭다.

雨順風調 萬物自來
우 순 풍 조 만 물 자 래   비바람이 순조로우니 만물이 저절로 자라난다.

持身謙恭 扶之者衆
지 신 겸 공 부 지 자 중   몸가짐을 겸손하게 하면 도와주는 이가 많다.

植木高山 積小成大
식 목 고 산 적 소 성 대   높은 산에 나무를 심으니 작은 것을 쌓아 큰 것을 이룬다.

量入計出 財恒足矣
양 입 계 출 재 항 족 의   수입을 헤아려 지출하면 언제나 재물이 풍족할 것이다.

성인의 연운 활용

금전 · 명예	큰 이익이나 횡재운은 없지만 생활할 수 있을 정도의 금전은 들어온다.
사업 · 창업	치밀한 계획과 경영만이 재산이 모으는 길이다. 급하게 서둘지만 않으면 좋은 운을 만난다.
주식 · 투자	작은 것을 투자하여 큰 것을 얻는다. 그러나 욕심을 부려 크게 투자하면 손해 볼 수 있으니 조심한다.
시험 · 취직	무리하지만 않으면 가까운 사람의 도움으로 시험에 합격한다. 상사의 도움으로 승진하니 더욱 노력한다.
당선 · 소원	많은 노력을 했고 운이 따라주니 당선이 가능하다. 바라던 소원이 이제야 이루어지니 매우 기쁘다.
이사 · 매매	집을 확장하는 기쁨이 있으며 가족끼리 화합한다. 매매는 계약이 성립되고 이익 또한 늘어난다.
건강 · 사고	건강은 매우 좋은 상태이다.
애정 · 결혼	삼각관계나 불륜에 빠지기 쉽다. 지금은 애정문제로 고민할 시기가 아니라 발전을 위해 노력할 시기이니 만남을 자제한다. 부부생활은 원만하다.
소송 · 다툼	오래 끌어오던 소송이 이제야 해결되는 기미가 보인다.

신세대의 연운 활용

연애 · 사랑	짝이 없는 사람은 짝을 만나고 사랑하는 연인끼리는 서로 신뢰가 쌓여 사랑이 더욱 깊어진다.
시험 · 취직	시험운이 있어서 높은 시험을 제외하고 모두 가능하다. 직장인은 상사의 도움으로 승진한다.
건강 · 사고	몸과 마음이 날아갈 듯 가볍고 건강하고 원하는 일들을 모두 추진할 수 있다.
금전 · 행운	누구와 어떤 일을 계획해도 이익이 크다. 재물이 적지 않게 들어와 생활이 여유롭다.
소원 · 성취	지금의 소원은 이루어지지 않지만 예전 소원 중에 욕심 없는 소원은 이루어진다.

운명을 바꾸는 연운 활용

좋은 방향	남쪽
좋은 색상	청록색
좋은 장소	산장
좋은 성씨	ㅅ, ㅈ, ㅊ
좋은 숫자	3, 4

숫자로 보는 연운 활용

	좋은 달	보통 달	나쁜 달
금전 · 투자	8, 9월	1, 5월	10, 11월
변화 · 변동	6, 7월	1, 4월	12월
연애 · 사랑	2, 7월	4, 5월	11, 12월
건강 · 소송	3, 8월	1, 4월	11월

832

월운

동쪽 뜰의 붉은 복숭아가 때를 만나 꽃이 핀다.
만일 새로 혼인하지 않으면 아들을 얻을 운수다.
하늘이 기이한 복을 내려주니 모든 일이 잘 된다.

작은 것을 쌓아 큰 것을 이루니 모든 일을 이룬다.
재앙이 사라지고 복이 오니 도처에 재물이 있다.
이익은 어떤 성에 있는가. 반드시 금성金姓이다.

신령이 도와주니 재백財帛이 끊이지 않는다.
우연히 재물을 얻으니 큰 부자로 이름을 얻는다.
만일 목성木姓을 만나면 흉한 중에 복이 있다.

비록 재물은 왕성하지만 슬하에 근심이 있다.
칠성七星에게 기도하면 이 운수를 면한다.
명예와 이익이 모두 흥왕하니 부귀가 함께 있다.

뜻밖에 공명을 얻으니 모든 사람들이 칭찬한다.
안정하면 길하고 밖으로 나가면 불리하다.
친구를 조심하라. 재물을 잃을 운수다.

정鄭가와 김金가 두 성이 우연히 와서 도와준다.
권세를 얻으니 이름을 사방에 떨친다.
도처에 영화가 있으니 의기 있는 남자다.

재성財星이 몸을 비추니 반드시 재물을 얻는다.
길성吉星이 도와주니 반드시 기쁜 일이 있다.
군자는 녹祿을 얻고 소인은 재물을 얻는다.

용이 하늘을 날아가니 대인을 만나 이익을 얻는다.
마음을 한결같이 먹으면 반드시 공명을 얻는다.
재물을 산처럼 모으니 반드시 대가를 이룬다.

재성財星이 도우니 반드시 큰 재물을 얻는다.
집안일이 잘 되니 반드시 귀한 자녀를 낳는다.
봄빛이 꽃을 피우니 보배와 영화를 얻는다.

만일 남을 속이면 도리어 큰 해가 있다.
신상에 근심이 있으니 혹 시비가 있을까 두렵다.
만일 목성木姓을 가까이하면 재물을 많이 잃는다.

재물운은 어떠한가. 얻어도 또 잃을 운수다.
여색을 조심한다. 재물을 잃을까 두렵다.
처음은 곤궁하나 뒤에 왕성하니 먼저는 잃지만 나중에 이익을 본다.

가운家運이 대길하니 집안에 화목한 기운이 가득하다.
시기가 길하니 기쁜 일이 끊이지 않는다.
한 해가 저무는 무렵에 풍류와 재록財祿을 누린다.

운명을 바꾸는 **월운** 활용

	1월	2월	3월	4월	5월	6월
좋은 방향	남동쪽	서쪽	북서쪽	남서쪽	남쪽	북쪽
좋은 색상	옥색	베이지색	적갈색	연분홍색	남청색	다홍색
좋은 장소	뷔페식당	청국장식당	산	수영장	주택가	체육관
좋은 성씨	ㄱ, ㅋ	ㄱ, ㅋ	ㄴ, ㄷ, ㅌ, ㄹ	ㅇ, ㅎ	ㅁ, ㅂ, ㅍ	ㄱ, ㅋ
좋은 숫자	2, 4	1, 5	3, 12	6, 11	4, 11	5, 7
좋은 날짜	3, 8, 13, 16, 23, 26일	3, 9, 13, 17, 23, 28일	9, 12, 15, 19, 21, 27일	4, 9, 15, 24, 25, 28일	5, 9, 13, 14, 23, 28일	4, 10, 13, 15, 24, 27일
안 좋은 날짜	6, 18, 22일	7, 15, 24일	14, 24, 29일	6, 14, 27일	3, 21, 24일	5, 26, 29일
재물·금전 지수	82	98	94	83	89	98
변화·변동 지수	80	94	96	84	84	97
건강·행복 지수	84	93	95	86	82	95

	7월	8월	9월	10월	11월	12월
좋은 방향	동쪽	남동쪽	남쪽	서쪽	북동쪽	북서쪽
좋은 색상	검은색	회색	연보라색	고동색	노란색	파란색
좋은 장소	꽃집	단란주점	김밥전문점	중식당	아구찜음식점	바닷가
좋은 성씨	ㅁ, ㅂ, ㅍ	ㅅ, ㅈ, ㅊ	ㅇ, ㅎ	ㄴ, ㄷ, ㅌ, ㄹ	ㄴ, ㄷ, ㅌ, ㄹ	ㅅ, ㅈ, ㅊ
좋은 숫자	1, 12	2, 4	1, 8	9, 12	5, 12	6, 8
좋은 날짜	5, 12, 14, 19, 22, 29일	8, 12, 14, 19, 25, 29일	9, 17, 18, 19, 22, 28일	4, 9, 12, 22, 23, 27일	6, 12, 17, 21, 24, 28일	6, 13, 16, 21, 23, 28일
안 좋은 날짜	2, 15, 24일	9, 15, 24일	16, 21, 24일	10, 21, 25일	5, 14, 27일	2, 18, 24일
재물·금전 지수	93	90	94	74	74	75
변화·변동 지수	95	91	98	76	75	73
건강·행복 지수	92	93	92	75	73	73

833 無咎安靜之意
무 구 안 정 지 의

연운

靜中滋味 最不尋常
정 중 자 미 최 불 심 상 고요한 가운데 느끼는 재미가 가장 특별하다.

春風和暢 四面花山
춘 풍 화 창 사 면 화 산 봄바람이 화창하니 온 산에 꽃이 활짝 핀다.

貴人相助 應詩成功
귀 인 상 조 응 시 성 공 귀인이 서로 도우니 때를 만나 성공한다.

若非功名 必是生男
약 비 공 명 필 시 생 남 만일 공명을 얻지 않으면 반드시 자녀를 얻는다.

安靜守分 逢時成功
안 정 수 분 봉 시 성 공 분수를 지켜 안정한다. 때를 만나면 성공한다.

今年之數 偶然安樂
금 년 지 수 우 연 안 락 금년 운수는 우연히 안락해진다.

入山修道 仙緣可期
입 산 수 도 선 연 가 기 산에 들어가 도를 닦으면 신선과 인연이 될 수 있다.

危中求安 先困後泰
위 중 구 안 선 곤 후 태 위태로운 중에 편안하니 처음은 힘들어도 나중은 태평하나.

潤屋潤身 心廣體胖
윤 옥 윤 신 심 광 체 반 집이 윤택해지고 신세도 편해지니 마음이 넓어지고 몸은 살찐다.

성인의 연운 활용

금전·명예	횡재수가 있으니 큰 재물을 얻을 수 있다. 생활의 여유가 생기고 자금이 풍족해진다.
사업·창업	매사에 자신감 있게 계획대로 실천해 나간다면 사업이 발전할 수 있다.
주식·투자	주식이 한참 상승세이니 투자하면 이익을 얻을 수 있다.
시험·취직	시험은 실력대로 응시하면 합격 가능하다. 직장인은 자리를 옮기거나 승진한다.
당선·소원	당선되니 가정에 기쁨이 가득하다. 이루고자 노력해온 소원들이 대부분 이루어진다.
이사·매매	가족들 마음에 드는 곳이면 순조롭게 이사한다. 매매는 생각과 다르게 손쉽게 성사된다.
건강·사고	건강이 매우 양호하니 걱정할 것이 없다. 계획한 일을 마음놓고 진행해도 좋다.
애정·결혼	겉보기에는 화려하지만 실속이 없거나 가식적인 만남이 될 가능성이 크다. 연인끼리는 불화의 조짐이 있으니 조심한다. 새로운 연인을 만나기 어렵고 부부는 다투고 냉전이 오래 간다.
소송·다툼	소송은 좋은 쪽으로 해결되니 크게 걱정하지 않아도 된다.

신세대의 연운 활용

연애·사랑	마음을 정하지 못한 채 상황에 끌려가기 쉽다. 나중에 후회하느니 지금 감정을 자제하는 것이 현명하다. 서로 갈등이 심해지거나 오해가 생기기 쉽다. 결혼은 성사되니 속히 서두른다.
시험·취직	노력하면 하위직이나 일반직은 가능하다. 직장인은 변화운이 강하니 부서 이동이 있다.
건강·사고	건강은 그리 걱정할 것이 없다. 안심하고 활동해도 좋다.
금전·행운	재물운이 있으니 먹고 쓰는 데 여유가 생긴다. 재물도 원활하게 들어온다.
소원·성취	소원은 가까운 사람에게 부탁하면 들어줄 것이니 도움을 청한다.

운명을 바꾸는 연운 활용

좋은 방향	남쪽
좋은 색상	주황색
좋은 장소	극장
좋은 성씨	ㄱ, ㅋ
좋은 숫자	7, 12

숫자로 보는 연운 활용

	좋은 달	보통 달	나쁜 달
금전·투자	4, 7월	5, 8월	6, 9월
변화·변동	3, 11월	2, 12월	9, 10월
연애·사랑	3, 7월	1, 12월	6, 9월
건강·소송	4, 11월	2, 8월	9, 10월

833

월운

1월
분수를 지키고 편안히 있으면 신상에 근심이 없다.
앞길이 험난하니 망녕되이 움직이면 불리하다.
달이 구름 속으로 들어가니 그 빛을 볼 수 없다.

2월
귀인이 와서 도우니 수복壽福이 끊이지 않는다.
만일 관록官祿이 아니면 반드시 귀한 자녀를 낳는다.
재물운은 좋으나 혹 구설이 따른다.

3월
땅을 파서 금을 얻으니 마침내 큰 이익을 얻는다.
동남 양쪽에서 반드시 재물이 왕성할 것이다.
일신이 평안하니 이 밖에 무엇을 바라는가.

4월
덕을 많이 쌓으니 큰 복이 저절로 들어온다.
만일 이와 같지 않으면 자손이 영귀해진다.
재물이 왕성하니 이 때를 놓치지 않는다.

5월
쟁론하지 마라. 구설이 따른다.
길 위에 나가지 마라. 한번은 헛되이 놀란다.
재물이 매매하는 데 있으니 반드시 논밭이다.

6월
금성金姓을 가까이하지 마라. 반드시 재물을 잃는다.
매매는 해로우니 반드시 수산물이다.
이 달의 운수는 이익과 길함이 별로 없다.

7월
재물이 따르니 반드시 큰 재물을 얻는다.
때를 만나 덕을 쌓으니 길한 경사가 있다.
푸른 소나무와 푸른 대나무는 그 빛이 변하지 않는다.

8월
굶주린 자가 풍년을 만나니 식록食祿이 끊이지 않는다.
재물은 풍족하지만 혹 아내에게 근심이 생긴다.
최崔가와 이李가는 가까이하면 해롭다.

9월
집에 있으면 불안하고 다른 데 가면 길하다.
목성木姓이 불리하니 친하면 해롭다.
만일 이와 같지 않으면 재물을 잃는다.

10월
밖은 부자요 안은 가난하니 기쁜 중에 근심이 있다.
남의 말을 믿지 마라. 반드시 재물을 잃는다.
화성火姓을 조심한다. 구설이 분분하다.

11월
청룡이 물을 얻으니 반드시 경사가 있다.
만일 귀인을 만나면 가히 공명을 얻는다.
급하게 하지 마라. 늦으면 길하다.

12월
위험한 데서 편함을 생각하니 먼저 잃고 나중에 얻는다.
정鄭가와 김金가 두 성이 공연히 시기한다.
금년의 운수는 안정하면 길하다.

운명을 바꾸는 월운 활용

	1월	2월	3월	4월	5월	6월
좋은 방향	북쪽	남서쪽	남쪽	동쪽	남동쪽	서쪽
좋은 색상	군청색	주황색	자주색	빨간색	분홍색	상아색
좋은 장소	찜질방	제과점	놀이터	카페	스카이라운지	갈비음식점
좋은 성씨	ㄱ, ㅋ	ㄴ, ㄷ, ㅌ, ㄹ	ㄱ, ㅋ	ㅅ, ㅈ, ㅊ	ㅇ, ㅎ	ㅁ, ㅂ, ㅍ
좋은 숫자	7, 8	2, 12	3, 9	4, 10	3, 5	2, 6
좋은 날짜	5, 15, 17, 20, 21, 28일	6, 10, 14, 20, 24, 28일	3, 12, 15, 21, 25, 28일	2, 13, 16, 19, 21, 27일	9, 16, 18, 21, 22, 29일	8, 14, 17, 21, 23, 27일
안 좋은 날짜	13, 22, 27일	4, 13, 25일	9, 17, 26일	9, 18, 24일	10, 14, 23일	7, 18, 22일
재물·금전 지수	82	84	90	91	83	73
변화·변동 지수	83	87	92	94	82	76
건강·행복 지수	85	88	93	95	85	75

	7월	8월	9월	10월	11월	12월
좋은 방향	남쪽	북동쪽	북서쪽	서쪽	북쪽	남동쪽
좋은 색상	주황색	초록색	연보라색	청록색	연두색	적갈색
좋은 장소	미술관	축구장	우동전문점	쌈밥식당	스파게티전문점	둔치
좋은 성씨	ㄴ, ㄷ, ㅌ, ㄹ	ㅁ, ㅂ, ㅍ	ㄴ, ㄷ, ㅌ, ㄹ	ㄱ, ㅋ	ㅅ, ㅈ, ㅊ	ㅇ, ㅎ
좋은 숫자	1, 4	5, 10	6, 8	4, 12	4, 5	1, 11
좋은 날짜	9, 16, 19, 22, 25, 26일	3, 10, 13, 20, 22, 26일	5, 10, 12, 20, 22, 28일	5, 9, 15, 20, 22, 29일	9, 15, 16, 20, 25, 27일	9, 17, 18, 20, 23, 28일
안 좋은 날짜	14, 21, 23일	9, 17, 21일	6, 18, 24일	1, 11, 24일	7, 9, 14일	2, 16, 24일
재물·금전 지수	92	84	79	73	91	82
변화·변동 지수	93	82	74	74	94	83
건강·행복 지수	96	83	75	76	95	89

841

初雖不成終必有成
초 수 불 성 종 필 유 성

— 연운 —

碌碌浮生 不知安分
녹록부생 부지안분
뜬구름 잡는 인생이 분수를 지킬 줄 모른다.

花落無春 狂蝶失路
화락무춘 광접실로
꽃이 떨어지고 봄이 가니 미친 나비가 갈 길을 잃었다.

欲知年運 三遷之數
욕지년운 삼천지수
한 해의 운세를 알고자 한다면 세 번 변화할 운수다.

在家無益 出他心閑
재가무익 출타심한
집에 있으면 무익하고 밖으로 나가면 마음이 한가롭다.

初吉後困 妄動之故
초길후곤 망동지고
처음은 길하나 나중에 힘든 것은 함부로 움직인 까닭이다.

三秋之數 貴人助力
삼추지수 귀인조력
가을 석 달의 운수는 귀인이 도와준다.

風起雲散 海天一碧
풍기운산 해천일벽
바람에 구름이 흩어지니 바다와 하늘이 모두 푸르다.

災消福興 事事如意
재소복흥 사사여의
재앙이 사라지고 복이 오니 하는 일마다 뜻대로 된다.

吉星入命 憂散喜生
길성입명 우산희생
길성이 들어오니 근심 없이 기쁜 일만 생긴다.

성인의 연운 활용

금전 · 명예	가족이나 본인에게 뜻밖의 일이 생겨 큰돈이 나가거나 손재수나 관재수가 따른다.
사업 · 창업	현상유지에 만족한다. 아무리 노력해도 그 자리를 벗어나지는 못한다.
주식 · 투자	남의 말에 솔깃해 주식에 투자하면 금전 손실이 생기니 조심한다.
시험 · 취직	시험은 불리하고 더 많은 노력이 필요하다. 취직은 어렵다. 승진은 오랜 기간 노력한 사람만 가능하다.
당선 · 소원	아직 시기가 이르니 좀더 노력해서 기회를 잡는다. 아무리 노력해도 몸만 힘들고 소원은 이루어지지 않는다.
이사 · 매매	되도록 현재에 만족하고 이사는 다음 기회로 미룬다. 문서로 인한 구설수나 다툼이 생기니 주의한다.
건강 · 사고	안과질환이 발생할 수 있다. 작은 이상이라도 꼭 병원을 찾는다.
애정 · 결혼	주변 사건이나 구설로 인해 사이가 나빠지거나 오해를 산다. 차분하게 대처한다. 부부는 대화가 필요하다.
소송 · 다툼	사주팔자가 나쁘면 자기 일도 아닌데 소송에 휘말리고 억울하게 패소한다. 남의 일에 간섭하지 않는다.

신세대의 연운 활용

연애 · 사랑	불륜이나 소모적인 만남이기 쉽다. 애인 얼굴을 볼 틈도 없이 서로 바빠질 운세다. 처음에는 화기애애하지만 사소한 말다툼이 불화로 이어지고, 상대가 결혼을 미룰 수 있다.
시험 · 취직	시험운이 매우 불리하니 더욱 노력해야 한다. 직장인은 구설수가 있으니 직장에서 행동을 조심한다.
건강 · 사고	과로로 건강이 악화되니 마음을 편안하게 가진다.
금전 · 행운	자칫 지출이 많아지고 상황이 어려워질 수 있으니 조심한다.
소원 · 성취	소원을 이루기에는 적당한 시기가 아니니 다음 기회를 기다린다.

운명을 바꾸는 연운 활용

좋은 방향	남서쪽
좋은 색상	주황색
좋은 장소	생맥주집
좋은 성씨	ㄴ, ㄷ, ㅌ, ㄹ
좋은 숫자	6, 8

숫자로 보는 연운 활용

	좋은 달	보통 달	나쁜 달
금전 · 투자	6, 7월	10, 12월	3, 5월
변화 · 변동	7, 9월	4, 10월	1, 2월
연애 · 사랑	6, 8월	4, 10월	5, 11월
건강 · 소송	7, 9월	4, 12월	2, 5월

 비록 경영하는 것은 있으나 손해만 있고 이루기 어렵다.
바쁘게 움직이나 이익은 별로 없다.
재물운은 먼저는 얻고 뒤에는 잃는다.

 타향에서 고생하니 마음이 처량하다.
환자가 짝을 얻으니 오래지 않아 이별한다.
여자를 가까이하지 마라. 재물을 잃고 구설이 따른다.

 모든 일을 이루지 못하니 소득이 전혀 없다.
비록 재물은 생기나 얻어도 모으기 어렵다.
집에 있으면 괴롭고 다른 곳으로 나가면 유망하다.

 처음은 있고 끝이 없으니 하는 일이 뜬구름 같다.
가정은 편안하나 일신이 괴롭다.
다행히 금성金性을 만나면 한때는 편안하다.

 봄이 지나니 벌과 나비가 오지 않는다.
여관의 희미한 등불에 나그네 마음이 처연하다.
만일 재물을 잃지 않으면 자손에게 근심이 있다.

 귀인이 도우니 재수가 형통하다.
문서에 기쁨이 있으니 글로써 재물을 얻는다.
처음에는 비록 재물이 궁하나 늦게나마 재물과 이익을 얻는다.

 재성財星이 따르니 문필로써 재물이 생긴다.
들어오면 심란하고 밖에 나가면 재물을 구한다.
만일 횡재가 아니면 반드시 귀한 자녀를 낳는다.

 운수가 대길하고 재수가 형통하다.
큰 재물은 바라기 어려우나 작은 재물은 얻는다.
만일 이李가를 만나면 작은 재물을 얻는다.

 집에 있으면 심란하고 밖으로 나가면 이익을 얻는다.
서쪽과 남쪽 양쪽에서 반드시 재물이 왕성하다.
큰 재물은 바라기 어려우나 작은 재물은 얻는다.

 몸은 건강하고 편하나 허송세월한다.
분수를 지키고 안정하면 편안한 운수다.
꾀하는 일이 불리하니 집에 있으면 길하다.

 경영하는 일은 손해만 있고 이루지 못한다.
멀리 나가지 마라. 재물을 잃을까 두렵다.
만일 술집을 가까이하면 재물을 잃고 구설이 따른다.

재물운이 불리하니 어머니가 편치 못하다.
가운家運이 이와 같으니 재물을 잃을 운수다.
집에 있으면 길하고 멀리 나가면 불리하다.

운명을 바꾸는 월운 활용

	1월	2월	3월	4월	5월	6월
좋은 방향	북쪽	동쪽	남쪽	북서쪽	남서쪽	서쪽
좋은 색상	보라색	노란색	하얀색	검은색	회색	자주색
좋은 장소	조개구이식당	냉면전문점	김밥전문점	보쌈음식점	삼겹살식당	기차역
좋은 성씨	ㄴ, ㄷ, ㅌ, ㄹ	ㄴ, ㄷ, ㅌ, ㄹ	ㅅ, ㅈ, ㅊ	ㄱ, ㅋ	ㅇ, ㅎ	ㅁ, ㅂ, ㅍ
좋은 숫자	1, 12	3, 6	1, 7	6, 7	8, 11	4, 9
좋은 날짜	2, 9, 12, 16, 22, 27일	6, 8, 12, 13, 22, 28일	8, 11, 13, 21, 22, 28일	6, 9, 16, 19, 20, 27일	6, 8, 12, 15, 22, 28일	2, 7, 14, 16, 22, 27일
안 좋은 날짜	7, 18, 24일	9, 10, 21일	1, 18, 20일	3, 14, 23일	9, 14, 26일	6, 18, 21일
재물·금전 지수	74	72	74	84	74	93
변화·변동 지수	72	73	75	88	75	94
건강·행복 지수	73	76	74	85	75	98

	7월	8월	9월	10월	11월	12월
좋은 방향	북동쪽	북서쪽	남서쪽	북쪽	남동쪽	북서쪽
좋은 색상	다홍색	고동색	베이지색	분홍색	파란색	밤색
좋은 장소	목욕탕	순대국식당	분식점	돈까스전문점	패스트푸드점	공공도서관
좋은 성씨	ㄱ, ㅋ	ㅅ, ㅈ, ㅊ	ㄴ, ㄷ, ㅌ, ㄹ	ㅅ, ㅈ, ㅊ	ㅁ, ㅂ, ㅍ	ㅇ, ㅎ
좋은 숫자	3, 9	3, 8	2, 9	2, 7	1, 2	6, 12
좋은 날짜	5, 13, 14, 21, 25, 28일	5, 7, 11, 23, 24, 28일	3, 12, 16, 18, 22, 27일	7, 17, 20, 24, 26, 29일	2, 12, 13, 15, 20, 29일	1, 9, 11, 18, 22, 29일
안 좋은 날짜	1, 7, 24일	6, 13, 25일	7, 17, 29일	14, 23, 27일	1, 18, 27일	6, 10, 24일
재물·금전 지수	90	94	93	85	72	83
변화·변동 지수	92	91	92	86	75	84
건강·행복 지수	93	95	94	82	86	85

有吉無益之象
_{유 길 무 익 지 상}

— 연운 —

採薪飮水 樂在其中
채 신 음 수 낙 재 기 중　나물 먹고 물 마시니 즐거움이 그 안에 있다.

農則有吉 商則不利
농 즉 유 길 상 즉 불 리　농사꾼은 길하고 장사꾼은 불리하다.

修道遠惡 終見豊饒
수 도 원 악 종 견 풍 요　도를 닦고 악을 멀리하면 마침내 풍요로워진다.

若逢貴人 田庄增進
약 봉 귀 인 전 장 증 진　만일 귀인을 만나면 논밭을 넓힌다.

安靜守分 利在其中
안 정 수 분 이 재 기 중　분수를 지키고 안정하면 이익이 그 안에 있다.

若而遠行 後悔難免
약 이 원 행 후 회 난 면　만일 먼 길을 떠나면 후회를 면하기 어렵다.

豹隱南山 修道遠惡
표 은 남 산 수 도 원 악　표범이 남산에 숨으니 도를 닦으면서 악을 멀리한다.

世持旺財 水弄千金
세 지 왕 재 수 롱 천 금　괘상에 세世가 재효財爻에 임하니 손에 천금이 들어온다.

若欲捕虎 先掘其穽
약 욕 포 호 선 굴 기 정　호랑이를 잡으려면 먼저 함정부터 파야 한다.

성인의 연운 활용

금전 · 명예	순리대로 생활하면 금전으로 인한 어려움은 없을 것이니 안심한다.
사업 · 창업	강한 실천력만이 운을 향상시키는 지름길임을 명심하고 노력한다.
주식 · 투자	대운이 열려 있으니 투자로 이익을 보고 즐거움이 계속된다.
시험 · 취직	출세를 꿈꾸는 사람이나 수험생은 합격의 영광이 있다. 직장인은 승진하거나 원하는 부서로 이동한다.
당선 · 소원	당선운이 있고 노력한 대가가 따르니 최선을 다한다. 소원은 주위 사람들에게 상의하면 이루어진다.
이사 · 매매	오랫동안 바라던 이사가 순조롭게 진행된다. 처음은 쉽지 않지만 뒤늦게 매매가 성사되고 이익이 생긴다.
건강 · 사고	건강이 매우 좋다. 오랜 병도 나을 수 있으니 노력한다.
애정 · 결혼	솔직한 만남은 매우 좋지만, 당당하지 못한 만남은 불륜으로 이어지고 구설수에 오를 수 있다. 결혼은 상대가 미루는 상황이다.
소송 · 다툼	소송이 벌어지면 주변 사람들의 도움을 얻어 화해하는 것이 좋다.

신세대의 연운 활용

연애 · 사랑	이상이 달라 갈등할 수 있으니 잠시 냉각기를 가진다. 작은 실수가 엄청난 오해를 사 헤어지니 말조심한다.
시험 · 취직	능력 밖의 시험은 어렵다. 능력대로 응시한다. 취직은 노력하면 가능하다. 직장인은 현상유지에 힘쓴다.
건강 · 사고	건강하고 원기왕성하여 무슨 일이든 해낼 수 있다. 주저하지 않고 활동한다.
금전 · 행운	재물이 차곡차곡 쌓여가니 목표한 것보다 더 많은 이익이 생긴다.
소원 · 성취	일이 계획대로 이루어지며 간절히 바라던 소원을 성취한다.

운명을 바꾸는 연운 활용

좋은 방향	동쪽
좋은 색상	보라색
좋은 장소	계곡
좋은 성씨	ㅁ, ㅂ, ㅍ
좋은 숫자	2, 9

숫자로 보는 연운 활용

	좋은 달	보통 달	나쁜 달
금전 · 투자	2, 3, 7월	5, 9월	6, 10월
변화 · 변동	4, 7월	1, 9월	6, 10월
연애 · 사랑	7, 8, 12월	5, 9월	10, 11월
건강 · 소송	3, 4월	1, 5월	10, 11월

842 월운

1月
고목에 봄이 오니 반드시 빛이 난다.
모든 일이 잘 되니 이익이 논밭에 있다.
만일 이와 같지 않으면 식구를 더한다.

2月
분수를 지키고 편안히 살면 즐거움이 그 안에 있다.
도처에 재물이 있으니 복록福祿이 왕성하다.
봄동산의 복숭아꽃에 벌과 나비가 와서 기뻐한다.

3月
몸을 보호하고 사니 세상일이 태평하다.
성심으로 노력하면 꾀하는 일을 이룬다.
동쪽의 귀인이 와서 뜻밖에 도와준다.

4月
부부가 화합하니 가정에 기쁨이 가득하다.
관록官祿이 따르니 도처에 봄바람이 분다.
재백財帛이 끊이지 않으니 사람마다 우러러본다.

5月
강을 건너려 하나 배가 없으니 일마다 이루지 못한다.
서북 양쪽으로 길을 떠나면 불리하다.
가신家神이 움직이니 이사하면 길하다.

6月
재물운은 처음에는 얻지만 나중에는 잃는다.
금성金姓을 조심한다. 반드시 손해가 있다.
만일 귀인을 만나면 마침내 이익을 얻는다.

7月
신상에 근심이 없으니 일신이 편안하다.
재물도 있고 토지도 있으니 의식이 풍족하다.
동쪽과 북쪽 양쪽에서 반드시 큰 재물을 얻는다.

8月
재물이 풍족하니 집안이 태평하다.
만일 관록官祿이 아니면 자손에게 경사가 있다.
뜻밖에 성공을 거두니 의기 있는 남자다.

9月
본성이 충직하니 나쁜 일이 침범하지 않는다.
재앙이 가고 복이 오니 편안하게 태평을 누리리라.
만일 집에 근심이 생기지 않으면 도리어 관록官祿이 있다.

10月
집에 작은 근심이 있으니 반드시 아내의 근심일 것이다.
여자를 가까이하지 마라. 괴이한 일이 많아진다.
기쁨이 흩어지고 근심이 생기니 기쁨과 슬픔이 교차한다.

11月
달나라 계수나무에 벌과 나비가 향기를 탐한다.
만일 혼인하지 않으면 반드시 아들을 얻을 것이다.
재수는 평길하나 혹 구설이 따를 수 있다.

12月
재물과 곡식이 있으니 즐거움이 그 가운데 있다.
사람이 있어 많이 도와주니 기쁜 일이 가득하다.
술도 있고 안주도 있으니 높은 벗들이 집에 많이 모인다.

운명을 바꾸는 월운 활용

	1월	2월	3월	4월	5월	6월
좋은 방향	동쪽	남쪽	동쪽	북동쪽	남서쪽	남동쪽
좋은 색상	빨간색	은색	연보라색	감색	남청색	적갈색
좋은 장소	섬	닭발음식점	낙지음식점	묵요리집	강	수목원
좋은 성씨	ㅁ, ㅂ, ㅍ	ㄱ, ㅋ	ㅇ, ㅎ	ㅅ, ㅈ, ㅊ	ㄴ, ㄷ, ㅌ, ㄹ	ㅇ, ㅎ
좋은 숫자	5, 6	4, 7	1, 12	3, 11	2, 3	7, 8
좋은 날짜	2, 5, 9, 14, 22, 29일	2, 4, 10, 15, 20, 29일	3, 5, 11, 18, 24, 27일	2, 7, 12, 22, 24, 27일	4, 7, 13, 18, 21, 28일	4, 8, 15, 17, 22, 27일
안 좋은 날짜	3, 15, 28일	5, 13, 21일	9, 19, 28일	5, 14, 21일	9, 17, 24일	6, 16, 24일
재물·금전 지수	86	92	92	98	83	73
변화·변동 지수	84	93	94	90	89	74
건강·행복 지수	82	96	95	92	84	72

	7월	8월	9월	10월	11월	12월
좋은 방향	북동쪽	북서쪽	서쪽	동쪽	북쪽	남동쪽
좋은 색상	황갈색	고동색	연두색	노란색	파란색	검은색
좋은 장소	항구	박물관	국수전문점	추어탕식당	포장마차	순대음식점
좋은 성씨	ㅁ, ㅂ, ㅍ	ㄱ, ㅋ	ㄱ, ㅋ	ㄴ, ㄷ, ㅌ, ㄹ	ㅅ, ㅈ, ㅊ	ㄴ, ㄷ, ㅌ, ㄹ
좋은 숫자	5, 6	5, 12	3, 7	3, 8	1, 6	5, 8
좋은 날짜	6, 9, 11, 18, 23, 27일	2, 7, 10, 18, 21, 24일	1, 5, 8, 14, 19, 26일	3, 9, 15, 19, 24, 27일	9, 11, 16, 22, 25, 28일	3, 5, 14, 18, 21, 29일
안 좋은 날짜	7, 16, 25일	14, 23, 27일	4, 18, 21일	10, 25, 29일	2, 14, 23일	6, 17, 28일
재물·금전 지수	93	96	82	73	78	94
변화·변동 지수	94	92	83	72	77	96
건강·행복 지수	95	90	84	74	76	95

有人助力之意

_{유 인 조 력 지 의}

843 연운

人有舊緣 偶來助力
인 유 구 연　우 래 조 력
예전에 인연을 맺었던 사람이 우연히 와서 도와준다.

龍得天門 雲行雨嘶
용 득 천 문　운 행 우 시
용이 하늘에 올라 구름을 몰고 와 비를 내린다.

有路南北 貴人助我
유 로 남 북　귀 인 조 아
남과 북에 길이 있으니 귀인이 도와준다.

得而多失 年運奈何
득 이 다 실　연 운 내 하
얻어도 많이 잃으니 이 연운을 어찌할까.

探花登山 終見開花
탐 화 등 산　종 견 개 화
꽃을 탐하여 산에 오르니 마침내 꽃이 핀 것을 본다.

年運最吉 到處不傷
연 운 최 길　도 처 불 상
연운이 가장 길하니 어디에서든 다치지 않는다.

龍門山下 天馬嘶風
용 문 산 하　천 마 시 풍
용문산 아래에서 천마가 바람소리를 낸다.

高朋滿座 勝友如雲
고 붕 만 좌　승 우 여 운
높은 벗이 집안에 가득하고 뛰어난 벗들이 구름같이 보인다.

勒功燕然 男兒得意
늑 공 연 연　남 아 득 의
나라에 공을 세우니 남아가 뜻을 얻는다.

성인의 연운 활용

금전 · 명예	생활을 꾸려나갈 만한 재물은 들어오니 과욕을 부리지 않는다.
사업 · 창업	매우 좋다. 큰 욕심을 부려도 무리가 없지만 이치에 어긋나게 행동하면 실패한다.
주식 · 투자	주식투자는 이익도 없고 손실도 없이 평범한 운이다.
시험 · 취직	노력하면 합격 가능하지만 너무 높은 대학은 무리다. 직장인은 초고속 승진의 영광이 있다.
당선 · 소원	당선은 노력 여하에 따라 결과가 달라진다. 마음이 허탈할 정도로 그 동안 바라던 소원이 이루어진다.
이사 · 매매	확장하여 이사하니 가정에 기쁨이 넘친다. 운세가 매우 좋고 귀인의 도움까지 받아 매매로 큰 이익을 본다.
건강 · 사고	건강은 걱정할 것이 없을 정도로 매우 좋으니 활동해도 좋다.
애정 · 결혼	오해로 헤어지기 쉽다. 약혼중이라도 안심할 수 없으니 과음이나 실수는 금물이다. 특히 유혹을 주의한다.
소송 · 다툼	적극적으로 대처하면 소송은 금방 해결되니 매사에 적극적으로 행동한다.

신세대의 연운 활용

연애 · 사랑	주변 사람의 도움으로 애인 없는 사람은 애인이 생기고 사이가 안 좋은 사람끼리는 화해하게 된다. 애정관계에 문제가 생기면 주변에 도움을 청한다.
시험 · 취직	뜻밖에 합격한다. 직장인은 특진이나 영전의 기쁨이 있고, 구직자는 좋은 곳에 취직한다.
건강 · 사고	건강은 문제될 것이 전혀 없다. 걱정하지 말고 활발하게 활동해도 좋다.
금전 · 행운	지금 하는 일들이 잘 되어가니 많은 재물이 들어오고 경제적으로 풍족해진다.
소원 · 성취	요행을 바라지 않고 열심히 땀흘리는 사람은 소원이 이루어진다.

운명을 바꾸는 연운 활용

좋은 방향	서쪽
좋은 색상	파란색
좋은 장소	일식당
좋은 성씨	ㅁ, ㅂ, ㅍ
좋은 숫자	5, 11

숫자로 보는 연운 활용

	좋은 달	보통 달	나쁜 달
금전 · 투자	1, 10월	2, 5월	8, 12월
변화 · 변동	3, 6월	2, 9월	4, 12월
연애 · 사랑	10, 11월	2, 5월	4, 12월
건강 · 소송	7, 11월	2, 9월	4, 8월

 운수가 대길하니 모든 일이 순조롭게 이루어진다.
헛된 중에 이익을 얻으니 집안이 화평하다.
만일 식구를 더하지 않으면 아들을 얻는다.

 분수를 지키고 편안히 거하면 모든 일을 이룰 수 있다.
남쪽이 길하니 귀인이 서로 돕는다.
부부가 화합하지 못하니 집안에 불평이 있다.

 하늘이 기름진 이슬을 내리고 땅에서 샘물이 솟는다.
오곡이 풍성하니 생활이 절로 만족스럽다.
귀인이 항상 도와주니 언제나 복록福祿이 함께한다.

 옛 것을 지키고 안정하면 이익이 그 가운데 있다.
남의 말을 믿지 마라. 피해가 적지 않다.
처음에는 힘들고 나중에는 편안하니 천한 사람이 귀하게 된다.

 운수가 형통하니 집에 길한 조짐이 있다.
영신靈神이 도와주니 도처에 재물이 있다.
만일 혼인이 아니면 횡재할 운수다.

 초록 강가에서 소가 무성한 풀을 만난다.
재물이 외부에 있으니 멀리 나가면 재물을 얻는다.
재록財祿이 흥하니 횡재하여 풍요롭다.

 도가 높고 명성을 얻으니 이름을 사방에 떨친다.
관록官祿이 따르니 얼굴에 기쁨이 가득하다.
금과 옥이 가득하니 집안이 화평하다.

 허욕을 탐하지 마라. 도리어 손해가 있다.
미리 어려움을 피한다. 질병이 따를까 두렵다.
만일 이와 같지 않으면 고인故人이 무정할 것이다.

 봄바람이 화창하니 꽃이 지고 열매를 맺는다.
만일 재물을 얻지 않으면 자손의 영화가 있다.
길한 운수가 들어오니 맨손으로 가정을 이룬다.

 처음에는 잃고 나중에는 얻으니 마침내 길함이 있다.
다른 사람과 같이 동으로 가면 반드시 공명을 얻는다.
재물운이 형통하니 반드시 큰 재물을 얻는다.

 어둠 속을 가는 사람이 우연히 촛불을 얻는다.
귀인이 항상 도우니 반드시 성공한다.
마음을 다해 노력하면 성공한다.

 분수 밖에 것을 탐내지 마라. 도리어 불리하다.
목성木姓을 조심한다. 재물을 많이 잃는다.
분수를 지키는 것이 좋으니 함부로 움직이면 불리하다.

운명을 바꾸는 월운 활용

	1월	2월	3월	4월	5월	6월
좋은 방향	북동쪽	남쪽	남동쪽	남쪽	북쪽	동쪽
좋은 색상	하늘색	옥색	노란색	분홍색	회색	하얀색
좋은 장소	오락실	도서관	당구장	기념관	매운탕음식점	운동장
좋은 성씨	ㅅ, ㅈ, ㅊ	ㄱ, ㅋ	ㄱ, ㅋ	ㅁ, ㅂ, ㅍ	ㄱ, ㅋ	ㄴ, ㄷ, ㅌ, ㄹ
좋은 숫자	6, 7	2, 11	1, 9	2, 8	2, 9	1, 4
좋은 날짜	6, 9, 16, 19, 26, 28일	7, 9, 18, 20, 27, 29일	1, 3, 8, 13, 19, 25일	6, 9, 16, 18, 22, 25일	5, 8, 11, 13, 18, 24일	7, 9, 16, 19, 25, 29일
안 좋은 날짜	5, 14, 27일	10, 21, 22일	9, 17, 21일	5, 13, 24일	9, 19, 27일	4, 23, 27일
재물·금전 지수	98	82	99	73	85	93
변화·변동 지수	97	84	90	74	86	94
건강·행복 지수	95	83	92	78	82	92

	7월	8월	9월	10월	11월	12월
좋은 방향	북서쪽	남서쪽	서쪽	북쪽	남동쪽	북동쪽
좋은 색상	자주색	다홍색	적갈색	베이지색	연분홍색	주황색
좋은 장소	모래사장	은행	호수	쇼핑몰	영화감상실	극장
좋은 성씨	ㅇ, ㅎ	ㄴ, ㄷ, ㅌ, ㄹ	ㅅ, ㅈ, ㅊ	ㅅ, ㅈ, ㅊ	ㅇ, ㅎ	ㅁ, ㅂ, ㅍ
좋은 숫자	1, 8	2, 12	4, 9	8, 9	6, 9	5, 9
좋은 날짜	1, 7, 12, 18, 21, 23일	3, 6, 13, 16, 23, 28일	7, 9, 11, 13, 19, 26일	2, 8, 13, 16, 21, 27일	6, 9, 15, 17, 21, 23일	2, 7, 15, 18, 26, 28일
안 좋은 날짜	6, 14, 28일	1, 19, 22일	6, 17, 28일	9, 14, 24일	10, 22, 28일	5, 13, 24일
재물·금전 지수	96	73	84	90	93	72
변화·변동 지수	90	74	82	92	94	73
건강·행복 지수	98	78	86	94	95	74

851 前進亨通之意
전 진 형 통 지 의

연운

蠱食衆心 事不安靜
고 식 중 심 사 불 안 정   좀벌레가 심장을 갉아먹으니 일이 안정되지 못한다.

運數不利 事多有滯
운 수 불 리 사 다 유 체   운수가 불리하니 일에 막힘이 많다.

身上有險 凡事愼之
신 상 유 험 범 사 신 지   신상에 위험한 일이 생길 수 있으니 모든 일에 조심한다.

若而妄動 後悔不少
약 이 망 동 후 회 불 소   만일 함부로 행동하면 후회가 많다.

身上有苦 家憂難免
신 상 유 고 가 우 난 면   신상에 고생이 있고 가정의 근심도 면하기 어렵다.

若非如此 損財之數
약 비 여 차 손 재 지 수   만일 이와 같지 않으면 재물을 잃을 운이다.

祝融爲災 禍及池魚
축 융 위 재 화 급 지 어   오랜 가뭄으로 재난을 만나니 화가 연못 속 물고기에게도 미친다.

夫妻反目 家中不和
부 처 반 목 가 중 불 화   부부가 시로 미워하니 가정불화가 일어난다.

浮雲蔽日 陰陽不交
부 운 폐 일 음 양 불 교   뜬구름이 햇빛을 가리니 음양이 사귀지 못한다.

성인의 연운 활용

금전 · 명예	큰돈을 벌기는 어렵다. 철저한 계획에 따라 꾸준히 노력하면 약간의 돈은 들어온다.
사업 · 창업	요행을 바라면 사업에 큰 해를 부르니 조심 또 조심한다.
주식 · 투자	지금은 투자운이 매우 나쁘니 투자하지 않는 것이 돈 버는 길이다.
시험 · 취직	능력과 적성에 맞는 학교나 직장을 선택하라. 요행은 전혀 기대할 수 없으니 실력보다 낮추어 응시하는 것이 유리하다. 승진은 불가능하고 보직 변경이나 좌천이 우려되니 조심한다.
당선 · 소원	낙선할 운이니 경험으로 생각하고 다음 기회를 생각하라. 타인에게 덕을 베푼 만큼 소원이 이루어진다.
이사 · 매매	현재 위치에서 이사하면 불리하다. 지금 진행하는 매매는 다음으로 미룬다. 진행하면 손해가 따른다.
건강 · 사고	건강이 매우 나빠 지병이 있던 사람은 악화될 수 있다.
애정 · 결혼	상대가 나의 마음을 알아주지 않지만, 새로운 이성을 만나거나 그 사람과 가까워진다. 주변에 둘 사이를 방해하는 사람이 너무 많다. 부부는 서로 오해가 생겨 다툴 수 있으니 조심한다.
소송 · 다툼	타인과는 소송이 발생하지 않지만 친척이나 가까운 사람과 불화가 있을 수 있으니 조심한다.

신세대의 연운 활용

연애 · 사랑	바람기가 동하지만 유혹을 참을 수 있을 것이다. 확신 없이는 행동하지 않는다. 약혼자와 오해로 헤어지기 쉬우니 과음과 실수를 주의하고 한눈팔지 않는다.
시험 · 취직	시험은 한 단계 낮추어 응시한다. 직장인은 변화보다는 현상유지가 안전하다.
건강 · 사고	보통 사람은 건강문제가 없지만 사주팔자가 좋지 않은 사람은 조심해야 한다.
금전 · 행운	노력에 비해 들어오는 이익이 적으니 지출을 줄이도록 노력한다.
소원 · 성취	생각보다 상황이 심각하게 흘러가니 신경 쓰는 것이 좋다.

운명을 바꾸는 연운 활용

좋은 방향	북쪽
좋은 색상	하얀색
좋은 장소	분식점
좋은 성씨	ㅇ, ㅎ
좋은 숫자	3, 8

숫자로 보는 연운 활용

	좋은 달	보통 달	나쁜 달
금전 · 투자	3, 8월	4, 7월	9, 10월
변화 · 변동	3, 8월	4, 7월	5, 6월
연애 · 사랑	3, 12월	4, 7, 11월	1, 2월
건강 · 소송	3, 8월	11월	2, 6월

851

월운

 ① 해가 중천에 뜨면 기울고 달이 차면 이지러진다.
바쁘게 움직여도 이루는 것이 없다.
집에 있어도 심란하고 밖에 나가도 마음이 상한다.

 ② 마음만 급해서 날려고 하나 날개가 없다.
모든 일에 조심한다. 구설이 따를까 두렵다.
친한 사람을 조심한다. 웃음 속에 칼이 있다.

 ③ 길한 운이 들어오니 자연히 부귀를 얻을 것이다.
분수를 지키고 편안히 있으면 집안이 태평하다.
위태한 중에 편안하니 먼저 흉하고 뒤에 좋아진다.

 ④ 봄 제비가 집에 돌아오니 정을 잊지 못한다.
운수가 태평하고 재물운이 흥왕하다.
꾀하는 일이 날로 재물을 더할 것이다.

 ⑤ 집이 불안하니 질병이 끊이지 않는다.
만일 이와 같지 않으면 남과 송사를 한다.
만일 슬하에 근심이 없으면 재물을 잃는다.

 ⑥ 시비를 가까이하지 마라. 구설이 끊이지 않는다.
주색을 가까이하지 마라. 반드시 손해가 있다.
허욕을 탐하지 마라. 불리한 운수다.

 ⑦ 노력하지 않으면서 어찌 수복壽福을 바라는가.
이익은 어느 방향에 있는가. 반드시 남쪽이다.
서쪽이 길하니 목성木姓이 구해줄 것이다.

 ⑧ 강물을 건너지 마라. 재물을 많이 잃는다.
수신水神에게 기도하면 가히 이 운수를 면한다.
움직이지 않고 안정을 취하면 길하고 함부로 움직이면 해롭다.

 ⑨ 새가 날개를 다치니 날고 싶지만 날지 못한다.
처음은 비록 재수가 길하나 뒤에는 후회가 있다.
이李가를 가까이하지 마라. 반드시 불리할 것이다.

 ⑩ 얕은 물에 배를 띄우니 열심히 노력해도 괴롭다.
심신이 산란하고 이루는 바가 전혀 없다.
토성土姓을 가까이하지 마라. 피해가 적지 않다.

 ⑪ 초목이 가을을 만나니 그 마음이 처량하다.
만일 신병이 아니면 상복을 입을까 두렵다.
금성金姓이 도와주면 자연히 횡재한다.

 ⑫ 지금에야 길한 운을 만나니 재앙이 가고 복이 온다.
역마살이 있으니 서북으로 옮겨간다.
뜻밖에 성공하니 재백財帛이 계속 들어온다.

운명을 바꾸는 월운 활용

	1월	2월	3월	4월	5월	6월
좋은 방향	남쪽	동쪽	북쪽	남서쪽	북서쪽	남동쪽
좋은 색상	귤색	고동색	군청색	상아색	연보라색	연두색
좋은 장소	전시회장	한식당	저수지	한식당	산	바닷가
좋은 성씨	ㄱ, ㅋ	ㅁ, ㅂ, ㅍ	ㄴ, ㄷ, ㅌ, ㄹ	ㅅ, ㅈ, ㅊ	ㅇ, ㅎ	ㄴ, ㄷ, ㅌ, ㄹ
좋은 숫자	4, 8	3, 5	3, 4	1, 10	1, 2	2, 7
좋은 날짜	1, 6, 14, 22, 24, 28일	5, 7, 14, 18, 23, 28일	2, 7, 13, 22, 26, 28일	3, 7, 14, 17, 20, 29일	8, 11, 12, 20, 23, 29일	4, 15, 17, 23, 25, 29일
안 좋은 날짜	11, 20, 23일	3, 15, 21일	5, 11, 23일	4, 13, 25일	7, 14, 28일	2, 14, 24일
재물·금전 지수	73	76	93	84	73	77
변화·변동 지수	74	74	92	88	72	74
건강·행복 지수	75	72	95	85	75	75

	7월	8월	9월	10월	11월	12월
좋은 방향	남쪽	서쪽	북동쪽	서쪽	북서쪽	남쪽
좋은 색상	카키색	보라색	파란색	회색	빨간색	검은색
좋은 장소	카페	레스토랑	휴양림	피자집	보리밥식당	퓨전음식점
좋은 성씨	ㅇ, ㅎ	ㅁ, ㅂ, ㅍ	ㄱ, ㅋ	ㅇ, ㅎ	ㅅ, ㅈ, ㅊ	ㄱ, ㅋ
좋은 숫자	1, 3	4, 8	3, 7	2, 4	2, 8	9, 10
좋은 날짜	6, 8, 12, 20, 23, 27일	2, 7, 17, 21, 22, 28일	5, 9, 15, 17, 21, 27일	2, 12, 16, 23, 24, 27일	5, 8, 15, 20, 23, 27일	5, 7, 14, 22, 23, 27일
안 좋은 날짜	10, 21, 25일	6, 14, 29일	3, 14, 28일	13, 21, 28일	6, 17, 26일	4, 18, 24일
재물·금전 지수	89	94	76	73	83	90
변화·변동 지수	86	96	74	75	85	94
건강·행복 지수	85	95	72	74	82	95

852 志謀世人不識之意
지모세인불식지의

연운

一入山門 人不知仙
일 입 산 문 인 부 지 선   한번 산문에 들어가니 사람이 신선을 알아보지 못한다.

寂寞天地 無依之格
적 막 천 지 무 의 지 격   적막한 천지에 의지할 곳이 없다.

世事如夢 此亦身數
세 사 여 몽 차 역 신 수   세상사가 꿈과 같으니 이 또한 신수다.

身上有困 家憂何事
신 상 유 곤 가 우 하 사   신상이 어려운데 가정의 우환은 또 웬일인가.

莫行東方 必有損財
막 행 동 방 필 유 손 재   동쪽으로 가지 않는다. 반드시 손해가 있다.

今年之數 奔走之格
금 년 지 수 분 주 지 격   금년 운수는 분주한 운수다.

日暮道遠 步步心慌
일 모 도 원 보 보 심 황   해는 저물고 갈 길은 머니 걸음마다 당황스럽다.

前程無緣 所望何成
전 정 무 연 소 망 하 성   앞날에도 좋은 인연이 없었으니 소망을 어찌 이루겠는가.

勿參是非 官厄侵身
물 참 시 비 관 액 침 신   시비에 참여하지 않는다. 관액이 따른다.

성인의 연운 활용

금전·명예	재물이 들어오는 것보다 오히려 재물이 새어 나가는 것에 신경 써야 한다.
사업·창업	다른 사람 말을 믿고 금전거래를 하면 재물에 손해가 있으니 말을 가려듣거나 아예 듣지 않는다.
주식·투자	시기가 좋지 않아 주가가 폭락할 수 있으니 주식투자를 삼가는 것이 최선이다.
시험·취직	시험과 취직은 늦게 운이 와서 몇 번의 실패 후 가능하다. 승진은 어렵고 구설수로 보직 변경이 있다.
당선·소원	당선운이 없어 출마해도 낙선한다. 소원은 노력 여하에 따라 이루어질 수도 있고 그렇지 않을 수도 있다.
이사·매매	아직은 경제가 불안정하니 다음에 옮기는 것이 좋다. 매매 또한 때가 아니니 다음 기회를 기다린다.
건강·사고	작은 질병이 합병증으로 발전할 수 있으니 조심한다.
애정·결혼	처음 만날 때는 서로의 단점이 보이지 않지만 날이 갈수록 본모습을 알아가며 다툼이 잦아진다. 사소한 시비가 부부 사이를 갈라놓을 수 있으니 양보하고 인내하는 것이 최선이다.
소송·다툼	본인의 작은 실수로 시작된 사소한 시비가 큰 소송으로 이어진다.

신세대의 연운 활용

연애·사랑	마음대로 안 되는 연애운이니 때를 기다려라. 음주나 향락 때문에 다툴 수 있으니 함께 시간을 보낸다.
시험·취직	욕심대로 응시하면 불가능하니 한 단계 낮추어 응시한다. 직장인은 외직으로 옮기니 철저히 대비한다.
건강·사고	모르는 사이 질병이 발생할 수 있으니 매사에 조심하고 가끔씩 병원을 찾는 것이 현명하다.
금전·행운	금전운이 하락하니 자금난으로 오랜 기간 생활이 어려울 것이다.
소원·성취	소원이 쉽게 이루어지지 않겠으니 다음 기회를 기대하는 것이 현명하다.

운명을 바꾸는 연운 활용

좋은 방향	북쪽
좋은 색상	남색
좋은 장소	주택가
좋은 성씨	ㅅ, ㅈ, ㅊ
좋은 숫자	4, 9

숫자로 보는 연운 활용

	좋은 달	보통 달	나쁜 달
금전·투자	5, 12월	8, 9월	4, 10월
변화·변동	7, 12월	1, 2월	4, 6월
연애·사랑	5, 12월	3, 11월	4, 6월
건강·소송	5, 7월	2, 3월	6, 10월

852

월운

1월
운수가 형통하니 일신이 편안하다.
산이냐 물이냐, 이익이 그 가운데 있다.
금성金姓을 조심하라. 재물을 많이 잃는다.

2월
때를 따라 행하니 법도를 잃지 않는다.
악을 버리고 선을 취하면 우연히 편안함을 얻는다.
몸이 고단함을 한탄하지 마라. 마침내 편안해질 것이다.

3월
만일 서쪽으로 가면 서로 귀인을 만난다.
재물운은 반은 얻고 반은 잃는다.
이익은 어디에 있는가. 한가한 곳에서 이익을 얻을 것이다.

4월
길을 떠나지 마라. 손해가 많다.
남쪽이 불리하니 매사를 이루지 못한다.
함부로 움직이지 마라. 안정하면 이익이 있다.

5월
마음을 한결같이 먹으면 자연히 이익을 얻는다.
뜻밖에 재물을 얻으니 마침내 가정을 이룬다.
재성財星이 몸을 비추니 이 때를 잃지 마라.

6월
먼저는 길하고 나중에는 흉하니 모든 일에 조심한다.
동쪽으로 가지 마라. 손해만 있고 이익은 없다.
신상에 근심은 없으나 재물운은 불리하다.

7월
땅을 가려 이사하면 집안이 평안하다.
남을 업신여기지 마라. 도리어 그 해가 있다.
분수를 지키고 집에 있으면 자연히 복이 있다.

8월
동쪽 산에 푸른 소나무를 옮겨심으니 숲을 이루었다.
배고픈 자가 풍년을 만나니 식록食祿이 끊이지 않는다.
만약 잘못 생각하면 도리어 그 해를 받는다.

9월
고목이 봄을 만났으니 어찌 빛나지 않겠는가.
덕을 쌓은 집에 남은 경사가 있을 것이다.
횡액이 따를 수 있으니 목성木姓을 가까이하지 마라.

10월
재수가 대통하나 슬하에 근심이 있다.
만일 신병이 아니면 어찌 아내의 근심을 면할까.
가정이 불안하니 심신이 불안하다.

11월
비록 일을 구할 것 같지만 이루지 못한다.
우연한 일로 구설을 듣는다.
이후부터는 갈수록 아름다운 경치를 볼 것이다.

12월
재물운이 왕성하니 글로써 재물이 생긴다.
만일 귀인을 만나면 뜻밖에 공을 세우고 이름을 얻는다.
하는 일이 마음에 드니 구하지 않아도 스스로 들어올 것이다.

운명을 바꾸는 월운 활용

	1월	2월	3월	4월	5월	6월
좋은 방향	동쪽	남서쪽	북쪽	남쪽	남동쪽	남서쪽
좋은 색상	주황색	초록색	분홍색	적갈색	남청색	자주색
좋은 장소	민속주점	생과일전문점	파전음식점	아이스크림가게	유원지	전통찻집
좋은 성씨	ㅁ, ㅂ, ㅍ	ㄴ, ㄷ, ㅌ, ㄹ	ㅅ, ㅈ, ㅊ	ㄱ, ㅋ	ㅇ, ㅎ	ㅅ, ㅈ, ㅊ
좋은 숫자	5, 7	5, 9	6, 8	2, 6	3, 5	3, 11
좋은 날짜	5, 9, 13, 15, 25, 28일	5, 7, 13, 15, 24, 28일	4, 9, 14, 16, 22, 28일	8, 12, 13, 22, 24, 28일	9, 13, 15, 18, 23, 26일	2, 9, 14, 19, 22, 29일
안 좋은 날짜	6, 18, 29일	4, 11, 27일	5, 11, 24일	9, 15, 21일	11, 24, 25일	6, 21, 28일
재물·금전 지수	83	86	84	75	93	72
변화·변동 지수	84	82	89	76	94	75
건강·행복 지수	85	85	80	79	95	75

	7월	8월	9월	10월	11월	12월
좋은 방향	북동쪽	남쪽	북쪽	북서쪽	동쪽	서쪽
좋은 색상	고동색	노란색	밤색	노란색	베이지색	다홍색
좋은 장소	둔치	정류장	서점	공연장	공원	산장
좋은 성씨	ㅅ, ㅈ, ㅊ	ㄱ, ㅋ	ㅁ, ㅂ, ㅍ	ㄴ, ㄷ, ㅌ, ㄹ	ㄱ, ㅋ	ㅇ, ㅎ
좋은 숫자	8, 12	2, 5	1, 6	6, 9	7, 9	5, 6
좋은 날짜	8, 15, 17, 21, 24, 28일	7, 13, 16, 21, 22, 28일	5, 12, 14, 20, 21, 26일	6, 14, 18, 19, 23, 28일	5, 12, 19, 20, 21, 29일	8, 14, 17, 19, 24, 28일
안 좋은 날짜	4, 13, 22일	6, 14, 27일	11, 24, 27일	5, 13, 21일	6, 18, 27일	6, 13, 21일
재물·금전 지수	92	87	85	79	82	97
변화·변동 지수	91	83	86	77	88	95
건강·행복 지수	98	85	84	75	85	98

853

연운

有能有志不中之意
유능유지부중지의

入山擒虎 生死難辨
입산금호 생사난변 — 산에 들어가 호랑이를 잡으려 하니 생사를 가늠하기 어렵다.

日何不明 浮雲蓋月
일하불명 부운개월 — 날이 어찌 어두운가. 뜬구름이 달빛을 가린 때문이다.

勿貪分外 有損無益
물탐분외 유손무익 — 분수를 지키지 않으면 손해만 있고 이익이 없다.

妄動不利 安靜則吉
망동불리 안정즉길 — 헛되게 움직이면 불리하고 안정하면 길하다.

三春之數 勿參官事
삼춘지수 물참관사 — 봄 석 달에는 관청일에 참견하지 않는다.

家有不安 身數奈何
가유불안 신수내하 — 집안이 불안하니 신수인 것을 어찌할까.

枯旱三年 野無靑草
고한삼년 야무청초 — 가뭄이 삼년간 이어지니 들판에 살아 있는 풀 한 포기가 없다.

相克相沖 淚酒滄波
상극상충 누주창파 — 서로 극하고 서로 충하니 푸른 물결 위에 눈물을 뿌린다.

其間吉事 女人芳緣
기간길사 여인방연 — 그 동안의 길한 일은 연인과 꽃다운 인연을 맺는 일이다.

성인의 연운 활용

금전 · 명예	욕심을 부리거나 향락에 빠져들면 경제적으로 큰 손실이 생기니 조심한다.
사업 · 창업	가장 가까운 사람과 다투어 사업과 금전운이 꼬일 수 있다.
주식 · 투자	주식투자로는 이익을 볼 수 없는 운이니 삼가는 것이 최선이다.
시험 · 취직	시험은 불리하고 취직은 주변 사람의 도움으로 어렵게 성사된다. 승진은 때가 아니니 어려울 것이다.
당선 · 소원	당선운이 전혀 없으니 당선을 바랄 수조차 없다. 욕심 없는 소원이라면 이룰 수 있을 것이다.
이사 · 매매	이사운이 좋지 않아 가정의 화목이 깨질 수 있으니 조심한다. 문서로 인해 큰 재물 손실이 우려되니 주의한다.
건강 · 사고	다른 질병은 발생하지 않지만 뼈에 관한 사고를 주의해야 한다.
애정 · 결혼	애인과 사소한 일로 다투다 사이가 벌어질 수 있다. 의외의 장소에서 새로운 인연을 만날 수도 있다. 오랜 연인과 헤어질 수도 있으니 상대를 배려하도록 노력한다.
소송 · 다툼	타인과 옳다 그르다 다투지 마라. 억울하게 손재수나 관재수에 시달린다.

신세대의 연운 활용

연애 · 사랑	갑자기 애인이 바람이 난다. 친구와 애인을 같이 만나지 마라. 둘이 눈이 맞을 수도 있다. 배우자와 다툼이 심해지면 송사까지 이어지니 조심하고 배우자를 놓치지 마라.
시험 · 취직	하위직은 가능하지만 노력이 필요하다. 실직자는 취업이 어렵다. 직장인은 승진 기회를 놓친다.
건강 · 사고	과음이나 향락에 빠지면 건강에 문제가 생기니 주의한다.
금전 · 행운	노력하지 않으면 금전난이 매우 심각해진다. 노력만이 해결방법이다.
소원 · 성취	소원은 이루어지기 어렵다.

운명을 바꾸는 연운 활용

좋은 방향	남동쪽
좋은 색상	빨간색
좋은 장소	시장
좋은 성씨	ㄱ, ㅋ
좋은 숫자	3, 8

숫자로 보는 연운 활용

	좋은 달	보통 달	나쁜 달
금전 · 투자	1, 3월	9, 12월	4, 10월
변화 · 변동	1, 3월	12월	10, 11월
연애 · 사랑	3, 6월	7, 9월	2, 5월
건강 · 소송	1, 3월	7, 9월	8, 10월

853 월운

 가운家運이 대길하니 집안이 태평하다.
귀성이 도와주니 관록官祿이 따른다.
분수 밖의 것을 탐하지 마라. 도리어 불리하다.

 일이 뜻대로 되지 않으니 처음은 있고 끝이 없다.
관청의 일에 참여하지 마라. 불리한 운수다.
이 달의 운수는 흉은 있고 길함은 없다.

 재성財星이 몸을 비추니 재물을 구하면 얻는다.
만일 아내의 근심이 아니면 몸의 근심을 어찌 면할까.
남과 같이 일을 꾀하면 그 해가 적지 않다.

 뜻은 있으나 이루지 못하니 이 운수를 어찌할까.
집에 있으면 불리하니 머리를 어디로 향할까.
집에 들어오면 곤란하고 나가면 길하다.

 산에 들어가 호랑이를 만나니 앞으로 가지도 뒤로 가지도 못한다.
신령이 도우니 죽을 곳에서 삶을 구한다.
다른 경영은 꾀하지 마라. 재물을 잃는다.

 뜻밖에 공을 세워 이름을 얻으니 가정에 기쁨이 가득하다.
만일 화성火星을 만나면 집안 살림이 크게 일어날 것이다.
슬하의 근심은 별 피해가 없다.

 산길을 가는 사람이 길을 잃고 방황한다.
동서로 분주하나 소득은 별로 없다.
마음이 위태로우니 이것을 또 어찌할까.

 청산에 돌아가는 나그네가 산중에서 길을 잃는다.
만일 재물을 잃지 않으면 가까운 사람의 근심을 어찌할까.
관사에 참여하지 마라. 불리할 징조다.

 마음이 불안하니 몸도 마음도 뜬구름 같다.
횡액이 우려되니 산신에게 기도한다.
분수 밖의 것을 탐내지 마라. 도리어 재물을 잃는다.

 다른 경영을 꾀하지 마라. 일이 마음에 맞지 않는다.
금성金星이 불리하고 서쪽에 해가 있다.
시비를 가까이하지 마라. 구설이 두렵다.

 적막한 산 속 창가에서 공연히 탄식한다.
심신이 어지러우니 세상일이 뜬구름 같다.
서로 다투지 마라. 구설이 분분하다.

 길한 사람은 하늘이 도우니 저절로 병이 사라진다.
재성財星이 몸을 비추니 뜻밖에 재물을 얻는다.
만일 이와 같지 않으면 슬하에 근심이 있다.

운명을 바꾸는 **월운** 활용

	1월	2월	3월	4월	5월	6월
좋은 방향	남쪽	남서쪽	북쪽	남동쪽	남쪽	북동쪽
좋은 색상	파란색	옥색	보라색	하얀색	청록색	검은색
좋은 장소	동물원	백화점	저수지	찜질방	레스토랑	한적한 시외
좋은 성씨	ㄱ, ㅋ	ㅁ, ㅂ, ㅍ	ㅇ, ㅎ	ㅅ, ㅈ, ㅊ	ㅁ, ㅂ, ㅍ	ㄱ, ㅋ
좋은 숫자	5, 8	4, 7	3, 10	5, 6	4, 7	1, 12
좋은 날짜	4, 6, 11, 12, 23, 29일	5, 11, 18, 20, 22, 27일	7, 8, 12, 21, 22, 28일	5, 8, 12, 21, 22, 26일	5, 10, 13, 18, 22, 27일	6, 11, 12, 17, 22, 27일
안 좋은 날짜	3, 21, 24일	9, 13, 21일	6, 18, 29일	4, 13, 24일	9, 17, 28일	5, 13, 21일
재물·금전 지수	93	74	92	77	73	97
변화·변동 지수	96	73	95	76	72	94
건강·행복 지수	99	75	98	75	74	91

	7월	8월	9월	10월	11월	12월
좋은 방향	동쪽	서쪽	북서쪽	북동쪽	북쪽	남동쪽
좋은 색상	연보라색	연두색	회색	주황색	고동색	자주색
좋은 장소	칼국수전문점	샌드위치가게	갈비탕음식점	청국장식당	뷔페식당	볼링장
좋은 성씨	ㄱ, ㅋ	ㅇ, ㅎ	ㄴ, ㄷ, ㅌ, ㄹ	ㄴ, ㄷ, ㅌ, ㄹ	ㅅ, ㅈ, ㅊ	ㄴ, ㄷ, ㅌ, ㄹ
좋은 숫자	3, 11	2, 3	7, 8	5, 6	5, 12	3, 7
좋은 날짜	4, 9, 13, 17, 22, 28일	2, 10, 12, 14, 21, 26일	2, 11, 15, 21, 22, 28일	6, 9, 12, 13, 23, 26일	5, 8, 15, 18, 24, 28일	2, 7, 15, 17, 21, 27일
안 좋은 날짜	2, 14, 27일	5, 13, 22일	8, 19, 27일	8, 14, 22일	4, 21, 25일	9, 18, 23일
재물·금전 지수	81	72	83	73	74	85
변화·변동 지수	82	76	85	78	71	86
건강·행복 지수	85	75	86	75	72	83

861 失時而動不適當之意
실시이동부적당지의

연운

夕陽歸客 步步忙忙
석양귀객 보보망망
석양에 돌아가는 나그네 걸음이 바쁘다.

十年經營 眼前無成
십년경영 안전무성
십년을 경영하였으나 눈 앞에서 이루지 못한다.

出路失馬 何望遠行
출로실마 하망원행
길을 나섰으나 말을 잃으니 먼 길 가기를 어찌 바랄까.

先損後得 晚時財物
선손후득 만시재물
처음에는 잃고 나중에는 얻으니 늦게 재물을 얻는다.

若非家憂 一次身病
약비가우 일차신병
만일 집안에 우환이 없으면 한 차례 병을 앓는다.

今年之數 喜憂相半
금년지수 희우상반
금년 운수는 기쁨과 근심이 서로 반대된다.

三人同行 一人難信
삼인동행 일인난신
세 사람이 동행하는데 한 사람은 믿기 어렵다.

捉蟹放水 遂鷄望籬
착해방수 수계망리
게를 잡아 물에 놓아주고 닭을 쫓다가 울타리만 쳐다본다.

凶殺來侵 病苦不離
흉살래침 병고불리
흉살이 침범하니 우환과 질병이 떠나지 않는다.

성인의 연운 활용

금전·명예	금전운이 좋지 않다. 지출을 줄이지 않으면 심각한 금전난에 시달린다.
사업·창업	처음에는 운이 매우 왕성하나 시간이 흐를수록 하락한다. 사업 확장은 금물이다.
주식·투자	얻은 것이 있으니 당연히 잃는 것이 있다. 주식투자로 한번 얻으면 한번은 잃게 된다.
시험·취직	운이 나빠 실력 발휘를 못 하니 시험에 매우 불리하다. 직장인은 구설수나 권고사직을 조심한다.
당선·소원	당선은 아직 때가 아니니 다음 기회를 기다린다. 대체로 운은 좋지만 소원은 무엇이든 이루기 어렵다.
이사·매매	이사는 당분간 보류해야 이롭다. 매매는 일을 진행하고 성사시키는 데 어려움이 따르니 신중해야 한다.
건강·사고	질병이나 큰 사고는 없지만 외상이 발생할 수 있으니 조심한다.
애정·결혼	좋은 결과를 기대하기 어렵다. 떨어져 지내며 서로의 의미를 다시 생각하는 기회로 삼는다. 옛 사람을 지키면 편안하고 새로운 연인을 만들면 반드시 어긋난다. 결혼만은 오래된 연인이 최선이다.
소송·다툼	주변 사람과 소송이 벌어지니 대인관계에 신중해야 한다.

신세대의 연운 활용

연애·사랑	다른 사람에게 눈길을 주다 애인과 헤어지려고 하지만 자칫 평생배필을 놓칠 수 있다. 불륜 등 잘못된 만남으로 망신을 당할 수 있으니 자제한다.
시험·취직	노력만큼 성과는 없지만 합격과 취직은 가능하다. 직장인은 승진운이 좋지는 않지만 기대할 만하다.
건강·사고	건강은 조금만 이상이 나타나도 바로 병원을 찾아야 악화되는 것을 막는다.
금전·행운	처음부터 재물이 들어오지 않는다고 조급해하지 않는다. 순리를 따르면 재물은 들어온다.
소원·성취	큰 변화가 없으니 이루어지는 것도 없고 이루어지지 않는 것도 없다.

운명을 바꾸는 연운 활용

좋은 방향	남쪽
좋은 색상	파란색
좋은 장소	보쌈음식점
좋은 성씨	ㄴ, ㄷ, ㅌ, ㄹ
좋은 숫자	6, 7

숫자로 보는 연운 활용

	좋은 달	보통 달	나쁜 달
금전·투자	3, 4월	10, 12월	8, 9월
변화·변동	4, 11월	5, 10월	7, 8월
연애·사랑	3, 11월	5, 12월	1, 9월
건강·소송	3, 4월	5, 12월	2, 6월

861

월운

1月
사방으로 돌아다니니 몸이 고단함을 어찌할까.
일은 많으나 이루지 못하니 소득이 별로 없다.
다른 경영을 하지 마라. 손해만 있고 이익은 없다.

2月
우레가 백리를 움직이니 소리만 있고 형상은 없다.
분수를 지키고 살면 화를 당하지 않는다.
목성木姓을 가까이하지 마라. 재물을 잃는다.

3月
삼월 동풍에 기쁜 일이 많다.
만일 이와 같지 않으면 슬하에 경사가 있다.
재성財星이 도우니 재물을 얻고 가정을 이룬다.

4月
재물은 동쪽에서 왕성하고 남쪽에 길함이 있다.
만일 경사가 아니면 반드시 횡재를 만난다.
재물운은 비록 길하나 혹 구설이 있다.

5月
집에 풍파가 있으니 시비가 두렵다.
만일 친한 사람이 아니면 형제지간이다.
서쪽이 길하니 그 쪽으로 가라.

6月
시운時運이 불리하니 공연히 마음만 상한다.
분주하게 돌아다니나 이익도 해로움도 없다.
서쪽 사람은 반드시 해롭다.

7月
술집에 가지 마라. 재물을 잃고 명예를 훼손당한다.
운수가 불리하니 도둑을 조심한다.
친한 사람을 가까이하지 마라. 우연히 재물을 잃는다.

8月
비록 노력은 하나 소득은 없다.
요귀가 해를 끼치니 하는 일에 마가 많다.
만일 여자를 가까이하면 재물을 많이 잃는다.

9月
비록 노력은 하나 소득은 없다.
일이 뜻대로 되지 않으니 한탄한다.
부부가 불안하니 가정이 불안하다.

10月
마음에 번민이 많으니 수심이 사라지지 않는다.
일신이 힘들고 질병이 떠나지 않는다.
만일 목성木姓을 만나면 우연히 재물을 얻는다.

11月
헌 집을 다시 고치니 늦게야 빛을 본다.
서북 양쪽에서 귀인이 돕는다.
만일 묘한 계책이 없으면 도리어 힘들 것이다.

12月
재물운을 말하자면 적게 얻고 많이 쓴다.
만일 슬하의 액이 아니면 아내의 근심을 어찌할까.
횡재수가 있으니 이 때를 놓치지 않는다.

운명을 바꾸는 월운 활용

	1월	2월	3월	4월	5월	6월
좋은 방향	남서쪽	남쪽	서쪽	동쪽	서쪽	동쪽
좋은 색상	적갈색	빨간색	금색	황토색	베이지색	은색
좋은 장소	일식당	계곡	횟집	해변	보쌈음식점	기념관
좋은 성씨	ㅇ, ㅎ	ㄱ, ㅋ	ㄴ, ㄷ, ㅌ, ㄹ	ㅅ, ㅈ, ㅊ	ㅁ, ㅂ, ㅍ	ㄱ, ㅋ
좋은 숫자	3, 8	1, 6	1, 7	2, 5	3, 4	1, 12
좋은 날짜	3, 6, 13, 18, 22, 27일	3, 8, 12, 17, 23, 26일	5, 8, 13, 19, 21, 25일	2, 5, 9, 13, 19, 23일	1, 5, 9, 14, 18, 23일	4, 7, 14, 16, 22, 28일
안 좋은 날짜	4, 21, 26일	6, 24, 27일	3, 22, 24일	7, 14, 18일	13, 21, 25일	2, 13, 27일
재물·금전 지수	72	76	93	97	82	73
변화·변동 지수	73	74	94	91	83	72
건강·행복 지수	78	75	96	95	85	75

	7월	8월	9월	10월	11월	12월
좋은 방향	북동쪽	남동쪽	북서쪽	북쪽	북서쪽	남쪽
좋은 색상	다홍색	초록색	하늘색	보라색	회색	고동색
좋은 장소	장어음식점	상가	치킨전문점	생맥주집	나이트클럽	도서관
좋은 성씨	ㄴ, ㄷ, ㅌ, ㄹ	ㄱ, ㅋ	ㅅ, ㅈ, ㅊ	ㅅ, ㅈ, ㅊ	ㅇ, ㅎ	ㅁ, ㅂ, ㅍ
좋은 숫자	3, 8	5, 8	3, 6	2, 11	3, 4	3, 12
좋은 날짜	3, 8, 15, 21, 25, 28일	1, 9, 10, 18, 23, 25일	8, 10, 14, 17, 19, 23일	3, 8, 11, 15, 24, 28일	2, 5, 16, 19, 21, 24일	5, 9, 13, 20, 23, 25일
안 좋은 날짜	4, 10, 22일	11, 20, 26일	7, 13, 28일	4, 21, 23일	9, 13, 23일	6, 14, 28일
재물·금전 지수	79	74	74	84	93	89
변화·변동 지수	74	75	75	83	94	88
건강·행복 지수	75	71	76	85	96	85

862 若不待時無不利之意
약부대시무불리지의

연운

一聲砲響 禽獸皆驚
일성포향 금수개경   한 차례 포 소리가 크게 울리니 새와 짐승들이 다 놀란다.

先困後吉 年運奈何
선곤후길 연운내하   먼저는 고생해도 뒤에 길하니 금년의 운인 것을 어찌할까.

一喜一悲 口舌愼之
일희일비 구설신지   한 번 기쁘고 한 번 슬프니 구설을 조심한다.

心無所定 有勞無功
심무소정 유로무공   마음 붙일 곳이 없으니 수고만 하고 공이 없다.

若非橫財 一次虛驚
약비횡재 일차허경   횡재를 하지 않으면 한 차례 허망하게 놀란다.

今年之數 橫厄愼之
금년지수 횡액신지   금년 운수는 횡액을 조심한다.

猛虎負岩 光明通泰
맹호부암 광명통태   사나운 호랑이가 바위를 지고 싸우는 격이라 광명이 있고 태평하다.

浪裡乘舟 凶多吉少
낭리승주 흉다길소   풍랑에 배를 다는 격이니 흉액은 많고 길한 일은 적다.

祿從天降 謀事漸新
녹종천강 모사점신   녹이 하늘에서 내려오니 꾀하는 일이 점점 새롭다.

성인의 연운 활용

금전 · 명예	보증을 서면 재물 손실이 매우 크니 신중하게 판단한다. 금전은 생활이 어렵지 않게 들어온다.
사업 · 창업	친한 사람과 동업하지 마라. 그 사람과의 관계를 악화시키고 말 것이다.
주식 · 투자	남에 말에 솔깃해서 잘 알지도 못하는 주식에 투자하면 모든 재산을 탕진할 운이니 조심한다.
시험 · 취직	수험생은 더 노력하고, 취직은 한 단계 낮추어 응시하라. 직장인은 승진보다 자리를 지키는 것이 우선이다.
당선 · 소원	당선운이 없으니 다음으로 미룬다. 무리하게 진행하면 망신만 당한다. 소원은 어떤 것도 이루기 힘들다.
이사 · 매매	변동은 어려움만 초래하니 이사는 삼가라. 매매는 계약을 파기하게 되거나 구설수에 휘말린다.
건강 · 사고	다른 질병은 발생하지 않겠지만 뜻밖의 사건 사고를 주의해야 한다.
애정 · 결혼	연인과 사소한 일로 크게 다투어 헤어지게 된다. 오래 사귄 사람과 오해가 생겨 관계가 서먹해진다. 한눈팔거나 짜증내지 않도록 조심한다.
소송 · 다툼	타인이 아닌 가까운 사람과 관재수나 구설수가 발생할 수 있으니 주의한다.

신세대의 연운 활용

연애 · 사랑	사소한 일로 크게 다투고 연인과 헤어진다. 기분에 들떠 실수하거나 향락에 빠지지 않게 조심한다.
시험 · 취직	뜻한 대로 이루어지지 않으니 취직이나 승진 모두 다음 기회로 미루는 것이 현명하다.
건강 · 사고	사주팔자가 나쁜 사람은 건강에 신경 써야만 큰 화를 면할 수 있다.
금전 · 행운	심한 금전난에 심신이 고달프다. 재물은 조금씩 생겨나지만 다시 나간다.
소원 · 성취	소원을 이루기 힘든 시기다. 작은 소원이라도 노력해야 이룰 수 있다.

운명을 바꾸는 연운 활용

좋은 방향	서쪽
좋은 색상	연두색
좋은 장소	김밥전문점
좋은 성씨	ㅇ, ㅎ
좋은 숫자	3, 11

숫자로 보는 연운 활용

	좋은 달	보통 달	나쁜 달
금전 · 투자	7, 12월	4, 6월	2, 3월
변화 · 변동	5, 7, 12월	4, 6월	9, 11월
연애 · 사랑	5, 7월	6, 8월	1, 10월
건강 · 소송	5, 12월	4, 8월	9, 10월

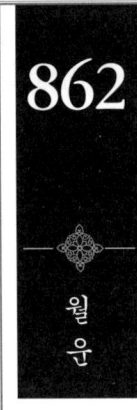

862

월운

 호랑이가 서로 싸우니 보는 사람이 깜짝 놀란다.
비록 수고는 하나 심력心力만 허비한다.
친한 사람을 조심하라. 말만 하고 일은 어긴다.

 매사에 막힘이 많으니 길한 중에 흉함이 있다.
목성木姓이 해로우니 이익을 취하지 않는다.
북쪽은 해가 있으나 동쪽과 서쪽은 길하다.

 타인을 믿지 마라. 손해만 있고 이익은 없다.
만일 구설이 아니면 횡액이 두렵다.
만일 이와 같지 않으면 상을 당할까 두렵다.

 동서로 바쁘게 다니나 매사를 이루지 못한다.
재물이 서쪽에 있으니 마땅히 그 쪽으로 가라.
요귀가 발동하니 갑작스런 질병을 조심한다.

 산에 가서 고기를 구하니 반드시 허황하다.
만일 질병과 고난이 없으면 아내에게 불리한 일이 있다.
길신이 도우니 위태로운 중에 편함을 얻는다.

 착한 것을 취하고 악한 것을 멀리하라. 혹 사람에게 해를 당한다.
친한 사람을 믿지 마라. 재물도 잃고 명예도 훼손당한다.
다른 경영을 하지 마라. 얻지만 도리어 잃는다.

 옛 것을 지키고 안정하라. 멀리 나가면 해롭다.
다른 사람과 언쟁하지 마라. 구설이 따른다.
큰 재물은 바라기 어려우나 작은 재물은 들어온다.

 일을 꾀하지 마라. 얻는 것이 별로 없다.
뜻밖에 재물을 얻으니 늦게 빛을 본다.
만일 횡재가 아니면 한번 헛되이 놀란다.

 수고는 있고 공은 없으니 이것을 또 어찌할까.
헛된 마음이 있으니 불길한 징조다.
여색을 가까이하지 마라. 반드시 불리하다.

 몸이 타향에서 노니 위태로운 일이 간간히 있다.
앞길이 험악하니 미리 어려운 일을 막는다.
외부 사람을 가까이하지 마라. 재물을 많이 잃는다.

 바다에 들어가 금을 구하니 심력心力만 허비한다.
옛 것을 지키고 안정하면 애이 별로 없다.
비록 재물은 생기나 얻어도 반을 잃는다.

 길한 운이 점점 돌아오니 근심이 없어지고 기쁨이 있다.
길성吉星이 도우니 집에 경사가 있다.
몸이 편안하고 재물이 왕성하니 이 밖에 무엇을 바랄까.

운명을 바꾸는 월운 활용

	1월	2월	3월	4월	5월	6월
좋은 방향	남서쪽	서쪽	동쪽	서쪽	남쪽	북동쪽
좋은 색상	남청색	하얀색	밤색	회색	주황색	자주색
좋은 장소	삼겹살식당	철판요리집	닭발음식점	만화방	계곡	주택가
좋은 성씨	ㄴ, ㄷ, ㅌ, ㄹ	ㅅ, ㅈ, ㅊ	ㄱ, ㅋ	ㄴ, ㄷ, ㅌ, ㄹ	ㅁ, ㅂ, ㅍ	ㄱ, ㅋ
좋은 숫자	3, 7	2, 8	1, 10	4, 5	2, 12	2, 3
좋은 날짜	7, 9, 16, 19, 25, 27일	2, 7, 16, 18, 23, 27일	5, 7, 13, 16, 22, 28일	6, 9, 13, 18, 25, 29일	3, 7, 12, 15, 27, 29일	4, 8, 13, 18, 24, 27일
안 좋은 날짜	10, 21, 24일	5, 14, 28일	6, 18, 23일	7, 15, 24일	19, 21, 28일	5, 23, 25일
재물·금전 지수	76	74	73	85	92	85
변화·변동 지수	79	75	76	83	96	86
건강·행복 지수	76	78	79	84	95	85

	7월	8월	9월	10월	11월	12월
좋은 방향	남동쪽	북서쪽	동쪽	남동쪽	북서쪽	동쪽
좋은 색상	연보라색	분홍색	노란색	감색	적갈색	노란색
좋은 장소	극장	독서실	정류장	와인전문점	백화점	장어음식점
좋은 성씨	ㄴ, ㄷ, ㅌ, ㄹ	ㅇ, ㅎ	ㅁ, ㅂ, ㅍ	ㅇ, ㅎ	ㄱ, ㅋ	ㅅ, ㅈ, ㅊ
좋은 숫자	1, 3	1, 5	1, 9	7, 11	8, 9	1, 4
좋은 날짜	4, 8, 12, 14, 20, 27일	2, 7, 15, 18, 22, 27일	1, 4, 9, 14, 18, 22일	5, 9, 14, 17, 19, 29일	4, 9, 19, 20, 23, 27일	2, 5, 14, 18, 23, 26일
안 좋은 날짜	9, 19, 21일	5, 13, 24일	8, 13, 21일	4, 13, 25일	3, 13, 24일	11, 24, 27일
재물·금전 지수	94	87	72	73	76	92
변화·변동 지수	96	85	75	71	74	93
건강·행복 지수	95	84	74	74	75	98

863 進達榮貴之意
진 달 영 귀 지 의

연운

東風淡蕩 春花富貴
동풍담탕 춘화부귀 　동풍이 화창하니 봄꽃처럼 부귀하다.

掘地見金 絶代之功
굴지견금 절대지공 　땅을 파서 금을 얻으니 절대적인 공이 있다.

家運最吉 財祿陳陳
가운최길 재록진진 　가운이 가장 길하니 재록이 끊이지 않는다.

意外功名 名振四方
의외공명 명진사방 　의외로 출세하여 이름을 사방에 떨친다.

富貴兼全 人多仰視
부귀겸전 인다앙시 　부귀를 겸하니 많은 사람들이 우러러본다.

到處有權 喜滿家庭
도처유권 희만가정 　이르는 곳마다 권세가 있고 가정에 기쁨이 가득하다.

寶劍入匣 以臣遇君
보검입갑 이신우군 　보검을 얻으니 신하로서 임금을 만난다.

船涉重灘 外虛內實
선섭중탄 외허내실 　배를 타고 여러 개의 물을 건너니 밖은 허하지만 안은 실하다.

名成利遂 賀客塡門
명성리수 하객전문 　공을 세워 이름을 얻으니 축하객이 문을 메운다.

성인의 연운 활용

금전·명예	수입에 여유가 생기는 운세다. 재물도 조금씩 늘어난다.
사업·창업	꾸준히 노력하면 들어오는 행운을 모두 차지하고 사업이 발전하는 운이다.
주식·투자	주식으로 많은 이익을 얻는다. 지키는 게 중요하다.
시험·취직	국가시험이나 원하는 시험에 합격한다. 직장인은 승진 기회가 왔으니 기회를 꼭 잡아라.
당선·소원	당선은 전보다 더 많이 노력해야 가능하다. 소원은 어려움이 따르지만 이루어지니 기쁘다.
이사·매매	이사는 쉽게 이루어지지 않고 시간이 많이 걸린다. 매매는 시일이 경과된 후 성사되고 이익도 남긴다.
건강·사고	오랜 기간 앓던 사람도 좋은 의료진을 만나 회복된다.
애정·결혼	서로를 이해하기에 더 없이 좋은 시기다. 숨겨온 고민을 털어놓으면 모두 들어줄 것이다. 부부가 화합하고 한마음 같으니 가정이 화목하다. 연인과의 관계도 더욱 좋아진다.
소송·다툼	소송이 있는 사람은 곧 해결되니 오랜만에 웃을 수 있다.

신세대의 연운 활용

연애·사랑	상대가 자신에게 기댈 수 있는 계기가 필요하다. 상대의 진심을 알게 되고 애정을 키울 수 있는 기회가 된다. 가까운 사람에게 중간 역할을 부탁하면 짝사랑이 이루어지고 서먹한 관계가 회복된다.
시험·취직	구직자는 지인의 도움으로 취직하지만, 시험은 노력이 더 필요하다. 직장인은 능력을 인정받고 승진한다.
건강·사고	하나도 걱정할 것 없이 건강이 매우 좋은 상태이니 원하는 일을 할 수 있다.
금전·행운	노력에 비해 수입이 보잘 것 없지만 시간이 지나면 더 많이 들어올 것이다.
소원·성취	무리한 소원만 빼고 다른 소원들은 이루어질 것이니 기대해도 좋다.

운명을 바꾸는 연운 활용

좋은 방향	동쪽
좋은 색상	보라색
좋은 장소	유원지
좋은 성씨	ㄱ, ㅋ
좋은 숫자	6, 10

숫자로 보는 연운 활용

	좋은 달	보통 달	나쁜 달
금전·투자	1, 3월	4, 6월	8, 9월
변화·변동	7, 12월	2, 4월	9, 11월
연애·사랑	3, 5, 10월	4, 6월	8, 9월
건강·소송	7, 12월	2, 4월	8, 11월

863

월운

1월
용이 밝은 구슬을 얻으니 조화가 무궁하다.
재물도 많고 권세도 많으니 사람들이 모두 부러워한다.
하는 일마다 뜻대로 이루니 만사가 대통하다.

2월
온 들에 봄이 오니 만물이 되살아난다.
도처에 재물이 있으니 의기양양하다.
때를 따라 움직이니 집에 길한 경사가 있다.

3월
길한 운이 돌아오니 기쁜 일이 많다.
식구를 더하고 토지를 더하니 가도家道가 창성할 것이다.
구름이 흩어지고 달이 나오니 천지가 밝아진다.

4월
푸른 새가 소식을 전하니 반드시 기쁜 소식이다.
귀인이 도우니 반드시 기쁜 일이 있다.
남쪽은 불리하니 그 쪽으로 길을 나서지 마라.

5월
모든 일이 뜻대로 되니 집안이 편안하다.
집에 경사가 있으니 가족이 기뻐한다.
만일 귀인을 만나면 관록官祿이 따른다.

6월
금과 옥이 가득하니 가히 부와 명예를 기약할 것이다.
신상에 근심이 없으니 일신이 편안하다.
도처에 길함이 있으니 태평한 운수다.

7월
하늘이 돕고 땅이 도우니 재백財帛이 끊이지 않는다.
만일 동쪽 사람을 만나면 큰 재물을 얻는다.
운수가 대통하니 일마다 뜻대로 이루어진다.

8월
동쪽 뜰에 복숭아꽃이 피니 벌과 나비가 향기를 탐한다.
소망이 이루어지니 하는 일마다 성취한다.
집에 있으면 길하고 멀리 나가면 불리하다.

9월
뜰 앞의 아끼는 나무의 향기를 맡고 캐낸다.
집에 경사가 있으니 반드시 아들을 얻을 것이다.
만일 이와 같지 않으면 재물을 잃을까 두렵다.

10월
물고기와 용이 물을 얻으니 의기양양하다.
재물이 길 가운데 있으니 나가서 구하면 얻는다.
일을 많이 성취하니 이익이 그 가운데 있다.

11월
운수가 흥왕하니 복록福祿이 항상 함께 있다.
집안 살림이 점점 좋아지니 집안이 평화롭다.
재수는 대길하나 혹 구설이 들린다.

12월
만일 상을 당하지 않으면 집안에 영화가 있다.
재물도 있고 토지도 있으니 일마다 형통하다.
뜻밖에 공을 세워 이름을 떨치니 재백財帛이 풍족하다.

운명을 바꾸는 **월운** 활용

	1월	2월	3월	4월	5월	6월
좋은 방향	남서쪽	남동쪽	북쪽	북쪽	북동쪽	북서쪽
좋은 색상	초록색	군청색	연두색	다홍색	파란색	고동색
좋은 장소	낙지음식점	민속촌	놀이공원	감자탕음식점	중식당	등산로
좋은 성씨	ㄴ, ㄷ, ㅌ, ㄹ	ㅅ, ㅈ, ㅊ	ㅇ, ㅎ	ㄴ, ㄷ, ㅌ, ㄹ	ㄱ, ㅋ	ㄴ, ㄷ, ㅌ, ㄹ
좋은 숫자	9, 10	7, 12	1, 7	8, 11	5, 9	5, 7
좋은 날짜	3, 7, 10, 17, 23, 26일	2, 5, 18, 20, 24, 28일	7, 9, 14, 17, 23, 28일	7, 9, 13, 16, 22, 27일	5, 8, 19, 21, 26, 28일	2, 7, 15, 18, 24, 26일
안 좋은 날짜	9, 19, 24일	4, 23, 25일	1, 13, 24일	6, 14, 25일	4, 13, 24일	9, 14, 25일
재물·금전 지수	92	83	91	84	93	86
변화·변동 지수	98	86	98	85	92	89
건강·행복 지수	93	85	97	85	95	84

	7월	8월	9월	10월	11월	12월
좋은 방향	남쪽	서쪽	남동쪽	서쪽	동쪽	남쪽
좋은 색상	파란색	빨간색	초록색	적갈색	검은색	하얀색
좋은 장소	순대국식당	해변	생맥주집	민속주점	칵테일바	산
좋은 성씨	ㅅ, ㅈ, ㅊ	ㄱ, ㅋ	ㅇ, ㅎ	ㅁ, ㅂ, ㅍ	ㅁ, ㅂ, ㅍ	ㅇ, ㅎ
좋은 숫자	5, 11	5, 10	3, 12	4, 8	3, 10	7, 9
좋은 날짜	5, 9, 17, 19, 22, 25일	7, 9, 11, 18, 19, 23일	3, 5, 11, 13, 18, 24일	6, 10, 15, 18, 24, 29일	2, 6, 13, 16, 21, 25일	1, 4, 8, 11, 22, 24일
안 좋은 날짜	13, 21, 24일	6, 13, 17일	2, 14, 25일	9, 14, 28일	3, 14, 24일	3, 7, 23일
재물·금전 지수	98	75	76	93	73	92
변화·변동 지수	92	74	79	94	74	95
건강·행복 지수	94	72	77	92	71	96

글쓴이	김동완
펴낸이	유재영
펴낸곳	주식회사 동학사
기획	이화진
편집	나진이
디자인	김보영

1판 1쇄 2007년 11월 13일
1판 11쇄 2024년 12월 31일
출판등록 1987년 11월 27일 제10-149

주소	04083 서울 토정로 53 (합정동)
전화	324-6130, 324-6131 · 팩스	324-6135
E-메일	dhsbook@hanmail.net
홈페이지	www.donghaksa.co.kr
홈페이지	www.green-home.co.kr

ⓒ 김동완, 2007

ISBN 978-89-7190-230-1 03150

- 잘못된 책은 구매처에서 교환하시고, 출판사 교환이 필요할 경우에는 사유를 적어 도서와 함께 위의 주소로 보내주세요.
- 저자와의 협의에 의해 인지를 생략합니다.

동학사 도서목록

www.donghaksa.co.kr

- 대표전화 02-324-6130 · 팩스 02-324-6135
- 주소 04083 서울시 마포구 토정로 53 (합정동)
- 계좌번호 하나은행 209-910005-93904
  (예금주 주식회사 동학사)

역학

사주명리학 시리즈 ❶초보탈출 ❷완전정복 ❸격국특강 ❹용신특강
❺운세변화 ❻심리분석 ❼가족상담 ❽물상론분석 ❾실전풀이
김동완 지음 | ❶❷❸❹ 값 23,000원 ❺❻ 값 25,000원 ❼❽❾ 값 20,000원

30일에 마스터하는 사주명리학(초급) 김동완 지음 | 값 22,000원
증보판 새롭게 풀어 쓴 우리 사주학 전광 지음 | 값 33,000원
왕초보 사주학(입문·연구·심리 편) 낭월 박주현 지음 | 각권 값 17,000원
사주문답 ❶❷❸ 낭월 박주현 지음 | 각권 값 18,000원
적천수강의 ❶❷❸ 낭월 박주현 지음 | 각권 값 30,000원
알기쉬운 음양오행·천간지지·합충변화·용신분석
낭월 박주현 지음 | 각권 값 17,000원·용신분석 20,000원
낭월사주용어사전 낭월 박주현 지음 | 값 23,000원
쉽게 하는 사주공부 서민욱 지음 | 값 18,000원
궁통보감 강해 이을로 지음 | 값 57,000원
자평진전 강해 이을로 지음 | 값 45,000원
적천수 강해 구경회 지음 | 값 65,000원
디지털 절기 만세력 김동완 지음 | 값 20,000원
우리 시간 우리 절기 맞춤형 사주만세력 이 경 감수 | 값 14,000원
보기 쉬운 사주만세력 우리문화기획팀 엮음 | 값 20,000원
증보판 작은 사주만세력 이 경 감수 | 값 10,000원
세대별 맞춤운세 토정비결 김동완 지음 | 값 22,000원
진본토정비결 이재운 지음 | 값 18,000원
기문둔갑(Ⅰ·Ⅱ) 이을로 지음 | 입문 값 35,000원, 사례 값 30,000원
CD로 완성하는 육임대전 이을로 지음 | 값 84,000원
왕초보 자미두수 ❶❷
김선호 지음 | ❶권 값 15,000원, ❷권 값 17,000원
쉽게 푸는 당사주 이 수 지음 | 값 18,000원
전문가와 함께 짓는 우리 아기 좋은 이름 김동완 지음 | 값 18,000원
우리 회사 좋은 이름 김동완 지음 | 값 22,000원
우리이름 교과서 전 광 지음 | 값 33,000원
좋은 이름 바로 짓기 김상묵 지음 | 값 15,000원
부적대사전 오현리 엮음 | 값 87,000원(세트)
구성기학1 기초이론 이승재 지음 | 값 22,000원
구성기학2 실전사례 이승재 지음 | 값 22,000원
타로카드 초보탈출 김동완 지음 | 값 17,000원
타로카드 완전정복 김동완 지음 | 값 17,000원

마음의 비밀코드 색채타로 김동완 지음 | 288쪽 | 20,000원
현장에서 필요한 실전타로 리 산(Lee San) 지음 | 값 22,000원
실전에서 성공하는 타로 워크북 리 산(Lee San) 지음 | 값 25,000원
마음을 비추는 거울 타로카드 심리학 리 산(Lee San) 지음 | 값 18,000원
타로카드 심볼론 리 산(Lee San) 지음 | 값 20,000원
정확히 읽어내는 타로 리딩 Sam Magdaleno 지음 | 값 23,000원
기초부터 배우는 사주명리 신정원 지음 | 값 20,000원
신정원의 명리학CLASS 개념과 이론 신정원 지음 | 값 27,000원
신정원의 명리학CLASS 격국과 용신 신정원 지음 | 값 26,000원
오행중심 용신활용 사주학 김동완 지음 | 값 16,000원
사례로 배우는 점성학 강의 리 산 지음 | 248쪽 | 19,000원
김건휘의 실전 점성학 김건휘 지음 | 304쪽 | 26,000원

풍수

현대 풍수지리 교과서 류지홍 지음 | 값 25,000원
쉽게 하는 풍수공부 고제희 지음 | 값 15,000원
실전풍수입문 박봉주 지음 | 값 20,000원

관상

인상학 대전 이시모토 유후 지음 | 값 18,000원
정통 관상대백과 오현리 엮음 | 값 37,000원
얼굴의 미학 윤명중 지음 | 값 8,000원

사상

우화로 즐기는 장자 윤재근 편 | 값 25,000원
편하게 만나는 도덕경 노자 윤재근 편 | 값 23,000원
마음 중심 세상 중용 윤재근 편 | 값 33,000원
사람인가를 묻는 논어 Ⅰ·Ⅱ 윤재근 편 | 각권 값 27,000원
희망과 소통의 경전 맹자 Ⅰ·Ⅱ 윤재근 편 | 1권 값 50,000원, 2권 값 45,000원
노자 81장 ❶❷ 윤재근 편 | 각권 값 38,000원
주역 상경·하경 윤재근 편 | 상경 값 38,000원 | 하경 값 42,000원
십익 윤재근 편 | 값 42,000원
주역으로 배우는 운명학 김승호 지음 | 값 16,000원
운명수업 김승호 지음 | 값 14,000원